新坐标管理系列精品教材

Basic Sales Promotion

促销基础

顾客导向的实效促销

（第5版）

卢泰宏　朱翊敏　贺和平　编著

清华大学出版社
北京

内 容 简 介

本书极富国际化、更加贴近新的变化的商业环境、更加有利于教学效果的提升。本书进一步强化数字化促销的内容；新增章节强化了促销的理论基础，充实了"促销专论"，补充更新了大量文献；优化了全书的结构，在原有框架的基础上，调整了部分篇章的顺序，补充和删减了部分章节的内容；精选更新了全书案例，其中"本章案例"主要基于问题导向的启发式案例教学，并配有相应的教学指引，帮助老师更有效地开展课堂教学。

本书适合普通高校市场营销专业学生教学使用，也可供广大营销推广从业人员参考。

本书封面贴有清华大学出版社防伪标签，无标签者不得销售。

版权所有，侵权必究。举报：010-62782989，beiqinquan@tup.tsinghua.edu.cn。

图书在版编目（CIP）数据

促销基础：顾客导向的实效促销/卢泰宏，朱翊敏，贺和平编著．—5 版．—北京：清华大学出版社，2016 (2024.2重印)

（新坐标管理系列精品教材）

ISBN 978-7-302-44176-2

Ⅰ．①促… Ⅱ．①卢… ②朱… ③贺… Ⅲ．①促销—高等学校—教材 Ⅳ．①F713.3

中国版本图书馆 CIP 数据核字(2016)第 148593 号

责任编辑：刘志彬
封面设计：汉风唐韵
责任校对：宋玉莲
责任印制：刘海龙

出版发行：清华大学出版社
网　　址：https://www.tup.com.cn, https://www.wqxuetang.com
地　　址：北京清华大学学研大厦 A 座　　邮　编：100084
社 总 机：010-83470000　　邮　购：010-62786544
投稿与读者服务：010-62776969，c-service@tup.tsinghua.edu.cn
质 量 反 馈：010-62772015，zhiliang@tup.tsinghua.edu.cn
课 件 下 载：https://www.tup.com.cn, 010-62770175-4506

印 装 者：三河市君旺印务有限公司
经　　销：全国新华书店
开　　本：185mm×260mm　　印 张：23.75　　插 页：1　　字　数：544 千字
版　　次：1997 年 2 月第 1 版　2016 年 8 月第 5 版　　印　次：2024 年 2 月第 8 次印刷
定　　价：58.00 元

产品编号：067563-02

第 5 版序言

在商业世界中，促销就像空气一样，无处不在。

在消费者空间中，促销就像水一样，时时润滑购买行为。

事实上，促销是所有的营销活动中，最广泛、最频繁、最古老又最有活力的一个精灵。本书试图为促销提供理论和实战的基础。

关于书名

开卷之前，有必要对书名再作一说明。在现代营销的知识体系中，促销是对包括广告（AD）、实效促销（SP）、公共关系（PR）和事件营销（EM）在内的诸多分支内容的统称。这是广义的促销概念。在这个大家庭中，广告和 SP 是应用最广泛的两支，由于 SP 是效果最显著直接的促销分支，往往也将 SP 简称为促销或狭义的促销。广义的促销在营销教科书中占有很大的篇幅，其细分出的一些单独分支的体量也非常之大，相关的书籍如广告学经典教材在千页以上。本书的内容限于狭义的促销即实效促销，为简明表述，在书中简称为促销。

书名中的"基础"二字，是指着眼于为读者提升促销管理的功底，打下这个领域的专业基础。即不但要学习立竿见影的方法手段，而且要注重学习长期见效的理论方法，为发展和创新促销奠定好的基础。在日新月异变幻不定的促销领域，功底和基础比浮浅的手法和一时的模仿当然更加有价值。

促销在营销中的支出非常显著，因而也吸引了学术界的关注。促销的核心问题是效果。如何才能更有效？如何衡量效果？不断追求这些基本问题的更佳答案，推动了促销领域的成长进化，导致呈现出如下的变化轨迹：不断丰富和创新促销的工具方法和策略；从促销者导向转向被促销者消费者导向；从只追逐短期功利转向同时兼顾长期的品牌关系和促销伦理；从经验实战走向依赖学术研究，以图解决促销效果的模糊和不确定性问题。在宏观上，该领域的历史展现出三大演化阶段：注重经验和工具—注重消费者导向—注重学术驱动和高技术驱动。促销作为实践性非常强的领域，对学术研究的依赖相对来得晚，而对移动互联网大数据技术的拥抱则显得非常及时和热烈。

第 5 版的主要更新

在前四版的基础之上，第 5 版有两大新亮点：数字化促销和促销的理论基础。并且进行了全面的结构内容充实调整，使本教材更加国际化，更加贴近新的变化的商业环境，更加有利于教学效果的提升。

主要的更新包括：

1. 数字化促销

本书第 4 版（2012）开始努力反映移动互联网时代促销领域的重大变化，如增加"网上促销"的相关内容。在第 4 版的基础上，数字化促销（digital SP）是进一步强化这一重大变化的核心概念和集中体现。特别是大数据从根本上变革了传统的促销方法，使促销因智能化、个人化而有了更精准的且完全不一样的效果。

2. 促销的理论基础

增加的新章节强化了促销的学术研究的理论内容，充实了"促销专论"，注释中补充更新了大量文献，从而增强了理论性及促销领域实践与研究的关联。

3. 优化了全书的结构

- 在原有框架的基础上，篇章的顺序调整为："理论与工具篇""SP 策划篇""SP 执行篇"和"SP 评估篇"。
- 新的"理论与工具篇"涵盖了第 4 版的"SP 基础"和"SP 工具"，并且增加了第 2 章"促销的理论基础"，更加突出第 5 版的理论性。
- 调整、补充和删减了 SP 工具（免费、优惠、竞赛和组合）中的内容，使得各种工具的分类形式更加明确。

4. 精选更新了全书的案例

第 5 版包括三类辅助教学和帮助理解实战的案例：本章案例、引例和微案例。其中，"引例"和"微案例"多为近年来市场中典型的真实个案，突出在中国环境中促销的特点，而"本章案例"则主要基于问题导向的启发式案例教学，并配有相应的教学指引，能够帮助老师更好地利用案例内容开展课堂教学。

期盼

整体而言，中国的高等教育教材与国际的经典教科书还存在明显差距。究其原因，体制的问题不容忽视。这些年来，写教科书几乎成为中国高校教师不屑一顾和抛弃的工作。这与以下两个现实高度相关：其一，按照出版社的成规，写专业书的经济回报甚微，以同样的时间去做企业项目或咨询，回报可以达到写教材的几十倍甚至百倍；其二，按照高校对教师的现有评估晋升指标，亮点是论文发表和学术项目，教材的得分几乎不计。所以，写教材基本上无利无名，从某种意义上说，这是在一个过分功利主义的社会环境中做一件淡泊功利的教育公益。

我很高兴贺和平与朱翊敏以教师为己任、为本书的第 5 版投入了大量的时间和精力，并将他们教这门课程的丰富体验融入了新版本之中。朱翊敏也是本书第 2 版的作者之一，她的"归队"为第 5 版做出了重大贡献。

我期待，本书在经历 18 年的市场检验和 5 个版本的不断改进之后，进一步得到教师、学生和广大读者的肯定和赞赏，并且在广泛的互动交流中，快速吸收各种反馈意见、批评和建议。在作者、读者、出版者共同创造价值的努力中，让这本书立得更稳，长得更高，行得更远。

卢泰宏
2016 年 3 月 21 日
于广州中山大学康乐园

感　　谢

首先，我们衷心感谢本书第 3 版的合作者杨晓燕教授（广东外语外贸大学），她之前的大量工作为本书打下了坚实的基础。

同时，我们也非常感谢中山大学管理学院和深圳大学管理学院的同事们，他们对本书提出了许多有价值的反馈：

刘世雄	教授	深圳大学管理学院
刘雁妮	副教授	深圳大学管理学院
于洪彦	教授	中山大学管理学院
周延风	教授	中山大学管理学院
周志民	教授	深圳大学管理学院
朱辉煌	副教授	中山大学管理学院

我们还要特别感谢在其他大学工作的同事们，为本书的再版提供了富有价值的建议：

陈静	副教授	广东金融学院
戴鑫	副教授	华中科技大学工商管理学院
高辉	副教授	华南理工大学 传播学院
何佳讯	教授	华东师范大学商学院
黄光	副研究员	广东财经大学财政税务学院
蒋廉雄	教授	中山大学国际商学院
雷鸣	教授	华南理工大学商学院
林升栋	教授	厦门大学新闻与传播学院
汤定娜	教授	中南财经政法大学工商管理学院
吴水龙	教授	北京理工大学
许娟娟	副教授	河海大学
阳翼	教授	暨南大学传播学院
周懿瑾	副教授	中山大学传播学院
周运锦	教授	赣南师范大学商学院

注：以上排名按姓名拼音

首版序言

刚好在一年前，我和几位合作者出版了《广告创意100——个案与理论》一书（广州出版社，1995）。尽管坚持的是"一流的质量，出类拔萃"的出版标准，但当时我和出版社对此书的前景，却都没有太大的把握。在图书市场竞争加剧和为数不少的"垃圾书"的冲击之下，一些朋友认为能有5000册的销路已属不错。幸运的是，此书在1995年10月份出版后，第一次印刷的10000册在3个月内即售完，许多人来信或来电话希望可购到此书，出版社于1996年3月又加印10000册。据"北京广告人书店"这间国内开办最早、规模最大的广告专业书店所发表的统计，《广告创意100——个案与理论》一书1996年1—2月居"畅销书排行榜"的第一位，1996年3—9月居前五位。北京、广州、深圳、河南、河北等省市的一些企业或广告公司的老总亲自来信，盛赞此书是其"受益最多（大）的书之一"，"读起来像吃橄榄，越吃越有味"等。上海、广州多所高等学校的不同专业的大学生，对此书亦反应甚热烈。《广告创意100——个案与理论》一书能有此命运，实在要感谢大力支持和推动此书问世的各方面的朋友，也庆幸市场的日渐成熟和读者的眼光和厚爱。

今年写《实效促销SP》这本书的基本动因，是为了满足市场的现实需求，特别是国内企业在变化的市场和竞争策略上的急需。从一般意义上讲，SP（销售促进）比广告的需求更加普遍，有更大的活动空间，在市道不景气时更加如此。我们希望在推动国内企业学习国际营销策略、缩小与国外的营销差距方面，做一件实在的工作。

此外，参与本书撰写的几位合作者都是硕士生，通过这次写书的过程，可以让他们在游泳中学习游泳，学习如何围绕一个专题深入收集、加工和分析资料，组织和提升出有意义的结果，增长写作、表达和研究的综合能力。站在教育的立场上，这一点也许有更长远的意义。如果说本书的市场意义还有待观察，那么它的教育意义已经显现，以至本人在辛苦之余，亦聊以自慰。

在本书紧张的写作过程中，参与者放弃了几乎所有的假日和休息时间，暂时放弃了其他的追求。尽管如此，书稿中还有不少未尽人意之处和缺点。例如，表层的东西多，深层的东西少；实例的点评不够等。更值得指出的是，SP本身处在发展和变化之中，旧的SP会不断更新（如从"印花兑换"演变到"积分计划"），新的SP会不断呈现（如网络SP）。因此，本书的出版不是一个终结，而是一个开始，在多方面有待发展。我期待本书在经受市场考验取得认可的基础之上，今后还有机会通过新的版本不断改进、充实和提高，恳请专家和广大读者给予支持，不吝指教。

作为第一步，倘若本书在"打市场"的实战中，对中国企业能助绵薄之力，产生实际效果，我会深感不枉费此力，久以为幸！

中山大学教授　卢泰宏
1996年10月
于中山大学康乐园

目 录

导言 1
 导言注释 3

第1章　市场中的促销 5
 引例　趋低消费与促销策略调整 5
 1.1　SP 与广告 6
 微案例 1.1　雷芝促销奖 8
 1.2　SP 趋势 9
 促销专论 1.1　实效促销趣史 12
 1.3　SP 的分类 14
 1.4　SP 的价值 16
 促销专论 1.2　实效促销的滥用 20
 本章案例 21
 本章思考题 25
 本章注释 25

第一篇　理论与工具篇：您不能不知道

第2章　促销的理论基础 29
 引例　贴近消费者的促销研究 29
 2.1　促销研究主题一：促销的即时市场反应 30
 2.2　促销研究主题二：促销的长期市场反应 32
 2.3　促销研究主题三：零售商对贸易促销的反应 35
 2.4　促销研究主题四：促销策划、优化和目标设定 36
 2.5　促销的核心教材和书籍 37
 促销专论 2.1　消费者促销国际研究的特点及趋势 40
 本章案例 44
 本章思考题 49
 本章注释 49

第3章　基于顾客心理的促销 58
 引例　麦当劳赠品策略的调整 58
 3.1　SP 的顾客心理 59
 微案例 3.1　加量不加价让百事可乐渡过难关 61
 微案例 3.2　护舒宝免费试用促销 65

促销专论 3.1　打折促销赚更多　　69
促销专论 3.2　基于选择情境的消费者价格促销品牌选择行为研究　　70
3.2　基于顾客心理的市场细分　　72
本章案例　　75
本章思考题　　81
本章注释　　81

第 4 章　免费 SP 策略　　83

引例　过年来罐加多宝　　83
4.1　赠品　　84
微案例 4.1　水溶 C100：奢华如何促销　　88
促销专论 4.1　"你提供了什么赠品？"——在亚洲营销所面临的挑战　　88
促销专论 4.2　促销用品的 3R 策略　　89
4.2　自助获赠　　90
4.3　免费样品　　92
微案例 4.2　预付卡：样品派送方式创新　　97
本章案例　　98
本章思考题　　102
本章注释　　102

第 5 章　优惠 SP 策略　　103

引例　麦当劳的电子优惠券　　103
5.1　优惠券　　104
微案例 5.1　肯德基秒杀促销　　108
微案例 5.2　精明的消费者省钱有方　　109
5.2　折扣　　110
促销专论 5.1　促销类型对消费者感知及行为意向影响的研究　　114
5.3　退款优惠　　115
促销专论 5.2　返券与心理账户理论　　117
5.4　财务激励　　121
本章案例　　124
本章思考题　　130
本章注释　　130

第 6 章　竞赛 SP 策略　　131

引例　玉兰油，挑战阳光环球玉兰游　　131
6.1　消费者的竞赛与抽奖　　132
微案例 6.1　马自达汽车摄影比赛促销活动　　137
促销专论 6.1　抽奖促销与赠券促销有效性比较研究　　137

6.2 经销商的销售竞赛 ... 139
  6.3 销售人员的销售竞赛 ... 139
  微案例 6.2 饮料行业的有奖销售模式升级 ... 142
  本章案例 ... 143
  本章思考题 ... 147
  本章注释 ... 147

第 7 章 组合 SP 策略 ... 148

  引例 一键 Uber，惊喜不断 ... 148
  7.1 联合促销 ... 149
  促销专论 7.1 捆绑价格促销对冲动性购买行为的影响 ... 154
  7.2 顾客忠诚计划 ... 155
  微案例 7.1 中小股份制银行信用卡促销"给力" ... 161
  7.3 事业关联营销 ... 161
  7.4 活动促销 ... 167
  微案例 7.2 一汽奔腾佛山功夫争霸赛 ... 168
  本章案例 ... 169
  本章思考题 ... 174
  本章注释 ... 174

第二篇 SP 策划篇：让 SP 更有效

第 8 章 SP 策划基础 ... 177

  引例 华美食品：会说话的月饼 ... 177
  8.1 SP 策划的框架及主要内容 ... 177
  8.2 SP 设计要素 ... 182
  8.3 SP 策划的市场因素 ... 187
  微案例 8.1 北京汽车的渠道创新 ... 188
  促销专论 8.1 "减价 30%"还是"打 7 折"——基于调节匹配理论的促销框架效应 ... 190
  微案例 8.2 GAP 的花样折扣 ... 199
  本章案例 ... 201
  本章思考题 ... 205
  本章注释 ... 205

第 9 章 SP 策划实务 ... 206

  引例 西捷航空：专属礼物带来圣诞惊喜 ... 206
  9.1 SP 策划过程 ... 207
  微案例 9.1 分众传媒情人节全城示爱 ... 209

微案例 9.2　肯德基"秒杀门"：仅是促销策划失败？ 209
9.2　明确 SP 目标 211
9.3　SP 工具的选择 212
促销专论 9.1　价格促销为何旺丁不旺财？ 216
微案例 9.3　武汉中百电器的新年促销 217
9.4　不同产品生命周期阶段的 SP 策划 218
本章案例 225
本章思考题 235
本章注释 235

第三篇　SP 执行篇：在实战中取胜

第 10 章　制造商如何运用 SP 策略 239

引例　索尼"上传照片"玩出新意 239
10.1　制造商的 SP 哲学及 SP 特点 240
微案例 10.1　家家宜洗衣粉战略促销 "1+1" 242
10.2　推式 SP 与拉式 SP 243
微案例 10.2　邹云的苦恼 245
促销专论 10.1　价格促销：是推还是拉？ 246
10.3　制造商 SP 的目标 247
10.4　对销售人员的 SP 248
本章案例 250
本章思考题 256
本章注释 256

第 11 章　通路如何运用 SP 策略 257

引例　好邻居：构建全渠道场景的社区 O2O 257
11.1　制造商对经销商的 SP 258
微案例 11.1　宝马中国新政补贴经销商 259
微案例 11.2　闹心的渠道奖励政策 263
微案例 11.3　广州联通产能提升渠道复用 263
11.2　零售商的 SP 目标和实施 264
促销专论 11.1　美国消费者如何看店内促销 266
促销专论 11.2　不同促销方式对产品购买决策的影响 268
11.3　零售商的 SP 工具 269
11.4　零售商 SP 实施中的可能问题 272
微案例 11.4　"八毛钱烤鸡"促销事件 273
本章案例 274

本章思考题 281
本章注释 281

第12章 服务业如何运用SP策略 283

引例 信用卡岁末促销：银行真拼！ 283
12.1 服务业SP特点 284
微案例12.1 央视广告招标：预售锁定客户 286
12.2 服务业SP的目标 287
微案例12.2 河狸家美甲的促销活动 288
促销专论12.1 推荐奖励计划对消费者推荐意愿的影响 289
12.3 服务业如何选择SP工具 290
微案例12.3 资源占优的青旅在线，为什么会败给携程？ 291
促销专论12.2 促销决策：让消费者"若有所得" 294
12.4 提高服务业SP的有效性 295
微案例12.4 广州电信流量经营劳动竞赛 297
本章案例 297
本章思考题 301
本章注释 301

第13章 耐用品的SP策略 302

引例 乐视打造第三大电商节 302
13.1 耐用品SP费用的增长趋势及其原因 303
促销专论13.1 8大理由让促销战愈打愈火热 304
13.2 耐用品的SP目标 306
促销专论13.2 价格促销对耐用消费品更新购买行为的影响研究 ... 308
微案例13.1 空调厂商花样促销 310
13.3 耐用品SP目标与日用消费品SP目标的比较 310
13.4 耐用品的SP工具 311
微案例13.2 嘉柏丽美元促销 313
13.5 不同类型的耐用品如何选择SP工具 313
13.6 降低耐用品SP实施的风险 315
本章案例 316
本章思考题 321
本章注释 321

第四篇 SP评估篇：将促销置于控制中

第14章 SP绩效评估与控制 325

引例 世纪佳缘七夕联合快的免费送10万朵玫瑰 325
14.1 SP评估系统 326

14.2　SP 评估过程 328
微案例 14.1　当春晚遭遇红包 332
14.3　如何用销售量评估 SP 绩效 335
微案例 14.2　胡佛公司的失败促销 337
14.4　通路 SP 效果评估 338
14.5　消费者 SP 效果评估 340
促销专论 14.1　"越便宜越好卖"？——折扣深度与促销方式对促销效果的影响 341
14.6　组合效果及长期效果评估 343
本章案例 345
本章思考题 346
本章注释 346

第 15 章　SP 的社会责任 347

引例　一盘改变消费者思维的意大利面，是什么口味？ 347
微案例 15.1　能量校园，手机换红牛 348
15.1　界定 SP 的合理性 348
微案例 15.2　工商总局痛批阿里系"双十一"促销违规行为 350
15.2　促销与消费者 351
微案例 15.3　捐出"另一半"做慈善？ 353
促销专论 15.1　企业社会责任与品牌资产：消费者 CSR 体验与儒家价值观的作用 354
15.3　促销与经济活动 356
促销专论 15.2　消费者对慈善和商业赞助的态度如何？ 358
15.4　促销与女性和儿童 359
本章案例 361
本章思考题 366
本章注释 366

导 言

改革开放30余年来，对中国企业家来说，最重要的一课是"市场"。市场经济和市场法则无情地砸碎了计划经济时代的种种想法和做法，迫使或诱导企业家不断学习、接受和实践以现代市场营销为核心的一整套新观念、新战略和新策略。例如，原先的公司运作只是努力将一个好产品"做"出来，而未意识到任何一个好产品的市场销路和市场地位的背后，还必须有一个开拓市场或打市场的过程，后一过程甚至比"做产品"要难十倍、百倍！中国公司的财务预算中，早先只有"做产品"的费用，而没有"打市场"的费用，结果再好的产品做出来之后往往仍然卖不出去。当看到并探索洋品牌为何能迅速占领市场时，中国的企业家逐步发现了"打市场"的奥秘，也同时发现跨国公司的财务报表中，"打市场"的费用（包括广告费、市场调查、促销、直销费用，等等）居然如此之高，高到令人咋舌，高到望之却步！

1980年以来，中国市场的广告费以全球最高的速度增长，全国广告费总额以1981年1.2亿元人民币为起点，1995年达270亿元人民币，2005年达1416.3亿元人民币[1]，2010年达到2340.5亿元人民币，进入世界广告大国前四位[2]。1996年中央电视台黄金段位的广告招标中，一个5秒的黄金时段最高竟投到6666万元人民币（山东秦池酒）。2012年中央电视台黄金资源广告招标总额达142.57亿元，创下18年来新高，同比上一年增长15.8亿元，增长率达12.5%；其中茅台、洋河和剑南春三杯酒以合计6.56亿元的价格为全国人民进行新闻联播的准点播报；中国银行、工商银行、交通银行、中国银联、人寿保险、平安保险等金融行业投入额增加20%[3]。中国企业家的广告意识之高涨和突起，可见一斑。

在开拓市场中，企业家不能没有广告意识。按国际趋势估计，中国的广告业也还会有更长足的发展。然而，在广告战愈演愈烈的环境中，企业家也更清醒地认识到：不仅仅要卖广告，更要使广告有效。有时把成百上千万元的广告费掷下去，居然不见什么反应，至于几十万元广告费的投入，就更难保不被淹没，连个水花也没有。试问：在激烈的生死竞争中，本小力薄的公司何以为之？就是本土财大气粗的公司，在国外跨国公司的"航空母舰"和强势品牌面前，市场开拓费用又怎能相比？

受《孙子兵法》《三国演义》等优秀谋略传统熏陶的中国企业家，在今日尤其需要市场战略和市场策略，需要"知己知彼"，学而胜之。

西方营销宝库中有许多有价值的东西，中国需要认真学习西方的市场营销（Marketing），最终创立与全球共通的、具有中国文化特色的市场营销。

就经典理论中开拓市场的营销利器而言，先有4P's理论中的促销组合（Promotion Mix或Promotion Combination），包括广告、实效促销、人员推销和公共关系。后来由4P's发展为 4C's，提出了营销传播论（Marketing Communication）。20 世纪 90 年代以来，整合营销传播（Integrated Marketing Communication, IMC）成为趋势和新制高点。基于整合营销传播视角下的促销组合扩展为 6 个或 8 个要素：广告、销售促进、互动营销、事件营销、公共关系/公共宣传、人员推销和直接营销[4]。进入 21 世纪，营销体验（Marketing Experience）上升为核心的追求和方向。体验被看作产品、商品、服务之后的又一关键市场提供物，更被视为未来市场营销的基础[5]。

在国内的文献中，经常见到用"促销"一词来代替"销售促进"一词的情况，甚至混淆了"促销"和"销售促进"的区别。为此，本书建议使用"实效促销"（Sales Promotion, SP）代替原有的"销售促进"一词。一方面，从字面上就可以明确区分"促销"和"销售促进"之间的区别；另一方面，突出销售促进策略的"实效性"。在本书中，以后使用的"实效促销"就是指"销售促进"，其英文缩写是 SP。

实效促销是西方营销思想宝库中使用最为广泛的一把争夺市场的利剑，与广告、公共关系等工具相比，它是更加有利于产生大量和即时销售的营销工具。在发达国家市场，SP 往往是一个比广告运用更普遍、投入更多的市场拓展工具，尤其在经济不景气的阶段，更是如此。然而，如果把 SP 仅当作促进即时销售的工具，其效用就被低估了。世界著名的"整合营销传播"大师唐·舒尔茨教授在他的《促销管理的第一本书》中，将 SP 的作用提高到品牌战略的高度，SP 活动必须与品牌建设战略、与整体营销战略有机结合，并以顾客行为为导向[6]。

尽管从局部而言，SP 的某些工具（如有奖销售、减价等）在国内也早已有之，但企业管理者和营销人员均对其缺乏整体的认识和把握，也缺乏深入策划和科学方法，使 SP 的水准和效果都受到限制。为了使当前及未来的营销管理者能更充分、更自如地运用这一利器，本书针对市场营销专业教学及企业培训的需要，整合介绍 SP 这一争夺市场的有效工具。从专业的角度，培养学生掌握和运用 SP 相关知识、理论和工具的能力，本书在内容上力求融整体性、系统性和实战性于一体，全书包括五部分共 15 个主题，它们之间的逻辑关系及编排方式如图 0-1 所示。

本书主题的意义在于：

并非每一个公司都做广告，但任何公司都需要 SP！并非每一时刻公司都做广告，但公司时时处处都少不了 SP！SP，您不能不知道！

本书不单纯是一本理论性的书，而是一本以理论为指导的实战型教科书。

本书不是一本消闲的书，而是一本注重实效的、解决销售问题的书。

本书不是为所有的人编写的，而是主要为以下两种人编写的：一是置身于市场竞争之中，肩负开拓市场的使命和压力并有心求索的奋进者；二是学习营销和管理专业，准备进入公司实务和市场实战的学生。其他人（如普通消费者、各类管理者）或许都可以从中受益，但不是我们的主要目标。

针对上述目标读者群，本书努力做到的是：

（1）用不断更新的营销理念为指引，系统整合介绍 SP，正确、精辟地引入西方营销思想宝库中 SP 这一重要的营销工具，消除误导和片面性。

（2）突出 SP 的实务操作，提供实战性指导。

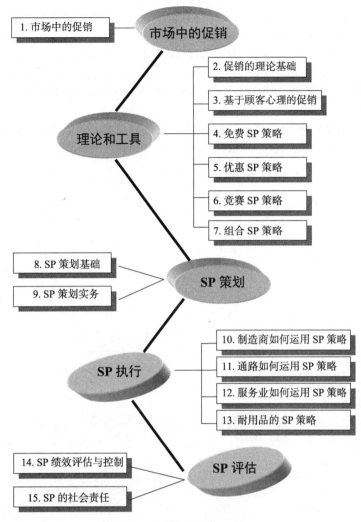

图　本书的结构和内容

（3）强调 SP 的策划和 SP 的效果评估技术，以提升 SP 的实效。

（4）通过区分和阐述不同类型（制造商、经销商、零售商）和不同行业（服务业、耐用消费品等）的 SP，达到最有针对性的效果。

（5）结合经典案例及最新实例，为读者提供启发，帮助理解和想象。

（6）吸收国内外最新的促销理论研究成果，并以模块"促销专论"加以强化，为有兴趣的读者提供进一步学习的线索和新知识。

（7）通过教学案例中虚拟情境描述和互动讨论的形式，鼓励学生查找文献，并结合文献中的概念与理论来思考促销决策困境中的解决方案。

导言注释

[1]　中国广告经营协会. 2005 年中国广告业统计数据报告[J]. 现代广告，2006(4): 38-40.

[2] 刘柱，刘婷. 中国进世界广告大国前四位 去年经营额超 2300 亿[EB/OL]. 2011-04-01. http://news.cntv.cn/20110401/102170.shtml.

[3] 丁蕊. 央视 2012 广告招标预售 142 亿 同比增长 15.8 亿元[EB/OL]. 2011-11-08. http://finance sina.com.cn/g/20111108/200810777174.shtml.

[4] 乔治·贝尔奇，迈克尔·贝尔奇. 广告与促销：整合营销传播视角[M]. 8 版. 郑苏晖，等译. 北京：中国人民大学出版社，2009: 19.

[5] 贺和平，刘雁妮，周志民. 体验营销研究前沿评介[J]. 外国经济与管理，2008, 32(8): 42-50.

[6] 舒尔茨，鲁滨逊，彼得里森. 促销管理的第一本书[M]. 黄漫宇，译. 北京：中国财政经济出版社，2005.

第1章 市场中的促销

引例 趋低消费与促销策略调整

2013年，"可口可乐昵称瓶"的换装营销活动可谓引爆了整个夏日，在凭借杰出创意直接带动销售的同时，更增添了消费者对于品牌本身的认可度和忠实度。这些昵称包括"闺蜜""喵星人""白富美""天然呆""高富帅""邻家女孩""纯爷们""有为青年""文艺青年""小萝莉""积极分子""月光族"等十几种。与此前在澳大利亚和英国市场单纯地将常见名字印到瓶子上的做法不同，这次可口可乐公司使用在主流社交媒体上非常流行的网络昵称。因为中国文化背景下，消费者内敛的特点，使得年轻人喜欢相互在线上和线下取昵称，并使用这些特定的昵称表达自己的赞赏。

2014年，尝到甜头的可口可乐公司再次掀起了换装热潮，推出了由全球数字营销代理商安索帕为其设计的"可口可乐歌词瓶"。2014年5月19日，可口可乐公司在其官方微博宣布"歌词瓶"正式上市，并开启了"专属歌词瓶"的个性化定制活动。"歌词瓶"活动把中国最为流行和深受人们喜爱的歌词印制在瓶子上。人们可以扫描每个瓶身上的二维码，观看一小段音乐动画，并在社交媒体上进行分享。

结合昵称瓶的推广经验，可口可乐公司发现意见领袖对于创意解读和分享的重要性。为此可口可乐歌词瓶在上市前向超过400位媒体、广告、娱乐界大拿和社交红人（如周杰伦、林俊杰、潘石屹等）发出印有他们名字且符合他们境况的各种歌词瓶。这些达人在微博上的自发分享，使公众熟悉创意，创造期待。如潘石屹在微博上晒出送给任志强的定制版"由我们主宰"的可乐瓶，引发了这两位备受关注的明星企业家的幽默互动，然后再通过社交媒体引发活跃粉丝的跟进，进而利用社交媒体的扩散作用影响到了更多大众消费者。而在歌词的选择上，也都是选择时下最热门的歌手和他们的热门单曲里最具认知度和情感色彩的，因而很容易就能吸引粉丝们眼球。歌词瓶共计有51款，涵盖不同的应用场景，而且非常具有正能量，感情充沛，充满青春活力。

为扩大活动影响力，可口可乐公司进一步通过与人人网合作，于高考季、毕业季和开学季一系列活动相继展开，互动性强而且巧妙地利用了线上与线下互动各自的优势，吸引了大量的目标受众参与。例如临近高考，可口可乐公司在多个城市的考场外为考生派发特制歌词瓶，为考生加油。可口可乐公司针对高考精选了几款歌词瓶，希望家长与考生可以分享，缓解他们的紧张心情，拉近彼此距离，让每个考生家庭都能有个温情励志的高考季，为考生们加油。"加油""超越自己才是成功""听妈妈的话"等应景的歌词印在瓶身，"会唱歌"的可口可乐化身成为含蓄的中国父母与考生间的情感使者。可口可乐公司还很贴心地为在高考现场外等候的家长们送上冰凉解渴的可口可乐，尤其是瓶身上印着"说一声加油一切更美好""我相信明天"等充满鼓励与祝福的歌词，受到了家长们的热烈欢迎，争相为子女们也拿上一瓶，讨个好口彩。除了现场派发，可口可乐公司还在网络平台发起"为高考生加油"的活动，向全国的考生送去祝福。参与者只需在网站留下考生信息和寄送地址，考生们都可以免费获取可口可乐"加油瓶"，为高考加油祝福。

销售数据显示，2014年5—6月，"歌词瓶"促使公司整个汽水饮料的销量取得10%的强劲增长。截至9月12日，歌词瓶引发的社交媒体互动量达260万人次；在媒体报道方面，电视及网媒、纸媒关注较上一年的昵称瓶分别上升了73%和8%。

（根据可口可乐官方微博 weibo.com/cokechina 提供资料整理）

在中国市场上，自1998年开始，实效促销（SP）就成为一个持续的热点主题。一本反映中国营销实践、获得高度认同的代表性杂志《销售与市场》，其内容主题的变迁从侧面反映了中国企业营销实战重点的变化[1]。从本章引例中，我们可以看到作为一种经典的营销工具，促销在企业整合营销传播战略中的重要作用。

1.1 SP与广告

SP与广告是促销活动的两大工具，在促销费用的分配上，二者互为最主要的竞争性因素。正确地理解SP与广告的关系对企业具有重要的意义。

1.1.1 SP与广告的不同

营销中SP与广告的作用并不相同，二者在使用的技术和营销目标上存在明显差异。

（1）广告传播商品销售的信息，给消费者提供某种购买的"理由"。SP则是在某一特定的时间里提供给消费者某种购买的激励。这种激励可以是金钱，可以是商品，也可以是一项附加的服务。

（2）广告通常都是作长程考虑。广告并不寻求消费者立即的反应，其目的是要养成消费者对品牌的长期忠诚度。SP则是为了立即反应而设计的，针对的是短期的行销效果，所以通常都有限定的时间和空间。

（3）广告通常用于为某产品建立品牌形象，追求认同和心理崇拜。SP是行动导向，只追求瞬时的诱惑，其目标是即时的销售增长。

（4）广告要追求有形和无形的（诸如品牌形象的认同与崇拜等）价值，会对品牌增加某些知觉的价值。SP不创造无形的价值，只增加产品销售上的实质的价值。

（5）SP与广告对品牌产生的作用不同。在建立品牌知名度，将品牌在竞争中定位方面，以及为品牌建立某种形象方面，通常广告的效果更好。SP在刺激消费者试用品牌方面，比广告更有效。在为一个品牌改善配销，以及促使消费者大量购买某品牌方面，SP远比广告效果好。

1.1.2 SP与广告的互补作用

促销的成功通常是SP与广告共同作用的结果，而并非各自单独的效果所致。两者合用比起只使用其中一种，效果有很大的差异。例如，新产品上市时，广告与免费试用品的提供，可以产生非常好的互补作用与相乘效果。又如，胶卷的广告与摄影比赛，不但有短期的促销效果，更可以提高消费者的兴趣而引起他们对品牌的好感。

SP与广告的互补作用还表现在当两者联合运用时，会产生比两者单独使用的效力更大的作用。图1-1是对某商品的广告主所作的为期18个月的一项测试结果。研究者以几种不同的方法去操纵广告与SP活动，然后再去测量每一项的效果。如图1-1所示，在该品牌的基本营业之外，广告能增加销售量，SP也能促进销售量的增加，尖峰销量的达到是广告与SP联合作用的结果。

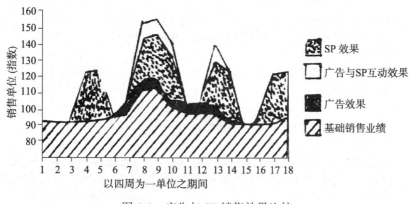

图 1-1　广告与 SP 销售效果比较

1.1.3　正确运用 SP 与广告

在某种意义上说，广告是战略性的，SP则是战术性的。企业在追求长远利益的时候要更注重广告行为，而在追求短期刺激、短期市场效果时则可更注重SP。

（1）企业在策划促销活动时，应该充分了解广告与SP的作用的强弱，以获得最好的效果。尤其是，正如前面已提及的，公司不能忽视SP与广告因互补和协同作用所形成的合力。

（2）不同的企业在不同的时期面临着不同的选择，不可一概而论。即不应把广告与SP等同化，也不应由于区分上的困难而运用广告谋求短期市场效应（尽管SP的信息往往要通过广告传播开来）。在近20年中，SP与广告同呈增长趋势，SP增长的幅度（12%）大于广告（9%），说明在竞争激烈的环境下，企业更为追求短期的效益。在整个期间，SP呈较稳定的增长趋势，而广告却呈阶段性的增长，说明企业在追求短期效益的同时日益注重对形象的建立和追求。

（3）对企业来说，最理想的方式是以广告来攻占市场、建立品牌忠诚度，而使消费者有长期的信心。但是市场状况及行销战略并非如此简单，企业的品牌不一定是优势品牌，有时不得不使用较直接的促销方式去与优势品牌竞争；或者，为了要争取零售店货架空间，不得不使用SP来提高本品牌商品的回转率，以博得零售商的配合；或者，对商品的冲动购买占了消费者行为的大部分，必须靠SP来增加销售量。总之，在许多情况下，SP是必需的手段。表1-1中体现的是促销对广告效果的作用，供读者参考。

表 1-1　促销对广告效果的作用

	相反作用	补充作用
减价优惠	减价优惠会破坏品牌的品质印象。过多时会引起消费者的怀疑而降低品牌忠诚度。要设法降低此相反作用。减价必须要利用特殊的时机，如节日、周年、销售突破100万件等	几乎没有
折价券	折价券会破坏品牌形象，尽量以特定对象及折价券本身的价值感来减少相反作用	报纸或杂志上的折价券可以提高对广告的注目率。邮送的折价券可附带商品信息
退款优惠	这也是一种减价方式。要减少相反作用，需提升退款券的水准，使其具有高级感	广告加上退款券可以鼓励零售商进货
赠品	价值太低的赠品会引起消费者的反感，没有创意的赠品会增加品牌的不良印象。赠品应视为品牌性格的一部分来处理，以避免反作用	很难以广告来诉求商品差别化时，可以用赠品来当作差别化的工具
抽奖	可以创造立即的促销效果，但未获奖的广大消费者，可能产生挫折感，而影响对品牌的偏好	商品广告加上令人心动的抽奖活动，确实会提升消费者对商品的了解及兴趣
猜谜	刮刮看、对号码等立即性的游戏主要是寻求短期效果，对商品形象没有大帮助，但因其有趣味，也不会破坏形象	问答式的猜谜，可以增加对商品的了解
竞赛	竞赛因为要用到智力、体力或技巧，所以不像抽奖只凭运气，令人有不劳而获的感觉。但是竞赛只能限于特定的对象，无法普及	竞赛结果的发表，可以加强商品广告的诉求（如命名比赛，可迅速为品牌提高知名度并可增进对商品的了解）
持续购买激励	即使没有奖励办法，忠实的购买者也会继续购买。而一般大众比较喜欢立即报酬，因此用此方法来维系品牌忠诚度，不一定比广告有效	以广告来提高形象为目标时（如航空公司的形象广告）可用此方法来帮助行销（如飞行满1万公里可获得一张免费机票）
免费样品	很少起到反作用，但因费用太高常会影响广告预算的分配，故散发时必须控制数量及对象	广告加上试用机会，会使效果加倍

微案例 1.1　雷芝促销奖

法国戛那国际广告金狮奖（Cannes Award）和美国基奥奖（Clio Award）是世界广告大奖；而促销活动的最高荣誉，则是美国促销广告协会（Promotion Marketing Association）主办的雷芝促销奖（Reggie Award）。

雷芝促销奖自1983年设立以来，已有30多年历史。雷芝促销奖分行业设置，在每个行业都设置了金奖、银奖和铜奖，授予那些在促销与整合营销方面表现优异的公司。超级雷芝促销奖（Super REGGIE）的获得者从分行业的雷芝促销金奖获得者中产生。作为业内最受尊重的奖项，雷芝促销奖的评选标准是能有效地提升品牌、刺激消费者及促进销售。

荣获2011年最高荣誉雷芝超级奖的是美国沃尔格林公司（Walgreen）与李奥·贝纳公司（Leo Burnett）报送的"Arm Yourself for the Ones you Love"广告活动。在2010年，该活动使500万名顾客从沃尔格林的零售药店获得了流感疫苗。这一数字比上一年多出了400万。沃尔格林公司的使命是帮助人们过上快乐生活。他们希望自己被视为一个便利性健康护理服务提供商，而不仅仅是一家药店。

NU SKIN（如新集团）则凭借"年龄我做主全球挑战赛"等ageLOC产品市场营销活

动,荣获"跨国促销/全球促销"项目类别中雷芝奖铜奖。NU SKIN 与纽约 Don Jagoda Associate 公司(DJA)合办了这个跨越近 50 个国家的挑战赛。该挑战赛挑选出 NU SKIN 遍布全世界的销售人员使用 ageLOC 产品后的新面孔,展现出 NU SKIN 突破性的抗衰老科研成果及 ageLOC 创新抗衰老产品的真实效果。挑战赛的评选是以参赛者相片中的外貌与实际年龄的差异及其他规则为标准的。在为期 12 周的活动中,共有 1500 件作品参赛,产生了近 300 位地区性的得奖者。

(来源:美国促销广告协会网站.http://www.pmalink.org/)

1.2 SP 趋势

1.2.1 SP 大趋势

在国际上,SP 是一种成熟的营销工具,是开拓和占领市场的强有力武器,也是一股巨大而持续的商业浪潮,试看:

(1)根据美国促销广告协会的数据,2004 年,在美国,各种产品的总促销费用达到了 4280 亿美元,约占当年 GDP 的 3.65%[2]。

(2)据《亚洲华尔街日报》报道,2003 年通用、福特、戴姆勒-克莱斯勒每辆汽车的促销费用一般在 2000~4000 美元,日本汽车促销费用最高的本田每辆为 1500 美元,尼桑每辆 500 美元左右[3]。

(3)有数据表明,在荷兰,超市的销售额有 24%是有某种促销的支持,同样的情况也发生在英国和西班牙。而在美国,这个数字接近 40%[4]。

(4)据美国市场研究调查资料显示,20 世纪 90 年代每一个美国家庭每年所收到的直接信函超过 500 张以上。美国市场上,商家每年用于"邮寄赠品"的促销费用超过 6.4 亿美元。

(5)2007—2011 年,只在打折期间购买服装的美国人比例从 16%上升至 23%。而年收入超过 15 万美元的人群中,这一比例更是翻了一倍[5]。

(6)2001 年,零售商仅把占库存 15%~20%的商品以"推广价"出售;而 2010 年,这一比例已经上升至 40%~50%[6]。

(7)据北美专门提供折价券的高朋网(Coupons.com)判断,2010 年北美折价券市场总值高达 3320 亿美元,仅该公司网站即平均每个月吸引逾 1950 万人次点阅,每年提供超过约 30 亿张折价券,预估兑换总价值达 33 亿美元。该公司 2011 年上半年兑换总价值已达 20 亿美元[7]。

(8)营销者分配在媒体广告上的很大一部分用于传递关于竞赛、游戏、抽奖和折扣等促销信息的广告上,这一数据约为 17%。促销信息同时使企业形象建设广告更具吸引力[8]。

国际性的趋势是 SP 费用在全部促销费用中的比例越占越大,甚至比广告费用还高出许多。10 年前,广告与促销的比例大约是 60:40。如今,在许多日用品行业,促销占两者之和的 75%(大约 50%是贸易促销,25%是消费者促销)。促销开支近 20 年来逐年增长,尽管近年来增速有所下降[9]。美国包装类消费品企业每年用于交易促销的费用就超过 750 亿美元,相对于用于广告的每年约 370 亿美元,这一数字令人惊讶[10]。

作为全球实力最强的快速消费品企业的最大的广告主，宝洁公司在电视、电影、报纸等传统媒体大量投入广告和明星代言。据 CTR 的数据统计，2011 年，宝洁中国以 341 亿元的广告花费稳居中国广告主首位，全面超越欧莱雅和联合利华。2012 年年初，宝洁宣布进行变革：将用于传统媒体的广告预算维持在合适水平，进一步加大数字营销的投入。同年，在线广告投入同比增长了 130%；各个品牌的广告投入中在线广告的份额均达到了 10%～20%。广告效果也同样显著。比如，宝洁 20 多个微博账号几乎每一个的粉丝数目都远超同行。宝洁全球市场与品牌建立官 Marc Pritchard 指出，电视广告一般只有 30 秒，但是消费者消耗在网上的时间远远超过 30 秒，这代表他们得增多和消费者接触的时间，也更有机会了解消费者的需求。因此，宝洁会投入更多资源到线上市场。宝洁中国在传统媒体营销和数字媒体营销的费用、资源、人力等方面的投入已经达到 9∶1。例如，到 2012 年年底"达人秀"节目告一段落，海飞丝实力擂台共获得超过 2000 万次访问，其中独立访问用户达到 600 万名以上。算上第四季达人秀约 3600 万的总收视人数，海飞丝实力擂台的访问次数占到了电视观看人数的 57%。其中一半以上的电视观众在通过社交媒体与品牌互动。海飞丝实力派的账号粉丝数目在两个月内增长了 10 万名，总互动量达到 2400 万次，在宝洁集团品牌活跃度排名第一。再如，同年 11 月宝洁与优酷网合作，推出了微电影《小幸感》，上映短短 1 个多月即创造了 4000 多万的收视。其中所诠释的善于享受生活中点滴幸福的生活方式更是引爆了超过 30 万的网络热议。

而在国内，SP 也已经成为消费者日常生活中不可或缺的一部分，它极大地影响着人们的购买行为。例如，阿里巴巴集团的淘宝商城从 2009 年 11 月 11 日开始仿效美国的"黑色星期五"（Black Friday）与"网络星期一"（Cyber Monday）推出"双十一促销"。如今，这个原本为光棍们准备的节日，已经演变成为全中国消费者（甚至包括海外消费者）的一场促销盛宴。其销售额从 2009 年的 5200 万元一路飙升到 2014 年的 571 亿元。这些为促销而疯狂的消费者在天猫电器城抢购了超过 180 万台手机，堪称销售奇迹。与美国的消费者略有不同，中国的消费者已经开始逐渐转向使用智能手机进行网购。2014 年双十一淘宝销售额中手机支付占 42.6%，达 243 亿元，比上一年增长 358%。而美国 2013 年"网络星期一"的促销活动中手机支付仅占 17%，比上一年增长 6%。

1.2.2 何谓实效促销

本书使用"实效促销"（Sales Promotion，SP）代替原有的"销售促进"一词，目的是与其他促销方式相区别。在西方商界，SP 是最常用的缩略词之一。

不同的公司、学者对 SP 有着不同的阐释。美国市场营销学会（AMA）对 SP 的定义是："人员推销、广告和公共关系以外的，用以增进消费者购买和交易效益的那些促销活动，诸如陈列、展览会、展示会等不规则的、非周期性发生的销售努力。"这个定义区分了 SP 这种活动与人员推销、广告和公共关系的不同，并且说明 SP 活动的不规则性和非周期性的特点。在 AMA 的定义中，SP 被视为与人员推销、广告、公共关系相并列的四大基本促销手段之一，是构成促销组合的一个重要要素。在现实的销售活动中，SP 由用以刺激和强化市场需求的花样繁多的各种促销工具组成，这些工具的主要作用是刺激消费者迅速作出购买决策。国际营销大师菲利普·科特勒在其经典的《营销管理》教科书中指出:"实效促销是短期的奖励工具,主要用于刺激消费者试用,或者鼓励消费者或商业用户更快更多地购买特定的产品和服务。"[11]该定义不仅强调了 SP 在激励购买者迅速作出购买决策方面的作用,也强调了 SP 在激励购买者大量购买方面的有效性。在《广告与促销:整合营销传播视角》一书中,作者乔治·贝尔奇和迈克尔·贝尔奇也强调 SP 在刺激立即购买方面的特点,在该书中,SP 的定义是:"为销售团队、分销商或最终消费者提供附加价值或激励作用的直接诱因,主要目的是使销售量迅速增长。"[12]在这一定义中,明确提出了 SP 这种营销活动对象,或者说是激励的对象是销售队伍、分销商和最终消费者。

一位 SP 代理公司的总经理兼美国《广告时代》期刊专栏作家 A. 罗宾逊在 1982 年 9 月曾给 SP 下定义为:"SP 是对同业(指中间商)或消费者提供短程激励的一种活动,以诱使其购买某一特定产品。"其中,短程激励(incentive)成为 SP 策划中的关键性要素。可见,无论是学者还是营销实践者,对 SP 的认识存在三个共同点:一是存在短期刺激或激励;二是激励的对象是销售的中间环节,或最终消费者;三是激励的目的是立即购买或立即大量购买某一种商品或服务。

因此,狭义的 SP 的定义应为:"在给定的时间及给定的预算内,在某一目标市场中所采用的能够迅速产生激励作用、刺激需求、达成交易目的的措施。"

在界定 SP 时,要注意避免两个误区:

一是认为 SP 就是促销活动的全部。其实 SP 只是与人员推销、广告、公共关系相并列的四大基本促销手段之一,只是构成促销组合的一个重要方面,并非全部。

二是对 SP 活动和广告活动不加区别。国内的很多企业将 SP 的费用混同在广告费用里,而没有像国际上的公司那样,在营销管理中将广告与 SP 尽量区别开来,并分开管理。SP 与广告是两种不同的促销工具,两者的特征、出发点、目标和效果都有所区别。因此,应该从营销策略上加以区别使用,协同配合,以达到更好的营销效果。

从 SP 的定义中我们不难归纳出 SP 的以下特征:

(1) SP 通常是作短程考虑,是为了立即反应而设计的,所以常常有限定的时间和空间。

(2) SP 注重的是行动,要求消费者或经销商亲自参与,行动导向的目标是立即销售。

(3) SP 工具具有多样性,SP 由刺激和强化市场需求的花样繁多的各种促销工具组成。现今的 SP 活动已比以往的折扣、商店内示范样品、赠券、产品配套竞赛、抽奖、以赞助为目的的专门性音乐会、交易会、购买点陈列等方式有了更加丰富多彩的内容,还出现了联合促销、服务促销、以顾客满意为目的和标准的满意促销,等等。

(4) SP 在特定时间内提供给购买者一个激励,以诱使其购买某一特定产品。通常,此激励或为金钱,或为商品,或为一项附加的服务,这成为购买者购买行为的直接诱因。

(5) SP 见效快,销售效果立竿见影,增加了销售的实质价值。

总之,SP 的最大特征在于它主要是战术性的营销工具,而非战略性的营销工具。通常,它提供的是短期强刺激,会导致消费者直接的购买行为。

较原始的 SP 活动或可追溯自 19 世纪末。1853 年 6 月,美国有一家经营帽子的商店,曾做过这样的促销活动:凡在该店购买帽子的顾客,均可享受免费拍摄一张戴帽子的照片,作为纪念。当时照相机还不普及,顾客对出示戴帽子的照片给亲友们欣赏感到自豪。因此,活动一开始，就招揽了大批顾客，有的顾客甚至来自数十公里外的远方，大有欲罢不能之势，这就是 SP 功能的发挥，其方法既简单又有幽默感。

1966 年，美国一家生产包装品的公司，在其产品包装上印上幸运号码，欢迎消费者购买其产品，经公开抽奖，中奖者可终生享有每月 100 美元的奖金，此信息不胫而走，得到了大众热烈的反应与欢迎。

以上两例 SP 活动，虽在构想上有所不同，但其实质上均属于附带赠送的方式，以附带赠与的优惠形式，从本质上却是诱导消费者注意产品，引发兴趣，这就是 SP 的原意。

在 20 世纪 60 年代的美国，SP 的做法得到了广泛的运用，据 Printer's ink 统计，当时美国最常见的 SP 活动有以下几种：竞赛（contest）与抽奖（sweep stakes），随货赠品（premium），折价券（coupon）与免费样品（free samples）、退款优惠（refund），等等。

20 世纪 80 年代，在美国市场上，SP 按促销费用的八大主要范围及比例是：
（1）会议（Meetings and Conventions）　　　　　　　　30%
（2）广告信函（Direct Mail）　　　　　　　　　　　　17%
（3）赠品等激励（Premium）　　　　　　　　　　　　16%
（4）POP 店头陈列（Point of Purchase Display）　　　 12%
（5）促销广告（Promotion Advertising Space）　　　　 8%
（6）印刷品（Printing）、视听及杂项　　　　　　　　 8%
（7）商品展示（Trade Shows and Exhibits）　　　　　　6%
（8）折价券（Coupons）　　　　　　　　　　　　　　3%

 促销专论 1.1　实效促销趣史

广告有一段悠久而迷人的历史，并且不论是好是坏，它都对我们的文化产生了重大的影响。广告在一个多世纪的时间里给消费者带来了娱乐、感动和激励，同时许多广告中塑造的形象已成为文化偶像。然而，实效促销同样拥有一段非常丰富和有趣的历史。营销商在过去的一个世纪中发展并使用了多种多样的方法，作为提供给消费者使用其产品和服务的额外激励。今天仍然激励着消费者并且成为消费者日常生活的一部分的实效促销形式中，有许多已经存在了一个世纪，甚至更久。

历史最悠久、使用最广泛并且最有效的促销工具要数打折优惠券了。优惠券最早出现在 1895 年，宝法公司（C. W. Post）首开先河使用打折优惠券来销售它新的 Grape Nuts 牌提子麦片。从 1920 年开始，宝洁公司就使用了优惠券，它的第一种优惠券是可以打折或买一送一的硬币。硬币很快就被更加便宜并且更加方便的纸质形式所取代，直到现在我们仍在使用这样的形式。另一种经典的促销工具是提供赠品。它可以追溯到 1912 年，Cracker Jack 爆米花推出了"每盒有奖"的形式。阿华田麦芽饮品在 1930 年推出了首个互动赠品。它分发了许多解码环，密码则隐藏在 20 世纪 30 年代流行的广播剧《孤女安妮》（Little Orphan Annie）中。也许没有哪个企业像麦当劳的赠品发放这样富有成效，它在 1979 年推出了"开心乐园餐"，并一直延续到现在。

营销商对消费者开展促销计划也已经拥有了相当长的历史。宝洁公司是最先大范围使用事件赞助的公司之一。1925年，宝洁公司的公关顾问为象牙（Ivory）香皂举办了一个全美肥皂雕刻大赛。早期的比赛主要突出专业雕塑家利用500～1000磅的大块肥皂进行的大型作品。到了1934年，比赛突出的是有近4000名雕塑家参与，并吸引了超过2.8万名观众前往纽约的洛克菲勒中心观看。比赛曾一度吸引了高达8000名的参赛人员接受全国的评判，其中有数千名来自本地。截至1961年比赛结束的时候，活动使得产品销售额增长了数百万美元，同时也使象牙香皂成为宝洁帝国的基石。

第一辆Oscar Mayer的"香肠汽车"Wienermobile于1936年出现在街头。公司创建者的侄子想出了这个方法，将13英尺长的热狗装上轮子。不久这辆车就被开上了芝加哥的街头，用来推广Oscar Mayer的德国风味香肠。70年后，经过7次升级，现在的"香肠汽车"可以形成一个车队在美国的公路上巡游，其他国家也将著名的香肠广告歌曲演绎出了21种不同的版本，这无疑帮助了该品牌的推广。百事是另外一个在路上进行促销活动的公司，它于1975年推出了著名的"百事挑战"活动，这个活动至今仍然是最成功的吸引竞争对手消费者的促销活动之一。百事使用了一个强有力的促销活动来与它的竞争对手及行业领导者可口可乐进行对抗——让消费者在看不见的情况下品尝两个品牌产品的试验。百事曾将这项挑战性的促销活动进行了将近十年，2000年它又重新开展了这项活动，并且至今仍然在使用它。

竞赛和抽奖活动同样有一段有趣的历史。皮尔斯勃瑞公司在1949年举办了第一届烘焙大赛。其广告代理公司希望借这次比赛来庆祝公司的80岁生日，并邀请家庭主妇来分享她们珍藏的食谱。比赛的反响十分热烈，所以皮尔斯勃瑞公司决定在随后的几年中继续举办比赛。于是，烘焙大赛成为一种习俗，也成了全美最有声望的厨艺比赛。每年比赛中许多获胜的食谱都成为家庭烹饪中的保留菜式，并为皮尔斯勃瑞公司带来了产品创新的思路。

最成功且持续时间最长的抽奖活动之一要数安海斯-布希公司在1989—1999年举办的百威碗（Bud Bowl）促销活动，它也是公司超级碗橄榄球赛广告活动的一部分。这个活动以百威啤酒和百威淡啤的瓶子为主角，它们在真正的比赛中不停地奔跑，玩着自己的橄榄球比赛。这场瓶子之战给观众一个赢得最高100万美元现金的机会，就是在包装内的一张游戏卡上竞猜每节比赛之后现场的分数。这个促销活动为安海斯-布希公司从零售商那里获得了额外的售点促销机会，最终在超级碗比赛的前一周就获得了20%的销售增长。

麦当劳还运用了闻名世界的大富翁比赛（Monopoly Board Game），并将这个比赛变成一个长期的、极为流行的比赛。麦当劳第一次举办大富翁比赛是在1987年，它累计获胜的方式和大奖的诱惑使消费者产生了巨大的兴趣和热情，并且这对于产生重复购买非常有效。麦当劳从1991年起将这个游戏变成每年一次，同时在每一年通过增加新的伙伴和奖励来对游戏进行调整，并通过新的循环玩法如"反转摸到奖"等方法，将游戏变得更加复杂。2004年，麦当劳第一次将这个流行的游戏放到互联网上，同时在饮料杯和薯条盒上的游戏卡上印上密码，让消费者可以通过它进入特定的网站，从而有机会赢得电子产品和可下载的奖品。2006年，公司还在游戏中加入微型网站和博客的组件，给那些大富翁游戏的铁杆玩家一个讨论他们搜索500万美元大奖的机会。

另一个具有历史意义的促销活动是美国航空公司 1981 年实行的 AAdvantage 常旅客计划。这个计划创立了一种新的潮流，并且为忠诚度营销设立了黄金标准。现在，美国航空公司已经拥有超过 5000 万会员，也拥有稳定的合作伙伴，可以为消费者提供 AAdvantage 英里数作为激励，鼓励消费者购买其产品和服务。忠诚计划同样在其他许多行业中变得十分流行，如酒店业、汽车租赁行业和零售业。

在这里讨论到的许多营销者都是促销活动的先驱，因为它们找到了富有创意的方法，在消费者购买它们的品牌时给予他们额外的激励。多年以来，在这些促销活动中取得的成功在消费者身上产生了巨大影响，同时也被竞争者所效仿。这些促销活动表明，并非只有广告才是拥有丰富而有趣历史的整合营销传播工具。

（资料来源：乔治·贝尔奇，迈克尔·贝尔奇. 广告与促销：整合营销传播视角[M]. 8 版. 郑苏晖，等译. 北京：中国人民大学出版社，2009）

1.3 SP 的分类

SP 的分类方式有许多种，其中最有意义的分类依据有以下两种。

1.3.1 按实施 SP 的主体分类

根据实施 SP 的主体不同，由制造商主导的 SP 活动属于制造商 SP，而由零售商主导的 SP 活动则称为零售商 SP。其中，制造商 SP 又可根据 SP 的对象不同，进一步划分为销售人员 SP、消费者 SP 和经销商 SP 三类，如图 1-2 所示。

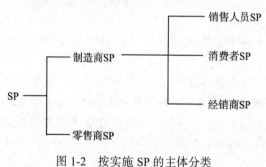

图 1-2 按实施 SP 的主体分类

1. 制造商 SP

（1）销售人员 SP 是制造商针对销售人员的 SP 活动，通常是为了鼓励销售人员对某品牌作额外的销售努力，在各零售店中得到特殊陈列或者仅是对他们的顾客宣传某品牌。这方面的内容主要涉及营销组合中的人员推销。

（2）消费者 SP 是制造商举办的直接针对消费者的 SP 活动。其根本目的是诱使消费者，促使其直接购买某品牌。典型的目标是：使目前使用者增加使用量；使潜在顾客从其他的品牌转变为本品牌的使用者；或者是使现有消费者开始使用某一新品牌。具体的促销策略有：折价券、免费赠送样品、竞赛与抽奖、减价优待和赠品，等等。

（3）经销商 SP 是指制造商向零售商或其他分销机构、经销机构举办的 SP 活动。其目的一般是为获得或增加某品牌的配销，或者为鼓励零售商在店中作某类特别的销售活动。具体做法包括折让、合作广告、店头宣传、销售竞赛、联合促销，等等。

2. 零售商 SP

零售商直接针对消费者的 SP 活动，称为"零售商 SP"。具体的 SP 活动主要涉及四方，即消费者、制造商、经销商和零售商。这四者之间的关系可以用图 1-3 表示。

制造商可以与零售商在某次促销活动中联合在一起，共同策划，称之为"联合促销"。例如，某快餐食品将其折价券印在某种碳酸饮料的包装上，带动二者的销售。又如，航空公司与旅游公司、宾馆、购物超级市场联合，顾客只要走进其中的一家，就可能在各个环节上都享受优惠。

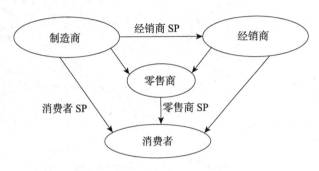

图 1-3 制造商、经销商、零售商和消费者 SP 的关系

从策略意义上说，通过拉动最终消费者立即购买的拉式 SP 与通过促进经销商和零售商立即大量销售的推式 SP 都是制造商营销策略的重要部分。经销商 SP 属于制造商营销努力中推式策略的构成部分，而消费者 SP 则是卓有成效的拉式策略之一。经销商 SP 和零售商 SP 相对于制造商而言，属于通路 SP。表 1-2 细述了三种 SP 分类中各种 SP 的促销工具。

表 1-2 各类 SP 的促销工具

零售商 SP	经销商 SP	消费者 SP
减价优待	特定商品津贴	折价
商品展示	广告津贴	免费样品
免费样品	陈列津贴	退款要约
零售商型折价券	经销商折扣	兑换印花持续计划
竞赛与抽奖	销售竞赛	事件营销
赠品	……	酬谢包装
……		……

1.3.2 按 SP 工具分类

在现实的销售活动中，SP 是由刺激和强化市场需求的花样繁多的各种促销工具来实现的。这些促销工具可以根据所采用的技术手段的激励性质，归纳为免费类（Free）、优惠类（Save）和竞赛类（Wins），加上组合类（Mix），共有四大类型，如图 1-4 所示。

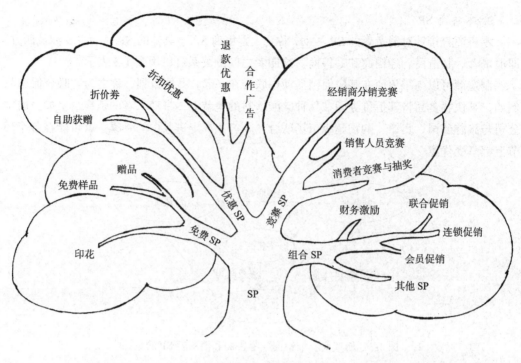

图 1-4　SP 工具树

1.4　SP 的价值

美国营销公司（Marketing Corporation of America）总裁 J. R.麦马纳说："今天，一般公司对创造产品必需的材料、人力等的了解，大致均已成型，唯一能改善的只剩下如何将产品营销到市场上的技巧。"曾任美国促销广告协会主席的 A. 罗宾逊则说过一句重要的话："广告创造了有利的销售环境后，SP 就可以将商品推进输送管中。"这种说法简单而明了地说明了 SP 推动销售的价值。

1.4.1　为什么 SP 费用不断增长

SP 费用的不断增长与当今市场环境的变化有关，原因主要包括以下几点[13]：

第一，促销行业逐渐成熟。熟练度的提高与更具战略性的角色使 SP 在许多公司的整合营销传播计划中的作用有所提高。过去，SP 专家仅仅在关键战略制定好后才会介入，SP 仅仅是属于营销战术层面的事情。现在，一些公司已经将促销专家视为品牌建设战略团队的一部分。与此同时，专业的促销策划与执行公司迅速增多，并且扩展着能力与专业素质。

第二，促销的敏感度增强。一般而言，广告与公共关系在建立和巩固品牌形象方面有各自的优势，但是，随着广告数量的不断上升，而公关活动又难以在短时间内奏效，SP 作为实现短线速销的工具，自然成为许多商家的选择。此外，随着 SP 策略的普及，消费者对 SP 策略的认知度提高，对各种 SP 工具也开始越来越敏感，如果商家不能推出对消费者真正有价值的促销商品和价值，SP 策略依然会打折扣。因此，商家在运用 SP 策略过程中，不仅需要推陈出新，不断探索新的促销手段，而且需要投入的经费也会因此而上升。

第三，品牌忠诚度降低。随着市场竞争的日益全球化，不仅产品之间的差异性越来越小，消费者可选择的品牌也越来越丰富，这必然导致消费者对品牌的忠诚度下降，以及消费者对产品和品牌的价格敏感度增加。厂商在推广自己的产品、服务和品牌时必须更加努力才能吸引消费者购买。SP 一般可以通过让利达到目的，因此，有时会比较有效。

第四，零售商权力不断增强。其原因主要为三点：一是零售商规模及购买力的增长，生产商不得不更多地依赖零售商，并按其规范行事；二是新的信息技术（包括信息收集方法、信息传输方法、信息分析方法）的广泛应用，这使零售商成为先进信息技术的迅速采纳者和热心使用者，进而使其变得更专业，拥有了更强的渠道权力；三是零售商越来越重视营销思想和方法的运用，把目标瞄准顾客的需求，并且拥有足够的市场营销专业技能来成功地满足这些需求，使消费者从品牌忠诚转向商店忠诚，使权力进一步增加[14]。权力日益增强的零售商要求生产商更多地展开促销活动，吸引消费者。

第五，传统上认为对零售商有更大好处的促销活动至少同样有益于生产商：交易促销的存在不是因为强势的零售商掠夺了生产商的利润，而是因为在一个竞争性的市场上，交易促销对生产商而言是一个最优的选择；消费者促销降低了消费者的价格敏感度，但同时增加了基本需求量。

第六，SP 是非定期、非例行的促销活动，它侧重于引导买主采取直接的购买行动，厂商容易控制。相比之下，人员推销在很大程度上受制于对方，对广告、媒体也很难控制，而 SP 有其优势所在。此外，一些企业的营销管理者认为 SP 是实现短期销售的最有效途径，出于对短期利益的追求，也会比较倾向于使用 SP 策略。由于 SP 策略比较灵活，在应对竞争者方面也有其独特的优势，在某些情况下，通过有效的 SP 活动可能会抵消竞争者的进攻，当然需要的费用也会因而上升。

1.4.2 SP 能做什么

一般而论，SP 能达到以下五个基本目的。

1. 加速新产品进入市场

当消费者对刚投放市场的新产品还未能有足够的了解和作出积极反应时，通过一些必要的促销措施可以在短期内迅速地为新产品打开销路。比如，让消费者免费试用新产品样品，以引起消费者对新产品的兴趣和了解，从而提高其重复购买的频率。因为 SP 技术旨在对消费者或经销商提供短程的激励，所以试用新的产品通常只是初步的试用，为了给该产品建立长程以试用新的产品通常只是初步的试用，为了给该产品建立长程的销售，还需要为消费者提供所承诺的各种利益。

2. 劝说消费者重复购买

如果产品交付了承诺的利益，SP 就能引发再购，这可以建立起消费者的购买习惯。例如，一个持续的 SP 计划，设法要求消费者换取赠品，鼓励重购，以至于形成购买习惯。因此，SP 计划提供再购的激励，使推广的项目对消费者的反应能够落实。

3. 鼓励消费者增加消费

已确定的产品，通过 SP 而指明新用途，常会增加消费者对该产品的兴趣，从而提高消费量。例如，要发展并推广一种新的烹饪法，该法需以某产品作为原料，这就可以采用 SP 技术：将这种烹饪法编写成一本书，并以这本书作为 SP 的宣传品。同样地，联合两种产品共同推广，也可以有助于两种产品的消费量的增加。例如，波多黎各的甜酒与可口可乐的联合推广，就是将两种提神饮料共同推广，增加销售额的一个较佳的例子。

4. 有效地抵御竞争者

当竞争者大规模地发起促销活动时，如不及时采取针锋相对的促销措施，往往会大面积地损失已享有的市场份额。因此 SP 又是市场竞争中抵御和反击竞争者的有效武器。比如，采取减价优惠或减价包装的方式来增强企业经营的同类产品对顾客的吸引力，以稳定和扩大自己的顾客队伍，抵御竞争者的侵蚀。如果竞争者发出一个有效的 SP 计划，自己就要发出一个以保持现有顾客为目的的 SP 计划，来抵消对方的广告和 SP 活动的效果。领导品牌的广告主，为了寻求维持其市场占有率的方法，常常使用 SP 作为对抗的策略。

5. 带动关联产品销售

有趣的是，SP 不仅能增加某品牌的销售，并且也能影响到关联产品的销售。例如，AC 尼尔森调查公司发现，支持某品牌餐桌用糖蜜的 SP 活动，对薄烤饼粉料这个类别都有影响。两种产品类别第一周中的指数都在 100，经过连续八周的分析后，会看到相似的趋势线的方向。在此时间间隔中，对薄烤饼粉料产品类别，并没有做主要推广，然而第五周与基础第一周相比，在销售方面竟提高了 67%。所见的一切销售动向都可溯及第三周到第八周对餐桌用糖蜜的主要推广。很有趣的是，推广的品牌在第三周到第七周中是相同的（注意对产品类销售的逐渐减少的影响），然而在第八周，首次推广另外一种品牌，而致使两类产品都有所反应。具体指数如图 1-5 所示。

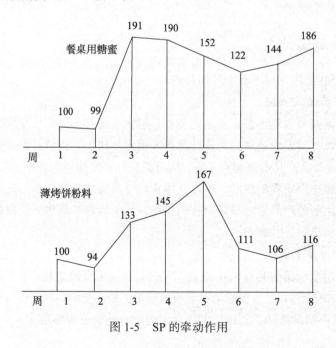

图 1-5　SP 的牵动作用

总而言之，SP 通过折价、附送等方式，对不同的中间商和消费者形成了购买价格的差异。正是这种在价格敏感限度内的价格差异，很好地调整了产品的供求关系。对中间商而言，SP 可以促进其大量地订货，促使其作出更多的促销支持。因为销售现场的减价活动，降低了产品的单位成本，减少了零售商存放新产品的风险。促销导致更多的消费者接触新品牌，使用新品牌，并成为新品牌的忠诚者，这更有利于提高中间商的销售利润。对消费者而言，促销活动使消费者减少了购买中的比较，提前购买更大量的产品。报纸广告中的折价、赠品尤其引人注目，可提高品牌的知名度和满意度，改变消费者的购买行动，使促销效果更明显。

1.4.3 SP 不能做什么

即使是最高明的 SP 计划，对某些目的也无法达成。一般情况下，其局限体现在以下三个方面。

（1）建立品牌忠诚度不能单靠 SP。SP 能增加知名度和试用率，如果运用得当，会有利于维护品牌的忠诚度。但是，SP 是一项短期激励消费者的措施，它通常难以建立品牌忠诚度。只有让消费者对产品或服务感到满意，品牌忠诚度才可能被建立起来。SP 工具有很多，运用方法也可以有许多创新，但只可能在短程中促使顾客购买，而一旦促销推广活动停止，除非某产品真正能满足需要，否则，顾客就可能转移到其他品牌。总之，用 SP 买来的生意不会长久。

（2）SP 不能挽回衰退的销售趋势。如果某产品的销售已大幅度地衰退，或在产品生命周期的较后阶段，那么 SP 只能带来瞬间的收益，延缓产品退出市场的时间，而终归不能拯救一个垂死的品牌或产品。例如，一个杰出的 SP 计划，也无法拯救四轮马车的产业。这就与 SP 也不能在袖珍计算器上市之后，解救计算尺的情况相同。虽然 SP 在许多情形之下极为有效，但 SP 对一切过时产品线或过时的产品类别都不是一颗灵丹妙药。

（3）SP 不能改变"不被接受"的产品命运。如果产品没有价值或者不能为消费者提供利益，那么 SP 不但不能增加销售，反而可能加速该产品的失败。例如，一家生产羹汤的厂商，开发了一种品质标准不合格的新口味，在打进竞争市场的努力中，运用 SP 推广这一新口味以获得试用，试用新羹汤口味的顾客拒绝了它。他们不只拒绝了这种新口味，还会以为产品线上的其余产品也有相同的不佳口味。因此，推广达成的试用越多，则该制造商的潜在顾客就会越少。

SP 不仅不能达成以上的目的，还可能会产生以下几个负面影响：

（1）SP 可能会降低品牌忠诚度。众多的 SP 活动的目标是对付竞争对手的广告，鼓励消费者转换购买的品牌。SP 活动的层出不穷常常会令消费者无所适从，降低了消费者的品牌忠诚度。说起来难以置信，以前大部分美国人坚持买雅乐（Arrow）衬衫，穿弗乐齐（Florchim）皮鞋，用德士古（Texaco）汽油，开雪佛兰（Chevorette）汽车，他们终其一生，难得更换其他品牌。及至 1975 年调查时，75%的受访者还信誓旦旦地说："只用听说过的名牌。"到了 1984 年，经过 10 年的产品泛滥，进口产品大量流入市面，通货膨胀和经济衰退及大量使用折价券后，品牌忠诚度已降至 55%。

（2）SP 可能提高价格敏感度。经常性的价格促销提高了中间商和消费者的价格敏感度，使他们在购买时更注重产品的价格。没有折扣，中间商不再愿意达成订货的协议，消费者持币待购的现象也时有发生，人们为了区区几分钱，已不再理会什么品牌了，谁便宜就买谁的。

（3）SP可能得不到中间商的充分支持。对中间商的折扣和津贴最后一般都要落实到消费者那里。但进行了多次的SP活动之后，厂商发现这些举措多是为了争夺货架空间所做的努力，除此之外中间商并未对促销提供什么实质的支持，而且还可能会造成中间商的提前购买和转移。因为中间商可能会以更高的价格转手给另一个中间商，折扣的优惠无法落实到消费者那里，从而失去了促销的意义。

（4）SP可能导致在管理上只重视短期效益。厂商注重短期销量的增长，一味采用SP活动促销，忽视产品品质形象的建立，最终会失去品牌的形象。不少举办SP活动频繁的品牌在消费者心目中的地位并不高。

附送赠品等SP活动一向很流行，而且众多的营销专家认为，SP的方法将会永远存在，因为这种方法正好切中了人类的心理弱点，即"人人都喜欢贪点儿小便宜"。

但有时SP做得太过火，反而会使消费者丧失对该品牌的信心。因为消费者总认为好的品牌不需要用强迫方式来推销，有时SP反而破坏了产品的品牌形象。

 促销专论1.2　实效促销的滥用

营销计划中对销售促进使用的不断增长并不是出于一时的狂热。这是关于企业如何营销产品和服务的战略决策上的根本性转变。这种强调销售促进增长的做法的价值已经受到了许多学者的质疑，尤其是对那些缺乏充分的计划和管理的促销计划。

营销商是否过于依赖这种营销计划方式了？确实，消费者促销和交易促销对于带来短期销量增长非常有效，因此许多品牌经理宁可使用促销活动来产生即时销售，也不愿意投在广告上，建立长期的品牌形象。正如一家大型广告代理公司的促销部门主管所说："通过促销带来的快速的销售量增长是极具诱惑的。向消费者提供即时的价格优惠比通过广告将你的产品同竞争者区分开来要容易得多。"

销售促进的过度使用对品牌的危害是多方面的。不断进行促销的品牌可能会失去其可感知的价值。消费者常常拒绝购买一个产品是因为它在进行特卖，或者他们可以得到赠品，或者他们有优惠券，而不是基于他们产生的良好态度而作出的决定。当没有这些额外的促销激励时，他们就会转向其他的品牌。普里亚·拉古比尔（Priya Raghubir）与金·考夫曼（Kim Corfman）的研究考察了价格促销是否会影响品牌的预估价值。他们发现，相对于频繁进行促销的品牌来说，以前没有进行过促销的品牌在提供一次价格促销后更容易降低品牌的估价；而当评估者并不是很专业但拥有一定产品或行业的知识时，价格促销在更大的程度上成为一种信息的来源；而当价格促销在行业中很少见时，促销很可能会产生负面的评价。这项研究所得出的结论提醒营销商必须在使用价格促销时小心谨慎，因为它们可能会在一定情况下妨碍对品牌的试用。

阿兰·耶（Alan Sawyer）和皮特·迪克森（Peter Dickson）曾使用归因理论（Attribution Theory）来调查实效促销影响消费者态度形成的机理。依据这个理论，人们观察自身的行为并思考他们为什么会遵循一定的行为方式来形成态度。那些由于优惠券或价格优惠而不断购买的消费者很可能将自己的行为归结为外部的促销激励，而不是对品牌的满意度。相反，如果没有外部激励，消费者更有可能将他们的购买行为归因于对品牌的潜在感觉。

消费者促销存在的另一个潜在问题是当多个竞争者广泛使用促销活动时可能会产生的实效促销陷阱（sales promotion trap）或旋涡。一个公司常常利用实效促销将自己的产品或服务与竞争者的区分开来。如果这个促销活动获得了成功并带来差异化的优势（或者即使是有这个趋势），竞争者可能很快就竞相模仿。当所有竞争者都使用了实效促销时，不仅降低了每个企业的利润率，也使得行业内的所有企业都骑虎难下。表1-3描述了这一两难境地。

表1-3 实效促销陷阱

其他公司	本公司	
	削减促销	维持促销
削减促销	所有公司都得到最高利润	本公司获得市场份额
维持促销	其他公司获得市场份额	市场份额不变，利润下降

许多行业都陷入了这种促销陷阱。在化妆品行业，买赠和购物优惠的促销活动成为吸引购买者试购新产品的一种手段。但它们已经成为一种普遍并且成本高昂的经营方法。在美国许多地区，超市已经陷入了将制造商的优惠券加倍甚至变为3倍的陷阱，这使它们原本就不高的利润率进一步降低。快餐食品连锁店也陷入了针对热门食品99美分或1美元的促销活动。如麦当劳等快餐食品公司利用它们的1美元菜单向精打细算的消费者提供了选择机会，并向他们提供每天不间断的优惠。麦当劳在推广超值菜单方面走在了众多竞争者的前面，并且令其热门产品（如双层吉士汉堡）从2003年进入市场后就一直出现在这个菜单上。但诸如汉堡王和温蒂等竞争者最近也将各自的热门产品列入各自的超值菜单中，来努力追上行业领导者的脚步。

营销者必须认识到促销活动的短期效果和对于品牌的长期效果。竞争者展开报复性促销的容易度和可能性也需要考虑到。营销者一定要注意不要让促销损害了品牌特权，或者让公司陷入侵蚀品牌利润率和威胁品牌长期生存的促销战当中。营销人员常常试图通过实效促销来解决销售量下降及其他问题，而这时他们应当检查营销计划的其他方面，如渠道关系、价格、包装、产品质量或广告。

（资料来源：乔治·贝尔奇，迈克尔·贝尔奇. 广告与促销：整合营销传播视角［M］. 8版. 郑苏晖，等译. 北京：中国人民大学出版社，2009）

本章案例

降价销售与偶遇价格对消费者决策的影响

■ 案例情境

班德服饰集团公司总经理罗振超起身伸了个懒腰，端起龙井茶，呷了一口，又坐回办公室的大班椅上。茶香袅袅，罗振超吸了一口茶香，望着窗外陷入沉思。降价销售是每个商家惯于施用的促销方法。降价促销的确可以实现企业经营的短期和长期目标。不管是建立消费者对产品的认知度和兴趣，增加店内客流量和产品销售量，还是减少库存，巩固消费者对在该店购物省钱的观念和价值感知，甚至达到企业长期目标，通过在消费者头脑中建立一个特殊的价格形象从而为广告商取得有利的竞争地位、建立顾客忠诚度，降价促销经常都是非常有用的。当然，营销者如何实施低价促销策略，如何决定降价多少及如何向消费者传达降价信息，从而达到利益最大化，是需要非常慎重考虑和评估的。

透过办公室落地玻璃窗往外望，马路上车水马龙、川流不息。对面底楼的大型购物广场人头攒动，熙熙攘攘。转眼间年关将至，商场里怕是开始准备张灯结彩了吧。不消多久，消费者身上的荷包就将比较充盈，他们也准备趁年前商家的打折旺季，大肆采购一番。这也将宣告，商家江湖血雨腥风之战即将拉开。各路商家都将不甘示弱，各出奇招，都希望在一年年终能够收个盆满钵满。

昨天营销总监特地发来带着感叹号的紧急 E-mail，要他即刻制订出年底的促销方案。因为公司前两个季度销售不利，仓库积压了不少货品，公司此刻亟须降价促销，同时希望能够吸引顾客注意、提升品牌知名度，为下一季度新品销售打开一条新道路。

罗振超稍稍有些烦躁，他翻着一查查数据和市场调研结论，越翻越烦，不知道到底如何制订促销计划，能够两全其美，一举获胜。他叹了口气，给秘书小蔡打了个电话，通知其大致告知部员开会内容，同时要求传达下午 3 点部门全体成员开会。

下午 3 点，会议准时开始。罗振超将现在公司布置下来的任务大致说了一下，会场稍稍有些骚动，大家窃窃私语。罗振超示意大家随意发言，展开头脑风暴。

1. 消费者对产品的超常降价产生怀疑，他们还会受到积极影响吗？

王晟第一个提出疑问："我担心，公司此次超常降价会引起消费者对促销本身及产品质量的怀疑。随着广告中产品促销价格的不断下降，消费者会变得更加多疑。因为消费者对我们产品在正常的市场价格非常熟悉。如今我们价格下降超常，消费者会不会拒绝接受，导致消费者的不信任，认为我们的降价产品有质量问题，从而进一步影响我们的品牌声誉？"

卓明举手反驳："我不这么认为。虽然消费者会对降价产生怀疑，但他们仍然会受到积极影响。尽管超常降价的可信度较低，但它会提升消费者的价值感知。我手头收集了一些资料，其中提到尽管存在较高的不可信度，但超常降价仍然会导致更高的降价感知和价值感知。"接着他又补充道："消费者对产品价格评估的调整是有限的，并且会因最初的估计标准不同而不同。消费者可能不会完全不信超常降价，但或多或少，他们会采纳一部分信息。"

2. 不同措辞的降价信息（客观描述与弹性描述）对消费者感知的影响不同

留着披肩长发，戴着黑框眼镜眨巴着大眼睛的贾柔示意发言。贾柔是个细心的女孩子，个性不很张扬，但是她仔细谨慎、注重细节的性格让罗振超很是喜欢。她说道："我觉得，我们不仅仅需要讨论降价的幅度，还要考虑发布广告时，如何向消费者告知我们的降价幅度。消费者接受广告就是短短十几秒甚至只是一念之间，因此我觉得如何措辞就显得非常重要了。我们都知道，商场宣布降价信息可以是非常明确的描述，如全场七五折，或者比较模糊的描述，如全场五折起。而这两种描述对降价可信度、降价感知和价值感知都有影响。我们的促销广告应提供给消费者足够的信息，帮助他们更具体、更理性地评价产品。当然，如果广告的目标是通过促销广告产生购买意向，弹性描述和客观描述的优劣性就值得商榷了。此外，降价促销可以采用明确标明货币价值的形式（如正常价格 X 元，促销价格 Y 元），也可以采用百分比形式（如节省80%）。对于这两种形式的降价，消费者感知的合理性是否存在差异，他们对百分比形式的降价与实际货币价值的降价的反应是否一样，这也是我们需要考虑的。"罗振超点点头，稍稍陷入了沉思。

3. 降价信息对不同熟悉度的品牌有不同的影响

这时，刘越示意发言。他是公司刚刚招入的新员工，是一只小"海龟"，平时待人友善谦逊，却有着良好的海外学习背景，同时又不乏年轻人热情洋溢的冲劲和干劲，罗振超特别欣赏他。此刻难题摆在面前，他期待刘越能不负期望，给出不错的意见和想法。

刘越清了清嗓子翻开笔记本，说道："罗总，我中午仔细地思考了公司面临的问题，也翻阅了一些资料。我想，公司现在面临的问题就是降价促销出手积货，可是到底要如何告知消费者降价幅度，降价销售广告到底怎么打，怎样去影响消费者的反应，是问题的关键点。所以我非常赞同刚刚几个同事提出的问题，那些的确是我们需要考虑的关键点。但与此同时，我还觉得，我们班德这个品牌，并非刚刚打入市场，而是已经具有一定的知名度了。我们在考虑降价广告的同时，还要考虑我们品牌在消费者心目中已经建立起来的熟悉程度。"罗振超听完点点头，看着刘越，默许了他的看法。

刘越喝了口水，顿了顿，接着说，"消费者对陌生品牌的不信任程度要更高一些，而对于熟悉的品牌，即使是超常的降价，他们可能也会找到一个适合的理由说服自己。不熟悉的品牌相对来说就很难被消费者接受。对于熟悉或不熟悉品牌的两种降价类型（即合理的降价百分比是在消费者预期内的正常折扣，超常的降价百分比远远高于消费者预期的平均折扣水平），消费者的反应可能也存在一定的差异。"

暖暖的午后斜阳透过窗棂射进会议室里，罗振超端起龙井茶，呷了一口，说道："刘越这个提议提得不错，大家今天都给了我很多中肯的建议，考虑得很全面！"罗振超环顾四周，又说，"那现在，诸位同事，我们也许可以再仔细想想，该用什么办法来有效地设计这个降价销售广告：折扣率该如何表述？折扣率定高些还是低些？需不需要考虑消费者对品牌的熟悉程度？"

■ **相关概念与理论**

1. 降价合理性（Price Plausibility）

研究表明，降价的合理性会影响顾客对广告产品的价值感知。随着广告中产品降价水平的不断提高，消费者会变得更加多疑。因为消费者知道产品在"公平市场"上的正常价格，他们心目中对各种产品都有一个大致的可信价格。同化对比理论（Assimilation-contrast Theory）可用来确定消费者认为降价是否合理、可信。相对于消费者内在的价格标准，当消费者认为降价后产品的价格仍然合理时，就会产生同化作用；反之，当产品的降价水平超常时，消费者会拒绝接受，这时就会产生对比作用。Urbany 等（1988）发现，对比作用会导致消费者的不信任。因此，相对于合理降价，超常降价会导致消费者低估降价程度。

Blair 和 Landon（1980）认为，虽然消费者会对降价产生怀疑，但降价仍会对消费者产生积极的影响。Urbany 等（1988）的研究结果表明，尽管超常降价的可信度较低，但它仍会提升消费者对产品价值的估计。一些针对百分比折扣广告的研究也得出了类似结果。因此，尽管可信度较低，但超常百分比降价仍会导致更高的降价感知和价值感知。Tversky

和 Kahneman（1974）提出的锚定调整假设认为，消费者对产品评估的调整是有限的，并且会因最初评估标准的不同而不同。因此，对于超常降价，消费者并不会完全不信而大幅降低他们对产品价值的感知。

研究表明，那些宣称高折扣和高感知价值的广告同样会导致更高的购买意向。因此，相对于合理降价，在超常降价条件下消费者的购买行为更频繁。因此，观点一认为：相对于合理的百分比式降价，超常降价会导致更高的降价幅度低估、更高的降价感知、更高的价值感知、更高的购买意向。

2. 降价类型（Type of Claim）

商家的降价策略可以采用客观的描述形式，如"节省 X 元"或者"原价 X 元，现价 Y 元"。此外，他们更常使用弹性的描述形式（即模糊表达），如"最高节省 $Y\%$""节省 $Y\%$ 或更多"或"低至 X 元"。Friedmann 和 Haynes（1990）发现，弹性描述几乎占据了报纸广告的 1/3。相对于弹性描述，客观描述提供给消费者一个明确的折扣，表明降价水平，对制定决策更加有效。弹性描述以事实为基础但运用模糊的字眼表达模糊的数量，以降低信息的具体程度和有用程度。Mobley 等（1988）认为，相对于客观描述，弹性描述会导致消费者对降价产生更大程度的低估。因此，延伸至百分比折扣的情景，相对于客观描述，弹性描述会导致更高的降价幅度低估、更低的降价感知和更低的价值感知。当消费者感知到产品会带来更多的节省和价值时，他们的购买意向将会更加显著。因此，观点二认为：相对于客观描述，弹性描述将导致更高的降价幅度低估、更低的降价感知、更低的价值感知、更低的购买意向。

3. 交互作用（Interaction Effects）

合理的百分比折扣应当在消费者预期的合理降价范围内，因此无论采取哪些降价描述形式，其宣称的折扣都应当在消费者预期的范围内。因此，对于合理降价，消费者对于弹性描述和客观描述的反应可能是相似的。然而，针对超常降价，消费者对弹性描述和客观描述的反应却有可能不同。Mobley 等（1988）曾提出基于"好的难以置信"的心态，弹性描述的超常降价会超出消费者的可信水平。他们发现，相对于客观描述的大幅度降价，弹性描述的大幅度降价会导致更低的价值感知和更高的降价不可信度。因此，观点三认为：对于超常降价而非合理降价，相比客观描述的形式，采取弹性描述的形式会导致更高的降价幅度低估、更低的降价感知、更低的价值感知、更低的购买意向。

4. 品牌熟悉度（Brand Familiarity）

Blair 和 Landon（1981）认为，相对于知名品牌，不知名品牌的降价可能会带来更高的优惠感知。这一观点与 Monroe（1973）的实验结果相一致，相对于同时提供包括价格在内的较多产品信息，单独提供价格信息时"价格"显得更为重要。然而，Dodds、Monroe 和 Grewal（1991）提出，对于知名品牌来说，提供较多的品牌信息将有助于提高其价格的重要性。Rao 和 Monroe（1988）发现，依靠价格信息来判断产品的质量主要取决于买家对某类产品的熟悉或了解程度。Biswas 和 Blair（1991）也发现，虽然合理降价对知名品牌和不知名品牌的影响无显著差异，但是，对于不合理降价，知名品牌比不知名品牌的降价幅度低估程度更高。因此，观点四认为：对于超常降价而非合理降价，较高的品牌熟悉度将导致更高的降价幅度低估、更低的降价感知、更低的价值感知、更低的购买意向。

此外，品牌熟悉度会强化弹性描述或客观描述的影响作用。使用客观描述时，不论品牌熟悉与否，消费者反应相似。如前所述，客观描述提供了明确的折扣水平，所以消费者对节约程度的评估更有自信。基于这种自信，品牌熟悉度对消费者反应的影响较小。然而，弹性描述的模糊性降低了消费者客观评估降价的自信。因此，观点五认为：对于弹性描述而非客观描述，相比低品牌熟悉度的降价广告，高品牌熟悉度的降价广告将导致更高的降价幅度低估、更低的降价感知、更低的价值感知、更低的购买意向。

（案例来源：朱翊敏，李忠钰，彭莱. 降价销售与偶遇价格对消费者决策的影响［M］//《中山大学管理案例研究（2012）》. 北京：经济科学出版社，2013: 208-223）

■ 互动讨论

阅读完整个案例之后，你从中得到了哪些启示？你认为应如何设计一个有效的降价促销方案？例如，当消费者面对超常降价或合理降价的情况时，其消费决策态度是否存在差异？是否会对购物行为产生影响？你认为，熟悉度不同的品牌进行降价促销时，应如何控制降价的幅度？在品牌熟悉度不同的情况下，应如何选取合适的降价类型？客观描述形式与弹性描述形式对消费者感知的影响有何区别？

■ 推荐阅读

Swee Hoon Ang, Siew Meng Leong, Wei Lin Tey. Effects of price reduction sale ads on consumer responses [J]. Pricing Strategy & Practice, 1997, 5(3): 116-125.

本章思考题

1. SP策略为何越来越受到重视？

2. 假如你打算购买一瓶矿泉水，有许多品牌可以选择。其中，农夫山泉矿泉水承诺，每销售1瓶矿泉水，就有1分钱用于帮助水源地的贫困孩子。这是否会吸引你优先购买？为什么？

3. 对于价格敏感度较高的必需品，如粮、油、蛋、肉等商品，是否需要搞促销？国家是否应该对企业的这类行为进行限制？为什么？

本章注释

[1]　卢泰宏. 解读中国营销[M]. 北京：中国社会科学出版社，2004: 36.
[2]　Ailawadi Kusum L, Beauchamp J P, Donthu Naveen, et al. Communication and promotion decisions in retailing: a review and directions for future research[J]. Journal of Retailing, 2009, 85(1): 42-55.
[3]　徐蓉蓉. 日本三大汽车公司凭借优势在美"攻城略地"[M]. 经济参考报，2004-01-09.
[4]　Dekimpe Marnik G, Hanssens Dominique M, Nijs Vincent R, et al. Measuring short- and long-run promotional effectiveness on scanner data using persistence modelling [J]. Applied Stochastic Models in Business and Industry, 2005(21): 409-416.
[5]　Ellwood Mark. Bargain fever: how to shop in a discounted World. Penguin, 2013.
[6]　Ellwood Mark. Bargain fever: how to shop in a discounted World. Penguin, 2013.

[7] 亚洲纺织联盟. 北美服饰百货零售流行折价券促销模式 [EB/OL]. 2011-09-23. http://cn.sonhoo.com/info/562043.html.

[8] 乔治·贝尔奇, 迈克尔·贝尔奇. 广告与促销：整合营销传播视角[M]. 8 版. 郑苏晖, 等译. 北京：中国人民大学出版社, 2009: 490.

[9] 科特勒, 凯勒, 卢泰宏. 营销管理[M]. 13 版. 卢泰宏, 高辉, 译. 中国版. 北京：中国人民大学出版社, 2009: 443.

[10] Ailawadi Kusum L. Beauchamp J P, Donthu Naveen, et al. Communication and promotion decisions in retailing: a review and directions for future research[J]. Journal of Retailing, 2009, 85(1): 42-55.

[11] 科特勒, 凯勒, 卢泰宏. 营销管理[M]. 13 版. 卢泰宏, 高辉, 译. 中国版. 北京：中国人民大学出版社, 2009: 443.

[12] 乔治·贝尔奇, 迈克尔·贝尔奇. 广告与促销：整合营销传播视角[M]. 8 版. 郑苏晖, 等译. 北京：中国人民大学出版社, 2009: 488.

[13] 乔治·贝尔奇, 迈克尔·贝尔奇. 广告与促销：整合营销传播视角[M]. 8 版. 郑苏晖, 等译. 北京：中国人民大学出版社, 2009: 490.

[14] 贺和平. 零售商市场权力研究综述[J]. 外国经济与管理, 2006, 28(3): 31-39.

第一篇　理论与工具篇：
您不能不知道

市场的各种招式中
SP 的费用已超过广告
不是每一间公司都卖广告
但商家个个都要 SP

第 2 章 促销的理论基础

引例 贴近消费者的促销研究

超市的免费试吃是一种极其常见的促销手段。假设有三种巧克力要同时摆放试吃摊,第一种是奶油杏仁口味的,口感较差;第二种是水果口味的,口感一般;第三种是坚果焦糖口味的,口感最佳。超市的管理者,为了让顾客在超市里拥有最好的体验,会让他们按照什么顺序品尝巧克力呢?从口感最佳的开始,到一般,再到最差的,还是从口感最差的开始,到一般,再到最佳的?品尝的时间间隔多长会更好呢?是把三个摊位放到一起,还是分开摆放,让顾客吃完一种走一段路,再吃另一种?巧克力的品尝顺序和摊位的摆放位置是否会影响顾客的消费体验?哪一种顺序和位置能够让他们获得最好的感觉?2005 年,Lau-Gesk 在营销领域的顶级期刊 Journal of Consumer Research 上发表的论文就研究了这一问题[1]。

当顾客在品尝不同的巧克力时,会产生多种混合的情感体验,有积极的,也有消极的。这些不同产品的单个体验顺序与间隔的差异会影响到顾客的整体消费体验。Lau-Gesk 的研究表明,首先,当顾客品尝不同类食品(如巧克力和奶糖,橙汁和苹果汁)时,"应付机制"起作用。也就是说,消费者在应付消极的情感体验,而这种消极体验与多种情感体验有联系时,他们常常倾向于将积极体验与消极体验放在一起。这时,积极体验会充当消极体验的缓冲器。因此,超市应将不同类食品的试吃摊摆放在一起,让顾客在同一时间(没有时间间隔)品尝,比起分开来(有时间间隔)来品尝,其整体的消费体验评价要高,品尝顺序变得反而不重要。其次,当顾客品尝同类食品(同是巧克力)时,"矛盾论"起作用。也就是说,积极与消极的情感体验发生时间很近时,二者会相互抵减,因此个体对这一事件的整体评价会是二者的折中,既不太好,也不太差。而且正负共存的情感体验常常让人感觉不舒服,"差中好"的品尝顺序会比"差好中"的顺序好一些。因此,超市应当让他们先尝差一些的食品,再尝好一些的食品,最后再试最好吃的食品,先苦后甜且依次变化,顾客的整体消费体验最愉快。在这种情况下,与品尝的时间间隔相比,品尝顺序更为重要。

(资料来源:林升栋,等. 消费者行为学案例教程 [M]. 北京:北京师范大学出版集团,2014)

引例中的研究非常贴近消费者的日常生活,其研究结论又能直接为企业的促销决策提供依据。理论与实践完美的结合正是促销研究的魅力所在。促销是旨在创造市场中的短期刺激,并且对消费者的购买行为产生直接和即时影响的营销活动,它主要包括折扣、赠品、免费样品、优惠券、退款优惠(先付全额再返差价)、抽奖和竞赛活动等工具。根据发起方和受益方不同,促销通常可分为三种类型:一是当零售商实现销售目标时,制造商通过折扣、倒付、合作广告津贴、一次性付费等方式向零售商提供的贸易促销;二是零售商向消

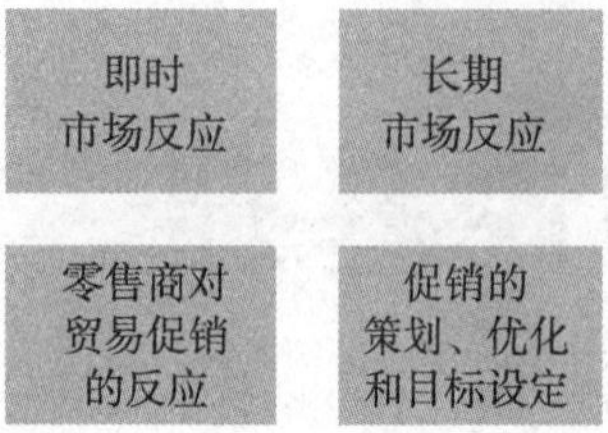

费者提供的促销，如价格折扣和每周特殊商品等；三是制造商直接向消费者提供的促销，如优惠券和退款优惠等。那么为什么制造商和零售商要开展促销活动呢？Blattberg 和 Neslin（1990）将以往文献中的解释分为三类：一类基于不同消费者的信息搜索和处理、存货和时间的成本差异；另一类与品牌忠诚相关；第三类与竞争均衡相关[2]。因此，消费品公司坚持采用促销策略，并且成为营销预算中的重要组成。根据 Zenith OptiMedia 的报告，2012 年美国企业促销费用约为 680 亿美元，在电视广告方面投入约 620 亿美元。正因如此，有关促销的研究早在 20 世纪 60 年代就是营销学科研究的重点。50 年以来，它是一个已发表了数百篇学术文章的成熟领域。本章总结了促销领域的营销科学研究的四个主题（见图 2-1），并且概况了每个主题在近几十年间的演变[3]。其中前两个主题与促销的市场反应相关，包括短期和长期影响。促销研究的一个重要分支是将促销分解，并着眼于短期和长期影响的交叉部分。第三个主题与贸易促销相关，探究零售商如何应对促销。第四个主题是关于厂商和零售商如何评估、优化及如何设立促销目标。

图 2-1 促销研究的四个主题

2.1 促销研究主题一：促销的即时市场反应

图 2-2 概括了有关即时市场反应的研究演变，与这一主题相关的研究主要包括以下这些内容：使用促销的消费者的类型、促销引发的即时销量提升幅度及促销对其他品牌、门店、品类的即时影响。

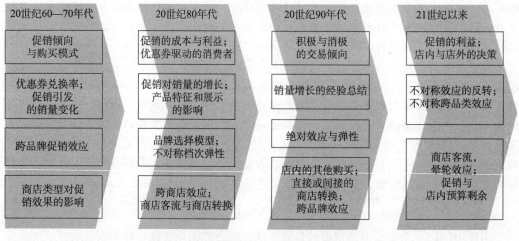

图 2-2 有关促销即时市场反应的研究演变

2.1.1 促销倾向

20 世纪 60—70 年代，Webster（1965）[4]首先尝试利用 45 种人口统计学和购买行为变量将促销倾向消费者进行分类。其他学者包括 Montgomery（1971）[5]、Teel 等（1980）[6]

也进行了相似的探索。Blattberg 等（1978）[7]继续推进研究，他们基于库存终端和其他成本建立了家庭存货决策模型，并且利用该模型预测"不动产和车辆、收入和家庭规模"等消费者特征与其促销倾向之间的关系。

20 世纪 80—90 年代，对促销倾向消费者的研究更为深入。Shimp 和 Kavas（1984）[8]分析了家庭使用优惠券的成本和收益。Bawa 和 Shoemaker（1987）[9]建立了包含优惠券成本和收益的消费者效用模型，并且总结出使用不同产品类别优惠券的家庭特征。Schneider 和 Currim（1991）[10]提出主动促销倾向（消费者需要付出努力才能获得的特殊优惠）和被动促销倾向（店内展示的优惠）的概念。

2000 年，Chandon 等[11]提出促销的收益包括功能性和享乐性两种，当消费者面对的促销产品和促销类型具有利益一致性时，他们的反应更为积极。Ailawadi 等（2001）[12]在成本和收益分析中区别了主动的离店促销和被动的店内促销。Gauri 等（2008）[13]区别了寻找跨店促销和寻找跨期促销的消费者。另外，还有一些关于冲动购买的研究[14]-[15]。

2.1.2 促销引发的销量提升

大多数有关促销对销量影响的研究都是针对优惠券或者零售促销的。其中优惠券可以通过广告曝光率或兑换率来提升销量[16]-[17]。Schwartz（1966）[18]发现通过邮件、报纸和杂志派发的优惠券，其兑换率是不同的。他同时强调了兑换时机的重要性及优惠券的广告价值。Ward 和 Davis（1978）[19]认为造成兑换率差异的原因包括媒介、店内促销产品的可获得性、竞争性活动和铺货后的时间。90 年代，一些学者研究了广告曝光效果[20]-[21]和不同类型优惠券销量的影响[22]。

Massy 和 Frank（1967）[23]、Chevalier（1975）[24]、Moriarty（1985）[25]及其他一些学者的早期研究都表明，即时促销对销量有明显的提升作用，而且这种作用因品牌和商店而异。随着扫描数据的出现，Guadagni 和 Little（1983）[26]提出了品牌选择模型。此外，Wittink 等（1988）[27]的 Scan-Pro 模型与 Abraham 和 Lodish（1993）[28]的促销扫描模型则是综合商店分析的开创性研究。90 年代中期，大量研究验证了即时促销引发的销量提升，在某些品类中这一提升高达 500%[29]。Narasimhan 等（1996）[30]分析了不同产品类型促销弹性的差异。

20 世纪 80—90 年代，学者们还研究了降价、产品特征和展示对促销反应的影响[31]-[35]。Fader 和 McAlister（1990）[36]提出促销是将品牌纳入消费者考虑集的一种方法。还有一些研究关注促销如何通过购买频率、品牌选择和购买数量来影响销量[37]-[39]。

2.1.3 跨品牌促销效应

如果促销只存在即时效应，那么某一品牌的销量提升必然来自于其他品牌、商店或更高水平的消费。Frank 和 Massy（1971）[40]在评估品牌销量模型时考虑到了跨品牌价格和促销效应。十多年后，Guadagni 和 Little（1983）[41]提出了 logit 品牌选择模型。Batsell 和 Polking（1985）[42]提出交叉效应并非遵循简单的模式。Blattberg 和 Wisnewski（1989）[43]发现了促销的不对称效应，即与低档品牌相比，高档品牌（价格和质量较高）从促销中获取的利润更多。然而，Sethuraman 等（1999）[44]认为，这种不对称效应只表现在相对促销弹性而非绝对数量。Sethuraman 和 Srinivasan（2002）[45]进一步指出，当考虑绝对数量而非促销弹性时，这种不对称效应会发生反转。

20 世纪 90 年代末以来，学者们对跨品类促销效应进行了深入研究。Erdem（1998）[46]通过模型分析了跨品类的品牌溢出效果。Russell 和 Peterson（2000）[47]也通过建立多元逻辑模型研究了跨品类促销效应。Duvvuri 等（2007）[48]指出消费者在成对互补商品的价格敏感性中的相关模式，以及如何利用这一模式为互补商品设计促销。Niraj 等（2008）[49]提出跨品牌促销溢出效应是不对称的。

2.1.4 商店效应

对零售商来说，商店客流量、商店转换和促销的跨品类效应至关重要。Chevalier 和 Curhan（1976）[50]指出某一商品品类的促销会对另一品类产生潜在的负面影响。Walters 和 Mackenzie（1988）[51]研究了亏本促销（Loss Leader）对商店客流量和利润的影响，并发现存在正面影响的可能性很小，尤其是对商店客流量的影响。Kumar 和 Leone（1988）[52]发现某一品牌的销量会受到竞争门店同一品类促销的影响，并指出距离较近的店面之间会因为促销而发生转换。Walters（1991）[53]发现某一品类的促销会增加互补产品的销量。Bucklin 和 Lattin（1991）[54]区分了直接和间接门店转换，其中间接转换是因为消费者习惯在多个商店进行购物，如果他们恰巧购物的门店在促销，则会刺激其购买，而不是回到其经常购买的门店。

Lam 等（2001）[55]建立了一个综合模型，用来评估不同促销类型对消费者进店意愿和购买情况的影响。Gijsrechts 等（2003）[56]调查了商店每周传单的特点对客流量和销量的影响。Ailawadi 等（2006）[57]研究了促销在某一店内的"晕轮效应"，即某一商品促销对同店内另一商品销量的影响程度。Stilley 等（2010）[58]对消费者购物单上的计划购买商品及其预算进行调查，进一步研究促销对计划购买和非计划购买的影响。

2.2 促销研究主题二：促销的长期市场反应

基于 Massy 和 Frank（1967）[59]的分布滞后模型，学者们开始意识到促销对销量的影响不仅仅是即时的，而且会持续到随后的几周。图 2-3 概括了有关长期市场反应的研究演变，与这一主题相关的研究主要包括以下这些内容：参考价格的影响、顾客交易敏感度变化、竞争反应及其他效应。

2.2.1 参考价格效应

促销对重复购买率和长期促销敏感度存在潜在的负面影响，参考价格就是这种负面影响的重要表现。简单来说，顾客会产生对产品价格的期望，并会根据这一参考点评估产品的实际价格，参考价格和实际价格之间的差异会影响他们的购买选择。Winer（1986）[60]建立了基本的参考价格模型。Lattin 和 Bucklin（1989）[61]认为参考价格效应同时存在于正

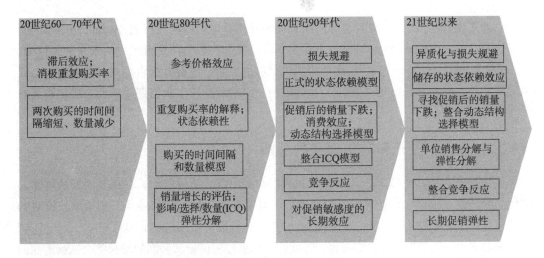

图 2-3　有关促销长期市场反应的研究演变

常价格和促销价格当中。频繁的价格促销会降低顾客的参考价格，也会降低其随后对更高正常价格的选择。Mayhew 和 Winer（1992）[62]等人分析了参考价格效应带来的损失和收益，与前景理论一致，顾客对损失的敏感程度要比对收益大。

2.2.2　重复购买率和状态依赖

促销引发的购买会影响顾客对于该品牌的重复购买率。自我认知理论[63]和参考价格效应[64]认为促销对重复购买率存在负面影响，而行为学习理论则认为促销会对购买重复率产生正面影响。Shoemaker 和 Shoaf（1977）[65]通过比较促销购买与非促销购买中的重复购买率证明存在负面重复购买率效应。Neslin 和 Shoemaker（1989）[66]、Davis 等（1992）[67]则认为不存在负面重复购买率效应。

早期人们会将状态依赖与品牌偏好混为一谈[68]。后来，学者们开始针对状态依赖（又称购买反馈）建立模型。Guadagni 和 Little 的品牌选择模型（1983）[69]发现相对于正常购买，促销之后的购买中状态依赖不积极。Seetharaman（2004）[70]提出了状态依赖的四种原因，例如之前品牌选择的影响。Ailawadi 等（2007）[71]认为促销诱导的购买行为会加速积极的状态依赖，因为家庭在连续时间内会消费更多。

2.2.3　购买加速、储存和消费

促销购买会更快（两次购买的间隔时间更短）、更大（购买数量更多）[72]。Neslin 等（1985）[73]针对购买加速的研究发现优惠券会提高购买数量但不会影响购买时间，而降价会同时加快购买时间和购买数量。许多模型都验证了促销的购买加速效应[74]-[77]。然而，如果消费者加速购买并为未来消费储存，那么在促销结束之后会产生销量的回落[78]-[84]。那么购买加速除了引起储存，是否会增加消费？Ailawadi 和 Neslin（1998）[85]的模型发现促销引起的储存会显著增加消费。Bell 等（1999）[86]、Sun（2005）[87]、Chan 等（2008）[88]也通过建立模型证明了这种消费效应的存在。

总的来说，研究认为消费者会参与未来促销并调整他们的购买行为。Assuncao 和 Meyer（1993）[89]及 Krishna（1994）[90]指出促销不确定性如何影响消费者最优的未来购买行为。Gonul 和 Srinivasan（1996）[91]发现如果提供足够的存货，消费者会将购买时间调整到与促销时间一致。根据 Erdem 等（2003）[92]的模型，消费者会产生价格期望从而去决定购买的时间、种类和数量。

2.2.4 促销提升和销售增长的分解

促销提升会从其他品牌、其他商店和未来购买中带来销量的增长，以及消费的增加。例如品牌转换，销量增长针对的是制造商而不是零售商，再如商店转换，销量增长针对的是零售商而不是制造商。因此，针对销量增长的分析取决于所选的角度[93]。

一般来说，优惠券由制造商提供，因此针对优惠券的销量和利润的增长都会从制造商的角度进行分析。Klein（1985）[94]及 Irons 等（1983）[95]的实验发现优惠券的累积效应。Bawa 和 Shoemaker（1989）[96]发现优惠券会引发销量的增长，但会随家庭对目标优惠券价值的要求而不同。Schwartz（1996）[97]发现即使优惠券没有被兑换，也会带来销量增长，这都源自它的广告曝光效果。Neslin（1990）[98]的模型针对每张优惠券评估其引发的销售增长。

影响、选择和数量（ICQ）整合模型帮助人们从制造商角度对促销引发的销量增长进行量化，总体的销量增长可以分解为因品牌转换，购买加速和储存的销量增长。Gupta（1988）[99]可以将总体销量弹性分解为品牌选择、购买时间和购买数量弹性的总和。他还发现，某一品牌促销引发的总体销量增长中超过 84%归因于品牌转换。Chiang（1991）[100]、Chintagunta（1993）[101]及 Bucklin 等（1998）[102]的研究也得出了类似结论。Bell 等（1999）[103]通过分析近 200 个品牌，发现 75%的促销弹性归因于次级需求效应（如品牌转换），25%归因于基本需求效应（如储存和消费）。然而，也有研究发现 75%的品牌增量销量归因于基本需求，而只有 25%归因于品牌转换[104]~[108]）。Steenburgh（2007）[109]、van Heerde 和 Neslin（2008）[110]尝试对上述分歧进行解释。

此外，还有一些学者从零售商的角度研究促销引发的销量增长。他们大都认为促销对于零售商收入和利润不存在积极影响[111]~[115]。

2.2.5 竞争反应

促销的长期影响不仅取决于零售商或品牌的决定及消费者的反应，还取决于竞争者的反应[116]。Leeflang 和 Wittink（1992[117]，1996[118]，2001[119]）表示，竞争反应常常很复杂，例如某一品牌的市场变量改变会引起竞争品牌不同市场变量的改变。企业在制订促销方案时都应当考虑消费者对于他们及竞争者行为的反应。Steenkamp 等（2005）[120]研究了跨品类竞争反应的频率和特征，并指出它与品牌或产品类别的特征相关联。Pauwels（2005）[121]分别针对竞争的制造商和零售商进行了类似的研究。Horvath 等（2005）[122]及 Pauwels 等（2004）[123]通过判定长期促销反应来评估竞争反应与其他反应的重要性。

进入 21 世纪，研究发现竞争者对于主要政策的改变与正在进行的营销组合活动的反应大有不同。Ailawadi 等（2001）[124]研究了竞争者和消费者对宝洁公司 20 世纪 90 年代初广泛运用的价值定价策略的反应。随后，Ailawadi 等（2005）[125]通过建立制造商与零售商的动态模型来研究竞争者和零售商对于相同促销活动的反应。van Heerde 等（2008）[126]调查了荷兰零售店之间广泛蔓延的价格战结果。

2.2.6 长期效应

尽管已经有很多研究学者讨论测量过促销的短期和中期影响（如促销后的几周），但随着 90 年代扫描数据被广泛运用，学者们可以开展尝试探讨促销更为长期的影响。Krishna 等（1991）[127]认为频繁的促销会改变消费者的长期行为。Mela 等（1997）[128]发现价格促销会使消费者对促销更加敏感。Jedidi 等（1999）[129]发现促销与价格敏感度相关，相对促销短期的正面影响来说，促销长期的影响是负面的。Mela 等（1998）[130]探讨了促销对市场结构的长期影响，并发现促销会减少品牌之间的差异。Bijmolt 等（2005）[131]、van Heerde 等（2013）[132]发现过去 40 年间消费者的平均价格弹性从–1.8 上升为–3.5。Ataman 等（2010）[133]指出折扣与价格敏感度之间存在正相关。

2.3 促销研究主题三：零售商对贸易促销的反应

制造商在很大程度上依赖于零售商向终端消费者进行促销，而且他们只能通过贸易促销来激励零售商，因此零售商对贸易促销的反应非常重要。图 2-4 概括了有关零售商对贸易促销反应的研究演变。

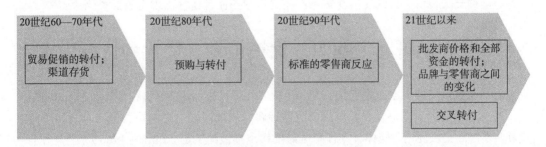

图 2-4　有关零售商对贸易促销反应的研究演变

2.3.1 预购和转付

1953 年，Magee 估计出经销商在提供促销或不提供促销的情况下订购商品的数量。1976 年，Chevalier 和 Curhan[134]分析了零售商对贸易促销的反应及出现这些反应的原因。Curhan 和 Kopp（1987）[135]调查了经销商对贸易促销的接受和转付（pass-through）是如何受促销的类型、商品、品类和制造商特点的影响的。Blattberg 和 Levin（1987）[136]通过模型估计贸易促销对运输、零售商库存、零售商促销和顾客销量的影响。他们论证了零售商的预购行为，并发现贸易促销对制造商来说无利可图。Abraham 和 Lodish（1987）[137]对零售商反应进行了量化，同时也论证了零售商的预购行为。Armstrong 等（1994）[138]对某一食品连锁商店两年间四种产品的所有贸易促销数据建立了模型。

20世纪90年代与21世纪初，人们常常将制造商贸易促销的无利可图归因于零售商的预购行为，并认为只要控制住预购，就可以缓解这个问题。Dreze 和 Bell（2003）[139]比较了零售商喜欢的发票直接折扣（off-invoice）和制造商喜欢的按绩效给予折扣（scan-back），并提出如何通过减少预购存货的成本来重新设计促销获得双方满意。Gomez 等（2007）[140]表示大型零售商和那些拥有成功私有品牌的零售商具有更强的谈判能力，从而可以增加发票直接折扣的贸易促销，并减少基于绩效给予折扣的贸易促销。

Lal 等（1996）[141]的分析显示，零售商的预购行为可以通过减少制造商之间的竞争而对其有利。Kim 和 Staelin（1999）[142]指出在某些情况下，即使转付很低，制造商也会向零售商提供大额的贸易促销。Cui 等（2008）[143]认为相比规模较小的零售商规模，较大的零售商具有库存成本优势，更容易进行预购，制造商可以将贸易促销作为针对大型零售商和小型零售商之间价格歧视的一种手段。

2009 年，Ailawadi 和 Harlam[144]采用了另一种方法对转付进行测量，即从发票直接折扣转变为按绩效给予折扣的贸易促销。并且发现与制造商和零售商能力相关的一些变量，如市场份额，会对转付产生影响。

2.3.2 交叉转付

理论模型预测零售商更关心所售所有产品的整体利润，而不是单一品牌的利润，因此，他们会参与交叉品牌转付。例如，他们可能会将某品牌的贸易促销收益作为另一竞争品牌的促销预算来源[145]-[146]。零售商并非只将制造商给予的贸易津贴用在对该制造商产品的促销上。这种交叉转付不仅仅发生在某一产品类别中，而且还会出现在跨品类当中[147]-[148]。

2.4　促销研究主题四：促销策划、优化和目标设定

促销研究的第四大主题是促销策划、优化和目标设定，图 2-5 概括了相关研究的演变。

基于对消费者、竞争者和零售商反应的理解，制造商必须决定是否、何时及如何向消费者、零售商提供促销。同样，零售商也需要作出类似的决定。Little（1966）[149]提出了一个模型，通过该模型估算出可以实现利润最大化的促销率。接着，他又进一步完善了这个决策支持系统[150]-[151]。Neslin 和 Shoemaker（1983）[152]提出了用以估算实现利润最大化优惠券的决策模型。Abraham 和 Lodish（1987[153]，1993[154]）提出的促销评估模型不仅可以用来使单个促销收益更高，还可以用来发现促销过程中无利可图的产品。

20 世纪 90 年代起，学者们在此基础上建立了大量的数据决策模型。Neslin 等（1995）[155]

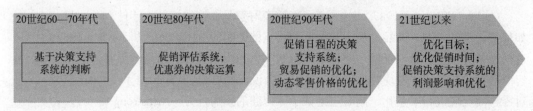

图 2-5　有关促销策划、优化和目标设定的研究演变

的关注点从评估转为优化，为贸易促销建立了一个综合考虑制造商、零售商和消费者反应的动态优化模型。Tellis 和 Zufryden（1995）[156]从零售商角度建立了一个促销力度与时机的优化模型。Greenleaf（1995）[157]及 Kopalle 等（1996）[158]将参考价格并入价格促销的动态模型，用以分别获得垄断与少数垄断情况下的最优定价策略。还有一些研究模型为制造商建立促销日程表[159]，为制造商和零售商建立动态定价计划表[160]。

2000 年以后，零售商开始利用顾客忠诚计划提供有针对性的优惠券及其他促销，学者们开始对此类促销进行优化和评估。Lam 等（2001）[161]及 Heilman 等（2002）[162]研究了有针对性的店内优惠券对商店客流量、总销量和计划外销售的影响。Venkatesan 和 Farris（2012）[163]研究了有针对性的零售商优惠券对提高商店客流量、收入和兑换率的影响。

2.5 促销的核心教材和书籍

促销是营销领域重要的内容，针对它的学术研究已经开展了 50 多年，但与营销领域其他内容（如营销管理、营销调研、服务营销等）的书籍相比，促销的实用书籍不少，但经典的教材却不多。一门学科的经典教材是其知识结构和概念框架的整体表现，可以反映出该学科的发展程度。通过对不同年代经典教材的比较和分析，可以大致看出该学科的演化和进步[164]。下面，我们分三个阶段将促销的重要教材和影响大的书籍进行述评。

1. 第一阶段——基于实践的促销

关于促销的书籍大概可以追溯到 20 世纪 60 年代[165]。在这个阶段，关于促销的书籍还没有形成固定的知识体系，主要结合实践当中的案例，指导企业如何成功地运用促销工具。

（1）1966 年，阿兰·图普，《选择正确的促销》[166]。

（2）1992 年，阿兰·图普，《欧洲促销：进行中的重大促销活动》[167]。

（3）1994 年，克里斯汀阿兰·彼得森，阿兰·图普，《后现代营销中的促销》[168]。

（4）1989 年，约翰·魁尔奇，《促销管理》[169]。

1966 年，欧洲学者阿兰·图普的《选择正确的促销》大概是第一本关于促销的专门书籍。1992 年，他又出版了另一本书，名为《欧洲促销：进行中的重大促销活动》，其中包含大量关于"认知""品牌价值"和"重复购买"的促销案例。1994 年，他又与克里斯汀阿兰·彼得森合著《后现代营销中的促销》一书，其中精辟地论述了营销形式的变化及促销方法的演进。1983 年，另一位欧洲学者约翰·威廉姆斯完成了一本名为《促销手册》的书，并于 1996 年推出第 2 版，其中包括了大量促销方法和实际案例。在美国，1989 年哈佛商学院学者约翰·魁尔奇的《促销管理》一书主要介绍了美国的价格促销。

2. 第二阶段——综合在营销管理中的促销

这一阶段，促销开始进入营销教材当中。我们可以发现，在许多经典营销教材中，促销的章节与其他营销组合的章节合并在一起，即教材中的部分章节涉及与促销相关的内容。这些教材以综合性为主，专门针对促销的内容篇幅较少，没有系统全面深入展开。

（1）2015 年，菲利浦·科特勒，加里·阿姆斯特朗，《市场营销：原理与实践》，第 16 章[170]。

（2）2014 年，乔治·贝尔奇，迈克尔·贝尔奇，《广告与促销：整合营销传播视角》，

第 16 章[171]。

（3）2013 年，约翰·R. 罗西特，拉里·珀西，《广告沟通与促销管理》，第 12 章和第 13 章[172]。

（4）2012 年，肯尼恩·E. 克洛，唐纳德·巴克，《广告、促销与整合营销传播》，第 12 章[173]。

在经典营销教材菲利浦·科特勒教授的《营销管理》中，促销被当作是营销组合中的一部分，与人员销售在同一章节进行阐述。在《广告、促销与整合营销传播》一书中，第 12 章对消费者促销、交易促销和国际市场中的促销进行了阐述。在《广告沟通与促销管理》一书中，第 12 章和第 13 章分别介绍了制造商促销和零售商促销。其中制造商促销包括销售人员促销、中间商促销、消费者试用促销和重复购买促销等内容。零售商促销包括零售商营销前景、零售布局与氛围、零售特色广告、POP 展示、折价促销等内容。在《广告与促销：整合营销传播视角》一书中，第 16 章阐述了促销的范围和作用、发展、消费者导向的促销和交易导向的促销，以及作为整合营销传播工具之一的促销，促销的滥用等内容。

3. 第三阶段——强化学术研究基础的促销

随着促销在营销传播工具中的地位越来越重要（促销不仅可以帮助营销人员实现特定的目标，还可以比其他工具更迅速地实现目标），以及促销活动的进一步发展，促销的学术研究有了明显的发展。由此，促销的教材越来越从实践走向与理论的结合，学术文献和学术研究成果的比重也越来越突出。在美国，出现了以下有影响的促销教材和书籍。

（1）2014 年，Roddy Mullin, Promotional Marketing: How to Create, Implement & Integrate Campaigns That Really Work[174]。

（2）2006 年，Tony Yeshin, Sales Promotion[175]。

（3）2004 年，Steve Smith, Don E. Schultz, How to Sell More Stuff！：Promotional Marketing That Really Works[176]。

（3）2002 年，Scott A. Neslin, Sales Promotion[177]。

（4）1998 年，朱利安·柯明斯，《促销》[178]。

Roddy Mullin 所著的 *Promotional Marketing: How to Create, Implement & Integrate Campaigns That Really Work* 在 2014 年推出了第 6 版，它为读者详细讲述了各种促销方法，共分为三个部分："背景（了解你的消费者、促销的目标、促销的利益等）"，"为了推动业务你可以做些什么（针对经销商和消费者可以使用的促销工具，如常用工具、联合促销、价格促销、赠品促销和竞赛抽奖等）"，以及 "如何做到这一点（如何实施，以及相关法律等）"。促销营销协会（The Institute of Promotional Marketing）的总裁 Jodie Hopperton 推荐如下："在当今的互联世界中，促销是我们为推动业务、创造成功而开展的所有营销活动的基础；如何做到这一点呢？本书给出了许多实用性的建议。"促销协会（Institute of Sales Promotion）的执行会长 Annie Swift 也向读者推荐了这本书，她认为对于促销行业中的每个人来说，这本书的内容都非常重要，它结合实际，覆盖面广，已成为促销和交互营销界及促销协会的必读书目。知名促销杂志 Sales Promotion 的编辑 Martin Croft 也认为这本书是一本实用性的促销指南。

Tony Yeshin 所著的 *Sales Promotion* 一书，体现了良好的学术基础，广泛地引用相关的学术文献，并且包括全世界范围的各种促销案例。它几乎涵盖了促进销售的所有领域，从消费者每天都能在零售卖场见到的促销活动，到同样重要的 B2B 或贸易促销。此外，这本书还包括事件营销、赞助和事业关联营销及国际促销方面的内容。全书共 16 章，具体包括理解什么是促销，促销的作用和局限性，促销理论的发展，促销的策略层面，制定促销预算，促销策划（理解目标人群、竞争环境），确定促销目标，消费者促销，贸易促销，销售人员活动，赞助和事件营销，促销评估，促销法律法规框架，促销代理，整合促销行为，国际促销等。

由 Steve Smith，唐·舒尔茨合著的 *How to Sell More Stuff* 共分 13 章，这本书框架简单，结构清晰，促销工具分类明确。其中第 2~13 章分别介绍了 12 种主要的促销工具，具体包括：竞赛与抽奖、优惠券、退款优惠、折扣、忠诚计划、现场促销、样品、事件促销、赠品、捆绑促销、绩效促销和贸易促销。大部分教材都无法直接应用到实践当中，然而这本书是例外，它不只是一本教科书，与其他广告、公关领域的优秀书籍一样，这本书针对每一种促销工具，非常详尽地讲解了如何进行评估、预算、策划和实施。另外，作者结合自己多年的实践经验，巧妙地将实践与理论交融在一起。在亚马逊网站上我们看到读者们对这本书丰富的参考资料及关于预算、策划和执行清单的简明图表给出了极高的评价。与这本书内容非常类似的是本书作者之一唐·舒尔茨与其他两位作者合著的《促销管理的第一本书》。

2002 年，由促销界的学术权威 Scott A. Neslin 编辑、由美国营销科学研究院（MSI）出版的 *Sales Promotion* 是一本研究论文集。与其他促销书籍不同，这本书实际上是促销领域相关学术文献的一个概要。虽然从现在看来书中收录的内容可能会有一些陈旧，但它很好地总结了 2002 年之前的促销经典文献。主要包括以下内容：首先，从经济和行为的角度探讨为什么需要促销；其次，阐述了促销对销量和利润的影响（品牌效应、品类效应、商店效应等）；此外，还包括促销的类型（贸易促销、零售商促销和消费者促销），广告和促销等内容。当然，它还包含了具体的例子，实践中实现这些模型。

朱利安·柯明斯所著的《促销》是能够找到的少数几本翻译成中文的促销教材之一。书中包含丰富的研究案例和实例，详细说明了那些经过了尝试和验证、使企业保持领先的方法；此外，还讲述了一些成功的促销活动，既为企业获得了新的顾客，同时又能使老顾客满意。这本书分"结构""技巧"和"环境"三部分。其中，"结构"部分主要介绍了促销的目标、策划、实施和评估，"技巧"部分则具体介绍了各种促销工具（如联合促销、价格促销、赠品促销、有奖促销等），"环境"部分主要涉及各国的相关法律。经过全面更新的《促销》第 3 版述及了促销领域的新发展，探讨了互联网、电子邮件和短信的运用；此外，还特设了供读者自学的问题及反馈模块。另外，不论你的公司是刚刚起步的小企业还是国际性的大企业，如果你想走在竞争者前面并保持领先，那么这本关于促销的书籍对你是有所帮助的。

以上介绍的这些教材和书籍中，只有一小部分被译成中文，它们各有优点，然而它们都是主要面向和基于美国为主的市场，未能深入结合中国的市场（包括中国的消费者、中国的商业环境等）。例如，其中涉及的一些促销工具在中国并不常见，涉及的促销法规也不适用于中国，因此在使用过程中会出现"水土不服"的问题。本书吸收了国际教材的优点，从中国消费者的角度出发，结合中国的促销实践，由"理论与工具篇""SP 策划篇""SP 执行篇""SP 评估篇"等几篇构成全书的框架，希望更好地贴近中国的市场和读者，更易于理解、掌握和应用。

 促销专论 2.1　消费者促销国际研究的特点及趋势

研究人员以 SSCI 数据库收录的全部营销及管理期刊为对象，以"sales promotion"为主题检索 2001 年 1 月 1 日至 2011 年 12 月 31 日期间发表在上述期刊的消费者促销文献。对检索结果进行精炼，剔除与消费者促销无关的内容。接下来，再以"discount""coupon""free shipping-fee""cash rebate""free gift""contest""sweepstakes"等为主题反复检索确认样本范围，通过人工阅读筛选。然后根据发表该主题的文章数量对期刊进行排序，并参考 Journal Citation Reports 数据库提供的期刊影响因子确定前 7 种期刊（即这 11 年间发表该主题论文数量在 5 篇以上的期刊），分别是：《营销期刊》(Journal of Marketing, JM)、Journal of Retailing、Marketing Science、Journal of Business Research、Journal of Marketing、International Journal of Research in Marketing、Management Science。对所选择的 7 本期刊文献进行全面收集整理和检查，最后得到 170 篇用于内容分析的文献。分析结果如下：

1. 文献数量分布

从研究数量来看，过去 11 年里每年消费者促销文章基本保持在 10~20 篇，反映了营销学术界对促销主题的持续关注。从每种期刊的数量来看，以 JMR 为首以及 JR、MS、JBR 共 4 种期刊相对而言每年保持较高的文献数量，是消费者促销类文章的主要刊物（见表 2-1）。

表 2-1　七种国际营销期刊中消费者促销相关文献数量统计

期刊	影响因子	文章数/篇											比例/%
		2001	2002	2003	2004	2005	2006	2007	2008	2009	2010	2011	合计	
JM	5.472	3	2	0	0	1	0	2	1	0	5	0	14	8.2
JR	2.750	2	3	2	3	2	4	5	1	2	2	3	29	17.1
JMR	2.517	2	9	2	5	5	2	9	5	1	8	3	51	30.0
MS	2.360	1	1	1	6	2	3	3	5	4	1	2	29	17.1
JBR	1.872	4	1	2	2	2	1	0	2	2	5	2	23	13.5
MNS	1.733	0	1	0	3	1	2	1	4	1	0	2	17	10.0
IJRM	1.662	1	0	1	0	2	0	0	3	0	1	0	7	4.1
合计	—	13	17	8	18	19	13	18	20	10	19	15	170	100.0
比例	—	7.6	10.0	4.7	10.6	11.2	7.6	10.6	11.8	5.9	11.2	8.8	100.0	

注：影响因子参与 Journal Citation Reports 数据

从研究主题来看，促销类型、促销效果和促销影响因素三大主题的分析结果如图 2-6 所示。

2. 促销类型分布

以促销类型为主题的研究分为 4 个维度共 15 种促销形式，成本视角更受关注，尤其以打折为代表的降低经济成本维度最多（见表 2-2）；以促销效果为主题的研究从 3 个视角采用共 20 个变量对其测量，以消费者和制造商视角为主；以促销影响因素为主题的

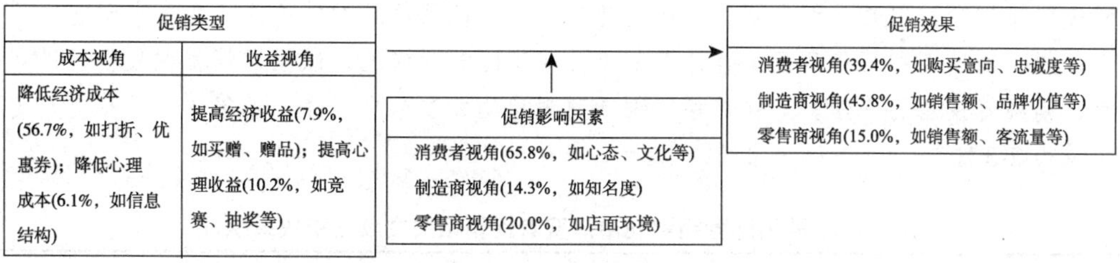

第 2 章 促销的理论基础

```
┌─────────────────────────────┐         ┌──────────────────────────────┐
│         促销类型              │         │          促销效果              │
│  成本视角    │   收益视角      │         │ 消费者视角(39.4%,如购买意向、忠诚度等)│
│            │                │   ┌─────▶│ 制造商视角(45.8%,如销售额、品牌价值等)│
│降低经济成本  │提高经济收益(7.9%,│   │      │ 零售商视角(15.0%,如销售额、客流量等)│
│(56.7%,如打折、│如买赠、赠品);提高│   │      └──────────────────────────────┘
│优惠券);降低  │心理收益(10.2%,  │ 促销影响因素
│心理成本(6.1%,│如竞赛、抽奖等)  │ 消费者视角(65.8%,如心态、文化等)
│如信息结构)   │                │ 制造商视角(14.3%,如知名度)
│            │                │ 零售商视角(20.0%,如店面环境)
└─────────────────────────────┘
```

图 2-6 7 种国际营销期刊中消费者促销相关文献研究内容分布图

表 2-2 7 种国际营销期刊中消费者促销相关文献促销类型统计

促销类型			文章数/篇											比例/%		
			2001	2002	2003	2004	2005	2006	2007	2008	2009	2010	2011	合计	主题	大类
成本视角	降低经济成本	打折	2	9	2	5	6	3	4	7	3	8	5	54	32.9	56.7
		数量折扣	0	0	0	1	0	0	2	0	1	1	1	6	3.7	
		优惠券	2	1	1	2	3	5	0	1	3	1	1	20	12.2	
		免运费	0	0	0	1	0	2	0	0	0	0	0	3	1.8	
		捆绑促销	1	1	0	0	1	0	2	1	1	0	1	8	4.9	
		现金返利	0	0	0	0	0	0	1	0	0	1	0	2	1.2	
	降低心理成本	信息结构	0	1	1	1	3	1	2	0	0	0	1	10	6.1	6.1
收益视角	提高经济收益	买赠	0	0	1	0	1	1	0	0	0	0	0	3	1.8	7.9
		赠品	0	0	1	0	2	1	1	2	0	0	3	10	6.1	
	提高心理收益	竞赛	0	0	0	0	0	0	1	0	0	0	2	2	1.2	10.2
		抽奖	0	0	0	0	0	0	0	0	0	1	0	1	0.6	
		样品	0	1	0	1	1	0	0	0	0	1	0	4	2.4	
		含社会维度促销	0	0	0	0	0	1	0	0	0	1	1	3	1.8	
		定制化促销	0	1	0	0	0	1	1	0	2	0	0	5	3.0	
		稀缺性	0	0	0	1	0	0	1	0	0	0	0	2	1.2	
营销组合			1	0	0	2	0	0	1	2	0	1	1	8	4.9	1.9
促销组合			4	2	4	3	3	2	2	2	1	0	0	23	14.0	14.0
合计			10	15	10	19	19	13	17	19	9	16	17	164	100.0	100.0
比例/%			6.1	9.1	6.1	11.6	11.6	7.9	10.4	11.6	5.5	9.8	10.4	100.0		

注:营销组合和促销组合指消费者促销和其他营销策略或促销工具(如广告)组合的综合研究,不适用 4 维度分类,故单独列出。因四舍五入加总不一定等于 100%(下同)。

研究从 3 个视角共涉及 11 种影响因素,以消费者因素最多。从促销类型来看,降低经济成本类型最多,其次是提高心理收益类型。前者又以打折、优惠券、捆绑等商业促销形式居多;后者包括商业促销和非商业促销形式,如竞赛、抽奖、含社会维度的促销形式等。尽管非商业促销形式的研究较少,但它已经逐渐引起学者的重视。

3. 促销效果分布

从促销效果来看,消费者和制造商视角的变量为研究重点。其中,消费者视角根据购买决策的不同阶段,以购买意向为主,其次是品牌转换和品牌忠诚。尽管搜索信息的研究明显较少，但其类型丰富，且最近几年学者们依然保持对其关注，在未来研究中不容忽视。制造商和零售商视角整体上都更关注实际利润增长，以短期销售额最多。近几年，消费者视角的关注呈上升趋势，制造商视角的关注略有下降，零售商方面相对稳定（见表2-3）。

表2-3 7种国际营销期刊中消费者促销相关文献促销效果统计

对象		促销效果	文章数/篇											比例/%	
			2001	2002	2003	2004	2005	2006	2007	2008	2009	2010	2011	合计		
消费者	购买行为	搜集信息	0	1	1	0	0	0	0	1	0	1	1	5	2.5	39.4
		产品评估	0	0	0	2	0	0	1	1	0	0	2	7	3.5	
		购买意向	1	2	2	3	5	4	5	0	2	5	4	33	16.4	
		品牌转换	0	0	2	3	2	3	3	2	0	0	0	15	7.5	
		店面转换	1	0	0	1	0	2	0	0	0	0	0	4	2.0	
		倒卖	0	0	0	0	0	1	0	0	0	0	0	1	0.5	
	购后行为	品牌忠诚	2	3	1	0	0	4	0	1	1	0	2	14	7.0	
制造商	短期效果	销售额	5	6	1	7	6	0	6	4	7	4	2	47	23.4	45.8
		其他产品销售额	0	1	1	0	0	0	0	1	0	0	0	3	1.5	
	长期效果	销售额	0	4	1	2	3	4	0	3	1	2	1	21	10.4	
		市场占有率	0	2	0	1	0	0	1	3	0	0	0	7	3.5	
		其他产品销售额	0	0	0	0	0	0	1	0	0	0	0	1	0.5	
		品牌价值	2	2	2	1	1	2	1	0	1	0	1	13	6.5	
零售商	短期效果	销售额	0	1	0	0	1	0	2	2	2	1	2	11	5.5	15.0
		其他产品销售额	1	0	1	0	0	2	0	2	1	1	1	9	4.5	
		店面销售额	0	2	0	1	0	1	1	0	0	0	0	5	2.5	
		客流量	0	0	0	0	0	0	0	0	0	0	1	1	0.5	
	长期效果	销售额	0	0	0	0	1	0	0	1	0	0	1	3	1.5	
		其他产品销售额	1	0	0	0	0	0	0	0	0	0	0	1	0.5	
合计 比例/%			13	24	10	26	18	23	19	23	15	15	15	201	100.0	100.0
			6.5	11.9	5.0	12.9	9.0	11.4	9.5	11.4	7.5	7.5	7.0	100.0		

4. 促销影响因素分布

从影响因素来看，消费者因素总体比制造商和零售商因素更受重视（见表2-4）。具体来说，消费者方面以过去购买行为产生的学习经验对促销效果的影响最受关注。Chandon（1995）纵观基于消费者导向的促销研究历史，指出不同促销活动涉入度的消费者具有不同程度的消费知识，包括感知风险、感知价格公平、感知未来促销可能性和搜寻信息的能力等，这些因素将最终影响消费者购买决策，也影响了促销效果。此外，还存在一些与行为机制密切相关的影响因素，如心理动机、敏感性、忠诚度，获得更多研究，文献数量均高于10%；类似人口统计特征，如受教育程度、文化差异及工资发放时间等客观因素研究较少。制造商和零售商因素的研究比较单一，前者主要指品牌知名度，后者指店面环境，其文献比重与消费者购买经历相当。

5. 研究方法和数据类型

从研究方法来看，国外消费者促销研究以定量方法为主流研究方法。其中，数学建模法最多，其次为实验法。从年度统计结果来看，数学建模法的采用一直更受青睐，2004—2006年约有10篇，但近几年数量有所下降；实验法使用率略有波动，近年呈现上升趋势；问卷调查法使用率基本保持稳定。少量的定性研究主要应用深入访谈法和理论推导（见表2-5）。

表2-4　7种国际营销期刊中消费者促销相关文献促销影响因素统计

对象	影响因素	文章数/篇											比例/%	
		2001	2002	2003	2004	2005	2006	2007	2008	2009	2010	2011	合计		
消费者	心态	0	0	0	0	1	0	1	0	1	0	1	4	11.4	
	购买经历	0	1	1	0	0	1	0	3	0	0	0	6	17.1	
	品牌偏好	1	0	0	0	2	1	0	0	0	0	1	5	14.3	65.8
	时间敏感性	0	0	0	0	0	0	1	0	2	2	0	5	14.3	
	受教育程度	0	0	0	0	1	0	0	0	0	0	0	1	2.9	
	文化差异	0	0	0	0	1	0	0	0	0	0	0	1	2.9	
	工资发放时间	0	0	0	0	0	0	0	0	0	0	1	1	2.9	
制造商零售商	品牌知名度	2	1	0	0	0	0	1	1	0	0	0	5	14.3	14.3
	店面环境	1	1	0	1	0	1	1	0	1	0	1	7	20.0	20.0
	合计	4	3	1	1	5	3	4	5	3	4	2	35	100.0	100.0
	比例/%	11.4	8.6	2.9	2.9	14.3	8.6	11.4	14.3	8.6	11.4	5.7	100.0		

表2-5　7种国际营销期刊中消费者促销相关文献研究方法统计

研究方法		文章数/篇											比例/%	
		2001	2002	2003	2004	2005	2006	2007	2008	2009	2010	2011	合计		
定性研究	访谈	1	1	0	1	0	0	0	0	0	0	0	3	1.6	3.7
	理论推导	0	1	0	1	1	0	0	0	1	0	0	4	2.1	
定量研究	数理模型 有数据	5	8	5	11	8	12	5	11	6	1	3	75	39.5	90.5
	数理模型 无数据	0	0	0	2	3	1	3	3	2	2	4	20	10.5	
	问卷调查	1	0	2	0	3	2	1	0	2	0	2	13	6.8	
	实验	3	5	4	4	7	2	7	1	2	6	2	43	22.6	
	其他	4	5	1	1	0	1	1	0	2	2	3	21	11.1	
	未知	2	0	1	1	2	0	0	2	0	2	1	11	5.8	5.8
	合计	16	20	13	21	24	18	17	19	14	9	15	190	100.0	100.0
	比例/%	8.4	10.5	6.8	11.1	12.6	9.5	8.9	10.0	7.4	6.8	7.9	100.0		

注：部分文献因仅有摘要无法判断方法，故标记为"未知"（下同）。部分文献使用多种文献方法，存在跨项统计。

6. 研究对象

数据类型以一手数据和面板数据为主，合计超过86%（见表2-6）。

表 2-6 7种国际营销期刊中消费者促销相关文献数据类型统计

数据类型		文章数/篇											合计	比例/%	
		2001	2002	2003	2004	2005	2006	2007	2008	2009	2010	2011			
一手数据		3	6	3	5	9	13	7	2	2	5	5	60	36.4	36.4
二手数据	面板数据	8	9	5	11	7	12	6	12	6	2	5	83	50.3	
	固定样本数据	0	1	0	0	1	0	0	0	1	0	0	3	1.8	54.5
	其他	0	3	0	0	0	1	0	0	0	0	0	4	2.4	
未知		2	0	2	1	4	0	0	2	3	1		15	9.1	9.1
合计		13	19	10	17	21	26	13	16	8	11	11	165	100.0	100.0
比例/%		7.9	11.5	6.1	10.3	12.7	15.8	7.9	9.7	4.8	6.7	6.7	100.0	0	0

（资料来源：戴鑫，程思，戚惠. 消费者促销国际研究的特点及趋势——基于2001—2011年SSCI数据库的文献分析 [J]. 管理学报，2013, 10(6): 925-935）

本章案例

拒绝还是接受：如何降低消费者的促销抵触情绪？

■ **案例情境**

1. 促销新挑战

"我们需要更忠诚的客户，也需要更加详尽的客户消费数据，这样公司才可能获得更大的利润空间。要知道，留住一个老客户比吸引一个新客户的成本低很多。因此，暑假来临前，我们必须全力以赴设计出新的顾客忠诚计划。"在优识图书文化公司六月中的一次会议上，公司的总经理肖宇成慷慨激昂地说道。

营销经理郑超知道自己部门又将面临新的挑战。会议结束后，从业多年的他心中还是没有底。在制订促销计划时，最头疼的一件事就是奖品的选择。在竞争日益激烈的市场上，消费者面对各式各样的商家活动，精明的他们早就知道如何去分辨奖品的优劣。当然有时花了钱选了高价值的奖励并不一定就能捕获消费者的"芳心"。有时消费者甚至会不买账，这种费钱不讨好的事，郑超并不是没有遇到过。深谙顾客心理的他清楚地知道这群买家对促销是既爱又怕，他们既喜欢促销提供的各种利益，但同时又担心促销只是个充满诱惑的陷阱。

郑超在办公桌前坐下来，觉得有必要和其他同事商量一下。心直口快的齐娜笑了笑，"说实在的，想设计有吸引力的促销计划真不容易"。她一边说着，一边打开身边的小包，从里面拿出厚厚一沓会员卡。"我也曾经很热衷参加各类促销活动。但时间一长，我的兴趣锐减，甚至有时会反感。在如今这个促销泛滥的年代，想要真正设计一个好的且能够吸引消费者的促销计划还真是不容易。"

"你觉得是什么原因降低了参与的兴趣呢？"郑超问道。

"嗯，一下子也说不好，但是我能感觉到很多促销活动就是商家为了'套牢'我，从我身上赚更多的钱，这种感觉让我非常反感。"齐娜撇撇嘴说。

"小徐，你呢？有什么想法。"郑超掉过头来问徐扬。

老成的徐扬沉吟了片刻才开腔："我觉得我们的书店的顾客忠诚计划必须与众不同。因为我们的顾客群体和综合性的书店不一样。我们的书店针对的是接受过高等教育的人，而且我们的顾客群体以年轻人居多，销售的图书也以文化艺术旅游类书籍最多，这表明我们的目标顾客群体有着明显的特征，他们更加崇尚自由和自主选择权。所以，我个人觉得在设计促销方案时不能不认真考虑这一因素。"说罢，他再次扶了扶自己的眼镜。

郑超看着两位性格迥异却颇具潜力的助手，不禁嘴角含笑："你们提出的观点都很有启发性，今晚我们再花些时间想想具体的方案，明天我们再深入地讨论吧！"

2. 女儿的彩虹糖

"爸爸！"女儿甜美的欢呼打断了手持钥匙开家门、心里却仍想着促销计划的郑超的思路。在回家的路上，他还在琢磨这件事情。此刻，他看着乖巧的女儿迎接他的笑脸，不由得也笑容满面。小女儿湉湉正处在活泼烂漫、调皮可爱的年龄，趁爸爸俯身吻她，就一把攀住郑超的脖子，往他身上爬。正在此时，妻子端着菜走了出来。"哎，湉湉，别缠着要爸爸抱，怪累的。"又对郑超说，"来搭把手吧，把厨房里的菜拿出来，把冰箱里的鱼拿到微波炉热一热，端出来，吃饭了。"又叫，"湉湉，快来吃饭了！"

待到郑超把菜端出来，却看见了妻子和女儿"做交易"的一幕。妻子对女儿说："来，多吃些青菜对身体有好处，不喜欢还是要吃的啊。"湉湉坐在椅子上扭来扭去："不要吃，我不要吃。"妻子见状只好使出了绝技："湉湉，你不是最喜欢吃彩虹糖吗？妈妈又给你买了，吃完这些青菜，妈妈就给你吃彩虹糖。"这可是郑家的经典交易，郑超抿着嘴笑了，没料到湉湉却生了气："每次都是这样，妈妈买彩虹糖就是为了要我吃青菜，不吃就没有彩虹糖。真没意思，我不要了！"她转身跑开了。

就在这一刻，女儿的拒绝奖赏和交易，让郑超若有所悟，也许顾客也是这样有所抵触？"也许女儿长大了，我们不应该再用这样的方式做交易，而应该让她明白吃蔬菜的好处，让她自己做选择。"郑超轻抚着女儿的头，微笑着说道。

3. 茶叶与开瓶器

翌日下午，营销部的碰头会如期展开。齐娜首先发言："郑经理，我认为顾客对忠诚计划产生抵触情绪的主要根源在于怀疑商家的促销动机。而他们怀疑的开端往往在于商家提供了他们无法理解的与他们的消费行为看似无关的奖励。这时候他们会认定商家纯粹是为了利润动机作出这样的奖励，是对他们的一种操纵和利用。而现在很多商家作出了这样的举动，比如说有一个我常去的茶庄，他们促销活动的奖品居然是……"

"红酒开瓶器？"郑超下意识地接道。

"郑经理！你也……"齐娜吃惊地问道。

"哦，是啊，我们家也买过。"郑超点点头。

三人都不禁微笑了，会议室的紧张气氛一时间轻松了许多。

"小齐，你说得很对，我也考虑过这个。我觉得我们的促销计划选择奖品时，一定要是与'书'及'文化'这个主题配合起来，让顾客很舒服地感受到其中的逻辑，而避免他们怀疑我们的促销动机，认为我们的促销是个大陷阱。"郑超喝了一口茶，"这茶庄的茶本来还不错，可我太太就是不肯再去买了，愣说有红酒味。"大家笑了起来。

"言归正传，小徐，你的意见呢？"郑超接着问。

徐扬照例推了推眼镜，不紧不慢地开腔："我觉得随着我们的消费者日渐成熟，加上学识的加深，大家都更加容易怀疑促销背后的动机，而且认为这样的促销侵害了他们的自由选择权。我们在设计忠诚计划的时候，一定要考虑到我们目标顾客的这种特征。让他们感觉到选择我们是出于他们自己的英明决策，而非被我们的'伎俩'给操纵了。"

"小徐说得也很好。现在我们可是找到了挡在我们成功促销计划路途上的障碍了。"郑超移过茶杯，"接下来我们要做的就是建好一条路，怎样巧妙地设计，从这障碍旁绕过去，直达我们的促销目标了！"

4. 齐娜的邮件

现实生活中，商家推出的各种促销数不胜数，但真正有效的却是凤毛麟角。促销是一把双刃剑，既可能吸引消费者，并且激发他们的购买欲望，又可能让消费者产生反感，进而放弃购买行为。一方面，消费者会被商家提供的利益和奖励所吸引；另一方面，消费者可能会觉得这些奖励是商家故意想影响他们的购买行为，并限定他们的品牌选择。这种对消费者自由选择权的威胁将导致促销抵触心理的产生。优识图书文化公司的营销经理郑超意识到制订顾客忠诚计划的关键是如何避免，甚至有效地降低消费者潜在的促销抵触情绪。

有些公司选择了和产品或服务无关的奖品设置，虽说这是降低成本的一种好办法，但是消费者对于奖励和消费之间的关系非常敏感，如果奖励和图书文化的内涵不匹配，会引起消费者的抵触情绪。他们会认为这种与他们的消费努力不一致的奖励是不合逻辑的，甚至会怀疑公司设置奖励的动机是企图操纵顾客的购买行为，觉得公司的做法没有诚意。这么一来，会大大折损公司促销计划的有效性。

当然选择与产品或服务相关的一些奖励品是一种有效的办法，例如，买书送书展门票、买影碟送明星签名版等。但无论用哪种方式，消费者依然会对促销产生一定的怀疑，因为毕竟促销的最终目的是让商家获利。会不会有更好的办法解决这一问题，有效地降低消费者对促销可能产生的抵触情绪呢？

周末的清晨，郑超仍然无法停下思绪。他端着妻子刚煮好的咖啡，打开电脑。邮箱中有许多未读邮件，其中齐娜的邮件引起了他的兴趣。看看发送时间，居然是深夜。原本约好了周一见面再做商榷，她居然加夜班献计献策。郑超点开邮件，慢慢读了起来。

郑经理：

您好！

刚在网上看到美国学者的一篇文章，我觉得对公司制订顾客忠诚计划有一定的帮助，所以马上发邮件给您。文章中的实验通过人为操控来降低促销抵触情绪，然后对比了控制组与实验组之间参与者努力奖励一致性偏好的差异。如果参与者选择了与努力一致的奖励则说明他们试图降低其促销抵触情绪，因此实验组中（低促销抵触情绪）的参与者应当表现出较低的一致性偏好。在此基础上，研究人员假设：**在消费者选择奖励之前降低促销抵触情绪将削弱他们对努力奖励一致性的偏好。**

实验的参与者是在中心火车站候车区等火车的旅客。共有 6 个独立的实验，其中每个实验都将参与者随机分配到 4 种场景之一，即 2 种促销抵触情绪（降低的、控制的）×2 种所需付出的努力（E_x、E_y）。首先，参与者将阅读一份关于什么是忠诚计划的简介，包括常旅客计划的例子。在降低的促销抵触情绪的场景下，要求参与者阅读一份源于超过 5000 名消费者的研究报告，并且告诉他们这些信息可以帮助他们更好地作出选择。报告中概括介绍了人们对忠诚计划和奖励的主要观点，并指出大多数消费者认为"奖励能够强化人们的本能行为和趋向""忠诚计划为你本来就想做的事提供了奖励""这些计划中提供的奖品是意外奖励"。通过这一场景设计来降低参与者的促销抵触情绪,同时降低外部因素对认知的影响。阅读完这些材料之后,参与者将分配到6个计划中的1个,以及某一所需付出的努力(E_x或E_y),并且从2个奖励(R_x或R_y)中选择其一(见表2-7)。

表2-7 在控制抵触情绪及降低抵触情绪的情况下消费者努力奖励一致性的选择

场景	所需努力	奖励选择	努力奖励一致性偏好 $\Delta P(R_x; R_y)$/%		
			抵触控制组	抵触降低组	差异
1($n=91$)	E_x = 10晚住宿 E_y = 10次租车	R_x = 免费住宿2晚 R_y = 额外租车6天	23	−10	+33
2($n=70$)	E_x = 评论30首歌 E_y = 评论30部电影	R_x = 3张音乐CD R_y = 3张电影DVD	42	9	+33
3($n=84$)	E_x = 加5次汽油 E_y = 买5次日用品	R_x = 精巧版地图册 R_y = 1本烹饪食谱	35	−24	+59
4($n=209$)	E_x = 吃10盒麦片 E_y = 飞5000英里	R_x = 3盒麦片 R_y = 常旅客计划中的500里程	34	18	+16
5($n=97$)	E_x = 评论30张音乐CD E_y = 评论30部电影	R_x = 1张免费音乐CD R_y = 1张免费电影DVD	31	24	+7
6($n=63$)	E_x = 收集价值700美元的杂货小票 E_y = 收集价值700美元的电话账单	R_x = Braun牌美食机 R_y = Sony无线电话	21	−20	+41

(资料来源:Kivetz Ran. Promotion reactance: the role of effort-reward congruity[J], Journal of Consumer Research, 2005, 31)

　　总的来说,如表2-7所示,所有6个场景的结果都证实了研究人员的假设,即控制组中对努力奖励一致性的偏好高于降低组的,消费者为了降低外界诱因对感知而偏好选择努力一致性的奖励。6个场景中,$\Delta P(R_x; R_y)$的平均值在控制组是31%,而在降低组则为-1%。在奖励选择之前,人为降低消费者的促销抵触,他们对减小抵触的偏好也会随之降低,因此对奖励一致性的偏好也有所降低。

　　结合上面的研究结论,我有了一些想法。在制订顾客忠诚计划时,除了注意挑选奖励之外,我们还可以采取一些措施,人为地降低消费者的促销抵触情绪。例如,首先,我们可以考虑向他们发放宣传小册子,表达我们与顾客建立长久关系的愿望。真诚的沟通能增进顾客对我们忠诚计划的了解与信任,降低他们的抵触情绪。其次,消费者之所以会抵制那些无关的奖励,是因为他们觉得奖励与自己的努力没有那么大的关联。我们或许可以改变他们看待奖励的角度,这种奖励不再完全是建立在他努力的基础上,或者至少关系没有那么密切。例如,制定这样的主题——您来消费,作为回报,我们将向您的朋友送出礼物。这样一来,消费者的注意力会在一定程度上被转移,不会再看重奖励与努力之间关系,也会相应地降低促销抵触情绪和对礼物努力一致性的强烈要求。如果我们让得到礼物的人和付出消费努力的人不相同,促销抵触情绪就可能得到很大降低。此外,我们或者还可以推出购书意外惊喜的活动,突然告知顾客可以获得一样礼物,或是参加抽奖,他们会觉得这与自己购书的努力没有太大的关系,而是与运气或其他因素相关,因而大大减低了他们对礼物的抵触心理。但是,当然我们这些收到惊喜的顾客是我们有意挑选的优质忠诚顾客,这样我们的促销效果自然是有所保障的。

齐娜

"这个想法听起来不错！"郑超点点头，"也许我们可以进一步讨论一下用些什么办法来有效地实现对消费者情绪的人为干预。"他看着窗外灿烂的朝霞，又渐渐浸入了沉思之中……

■ 相关概念与理论

尽管关于促销的研究已经有许多，但关于消费者促销抵触心理的研究还很少。有哪些因素会引发消费者产生这种抵触情绪？又有哪些因素会影响这种抵触情绪的强烈程度？首先，我们回顾了经典的心理抵触理论和促销抵触理论。然后，我们在抵触理论（reactance theory）和过度辩解理论（overjustification theory）的基础上，提出消费者会通过选择和努力相一致的奖励来降低其促销抵触心理。

1. 心理抵触理论

心理抵触理论（The Theory of Psychological Reactance）表明，人们会对那些试图控制其行为或威胁其自由选择权的行为产生抵触情绪。这种抵触情绪的出现会引发消费者再次强调其受到威胁的自由选择权的动机。例如，消费者可以在行为 x、y、z 中进行自由选择，如果有行为将威胁他们对行为 x 的自由选择权，那么他们就会对该行为产生抵触心理；如果提高行为 x 的吸引力或者参与行为 x 的可能性，则可能会降低这种抵触心理。以往的研究证实了各种不同的抵触效应。例如，与说服意图相反的逆反行为，接受恩惠后拒绝回报，以及对于难以实现的梦想的渴望。此外，促销激励也会引发抵触心理的产生。

2. 促销抵触

许多研究证实了促销抵触心理的存在。例如，Roberson 和 Rossiter（1974）提出如果消费者感知到广告的商业意图，那么他们对该广告的信任度会有所降低，而且对广告中产品的喜好程度会有所降低，购买该产品的可能性也会降低。显然，一旦消费者感知到广告的意图是刺激消费者购买其产品，他们就会产生抵触心理，于是广告的影响力也会随之下降。

目前的研究显示对于促销刺激的心理抵触是普遍存在的现象，当此类促销的影响意图非常明显时，消费者的抵触情绪尤为强烈。消费者对具有影响意图的促销和奖励非常敏感。那么，什么类型的促销更容易促使消费者产生抵触心理呢？之前的研究认为，相对于简单、独立的威胁来说，暗示与未来自由选择权相关的威胁会导致更强烈的抵触情绪。有一种类型的促销会对未来一系列自由选择权产生威胁，那就是顾客忠诚计划。参与忠诚计划（Loyalty Program，LP）的消费者通过未来付出一系列的消费努力（例如，不断购买产品或服务）来换得奖励。因此，由于忠诚计划试图影响消费者未来的购买行为，所以它似乎更容易引起消费者的抵触情绪。

（案例来源：朱翘敏，彭莱，吴铭洺，等. 拒绝还是接受：如何降低消费者的促销抵触情绪？［M］//《中山大学管理案例研究（2009—2011）》. 北京：经济科学出版社，2011：337-355）

■ 互动讨论

1. 阅读完案例之后，你认为应如何设计一个有效的促销方案？例如，促销激励的奖品应如何选择？奖品与促销产品是否应该具有相关性？促销激励的奖品是否应以吸引消费者注意力为主？这样做是否容易导致消费者促销抵触心理产生？消费者对有奖品的促销与没有奖品的促销的态度是否存在差异？是否会对购物行为产生影响？在选择促销激励的奖品时，如果消费者不需要付出努力即可获得相同奖励，那么消费者的一致性偏好是否会有所改变？

2. 如果你是郑超，你是否会支持齐娜邮件中提出的观点，以其为指导原则来制订下一季度的促销方案？对于案例中的观点，哪些是你赞同的，哪些是你反对的？或者，你还有什么更好的提议，请给出你的详细理由。请结合消费者心理和消费者行为的相关理论，试分析消费者接受促销奖品背后的心理过程及其对企业促销决策的启示。

1. Dhar Ravi, Simonson Itamar. The effect of forced choice on choice[J]. Journal of Marketing Research, 2003, 40 (May): 146-60.

2. Fitzsimons, Gavan J, Lehmann Donald R. Reactance to recommendations: when unsolicited advice yields contrary responses[J]. Marketing Science, 2004, 23 (1): 82-94.

3. Kivetz Ran. The effects of effort and intrinsic motivation on risky choice[J]. Marketing Science, 2003, 22 (4): 477-502.

4. Kivetz Ran, Simonson Itamar. Earning the right to indulge: effort as a determinant of customer preferences toward frequency program rewards[J]. Journal of Marketing Research, 2002, 39(2): 155-170.

5. Kivetz Ran, Simonson Itamar, The idiosyncratic fit heuristic: effort advantage as a determinant of consumer response to loyalty programs[J]. Journal of Marketing Research, 2003, 40(4): 454-467.

6. Kivetz Ran. Promotion reactance: the role of effort-reward congruity[J]. Journal of Consumer Research, 2005, 31(March): 725-736.

1. 随着微博、微信等社会化媒体的发展，企业越来越重视在这类平台上开展促销活动。根据本章的研究综述，你认为未来研究的方向有哪些？

2. 想想生活中有哪些值得研究的促销问题，针对这一问题查找文献，看看文献中有无相关的研究解决这一问题。

本章注释

[1] Lau-Gesk L. Understanding Consumer Evaluations of Mixed Affective Experiences[J]. Journal of Consumer Research, 2005, 32(1): 23-28.

[2] Blattberg R C, Neslin S A. Sales promotion: concepts, methods and strategies[M]. Englewood Cliffs, NJ: Prentice Hall, 1990.

[3] Ailawadi Kusum L, Gupta Sunil. Sales promotion in the history of marketing science[M], Russell S. Winer and Scott A Neslin (ed.). World Scientific Publishing Co. Pte Ltd and now publisher Inc, 2014: 463-497.

[4] Webster F E. The "deal-prone" consumer[J]. Journal of Marketing Research, 1965, 11(May):

186-189.

[5] Montgomery D B. Consumer characteristics associated with dealing: an empirical example[J]. Journal of Marketing Research, 1972, 8(1): 118-120.

[6] Teel J E, Williams R H, Bearden W O. Correlates of consumer susceptibility to coupons in new product grocery product introductions[J]. Journal of Advertising, 1980, 9(3): 31-46.

[7] Blattberg R C, Buesing T, Peacock P, et al. Identifying the deal prone segment[J]. Journal of Marketing Research, 1978, XV (August): 369-377.

[8] Shimp T, Kavas A. The theory of reasoned action applied to coupon usage[J]. Journal of Consumer Research, 1984, 11(3)(December): 795-809.

[9] Bawa K, Shoemaker R W. The coupon-prone consumer: some findings based on purchase behavior across product classes[J]. Journal of Marketing, 1987, 51(4)(October): 99-110.

[10] Schneider L, Currim I. Consumer purchase behaviors associated with active and passive deal-proneness[J]. International Journal of Research in Marketing, 1991(8): 205-222.

[11] Chandon P, Wansink B, Laurent G. A benefit congruency framework of sales promotion effectiveness[J]. Journal of Marketing, 2000, 64(October): 65-81.

[12] Ailawadi K L, Neslin S, Gedenk K. Pursuing the value conscious consumer: store brands versus national brand promotions[J]. Journal of Marketing, 2001, 65(1) (January): 71-89.

[13] Gauri D, Sudhir K, Talukdar D. The temporal and spatial dimensions of price search: insights from matching household survey and purchase data[J]. Journal of Marketing Research, 2008, XLV(April): 226-240.

[14] Inman J J, Winer R S, Ferraro R. The interplay among category characteristics, customer characteristics, and customer activities on in-store decision making[J]. Journal of Marketing, 2009, 73(September): 19-29.

[15] Bell D, Corsten D, Knox G. From point of purchase to path to purchase: how preshopping factors drive unplanned buying[J]. Journal of Marketing, 2011, 75(January): 31-45.

[16] Reibstein D J, Traver P A. Factors affecting coupon redemption rates[J]. Journal of Marketing, 1982, 46(4)(Fall): 102-113.

[17] Neslin S A, Clarke D G. Relating the brand use profile of coupon redeemers to brand and coupon characteristics[J]. Journal of Marketing Research, 1987, 27(1) (February-March): 23-32.

[18] Schwartz A. The influence of media characteristics on coupon redemption[J]. Journal of Marketing, 1966, 30(January): 41-46.

[19] Ward R W, Davis J E. A pooled cross-section time series model of coupon promotions[J], American Journal of Agricultural Economics, 1978, 60(November): 393-401.

[20] Leclerc F, Little J D. Can advertising copy make FSI coupons more effective?[J]. Journal of Marketing Research, 1997(34): 473-484.

[21] Srinivasan S S, Leone R P, Mulhern F J. The advertising exposure effect of free standing inserts[J]. Journal of Advertising, 1995(24): 29-40.

[22] Raju J S, Dhar S K, Morrison D G. The effect of package coupon on brand choice[J]. Marketing Science, 1994, 13(2) (Spring): 145-164.

[23] Massy W F, Frank R E. Short term price and dealing effects in selected market segments[J]. Journal of Marketing Research, 1967, 2(2) (May): 171-185.

[24] Chevalier M. Increase in sales due to in-store display[J]. Journal of Marketing Research, 1975, 12(4): 426-431.

[25] Moriarty M M. Retail promotional effects on intra- and inter- brand sales performance[J]. Journal of

Retailing, 1985, 63(3): 27-47.

[26] Guadagni P M, Little J D C. A logit model of brand choice calibrated on scanner data[J], Marketing Science, 1983, 2(3): 203-238.

[27] Wittink D R, Addona M, Hawkes W, et al. SCAN-PRO: A model to measure short-term effects of promotional activities on brand sales, based on store-level scanner data, Working Paper, AC Nielsen, Schaumburg IL, 1988.

[28] Abraham M M, Lodish L M. An implemented system for improving promotion productivity using store scanner data[J]. Marketing Science, 1993, 12(3): 248-269.

[29] Blattberg R C, Briesch R, Fox E. How promotions work[J]. Marketing Science, 1995, 13(3): G122-D132.

[30] Narasimhan C, Neslin S A, Sen S K. Promotional elasticities and category characteristics[J]. Journal of Marketing, 1996, 60(April): 17-30.

[31] Wittink D R, Addona M, Hawkes W, et al. SCAN-PRO: A model to measure short-term effects of promotional activities on brand sales, based on store-level scanner data, Working Paper, AC Nielsen, Schaumburg IL, 1988.

[32] Narasimhan C, Neslin S A, Sen S K. Promotional elasticities and category characteristics[J], Journal of Marketing, 1996, 60(April): 17-30.

[33] Gupta S. Impact of sales promotions on when, what, and how much to buy[J]. Journal of Marketing Research, 1988, 25(November): 342-355.

[34] Papatla P, Krishnamurthi L. Measuring the dynamic effects of promotions on brand choice[J]. Journal of Marketing Research, 1996, 33(February): 20-35.

[35] Zhang J. An integrated choice model incorporating alternative mechanisms for consumers' reactions to in-store display and feature advertising[J]. Marketing Science, 2006, 25(3) (May-June): 278-290.

[36] Fader P S, McAlister L. An elimination by aspects model of consumer response to promotion calibrated on UPC scanner data[J]. Journal of Marketing Research, 1990, 27(August): 322-332.

[37] Inman J J, Peter A C, Raghubir P. Framing the deal: the role of restrictions in accentuating deal value[J]. Journal of Consumer Research, 1997, 24(1): 68-79.

[38] Wansink B, Kent R, Hoch S. An anchoring and adjustment model of purchase quantity decisions[J]. Journal of Marketing Research, 1998, 35(1): 71-81.

[39] Foubert B, Gijsbrechts E. Shopper response to bundle promotions for packaged goods[J]. Journal of Marketing Research, 2007, 4 (4): 647-662.

[40] Frank R E, Massy W F. The effect of retail promotional activities on sales[J]. Decision Sciences, 1971, 2(4): 405-431.

[41] Guadagni P M, Little J D C. A logit model of brand choice calibrated on scanner data[J], Marketing Science, 1983, 2(3): 203-238.

[42] Batsell R R, Polking J C. A new class of market share models[J]. Marketing Science, 1985, 4(3) (Summer): 177-198.

[43] Blattberg R C, Wisnewski K. Price induced patterns of competition[J]. Marketing Science, 1989, 8(4) (Fall): 291-309.

[44] Sethuraman R, Srinivasan V, Kim D. Asymmetric and neighborhood cross-price effects: some empirical generalizations[J]. Marketing Science, 1999, 18(1): 23-41.

[45] Sethuraman R, Srinivasan V. The asymmetric share effect: an empirical generalization on cross-price effects[J]. Journal of Marketing Research, 2002, 39(3) (August): 379-386.

[46] Erdem T. An empirical analysis of umbrella branding[J]. Journal of Marketing Research, 1998,

35(August): 339-351.

[47] Russell G J, Petersen A. Analysis of cross category dependence in market basket selection[J]. Journal of Retailing, 2000, 76(3): 367-392.

[48] Duvvuri S D, Ansari A, Gupta S. Consumers' price sensitivities across complementary categories[J]. Management Science, 2007, 53(12) (December): 1933-1945.

[49] Niraj R, Padmanabhan V, Seetharaman P B. A cross-category model of households' incidence and quantity decisions[J]. Marketing Science, 2008, 27(2): 225-235.

[50] Chevalier M Curhan R C. Retail promotions as a function of trade promotions: a descriptive analysis[J]. Sloan Management Review, 1976, 18(3): 19-32.

[51] Walters R G, Mackenzie S B. A structural equations analysis from retailer-customized coupon campaigns[J]. Journal of Marketing, 1988, 76(January): 76-94.

[52] Kumar V, Leone R P. Measuring the effect of retail store promotions on brand and store substitution behavior[J]. Journal of Marketing Research, 1988, 25(May): 178-195.

[53] Walters R G. Assessing the impact of retail price promotions on product substitution complementary purchase, and interstore sales displacement[J]. Journal of Marketing, 1991, 55(April): 17-28.

[54] Bucklin R E, Lattin J M. A two-state model of purchase incidence and brand choice[J]. Marketing Science, 1991, 10(1): 24-39.

[55] Lam S Y, Vandenbosch M, Hulland J, et al. Evaluating promotions in shopping environments: decomposing sales response into attraction, conversion, and spending effects[J]. Marketing Science, 2001, 20(2): 194-215.

[56] Gijsbrechts E, Campo K, Goossens T. The impact of store flyers on traffic and store sales: a geo-marketing approach[J]. Journal of Retailing, 2003(79): 1-16.

[57] Aliwadi K L, Harlam B A, Cesar J, et al. Promotion profitability for a retailer: the role of promotion, brand, category, and store characteristics[J]. Journal of Marketing Research, 2006, 43(4): 518-535.

[58] Stilley K M, Inman J J, Wakefield K L. Spending on the fly: mental budgets, promotions, and spending behavior[J]. Journal of Marketing, 2010, 74(3): 34-47.

[59] Massy W F, Frank R E. Short term price and dealing effects in selected market segments[J]. Journal of Marketing Research, 1967, 2(2) (May): 171-185.

[60] Winer R S. A reference price model of brand choice for frequently purchased products[J]. Journal of Consumer Research, 1986, 13(2): 250-256.

[61] Lattin J M, Bucklin R E. Reference effects of price and promotion on brand choice behavior[J]. Journal of Marketing Research. 1989, 26(August): 299-310.

[62] Mayhew, G. E, Winer R S. An empirical analysis of internal and external reference prices. Journal of Consumer Research, 1992, 19(June): 62-70.

[63] Dodson J, Tybout A, Sternthal B. Impact of deals and deal retraction on brand switching[J]. Journal of Marketing Research, 1978, 15(1) (February): 72-81.

[64] Winer R S. A reference price model of brand choice for frequently purchased products[J]. Journal of Consumer Research, 1986, 13(2): 250-256.

[65] Shoemaker R, Shoaf F R. Repeat rates of deal purchases[J]. Journal of Advertising Research, 1977, 17(2): 47-53.

[66] Neslin S A, Shoemaker R W. An alternative explanation for lower repeat rates after promotion purchases[J]. Journal of Marketing Research, 1989, 26(2) (May): 205-213.

[67] Davis S J, Inman J, McAlister L. Promotion has a negative effect on brand evaluations— or does it? Additional disconfirming evidence[J], Journal of Marketing Research, 1992, 29(1): 143-148.

[68] Kuehn A A. Consumer brand choice as a learning process[J]. Journal of Advertising Research, 1962(2): 10-17.

[69] Guadagni P M, Little J D C. A logit model of brand choice calibrated on scanner data[J]. Marketing Science, 1983, 2(3): 203-238.

[70] Seetharaman P B. Modeling multiple sources of state dependence in random utility models: A distributed lag approach[J]. Marketing Science, 2004, 23(2) (Spring): 263-271.

[71] Aliwadi K L, Gedenk K, Lutzky C, et al. Decomposition of the sales impact of promotion-induced stockpiling[J]. Journal of Marketing Research, 2007, 44(3) (August): 450-467.

[72] Blattberg R C, Eppen G A, Lieberman J. A theoretical and empirical evaluation of price deals for consumer nondurables[J]. Journal of Marketing, 1981, 45(1) (Winter): 116-129.

[73] Neslin S A, Henderson C, Quelch J. Consumer promotions and the acceleration of product purchases[J]. Marketing Science, 1985, 4(2): 147-165.

[74] Gupta S. Impact of sales promotions on when, what, and how much to buy[J]. Journal of Marketing Research, 1988, 25(November): 342-355.

[75] Chiang J. A simultaneous approach to the whether, what, and how much to buy questions[J]. Marketing Science, 1991, 10(4): 297-315.

[76] Bucklin R E, Gupta S. Brand choice, purchase incidence, and segmentation: An integrated modeling approach[J]. Journal of Marketing Research, 1992, 29(2): 201-215.

[77] Chintagunta P K. Investigating purchase incidence, brand choice and purchase quantity decisions of households[J]. Marketing Science, 1993, 12(2): 184-208.

[78] Moriarty M M. Retail promotional effects on intra- and inter- brand sales performance[J]. Journal of Retailing, 1985, 63(3): 27-47.

[79] Wittink D R, Addona M, Hawkes W, et al. SCAN-PRO: A model to measure short-term effects of promotional activities on brand sales, based on store-level scanner data, Working Paper, AC Nielsen, SchaumburgIL. 1988.

[80] Abraham M M, Lodish L M. An implemented system for improving promotion productivity using store scanner data[J]. Marketing Science, 1993, 12(3): 248-269.

[81] Krishna A. The normative impact of consumer price expectations for multiple brands on consumer purchase behavior[J]. Marketing Science, 1992, 11(3), 266-286.

[82] Neslin S A, Stone L S. Consumer inventory sensitivity and the postpromotion dip[J]. Marketing Science, 1996, 41(5): 749-766.

[83] Van Heerde J J, Leeflang P S H, Wittink D R. The estimation of pre-and postpromotion dips with store-level scanner data[J]. Journal of Marketing Research, 2000, 37(3): 383-395.

[84] Mace S, Neslin S A. The determinants of pre- and postpromotion dips in sales of frequently purchased goods[J]. Journal of Marketing Research, 2004, 41(3): 339-350.

[85] Ailawadi K L, Neslin S. The effect of promotion on consumption: Buying more and using it faster[J]. Journal of Marketing Research, 1998(35): 390-398.

[86] Bell D R, Chiang J, Padmanabhan V. The decomposition of promotional response: An empirical generalization[J]. Marketing Science, 1999, 18(4): 504-526.

[87] Sun B. Promotion effect on endogenous consumption[J]. Marketing Science, 2005, 24(3): 430-43.

[88] Chan T, Narasimhan C, Zhang Q. Decomposing promotional effects with a dynamic structural model of flexible consumption[J]. Journal of Marketing Research, 2008, 45(4): 487-498.

[89] Assunção J L, Meyer R J. The rational effect of price promotions on sales and consumption[J]. Marzagerrzerzt Science, 1993, 39(5): 517-535.

[90] Krishna A. The impact of dealing patterns on purchase behavior[J]. Marketing Science, 1994, 13(4): 351-373.

[91] Gönül F, Srinivasan K. Estimating the impact of consumer expectations of coupons on purchase behavior: A dynamic structural model[J]. Marketing Science, 1996, 15(3): 262-279.

[92] Erdem T, Imai S, Keane M P. Brand and quantity choice dynamics under price uncertainty[J]. Quantitative Marketing and Economics, 2003, 1(1): 5-64.

[93] van Heerde H J, Neslin S A. Sales promotion models[M]//Wierenga B, ed., Handbook of marketing decision models. New York: Springer Publishers, 2008: 107-162.

[94] Klein R L. How to use research to make better sales promotion marketing decisions [M]// Ulanoff Stanley, ed., Handbook of sales promotion. New York: McGraw Hill, 1985: 457-466.

[95] Irons K W, Little J D C, Klein R L. Determinants of coupon effectiveness[M]//Zufryden Fred, ed., Proceedings of the 1983 ORSA/TIMS marketing science conference, USC, Los Angeles. CA, 1983: 157-164.

[96] Bawa K, Shoemaker R W. Analyzing incremental sales from a direct mail coupon promotion[J]. Journal of Marketing, 1989, 53(3) (July): 66-78.

[97] Schwartz A. The influence of media characteristics on coupon redemption[J]. Journal of Marketing, 1966, 30(January): 41-46.

[98] Neslin S A. A market response model for coupon promotions[J]. Marketing Science, 1990, 9(2)(Spring): 125-145.

[99] Gupta S. Impact of sales promotions on when, what, and how much to buy[J]. Journal of Marketing Research, 1988, 25(November): 342-355.

[100] Chiang J. A simultaneous approach to the whether, what and how much to buy questions[J]. Marketing Science, 1991, 10(4): 297-315.

[101] Chintagunta P K. Investigating purchase incidence, brand choice and purchase quantity decisions of households[J]. Marketing Science, 1993, 12(2): 184-208.

[102] Bucklin R E, Gupta S, Siddarth S. Determining segmentation in sales response across consumer purchase behaviors[J]. Journal of Marketing Research, 1998: 189-197.

[103] Bell D R, Chiang J, Padmanabhan V. The decomposition of promotional response: An empirical generalization[J]. Marketing Science, 1999, 18(4): 504-526.

[104] Van Heerde H J, Gupta S, Wittink D R. Is 75% of the sales promotion bump due to brand switching? No, only 33% is[J]. Journal of Marketing Research, 2003, 40(November): 481-491.

[105] Van Heerde H J, Leeflang P S H, Wittink D R. Decomposing the sales promotion bump with store data[J]. Marketing Science, 2004, 23(3): 317-334.

[106] Pauwels K, Hanssens D M, Siddarth S. The long-term effects of price promotions on category incidence, brand choice, and purchase quantity[J]. Journal of Marketing Research, 2002(39): 421-439.

[107] Nair H, Dubé J P, Chintagunta P. Accounting for primary and secondary demand effects with aggregate data[J]. Marketing Science, 2005, 24(3): 444-460.

[108] Chan T, Narasimhan C Zhang Q. Decomposing promotional effects with a dynamic structural model of flexible consumption[J]. Journal of Marketing Research, 2008, 45(4): 487-498.

[109] Steenburgh T J. Measuring consumer and competitive impact with elasticity decompositions[J]. Journal of Marketing Research, 2007, 44(4): 636-646.

[110] Van Heerde H J, Neslin S A. Sales promotion models[M]//Wierenga B, ed., Handbook of marketing decision models. New York: Springer Publishers, 2008. 107-162.

[111] Srinivasan S, Pauwels K, Hanssens D M, et al. Do promotions benefit manufacturers, retailers, or

both[J]? Management Science, 2004, 50(5): 617-629.

[112] Ailawadi K L, Harlam B A, Cesar J, et al. Promotion profitability for a retailer: The role of promotion, brand, category, and store characteristics[J]. Journal of Marketing Research, 2006, 43(4): 518-535.

[113] Ailawadi K L, Gedenk K, Lutzky C, et al. Decomposition of the sales impact of promotion- induced stockpiling[J]. Journal of Marketing Research, 2007, 44(3) (August): 450-467.

[114] Gauri D, Sudhir K, Talukdar D. The temporal and spatial dimensions of price search: Insights from matching household survey and purchase data[J]. Journal of Marketing Research, 2008, XLV (April): 226-240.

[115] Talukdar D, Gauri D, Grewal D. An empirical analysis of the extreme cherry picking behavior of consumers in the frequently purchased goods market[J]. Journal of Retailing, 2010, 86(4): 336-354.

[116] Massy W F, Frank R E. Short term price and dealing effects in selected market segments[J]. Journal of Marketing Research, 1967, 2(2) (May): 171-185.

[117] Leeflang P S H, Wittink D R. Diagnosing competitive reactions using (aggregated) scanner data[J]. International Journal of Research in Marketing, 1992(9): 39-57.

[118] Leeflang P S H, Wittink D R. Competitive reaction versus consumer response: Do managers overreact[J]? International Journal of Research in Marketing, 1996, 13(2): 103-120.

[119] Leeflang P S H, Wittinh D R. Explaining competitive reaction effects[J], International Journal of Research in Marketing, 2001(18): 119-137.

[120] Steenkamp J B E M, Nijs V R, Hanssens D M, et al. Competitive reactions to advertising and promotion attacks[J]. Marketing Science, 2005, 24(1): 35-54.

[121] Pauwels K. How retailer and competitor decisions drive the Iong-term effectiveness of manufacturer promotions for fast moving goods[J]. Journal of Retailing, 2005, 83(3): 297-308.

[122] Horvath C, Leefiang P S H, Wiering J E, et al. Competitive reaction and feedback effects based on VARX models of pooled store data[J]. International Journal of Research in Marketing, 2005(22): 415-426.

[123] Pauwels K. How dynamic consumer response, competitor response, company support, and company inertia shape long-term marketing effectiveness[J]. Marketing Science, 2004, 23(4) (Fall): 596-610.

[124] Ailawadi K L, Lehmann D R, Neslin S A. Market response to a major policy change in the marketing mix: Learning from Procter&Gamble's value pricing strategy[J]. The Journal of Marketing, 2001: 44-61.

[125] Ailawadi K L, Kopalle P, Neslin S. Predicting competitive response to a major policy change: Combining normative and empirical analysis[J]. Marketing Science, 2005, 24(1) (Winter): 12-24.

[126] van Heerde H, Gijsbrechts E, Pauwels K. Winners and losers in a major price war[J]. Journal of Marketing Research, 2008, XLV(October): 499-518.

[127] Krishna A, Currim I S, Shoemaker R W. Consumer perceptions of promotional activity[J], Journal of Marketing, 1991(55): 4-16.

[128] Mela C F, Gupta S, Lehmann D R. The long-term impact of promotion and advertising on consumer brand choice[J]. Journal of Marketing Research, 1997, 34(May): 248-261.

[129] Jedidi K, Mela C F, Gupta S. Managing advertising and promotion for long-run profitability[J]. Marketing Science, 1999, 18(1): 1-22.

[130] Mela C, Gupta S, Jedidi K. Assessing long-term promotional influences on market structure[J]. International Journal of Research in Marketing, 1998, 15(2): 89-107.

[131] Bijmolt T H A, van Heerde H J, Pieters R G M. New empirical generalizations on the determinants

of price elasticity[J]. Journal of Marketing Research, 2005, 2(May): 141-156.

[132] van Heerde H, Gijsenberg M, Dekimpe M, et al. Price and advertising effectiveness over the business cycle[J]. Journal of Marketing Research, 2013, L(April): 177-193.

[133] Ataman M B, van Heerde H J, Mela C F. The long-term effect of marketing strategy on brand sales[J]. Journal of Marketing Research, 2010, 47(5): 866-882.

[134] Chevalier M, Curhan R C. Retail promotions as a function of trade promotions: A descriptive analysis[J]. Sloan Management Review, 1976, 18(3): 19-32.

[135] Curhan Ronald, Kopp R. Obtaining retailer support for trade deals[J]. Journal of Marketing Research, 1987, (December-January): 51-60.

[136] Bawa K, Shoemaker R W. The coupon-prone consumer: Some findings based on purchase behavior across product classes[J]. Journal of Marketing, 1987, 51(4) (October): 99-110.

[137] Abraham M M, Lodish L M. PROMOTER: An automated promotion evaluation system[J]. Marketing Science, 1987, 6(2) (Spring): 101-123.

[138] Armstrong M, Gerstner E, Hess J. Pocketing the trade deal, Proceedings from the Nec-63 Spring Conference, 1994, (Spring): 105-112.

[139] Dreze X, Bell D. Creating win-win trade promotions: Theory and empirical analysis of scan-back trade deals[J]. Marketing Science, 2003, 22(1): 16-39.

[140] Gomez M L, Rao V R, McLaughlin E W. Empirical analysis of budget and allocation of trade promotions in the US. supermarket industry[J]. Journal of Marketing Research, 2007, XLIV(August): 410-424.

[141] Lal R, Little J D C, Villas-Boas M. A theory of forward buying, merchandising, and trade deals[J]. Marketing Science, 1996, 15(1) (Winter): 21-37.

[142] Kim S Y, Staelin R. Manufacturer allowances and retailer pass-through rates in a competitive environment[J]. Marketing Science, 1999, 18(1): 59-76.

[143] Cui T, Raju J S, Zhang Z J. A price discrimination model of trade promotions[J]. Marketing Science, 2008, 27(5) (September-October): 779-795.

[144] Ailawadi K L, Harlam B A. Retailer promotion pass-through: A measure, its magnitude and its determinants[J]. Marketing Science, 2009, 28(4) (July- August): 782-791.

[145] Besanlco D, Gupta S, Jain D. Logit demand estimation under competitive pricing behavior: An equilibrium framework[J]. Marketing Science, 1998, 44(11, Part 1 of 2): 1533-1547.

[146] Moorthy S. A general theory of pass-through in channels with category management and retail competition[J]. Marketing Science, 2005, 24(1): 110-122.

[147] Ailawadi K L, Harlam B A. Retailer promotion pass-through: A measure, its magnitude and its determinants[J]. Marketing Science, 2009, 28(4) (July-August): 782-791.

[148] Pancras J, Gauri D, Talukdar D. Loss leaders and cross-category retailer pass-chroughs: A Bayesian multilevel analysis[J]. Journal of Retailing, 2013, 89(2): 140-157.

[149] Little J D C. A model of adaptive control of promotional spending[J]. Operations Research, 1966, 14(6): 1075-1097.

[150] Little J D C. BRANDAID: A marketing-mix model, part 1:Structure[J]. Operations Research, 1975, 23(4): 628-655.

[151] Little J D C. Decision support systems for marketing managers[J]. Journal of Marketing, 1979: 9-26.

[152] Neslin S A, Shoemaker R W. A model for evaluating the profitability of coupon promotions[J]. Marketing Science, 1983, 2(4) (Fall): 361-388.

[153] Abraham M M, Lodish L M. PROMOTER: An automated promotion evaluation system[J]. Marketing Science, 1987, 6(2) (Spring): 101-123.

[154] Abraham M M, Lodish L M. An implemented system for improving promotion productivity using store scanner data[J]. Marketing Science, 1993, 12(3): 248-269.

[155] Neslin S A, Powell A G, Stone L G S. The effects of retailer and consumer response on optimal manufacturer advertising and trade promotion strategies[J]. Management Science, 1995, 41(5): 749-766.

[156] Tellis, G. J, Zufryden F S. Tackling the retailer decision maze: Which brands to discount, how much, when and why? [J]. Marketing Science, 1995, 14(3, Part 1 of 2): 271-299.

[157] Greenleaf E A. The impact of reference price effects on the profitability of price promotions[J]. Marketing Science, 1995, 14(Winter): 82-104.

[158] Kopalle P K, Rao A G, Assunção 7 L. Asymmetric reference price effects and dynamic pricing policies[J]. Marketing Science, 1996, 15(Winter): 60-85.

[159] Kopalle P, Mela C R, Marsh L. The dynamic effect of discounting on sales: Empirical analysis and normative pricing implications[J]. Marketing Science, 1999, 18(3): 317-332.

[160] Silva-Risso J M, Bucklin R E, Morrison D G. A decision support system for planning manufacturers' sales promotion calendars[J]. Marketing Science, 1999, 18(3): 274-300.

[161] Lam S Y, Vandenbosch M, Hulland J, et al. Evaluating promotions in shopping environments; Decomposing sales response into attraction, conversion, and spending effects[j]. Marketing Science, 2001, 20(2): 194-215.

[162] Heilman C, Nakamoto K, Rao A. Pleasant surprises: Consumer response to unexpected in-store coupons[J]. Journal of Marketing Research, 2002, (May): 242-252.

[163] Venkatesan R, Farris P W. Measuring and managing returns from retailer-customized coupon campaigns[J]. Journal of Marketing, 2012, 76(January): 76-94.

[164] 卢泰宏, 周懿瑾. 消费者行为学: 中国消费者透视[M]. 2版. 北京: 中国人民大学出版社, 2015.

[165] 柯明斯, 等. 促销[M]. 陈然, 译. 北京: 北京大学出版社, 2003.

[166] 阿兰·图普. 选择正确的促销[M]. Crosby Lockwood 出版社, 1966.

[167] 阿兰·图普. 欧洲促销: 进行中的重大促销活动[M]. Kogan Page 出版社, 1992.

[168] 克里斯汀阿兰·彼得森, 阿兰·图普. 后现代营销中的促销[M]. Gower 出版社, 1994.

[169] 约翰·魁尔奇. 促销管理[M]. Prentice Hall 出版社, 1989.

[170] 科特勒, 阿姆斯特朗. 市场营销: 原理与实践[M]. 16版. 楼尊, 译. 北京: 中国人民大学出版社, 2015.

[171] 乔治·贝尔奇, 迈克尔·贝尔奇. 广告与促销: 整合营销传播视角[M]. 9版. 郑苏晖, 等译. 北京: 中国人民大学出版社, 2014.

[172] 罗西特, 珀西. 广告沟通与促销管理[M]. 2版. 康蓉, 等译. 北京: 中国人民大学出版社, 2013.

[173] 克洛, 巴克. 广告、促销与整合营销传播[M]. 5版. 应斌, 王虹, 等译. 北京: 清华大学出版社, 2012.

[174] Mullin Roddy. Promotional marketing: how to Create, implement & Integrate campaigns that really[J]. 6th ed. work, Kogan Page, 2014.

[175] Yeshin Tony. Sales promotion[M]. International Thomson Business Press, 2006.

[176] Smith Steve, Schultz Don E. How to Sell More Stuff!: Promotional Marketing That Really Works[M]. Kaplan Publishing, 2004.

[177] Neslin Scott A, Sales Promotion[M], Marketing Science Institute, 2002.

[178] 柯明斯. 促销[M]. 陈然译. 北京: 北京大学出版社, 2003.

第 3 章　基于顾客心理的促销

引例　麦当劳赠品策略的调整

1990年，麦当劳进入中国市场，当时它的主要目标顾客群就是儿童。而对于这些小顾客来说，麦当劳最大的吸引力就是"开心乐园餐"中附赠的各种卡通玩具。为了更好地实施这一赠品策略，自1996年开始，麦当劳与迪士尼公司独家合作，双方签订了为期十年的合作协议，把许多深入童心的迪士尼人物，包括米老鼠、巴斯光年、斑点狗和狮子王等，做成了各种各样的小玩具，放到开心乐园餐中。随着迪士尼在动画市场主导优势的减弱，以及梦工厂《怪物史莱克》系列、皮克斯《海底总动员》等的崛起，双方的合作成了鸡肋，在2006年双方协议到期时，麦当劳放弃了续期。2006年7月29日，麦当劳宣布与梦工厂动画公司达成为期两年的世界范围营销和促销合作关系。与这一合作关系相关联的首部电影是2007年公映的《怪物史莱克》。此外，为了吸引小孩子的注意力和兴趣，麦当劳餐厅一直延续着童话主题的装修风格——海底世界、太空世界、热带雨林等，并且在其宝贵的空间里专门辟出一块作为儿童的游乐区，布置一些可爱的玩具，同时安排员工编排剧情、扮演其中的角色，使得孩子们普遍感觉到愉悦与就餐的双重乐趣。

然而，随着时代的发展和潮流的变化，现在的小朋友，已经不熟悉米老鼠和斑点狗、哆啦A梦、小丸子和Hello Kitty这些曾经风靡一时的卡通人物。他们身边有无数的玩偶和玩具，有些甚至已经在玩iPhone和iPad。麦当劳公司知道其战略重点需要转移、市场定位需要相应调整。于是这两年来，麦当劳一直在改变。新开门店的装修全部为时尚新潮的风格，营造舒适时尚的环境和气氛。新增咖啡业务McCafe，目标是抢占星巴克和Costa的市场，主要瞄准的是对咖啡文化有认同感的年轻消费群体。而麦当劳的赠品策略也有了相应的调整，逐渐减少与几大动漫制造商的合作，结合时事、当下年轻人流行的主题推出相应的赠品。从原先的迪士尼系列和梦工厂系列这类卡通玩具转向与时事主题相关的赠品，例如结合年度的一些体育盛事推出相应的纪念性质的赠品（2008年北京奥运会福娃、2012年伦敦奥运会可乐杯等）；并且关注年青一代追崇的其他元素，结合热点推出其他卡通赠品，如海贼王、小黄人等。

（根据麦当劳官方网站 www.mcdonalds.com.cn 及网页资料整理）

营销学的重要基础之一是消费者行为学。理解消费者行为的钥匙是消费者心理。消费者的购买心理是一个复杂系统。从本质上说，公司运用SP策略的目的就是影响购买者的购买，因此，在策划并实施SP策略过程中，需要深入理解购买者对SP策略的心理反应规律，这直接影响到公司SP策略的成败，影响到销售的业绩，甚至还会影响到公司和品牌的形象。

本章将从心理学和社会学的角度，对顾客的 SP 心理反应进行初步探索，旨在说明顾客为何会受不同类型的 SP 策略的影响，从而为营销者在面对不同类型的顾客时，应该采用何种 SP 策略才会更加有效提供启示和分析的参考依据。正如本章引例中，麦当劳针对不同目标顾客而采取不同的赠品策略。

根据 SP 的含义，所有的 SP 工具都必须具有一种能力，即让购买者迅速作出购买的决策。SP 是一种让购买者服从于企业的促销目标和安排的学问。怎样才能让购买者服从企业的促销安排呢？罗伯特·B. 西奥迪尼在其所著的《影响力》一书中介绍了六种使人服从的社会心理，它们分别是互惠、承诺和一致、社会认同、喜好、权威和短缺[1]。社会学家提出的交换论也为理解顾客对 SP 策略的反应提供了理论基础。例如，布劳在论述社会交换中的条件时有这样的论述：服务的接受者越是依赖某种服务，提供服务的人所能得到的服从越多[2]。可见，营销管理者在设计 SP 策略时，如何让顾客感到促销所提供的利益非常有价值，是吸引顾客并促使其采取购买行动的关键。本章提出企业开展 SP 活动所依据的七种主要消费心理，它们分别是贪利心理、比照心理、回报心理、认同心理、偏好心理、关联心理和短缺心理。

SP 作为一种短期的销售驱动力向消费者提供了除商品以外的刺激，它是销售者劝说购买者接受或使用产品的一种努力[3]。在促销环境中，消费者可以选择特定的参照点。非货币促销工具较货币促销工具更为常见。具体来说，SP 提供了包括节省金钱、高品质和便利方面的效用[4]，也提供了诸如价值表达、探究和娱乐方面的愉悦利益[5]。SP 可以降低商品价格；能够减少消费者试用的机会成本；为消费者提供充分的购买理由，同时，也提供购买的线索。所有这些功能的发挥，都离不开人们的某种心理特征。

3.1 SP 的顾客心理

3.1.1 顾客的贪利心理

在商业活动中，几乎每个人都有趋于获利或贪利的心理。社会学中的现代交换论对人的社会行为有如下的理论解释[6]：

（1）在任何特定的场合，人们总是作出服从最大酬赏和最小惩罚的行为。

根据这一原则，营销人员只要能够策划有效的 SP 策略，使顾客感到自己会得到很大的酬赏，或者说他们可能得到的惩罚很小，顾客就会认同营销者的 SP 策略，作出营销者期待的购买行为。基于人们的贪利心理，通常会容易打动许多消费者的心。有许多企业采用的 SP 策略都是利用人们贪利的心理，通过各种各样让消费者感到占到便宜的方式促使消费者作出立即购买、多买或提前购买的决策。可以说，利用消费者的贪利心理开展的 SP 活动是最普遍的实效促销方式。在有效的 SP 活动中，面对诱惑，会有许多消费者放弃原有的观念和判断，冲动性购买的现象因之十分普遍。从商家的角度看，利用消费者的贪利心理，有助于扩大市场份额、提高销售量，也有助于从竞争对手那里争取更多的顾客。例如，一些零售超市在下午 5 点以后，对不能隔夜存放的熟食等商品进行大幅度降价销售活动，由于降价幅度确实较大，往往引起现场的顾客冲动购买，或者吸引家住超市附近的顾客专门等到这个时间来购物，目的就是能够获得商家的最大幅度的价格折让。

（2）人们将重复那些已经证明能够得到酬赏的行为。

根据这一原则，营销人员在策划 SP 活动时，需要考虑活动的持续时间。对于某些可以大量存放，或者可以作为礼品赠送的商品，营销人员如果策划一个相对较长的 SP 活动期间，消费者就可以被吸引重复多次购买，或者是已经购买过的消费者有时间向亲友或同事推荐，从而扩大购买商品的顾客基数。

（3）人们在某种场合下的行为曾得到酬赏，当再次出现相似的场合时，他们就会重复那种行为。

根据这一原则，营销人员在策划 SP 活动时，如果受到营销目标和 SP 预算等因素的影响无法开展持续较长时间的 SP 活动，也可以获得顾客的重复购买，其方法就是在特定的场合，周期性地开展类似的 SP 活动，目的是让消费者"等待"企业开展 SP 活动，再次体验那种"捡便宜"的购物感觉。例如，一些商家在每年的节日期间都举行类似的 SP 活动，使这类 SP 活动成为一种"品牌"，消费者就是冲着 SP 活动这个"品牌"光顾某家商店，或购买某家企业的产品的。对于制造商而言，这种让顾客"等待"的方法也适合于针对通路成员的 SP 策略。例如，如果某个供应商会定期采用某些 SP 策略，通路成员可能不会随便转换供应商，而是可能继续等待时机，在供应商的 SP 活动中获得更大的利益，这无疑是增加市场竞争力的上策之一。

（4）当前刺激如果在过去某种情况下曾得到酬赏，则这种刺激将引起人们与过去类似的行为。

根据这一原则，营销人员可以采用 SP 的模仿策略。也就是说，营销人员可以模仿竞争对手或同行中出现过的成功 SP 策略，甚至可以简单地模仿。因为在顾客看来，同样的 SP 策略当然会给他们带来相同的酬赏。因此，只要期望可以获得与过去经验相同的酬赏，顾客可以在任何一家商店，购买任何一家企业的产品或品牌。这对于那些推出新产品或新品牌的企业意味着市场机会。同时，对于那些试图反击竞争对手的 SP 策略的企业，采用模仿 SP 策略甚至可以抵消竞争对手的部分促销努力，从而起到干扰竞争对手的作用。

（5）只有不断地得到酬赏，人们行为的重复才能不断地发生。

根据这一原则，企业营销管理者在策划 SP 策略时，必须面对一个严酷的现实，那就是顾客可能会产生对 SP 策略的"审美疲劳"心理，换言之，如果商家不断频繁采用 SP 策略，顾客可能会对这些策略无动于衷，甚至在大量使用某种促销商品后，产生厌倦心理，从而转向其他替代产品或品牌。这样的话，企业的 SP 策略就失去了其原有的作用，与企业实施 SP 策略的初衷相背离。

（6）如果某一行为以前曾得到酬赏，但在相同或相似的情况下突然一无所获，人们就会有情绪波动。

根据这一原则，营销管理者在策划一项 SP 活动时，要特别注意对活动过程的掌控，以免因消费者未能如 SP 方案承诺的那样获得酬赏，或者说，未能与符合酬赏条件的其他消费者一样获得酬赏，消费者就可能出现强烈的情绪反应，对商家的不满情绪就会产生，甚至会因此而产生负面的口碑效应。例如，一家银行的出纳员，因工作疏忽大意，忘记向新开设账户的顾客提供奖品，当消费者发现这一事实后，就会对这家银行产生不良印象，严重的还会产生不信任感。

(7) 某种行为得到的酬赏越多，（由于满足）人们就认为越不值得去做，而宁愿去做另一种行为以得到其他酬赏。

根据这一原则，营销管理者在策划 SP 计划时，要注意 SP 工具的选择。例如，如果采用赠品方式促销商品，一方面，一定要注意赠品的消费周期；另一方面，还要注意赠品对消费者的效用和价值。例如，在促销牙膏时，采用"买一送一"的方式赠送一只儿童用的饭碗。因这种碗的用途比较少，如果在促销期间全部采用同样的赠品，相信消费者不会购买太多的牙膏，即便牙膏的使用周期较短。为了避免这种情况的发生，国内某牙膏企业的 SP 方案虽然也是"买一送一"，但赠送的是一支酒杯，消费者可以同时购买 4 支、6 支、8 支或更多牙膏，以凑齐一套酒杯。这种 SP 方案显然比前一种方案要好。

贪利心理也与人的好胜心理有关。作为一个社会的一员，许多人都有一种争强好胜的意识或潜意识。贪利在争强好胜心理的作用下，使在商业活动中的人们，将获得更大的利益看成是获胜的标志。因此，商家利用人们的贪利心理，通常会找到适当的 SP 策略，吸引更多的消费者。比如，消费者与商家在价格问题上是竞争双方，商家以能高价出售为胜，消费者以能买到便宜货为赢，这使消费者在低价、超低价或其他 SP 面前无法抗拒、身不由己，因为消费者往往总会企望"又要马儿跑，又要马儿不吃草"。再比如，制造商和经销商之间在利益方面也是竞争双方。制造商以经销商按照制造商制定的价格大量进货和销售为赢，而经销商则以获得最大利润为赢，这使得经销商在制造商的 SP 安排中寻求理想的回报方式。还有一种情形是，制造商和销售人员之间在利益方面是竞争双方，制造商对销售人员的期待如同对经销商的期待，希望销售人员以企业的目标价格出售更多的产品，而销售人员则希望通过大量地销售产品而使自己的利益得到增值，因此，也会依照企业的 SP 计划而努力工作。

今天，各式各样的降价、打折、甩卖、清仓、让利、免费赠送等 SP 活动在中国市场上随处可见，这些 SP 策略均在利用消费者的贪利心理。

微案例 3.1 加量不加价让百事可乐渡过难关

百事可乐早已成为中国年轻人最喜爱的软饮料之一。然而，创建于 1902 年的百事可乐公司，在发展早期，面对可口可乐公司这个强大的竞争对手，曾数次濒临绝境，3 次请求可口可乐公司收购，却遭可口可乐公司傲慢地拒绝。百事的转机发生在 1932 年。

1932 年，百事可乐公司几乎被可口可乐公司逼得走投无路之时，其总裁古兹灵感一闪，当时所有的饮料都是用 6 盎司（约 150 毫升）的瓶子装着卖。如果改用 12 盎司的瓶子装着卖，是否会有贪便宜的人上钩呢？

为了降低成本，古兹挖空心思，用回收的啤酒瓶子来装百事可乐，这种瓶子的容量就是 12 盎司。这一招果真奏效，正受大萧条困窘的人们，很欢迎这种价格低廉的饮料，因为一大瓶 12 盎司的百事可乐与原来 6 盎司一瓶的百事可乐都是卖 5 美分！百事可乐吸引了大量的消费者前来购买。容量增加一倍但价格却保持不变，这可能吗？事实上，古兹算得很精，由于采用回收的啤酒瓶子，瓶子采购和装瓶加工都省了一笔费用，所以，虽然半价，但百事可乐还是有赚头。

这次优惠 SP 活动使百事可乐公司绝处逢生，1936 年就赚了 200 万美元；1937 年更赚了 420 万美元。古兹给公司带来过厄运，这回他如摩西一般，给百事可乐公司带来了一条生路。

3.1.2 顾客的比照心理

在心理学中有一种心理现象被称为"知觉对比"。所谓知觉对比，是指两种具有相对性质的刺激同时出现或相继出现时，由于两者的彼此影响，致使两种刺激所引起的知觉上的差异特别明显的现象。例如，将黑白两种布料并排陈列，人们在知觉上就会觉得黑者愈黑，白者愈白[7]。在现实生活中，人们倾向于夸大差别的现象就反映了比照心理。

在营销环境中，比照心理影响着消费者对先后接触到的两件商品之间差别的判断，简单地说，如果两件商品很不一样，消费者会趋向于认为它们之间的差别比实际的更大。因此，如果消费者放下一件价格较贵的商品之后再提起一件价格较便宜的商品，就会觉得第二件商品的价格比单独看到这件商品时还要便宜。这种感受在那些从欧洲旅游归来的中国消费者身上体现得十分明显。当这些消费者回国后，在短期内会产生强烈的购买欲望，因为他们发觉国内的某些商品价格较之欧洲一些国家同类商品的价格实在是太便宜了。

利用消费者对商品价格差异所产生的错觉进行促销的手法也十分普遍。例如，原来是物美价廉的商品却出现积压，但在提高价格后，销路反而打开了。物美价廉的商品提价后，在消费者心目中形成了比照，让消费者更加确信商品的质量不同于同类的低价商品，从而产生购买欲望。下面的例子也证明了这一点：

在旅游旺季，美国亚利桑那州的一家珠宝店总是顾客盈门，但有一些价廉物美的绿松石却销路不好。店主试过许多常用的促销方式，例如，把这些价廉物美的绿松石摆到显眼的位置，或要销售人员强力推荐等，但是，这些方法都不见成效。最后，店主只好准备亏本把它们处理掉，写给店员的纸条上书"此盒内物件，价钱乘二分之一"。由于店员没有看清店主信手涂写的留言，把"乘二分之一"看成了"乘二"，因此售价不仅没有下调，反而上涨了一倍。但令人吃惊的是，一直销售不畅的绿松石竟因此销售一空。显然，当游客看到这些价廉的绿松石时，就会认为它们只是普通的货色，没有太大的价值；但是，当游客看到昂贵的绿松石时，就会联想到它们是上等的货色，值得珍藏。[8]

珠宝店的顾客都是生活优裕、对绿松石一无所知的度假者，他们挑选珠宝时，依赖的仅仅是"昂贵=优质"这一公式。

很多研究表明，当人们对一件商品的质量没有把握时，往往会使用这个心理公式，价格成为质量的指示器。上面例子中提到的绿松石这类宝石，由于价值难以衡量，人们依据价格越贵、价值越高的判断，提高了对这种商品价值的估计，因而纷纷购买。

在消费者脑海中除了"昂贵=优质"这一公式外，一定还有另一个"便宜=低劣"公式。消费者往往会认为"便宜"这个词不仅仅指价格低，而且还含有质量劣等的意思。例如，耐克公司为了实现"让中国人的 20 亿只脚都穿上耐克鞋"的理想，也曾经在中国实行降价促销策略，结果反而影响了耐克品牌在中国消费者心目中的高档品牌定位，使消费者对降价的耐克产品的品质产生怀疑，妨碍了消费者作出购买决策，耐克公司后来不得不恢复原来的高价策略。

让我们再来看这样一个例子。一家珠宝店老板的朋友打算为女朋友买一件特别的生日礼物，这个老板为他挑选了一条项链。项链平时售价是 500 元，但老板愿意以 300 元的价格卖给他的朋友。朋友很喜欢这款项链，但当他知道价格是 300 元时，态度马上就变了，对这条项链失去了兴趣，因为他想为女朋友准备一件"特别好"的礼物。老板知道其中的原因后，约了朋友第二天来看另一条项链，这次他告诉朋友项链的价格是 500 元。朋友十分喜欢，当场买下。但在付钱时，老板说他只收 300 元，算是送给他们的生日礼物，朋友高兴极了，这时，他就不觉得 300 元的价格有什么不妥，非常高兴、非常感激地接受了这一价格。

大多数消费者都是在"一分钱一分货"的谆谆告诫中长大的，而且在生活中也多次体验过这条教导的正确性，于是他们也会自然而然地总结出"昂贵=优质"这一公式。事实上这一公式也一直挺管用，因为一般情况下一件商品的价格与价值的确是成正比的，价格越贵，质量就越好。因此，当消费者想买质量好的商品却无从判断时，便很自然地想到了价格这个可靠的老朋友。

比照心理在 SP 策略中运用的另一种情形是参考价格的使用。消费者对价格的认知和接受程度，很大程度上取决于他们头脑中的同类产品的价格，此时，同类产品的价格作为一种参考影响消费者的购买决策。当购买某一商品时，如果实际价格高于消费者心目中的参考价格，消费者就会说"贵"或"太贵"；当实际价格低于心目中的参考价格时，消费者就会说"便宜"。研究表明，围绕着参考价格，存在着一个可接受价格区间，即消费者头脑中存在着高低两个价格端点。消费者可能因为感觉价格太高，而放弃采购；也可能因价格太低而放弃。例如，巴黎迪士尼乐园于 1992 年 4 月开园后，在 1992—1994 年期间的日子并不好过。到了 1994 年，每天的亏损高达 100 万美元。此时，一项市场研究的结果表明，法国消费者对主题公园的心理限价是 200 法国法郎。于是，巴黎迪士尼乐园将 1995 年的门票从 250 法郎降到了 195 法郎。经理们预测，通过将门票降到 200 法郎以下，1995 年游客会增加 50 万人，也就是说，预期门票价格下降 22%而游客人数增加 5.7%。令人吃惊的是，1995 年的游客数量增长了大约 23%，而到 1996 年旅游季结束时，总共增长了 33%。到了 1996 年，40%的游客是法国人，其中有一半来自巴黎地区。在 1995 年乐园第一次实现了利润。显然，价格超过了一定水平，法国消费者就会退缩，而法国消费者的价格与感受价值间的限度和迪士尼乐园先前熟悉的美国人与日本人并不一样[9]。

当消费者面对全新的商品时，由于头脑中并没有同类商品的参考价格，此时，让消费者接受较高的价格就容易得多。根据比照心理，企业在设计 SP 策略时，对商品的价格采用"先高后低"的方式会较容易为消费者所接受；反之，"先低后高"的价格调整策略则难以被消费者所接受。

试看服装零售店的一个例子。如果你是售货员，有位顾客准备买一套西服和一件毛衣，你会先带他去看哪一种衣服，他才有可能花更多的钱呢？我们的直觉可能会告诉自己，应该先带他去看价钱较便宜的毛衣，因为如果一个人刚刚花了很多钱买西装，那他愿意花在毛衣上的钱一定是很有限的。但恰恰相反，一个老练的售货员会让顾客先看贵一点儿的西装。为什么？他们的策略正是与比照心理相吻合。如果先买西装的话，等到挑选毛衣时，即使是价格稍贵的毛衣也显得不那么贵了。当顾客看到一件标价 598 元的毛衣时，可能会觉得偏贵，望而却步。但如果他刚刚花了 3000 元买了一套西装，598 元的毛衣就不会显得太贵。同样的道理也可以用于为新装添置的附件，如衬衣、领带、鞋子、皮带。如果是在购买西装之后再买附件的话，顾客总是会花更多的钱在附件上[10]。

再如，房地产销售当中，精明的销售人员常常会带领买楼者从最不起眼、没人会买的几个单元看起。房产公司总是保留着一些较差的单元而标以较高的价位。公司当然没打算把这些单元卖给顾客，而只是把它们给顾客看看，好让那些公司真正想要出售的单元相比之下显得更有吸引力。

汽车销售商利用比照心理时，往往会等到一辆新车的价钱谈妥了的时候再开始提议一项又一项加到新车上的附加设备，如音响、更好的轮胎、染色玻璃，等等。这其中每一样东西的相对便宜的价格与顾客已经决定要花的大笔购买汽车的钱比起来会显得微不足道。

3.1.3 顾客的回报心理

一个发达的以互惠回报原理为基础的义务偿还体系正是人类文明的特征之一，这意味着人们在与别人分享某些东西（比如食物、能源、关怀）的时候，可以确信这一切都不会为对方所忘记[11]。中国人的文化更是强调"知恩图报""不欠人情"和"投之以桃李，报之以琼瑶"等人生观念。

互惠回报原理在商界大显神威的例子有很多。被称为世界最伟大的销售员的乔·吉拉德在介绍自己的成功经验时，提到了一条重要的法则，就是"占了你便宜的人会为你拉生意"。乔·吉拉德经常采用的一种方法是先让客户感到欠了他人情，因此，就会通过介绍新客户来报答乔·吉拉德[12]。

免费试用作为一种很有效的 SP 工具已经有很长的历史了。一般的做法是把少量的相关产品提供给潜在消费者，让他们亲身尝试究竟喜欢不喜欢该产品。从制造商的角度来看，免费试用可以让消费者在了解其产品质量的同时，将免费试用品当作是一种礼物，把互惠回报原理潜在的力量调动起来，把礼物紧紧地与产品联系在一起，让人产生负债感。例如，在超市里，很多消费者都会觉得从笑容满面的销售员手中接过免费品尝的食物之后，就不好意思把牙签或杯子一放，然后转身离开。他们往往会买一些东西，即使他们对那件产品的兴趣不大。

安利公司使用的则是另外一种形式的免费试用策略。安利公司是一家成长非常迅速的日用品制造和销售公司，他们的产品大部分是通过一个全国性的社区上门销售网来推销的。其中一种叫"霸格"的免费试用策略效果就十分显著。所谓"霸格"，就是一组各式各样的安利产品，像家具磨光剂、洗衣粉、除臭剂、杀虫剂、清洁液等。推销员把它们装到一个袋子里，然后把"霸格"留到顾客处"24、48 或 72 小时"，不收任何费用，让他们试用，不让他们有任何负担。到试用期结束时，推销员再去取顾客的订单。因为几乎没有什么人可以在这么短的时间内，可以用完一整个"霸格"中任何一件产品，所以安利的推销员就会把"霸格"剩下的部分拿到社区其他顾客家中，重新开始这一程序。这时，顾客不得不面对回报原理的尴尬境地，在负债感面前，他们往往会买下那些他们已经试用了一部分的产品[13]。

社会学家齐美尔认为，社会交换包括以下几个问题要素[14]：

（1）对自己不具有的有价值的物品的渴望。

（2）某一可辨识的人拥有这一物品。

（3）提供有价值的物品以从他人那里得到自己想要的有价值的物品。

（4）拥有这一有价值的物品的人接受其物品。

根据齐美尔的理论，消费者之所以会接受企业的 SP 策略，最终作出购买促销商品的决策，首要条件是对促销中的商品，或对商家作出的货币的或非货币的牺牲有需求，否则，任何 SP 策略都将无济于事。以"买书赠精美书签"SP 方案为例，如果促销中的某一本书并非顾客需要的，精美的书签也很难打动消费者。但是，在"买方便面送玩具"的 SP 方案中，即便促销中的方便面并不好吃，但对于一些小朋友来说，通常也会为了得到心爱的玩具而多购买促销中的方便面。

微案例 3.2　护舒宝免费试用促销

众所周知，宝洁公司在市场营销策略方面具有广泛的示范作用。与许多成功的公司一样，宝洁公司在推出一项 SP 活动之前，都会对目标市场进行深入调查和全面分析。宝洁公司在香港推出新的女性用品——护舒宝时就表现出对女性个人护理方式的透彻理解，使促销活动凸显体验的魅力。

宝洁公司在推出护舒宝卫生巾时，目标市场定位在事业女性，这些女性对卫生巾的品质要求最高，较易接受高档商品，而护舒宝正是定位在价格档次高的商品。

为了让目标消费者接触新产品，并使新产品顺利打入市场，宝洁公司在香港采取了免费试用的促销方式。他们雇用专人每天早上 7:30～9:00，在地铁站出入口同时派发护舒宝试用装，给路过或乘搭地铁的女性。这样进行促销安排的原因是：

（1）7:30～9:00 是上班时间，最易接触上班的女性。

（2）地铁站较为集中，地铁乘客对高价商品或服务较易接受。

（3）同一时间派发，可以减少重复，令接触面尽量扩大。

然而，这次精心策划的免费试用装派发计划，在推行期间，行人拒收率高达 70%，研究结果表明造成这一现象的原因有三点：

（1）免费试用装是用透明胶袋包装的，一眼望去便见到是卫生巾，而在大庭广众下接受卫生巾会令女性感到难为情，所以导致试用装接收率较低。

（2）试用装外面印有大大的"护舒宝卫生巾"等字样，正面宣传反而带来更大的抗拒心理。

（3）刚开始时，宝洁公司为尽快派完几百万份试用装，并令接收者清楚确认其产品优点，免费试用装是"一包四件"，这令试用装体积太大，而很多女性的手袋空间体积较小，以致容纳不下。虽然她们好奇希望试用，但碍于不便携带，而退回试用装。

营销人员针对以上三方面问题，立即对原派发计划进行相应的修改，对免费试用装重新包装：

（1）以密封及不透明的胶袋包装。

（2）试用装不标明任何产品名称。

（3）改为一包两件，方便携带。

经过重新包装之后，路人的接收率上升至 50%。在大力促销宣传的攻势下，护舒宝推出两年便取得了惊人的成绩，市场占有率上升至 22%，已急追原市场领导品牌"飘然"，如以销售额计算，已取代其市场第一品牌的地位。

（资料来源：根据护舒宝官方网站 www.happywhisper.com.cn 提供资料整理）

互动讨论题：试分析消费者心理对护舒宝免费样品促销活动的影响。

3.1.4 顾客的趋同心理

社会认同原理指出，人们进行是非判断的标准之一是看别人是怎么想的，尤其是当我们要决定什么是正确的行为的时候。如果看到别人在某种场合做某件事情，我们就会断定这样做是有道理的。周围的人的做法对我们决定自己应该怎么行动有着很重要的指导意义。在一般情况下，这样做的确可以使我们少犯很多错误。营销顾问凯佛特·罗伯特说过这样的话，"既然95%的人是模仿者，只有5%的人是始作俑者，看来其他人的行动比我们所能提供的证据更有说服力"。所以，消费行为中有广泛的随大流趋向。

中国文化的中庸之道和面子心理行为，更使中国消费者在购买和 SP 活动中出现羊群效应和跟风现象。

趋同原理如同所有其他影响消费者购买心理的武器一样，也有最能使其发挥作用的条件。例如，不确定性。当我们遇到先前从未经历过又不熟悉的事物时，很自然我们会怀疑它[15]。此时，人们更有可能根据他人的行为来决定自己应该怎么办。根据心理学中的"相似性（similarity）原理"，人们会受到与自己相似的人的吸引；也就是说，和我们类似的人的行为对我们最有影响力。因此，人们更有可能效仿那些与自己相似的人的行为，而不是与自己不同的人的行为，正所谓"惺惺相惜"。正因如此，电视上由普通人做的广告渐渐变得风行起来；另一方面，通过明星来到普通消费者当中，劝说普通消费者购买商品的广告也很常见，以小品明星郭冬临为代言人的"汰渍洗衣粉"广告就是其中的一个例子。广告商知道，将产品推销给普通观众（构成最大的潜在市场）的一个有效方法就是证明其他"普通人"喜欢并且使用该产品。于是，我们在电视上看到了一个又一个街上的普通人对某种软饮料、保健品或洗涤剂赞不绝口的画面。

根据趋同原理，营销管理人员在策划 SP 方案时，要特别重视意见领袖对顾客购买决策的影响。与其他类型的营销策略一样，通过意见领袖的作用会使 SP 策略的效果发挥更大。因此，促销策略最好首先是针对顾客中的意见领袖。比方说，制造商要想通过 SP 策略说服经销商或零售商大量购货，比较理想的途径是先说服经销商或零售商中实力最强的，或者说，先让那些在渠道中"权力"（power）较大的经销商或零售商服从 SP 策略，这样一来，说服其他渠道成员配合 SP 计划就容易多了，这也符合"擒贼先擒王"的道理。

3.1.5 顾客的偏好心理

中国成语说"情人眼里出西施"，意即情感的偏好能越过障碍，产生奇迹。一旦喜欢，不言其他。人人都逃不出偏爱、偏好，这几乎是人性中的一部分。

在消费行为中，偏好有足够大的力量，喜欢就是认同、接受和购买的强大理由，它会胜过理性、一往无前。偏好原理的强大影响力广泛地被厂商所利用，如借助朋友间的友谊推销，即使这种友谊不存在，厂商也可以设法建立起一种友谊，即让消费者喜欢他们的销售员，并依靠这一原理而获利。厂商总试图把他们的产品与消费者所喜欢的事物联系在一起。你有没有想过汽车广告中、化妆品广告中为什么总是会有漂亮的模特？厂商所希望的就是把这些模特美好和讨人喜欢的正面特质投射到产品本身（汽车或化妆品）上。他们相信消费者对产品的感觉会受到消费者对模特的感觉的影响。

前面提到的销售员乔·吉拉德被吉尼斯世界纪录称为世界上"最了不起的卖车人"，他连续12年荣获"销售冠军"的称号。他非常善于运用偏好原理来销售汽车，作为一个普通的销售员，他每年的收入超过20万美元，他的业绩在同行中是前所未有的，他平均每个工作日卖掉5辆车。他之所以能成功，办法很简单，即向消费者提供两样东西：公平的价钱，他们喜欢的卖车人。他在一次采访中说道："找到一个他们喜欢的卖车人，加上一个好价钱。两者加在一起，就是一笔交易。"显然，乔·吉拉德就是人们喜欢的一个人，并且喜欢从他那里买车。

那么究竟哪些因素让消费者喜欢一个人呢？

（1）外表的吸引力。外表漂亮的人在社会上有很多优势。外表漂亮的人能够让旁观者自动地、不假思索地产生一种"光环效应"。所谓光环效应，是指一个人的一个正面特征会主导人们对这个人的整体看法。而外表的吸引力就是这种正面特征之一。

虽然人们不喜欢"以貌取人"，但是，研究发现，人们还是经常会不自觉地将一些正面品质加到外表漂亮的人身上，如聪明、善良、诚实、机智等，甚至认为相貌美好的人不但智力高，而且心地善良，生活也比较愉快[16]。外表漂亮的人更受人喜爱，更有说服力，更经常地得到帮助，而且被认为有更高的个人品质和智力水准。所以，时装店通常挑选漂亮的人做他们的现场销售人员，就是这个道理。

（2）相似性。毕竟大部分的人相貌都是很平常的，因此，"相似性"就成为一个使人产生好感的重要因素，不管这种相似是在观点、个性、背景上，还是在生活方式上。因此，对那些想要博取消费者的喜爱而获得认同的销售员来说，把自己装扮成与消费者相似的样子将是帮助他们实现目的的非常有效的途径。

销售员经常声称自己有类似的经历、兴趣或背景，借此增强人们的好感以提高人们的依从率。比如，汽车销售员在检查顾客拿来交换的旧车时，可以从很多方面寻找关于顾客的背景和兴趣的蛛丝马迹。例如，在汽车的行李箱中有露营装备，销售员便会提到自己一有机会就喜欢到远离城市喧嚣的地方去。如果注意到车是在外地买的，销售员就会问顾客是从哪里来的，然后惊讶地发现自己或他太太或最要好的朋友也是在那里出生的。

这些相似之处看上去并不起眼，但它们的确在起着作用，影响着消费者的购买决策。在一项有关保险方面的研究中，研究者在查看了保险公司的销售记录后发现，顾客更多地从与他们有相同的年龄、宗教信仰、政治观点或抽烟习惯的推销员那里购买保险。现在许多销售培训计划都要求学员要"像镜子一样"反射出顾客的身体姿态、心情、表达方式等，所有这些方面的相似性都可以收到意想不到的积极效果。

（3）称赞。当知道别人喜欢自己的时候，这一点就可以是促使我们答应他人请求的一剂很强的催化剂，这也符合中国文化物质中的"施报观"。

乔·吉拉德每个月都会给他的 1.3 万名顾客每人送去一张问候的卡片，卡片的内容随季节而变化（新年快乐，情人节快乐，感恩节快乐，等等）。但卡片封面上写的永远是同一句话："我喜欢你。"这样一句没有个性的话，每年在这 1.3 万人的信箱里出现 12 次，难道真的有用吗？一般说来，即使人们的赞美并不完全符合事实，我们也很容易相信他们，并因此而对他们产生好感。不管对一个人的称赞是否合乎事实，赞美别人的人都同样会赢得被赞美者的好感。

（4）接触和合作。一般来说，我们总是喜欢自己熟悉的东西，熟悉可以导致喜爱，从而能够对我们的很多决定产生影响。虽然我们可能没有意识到，但如果我们过去对一样东西接触过许多次，那么对这样东西的态度就会发生变化。在企业的营销实践中，企业频繁更换经销商或销售人员，都有可能让消费者产生陌生感，从而对企业所提供的产品产生怀疑。这种现象在许多行业中都有体现。例如，某一家家电企业的销售人员跳槽到另一家对手企业，这家企业的顾客也随之转向竞争对手企业，这通常会给企业带来重大损失。

基于偏好原理，营销管理者在设计 SP 计划时，不仅要考虑到 SP 活动期间与顾客接触的营销人员或销售人员是否是顾客偏好的类型，更需要考虑不同类型的顾客对产品类别和品牌的偏好。比方说，对于偏好打折的顾客，打折也许是最好的 SP 方案，但对于偏好品牌的顾客来说，即便是赠品也要保证是知名的品牌。例如，2007 年元旦前期，肯德基公司在中国推行一种"买肯德基蛋挞送立顿袋装茶"的 SP 活动，消费者无论是喜欢肯德基蛋挞，还是喜欢立顿红茶，这一 SP 方案都可以吸引他们。

3.1.6 顾客的关联心理

关联（relevance）既可以是正面的，也可以是负面的。不管人们是有意还是无意间与某个事物联系在一起，都会影响到人们的态度。事实上，关联原理十分有效，在营销领域，营销管理者会不遗余力地利用这一原理。例如，只要社会上出现某种时尚潮流的文化现象，营销者们就会迫不及待地把它们与自己的产品拉上关系。比如，当我国成功实现载人太空飞行后，航天事业成为国人的骄傲，也成为一种时尚话题，此时许多企业都纷纷将他们的品牌与这件事联系在一起。一些公司采用所谓的事业关联 SP 策略就是将公司的产品销售与向某一社会公益机构或事业捐赠联系在一起，使消费者在购买促销中的商品时，不仅会产生自己对社会做出贡献的美好联想，也会对开展这样的 SP 活动的企业产生积极的印象。

在诸如奥运会、足球世界杯等重大国际体育比赛的年份，对著名代表队和体育明星使用什么样的产品和品牌，人们都知道得清清楚楚。当然建立这种关联是需要付出昂贵的价钱换来的。许多公司花费巨资赞助奥运会，从而把自己的品牌或产品与奥运会联系起来。但对这些赞助企业来说，所有的花销都比不上他们从这些广告中获取的利润。《广告时代》（Advertising Age）杂志的一项调查发现，在被访的消费者中，1/3 的人都说他们有可能购买一种与奥运会联系在一起的消费品。

在美国"探路者"探测器在红色行星火星表面着陆后的一段时间里，火星漫游器玩具的销量上升迅猛。而名为"马斯"（Mars，意为"火星"）的糖的销量也大增，尽管事实上这种糖并不是刻意与登陆火星的计划相联系，它的名字来自于公司创始人的名字富兰克林·马斯。

广告商可以利用关联原理把名人和产品联系在一起。例如，充当形象代言人的职业运动员可以从广告中获取大笔报酬，他们让广告商把自己和与自己角色有关（运动鞋、运动服、网球拍、高尔夫球等）或无关（软饮料等）的产品联系起来。对广告商来说，重要的是建立一种联系。这种联系只要是正面的就行,至于是否合乎逻辑则并不十分重要。

受大众关注与欢迎的娱乐界人士也有他们独特的吸引力。因此,广告商也愿意花大价钱把他们与自己的产品联系在一起。这也是我们经常在广告中所能见到的。

3.1.7 顾客的短缺心理

西方人说:"去爱一样东西的方法之一是意识到它可能会失去。"

中国人说:"机不可失,时不再来。"

人都有害怕失去机会或心爱之物的恐惧心理。短缺永远存在,而物以稀为贵。短缺原理会使人迫不及待、甘冒选择错误之风险,因为机会难得。

根据齐美尔的交换理论,行动者越是感到对方的资源具有价值,他们之间就越有可能建立交换关系;行动者对某一种特定类型的资源的需求越迫切,同时得到的可能性越小,则这种资源对行动者就越有价值[17]。根据这一理论,SP策略需要借助短缺原理,使顾客感到对促销中的商品或其他让利产生缺乏感。只有这样,顾客才会被SP活动所吸引,否则,SP策略的绩效会打折扣。事实上,在营销实践中,短缺原理被广泛运用,如限时促销、限量促销、限范围促销等,宣称"数量有限""库存有限""最后一批""最后一天""最后一次""最后一件"和"唯一机会"等。这些短缺现象,有时是客观真实的,有时是人为虚假的,但都能起到增强刺激、造成立即行动的促动效果。

根据短缺原理,SP方案的有效性与促销资源对购买者的稀缺程度有关。以制造商对零售商的SP策略为例,对于一家零售商而言,如果这家零售商已建立起庞大连锁零售网络,并且其品牌知名度较高,那么这家零售商的谈判能力一定会很强,此时,针对这样的零售商开展SP活动,制造商仅仅提供店内广告支持或销售人员培训等常规SP策略,恐怕很难得到零售商的积极反应和配合,可能最有效的SP工具就是低价策略和销售奖励了。

 促销专论 3.1　打折促销赚更多

零售商在打折促销时,通常会采用以下两种方案:周期性促销定价(Hi-Lo Pricing),如把掌上电脑(PDA)降价到349美元一段时间后,再直接调回原价499美元,这可以区别出价格敏感型顾客和价格不敏感型顾客;或是以"每日低价"招徕顾客,直接就把价格定在449美元,不再变动。但新研究指出,还有一种做法比上述两种都好,就是"稳定减少折扣法"(steadily decreasing discounting,SDD)。

迈阿密大学和ALBA商业研究院的麦可·齐若斯(Michael Tsiros),以及肯塔基大学的戴维·哈迪斯蒂(David M. Hardesty)刊登在《营销学报》(Journal of Marketing)上的一篇文章指出,商店可以在进行349美元的促销活动后,经过几个步骤逐步调升价格,然后再调回原价,如此就能创造更多销售收入。这种做法有效,原因是:提高消费者心目中预期的未来价格,并加强购物者"不行动,以后就会后悔"的预期心理。

为了验证这种SDD策略的有效性,研究人员进行了四项研究。在研究1中,研究人员利用实验室实验的方法,收集了463位商学院大学生的数据,检验了(与"周期性促销定价"和"每日低价"相比的)SDD的有效性,实验结果显示SDD策略形成了更高的未来价格预期,导致了更强的"不行动,以后就会后悔"的心理,而这两者都会影响购买的可能性。这意味着 SDD 策略可能比现有的"周期性促销定价"及"每日低价"策略产生更高的销售。在研究 2 中，研究者为 SDD 策略的有效性提供了额外的实证支持，同样是采用实验室实验法，收集了 247 位商学院大学生的数据，证明在应用 SDD 策略时，并没有形成任何与之相联系的负面感知。在研究 3 中，研究者利用位于美国某富有社区的一家高档厨房家电商店进行市场实验，用于实验的产品类别是酒瓶玻璃瓶塞，分别采用"周期性促销定价"法和 SDD 法，比较了"周期性促销定价"策略和 SDD 策略的相对有效性。结果发现，一般而言，在 30 天的研究周期时间内，该商店能以 24.95 美元的单价销售 8 个玻璃瓶塞；以"周期性促销定价"策略，商店能以 19.95 美元的单价销售 14 个玻璃瓶塞，或者 13 个玻璃瓶塞（10 个以 17.45 美元的单价；3 个以 24.95 美元的单价）；在应用 SDD 策略促销期间，商店总共售出了 24 个玻璃瓶塞——14 个以 17.45 美元的单价，6 个以 19.95 美元的单价，4 个以 22.45 美元的单价。使用 SDD 策略所产生的销售额的确更高。在研究 4 中，研究者利用扫描面板数据揭示了 SDD 策略有效性的实例。利用百事可乐的数据，研究同样发现了 SDD 策略的有效性。

　　研究人员认为，在目前不景气的零售环境下，这个方法可能特别有效。许多零售业者降低了产品价格，以鼓励消费者购买。齐若斯说，"许多零售商一直祭出四折至二折的优惠，但商店无法一直提供这样的折扣"。采用 SDD 策略，营销者可以通过影响消费者的价格变动预期及后悔心理，推动消费者迅速采取购买行动，有效增加消费者购买的可能性。

　　（资料来源：Tsiros Michael, Hardesty David M. Ending a price promotion: retracting it in one step or phasing it out gradually[J]. Journal of Marketing, 2010, 74(1): 49-64）

促销专论 3.2　基于选择情境的消费者价格促销品牌选择行为研究

　　多数商业实践和相当一部分学术研究仅以 SP 手段为"因"，以销售量或销售份额为"果"来研究 SP，很少考虑在现实中消费者是在"开放"的环境下作出购买决策，受到诸多因素的影响。因此，本研究引入"选择情境"这一新角度，探讨价格促销中选择集合的交互影响特性，以 MNL 模型（Multinomial Logit Model）拟合品牌选择数据，在不同的产品类别中分析出产品价格促销中其他品牌对消费者品牌选择行为的调节作用，从而更接近真实地揭示了价格促销的消费者品牌选择行为。所谓选择情境，是指消费者所考虑的备选品牌的系列构成。关于选择情境的研究表明，与一个特定的备选品牌作比较的其他品牌的特性，会对最后的选择行为产生显著影响。

　　对于选择情境的影响效应研究，研究人员着重探讨与价格促销品牌一起进入消费者考虑集合的其他品牌组成对消费者品牌选择行为的影响，同时就产品类别对情境效应的影响进行探讨。具体而言，主要探讨了选择情境对各层级品牌（低端、中端、高端）的价格促销效应的影响；以及产品类别（便利品、选购品、特殊品）对选择情境效应的影响。实验研究发现：

　　（1）品牌定位对价格促销效应的影响。

　　无论是便利品还是选购品，价格促销效应（同一折扣幅度下）均遵循由低端品牌向高端品牌递增的规律。因此，在其他条件等同时，随着品牌价格与档次的提高，相同幅度的折扣能带来更高幅度的销售增长。品牌价格越高，相同幅度的折扣所表现的绝对数额就越大，根据交易效用原理，消费者的认知货币牺牲就越小，交易效用也就越高，所以高端品牌的价格促销效果要比低端品牌更为明显。

对于便利品这种多在非公开场合消费、个人介入度不高的品类来说，价格促销效应比较明显；但对于消费场合更为公开，或与个人关系更为密切的选购品来说，消费者的购买行为则较为复杂。在选购品购买中价格对产品质量的暗示作用更为明显，本处于低端、不具备品牌优势的选购品进行价格促销，有可能会使消费者对产品质量产生怀疑，即感知交易效用虽然提高，但认知利益（物品效用）却降低，最终影响了产品的认知价值及购买意愿。

不过这种"促而不销"的现象会随着品牌层级的提高而减弱，因为对于中、高端品牌，消费者一般已对产品形成一定的认知以至"信任"，因此价格促销造成产品认知利益（效用）降低的现象一般不会发生。

（2）选择情境效应与品类的交互作用。

研究发现，选购品比便利品更易受到选择情境的影响，而且多品牌情境比单品牌情境更有利于选购品的销售。这种现象主要是由消费者的购买习惯造成的。由于消费者对便利品的购买通常较为频繁，购买前对便利品的品牌、价格、质量比较熟悉，感知中的购买风险（经济风险、社会风险）不高，因此不需要综合更多的品牌信息来"协助"决策；同时，单独陈列（如堆头、端架陈列）更有利于吸引消费者注意力，减少竞争分流，促进购买，因而单独陈列对便利品销售的促进效应更为明显。

但对于支出较大、品牌与个人关系也更为密切的选购品而言，消费者一般需要花较多的时间和精力来比较各个品牌以形成"合理"的选择。因此，"背景"品牌的出现可以为消费者提供更多的比较信息，也降低了购买选择的感知风险，尤其是当A品牌与一个基本功能相同、价格却更高的B品牌一同陈列比较时，这种促进效应表现得最为明显（低端品牌在{低端品牌，中端品牌}中的购买发生比最高，中端品牌在{中端品牌，高端品牌}中的购买发生比最高）。

研究结论对公司的促销实践有着重要指导意义：

首先，便利品与选购品（相同促销幅度下）的价格促销效应均遵循由低端品牌向高端品牌递增的规律。但低端选购品的促销效应并不显著，甚至出现"促而不销"的现象。因此，如果仅从市场份额角度考虑，低端选购品并不应盲目选择价格促销作为竞争手段。

其次，选择情境对销售存在影响，且这种影响因品类而异。总体而言，便利品在单品牌情境下销售更为有利，而选购品则在多品牌比较情境下销售更为有利。这主要是由消费者在购买便利品与选购品时具有不同的习惯造成的。因此，对于便利品而言，在终端争取端架、进行堆头摆放可以较好地抓住消费者的注意力，从而促进销售；但对于选购品来说，刻意突出某一品牌（型号）的做法虽可起到树立品牌形象的作用，但对于终端销售来说，在陈列时加入一个适当的"背景"品牌却可以提供更多的比较信息，迎合消费者"理性"选择的心理，从而更好地促进销售。

总而言之，营销者可以通过改变促销选择情境（如改变货架陈列、邮寄目录结构、网站布局等）来影响消费者的心理考虑集合，进而提高价格促销效果。这对于传统零售商、邮寄目录商、互联网零售商和制造商都具有重要的应用意义。

（资料来源：卢泰宏，黄娴，蒋廉雄.基于选择情境的消费者价格促销品牌选择行为[J].营销科学学报，2007，3(2)）

3.2 基于顾客心理的市场细分

市场细分是市场营销战略的基础。基于市场细分，营销管理者可以选择适当的目标市场，进行合理的市场定位。SP 工作也是如此，为了提高 SP 策略的绩效，营销管理者需要针对不同的细分市场，制订合理的 SP 方案，选择适当的 SP 工具。基于对顾客 SP 心理的分析，营销管理者可以对顾客进行市场细分，然后再确定 SP 策略的类型和工具的选择。比如，制造商首先应该把顾客区分为经销商、零售商和消费者等不同目标顾客，然后，分别采用不同的 SP 策略目标和具体的 SP 工具；再如，零售商针对忠诚的惠顾者和价格敏感者应该采用不同的 SP 策略。

3.2.1 SP 策略要到达的顾客

任何营销策略都不是凭空想象出来的，SP 策略要服从于企业整体的营销战略计划和经营目标，要与企业的资源和能力相适应。其中，确定目标顾客是首先需要解决的问题。毫无疑问，企业的 SP 策略是实现企业战略计划和经营目标的具体措施，然而，在具体实施 SP 策略过程中，针对营销战略确定的目标市场，还需要进一步进行市场细分，才能有效地实施 SP 策略。比如，工业品制造商的目标市场已经确定，但是，在设计 SP 方案时，还需要进一步确定适合不同目标顾客的具体方案，例如，高端化妆品品牌制造商通常会在财力上支持零售商进行专场宣传，但通常不会针对普通消费者采取降价或打折的办法吸引他们。英特尔和 AMD 都是供应链上游企业的品牌，属于工业品营销范畴，它们的目标市场相同，但在竞争过程中，针对不同的顾客，两个品牌采用的 SP 策略不尽相同。英特尔通过电视广告、杂志广告等同时向中间商和电脑购买者宣传自己的品牌，而 AMD 则专注销售渠道终端的 SP 策略，通过降价策略来抵抗英特尔的反击和进攻。

1. 基于购买行为的细分模型

在消费者市场上，根据消费者的购买行为进行细分是一种常见的方法，无论是制造商还是零售商，都可以通过对购买行为的分析，将顾客分成若干群，然后针对不同的顾客群设计不同的 SP 策略。唐·舒尔茨教授等人提出将顾客分为五类，并详细论述了吸引这五类顾客的不同 SP 策略[18]：

（1）某品牌的忠诚使用者。
（2）竞争性品牌的忠诚者。
（3）游离者。
（4）对价格敏感的购买者。
（5）不使用这一品类的人。

显然，对于上述五种类型的顾客，企业运用 SP 策略激励他们的方式应该不同。对于竞争性品牌的忠诚者，如何运用 SP 策略激励他们转换品牌才是 SP 策略的核心目标，而对于不使用某一品类的消费者，首先让他们试用或形成积极的认知和态度才是 SP 策略的重点。

2. 基于消费者购买风格的细分模型

消费者在商店购物时，通常会表现出不同的风格，有人品牌意识强烈，有人则更注重质量；有的人对价格敏感，有的人则购物时很冲动，经常发生无计划的购买行为。消费者在购物风格方面的差异，反映出消费者对购物体验不同的价值追求，基于此，营销管理者可以有针对性地开展 SP 活动，吸引不同的顾客购买自己的产品和品牌。对消费者购物决策风格（Consumer's Decision-Making Style）的研究始于 20 世纪 80 年代中期，运用"购物风格量表"(Consumer Style Inventory，CSI)，研究者发现，消费者在商店的购物（决策）风格有八种，分别是[19]：

（1）完美主义者（高品质意识）。
（2）品牌意识。
（3）新奇和时尚意识。
（4）休闲购物意识。
（5）价格（物有所值）意识。
（6）冲动购物。
（7）抗拒选择。
（8）习惯购买（品牌忠诚）。

显然，针对以上不同风格的购物行为，商家采取的 SP 策略应该有所区别。对于冲动购买者，SP 策略通常会比较有效；而对于价格意识强烈的购物者，降低促销会比较有效。

总之，通过对顾客进行细分，为企业开展 SP 活动奠定了基础，也为提高 SP 策略的绩效创造了条件，营销管理者需要认识研究顾客行为，深入理解购买者行为背后的心理因素，保证 SP 策略真正成为实现企业营销战略的有效工具。

3.2.2 基于价格心理的顾客细分

从本质上说，SP 的目标是激励消费者立即作出大量购买的决策。根据顾客的 SP 心理，那些最能让顾客感到"划算"的 SP 策略一定是最有效的。"划算"意味着对"所获"与"所失"之间的比较和"算计"。虽然 SP 工具种类繁多，但是它们的共同特点是让顾客感到"占了便宜"，甚至是"占了大大的便宜"。在零售商那里，为了让顾客真正感受到自己作出的购买决策是"精明"的，尽管可能会引发价格战，但价格折扣促销方式仍然是非常普遍的策略。这也引起许多研究者的兴趣，黄启宁博士根据多年丰富的零售实践经验，专门研究了零售商的价格促销策略对品牌忠诚度的影响，基于消费者的价格心理（价格敏感＋品牌偏好），把顾客分为六种类型，它们分别是[20]：

（1）低价至上型。
（2）追求品牌安全型。
（3）更改消费型。
（4）品牌追求型。
（5）高档品牌至上—品牌引领型。
（6）价格冷感型。

显然，对于低价至上型的顾客，商家只要能够承诺诸如"全市最低"或"折扣最大"，这类顾客就会被吸引，即便不是什么名牌商品也没有关系，对于这类顾客，许多小品牌或采用模仿策略的新生品牌常用的 SP 策略能起到作用。对于价格冷感型的顾客，商家无须承诺

"价格最低"或"折扣最低",只要在这些顾客眼里,商品经得住比较,与过去时经验相符,或者是符合顾客的身份,都可以对顾客产生吸引力。对于这类顾客,许多常规的 SP 策略并不起作用,但是,诸如会员 SP、服务 SP、事件 SP 之类的现代 SP 工具可能会更加有效。例如,星巴克基本上未在大众媒体上花过广告费,主要是利用一些策略联盟帮助宣传新品。根据在美国和中国台湾地区的经验,大众媒体泛滥后,其广告也逐渐失去公信力,为了避免资源的浪费,星巴克故意不打广告。这种启发也是来自欧洲那些名店名品的推广策略,它们并不依靠在大众媒体上做广告,而每一家好的门店就是最好的广告。星巴克成立了一个咖啡俱乐部。除了固定通过电子邮件发新闻信,还可以通过手机传简讯,或是在网络上下载游戏,一旦过关可以获得优惠券,很多消费者将这样的讯息转寄给其他朋友,造成一传十、十传百的效应。

3.2.3 基于顾客行为导向的 SP 策略特征

唐·舒尔茨教授在《促销管理的第一本书》中提出以"消费者行为分析作为导向制定促销策略",使 SP 工作为了一种战略工具,成为品牌战略的重要组成部分,从而使 SP 策略被提升到战略的高度。归纳起来,基于顾客行为导向的 SP 策略有以下几个方面的特征:

1. 战略性

SP 策略是营销沟通策略之一,它的根本作用在于向顾客沟通企业营销信息,使顾客能够在"信息丛林"和"品牌丛林"中,看到品牌的独特利益,形成对品牌的积极态度,并迅速作出购买决策。基于顾客行为导向的 SP 策略,不是可有可无的临时性措施,从战略上说,任何企业设计 SP 策略时,都应该考虑 SP 策略是如何影响品牌的。比如,SP 策略是否会影响到品牌形象,是否会影响顾客的品牌忠诚度,是否有助于增加基于顾客的品牌资产等战略性问题。例如,从 2006 年可口可乐与九城联手推广网络游戏《魔兽世界》、百事可乐与盛大合作推广网络游戏《梦幻国度》两个案例中不难看出,可口可乐与百事可乐这两个饮料巨头纷纷借助网络游戏开展联合 SP 活动绝非战术上的考量,其中的战略竞争意味不言而喻。

2. 精准性

在竞争日益激烈的市场环境下,如何有效地运用有限的营销资源始终是营销经理首先思考的问题。传统上的 SP 策略通常带有"临时抱佛脚"的意味,即便有一定的计划性,但因 SP 策略通常是直面竞争对手,受到的干扰因素很多,所以许多企业的 SP 策略流于形式,难以到达目标顾客。基于顾客行为导向的 SP 策略通过对企业的目标市场再进行细分,并且针对不同特征的顾客群采用不同的 SP 策略,使 SP 策略的精准性提高了,从而提升了 SP 策略的绩效。2011 年 10 月,中信银行信用卡中心与腾讯 QQ 会员达成战略合作,联合推出"中信银行—QQ 会员联名信用卡"。其基础是中信信用卡看好腾讯 QQ 会员的优质资源和广阔前景,也对 QQ 会员提供的线上线下服务表示认可,希望通过此次合作,进一步整合双方的优势资源,强力联结金融服务和网络服务,倾力打造便捷、优质的互联网一站式服务,为更多腾讯用户提供优质的金融服务;同时也希望借助 QQ 会员特权服务的回馈,给用户带来别样的银行卡体验。

3. 人性化

传统的 SP 策略通常利用顾客的"贪利心理",认为只要让顾客感到得到了"额外"的好处,顾客就会上钩。然而,随着社会经济的发展,人们的消费结构和生活水平都有了很大提高;同时,伴随着全球化竞争的不断深入,消费者的选择越来越多,购物行为的理性成分增加了,仅仅让消费者感到"占了便宜"已不足以吸引消费者,营销管理者还要考虑不同的消费者希望占的便宜有哪些。也就是说,SP 策略要从顾客的需要出发。基于顾客行为导向的 SP 计划具有人性化的特征,SP 工具的选择、实施时机选择、持续时间设计等都会考虑到目标顾客的需要,使 SP 策略成为向顾客传播良好的企业和品牌形象的有效途径。

本章案例

观望还是出手——感知价格差异与促销间隔期望对消费者购买的影响

■ 案例情境

1. 促销的僵局

林湛在一家全国性的民营企业洁影集团已工作了五年多。凭着她的聪慧和努力,以及公司的快速发展,如今林湛已是该集团一洗发、护发品牌"柔珍"的市场部经理,负责柔珍的营销事宜。柔珍定位于中端,面向大众市场,打的是"传统汉方,珍珠护发"的牌,主打产品是适合家庭使用的洗发露和护发素。在中端日化用品这片竞争激烈的红海上,柔珍能在上市三年后基本立稳脚跟,在消费者心中积攒了一定的美誉度,林湛功不可没。然而这一切曾经的功绩与辉煌,并不能使现在的林湛一展欢颜了。

时至年终,每个部门都提交了年终总结——这是洁影公司的传统。从创立之初,洁影公司的所有员工都会在年末提交一份心得报告,总结一年来的得失和获得的成长。而这项在林湛进入公司初期非常喜爱的传统如今让她倍加为难,这让她喘不过气来的促销局面该怎么来总结分析?

如今洗发护发市场上不仅强手如林,而且竞争惨烈。超市里促销降价的宣传牌几乎从没有在货架上摘下来过。消费者更是越来越精明,越来越喜欢比较,越来越懂得将股市的经验带入日常消费品的购买中——持币观望。只有在认为公司已经把价格降到了底线时,消费者才犹犹豫豫将产品装进购物篮,结账前还不会忘记再看看别的品牌有没有降价。正因为如此,林湛风声鹤唳地一嗅到竞争对手有促销的打算,就马上准备自己的促销计划。当然因为经费及定位上的考虑,她的打折幅度相对较小。此外,每逢节假日,她也会根据惯例进行促销,虽然促销频率在日化行业中来说也算比较高,但效果却不甚显著。最近大半年,她苦心设计的周年庆、国庆长假等折扣促销都没有见到良好的市场反应,停滞不前甚至略有下滑趋势的销量让她深感头疼。也许是市场上有太多类似的品牌,也许是促销活动设计得不够有吸引力?林湛开始对自己的能力产生了怀疑。

这天早晨,林湛在办公室里对着电脑坐了一个多小时,简直觉得无从下笔。正在这时,洁影公司的总经理秘书 Annie 敲敲门,走了进来:"林经理,在写年终总结吗?"林湛苦笑了一下,微微点了点头。"方总说请您去他办公室一趟。"Annie 脸上微露同情之意。

五分钟后,林湛站在了方总的办公室里。方总年近五十,洁影公司是他白手起家开创的公司。方总在创业前曾是一位技术人员,他思维缜密,活力充沛,十分珍惜这份事业和自己的员工,和员工说话总是以"就我这个搞技术出身的人来看……"开头,是个谦虚和善的上司。方总并未马上说话,而是仔细看着一些关于柔珍的销售资料,半晌才抬起头来。"你来了呀?坐吧。"他举起手中的表格,"这半年的促销效果不算太好啊。有没有想想原因?"

林湛紧闭着嘴,凝着眉。方总接着说:"就我这个搞技术出身的看,你这半年来的促销可能有问题:促销频繁但每次的效果却不显著。对消费者来说,他们对这些促销的感觉是怎么样的?是不是买促销的账?你们部门讨论一下,顺便在写年终总结时整理一下思路。"

林湛接过了资料,依旧没有话。方总站起身来,朝她点点头说:"今天话怎么这么少了?平时不是出名的柔珍铁玫瑰吗?柔珍有今天不都是林湛拼出来的?拿出往日的活力来啊!"一句话说得林湛不由得微微笑起来了。

2. 跟着感觉走

林湛回到办公室,立即召集了品牌助理 Karl 和 Mable 就现状进行讨论。仔细看过以往的市场资料之后,Karl 说:"我的直觉是我们可能是在促销频率和促销幅度的决策上失误了。消费者对价格的感知常常基于他们以前的购物知识与经验。他们也许无法清晰地记住每一件商品何时降价、降了多少,但他们会根据大致的印象来判断当前的促销价格是否有吸引力。他们对商品价格的印象是如何形成的?作为商家,我们能不能从外部来影响这些印象的形成?我也说不太清楚。"

林湛沉吟了一下说:"我也很想知道究竟有哪些因素会影响消费者对商品促销价格的感觉。看来我们还是没有完全站在他们的角度来看问题。Mable,听说你最近花了许多时间做调研报告,简单介绍一下吧,也许会有一些新的发现。"

Mable 翻开手中一叠资料,开始说道:"这几天我四处去查找了一些资料,包括超市中其他商品,例如竞争对手卡佩诗的一些促销情况,还有学术界关于促销效果的一些成熟观点。之前,我们都非常重视实战、重视市场,但其他书本上的理论也很有价值。之前的一些针对消费者行为的研究就有许多关于折扣频率与折扣幅度对消费者价格感知的影响方面的内容。这与我们目前面临的问题很相关。例如,1999 年,Alba 等就是选择两种竞争的洗发水品牌作为研究对象,A 洗发水打折频繁但每次折扣幅度很小,B 洗发水较少打折但每次折扣幅度较大,从一个时期来看两种方式下商家总让利额相等。结果发现,如果每一次降价幅度都比较固定的话,消费者会认为折扣幅度较大的 B 品牌价格较低。但如果每一次降价幅度并不固定,消费者则会认为折扣频繁的 A 品牌价位更低。"

林湛一边听着,一边记录着,时而还点点头。Mable 继续说:"在此研究基础上,2005 年,另外两位学者 Lalwani 和 Monroe 认为售价为 2 美元的洗发水只能代表低价商品,他们将研究对象换成售价为 740 美元的耐用品。对于高价商品来说,折扣的幅度也有所增大,从 740 美元降到 520 美元,跌幅高达 220 美元。结果他们发现,对于高价产品而言,不管每次降幅是固定的还是变动的,消费者均认定折扣次数少但折扣量大的品牌价位更低。高价商品的折幅绝对额大,因此不管折幅是固定的还是变动的,都被显著感知。低价商品的折幅绝对额小,如果降幅固定,尚会被消费者感知到,如果降幅变动,消费者的注意就会被引向折扣频率。"

Karl 似乎恍然大悟:"原来除了折扣幅度与折扣频率外,折扣幅度的变化与否也会影响消费者对商品价格，尤其是低价品价格的感知。换句话说，商品以往促销中的折扣幅度与折扣频率会影响消费者心目当中对该产品价格的定位。如果消费者心目中觉得产品的价位较高，那么当前促销只需要提供不大的折扣幅度就能够吸引他们的关注。你们看，卡佩诗的折扣频率虽不频繁，折扣幅度却较大，且总是固定不变。而我们呢，虽然折扣频繁，但打折幅度不算大，且总是不断上下变化着。因此，在消费者心目当中，卡佩诗的价位会高于我们产品的价位，于是每次它推出促销活动，虽然折扣幅度不大，然而都会让消费者觉得非常优惠，进而引发销售量较大的提升；而我们在促销期间的销售量变化就相对不太明显。我们是不是也应该在促销幅度的设定上做点文章？"

"其实我觉得不断改变促销幅度可能也有一定的问题。" Mable 说，"每次策划促销活动、申请促销经费，都是我去和财务部的人员协商，公司在促销方面的预算限制很大啊……" 她耸耸肩，表现出她的无奈。

"这个比较简单，我们可以相应降低折扣频率嘛。" Karl 在资料中"促销频率"一栏上画上了下降的箭头标记，"只要促销总预算基本不变，他们应该可以接受的。"

林湛点点头又摇摇头："我们提供的折扣不算数，只有消费者感觉到的折扣才会影响销售量。折扣幅度究竟能不能有所降低？较大的折扣会使消费者觉得当前促销价格的吸引力很大，而较小的折扣可能根本不会打动这些常常货比三家的消费者。而改变促销频率是不是一定就会有效？它也可能是把双刃剑。如果促销频率较低的话，消费者会觉得这一品牌不常打折，所以他们会觉得这个牌子本来就是比较高档、比较贵的品牌，一旦进行促销则会使他们觉得机会难得，从而更有意向购买。但与此同时，竞争对手频繁地折扣可能会夺去我们一部分市场份额。另一方面，提高促销频率有可能会影响消费者对我们品牌的中档定位，但却有可能稳住我们的市场份额。你们说呢？"

三人一时间无语。林湛仍在沉思中，今天的会议确实提出了很多新的观点和解决方案，也厘清了一些思路。无论今天推测的消费者心理是否符合实情，无论学者的研究结果是否能运用到实际经营当中，可以肯定的是，"消费者的感觉的确非常重要"。然而修改过后的促销方案是否真能达到好的效果？这些方案在日化行业里需要做哪些调整？促销的频率及促销的幅度到底该怎么确定？她还需要好好地想清楚……

3. 球场的暗喻

周日早晨 6:00，南国的天已带些许晨曦。半明半暗的天光中，林湛望着穿衣镜中的自己。镜中的林湛看起来憔悴而苍白，尽管她今天穿着充满活力的白色网球裙，那活泼的白色在镜中却是微灰的色调。就在今天，洁影集团的营销总监约请林湛一起打网球。林湛想，这约请当然不单单是打网球那么简单，重点还是要探讨柔珍面对的促销问题。

"一切都是因为消费者和竞争对手太精明了，也许我斗不过他们。"她望着镜子，对自己轻轻地说。突然间她发现自己最近总是在重复这句话，对同事，对朋友，对自己……这是在给自己找借口吗？抬腕看看手表，指针已指向了 7:30，与营销总监预定的时间快到了，林湛收起思绪，整理好球具，匆匆下了楼。

在网球场边上，林湛见到了营销总监吴瑾之。这位吴总监是刚刚完成她的 MBA 学位，空降到洁影集团来的，与林湛在开会时见过面，但还未做过深入的接触。林湛对吴总监的印象是一位乐观、开朗、极富日化行业经验又有学识的女性。四十来岁的吴瑾之身姿轻盈优雅，带着灿烂的微笑迎了上来。

第一局是林湛的发球局，可能是因为最近一段时间以来休息不好，她的状态差到了极点，一会儿发球触网，一会儿又发到界外，越想奋力接球，越是接不住，很快就输了。吴瑾之见状，走过场地，一边递给林湛一瓶水，一边说："打球还在想问题？"林湛喘着说："是总监您太厉害了，我不是您的对手。"吴瑾之笑着摇摇头："不是因为这个，而是因为你的注意力没有集中，没有把握到击球的节奏、力度和技巧的变化。要不我们稍微歇一会儿吧。"

吴总监亲切的微笑和鼓励的语调让林湛放松了许多。她们俩走到球场边的休息室，点了杯饮料，坐下来边喝边聊起来。果然，吴总监很快就说到了正题："小林，很多时候促销正如打网球。打球的脉动不可忽视，促销的脉动更不可忽视。现在消费者越来越聪明，他们在某种程度上来说是在和我们博弈，正是这种情况，才更需要把握好促销的脉动——节奏、力度、变化，也就是促销的频率、幅度与变化。一方面，消费者对过去促销的经验的积累，可能会影响他们对当前促销的感知；另一方面，消费者对将来促销的预期，也可能会影响他们对当前促销的感知。我看过你前几天提交上来的年终总结，里面谈到了消费者对促销价格的感知，这个想法很有意思。但还有没有其他因素也同时影响着促销的效果呢？是不是只要消费者觉得价格足够优惠，他们就会出手？"

林湛认真地听着、思考着。然而怎么确定合适的频率、幅度、变化范围呢？之前与部门员工讨论时，只关注了促销设计几个要素对消费者感知价格的影响，还有没有其他因素也在同时影响着消费者最后的购买决策？答案当然还是要从消费者着手。

4. 卖场的思考

打完球，林湛没有直接回家，而是开车来到附近一家大型超市。刚走到二楼，她便注意到洗发护发用品货架旁的两名主妇。其中一位主妇拿起了一瓶柔珍洗发水，对同行的卷发主妇说："我们家上次买了柔珍，感觉还不错，今天还有促销价，再买一瓶回去。你要不也试试？"卷发主妇看了看价格标签，摇摇头说道："柔珍啊，这个牌子常常打折的，而且现在只打了这么点小折扣，优惠不了多少！我劝你等等吧，等到元旦的时候再买，肯定更便宜些。"一边说着她一边拿起另一品牌的洗发水："哇，卡佩诗，七折！这个牌子平时很少打折的呀！而且这次是七折，挺划算的。那个柔珍经常折扣，什么时候买都差不多。今天顺便帮我女儿家也买一瓶，要不你也换个牌子试试？"

林湛心中像打翻了五味瓶，不知是什么滋味儿。正在整理货架的小李认出了林湛，便在一旁小声地插话："她们就是这样，总是等着下一次促销。而且她们记性好得很，常常是根据印象中以往的促销活动来判断这次促销价格划算不划算呢！打折非常频繁吧，或者是折扣很小，她们根本就不稀罕，总觉着下次还会打折，不着急，也觉得东西贱；要是不经常打折，一次促销打个厉害的折扣，她们就觉得值了，自己抢着买，有时还介绍其他邻居来买。"

林湛认真地听着，不由微微点头。是啊，打折还是有规律可循的。一线销售员能看到，竞争对手能做到，柔珍也一定可以做到！现在关键要弄清楚的是，消费者怎样判定价格是否符合他们的期望，他们在什么情况下会继续观望、等待下一次促销，促销的频率、折扣的幅度及折扣幅度的变化与否又该怎么确定。从超市回家的路上，林湛心里一直在思考着答案。

当某一产品频繁打折时，消费者会觉得它是一种频繁促销的商品，从而希望它经常进行促销。频繁的打折可能会让消费者觉得促销是司空见惯的,而不频繁的打折则会让消费者觉得保销不同平常。那么当消费者观察到更多的商品促销时,他们对当前促销吸引力的评价会更高还是更低呢?他们会觉得下次类似或更优惠的促销活动所需的时间间隔更长还是更短?

消费者是不是会认为商家只有在不寻常或特别时刻(如店庆或是春节)才会提供较大幅度的折扣,而在通常情况下只会提供小幅折扣?因此,大幅折扣看上去更像是特别促销或非常规促销活动,而非例行的常规促销活动。那么,当商家提供较大折扣幅度时,消费者会觉得等待下次类似或更优惠促销所需的时间变长。于是,当前促销的吸引力就会有所提高。

另外,以往折扣幅度变化是不是也可能会影响到消费者对当前促销的评估?例如,对于折扣幅度在 10%~20% 的范围内不断变化的产品来说,消费者会将较低的折扣幅度 10% 还是较高的折扣幅度 20% 作为评估当前促销活动吸引力的标准?而对于折扣幅度比较固定的产品来说,消费者的评估标准很可能就是那个固定的折扣幅度,而这一标准会高于还是低于前一种情况下的评估标准?这种差异又会不会影响消费者对当前促销吸引力的评估?

吴总监和小李说得没错,折扣频率、折扣幅度及折扣幅度的变化不仅影响着消费者对产品的估价,而且还会影响他们对未来促销的预期,而这两者都会影响当前促销的吸引力,进而影响产品的销售量。林湛深深吸了一口气,觉得浑身又像以前那样干劲十足了。她知道,只要她认真研究透这个问题,重新制订促销计划,就能改善如今的销售局面!带着充满斗志的自信微笑,林湛做好了准备来迎接这新的挑战。

■ **相关概念与理论**

消费者对价格的评估会受到两个主要因素的影响:感知价格差异和促销间隔期望(见图 3-1),而这两者又都会受到以往促销模式中折扣幅度与频率的影响。

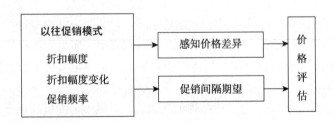

图 3-1 影响消费者价格评估的主要因素

1. 以往促销模式

以往促销模式主要有三个维度。折扣幅度(discount depth)是指在一段时期内折扣的幅度(以百分比的形式)。折扣幅度变化(discount-depth variation)是指在这一时期内促销是固定幅度(constant-depth pattern)还是变动幅度(mixed-depth pattern)进行。促销频率(frequency)是指在一定时期内进行折扣促销的频率。

2. 感知价格差异

消费者在评估或购买决策的过程中形成对产品的各种期望(如对产品质量和外观的期望)。因为价格对制造商和零售商的定价和价格促销决策非常重要,所以许多营销学者尤其关注消费者对价格的期望。这种价格期望通常是指内部参考价格（internal reference price，IRP），即储存于消费者记忆中、用以评估零售价格有效性或吸引力的一种标准。

感知价格差异（perceived price difference，PPD），即零售价格偏离消费者内部参考价格的程度，是消费者价格评估过程的主要影响因素。也就是说，消费者会通过比较来评估商品的零售价格。如果零售价格低于内部参考价格，消费者会认为零售价格较低，或者产品不贵（正面的感知价格差异）。如果零售价格高于内部参考价格，消费者则会认为零售价格较高，或者产品偏贵（负面的感知价格差异）。

3. 促销间隔期望

促销间隔期望（expected length of time to the next deal，ETND）是在消费者看到促销价格、关注下次促销时间和折扣幅度时形成的。促销间隔期望是指在零售商店进行下次类似或优于当前的促销活动的时间间隔。如果消费者认为零售店很快就会进行下一次与当前促销类似或更好的促销，那么当前促销的吸引力就会下降。反之，如果消费者认为很长时间内零售店都不会进行与当前促销类似或更好的促销，那么当前促销的吸引力就会上升。如果近期就会有类似的促销，消费者就不会迫切觉得要去参与当前的促销；如果近期会有更优惠的促销，当前促销的吸引力还会更低。

因此，即使消费者把当前促销进行内部参考价格比较，而且形成正面的感知价格差异，但如果他们的促销间隔期望很短，这也会使得消费者的综合价格评估更差。同样，如果消费者的促销间隔预期很长，即使在感知价格差异很小的情况下，他们的综合价格评估也会较高。这种情况尤其会发生在经常性购买和经常性打折商品上，因为通过长期、大量的促销经历，消费者更容易评估这些商品的促销模式，并形成促销间隔期望。

（资料来源：朱翊敏，彭莱，吴铭洺，等. 观望还是出手：感知价格差异与促销间隔对消费者购买的影响[M]//中山大学管理案例研究（2009—2011）. 北京：经济科学出版社，2011：356-373）

■ **互动讨论**

1. 阅读完整个案例之后，你从中得到哪些启示，你认为应如何设计一个有效的促销方案？公司进行促销设计决策的关键点是什么，是促销频率，还是促销幅度？公司应该多关注于折扣幅度，还是关注折扣频率？改变促销频率是不是一定就会有效？如何把握消费者的感知价格差异影响？

2. 如果你是林湛，你是否会支持品牌助理 Karl 和 Mable 提出的观点，以其为指导原则来制订下一季度的促销方案？对于案例中的观点，哪些是你赞同的，哪些是你反对的，或者你还有什么更好的提议，请给出你的详细理由。请结合消费者心理和消费者行为的相关理论，试分析消费者接受促销背后的心理过程及其对企业促销决策的启示。

■ **推荐阅读**

1. Alba J W, Mela C F, Shimp T A, et al. The effect of discount frequency and depth on consumer price judgments[J]. Journal of Consumer Research, 1999(26): 99-114.

2. Miyuri Shirai, Bettman James R. Consumer expectations concerning timing and depth of the next deal[J]. Psychology & Marketing, 2005, 22(6): 457-472.

3. Shirai M. An analysis of multi-dimensional internal reference prices[M]//Keller P A, Rook D W eds., Advances in consumer research. Valdosta, GA: Association for Consumer Research, 2003, Vol. 30: 258-263.

4. Sinha I, Smith M F. Consumers' perceptions of promotional framing of price[J]. Psychology & Marketing, 2000(17): 257-275.

本章思考题

1. 基于顾客行为导向的 SP 市场细分有哪些特征？
2. 如果你在商店里买东西，你喜欢商家推出的哪些类型的 SP 活动？为什么？
3. 请阅读下列短文，并回答问题：

AC 尼尔森调查表明，店内促销的重要性日益凸显，大部分的购物决策发生在店内和购买过程中而非店外，店内促销正成为市场焦点。调查显示，购物者更偏好能够带来直接金钱收益的促销活动，最有吸引力的前三位促销活动分别是"买一送一"（38%）、"降价"（29%）及"加量不加价"（12%）；幸运抽奖与积分换奖品因为收益不直接，程序复杂，同时获奖机会有限而不被购物者所青睐。从获取促销信息的途径来看，"投递到家中的邮报"为购物者最优先考虑的途径，其后为"电视广告"及"门店内悬挂的海报"。AC 尼尔森的研究同时显示，有效的促销还需要引人瞩目同时位于便利地点，例如端头就是最受购物者关注的促销地点之一。

（资料来源：《销售与市场》2005 年 8 月上旬刊，"每月关注"栏目。）

问题：（1）购物者为何更偏好能够带来直接金钱收益的促销活动？

（2）"买一送一"的促销活动应注意哪些方面的问题？

[1]　西奥迪尼. 影响力[M]. 张力慧，译. 北京：中国社会科学出版社，2001: 2.
[2]　特纳. 社会学理论的结构（上）[M]. 邱泽奇，等译. 北京：华夏出版社，2001: 286.
[3]　Chandon Pierre, Wansink Brian, Laurent Glies. A benefit congruency framework of sales promotion effectiveness[J]. Journal of Marketing, 2000(64): 65-81.
[4]　Shu-ling Liao. The effects of nonmonetary sales promotions on consumer, preferences: the contingent role of product category[J]. Journal of American Academy of Business, 2006, 8(2): 196-203.
[5]　Raghubir Priya, Inman Jeffrey J, Grande Hans. The three faces of consumer promotions[J]. California Management Review, 2004, 46(4): 23-42.
[6]　特纳. 社会学理论的结构（上）[M]. 邱泽奇，等译. 北京：华夏出版社，2001: 267-268.
[7]　张春兴. 现代心理学[M]. 2 版. 上海：上海人民出版社，2005: 101.
[8]　西奥迪尼. 影响力[M]. 张力慧，译. 北京：中国社会科学出版社，2001: 3.
[9]　门罗. 定价：创造利润的决策[M]. 孙忠，译. 3 版. 北京：中国财政经济出版社，2005: 116.
[10]　萨勒. 行为背后的心理奥秘[M]. 王薇，译. 北京：中国人民大学出版社，2008: 60.
[11]　西奥迪尼. 影响力[M]. 张力慧，译. 北京：中国社会科学出版社，2001: 27.
[12]　吉拉德，布朗. 将任何东西卖给任何人[M]闫鲜宁，张存平，译. 成都：天地出版社，2005: 116-118.
[13]　西奥迪尼. 影响力[M]. 张力慧，译. 北京：中国社会科学出版社，2001: 36-38.

[14] 特纳. 社会学理论的结构（上）[M]. 邱泽奇，等译. 北京：华夏出版社，2001: 270.

[15] 波拉克. 不确定的科学与不确定的世界[M]. 李萍萍，译. 上海：上海世纪出版集团，2005: 42-60.

[16] 张春兴. 现代心理学[M]. 2版. 上海：上海人民出版社，2005: 422.

[17] 特纳. 社会学理论的结构（上）[M]. 邱泽奇，等译. 北京：华夏出版社，2001: 271.

[18] 舒尔茨，鲁滨逊，彼得里森. 促销管理的第一本书[M]. 黄漫宇，译. 北京：中国财政经济出版社，2005: 11-18.

[19] Kandall E, Sproles G B. Consumer decision-making styles as a function of individual learning styles[J]. Journal of Consumer Affairs, 1990, 24(1): 134-147.

[20] 黄启宁. 价格折扣对品牌忠诚的影响：基于消费者价格心理细分的实证研究[D]. 广州：中山大学，2005.

第4章 免费SP策略

引例　过年来罐加多宝

　　2013年春节期间，加多宝公司分别在北京大悦城、广州正佳广场举行了"你敢喊我就敢送、过年来罐加多宝"活动。自动售货机放置在商场的一楼，具有现场展示区，只要消费者在自动售货机前大声喊出"过年来罐加多宝"，声音的分贝达到了一定要求，售货机就会自动掉下一罐加多宝凉茶。活动期间，整晚都不断有人在喊着"过年来罐加多宝"的口号，活动参与者与一旁的观看者都玩得不亦乐乎。虽然只是获得一罐饮料，但每一位参与的顾客都十分开心而且卖力地大喊着品牌口号，并为品牌做宣传！以北京大悦城为例，7.5小时，1200罐，超过5000声，覆盖超过9万人。从数据可以看出，并不是每一位顾客喊一次就可以得到奖品，这也是加多宝设置的小小障碍，既可以增加顾客多次尝试的概率，也为顾客带来了克服挑战的征服感。现场很多围观观众都将所看到的景象上传到网上，引起了热点讨论，同时加多宝官方也拍摄了视频，创新型的营销方案使得视频在网上形成了病毒式的传播效果。以微博为例，搜索"过年来罐加多宝"可以找到多达140084条微博。

　　2012年，澳大利亚Fantastic Delites薯片公司也推出过类似的活动，而且内容更为丰富。活动安排在闹市区的街道上，只要消费者在一台绿色的自动售货机前按照屏幕的指示做相应的动作，自动售货机就会自动送出一包免费薯片。与加多宝促销活动不同的是，Fantastic Delites设置了更多的参与方式，并且更具挑战。例如，消费者需要按下自动售货机上的红色按钮100次，之后就可以得到一包免费的薯片。不要以为就这么简单，下一位参与者的挑战是200次，几位顾客过后，甚至出现了按5000次按钮的任务！当参与者坚持不懈地开始挑战5000次的按钮时，整个过程中围观的群众都在为他加油鼓劲。最终完成之后，参与者十分兴奋地高举着拿到的免费薯片，充满了成就感。更有甚者需要参与者在大庭广众下去下跪，作出膜拜的动作。还有要求参与者单腿跳的，参与者热情高涨，也引来大批围观的群众。最难的是需要参与者当众跳舞，每个参与者也都十分开心地在机器面前随着音乐舞动起来。如果感兴趣，可以登录它的官方网站，观看活动的相关视频。

　　（资料来源：http://fantasticsnacks.com.au/delites/）

　　零售卖场中的赠品促销几成常态，在节假日尤甚。厂家对此类促销活动乐此不疲，因为在强调提供短程激励的SP领域里，免费赠送类SP活动的刺激和吸引强度最大，消费者也最乐于接受。与传统的免费赠品促销不同，引例中的这些活动充分利用了消费者的好奇心理和获利冲动，同时也充分利用了关系链的传递，既适合在公众环境中进行陌生人之间的传播，也非常适合在社交网络中流动。

免费 SP 活动的工具主要包括三种：赠品、自助获赠和免费样品。下面将分节述之。

4.1 赠品

赠品 Premiums 一般以消费者为对象，以免费为诱因，来缩短或拉近品牌与消费者的距离。赠品的形式多种多样，常用的形式如图 4-1 所示。提供赠品的目标和适用场合有以下几种情形：

（1）促使消费者从竞争品牌改用自家的品牌时。
（2）为了保持商品使用频率稳定时。
（3）促使消费者试用新产品、接受新品牌时。
（4）为了开辟新市场时。
（5）为了测试广告活动效果时。
（6）为了在公司节庆时制造影响。

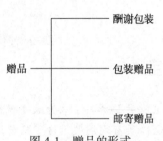

图 4-1 赠品的形式

4.1.1 常用的赠品方式

1. 酬谢包装

酬谢包装（Bonus Packs）是以标准包装的原价，供给较标准包装更大的包装或以标准包装另外附加商品来酬谢购买者的方法，即所谓"加量不加价"。此种方法在食品、保健及美容品类别中广为使用。例如，维生素生产者可能在其 100 粒瓶装中增加另外的 25 粒，但每瓶单价仍与 100 粒装相同，因而此 25 粒对消费者而言就是一种"酬谢品"。

那些计划上市新型且较大包装产品的生产商，在改换包装时广泛使用"酬谢包装"这一工具。例如，一家番茄酱的营销者可能计划在几个月后，以 30 盎司瓶装替换目前 26 盎司瓶装。当改换开始时，可能在瓶子上贴一张 30 盎司的标签以确证其为"酬谢瓶装"，然后再写上一行文字说明：此瓶装赠送番茄酱 4 盎司。一旦旧的瓶装产品在市场中卖完后，即可换掉谢酬包装标贴而加价成为 30 盎司的价格。

酬谢包装和减价优惠一样，主要是吸引现有使用者，用以鼓励那些已接受某品牌的消费者扩大购买，而以此作为其购买的回报。酬谢包装也可在面临竞争品牌 SP 活动或广告活动时，用于稳定现有使用者继续使用原来的品牌。

一般而言，酬谢包装中的"酬谢品"通常与原来的产品相同，因此，几乎无助于诱使顾客试用新产品，或建立新产品的品牌形象。然而，由于酬谢包装需要特别的包装设计，以及在工厂与零售店中额外的处理，因而其花费可能相当昂贵。

2. 包装赠品

包装内赠品、包装上赠品、包装外赠品及可利用包装，都属于包装赠品的促销方式，这些方法在激励消费者尝试购买原来的产品或刺激消费者购买新产品方面特别有效。因为包装赠品方式简单、明了，实惠看得见，促销效果好，所以不少零售商喜欢附赠捆绑装这种促销方式。相比之下，加量不加价视觉效果不明显，需要宣传和陈列上的强力配合，才会有更好效果。

大多数消费品都可选择此类促销方式，配合产品特质适时运用。例如，化妆品公司对购买化妆品达到某一金额的顾客，赠送精美化妆包；家电制造公司在销售家电时，赠送包括螺丝刀、扳手、试电笔等在内的全套工具箱；烟草公司允诺，买一条香烟附赠打火机；速食连锁店赠送可以收集成套的玻璃杯；麦片厂商于包装内附玩具或游戏式赠品；儿童食品利用包装外方式赠送玩具、游戏式赠品或智力测验拼图等。以上各种方法都是对购买者提供一种额外的奖励，目的是促进消费者快速作出购买产品的决策。消费者在使用赠品的过程中，也能强化其对品牌的认同。

另一种包装赠品方式其功能已超越了促销的作用，完全是为了推广新产品。例如，某一家公司可以在自己最畅销的产品包装内赠送公司打算新推出的产品，此时，原来的畅销品就成了新产品的媒介。通过这种方式，公司的新产品在不需要大量广告费用的情况下就顺利到达目标顾客。目前，这种方法已被广泛采用，但是，采用这种方法的前提是原有产品的目标顾客与新产品的目标顾客相同。

包装赠品促销之所以被广泛应用，是因为其能在现场激发消费者的购买欲。当消费者在商店货架前准备购买某品牌时，举办这种附送赠品的包装促销，极易吸引消费者转换品牌。此外，还会促使顾客转向购买较大、较贵的商品。

1）包装内赠品

这一方法是将赠品放在包装内附送。此类赠品通常体积较小，价值较低，当然也有附送大规格、高价值的赠品，如把被巾、餐具和酒具等附在装电冰箱的箱子内赠送。包装内赠品通常被保健品、美容类产品和儿童食品所运用。杰洛果冻在其包装内附赠"果冻食谱"，颇受女性的欢迎。吉列公司在它的 Rice 牌刮胡膏包装里装进一片新推出的刮胡刀片，而且不增加售价。这样，消费者就可以通过购买 Rice 刮胡刀而有机会免费试用吉列的新产品。启航玩具公司在高速轨道系列玩具内附赠小电动车 1 辆，可与轨道配合使用，相得益彰。

1970 年，小孩子很少光顾美国中西部的麦当劳快餐店，堪萨斯市广告商人鲍伯·伯恩斯坦想出了一个法子：把炸薯条和汉堡包用小盒子装起来，盒内有奖品，盒子外面印有彩色的迷宫图。当小孩子专心玩奖品和迷宫图时，孩子的父母就可以安静地享受他们的汉堡包。通过这一促销创意，麦当劳的销售额大增，这种"快乐餐"目前占麦当劳盈利的 40% 以上。目前，麦当劳的儿童套餐送玩具已经成为众所周知的一种 SP 方式。包括孩子在内的许多消费者正是被它推出的一款又一款新颖别致又有收藏价值的赠品（如史努比、Hello Kitty、流氓兔，等等）所吸引。

2）包装上赠品

此法是将赠品附在产品上或产品包装上，而不是置于包装内部。包装上赠品的方式繁多，比如用橡皮筋将赠品与商品绑在一起，或用透明成型包装，也有将折价券等印在包装盒或纸箱上，消费者可自行剪下运用。有时包装上赠品与商品彼此相关联，如买刮胡刀送刮胡膏，买咖啡送咖啡杯，买罐头送开罐头的起子，买大容量食用油送小容量食用油。这些赠品极易引起消费者的注意力和购买兴趣，并且还有助于消费者接受试用或购买赠送的产品。

肥皂厂商 B.T. 巴比特在 1865 年首先采取包装赠品促销方法。当时大多数肥皂制造商所卖的都是光秃秃的一块肥皂，但巴比特则用彩色纸把肥皂包起来，增加它们的吸引力。由于消费者经常误会巴比特另外加收包装纸的钱，因此他在包装纸上印着"兑换券"的字样，每集十张可获赠一张"漂亮的石版画"——这样果然使得他的肥皂畅销起来。

3）包装外赠品

此种赠品常在零售点购物时送给顾客。赠品可摆在产品附近，或在收银台处结账时领取，总之方便消费者购物时一并带走是重要原则之一。例如，美国利佛兄弟公司(Lever Brothers)与漫威漫画公司共同举办了一个特殊的"包装外赠品"活动：凡是购买 Aim 牙膏的顾客可以获赠蜘蛛侠漫画书，全书以漫画的方式描绘牙齿保健的故事[1]。利佛兄弟公司还在漫画书的封底附印"生日大抽奖活动"的中奖券。这一搭配出色的 SP 创意，使利佛兄弟公司销量猛增。

显然，这种赠品方式也适用于新产品的推广。2011 年 10 月，中国联通通过赠礼的方式促销沃 3G 理财上网卡，同时也将对其他上网卡新用户进行回馈。促销的 3G 理财上网卡套装内含上网费 1200 元，另赠送价值 390 元无线上网卡硬件和一个 USIM 卡，使用峰值速率 7.2M 制式，不分本地和漫游，其功能也不仅限于理财炒股，而是同时具有普通上网卡的所有功能。此外，为进一步鼓励用户购买理财上网卡，中国联通还宣布，2011 年 10 月份，凡是在自有渠道、电子渠道购买 3G 理财上网卡的用户可获得精美双肩包或读卡器一个，先到先得，送完为止。同时，购买其他类型的上网卡也有赠品。例如，凡是在电子渠道购买普通上网卡、21M 上网卡、无线猫的，赠送读卡器一个。

4）可利用包装

这是另一种包装赠品的形式。其产品通常被装在一个有艺术或实用价值的容器内，当产品用完时，此容器便可另做他用。这类赠品在药品、保健品和饮料类产品中用得相当普遍，最常用的一种是不易摔碎的塑料容器。例如，将利比番茄汁（Libby's Tomato Juice）装在一个漂亮的大壶罐内，消费者除了尽情享受番茄汁外，还有额外的果汁壶可用，他们当然更乐意购买了。另外，像雀巢咖啡、果珍等饮品也采用了类似的方式，而且其可利用包装的外形还会经常性做一些变化，以增强对消费者的吸引力。

3. 邮寄赠品

这是通过邮寄来为消费者提供免费赠品或礼物的方法，特点是顾客要把已购产品可作为凭证的信物（如购买发票、包装上的小标志等）寄回公司，公司再免费邮寄赠品。

免费邮寄赠品和其他赠品不一样，因为其特点在于接受赠品延后而不能使购买者立刻得到报偿，特别是在要求顾客出示更多的购买凭证时，报偿时间更为延后。虽然免费邮寄赠品有这些缺点，但在产品之间差异甚少，或没有差异，又存在相互竞争时，此种技术也很有效。由于此种赠品一定要购货后寄发，因此，在许多情况下，此种赠品能印制受赠者的姓名，从而使赠品具有一种个性化的特点。显然，这种方式可以采用许多创意，使这种方法更具吸引力。

为了达到更好的效果，大多数免费的寄赠品一定要经过媒体广告加以推广，以唤起消费者更多的注意。邮寄的赠品在大多数情况下要与所推广的产品密切配合，将赠品作为对品牌的提醒物。因而，许多免费邮寄赠品都印有制造厂商的名称、品牌或商标名称等。

4.1.2 赠品方式的操作难点及注意事项

1. 赠品选择

附送赠品如果选择不当，对 SP 的效果颇具杀伤力。当赠品的吸引力不够、品质欠佳时，反而会使本欲购买该商品的消费者打退堂鼓，所以说，一个差劲的赠品，甚至妨碍了经常性使用者的购买行为，降低品牌的忠诚度。

过度滥用赠品活动，会减损商品本身的形象。因为若经常举办附赠品促销活动，会误导消费者认为该产品只会送东西，而忽略了产品本身的特性及优点。

活动前的赠品测试，是赠品选择的重要决定因素。有一些基本原则，适用于选择各类赠品时参考，列举如下：

1）易于了解

无须说明即一目了然，赠品是什么，值多少钱，必须让顾客一看便知。在零售终端，销售人员并没有多余的时间来推荐赠品。

2）具有购买吸引力

经挑选过的赠品，必须能立即吸引顾客的购买欲，才是好赠品。英国移动运营商Orange UK推出诺基亚Lumia 800手机促销活动，用户购买该款手机将会获赠Xbox 360游戏机——市场上最畅销的游戏机。

3）尽可能挑选那些有品牌的赠品

一个没有品牌的赠品，当然比知名度高的逊色得多，既难以估算其价值，更不易吸引消费者。

4）尽可能选择与产品有关联的赠品

虽然80%以上的包装内、包装上、包装外赠品，都与产品本身难以搭配，但如果能够匹配，效果必然更佳，如咖啡送奶精、洗衣机送洗衣粉、电影院在其电影兑换券上装订爆米花套餐兑换券等。

5）紧密结合促销主题

赠品的选择应与促销活动的赠送目的紧密联结，否则南辕北辙，互不相干，当然效果会差。

最后还应注意两点：一是赠品要力求突出与创新。一个普通、毫不起眼、低价位的赠品，街上到处有售，怎能吸引消费者的兴趣？二是最好不要挑零售店正在销售的商品当赠品，如果所选的赠品相当平凡，如杯子、碗、化妆包等，最好在赠品上印上贵公司品牌、商标或饰以标志图案，以突显赠品的独特性，如此，便可化平庸为神奇，创造无限的魅力。

2. 法规与限制

在美国，食品药物管理局对于食品内包装赠品的类别、形式、规格、尺寸，均有严格的条例，以保护消费者（同时能保护厂商），避免误食或误吞，尤其对小孩的安全性更加重视。此外，亦有下述限制条款，如赠品包装方式、印刷油墨的类别等，均详细列载。如果想进行包装内赠送，最好先根据产品类别找出有关包装内赠品的法规与限制，务必清楚明了各细节，再推出促销活动。

我国对包装赠品和这类促销的执行也有相关法规，采用此促销方式前需认真查阅。例如，《母乳代用品销售管理办法》规定，生产者、销售者不得向孕妇、婴儿家庭实施赠送产品、样品；再如，自2012年1月1日起试行的《江苏省明码实价规定（征求意见稿）》中规定，赠送价值不得超过商品价格的10%，并应当标明赠送品的价格。

3. 谨防通路截留赠品

根据赠品 SP 实践经验，如果对赠品在通路中的流动不加以控制和有效的管理，本应送达消费者的赠品可能被一些经销商的业务员从中截流，尤其是在那些采用包装外赠品的 SP 活动更是如此。因此，制造商和经销商都需要对这一问题倍加关注。例如，在酒类的餐饮渠道中，经销商常苦恼的事包括[2]：

（1）业务员少报多领促销品。

（2）业务员在领取促销品后占为己有。

（3）业务员利用公司联合促销机会，超市中的产品价格会比酒店供货价还低，此时，业务员从超市进货。

（4）餐饮业务员私自扣留公司给酒店的返利。

微案例 4.1　水溶 C100：奢华如何促销

一项被称作"史上最奢华促销"的活动，还未举行就已经在网络上讨论得沸沸扬扬。神秘的面纱渐渐褪去，活动的主办方浮出水面，又是一向以概念出奇制胜的农夫山泉，这次促销的品牌不是即将推出的新品，而是已经在市场上叱咤风云多年的产品——水溶 C100。

路易威登钱夹、Prada 手包、雅诗兰黛化妆品、Gucci 手袋、Chanel 耳环、D&G 项链、Mont blanc 签名笔、施华洛世奇手链、Tiffany 首饰、双立人的锅具……一连串国际大牌，不下 10 个，阵容着实强大，而这些，全都是此次水溶 C100 促销活动的赠品。

8 月初，某饮料即将展开"史上最奢华的促销"概念一出，就立刻在各大 BBS、SNS 炒热了，神秘、悬疑、好奇，各种猜疑不断。一周后，媒体报道，农夫山泉证实，确为旗下水溶 C100 品牌所为，活动即将开始，敬请关注。紧接着，以"秒杀赢大牌"为主题的 TVC 开始投放，地面推广展开，历时 3 个月的"史上最奢华促销"活动轰轰烈烈全面开展起来了……

这个名为"集盖享好礼，秒杀赢大奖"的活动最吸引人的应该就是集瓶盖，秒杀国际大牌。按活动说明，要想获得那一个个吸引人的国际大牌礼品，就必须具有指定瓶盖。在活动网站上可以看到，一款价值 4999 元的路易威登钱夹，需要搜集到标有"87""12""99""55"的四个瓶盖，对这奇怪的数字组合，水溶 C100 还赋予了一个好听的"密语"，叫作"不求与你朝朝暮暮"；而一条价值 1530 元的施华洛世奇手链需要标有"33""13""15"的三个瓶盖，"数字密语"是"想想你想想我"。

"5 个半柠檬 C""补充每日所需的维生素 C""水溶性维生素补充更容易"等，水溶 C100 通过这一系列的理性诉求，带给消费者的认知已经得到了强化，下一步，则应该和消费者建立情感上的联结。

（资料来源：董鸥，吕晖. 水溶 C100：奢华如何促销［J］. 销售与市场. 2011（1））

互动讨论题：水溶 C100 的赠品促销整合了哪些促销方法？

　促销专论 4.1　"你提供了什么赠品？"——在亚洲营销所面临的挑战

想要在亚洲特别是在中国拓展生意的西方公司面对的并非一个同质的市场，同时，消费者作出购买决策的方式也有些难以预测,参加2007年沃顿商学院亚洲商业论坛的一组营销专家如是认为。与发达国家的消费者一样,许多中国城市居民习惯于在网络上寻找产品信息,并且相当精明。但与前者不同的是,中国消费者对品牌的忠诚度有限,并且更容易被产品的价格所打动,而非产品的质量或名声。雅诗兰黛全球护肤市场营销亚洲区主管伊莲娜·胡(Ellene Hu)说,中国女性愿意花大价钱购买高档化妆品,如她公司的产品,但她们同样喜欢跳转到另一个更高端的品牌,如果这家公司提供了慷慨赠品的话。"就化妆品而言,亚洲市场的促销驱动特征非常明显。"胡女士指出,"'你提供了什么赠品?'始终是萦绕在消费者心头的一个问题,我们必须想方设法地应对,同时尽力维护我们的品牌资产。"

此外,亚洲消费者,因国家而异,对西方国家的品牌显示出不同程度的热忱。胡女士认为,日本女性往往更青睐本国品牌,这使得外来者打入日本市场需要付出高昂的代价;韩国女性则相反,她们历来就喜欢西方品牌,不过随着韩国本土制造商在营销和研发领域投入巨资,这一情形正开始发生变化。"在中国,日本品牌已经取得了一些成功,同时女性也愿意关注西方品牌。"她说。

胡女士分析,得益于中国迅猛的经济增长,中国消费者也变得更加知识化和寻求差异化。但与发达国家的消费者相比,她们接触西方品牌和西方营销技巧的范围仍然小得多,因此她们正处在调查阶段,尝试着不同的品牌,其中很多是最近才刚进入中国市场的。"你还会看到女儿把她们的妈妈拉到化妆品柜台,告诉她们应该买哪种品牌的产品。"胡女士指出。

(资料来源:沃顿知识在线."你提供了什么赠品?"在亚洲营销所面临的挑战[EB/OL]. 2008-1-16. http://www.knowledgeatwharton.com.cn.article/1521)

 促销专论4.2　促销用品的3R策略

所谓促销用品,是指印有公司名称、标志或广告词语的实用性或装饰性物品。大致可分为四类。①广告性制品:广告特制品均为免费赠送,多为印有广告主名称、商标、地址和电话号码的钥匙链、笔类、台历或挂历、T恤衫等物。②商业礼品:商业礼品通常比广告特制品要贵重一些,赠送的目的在于发展和维护与重要客户的友好关系。这类礼品大都刻有受礼者的名字。③纪念奖品:纪念性奖品用来纪念受奖者的贡献、经历或商业活动,大多是刻有受奖者名字的钟表、镇纸、奖杯或奖牌。纪念性奖品也常用在企业内部的公关活动中。一些大公司通常送给雇员五年或十年服务奖牌。④优惠品:优惠品往往是免费赠送或低价售予已经购买或表示愿意购买某种产品的顾客。与一般做法不同的是,接受了优惠品的顾客并不承担必须购买这种系列产品的义务。

促销用品影响着众多的消费者。在当今众多的广告公关战役中,促销用品起着日益重要的作用。尽管大多数消费者都喜爱促销用品,但真正取得理想的促销效果,对企业主来说并非易事。美国广告学者丹·贝克力认为,三个"R"策略是运用促销用品成功的要素。

第一个"R"是相关性(Relevance)。所选用的促销用品与用语必须与产品或服务的宣传紧密相关。如美国旅行者保险公司在电视广告中用雨伞作为公司标志,而且发放雨伞优惠品以暗示"未雨绸缪",成为营销的经典案例。又如送挂历,画面可采用当地风景或本城球星的照片；如果赠送优惠品给新客户，可选用当地特产的家庭用品。这样的促销用品有助于强化公司在消费者心目中的定位和形象。

第二个"R"是重复性（Repetition）。只有让消费者经常目睹促销用品及所载广告词语，才能不断加深印象。因此，选用促销用品时，应该考虑到消费者将如何使用它们。使用或接触的频率越高，"重复"作用就会越大。

第三个"R"是获益感（Reward）。由于促销用品或免费赠送，或低价售予，所以顾客总会感到是一种奖励。但如能针对顾客特点选送最合适的用品，那么顾客的获益感可能会加强。从这种意义上说，送给家庭主妇的优惠品应不同于送给公司采购员的优惠品。

美国利用促销用品的实践为我们提供了一些可资借鉴的经验。国际促销用品协会研究发现：①消费者得到促销用品时，非常重视实用（98.3%）、质量好（71.8%）、有吸引力（61.5%）、雅观（59.8%）、使用方便（45.4%）、独特性（43.7%）和耐用（28.2%）；②尽管得到广告特制品后顾客对其广告主往往印象良好，但如果广告特制品是由公司推销员或公司代表亲自赠予的，那么顾客对其印象会更为深刻；③如果有多家公司经营同类产品，那么消费者往往对采用促销用品的公司评价更好；④某些促销用品特别是高档用品，如果它们上面的广告词语比较含蓄或不明显，消费者会更愿意保存和使用它们。

（资料来源：安增科. 促销用品的3R策略[J]. 销售与市场（管理版），1996（10））

4.2　自助获赠

自助获赠（Self-Liquidate Premium），又称为自偿赠品或付费赠送，是所有促销术中被用得最广泛、最长久的一种，常被戏称为"老而可信的促销方式"。它是指顾客将购买某种商品的证明附上少量的金钱换取赠品的形式。通常附上的金钱低于赠品的零售价。在竞争激烈的市场状况下，面对同等级产品的竞争时，这种自助式的商业活动常常被采用。

例如，刚上市的嘉宝婴儿食品（Gerber Baby Food）就采取了这种策略，凭 1 张嘉宝标签和 10 美分就可以获赠 1 个漂亮的洋娃娃。1930 年嘉宝推出了一种别致的赠品：刻有婴儿名字与出生日期的小儿汤匙，当年的代价是 6 张嘉宝产品的标签和 25 美分，如今则是 1 张嘉宝标签加 1 美元。为人父母的消费者觉得这种赠品有特别的意义，可以作为一种回忆的纪念品保留下来，所以这种赠品具有独特的吸引力，每年平均订购量为 10 万份以上，迄今仍然继续赠送。

4.2.1　自助获赠方式的适用场合

自助获赠，无须考虑特定的时机，在全年任何季节均适合。同时，它也极易介入市场，广为推展。但是其中有两个问题必须考虑。一是广告期间的长短及赠品兑换有效期的设定。由于活动随时可以展开，所以市场营销人员常根据各种不同的市场状况，将手边早有的付费赠送模式加以灵活变化，以符合实际需要。而此类促销行动的最大长处，就是时间的安排相当富于弹性，可以随时结束。办好该活动的秘诀就是：所有兑换来函务必一一处理。

营销人员愿意采用自助获赠的方式，除了因为它花费低、易处理的优点，还因为可以用它来实现不同的目的。

1. 用以强化品牌形象

以感性诉求为销售重心的产品，可用自助获赠的促销方式来扩大并强化其商品形象。如"万宝路"香烟将"西部"的广告主题与西部服装、户外用品等赠品紧密结合，强化了香烟品牌的定位，就是一例相当杰出的促销运用[3]。

2. 强化广告活动

产品与赠品如能与广告中的模特、发言人或是主题有密切的联结，将能获得绝佳的效果。以"绿巨人"（Green Giant）公司为例，多年来均运用自助获赠来建立品牌认知度。其活动之一是"为绿巨人送睡袋"，凭两个商品标签及附 8.95 美元，即可获赠睡袋一个。其广告文案强调"拥被而眠，您将满怀喜悦——幼苗睡袋"，并特别塑造一个"小可爱"为广告灵魂人物，除贯穿所有广告外，还将各种独有的动作、姿势印于睡袋上，以强化广告效果。

3. 用以协助业务人员取得较佳的店面陈列

一个魅力十足的赠品，即使营销人员可运用的经费非常少，也能获得经销商的全力支持。对这样一个具有高度需求的商品，常是商店的进货主角，厂商可先将赠品送给商店经理或柜台经理，以激励他们进货的意愿。

4. 用以回馈目前使用者并维护品牌忠诚度

厂商购买大量物品作为赠品，并将其以低于零售商的价格提供给消费者。其目的并不是要从赠品上获利，而是希望给消费者带来实惠，进而维护品牌忠诚度。

4.2.2 自助获赠方式的实施要领

1. 费用

就技术方面来看，营销人员在执行自助获赠时，通常花极少的费用，甚至无须任何开销即可运用自如。至于赠品支出方面，往往赠品制造商会给予较高的折扣。假如赠品费用、赠品处理花费、邮寄开销等全由消费者承担，那么广告商在自助获赠活动上真正的支出，应只限于广告和促销的花费而已。一般自助获赠常见的支出还有以下三种：

（1）媒体广告费。由厂商单独付费或联合大家均摊。

（2）促销辅助物，如海报、邮寄优待券、布旗、陈列架及其店头宣传品。

（3）其他代理、执行费用（不包含消费者寄来的支出）。

2. 赠品价值

依传统习惯而言，自助获赠选择的常是低价品。但近年来，这种情况已有较大的转变。选择赠品时必须考虑的因素有：赠送是否适当，促销的支持是否充足，是否符合消费者所需等。而赠品的价值则是他们最主要的考虑因素，一般来说，如果对自偿的赠品，容易评估其零售价格，最易于获得消费者的认同与承兑。最理想的兑换赠品付费，应是比赠品市面零售价低 30%~50%。总而言之，尽管赠品费正逐步爬升中，但大部分的自偿赠品的价格仍以 10~80 元为主要范围。

独特而卓越的赠品，常能提升其本身的价值。尤其是在一般零售店内买不到的，当然比那些随处可见的赠品，对消费者更具有诱惑力。

3. 赠品选择

在 SP 活动之前，必须先做赠品喜好测验。更值得建议的是，赠品最好能与商品有所关联，这样才能激起消费者的兴趣，进而达到积极参与的目的。最后，选择赠品时，也应考虑是否能激发零售商的兴趣，以及增加离架特殊陈列的机会，而不应只是着重于回收的预估或赠品的兑换。

4. 效果反应

传统上对自助获赠效果好坏的评估，常以消费者兑换赠品的数量作为衡量依据。但评估促销成败与否的最正确的方法，应该是以针对全套促销活动计划所设定的目标来作为评估的基准，而不是以赠品兑换的多寡来评定。事实上，除了赠品供应商外，没有任何人真正关注有多少赠品被兑换了。

自助获赠的效果应当符合一个普遍认同的原则，理想的自偿赠品的兑换率大约不会超过此活动的总媒体广告发布率的 1%。例如，一个自助获赠活动在多本杂志上刊登广告，其总发行量约为 200 万份，则有可能参加的人数大约为 2 万人。影响兑换率的最主要因素是赠品本身的好坏、顾客阶层、商品的售价和促销优待价值的认同等。

4.2.3 自助获赠方式的操作难点及注意事项

一项成功的自助获赠促销活动在实施过程中会遇到许多困难，我们必须注意以下几点。

（1）一个魅力十足的自偿赠品若在包装上加以强化，不仅在媒体广告上，也能在零售点从竞争者丛林中脱颖而出。尽管自助获赠被视为低诱惑的促销活动，因为除了赠品本身外，消费者缺乏强烈的渴望从活动中获得额外的好处，因而只有谨慎地选择妥帖的赠品，才能让促销活动办得有声有色。

（2）出色的自助获赠促销活动，关键在于所提供的赠品只能从此次赠送中获得，绝无法从别处寻到。越来越多的营销人员极力挖掘独特的赠品，特别是流行又时髦的赠品，因其特殊而大受欢迎。至于赠品的价格，根据经验来看，把价格定在低于市价的 30%～50% 最为理想，这样才能赢得消费者参与，使这一促销形式大有收获。

（3）赠品兑换处理问题。必须注意赠品邮递遗失、运送时间的耽误、投递错误和一些潜在而未知的意外等问题。这些因素加上自助获赠必须支付金钱，消费者对赠品处理的失误较其他促销如邮寄所导致的错误更为失望和反感。

美国菲贝瑞（Pillsbury）公司把"菲贝瑞最佳传统面粉罐"作为自偿赠品，规定寄两张购买 5 磅以上袋装菲贝瑞最佳面粉证明并附 2.5 美元即可获赠。面粉罐上的插图是复制原纪念菲贝瑞"A 厂"的海报图案，而"A 厂"则是 1879 年菲贝瑞最佳面粉开始生产之所在地，因而消费者在家中每次从罐中取面粉时，都会想起菲贝瑞的最佳传统。在自偿赠品之外，菲贝瑞还以购买本产品给以 15 美分的折价券来支持此促销活动。

4.3 免费样品

免费样品（Free Samples）是将产品直接送达消费者手中最便捷的一种促销方式，是指针对预期顾客，分发商品样品的活动。

有些新产品或新品牌，顾客在接受时有种种障碍，尤其与新科技有关的新产品，必须经过示范或试用，方能激起购买的意愿。免费样品为消费者提供了低成本亲自体验新产品的途径，常被认为是产生试购的最有效方法。当然，在某些特定时间，免费赠送成为推广的一种特殊策略。

免费样品的发送有一个放之四海而皆准的通则，越是直接将样品交到消费者手中，赠送的效果就会越大，当然其花费的成本也就越高。而样品的递送技术又常受限于产品本身，比如因样品的大小包装、材质等的影响，有时很难进行免费样品派送。如大包装的产品，就无法用邮寄样品的办法；易腐烂的商品也不能采用包装附赠的方式来发送。

免费样品的分送方式很多，图4-2列出了主要方式：

图4-2 免费样品的分送方式

4.3.1 免费样品的适用场合

免费样品促销活动再好，也不会适合所有的商品。通常情况下，当品牌差异性或特点凌驾竞争品牌之上时，运用免费样品的赠送，效果最佳。当广告难以详尽表达产品的特质时，靠免费样品来推广品牌最有成效，因为一旦试用即可获得消费者的认可。另外，在新产品上市时，在推出广告前的4~6周内，先举办免费样品的促销活动效果明显，这可以有效刺激消费者的兴趣，进而提高其尝试购买的意愿。免费样品还可用于新产品的早期渗透，确保购买习惯，获得意见领袖，提高劣势地区的业绩，巩固优势地区，追踪产品开发等场合。

包装类产品，如食品、保健、美容类产品的制造商常使用这种策略，因为其符合免费样品策略有效性的三个原则：一是产品单价低，这样样品成本不会很高；二是产品容易分割，这意味着它们可以被分成规格较小的样品，同时展示产品的特性与优点；三是快速消费品，消费者会考虑立即购买[4]。

4.3.2 免费样品常用的分送方法

免费样品的分送方式一般有九种。

1. 直接邮寄

直接邮寄（Direct Mail，DM）样品是将样品通过邮寄，或利用民间专门的快递公司和促销员，直接送到潜在消费者手中。直接邮寄样品与免费邮寄赠品的区别在于，后者需要顾客将某商品的购买凭证作为信物寄回公司，而且赠品与原销售的商品不一定是同一种商品。

美国比汉公司（Beeham Products）的新家护三色牙膏（Aqua-Fresh Toothpaste）曾利用美国邮局的递送路线逐户寄送样品。其样品箱内放有样品及产品资料夹。

通用制粉公司（General Mills）新推出一种谷类食品——脆麦片加葡萄干（Grispy Wheat'n Raisins），以直接邮寄的方式分送免费样品，而且在一个 1.5 盎司装的样品内还附有 7 美分的折价优惠券。样品按照地址名录寄给消费者，由于样品是实售产品的迷你包装，所以消费者试吃后很容易在附近的零售店内辨别选购，效果甚佳。

读者出版集团曾给《读者》订户免费邮寄集团下的其他刊物，如《飞碟探索》，以吸引读者订阅。

随着 DM 命中购买者群的概率大为提高，分发样品的效能也因而提高，再加上电脑资料库可将客户的习性、兴趣、品牌喜好等背景资料详加分类归档，使精确地将样品投寄给目标消费者成为可能。

根据市场调查结果，确定产品对象阶层，并且具备对象者名单及住所信息，是 DM 分发免费样品成功的关键。

2. 逐户分送

尽管逐户分送（Door to Door）样品的费用高昂，却可将样品正确无误地送到潜在消费者手中，毫无漏失，即使花费多一点也值得。这种方法适用于样品的分发地点控制十分重要的时候。

将样品以专人送到消费者家中，通常通过专门的运送公司或者由专业的样品促销和直销服务公司执行。一般将样品放在门外、各户信箱内，或是交给应门的消费者。此法由于直接面对消费者，没有中间的转折，因此相当有效。1978 年利佛兄弟公司对全美 2/3 的家庭免费赠送了价值累计 1500 万美元的新产品——Signal 漱口药水的样品。汤玛士英式小饼（Thoma's Eng）按址逐户挂在门把上，公司可直接递送讲究保鲜的食品，且能快速有效地掌握样品以确实送至消费者家中，为强化促销效果，更在样品袋内附赠了 15 美分的优待券，便于消费者下次购买时得享折价优待。

此种方式在国内部分大城市已被一些食品、日用品公司所采用。它们大多数是委托专门的直销公司或大中专学生进行分送工作。

3. 定点分送及展示

定点分送及展示（Central Location，Demonstrators）是直接将样品交到消费者手上的另一种方式，通常选择零售店、购物中心、重要街口、转运站或其他人潮汇集的公共场所内。此外，另一种较具选择性也效果最好的做法，是挑选某商圈内的一家零售店附近进行免费样品发放活动，如在商店旁或购物中心内设点分送样品，以吸引消费者的兴趣。将样品分送给消费者，并同时告知有关产品的销售信息以广为宣传。此种发送样品的方式，如果再搭配送折价券或其他购买奖励，效果会更突出。20 世纪 90 年代末，浙江传化集团"传化"洗衣粉进军武汉市场时，就请中南财经大学贸易经济系的大学生在武汉三镇派发样品；

2007年，联合利华推出"清扬"去屑洗发水时，也曾采用在车站等公共场所分发小包装样品的方式。

图书出版行业提供了定点分送及展示的又一实例。各出版社常利用各类学术会议机会，向与会教师免费赠送样书，吸引老师向学生推荐或指定为教材。

4. 联合或选择分送

专业的营销服务公司规划了各种不同的分送样品方式，以有效地将样品送到各个精选的目标消费者阶层手上，如新娘、军人、中学生、新妈妈或其他特定的消费群等，视个别需要将相关性强却不是竞争商品集成一个样品袋送给他们[5]。由于深具巧思，当然特别吸引受赠对象的喜爱，样品袋组合精致，送得贴切自然，而且由于各品牌分摊费用，所以使成本无形中降低许多。例如，"新娘礼品袋"，在婚后立即送到新娘手中。

联合或选择分送（Co-op or Selective）这种针对特定对象分送组合样品的方法，最大的优点在于：既迅速又直接地接触目标群，是典型的精准营销方式。资生堂化妆品公司免费赠送一瓶资生堂产品给那些使用密斯佛陀染发剂的顾客，而使用其他品牌者则不列入赠送范围。资生堂通过这种方法猎取了不少竞争对手的客户。强生公司与金佰利公司联手将强生公司的雅姬（Agree）润丝精、金佰利公司（Kimberly-Clark）的靠得住卫生棉垫（Kotex Lightdays PantiLiners）及强生公司的 Edge 刮胡膏优待券集放于一个样品袋中，寄送给目标消费者。美国 IBM 公司在 20 世纪 80 年代中期曾向中国工业科技管理大连培训中心免费赠送 20 台 IBM 电脑，其学员大都是全国各地的大中型企业的厂长或经理，他们使用后印象很好，并决定回去后购买这种微机，IBM 由此迅速打开了中国市场。

5. 媒体分送

媒体分送（Media）是指部分消费性商品可经由大众媒体，特别是通过报纸、杂志，将免费样品送给消费者，如果样品体积又小，价格也不贵，就可附在或放入媒体里分送给各订户。例如，Brim 不含咖啡硷咖啡举行的一项 SP 活动，内容是把一包咖啡装订在预先印好的周日报纸的插页中，刊登并分发给全部购买该日报纸的人士。Brim 只花了用其他方法分发样品的一小部分金钱就完成了送达报纸读者的目的。

Ziploc 超强冷冻袋将免费样品及折价优待券装成一袋，当作广告物附于报纸中，选择特别节日分送给各订户。北京的卡迪亚精品廊开业之际，也是将其印刷精美的宣传单随《北京晚报》送入千家万户手中，使首都的消费者们及时得其开业的消息和经营的品目。此种方式既可充作媒体的促销，厂商又可确保样品确实送到消费者手中，可说一举两得。

此种分送方式的最大长处在于能送入家庭和机构，而且更能同时传播商品信息。然而，此法的制作成本较高，因此并不经济实用，尤其是在国内，媒体订户主要是集体订阅者，可能引致的家庭尝试购买率偏低，使用这种样品赠送方法时需慎重考虑。

6. 零售点分送

在零售店内销售试用样品，已成为新增的一项重要的促销方式。厂商生产小号装产品以低价供零售商贩卖给消费者。零售商由此获得的利润往往较销售其他竞争品来得高。此种推广商品的方式，花费低，又可有效吸引消费者尝试购买。由某些实例获悉，厂商甚至还可以从中获利，因而不论厂商或零售商，面对利润的诱惑，对此种促销方式均大表欢迎。

7. 凭折价券兑换

消费者凭邮寄或媒体分送的折价券，可到零售店兑换样品，或是将折价券寄给厂商，以换取样品。由于消费者对该商品兴趣高昂才会来兑换，因此，此促销手法常有不错的反应。桂格公司推出的 Aunt Jemima 奶煎饼上市活动是一个范例，其运用的方式为：消费者只要剪下报纸上的优待券，凭券到任何有贩卖佳格商品之零售店即可兑换 3.25 磅的 Aunt Jemima 奶煎饼样品包。但基于厂商要付零售点的样品兑换处理费或要付样品邮寄费，所以费用昂贵是个缺点。在运用凭券兑换样品的活动之前，请务必全面铺货，以免造成换不到样品的困扰。

8. 入包装分送

选择非竞争性商品来附送免费样品，此时该样品常被视为此商品的赠品。由于受限于此商品消费对象的购买及尝试意愿。因而许多实例显示，此促销术是所有免费样品分送中效果偏低，但却也是最省钱的一种。

9. 互联网派送

一些公司把网络变成了向消费者分发产品样品的途径之一。这使得企业针对目标消费者的活动增加了一个全新层次——让消费者自行选择其所想要的样品。部分公司为消费者提供了注册就可以领取他们感兴趣的产品样品的网站[6]。例如，《财富》（中文版）杂志就在其主页导航栏"杂志"栏目下设"申请免费杂志订阅"链接。读者可按要求在线申请，获批准可获得免费杂志。

4.3.3 免费样品与优惠券的比较

对既有品牌而言，要想吸引消费者的试用，利用免费样品的促销方式没有优惠券的刺激来得有效，而且，以成本来评估，其又较优惠券高出许多。但通过免费样品的促销，创造了较高的试用率和品牌转换率，促使试用者成为现实购买者，此种成果，即使多花点费用也值得。特别是直接邮寄样品，其效果之卓越胜过优惠券 3~4 倍。

免费样品是花一元就是一元的硬碰硬促销方式，其经济效益受到质疑。奥美广告的小查理·菲德瑞克（Charles Frederick Jr.）曾在一次演讲中提到，在对送免费样品和送优惠券对消费者从试用者转成固定使用者的比较研究中发现，关于品牌转变率方面，样品赠送的影响力略低于送优惠券，以百分比来看，由免费样品导致的转换率为 20%~30%，由送优惠券导致的转换率则达 30%~40%。

4.3.4 免费样品的操作难点及注意事项

1. 免费样品这种促销术并非适合每个公司

有些货品的成本太贵，或是太笨重，如打字机、汽车、冰柜、摄影机等，都是限于成本问题，实在不能派送样品。一般来说，凡是成本高或是经久耐用的货品，都不适用派送样品的促销方式，但有时可以采用欢迎顾客试用的做法。另外，对于个性色彩强烈的商品或富于选择性的商品，如因色彩、香味、口味等的差异而会影响消费者选择偏好的商品（例如刮胡乳液、指甲油、口红等），也不适于用样品促销。

香水业可以采用胶囊装入香水样品的方式，突破寄送液体的困难，告诉用者，只需按照指示，拉开胶囊盖，即可溢出芬芳的香味。美国一家小型香水制造商，曾以此法将香水样品夹入杂志，或以 DM 方式寄至家庭，竟一举成为全国性规模最大的厂家。

2. 样品失窃问题值得注意

不论分送的方式或样品的价值如何，在运送过程中样品失窃的问题都有可能出现。因此，采用免费样品促销方式的公司，应掌控好样品流转的每一环节——从递送公司到零售店员工，防止样品被截留。

3. 免费样品促销的时机选择务必谨慎

只有在市场已建立足够的零售网络后才可执行免费样品促销，通常这意味着必须达到 50%的铺货率。因为当消费者试用样品后，却在市场上买不到货，无形中会损坏厂商的信誉，减低消费者的购买兴趣，使得靠样品促销的本意反而成了伤害，以至得不偿失。

4. 免费样品的规格大小通常以消费者够用为标准

一般样品规格大小应视商品的利益特色而定，例如口味不错，送一次用量就够了，如果必须多次连续使用才能体现商品的利益，则分量必须多些。一般来说，分量越多的样品当然比小试用品更能讨好消费者。当决定较小规格的样品时，最好以原商品的造型缩成迷你型包装让消费者试用，如此，当消费者前往零售点选购时，自然易于辨认，而不至于误兑。

微案例 4.2　预付卡：样品派送方式创新

明尼苏达的推广服务公司 Young America 长期以来一直是无数折扣单的提交中心。目前，该公司正与花旗预付费服务联手，以求在样品赠送环节激起新的涟漪：可在商店兑换实物大小的产品样品的预付卡。

Young America 支付服务的高级副总裁 Mark Lockwood 表示这个想法是为了给诸如冷冻食品、非处方药和洗涤剂等无法通过邮寄或报纸插页方式发送样品的产品种类提供一个替代方案。

预付卡只可兑现指定产品规格且价格不超过一定标准的产品。使用卡片与使用纸质优惠券相比，卡片降低了兑换诈骗的概率。诸如这种高价值的优惠券比典型的代金优惠券呈现出更强的吸引力。相比于优惠券，预付卡的形式更新颖，有助于产品脱颖而出。其他优点还包括无须为样品邮寄付运费、无须制造特殊的样品尺寸，并且有可能将样品发放计划加入购物者营销方案，诱使零售商进货并突出展示主打商品。Lockwood 说："人是习惯动物。"因此，商家可付费让消费者到货架上寻找商品，这样一来，他们便熟悉了商品的所在位置，便于下次购物，而不是单纯地看到信箱里的一份样品。

前宝洁公司样品推广专员、现任 Sampling Effectiveness Advisors 调查公司的负责人 Cindy Johnson 说，和发放优惠券和传统直接面向消费者发送样品相比，使用预付卡似乎确实具备优势。很多消费者抱怨样品不够大，令他们不能注意到差别。特别是只能够使用一两次的护发和护肤产品。所以，全尺寸的样品可能更适合，即使价格有些昂贵。2011 年 4 月，沃尔玛店内举办的宝洁"未来友好"项目就是一个制造商通过零售商分发全尺寸样品的实例。当然，这种做法也有负面效果，那就是，品牌需要支付零售价，而不是生产价，这会大大增加品牌成本。

(资料来源：Jack Neff. 预付卡：赠送样品的撒手锏［J］. 现代广告，2011（19））

本章案例

免费附赠：小心错点鸳鸯谱

■ **案例情境**

1. 红酒配月饼？

夏日将尽，酒店食肆、高级商场乃至超市小店都开始促销月饼，那精美的广告和富丽的包装，使人不禁驻足流连。易蓉站在一家百货商场的摊头前，踌躇着应该挑哪一款给自己的恩师——F大学营销系具教授。易蓉一直是个细心的人，每逢佳节从不忘致电恩师，以表心意。这一次她决心登门拜访，不仅因为尊师之情，也因为她正面临着一个工作上的重大抉择，希望能听听具教授的意见。

如今的易蓉已经在明生珠宝公司任职几年，主要是负责营销方面的工作。明生珠宝公司从其前身算起是一个已有几十年的经营历史，在南方诸省知名度较高的企业。公司的下一个目标就是在全国范围内为"Veronica"品牌树立起高端的品牌形象，抢占珠宝业的高端市场。可是怎样才能通过适宜的营销手段达到这一目的呢？广告虽说是一大法宝，但是，易蓉始终觉得在全国全面展开广告攻势费用过大，而且也很难保证这些信息能到达目标客户群体。盘算多时，她想到找一个知名的高端品牌合作，趁着中秋搞一次赠品促销。这样一来，"Veronica"可以借用知名品牌已经建立的形象扩大自己的知名度和美誉度。只是找谁合作，易蓉还没有着落，于是她想着正好借此次拜访具教授之机，听听他的建议。

易蓉一边挑选着月饼，一边也留心看着各式月饼的促销活动。出于职业习惯，她在心中暗暗地评判着商场里的POP广告、陈列堆头、产品的特色包装和人员促销。其中"买一盒华荣月饼礼盒、赠送波希塔诺品牌红酒一支"的活动让她停下了脚步。"月饼配红酒，这样搭配倒还不错。"易蓉心里想道，"只是不知道这赠品酒的成本高低？波希塔诺这个牌子也还有些耳熟，仿佛是个中档品牌，但是作为赠品的酒应该没有那么好。不知道消费者怎么看。"

易蓉正想着，只见身边一对中年夫妇也在议论。丈夫说："我看这个可以考虑，月饼和酒都是不错的牌子。"易蓉心中暗暗点头，谁知妻子投了反对票："你太没购物经验了。商家只有赚没有赔的，送东西多半是哄人呢！又不是什么特别高档的牌子。一来，这个酒既然拿来做赠品，成本一定不高，就算波希塔诺牌子还算可以，这酒也一定是品质稍差一点的。若不是这样，商家怎么肯拿来白送？二来，这个月饼礼盒既赠送了酒，那么它的价格可能会提高了几成。你想想，如果它不送酒，一定会有个折扣不是？而且我们家又没人喝酒，这样一来我们肯定是亏了！还不如正经买那些不送东西直接打折的月饼呢！"丈夫愣了一愣，才领会过来："哦，我怎么没想到！那走吧，我们再看看别的。"

听罢此言，易蓉不禁深深感慨今日消费者的精明，也叹息赠品促销施行之难。自己公司的赠品促销之计，究竟能不能成功呢？何不就买这个礼盒给具教授，顺便听一下他对这一促销组合的感想？

2. 赠品促销的双刃剑

转眼已是周末，易蓉登门拜访具教授，见他仍和往年一般，心宽体胖，乐乐呵呵。寒暄几句之后，易蓉说出了心中的疑惑。具教授手捧作为赠品的波希塔诺红酒，点头说道："赠品促销确实不是一件容易的事情。我觉得，它是一种需要审慎的双赢。"

"正如你观察到的，赠品促销有其特别的复杂性，这种复杂性归根究底来自于它包含了合作品牌双方的许多信息，也引发了消费者的更多猜测。它对合作的品牌双方都有影响。"具教授恳切地说。

"您说得很有道理，今天我在商场，看见消费者对赠品促销的反应大大出乎了我的意料，他们似乎对赠品促销存疑很深，而且购买意愿也不强。我最想知道的是消费者对于赠品促销的认知到底是怎样的？是因人而异的，还是存在某种共性呢？"易蓉忙问道。

"呵呵，你还是和念书时一样，喜欢提问。"具教授笑道，"确实，消费者对赠品促销的态度是有一定的共性的。这表现在所有的消费者都有低估赠品价值的倾向。消费者无非是想，商家一定要赚钱，如果没有赠品，说不定会提供折扣。送了赠品也就暗示着价格提高了。"

"消费者接受赠品促销与否的另外一个因素在于，他们会根据赠品种类来做购买决定。当他们觉得不需要特定的赠品时，会放弃购买整个附赠组合。于是，本来是为了刺激销售的赠品，最终却抑制了销售。"具教授意味深长地说。

易蓉不出声了。先是消费者们的言论，再加上具教授入情入理的分析，她感觉自己的赠品促销计划的胜算正在急速减小。但是她还是不想就此放弃："具教授，这样一来是不是说赠品促销就全无好处了？我可是想和知名品牌展开合作，通过借用其他品牌的高端形象来增加我们'Veronica'的知名度。如果有办法减小消费者的这种赠品价值低估情形，会不会还是有利可图的？"易蓉有些着急。

"别急，来喝茶。"具教授边倒茶边说，"你的想法还是很好的。针对你们公司的背景和目标，如果能找到知名品牌，与之合作展开赠品促销，自然是不错的选择。我正要告诉你呢，选择赠品促销的合作对象非常重要。因为消费者往往会通过你赠品促销的合作伙伴来评判你的品牌及产品档次。"

易蓉看着教授仍然不改课堂上的循循善诱的提问风格，不禁也放松下来。眼下正在讨论的，似乎已不再是让她时时悬心的难题，她仿佛回到在往昔课堂之上，充满自信又充满好奇地探索奇妙的消费者行为的日子。她仔细想了想，回答道："消费者会认为，有了知名品牌的质量、信誉和财力作担保，它的赠品质量不可能较差，他们会给予赠品一个较高的评价。"

"你分析得对，但是我们也不能只关注这一次交易。那么在得到赠品之后，消费者不仅是对作为赠品的那个产品有如此评价，可能还会对与赠品相关的其他同类产品都持有同样的信心。"

"刚才我们也谈到顾客有低估赠品价值的习惯，我刚刚想到，如果我们在包装上标明赠品价值呢？比如说，赠送价值180元的珠宝？"易蓉听罢，心中又灵机一动，想到了另外一个可能解决赠品价值低估的办法。

"这样一来，消费者会不会相信你标的价我不能肯定，但是至少会产生一个效果，既然有了额外的信息来源，消费者就不一定会只从合作品牌那里估算你们的价值。依我看哪，他们会照旧根据合作品牌估一个价,再与赠品标价相比,然后再作出判断。"教授一边喝着茶一边继续说道。

易蓉早已掏出随身的记事本——记录下来。"听教授一席话真是让我受益匪浅哪。我还有一事相求。不知您的学生当中可有我们公司合适的合作伙伴?请您推荐一下?"

"呵呵,行啊,我帮你找找看。"具教授回身取过盛满名片的簿子,开始翻阅起来。突然他停下了,又扶了扶眼镜,看着易蓉笑道:"易蓉,你赠品促销的功夫还挺到位啊!这月饼礼盒算不算是你的赠品?真正给我的可是你的工作难题啊!我怎么稀里糊涂就收了呢?"客厅里再次响起师生俩的笑声……

■ **相关概念与理论**

促销对于短期销售有着积极的影响。但是,它们并未明确地指出促销是如何影响消费者行为的。消费者促销能够提供有关信息,并且通过向购买行为提供金钱激励进而影响销售。

"免费赠品"促销已充斥着整个市场。无论是化妆品行业还是免税产品,甚至是我们每天光顾的超市,营销人员一直在通过"免费赠品"的方式诱导顾客购买他们的产品。当然免费赠品的形式会经常变化:有些会明确标出赠品的价值,有些却不会。虽然价格促销方面的研究有助于了解免费赠品是如何促进产品当前和未来的销售,但是赠品促销对赠品本身的销售有何影响?

化妆品行业最常用"免费赠品",超过60%的百货商店化妆品销售和40%的香水销售都采用这种促销方式,其他行业也越来越多地采用这种促销方式。尽管如此,赠品的功效还是很值得怀疑的,批评者认为赠品抢占了未来的销售额,而拥护者则认为赠品对未来销售有益无害。不同公司对赠品促销的功效也持不同态度:雅诗兰黛超过50%的销售都与赠品促销有关;而香奈儿却从不进行赠品促销;另外,阿瑞米斯正将"免费赠品"慢慢向"样品促销"转移,超过1/4的营销预算将投入于新产品的免费样品。

虽然免费赠品有助于提升购买行为的交易价值,但它同时也会引发顾客的各种猜测。这些猜测同时涉及作为赠品的产品和提供赠品的品牌。虽然赠品可以通过提升交易价值来带动被促销产品的销售,但免费赠品促销将如何影响作为赠品本身的产品的销售?对这一问题的了解将有助于营销经理决定是否采用赠品来提升销售,是否可以将其产品作为赠品。

1. 价值低估效应

关于价格促销的研究表明,消费者会根据促销赠品作出一些推测,特别是他们没有其他信息来源支持其购买决策时。早期研究也表明,促销可以作为判断商品质量、价格或消费者需求的信息来源之一,消费者可能会低估促销对其购买意向的积极经济影响。因而促销的总体效益可能为零甚至为负。Simonson、Carmon 和 O. Curry(1994)对捆绑促销的研究表明,促销会降低消费者选择该品牌的可能性。例如,商场推出促销活动:凡购买菲贝瑞蛋糕的消费者,只要加 6.19 美元便可得到一个 Doughboy Collector 碟子;但如果消费者不喜欢这个碟子,他们购买蛋糕的可能性也将会有所降低。当然,如果捆绑促销中的那个碟子是免费的话,情况也许会有所不同。Simonson 等人认为,购买意愿下降是因为消费者对附赠产品没有兴趣,从而认为参加促销活动并不会为他们带来经济利益。

研究人员通过其他途径来对价值低估效应进行分析,即以折扣价格(甚至免费)提供促销活动中的附赠产品。消费者认为市场中的经营者都是以获取利润为目的的。然而,促销却导致了制造商愿意与消费者分享利润的情景。作为消费者，他们有许多方式来解释这种不一致的情景。其一就是将促销归因于竞争压力，与品牌特征信息不透明相联系。当外部原因（即竞争）不明确时，促销赠品就可能成为该品牌信息的重要来源。商家为购买产品的消费者提供免费赠品，可能就暗示着商品本身标价过高，或者是免费赠品价值很低。也就是说，消费者可以根据免费赠品的促销形式推断出促销商品与附赠品的成本和利润。这是因为，消费者知道制造商开展促销活动的目的是提高产品销量，而且他们也知道开展促销活动会侵蚀制造商的边际利润。因此，消费者会进一步认为制造商在开展促销活动的同时依然有利可图。那么，某一产品作为另一产品的附赠品，可能会因为开展促销的产品拥有足够高的边际利润以抵补附赠品的成本，或者因为附赠品的成本很低，或是两者兼有。

如果消费者认为免费赠品的成本很低，当附赠品作为商品单独出售时，他们愿意为其支付的价格就会相应降低。因此，与不曾作为附赠品相比，曾经作为免费附赠品的产品，消费者在单独购买该产品时愿意支付的价格会较低。

2. 影响价值低估效应的因素

Raghubir（1998）认为，在"消费者根据优惠券价值推断产品价格"的模型中，消费者预期的折扣率范围较广（例如，20%~40%）。当消费者不清楚提供优惠券的产品的价格时，他们往往会根据预期的平均折扣率和优惠券价值来估计产品价格。同样道理，对于免费赠品，如果消费者不清楚其价值，他们可能会根据促销产品价格或该行业的预期折扣率来估算。因此，与作为低价品牌的附赠品相比，当价格模糊的免费赠品作为高价品牌的附赠品时，消费者对它的感知价值会更高。

此外，提供免费赠品的品牌价格越高，消费者预期其边际利润也越高。因为边际利润较高的品牌能够承担成本更高的赠品，以回馈消费者的购买，这时消费者对促销赠品的价值低估效应就会有所减轻。研究表明，高端品牌的价值显著高于低端品牌的价值，从而可流失的品牌价值也更多，因此它们与廉价产品捆绑销售的可能性也更低。

免费赠品可以提供产品的信息，消费者常常将免费赠品作为其判断产品信息的来源。Raghubir 和 Corfman（1999）的实验表明，价格折扣会导致消费者产生质量低劣的推断，且消费者对产品的熟悉程度会影响这一推断——没有购买经验的新手更可能根据促销活动作出消极推断。消费者决策的信息源除了个人对产品质量的了解之外，还包括其他一些信息源，即获得免费赠品的购买条件和促销优惠的价值信息的呈现方式。

替代信息的呈现可能会减轻价值低估效应，因为它提供了有助于消费者决策的另一信息源。也就是说，它会使消费者锚定赠品的标价。早期文献表明，价格信息的不同呈现方式会影响促销对价格的推断。Raghubir（1998）表明，当产品价格和优惠券内容一同公之于众时，优惠券不再作为产品价格的信息来源，消费者也不再根据优惠券来判断产品的价格。因此，在开展促销活动时不提供赠品的价格信息，价值低估效应就会出现。然而，如果消费者同时得知赠品和促销产品的价格，那么他们就可能根据其他多种信息源来估计赠品价格。当消费者得知赠品价格时，即使他们认为赠品的实际价值与广告中提及的价格不一致，他们仍可能参考这个价格来估计产品价格。这时消费者对促销产品的价值低估效应就会有所减轻。

（案例来源：朱翊敏，马晓蕾，彭莱. 免费赠品：当心错配鸳鸯［J］. 新营销，2009（11）：78-81）

■ 互动讨论

产品在进行赠品促销时，赠品是否会影响消费者对产品价值的估计？如何减轻其中的负面影响？请结合案例中的情境，谈谈你的思考。

■ 推荐阅读

Raghubir Priya, Free gift with purchase: promoting or discounting the Brand? [J]. Journal of Consumer Psychology, 14(1&2): 181-186.

本章思考题

1. 假如一家生产男用护肤品的企业计划推出一种新产品，那么应该采用免费样品还是赠品方式来推广？为什么？
2. 哪些产品类别更适合赠品促销方式？为什么？
3. 假如需要推广一部即将上映的影片，请为其策划一次免费样品促销活动。

本章注释

[1] 舒尔茨，鲁滨逊，彼得里森. 促销管理的第一本书[M]. 黄漫宇，译. 北京：中国财政经济出版社，2005: 76.

[2] 丁海猛. 抓住餐饮渠道业务"揩油"的黑手[J]. 销售与市场（管理版），2006（11s）: 72-73.

[3] 乔治·贝尔奇，迈克尔·贝尔奇. 广告与促销：整合营销传播视角[M]. 8版. 郑苏晖，等译. 北京：中国人民大学出版社，2009: 512.

[4] 乔治·贝尔奇，迈克尔·贝尔奇. 广告与促销：整合营销传播视角[M]. 8版. 郑苏晖，等译. 北京：中国人民大学出版社，2009: 503.

[5] 舒尔茨，鲁滨逊，彼得里森. 促销管理的第一本书[M]. 黄漫宇，译. 北京：中国财政经济出版社，2005: 144.

[6] 乔治·贝尔奇，迈克尔·贝尔奇. 广告与促销：整合营销传播视角[M]. 8版. 郑苏晖，等译. 北京：中国人民大学出版社，2009: 504.

第 5 章　优惠 SP 策略

引例　麦当劳的电子优惠券

电子优惠券是以各种电子媒体（包括互联网、彩信、短信、二维码等）制作、传播和使用的促销凭证，主要包括电子打折券、短信折扣券、电子代金券等形式。iResearch 咨询公司的数据显示，使用电子优惠券已成为美国消费者的重要选择。2011 年，有 8820 万美国消费者兑换使用了电子优惠券，占美国网民数量的 47%。中国最大的消费指南网站大众点评网的数据报告显示，2010 年，中国在线商户数突破 100 万；上海、北京、广州、深圳、杭州、南京、天津的电子优惠券浏览量突破 6800 万次，同比增长 16%，下载量更是高达 1090 万次，同比增长 30%。

2010 年，麦当劳（中国）与布丁（创新工场加速计划成员）联合推出了官方"麦当劳优惠券"手机应用。布丁负责开发、发布、维护及推广，并为麦当劳提供了一个管理后台，使麦当劳可以通过后台查看到优惠券的详细使用数据（包括数量、时间、地点等），为公司制定优惠券的发放策略提供参考。手机用户可在麦当劳官方网站下载该应用，便可实现"无须打印、直接出示、自动更新"。根据布丁团队数据，该项应用每天为麦当劳带来近万名顾客，以每个顾客平均 20~40 元的消费水平计算，可为麦当劳带来至少 30 万元营业额。然而在中国，除了这款应用之外，还有许多第三方开发者开发的麦当劳优惠券应用。虽然布丁是麦当劳中国官方唯一授权版，在优惠券的收录的速度和准确性上，这款应用将比其他应用更快更可靠，但是在优惠折扣上所有应用都一样。这就导致了使用电子优惠券的顾客分散在各个不同的应用平台，不利于麦当劳全面地收集顾客数据并进行精准营销。

日本麦当劳从 2003 年就开始在手机网站上提供优惠券下载，顾客到店出示电子优惠券即可享受打折（中国目前处于这个阶段）。2006 年 2 月，麦当劳开始通过旗下的网站向注册会员发放优惠券（这就要求享受优惠券服务的人注册），并搜集他们的信息。到 2007 年 9 月，麦当劳手机网站的会员数已经突破了 500 万人。同年，日本麦当劳和日本最大的移动运营商 NTT DoCoMo 成立了合资公司，日本麦当劳占 70%股份，NTT DoCoMo 占 30%股份。NTT DoCoMo 拥有著名的"手机钱包"近场支付业务，还有名为"ID"的手机信用卡业务。合资公司成立后，麦当劳的手机优惠券形成完整的 O2O 闭环。2013 年，日本麦当劳的注册会员数已经超过了 3000 万人，也就是说，在每 4 个日本人中，就有 1 个人在使用麦当劳的优惠券业务，几乎所有的年轻人都在用。

本章引例展示了消费者生活的网络化与智能手机的普及引发了传统优惠促销形式的演变。优惠 SP 让消费者或经销商可以用低于正常水平的价格获得某种特定的物品或利益。其核心概念是：推行者让利，接受者省钱。就如引例中所提及的，就优惠 SP 而言，追捧者众，而其可应用的工具也十分广泛,重点是折扣运用衍生出的多种工具。

5.1 优惠券

优惠券(Coupon)是最古老而现今仍风行的最为有效的 SP 工具,它采用邮寄、附于商品或广告中赠送的方式,向潜在顾客发送小面额有价证券,持券人可凭券在购买某种商品时享受优惠。1887 年,可口可乐公司率先使用"免费品尝"的优惠券,吸引人们来品尝这种新型饮料。这张优惠券其实就是写着"凭条可在任意一间饮料店免费获赠可口可乐一瓶"字样的小纸条[1]。有许多研究表明,无论是对于消费品还是服务,优惠券对消费者的态度和行为均会产生积极的刺激作用[2]。

优惠券的分发在过去 30 年急剧增长。由消费包装产品制造商分发的优惠券的平均数量从 1968 年的 160 亿张猛增到 1994 年的 3100 亿张。但在随后的 7 年间,优惠券的分发不断下降,在 2001 年降到了 2390 亿张。此后,优惠券的分发数量又重新反弹,在 2007 年达到了近 2850 亿张。2010 年,仅市场发行的包装食物类优惠券就达到了 3320 亿张,比 2009 年增长了 6.8%,打破了美国历史上此类优惠券发行量的最大记录[3]。专门追踪优惠券分发和发行模式的公司 NCH 营销服务机构调查,美国 85%的消费者使用优惠券,21%的人称他们在购物的时候经常使用优惠券。而且,41%的优惠券使用者都是年收入 7 万美元以上的富裕家庭[4]。发放的优惠券的平均面值也从 1981 年的 21 美分上升到 2007 年的 1.23 美元。2007 年,兑换的 27 亿张优惠券的平均面值为 99 美分[5]。

在加拿大,民众使用优惠券的情况也不逊色。据行业专家估计,加西地区不列颠哥伦比亚省地区民众使用优惠券的比例高达 29%,超出全国比例(约 23%)。加拿大消费者利用随报附赠的优惠券使用率约为 53%,而电子优惠券使用率则大幅成长,约达 263%。在购物类别部分,于超级市场的一般生活购物优惠券使用率最高,约占 65%,食品类优惠券使用率达 65%,非食品类优惠券使用率约为 35%,非食品类优惠券兑换总价值达 12 亿美元[6]。

AC 尼尔森《全球购物及省钱策略》报告显示,在对 51 个市场(和 25000 名消费者)的调查中,中国大陆地区优惠券使用比例最高,67%的受访者表示他们会在购买决定中积极利用优惠券。中国香港地区紧随其后,优惠券使用率为 65%。尼尔森香港董事总经理 Oliver Rust 表示,快速消费品在大陆和香港市场优惠券折扣促销中最受关注。优惠券已经成为消费者在其日常消费的品牌中获得实惠的主要方式。对营销商来说,不论是驱动竞争对手品牌的用户试用自己的产品,还是促使消费者尝试新产品,这些优惠券都十分奏效[7]。

5.1.1 优惠券的适用场合

优惠券运用的方式很多,但是在某种产品或服务未能如期销售或获利时,为协助其达到如期的目标,所特别策划的促销活动中,赠送优惠券似乎最具效果。

优惠券适用于以下情况:

(1)扭转产品或服务销售全面下跌的局面。但是,如果这种颓势已延续多年,则使用这种方法也难以扭转。

(2)抑制某一品牌在同类产品中逐步递减的市场占有率。

（3）提升消费者对虽是成长类商品但却因某种原因而销售停滞时的品牌的兴趣。

（4）协助增强弱势品牌的销售利益，不论其同类产品是处于稳定的状态还是成长状态。

（5）引起消费者对产品的试用欲望，不论是旧商品还是新上市商品，运用优惠券促销均能刺激消费者试用，所以可用来推荐新口味、新规格，或其他产品线的延伸。

5.1.2 优惠券的分类

优惠券分为两大类：一类是零售商型优惠券；另一类是厂商型优惠券，如图5-1所示。

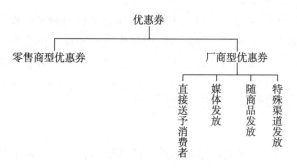

图5-1 优惠券的类型

1. 零售商型优惠券

这种零售商优惠券只能在某一特定的商店或连锁店使用。通常，此类型优惠券由总经销或零售店策划，并运用在平面媒体广告或店内小传单和POP宣传上。绝大部分零售商型优惠券运行时，以吸引消费者光临某一特定商店为主要目的，而不是为了使顾客购买某一特别品牌的商品。此外，它也被广泛用来协助刺激对店内各种商品的购买欲望。但许多例子显示，零售商型优惠券也是零售商与厂商间一个绝佳的合作组合，其目的在于向消费者提供一个动人的诱因，以吸引他们到特定的商店，购买特定的商品。

2. 厂商型优惠券

这种厂商型优惠券是由产品制造商的营销人员规划和散发的。通常可在各零售点兑换，并获得购买该品牌商品的折价或特价优待。对厂商型优惠券而言，零售店如同厂商的活动代理，负责回收优惠券，统一整理后退回厂商手里。随后，厂商再依据优惠券面额外加处理费用，一并支付给零售店。此类型优惠券对于经销各品牌或商品的零售店均适用，其主要目的是增加某厂商生产的同品牌或不同品牌的系列产品的购买欲望，同时对零售商也可起到吸引顾客的目的。

两种优惠券当中，厂商型优惠券应用得更为广泛。根据散发方式的不同，厂商型优惠券主要分为四类：

（1）直接送予消费者的优惠券。通常是挨家挨户地递送，或由邮寄方式直接寄送到消费者手中。需要强调的是，随着互联网的迅速普及，基于传统互联网的网站优惠券下载和基于移动互联网的手机等移动终端优惠券呈快速发展之势。

（2）媒体发放的优惠券。即通过媒体发送。如今，消费者在报纸杂志、周末或周日附刊或其他印刷媒体上，均可经常看到中外公司各类优惠券的踪迹，由于传播媒体读者对象的不同，各种类别的优惠券也应选择对口的媒体。

（3）随商品发放的优惠券。此种优惠券通常是通过商品来发送的，以吸引消费者在下次购买时享受优惠。其运用的方式可分为"包装内"和"包装上"两种。所谓"包装内"，是指将优惠券直接附在包装里面，商品的盒子或纸箱上常会以"标签"特别注明，以吸引消费者注意。不过，当食品类商品使用包装内优惠券时，应特别小心处理，因为食品管理的规定极为严格。例如，以何种形式规格的优惠券才可置于食品包装内，纸张材料、印刷方式等均可能在限制之列。"包装上"优惠券，意指在包装上某处附有优惠券，它可能是在包装标签纸上或印在纸箱上。

（4）特殊渠道发放的优惠券。目前市场上出现过数种小型但却成长快速的优惠券发送方式，特别是在零售业更为流行。较常见的为将优惠券印在收银机列出的发票背面、商店的购物袋上、蛋盒上、冷冻食品包装袋上、街头促销宣传单上等各个可利用之处。

5.1.3 优惠券的操作难点及注意事项

1. 优惠券的对象[8]

对优惠券的传统认识是：某些消费群体的消费能力达不到正常的价格，为了处理滞销或过季商品以避免积压，通过降价吸引这些群体而达到销售目的。这是对优惠券的一种刻板理解，更准确的理解是：优惠券是衡量不同群体对某种商品价格敏感度的一个信号器，可以用这个信号器向潜在顾客群体发出信号，将消费者吸引过来，甚至使其经常光顾。

这意味着两个维度。一个维度是某种群体。过去的优惠券针对的是那些"无购买能力者"。讽刺的是，使用优惠券最多的正是那些收入较高、受教育程度较高的富裕群体。AC尼尔森公司调查表明：在美国，家庭年收入在10万美元以上的家庭（顶层阶级）是2009年优惠券使用的主力；超过7万美元的群体（上层阶级）有38%超级迷恋优惠券、41%经常使用优惠券；收入在50000～69999美元的群体（中产阶级）不成比例地受到吸引。原因很简单：富人群体阅读报纸的比率更高，既然报纸仍然是发行优惠券的主要渠道。同样，中上层家庭也是互联网使用率最高的群体，其宽带速度更快，持有设备（如智能手机和掌上电脑）更多，更容易获得电子优惠券。一个饶有趣味、可提供佐证的细节是，2011年8月12日，美国驻华新任大使骆家辉履新，在西雅图机场星巴克咖啡厅意欲使用优惠券。

另一个维度是某种商品。SymphonyIRI董事长兼CEO John Freeland说："在'对某方面勒紧钱袋，但对另一方面却大大出血'这点上，富人和穷人没什么不同。关键是要注意到不同群体消费者消费结构的不同，如果你想用优惠券吸引富裕群体，或贫穷群体，或新兴的非裔美国人和西班牙裔，你得知道他们对哪些商品价值敏感度较高，下什么样的饵才能钓到什么样的鱼。要知道，你的目的并不是尽快将库存清空，而是钓到消费者'这条大鱼'。"

2. 优惠券的制作

优惠券的制作，可以设计成任意大小或各种不同的外形，然而对广告主而言，通常喜欢照纸币大小形状来印制。因为此种形状的优惠券，易于被消费者、零售商和促销公司处理与辨认。当优惠券本身并无特殊的造型要求或限制时，其首要原则就是："如果您要的是一张优惠券，就应该把它做得像张优惠券。"因为对任何文字技巧或俏皮词句等无谓的卖弄，只会令消费者更觉得其不知所云，混淆不清，因而阻碍了优惠券的使用效果。

优惠券的信息传达应清晰且响亮以引人瞩目,优惠券的内容,应该用简单的文字对消费者和零售商说明使用办法,优惠券的限制范围,最好加上一小段很具销售力的文案诉求以鼓励消费者多多运用。此外,应该特别注意的是,在优惠券背面的文案中,应该醒目地注明优惠券的有效期限,使人易看易读,以帮助零售商防止过期优惠券的误兑。

3. 优惠券的兑换率

使用优惠券促销,消费者的反应较难预测。产品优惠券的兑换率是促销活动中最难确认的一件事。往往由于缺乏实际的活动信息,因此在兑换预算的拟定上问题重重。其他的考虑因素,包括优惠券的面额、运用时机、各品牌分摊比例、分送方式、竞争态势及媒体选择等,它们交错在一起,致使优惠券的可能兑换数难以估计。上述问题影响了整体活动,经费预算和分配在初期就很难定案。基于此,只能运用一般常规、经验法则及以往的经验来作为判断依据。

优惠券的误兑状况必须时刻留心。误兑是一个严重问题,不是消费者故意欺骗,就是消费者或零售商一时疏忽造成,以致形成一个日益严重的问题。除了真正的误兑以外,还有盗窃集团故意冒用。一些不法之徒通常是故意裁下报纸或杂志上的优惠券大批贩卖,他们甚至故意仿造或是窃取,然后向粗心大意的零售店兑换。因此,唯有小心翼翼地规划并执行优惠券活动,才能确实避免误兑的发生。

表 5-1 是由唐纳利营销公司(Donnelley Marketing)的一份误兑率预测表,可供参考。

表 5-1　优惠券误兑预估表

分送方式	误差程度	分送方式	误差程度
杂志:		直接信函:	
广告页上	8%~10%	联合刊登	0~1%
插页上	12%~15%	单独刊登	0~1%
报纸:		产品包装:	
联合刊登	25%~30%	包装内	0~1%
美食日	20%~25%	包装外	0~1%
独立插页式	30%~45%	现场立即兑换	8%~10%
周日附刊	12%~15%	其他:	
		定点分送	15%~20%
		附样品的优惠券	3%~5%

美国尼尔森促销顾问公司提出,影响优惠券兑换的有以下 13 种因素:

(1)优惠券的递送方式。报纸是目前最常使用的递送工具,而包装内、包装上优惠券的兑换率却为报纸的 6~10 倍。

(2)商品等级大小。

(3)优惠券的到达率。

(4)消费者对商品的需要度。

(5)消费者的品牌认知度。

(6)品牌忠诚度。

(7)品牌的经销能力。

（8）优惠券的面值。优惠券的折价比率，意即优惠券的价值与商品售价差额比较，通常实际的折价金额对优惠券兑换率的影响极为密切。由大多数的研究获悉，零售价 10%～30%的金额是理想的优惠券面值，因此，也必然获得最好的兑换率。

（9）品牌商品的新或旧。

（10）优惠券促销广告的设计与表现。

（11）优惠券的折价条件。

（12）使用地区范围。

（13）竞争品牌的活动内容。

微案例 5.1　肯德基秒杀促销

如果一切按计划进行，2010 年 4 月 6 日这天，肯德基将通过它在淘宝网上的"肯德基超值星期二"旗舰店，分时段、连珠炮式地重磅推出"超值星期二"秒杀活动。对常年都在执行各类促销活动的肯德基员工而言，这次"秒杀"促销并无过多特别之处。但因为促销力度较大，消息一出，很多论坛的网友纷纷发帖说，优惠难得，要立即行动。

肯德基 4 月 6 日当天的"秒杀"促销，计划在上午 10 点、下午 2 点和 4 点这三个时段，相应发布上校鸡块、香辣鸡腿堡或劲脆鸡腿堡、外带全家桶三款半价产品。按照肯德基的预计，"秒杀"活动的设计是很完整的。

意外还是发生了。4 月 6 日上午第一轮秒杀活动开始后不久，一些城市的肯德基餐厅出现了消费者持"外带全家桶"优惠券来餐厅点餐的状况。而按照秒杀活动的计划，"外带全家桶"的秒杀优惠券应该出现在当天下午 4 点之后。

由于肯德基餐厅柜台的点餐销售系统就已经显示了秒杀的优惠产品，包括半价的"外带全家桶"，相关的销售已经展开。不过，带着"早产"的秒杀优惠券尤其是"外带全家桶"券，来餐厅消费的顾客"数量非常多"，包括北京、上海等城市。

4 月 6 日下午 1 点半，肯德基向全国的餐厅下发通知，临时叫停第二轮、第三轮秒杀促销，发表官方声明：

尊敬的网友：

肯德基推出第一轮秒杀活动后，得到广大网友热烈欢迎，但个别网站上已出现后两轮秒杀活动的假电子优惠券。为此肯德基临时决定停止第二轮、第三轮秒杀活动。凡是目前市面上关于第二轮、第三轮秒杀活动产生的优惠券均为假券，肯德基餐厅一律拒收。由此给您带来的任何不便，敬请谅解。关于后续活动，我们将在肯德基优惠网上稍后通知。

促销的局面滑向失控。临时"叫停"，导致气氛骤然紧张。在北京、南京一些肯德基餐厅内，聚集的顾客越来越多，他们手持"外带全家桶"的秒杀优惠券，要求餐厅按券卖餐。消费者称被肯德基忽悠，甚至出现了要封杀肯德基的声音。网友称之为"肯德基秒杀门"。

事件以肯德基道歉告一段落。4 月 12 日，中国肯德基发出致消费者的公开信，就此前第一次声明中的"假电子优惠券"用词和此次活动中出现的不足之处向消费者致歉。公开信称：此活动考虑欠周详，未能充分预估到可能在社会上引起的广泛反响；网络安全预防经验不足，没有预料到活动开始前就出现了大量非授权途径可下载的无效电子优惠券；临时取消该两轮活动后，应对不够及时、完善，对手持无效券前来餐厅的消费者处理不够妥当，甚至个别餐厅还出现了差别待遇，造成社会潜在不安全因素，为相关部门增添了麻烦和工作量；第一次声明中，将"非授权途径发出的无效券"称为"假券"，用词欠妥；事发之后，肯德基反复考虑如何推出更好的替代活动，但由于原活动欠周详，无论如何调整都有不完善的地方，如勉强再次推出，将有可能对消费者造成二次伤害。因此，肯德基将广泛寻求政府指导及公众意见，如有合适方案，将在合适机会推出。

（资料来源：梁辰，贺文，李丽. 肯德基"秒杀门"的决策逻辑［N］. 经济观察报，2010-04-18；胡笑红. 肯德基就"秒杀门"公开道歉［N］. 京华时报，2010-04-13）

互动讨论题：肯德基秒杀促销惹风波，其借鉴意义在哪里？

微案例 5.2　精明的消费者省钱有方

乔安妮·德默现年 27 岁，是所谓"优惠券族"成员，尽一切可能用优惠券买商品和服务。她开设网站，域名"疯狂优惠券女士"。在美国，像德默这样的消费者为数众多，力图花最少的钱买最满意的商品。

传统"优惠券族"习惯在报纸或商店宣传彩页上寻找优惠券，剪下后带到商店消费。一些人甚至到垃圾堆里翻找过期报纸，收集他人忽视的"宝藏"。统计数字显示，美国人每年丢弃的各类优惠券"面值"570 亿美元。

这类举动确实能省钱。特定情形下，消费者只用 10 美元就可以买到标价 600 美元的商品。

不少人选择在网上找优惠。"疯狂优惠券女士"另一名发起人希瑟·惠勒说，网络购物确有不少优惠。

美国趣味科学网站引述她的话报道："不管你是在网上，还是在实体店，永远不要买全价商品……虽然不一定能碰到免费或者超值物品，但只要做些功课，就能在网络购物时省一大笔钱。"

惠勒说，希望物美价廉，就要多做比较。她举例说，她和丈夫最近想买一个床垫，在网上仔细比较，最终选择了一个商家。"经过一些'调研'，我们发现一家店有我们需要的床垫，而且价钱便宜。"她说，"这家店不仅提供优惠，还可以免费送货上门。这样，只是做一些小小的调研，我们就省下了 400 美元。"

另外，挑选好时机是购买廉价商品的窍门之一。惠勒说，网络零售商与实体零售店一样，销售商品有季节性。"在暖和天气里穿的衣服现在更贵，7 月底至 8 月会开始大减价，就好像 1 月常有冬装清仓一样。"

为迎合消费者喜欢购买打折商品的心理，美国一家新设网站不久前悄然开张。与现有类似网站一般提供"团购"或优惠券不同，这家网站名为"优惠券集会"，让消费者自行决定优惠幅度。

消费者登录网站后，可以选择商家及商品或服务，然后提出自己想要的折扣，一般在七折至九折之间。随后，消费者发动自己社交网站上的亲朋好友，加入这场"打折大战"。

网站创始人戴夫·西蒙斯说，这家网站有意"创造一个对消费者和商家都有利的理想促销社交网络"。

（资料来源：荆晶. 精明消费者省钱有方［EB/OL］. 2011-04-14. http://news.xinhuanet.com/world/2011/04/14/c_121302309.htm）

5.2 折扣

折扣（Discount）的含义就是调低商品售价，即减低利润以优惠顾客。此种促销方式因其最能与竞争品牌的价格相抗衡而深受大多数厂商的厚爱。折扣的种类如图 5-2 所示。

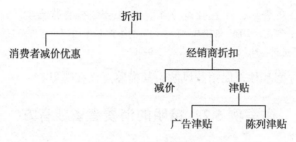

图 5-2 折扣的种类

5.2.1 消费者减价优惠

消费者减价优惠又称为商品特卖，是指零售店将特定的商品，于特定市场，在特定期间里，将特定数量的商品以特别低廉的价格，向消费者出售的活动。

1. 适用场合

（1）消费者减价优惠可以充作对抗价格竞争的武器，当竞争品牌的营销活动已对本品牌的地位形成威胁，或是有可能会对本品牌的销售造成影响时，用减价优惠来对抗，效果特佳。

（2）可用于企业创立纪念时回馈顾客。

（3）可以借减价优惠活动招徕大批顾客，刺激购买一般商品。

（4）在商品新发售之时，为唤起顾客的需要，增加后续的销售量，减价优惠也不失为一个好做法。

（5）可用于处理破损、污损、零头（非整齐的）、流行过一时、滞销的商品。

（6）零售商、批发商及生产厂商等，为盘活资金，加速资金回流，也可使用减价优惠活动。

通常大多数的厂商都会以减价促销的方式来挽留目前的商品使用者或者攻击竞争者。一般此种促销方式对提高消费者在零售点的注意度与促进零售点的销售方面极为有效。另外，减价优惠的运用可鼓励消费者购买一些以往售价比较高的商品。譬如，某商品减价后的售价如与普通品牌的售价相差不多时，消费者就可能去尝试这一新的商品。

另外依购买减价优惠商品的消费者的背景来看，通常拥有较高的收入和教育程度、居住在都市的夫妇，或有小孩的家庭购买率较高。

2. 减价原则

举办减价优惠的制造商需要在整个商品制造的过程中相互协调和多方配合。如在包装上面必须标示金额。一般直接标示在商品上的减价优惠比任何其他促销术更能创造快速的销售业绩。所以说，越复杂的减价优惠，越难吸引消费者的购买兴趣。唯有简单且容易了解的 SP，效果才会好。

减价优惠至少要有 10%～20%的折扣，才能吸引消费者的购买。如前所述，一个市场占有率低的产品，通常要比领导品牌付出更高的减价优惠，才能增加销售的成果。此外，新品牌运用减价优惠的成效优于旧品牌，即可以用较少的减价获取较大的销售量。然而，不论新旧品牌，通常减价越多，销路越快，效果越好。正如所预期的那样，在零售点的销售上，减价越多越能吸引初次购买的试用对象。

通常小数量大降价的效果比大数量小降价更能提高市场占有率，而当减价只有6%～7%时，不管任何品牌、数量多寡，几乎不会有什么效果出现，它只会吸引某些老顾客的注意。

3. 运用方式

设计减价品包装上的标示时，最重要的是必须让购物者一看就知道减价了多少，这比讲求美观却不清楚更有效。但是，在设计减价标示时，也不能让减价标示大到把品牌商标都盖住的地步。通常，消费者购物时习惯辨认商品的颜色及包装设计，所以，千万记住，别让"减价标贴"掩盖了商品标签，只要清楚到能令消费者一看即知的程度就够了。

减价优惠的促销方式变化多端，无法一一列举。但比较常用的方式有下列几种：

1）标签上的运用

在商品的正式标签上可以运用锯齿设计、旗形设计或其他创意，将减价优惠显著地告知消费者。如汉斯（Huny's）番茄酱提供每罐4美分的减价优惠，其减价标贴清晰易懂。

2）软质包装上的运用

减价标示运用在软质包装上不太容易设计，而且问题重重，因此必须要费些心思或请教有经验的设计制作人员。

3）联结式包装运用

当几个商品包在一起做减价促销时，可以将减价金额标示在套带上。这种运用方式，最普遍地被香皂、糖果等一类的商品所采用。例如，特价"组合包装"的形式，保险刀架和一种新式刀片，文具盒、钢笔与尺子等。

4）买一送一

第四种运用方式是提供两个以上的商品用来做减价促销。例如，"买一送一""买二送二"，或是已相当流行的"买一后，再花一美分买另一个""买一后，再花一半的钱买另一个"。在美国，Walgreens 便利商店是运用这种方式促销的一个典型案例，在此另购的第二项商品，只要1美分。此外 Walgreens 更提供"搭配混合"促销方式，让消费者可以每日特价买到促销品，而后再花1美分选购不一样的另一种 Walgreens 商品。此"搭配混合"式促销，只限于广告促销品有效、深受消费者喜爱、参加者兴趣浓烈的情况。

如今国内的商店增加开架型自助性销售已相当普遍，所以营销人员越发相信更多的消费者是在店头或货架前才作出购买决定的，因此，减价优惠在现今营销活动中成为促销重头戏。

4. 操作难点和注意事项

（1）对正走下坡路的商品，减价优惠只能短暂地促使其销售回升，却无法扭转已出现的颓势；虽然暂时增加了市场占有率，却无法让新加入的消费者产生品牌忠诚度。一些价格敏感、斤斤计较的消费者，当大品牌不再举行减价优惠时，他们宁可转向光顾名不见经传却有优惠的小品牌。

（2）经常举行减价优惠可能会减损产品的价值，而且越做减价优惠，销售量的提升反而越少。因此，一旦减价优惠运用得过度频繁，常会被消费者视为这是品牌形象的一部分，若消费者习惯了某产品经常减价，其促销效果自然微乎其微了。的确，当某商品总是给人"大减价"的品牌印象时，一旦不再举行减价优惠了，销售情况便会日渐失色。

（3）对厂商和零售商而言，举行减价优惠常需特别处理。由于部分减价促销品需要特别的包装，所以包装材料及处理过程的成本会上升；至于存货管理，不论是厂商还是零售商均需特别存放，以免与正常品混淆，而在零售点货架上又常特别陈列。综观上述状况，厂商和零售商双方均为了区分促销品和正常品而大费周章，当然在开支上，花费也避免不了。

（4）除了处理问题外，减价优惠也会造成库存问题。尽管零售商极愿参与减价优惠以获取好处，然而减价品的库存压力对零售商而言却是一大困扰，因为究竟应先卖何种商品，实难取舍，以致造成存货管理的不平衡。

减价优惠并非广受经销商、零售商的欢迎，由于上述的促销处理问题、存货处理问题、商品库存问题等均不便于运用，加上此活动是针对所有零售点的，彼此缺乏竞争优势以致造成经销商、零售商兴趣平平、不愿配合。据统计资料显示，在美国大约只有 50%~60% 的食品或药品零售商，愿意接受减价优惠的促销方式。

5. 与其他 SP 方式的比较

对于吸引初次购买者而言，减价优惠的效果并不明显。这一促销方式对吸引初次购买者的效果，不如在包装上附赠品、送优惠券、免费试用样品等方式有效。

5.2.2　经销商折扣

对经销商的折扣（Trade Deals）通常是在限定期间内，给中间商以较正常购买折扣更大的特价折让。零售商或中间商可能受约束要履行特定的行为，如较平常多买进几种不同尺寸、口味或颜色的产品等。经销商的折扣其实是作为对经销商的激励，以使其在指定期间内对消费者降低某品牌的零售价格。

1. 适用场合

（1）新产品上市，并推出全新的广告活动，为了获取中间商的支持。

（2）厂商想扩大零售店进货。

（3）厂商欲激起零售店推广促销特定商品品牌。

（4）厂商欲扩大销售新产品或特定商品。

（5）厂商欲尽快清仓销售库存商品。

（6）厂商欲对绩优零售店提供奖励。

（7）厂商欲提高促销优惠券的回收率。

（8）厂商欲调查零售店的销售实绩。

2. 常用方法

对经销商的折扣主要有两种类型：减价和津贴。

1）减价（Price-off）

常称之为发票外或价目单外减价，是指在一定期间内对某产品提供较一般正常厂商的纯折扣。这种折扣常以津贴方式，或最低买多少数量，或依口味或大小买一定数目，或在某一定期间内购买即给予折让。例如，清凉混合饮料制造商，可能在即将来临的销售旺季前鼓励零售商进货，提供从2月1日至3月15日每箱1美元的减价，作为发票外津贴的对经销商的折让。

2）津贴（Allowance）

津贴是给零售商减去一定金额的一种折扣方式。通常以每箱为单位，作为其在当地层次所做推广活动的津贴。最常用的方式为广告津贴和陈列津贴。

广告津贴是给中间商或零售商一笔钱，作为厂商的产品在当地媒体做广告的费用。以清凉混合饮料为例，对零售商自3月15日至5月1日期间所购买产品，厂商可以提供每箱给予50美分的津贴。零售商在此期间购买产品，即可得到厂商的一笔预付款或赚得一项津贴，用于在当地做广告。通常，零售商必须用已履行的证明（如广告刊出的剪报或确已刊播的证明书等）作为对广告津贴要求的凭据。广告津贴在运用上虽有许多不同类型，但均以约束零售商对所做广告产品在当地销售上有所支持而为之。广告津贴通常以支票形式直接支付给零售商，有时也可在发票中扣除。

陈列津贴是指为所促销产品制作零售陈列品而付给零售商的一项预先确定的津贴。陈列品的指导方针应事先制定。例如，陈列品一定要采取何种尺寸，或最少应容纳多少盒产品，或一定要占多大楼面空间才合格等，为证明陈列品确已建立，必须要摄影照片供厂商查阅。

3. 操作难点及注意事项

（1）制造商和经销商对零售商的折让对零售商有形成习惯的倾向。制造商和经销商一旦开始一种折让，零售商就期望将来的不断折让。当厂商想发动另一次促销推广而不对零售商进行折让时，零售商通常不愿合作。

（2）制造商对中间商的折让代价昂贵，直接影响到盈亏表，进而影响到产品的价格。SP只能提供短期的购买激励，制造商对经销商的折扣既不能也不会建立零售商或消费者的品牌忠诚度。

（3）折扣可能无法到达消费者手中，零售商可能独自享受折让而不把此项优惠与消费者分享。厂商在这些类推广中并不能控制零售商，如果对经销商折扣是旨在对消费者减价，常常可能难以达到其目标。

（4）制造商设定折扣率时可能会引起价格战。产品经理应该考虑促销实施期间应比平常多提供的附加产品的数量，折扣率是否已经高到可以吸引那些按价格不会重复购买的消费者。为了避免制造商之间的两败俱伤，产品经理不应该主动将其折扣率定到和竞争品牌相当，甚至超过其水平。有一些特殊的情况，例如，领导品牌应该选取比一般折扣率低一些的折扣率，只须略高于打动消费者、引起他们注意的最低限即可。然而，意外的竞争威胁可能会导致进攻性的促销。通用食品公司为了抵制宝洁公司的Folger在咖啡市场的扩张，曾对其旗下的麦斯威尔咖啡采用较高折扣率进行促销，以保持原有的市场份额，但是，宝洁公司却以更高的折扣率推出新的促销活动，来反击通用食品公司的进攻，最终导致麦斯威尔咖啡收益率明显下跌。这一结果是通用食品公司不希望看到的，但是，它也别无选择。因此，在特定的市场环境下，减价促销之战不可避免。

促销专论 5.1　促销类型对消费者感知及行为意向影响的研究

促销的多样性使营销者在设计促销方案时必须从众多的促销方式中作出抉择，营销者只有充分了解各种促销方式对于消费者的消费心理和消费行为会产生何种影响，才能根据企业的营销目标和消费者的特点作出正确的决策。

国外相关研究显示，即使是在相同的促销让利水平下，不同的促销类型对于消费者交易价值感知和行为意向的影响也有着显著的差异。研究人员通过广告内容分析法，对晚报中所有的促销广告加以挑选，并将这些促销广告按促销类型进行归类，最后绘制出促销类型的频次分析表，得出三种频次最高的促销方式：买赠、打折、返券。同时，为了能使最后被挑选出来的促销方式具有代表性，研究人员组织相关人员对武汉的几家大商场进行销售现场调查，最后调查结果与之前得出的结论一致。

根据同化-对比理论，研究者选择了消费者内部参考价格、对广告的信任程度、感知价值、购买意愿、再搜寻其他价格信息的意向等 5 个基本上反映了消费者对促销的反应的因变量。消费者根据以往的消费经验或接受的信息确定心理上关于产品的内部参考价格。看到促销广告后消费者会对广告上的信息进行判断，决定是否应当相信这一广告。如果认为广告信息可信，消费者往往会根据广告上的信息对以往的内部参考价格进行更新调整；如果认为信息不可信，他的内部参考价格不会随之调整。通过将内部参考价格与广告销售价格进行比较，得出自己对该交易价值的评价；并在此基础上决定是否购买或是再到别处了解价格信息。

研究中，研究者采用 3×2 的实验研究设计，3 指的是三种促销方式，即打折、买赠、返券；2 指的是两种类型的产品，一种是属于习惯性购买的香皂；另一种是属于复杂性购买的空调。在价格促销水平上，本研究选择了相对来说比较可信而且对消费者的吸引力较高的中等促销利益水平，之所以选择这一促销力度是依据对以往的研究文献进行回顾而确定的。研究的对象是华中科技大学的 205 名专升本学生。

通过上述调查分析得出以下结论：

（1）打折促销对于消费者内心参考价格的负面影响最大。众多研究显示，内部参考价格与销售价格之差会影响到消费者对交易价值的评价，进而会影响到他们的购买意向与行为。通常说来，如果销售价格低于内部参考价格，消费者会觉得价格比较划算，对交易价值的评价会较高，购买意向也要强烈一些。而如果销售价格高于内部参考价格，消费者会觉得价格较贵，对交易价值的评价和购买意向较低。

（2）消费者对于返券促销的信任程度和价值评价最低。在对几种促销形式所提供的价格信息的信任程度的调查中，可以看到消费者对于促销信息的信任程度普遍不高，买赠促销与返券促销的信任程度得分都只是刚刚超过 4 分（七点的李克特量表，4 分代表中立，即没有不相信，也没有相信）。被调查者对于买赠促销与返券促销的价格信息信任程度要明显低于打折，对返券促销的信任程度最低。这显示我国企业在消费者心目中的诚信度存在着一定的问题，特别是在促销中频频发生的一些欺诈行为，如虚假打折、以次充好虚报价值的赠礼、设置众多限制的返券等在消费者心目中留下了很深的不良印象，消费者对返券与买赠的负面印象最为深刻。

（3）消费者对于打折促销的评价最高。打折促销在信任程度、交易价值、购买意向等几项指标的评价中都得到了最高的得分,而且应答者在看到打折促销信息后的再搜寻意向也是最低的。

此外,与另两种促销方式相比,打折需要消费者付出的成本最小,这也是被调查者对它评价高的原因之一。返券促销要在购买后先兑换购买券,然后再设法把它用出去,才能够得到促销所提供的好处,这就需要投入不少时间与精力。买赠促销往往是要在支付常规价格的基础上给一定的赠品,这就使得顾客所需支付的货币相对于打折而言有所增加,会对他们的心理与购买决策有一定的影响。当然,买赠促销这种方式对于消费者购买意向的影响还是比较积极的,这就为公司提供了更多的选择。

(资料来源:韩睿,田志龙.促销类型对消费者感知及行为意向影响研究[J].管理科学,2005(2))

5.3 退款优惠

退款优惠(Refund Offer)是指在消费者提供了购买商品的某种证明后,就退还其购买商品的全部或部分付款。退款促销起源于20世纪70年代美国能源危机时期。这一时期美国汽车销量直线下降,克莱斯勒汽车制造商为了挽救颓势,首先采用了退款促销。当顾客买车时,车价维持不变;但交易达成之后,消费者会得到一张即期的现金支票。这个非常简单的办法挽救了克莱斯勒汽车的销售危机。此后,其他汽车制造商竞相仿效,成为美国汽车业惯用的一种促销工具。在美国,小家电退款促销已很普遍。一般每个家庭平均每年参加4次退款购物活动。在我国,针对普通消费者的退款促销还不普遍,但已有一些厂家或商家进行了成功的尝试,并逐渐被认知和采用。最风行的退款优惠的分类如图5-3所示。

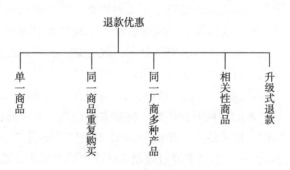

图5-3 退款优惠的类型

5.3.1 退款优惠的适用场合

一般地,退款优惠适用于以下场合:

(1)用于维护顾客对品牌的忠诚。如果一位消费者用过某产品许多次,而能得到必要的购买证明去要求退款,则表明这位消费者已养成了购买的习惯或对某品牌的忠诚。同时,在消费者得到退款优惠时,广告主也得到了此顾客的姓名和住址。这有助于针对使用者市场提供后续销售的服务。

（2）用于促使消费者试用产品。退款优惠能以较低的费用激起消费者对品牌的购买欲。

（3）用于激励消费者购买较高价位的品牌或较大包装商品。退款优惠的特点是消费者易于参与而又没有任何明显的风险，所以能吸引消费者花较多的金钱买较高价位的商品。

（4）用于换季时，诱引消费者大量采购不当时令的季节性商品。例如，春季时用退款优惠诱使消费者购买下个冬季才用得着的防冻霜。

5.3.2　退款优惠的常用方法

退款优惠的做法是，只要符合某种诸如提供购买证明的必要条件，就退还购买产品的全部或部分价款。例如，可以根据收回标签的数目或购买某品牌的单位数目提供不同退款金额。可以根据所购产品的价值、一组价额或基于其他因素的不同金额而定出退款的条件。

最风行的退款优惠方式有以下 5 种：

（1）单一商品的退款优惠。单一商品的退款优惠适用于个人理性购买型商品，或高价位的食品、药品、家用品及健康和美容用品等。例如，顾客在美国购买一辆轿车，生产商可能会根据购车顾客寄来的退款申请卡和购车凭证（如购车发票），退还给顾客 500~1000 美元。

（2）同一商品重复购买的退款优惠。消费者购两次或两次以上同一商品时才有资格领取退款，这是市面上常用的退款优惠方式。例如，Sanka 牌咖啡规定：顾客凭 12 个包装袋可获得 1 美元退款，或者凭两个 11 盎司的罐装咖啡封盖，可领取 2 美元退款。这种办法是为了使顾客多次购买，或一次大量购买；适用于促销单价低、使用期短、购买频率高的日常生活消费品。

（3）同一厂商多种产品的退款优惠。消费者购买同一厂商不同的产品时可获取退款优惠。通常此种退款优惠的购买商品数量应限于 6 种以内。美国的柯达公司规定：顾客除了购买该公司生产的照相机外，还要买 5 个柯达胶卷，才能得到 10 美元退款。操作程序是：顾客必须先买照相机，把购买凭证寄到柯达公司，就可退款 5 美元；然后顾客再把 5 个胶卷的包装盒盖，用专用信封寄到柯达公司，就能得到另外 5 美元。

（4）相关性商品的退款优惠。为了节省费用，有时几家企业联手合作，规定顾客必须购买几家企业的产品后，才能得到退款优惠。将相关性商品并在一起提供退款优惠，这是产品促销技巧中较常见的一种。比如，2011 年 8 月 15 日至 12 月 31 日期间，招商银行厦航联名卡持卡人，凡持招行厦航联名卡通过厦航 95557 电话订票渠道购买机票且于 2012 年 1 月 31 日前实际成行，可获赠票面价金额 3%的优惠金返还。

（5）升级式退款。美国有一家果汁经销店规定：以顾客购买 3 瓶果汁为最低底线，买 3 瓶退 50 美分，买 5 瓶退 1 美元，买 10 瓶退 2.5 美元。采用这种办法，随着顾客购买量的增加，退款金额不是均匀增加的，而是越往上退款的额度越高，而要求购买的数量相对越低。这种办法能刺激顾客多买，适用于促销单价低、使用期短、购买频率高的日常生活消费品。

如果依据退款的形式不同对这种促销办法分类，退款优惠又可以分为以下 5 种类型：

（1）现金退款。这是一种最常见、吸引力最强的退款办法。其中比较普遍的做法是：顾客购物时按原价付款，但收银员会给顾客一个收据，这个收据中附带购买凭证的退款申请卡，顾客填卡后，寄给或送给厂家或商家，就可以在规定的时间里得到退款。

（2）优惠券退款。厂家或商家退给顾客的不是现金，而是优惠券。例如，武汉某商店推出"节省 20 元"的退款促销活动，顾客在该店购物达到 100 元，就可得到一张面值 20 元的优惠券，用以换取该店价值 20 元的商品。这种办法通常在零售店使用，优点是省钱，缺点是对顾客的吸引力比不上现金退款。

（3）现金加优惠券退款。有的商家为了既节省开支，又吸引顾客，采用了退还现金和赠送优惠券相结合的办法。例如，厂商在收到顾客寄来的购物凭证和退款申请卡后，不是寄给顾客 20 元现金，而是 10 元现金外加 10 元面值的优惠券。

（4）现金加赠品退款。例如，LG 电子（中国）有限公司上海分公司，1997 年 6 月 16 日在《新民晚报》第 24 版刊登广告："从 6 月 1 日到 6 月 30 日……买 LG 健康王分体式空调机，可以得到 9%的退款和精美的 LG T 恤衫，或者是价值 500 元的饮水机一台。"

（5）全额退款。全额退款有 3 种具体情形。第一种情形是商品价格很低，全额退款等于把商品送给消费者试用。消费者试用后感觉质量非同一般，今后就会长期购买。美国的吉列公司在推出一种新剃须刀片时规定：消费者只要向吉列公司寄回这种刀片的空包装盒，就可收到公司寄回的这种刀片的全部价款。第二种情形是抽奖与退款相结合。深圳惠而浦蓝波空调实业有限公司，1997 年 6 月 14 日在《羊城晚报》刊登广告："1997 年 6 月 15 日至 7 月 15 日，购买任何一款惠而浦空调，均可参加本次大抽奖活动……一等奖 100 名，全额退款（限 5000 元）。"这种办法吸引力强，但退款概率小。第三种情形是顾客在购买了高档耐用消费品（如商品房）后，经过若干年，商家把价款全部退还。这样做的目的是：厂商可拿这笔钱用于商业周转，以解资金短缺的燃眉之急。这笔钱在若干年内赚取的利润，完全有可能超过这笔钱本身的数额。由于在若干年内钞票不断贬值，等到商家退还这笔钱的时候，其本身价值即实际购买力，已远不如当初拿到这笔钱时高。有的高档耐用商品（如商品房），卖不出去照样会变旧损坏；与其这样，不如实行一二十年后全额退款，还可以获得一大笔购房款一二十年的利息。

 促销专论 5.2　返券与心理账户理论

近年来，返券已成为各大城市大型商场的主要促销方式之一，是打折销售方式的一种，是指对消费金额达到一定标准的消费者以返回购物券的方式打折的一种促销方法。这种"满就送"的优惠方式已经吸引了众多消费者的眼球。返券为何如此受到消费者青睐？有学者利用心理账户理论对返券促销进行了探讨。

返券促销的主要特征包括三点。

（1）面向顾客的部分性。这种促销方式的对象需是商场中消费金额达到一定数额的消费者，只有这些人才能享受商家所赠予的代金券。

（2）返券促销的条件性。返券促销要求顾客购买商品必须达到规定的金额，分发的是一种"有条件的代金券"。

（3）返券促销的价格幻觉性。所谓"价格幻觉"效应，是指消费者感知到的产品价格低于实际支付价格，或使消费者感觉到获得了比实际折扣更多的优惠。由于消费者是根据他感知到的价格来决定是否购买的，而购买时又是按照"实际价格"来支付的，所以商家的促销活动如果能够使消费者产生"价格幻觉",就会增加销量和提升利润。这是返券促销最重要的特征。

研究表明,返券促销的实施效果主要表现在以下几个方面:

(1)虚拟降价刺激购买欲。在返券促销中,消费者感知到获得了比实际折扣更多的优惠。影响这种价格幻觉的一个主要因素是返券比率。如果一个返券促销的方案是买 P 元返 D 元的话,定义返券促销比率为 D/P。此时,幻觉折扣率＝1-返券比率。对消费者来说,返券比率越高,幻觉折扣率越低,消费者在心理上的幸福感就越强。

(2)返券漏出效果。返券送出之后,如果消费者在规定的期限内由于遗忘等一些原因没有及时使用的话,返券就会作废。商家也会因此而节省一笔费用,这就是返券漏出效果。据相关研究显示,如果促销期为10天,促销刚开始,消费者选择不当场消费返券的比例很高,随着促销期限的缩短,选择当场返券的消费者比例会逐渐提高。由此可见,促销期的长短对漏出效果有较大的影响。

(3)补缺购买效果。由于返券的条件性,只有当消费者的消费金额达到一定的数额时,才能享有返券,所以,有些消费者为了达到这一金额以得到返券,就会增加消费金额去购买一些他可能不想要的产品,这可称为"补缺购买"。补缺购买直接带动销量的上升。但从消费者的角度考虑,购买动机仅仅是为了凑够买送金额。

了解了返券的特征和效果之后,可以进一步了解一下心理账户理论。心理账户是由芝加哥大学行为科学教授理查德·萨勒提出的一个影响深远的概念。他认为,无论是个体、家庭还是集团、公司,都存在一个或多个明确或者潜在心理运算规则。这些规则无论是在记账方式上还是在行为决策上都与理性的经济学和数学运算方式存在着显著差异,从而当个体作出经济决策的时候常常以非预期的形式影响着个体,使个体的决策违背最简单的经济法则。

基于心理账户理论对返券促销中的消费者心理进行的探讨如下:

(1)非替代效应。所谓非替代效应,是指个体会把金钱划分到不同的心理账户,而每个心理账户中的钱都具有不同的功能和用途,彼此之间不能替代。心理账户非替代性根源于人的心里面存着一个账户系统,这个账户系统具有特定的账户结构和类别,不同类别的心理账户不可替代。就其表现形式看,心理账户的结构包括:不同的财富来源划分到不同的账户;不同消费或者支出规划到不同的账户;不同存储方式的财富也规划到不同的心理账户等。

(2)沉没成本效应。所谓沉没成本,是指已经发生的,不可收回的支出。比如,消费者可能因为时间、精力等原因,没有及时使用返券而造成返券作废,即返券漏出效果。此时对商家来说,当然可以节省一大笔费用;对消费者而言,似乎也并没有感到十分不快,这就可以用沉没成本来解释。消费者把返券归于"意外收获"的心理账户,当忘记或者丢失了返券时并不会引起太多不快。

(3)交易效用。消费者在购物过程中,通常会提取记忆中该商品的信息,形成内部参考价格。所谓交易效用,就是指在商品的交易过程中,商品的参考价格和实际价格之间的差额所产生的效用。这就可以解释返券为什么可以产生"补缺购买效果"了。

交易效用理论认为消费者获得的总效用可以分为:获得效用和交易效用。获得效用是指消费者在购买行为中,经济方面的得失;而交易效用是指消费者由财务措施所引起的愉悦与否。当心理价位大于商品的实际价格时，交易效用为正，消费者就会感觉自己占了便宜；相反就会觉得自己吃了亏。

　　心理账户理论认为消费者选择行为包括两个阶段：评价阶段和决策阶段。在评价阶段，消费者对于众多的选择进行分析；在决策阶段，消费者对初步分析多得的结果进行评价，选出价值最高的一组。

　　（资料来源：韩丹. 账户理论对返券促销的心理学分析［J］. 商场现代化，2008（3））

5.3.3　退款优惠的优点和不足之处

1. 退款优惠的优点

退款优惠的优点有以下几方面：

（1）退款实际上等于降价，但在表现手法上比降价高出一等。降价是在购买的当时给予价格优惠，给人的印象是为了刺激消费者购买才降价。退款是在消费者购买了一段时间之后才给予的，完全不牵涉到商品价格的改变，给人的印象是厂商对顾客的一种馈赠。所以，退款虽然本质上等同于降价，但不会贬损商品形象和降低商品的档次，给人的印象比降价好。

（2）由于退款优惠不改变商品原有价格，所以它能收到降价的实际促销效果，却不会引发同行之间竞相降价的价格战。

（3）退款优惠另一个隐蔽性的优点是，退款是在交易达成之后经过一段时间才退给消费者的，这段时间商家仍可以使用这笔款项，虽然数额可能不大，但积少成多，对商家的资金周转也有好处。

（4）实际中，总会有部分消费者忘记拿购物凭证去索取退款；有的人不在乎少量退款，或厌烦手续繁杂和时间上的等候，购物后并不要求退款。根据美国AC尼尔森公司的一项调查结果显示：买了商品后没有用购物凭证去索取退款的人占购物者总数的17%，买了商品极少用购物凭证去索取退款的人占购物者总数的20%。所以，很多的退款优惠活动最终得到了这样的结果：大量地促销了商品，但实际退款的数额却比应该退款的数额少得多。

（5）退款优惠的商品能刺激顾客试买试用，这对于争取新的顾客群有好处。

（6）大多数的退款优惠活动都要求消费者提交多个购买凭证才能得到退款，这有利于养成消费者购买某种品牌的习惯，逐渐成为该品牌商品的忠实用户。

（7）商家能从顾客寄来或送来的退款申请卡上了解顾客相关情况，这是一份很准确的客户情况数据库，为市场调研和今后开展促销活动提供了宝贵的资料。

（8）退款优惠对于刺激消费者购买一些不易销售的高价位耐用消费品，如轿车、商品房等，往往有特殊效果。原因是这样的商品退款金额较大，吸引力强。

（9）退款优惠能使商品在货架陈列中取得优势地位。标有退款标签的商品，或在商店里做了退款广告的商品，在商店货架上与其他商品会形成鲜明的对比，使其在无数商品中脱颖而出，引起顾客注意和兴趣。零售商店也愿意为这种商品提供引人瞩目的货架位置，以招揽更多的顾客来商店，顺便买走那些并不退款促销的商品。

2. 退款优惠的不足

退款优惠这种促销方式也存在着一些不足之处，主要有以下两个方面：

（1）回收率低。在许多提供退款优惠的活动中，消费者开始会保留此项退款证明，到处收集足够的购买证明，但就是忘记把它们寄出去。一般情况下，提供退款优惠的回收率很低，在美国不超过广告主所刊登媒体发行量的1%~2%。

（2）见效慢。经验证明，大部分退款优惠活动难以立刻产生促销效果，需要经过一段时间才能见效。这主要是因为消费者积累多个购买凭证需要一段时间，而购买大件耐用消费品虽不需要积累多个购买凭证，但消费者一般较慎重，需要一段时间做调查、比较和考虑。

5.3.4 退款优惠的技巧和操作中应注意的事项

1. 退款凭证的种类

退款凭证通常由以下三种证明材料中的一种、两种或三种组成：一是购物证明物，如包装袋、瓶盖、商品标签、拉环、商品包装物上的某一部分等；二是售货发票或现金收据的复印件或原件；三是退款申请卡。

退款申请卡上通常有以下内容：一是顾客的姓名、地址、邮政编码、电话号码等个人资料；二是说明对什么商品实行退款销售，要求提交的购物凭证和数量，退款的金额或提供其他形式的退款；三是厂家或商家的通信地址，使顾客知道把购物凭证、退款申请卡寄往何处；四是开展退款优惠活动的起止日期；五是顾客参加这一活动的限制条件，如顾客不准出售、复制、转手交换退款凭证，顾客只准以家庭为单位参加退款优惠活动，不准多个家庭联合起来积累购物凭证以索取退款；等等。

2. 退款优惠的开支费用

退款优惠的开支费用，主要有以下五个方面：

（1）给顾客的退款。

（2）做广告宣传的费用。

（3）零售商店宣传退款商品的费用。

（4）如果用优惠券作退款，还要付给零售商店发放优惠券或回收优惠券的手续费。

（5）回件处理费用，即处理顾客寄来的退款凭证并寄给顾客退款的开支费用。

3. 退款优惠的技巧和操作中应注意的事项

退款优惠活动的主要缺点是顾客参与率偏低，这会直接影响到促销效果。解决这一问题的办法有：

（1）适当提高退款的金额。

（2）适当减少顾客提交的购物凭证数量。美国的AC尼尔森促销顾问公司在调查中发现，要求顾客提交3个购物凭证是最常见的做法。如果超过3个，顾客的参与率会明显降低。

（3）加大对退款优惠活动的广告宣传力度。AC尼尔森公司的调查显示：如果使用现金退款，通过印刷媒体如报纸、杂志等做广告，顾客参与率是0.5%；如果通过售点广告做宣传，顾客参与率为2.5%；如果通过促销商品的包装物做广告，顾客参与率能达到3.8%；如果把大众传媒广告（如电视广告）和商店售点广告组合在一起运用，顾客参与率可达到5%~6%；如果把大众传媒广告、售点广告、促销商品的包装物广告组合运用，顾客参与率可达到12%左右。

（4）合理确定退款销售活动的时间跨度。活动的时间太短，顾客难以积累到规定数量的购物凭证，就会干脆不参加；活动时间太长，没有购物的紧迫感，企业就难以收到明显的促销效果，所以活动的时间应恰到好处。另外，活动时间的长短还要考虑到广告媒体传播信息速度的快慢。根据美国"厂商营销服务公司"的观点，退款优惠活动的最佳有效期限，使用大众传播媒介告诉消费者应为 3 个月，通过商店的售点广告告诉消费者应为 6 个月，在促销商品的包装物上印刷广告告诉消费者则需要 1 年。

4. 退款优惠适用商品的范围

退款适用于促销绝大部分的商品。但不同的商品，促销效果不一样。经验证明，对于销售缓慢、产品差异小、冲动性购买的商品，退款优惠最见成效。反之，高度个性化的商品、经久耐用的商品，除非退款额度较大，否则效果不佳。另外，在很少举办促销活动的产品领域，或间歇举办促销活动的产品领域，退款优惠效果较好。反之，在频繁举办促销活动的产品领域，退款优惠效果不佳。

5. 其他

通常需要成立一个专门的班子，或委托专业的促销公司来进行回件处理工作。具体工作有：为退款优惠活动设立一个专门的邮政信箱；开立一个专门的银行账户；检查顾客寄来的退款凭证是否真实有效；向顾客汇款；向主办单位的管理机关提供退款优惠活动进展情况的工作报告；处理顾客的投诉信件；等等。

5.4 财务激励

财务激励（Finance Incentive）是在银行服务领域发生的与消费者个人理财直接相关的一系列促销活动的总称。其目的不外乎两个：一是鼓励消费者多与银行打交道，通过分期付款、银行按揭等方式购买诸如住房、汽车等耐用消费品；二是鼓励消费者多用信用卡消费。

5.4.1 银行按揭与分期付款

"按揭"即英语的 mortgage，中文意思是抵押，在美国，按揭形式达 20 种之多。个人消费者采用银行按揭主要是为了购买"高介入度"的耐用消费品，如住房、装修、旅游、汽车、家电等。因为这些商品或服务的售价高昂，消费者无力一次性支付。银行按揭减轻了消费者的财务负担，是激励消费者作出购买决定的促销手段之一。

以住房按揭为例。住房按揭在国外已家喻户晓，是房地产开发商普遍采用的促销楼房的重要手段，也是购房者除了一次性付款外唯一可供选择的最便捷、最常用的购房方式。一般的消费者买房首次只需支付楼款的 30%，其余均可申请银行抵押贷款，偿还期限有多种选择，一手房一般不超过 30 年，购房者可以根据自己的收入情况或未来的收入预期等因素，综合考虑偿还期限。

在新加坡，政府对公众住房贷款实行优惠，不但利率低、贷款期限长，而且业者获准贷款后，可免缴所有手续费或估价费。在中国香港地区，仅为港府"居者有其屋"计划提供按揭的金融机构就超过 60 家。在住房买卖中，按揭购楼占到八成半以上。对于按揭，中国大城市的百姓已经不太陌生。目前，中国国内房地产按揭比比皆是，按揭的财务激励，也许才是真正圆了中国人住房梦的唯一方式。

在广州，分期付款购物方式，也正悄悄地改变着城市习惯的生活方式和消费观念。一些新婚家庭和中等收入人群对分期付款情有独钟，他们要过现代化生活，收入也稳定，但一下子又拿不出足够的现钱，分期付款能让他们提前实现梦想。例如，中国工商银行广州分行信用卡业务部门与广州百货大厦联手，令"牡丹卡"持有者在"广百"分期付款购物更加便利。再如，中外合资的南方银泰有限公司组织的分期付款购物网络，以"南大"集团为背景，已有十多个大型商场加入，网点遍布市内。

商家在鼓励消费者购买大件商品的过程中，通常将分期付款方式与其他促销策略相结合，达到促使消费者作出立即购买决策的目的。例如，对于在校大学生来说，个人电脑已成为生活必需品，但是购买电脑需要一笔不小的费用，即便是商家已采取降价优惠或赠送附件等促销手段，但仍然难以让大学生立即购买。如果在优惠促销或赠品促销手段的同时，采用分期付款方式向在校大学生销售个人电脑往往会更有效。可见，当银行按揭方式与其他促销手段相结合时，促销效果会更好。

5.4.2 其他支付方式的选择

随着科技的发展，互联网和智能手机的普及，消费者在结账时可以选择的支付方式也越来越多。除了现金、信用卡、银行按揭与分期付款之外，还有许多新型的支付方式涌现出来，如支付宝、微信付、银联闪付、Apple Pay 等。为了鼓励消费者使用这些支付方式，并逐步建立起他们新的支付习惯，企业尝试推出各种促销活动。

2015 年 2 月 10 日，微信方面宣布把每周二定为"微信支付日"。用户在当天使用微信刷卡支付购买商品/服务，即可享受合作商家和微信联合推出的各种优惠。2 月 10 日，首期微信支付日活动在全球最大连锁便利商店 7-11 深圳门店全面展开，支付 10 元以上立减 10 元，共计 50 万现金回馈。同年 3 月 17 日，微信在广州与万宁、易初莲花等商超及 7-11、美宜佳、OK 便利店、喜市多等便利店联合促销，消费者只要通过微信刷卡买单即可参与"周二微信支付日"活动，享受立减 10 元的独家优惠，活动覆盖广州全城近 1700 家商超、便利店。同时，微信还在北京与好邻居的 240 家直营门店联合促销，消费者只要使用微信刷卡支付，即可享受"5 元以上（不含 5 元）立减 5 元"的优惠，再送一张 5 元代金券。整个支付的操作方法十分简单：在买单时，打开微信【我】—【钱包】—【刷卡】，将条码及二维码页面给店员扫描即可。未来，除深圳、广州、北京外，还将有全国更多城市的更多商家参与到"周二微信支付日"的活动中。腾讯公司通过与多家便利店联合促销，直接让众多消费者下载微信支付并绑定银行卡，使用微信钱包支付，同时也刺激便利店当天营业收入爆炸性增长，可谓一石二鸟。

微信最大的竞争对手"支付宝"也不甘落后。2015 年 5 月 28 日，首个"支付宝日"正式启动。这一天用户在超市、便利店购物时，使用支付宝付款，即可享受最高减 10 元的优惠，部分商品还有最低 5 折的专属"支付宝价"。6 月 28 日，第二个"支付宝日"如期开始。全国参与的店铺增至两万家。在这两万家超市和便利店，顾客用支付宝付款可享受 8 折优惠。参与的商家几乎涵盖了商超领域所有的主流品牌，包括家乐福、欧尚、屈臣氏、华润、全家、7-11、美宜佳、喜事多等 50 多个超市便利店品牌，覆盖了北京、上海、天津、哈尔滨、太原、西安、广东、浙江、江苏、四川、湖北、河北、江西、安徽、山东、等 20 多个省市。支付宝相关负责人透露，目前已经有 100 多个超市便利店品牌，近 4 万家门店支持支付宝，覆盖了全国大部分省市。消费者结账时只要向收银员出示手机里的付款码，让对方扫描一下，3 秒即可自动完成支付。"支付宝日"以后会覆盖吃喝玩乐各个领域，让用户在这一天享受到更多的优惠。此外，支付宝还与部分商家开展合作。例如，2015 年 6 月 30 日，肯德基中国宣布与支付宝达成全面合作，目前肯德基全国近 4700 家门店已经接受支付宝支付，并可享受 8.8 折优惠。顾客只要出示支付宝钱包付款码，让收银员扫一下后，2 秒即可完成付款。相比现金方式，顾客使用支付宝钱包支付时无须准备现金，支付快捷，收银员也无须找零，既方便了顾客，也提高了收银员的工作效率。

移动支付争夺战越发激烈。据第三方调研机构的数据显示，2015 年上半年国内手机支付和手机网购用户规模分别达到了 2.76 亿和 2.7 亿，同比增长 26.9%和 14.5%。而支付宝和微信支付等第三方支付布局线下的迅速铺开，直接动了长期处于垄断地位的中国银联（http://cn.unionpay.com/）的"奶酪"。2015 年 12 月 12 日，中国银联联合 20 余家商业银行共同发布"云闪付"，支付时无须手机联网，也不必打开手机银行 APP，只要点亮屏幕靠近 POS 即可完成支付，全国有超 20 家银行上万个实体门店参与该项支付方式。持卡人带上手机，即刻可在家乐福、麦当劳、屈臣氏、全家等 25 家全国连锁及行业知名商户的上万个实体门店体验，目前多家门店均推出支付优惠。例如：2016-03-15 至 2016-04-24 期间，持卡人在家乐福全国各门店中消费满 50 元（含 50 元）即可享受如下优惠："云闪付立减"，使用建行银联龙卡云闪付支付有机会获得订单金额立减 20 元优惠。2016-2-24 至 2016-4-25 期间，在国美在线、小米商城、东方航空、南方航空、东方购物、本来生活、途牛、遨游网等移动电商平台购物，使用云闪付满 62 元立减 10 元。2016-04-19 至 2016-05-24 期间，用户在星巴克使用银联云闪付立减 15 元。

早在 2014 年 10 月 20 日，Apple Pay 就正式在美国上线。2016 年 2 月 18 日，Apple Pay（http://www.apple.com.cn）正式登陆中国，目前国内共有 18 家银行宣布将支持 Apple Pay。Apple Pay 在中国上线后，首日绑卡数量超过 3000 万张。为了迎接 Apple Pay 的到来，各大银行也是各出奇招，提供了各种福利各种优惠。例如逢周二，农行银联信用卡持卡人使用 Apple Pay 支付方式，在全国星巴克门店进行交易，全单满 60 元即可立减 15 元。2016 年 2 月 20 日至 4 月 24 日期间的每周六日在家乐福全国各门店中使用建行龙卡 Apple Pay 进行消费，可享满 50 元立减 20 元的优惠。2016 年 2 月 18 日至 6 月 30 日，使用中国银行信用卡绑定中银长城 e 闪付 Apple Pay、HCE，首笔消费任意金额，即获赠 15 000 积分。2016 年 2 月 18 日至 12 月 31 日，中国银行信用卡绑定中银长城 e 闪付 Apple Pay、HCE，当月消费金额累计满 100 元，即可获赠 15 元现金返还。2016 年 2 月 18 日至 3 月 31 日，客户在 Apple Pay 添加上海银行的信用卡或借记卡，即有机会赢取 500MB 手机上网流量，而且在唯品会购物使用 Apple Pay 支付，结算时选择使用优惠口令，享唯品会购物满 240 元减 30 元优惠。

本章案例

优惠券的设计与派发

■ **案例情境**

六月末的一个早晨，阳光明媚，道路上车辆川流不息，人来人往。尽管车外天气怡然，但车内"乐家"江南分店的店长张华却眉头紧锁，脸上愁云满布，时不时翻阅一下手上拿的一叠会议资料。看着看着，张华不禁叹了一口气，将资料丢在一旁。他将头转向车窗外，盛夏的城市被阳光照耀得到处充满着热情与活力，但他却怎么也提不起精神来，脑子里回想的都是这个季度以来店里不理想的促销状况。

"乐家"是一间大型连锁超市，经营各类商品，从日用品到家电等大器件，应有尽有。它在花城拥有三家分店：江南、秀城和天美，销售业绩在同城属于中上。但商品的同质化造成超市竞争异常激烈，大大小小的超市都纷纷在促销方式上下足了功夫。不知是不是因为新春已过，消费者狂热的购物热情有所减低。第二季度的"五一"长假缩水，小黄金周里江南分店总体的经营额没有明显的增长。然而与此同时，同样的促销投入在其他两间分店的效果似乎更为有效。张华百思不得其解。

大城市的堵车现象并不只出现在上下班的时段，快到公司总部时车流开始变得缓慢，张华的心更加焦躁不安。顺畅时只需要十几分钟的车程，今天居然用了近一个小时。好在提前出发，张华走出车来，长舒了口气。他抬头看了一眼面前这栋当地的第一高楼，紧张压抑的气氛盖顶而来。

会议室内，公司负责销售的副总余强及另外两家分店的店长已经来了，旁边还坐着公司新来的销售助理彭萝，他们正在仔细审阅三家分店这个季度的销售状况汇报。

秀城分店店长吕军和天美分店店长李瑜先后发言。因为这一季度促销投入的增加，两家分店这一季度销售业绩分别上升了6个百分点和7个百分点。副总满意地向他们点头。轮到张华时，他满脸紧张，同样的促销投入竟然对自己店的销售业绩几乎什么正面影响，销售额上升了不到1个百分点。三家店的促销安排都归属总公司，按销售额拨付相应的促销资金，各分店可以灵活地使用，即制订各自具体的促销方案。江南分店的经营规模相对较小，但按比例拿到的促销费用也不低。之前"乐家"举行的节日商品打折让利活动，各分店的促销业绩相差不大。可是这一季度，其他两间分店的优惠券的促销效果却明显优于江南分店，这让事业上一直顺风顺水的张华非常郁闷。

不出所料，张华明显感觉到余总的不满，他皱着眉沉默不语。副总毕竟是副总，他清楚地知道，这个时候批评的用处不大，关键是找到对策解决江南分店目标面临的问题。于是在他的引导下，会议的主题从工作汇报很快就转向针对江南分店出现问题的讨论。因为各分店的背景大致相同，拿到的促销预算也不相上下，因此，大家讨论的焦点便集中于优惠券方案的设计与实施。这可能会是各分店第二季节促销效果相关甚远的原因所在。

1. 优惠券的设计：百分比还是金额

余总首先针对各店优惠的设计进行了评价："降价是商家最喜欢使用的促销方式，我们超市也不例外。在任何一条商业街上一走，随处可见'全场8折''凭券9折''凭券可减100元'等促销信息，而节假日尤甚。我们关注的是，这些促销信息是否能影响消费者的感知，更为重要的是他们的购买意愿？因此，如何设计促销优惠券显得格外重要。"

"从降价的类型来看，主要包括折扣和优惠券两种形式。折扣是所有消费者都可以享有的，而对于优惠券促销，则是持有优惠券的消费者才享有降价的权利，没持有优惠券的消费者则只能以全价购买商品。如果从表现形式来看，也包括两种形式：百分比和金额。比如，标价100元的运动服，打8折是百分比形式，而凭券立减20元则是金额形式。

一般来说，优惠的百分比越大，促销对于消费者的吸引力也就越大。消费者常常使用优惠的百分比来对不同价格产品的促销活动的优惠程度进行比较。然而，优惠的百分比并没有提供给消费者实际能节省花费的具体数额，除非他们知道促销商品的原价。

而金额形式的促销活动就能够确切地告诉消费者他们能够节省多少花费。一般来说，节省的费用额度越大，促销活动对消费者的吸引力也就越大。然而，促销活动的吸引力不仅仅受节省的绝对数额影响，而且还会受到促销商品本身的价格水平高低的影响。一辆价值10万元的汽车，提供5%的折扣，或者5000元的折扣，虽然很明显两种折扣的值是一样的，但5000元的折扣，似乎更加吸引消费者眼球。而一杯1元钱的可乐，降价40%则比降价4毛钱似乎更令人心动。因此，对于优惠金额固定的促销活动来说，促销商品的价格越高，消费者从促销中获得的利益就相对越小，而促销活动的吸引力也就越小。"余总详细地解释着促销的各种形式与优惠券的各种设计方案。

"那么，消费者在判断价格信息时是根据相对值还是绝对值呢？"张华心中充满了疑惑，不禁立即问道，"例如，价格为200元的外衣减价40元这与价格为2000元的电视减价40元，这两个促销活动对于消费者来说，他们能够节省的花费绝对值是一样的，如果他们判断价格信息时是根据绝对值的方式，那么这两个促销活动吸引力应当没有差异。然而，如果消费者判断价格信息时是根据相对值的方式，那么外衣的促销（减价20%，即8折）就会比电视的促销（减价2%，即98折）更有吸引力。"

一旁的彭萝把预先准备好的资料复印件拿出来，发给几位经理。

余总继续解释道："根据 Grewal 和 Marmorstein 教授在 1994 年提出的价格心理偏好（psychophysics-of-price heuristic）观点，消费者从某一固定数额节省中获得的心理效用与该产品的价格的关系是反向的，即产品的价格越高，心理效用越低。因此，比起价格为2000元的电视减价40元，价格为200元外衣的40元减价可以向消费者提供更多的心理愉悦（即交易价值）。Kahneman 和 Tversky 教授在 1984 年就做过类似的实验：

实验A：假设你准备购买一件价格为125元的外衣，销售人员告诉你：距离该店20分钟车程的另一家分店里，你可以用120元的促销价格买到同样的外衣。你会不会去另一家分店购买外衣呢？

实验B：假设你准备购买一个价格为15元的计算器，销售人员告诉你：距离该店20分钟车程的另一家分店里，你可以用10元的促销价格买到同样的计算器。你会不会去另一家分店购买计算器呢？

他们的实验结果显示：在实验B中，88名被试中的68%会去另一家分店购买计算器；而在实验A中，93名被试中仅有29%的被试会去另一家分店购买外衣。我们可以得出结论，消费者在评价促销活动的吸引力时，往往是根据减价的相对数值，而非绝对金额。"

张华似乎恍然大悟，说道："那就是说在设计促销手册时，不一定采用统一的形式，而应当针对不同价位的商品采用不同的促销形式，诸如电视、洗衣机这类高价商品，我们可以采用折扣金额的形式，而诸如牙膏、纸巾这类低价商品，则可以采用折扣百分比的形式。"

2. 优惠券的派发：购物目标明确还是模糊

吕军说："刚才余总主要是关注促销活动的内容，即优惠券的设计。除了设计优惠券的形式之外，促销活动的实施方案也非常重要。其实前些日子我也去过一次江南分店，当时就发现你们的优惠券是安排促销员在超市内的不同货架旁进行派发的，可以看到很多顾客拿到优惠券后对优惠券的兴趣都不高，我猜想这一定会影响到优惠券的兑换率。而我们秀城分店的做法则是安排促销员在店外或者店门口附近派发优惠券，感觉上消费者对优惠券要更加感兴趣些，因此我们优惠券的兑换率也相对较高。"

李瑜补充说："我们天美派发优惠券的方式和你们都不太一样。促销前，我们会安排宣传人员将优惠券和一些生活小常识印成一个精美的小册子，再由促销员将这些小册子派发到天美周围的两个生活小区，每一户人家都能拿到一本。这样，他们能将促销信息保留较长的时间，而且对信息内容的了解也更加充分。"

在一旁认真听取意见的张华似乎有所领悟。秀城分店是在店外或店门附近而不是在店内各处派发优惠券，而天美分店则是将促销目录制成小册子发放，这是个不错的点子。但是，这种优惠券派发地点与方式的不同究竟为什么会影响顾客对该促销活动的参与意愿呢？张华一时间满脸疑惑，显得对这些建议拿不定主意。

李瑜似乎看出了大家的疑惑，接着说："秀城分店采用在店外或店门附近派优惠券能获得成功，为什么呢？我觉得主要是因为在店内派发优惠券时，大多数顾客都已经想好了要买什么，甚至已经开始在挑选各自所需了，那么优惠券的作用似乎就会大大降低。而在店外的时候，顾客心思还比较闲暇，很多都是来逛街，并不清楚自己具体要买什么，这时派发优惠券，必然会明显地影响消费者购买的欲望和倾向。其实我们天美分店将优惠券派发到小区的做法也是利用这一消费特点。所以，我觉得可以在顾客对所需购买产品不太确定的情况下，给他们派发优惠券，这样促销效果会更好。"

张华边听边点头，又问道："那你觉得除了在店内店外的区别，还有什么情况下顾客们的购物目标不是很具体而更有冲动使用优惠券去购买我们的促销商品呢？比如说，他们本来只是想买饮料，而还没决定是买果汁还是矿泉水，或者是还没决定是买哪个牌子，这时将会更有兴趣购买有优惠的促销产品。"

李瑜想了想继续说道："一天晚上我去我家附近的一家小超市买纸巾。本来我也没什么特别偏好，打算就选之前买过的那个品牌，简单方便。但货架上琳琅满目的可选品牌让我有些举棋不定。老板娘居然认出我来，说之前我问起的营销杂志最新一期已经到了，她特意留了一本给我，社区小超市总是给人一些意外的温暖。看见我准备买纸巾，她便向我推荐 C 品牌：手感不错，而且这周正在做促销，买 10 卷送 2 卷，特别实惠。这一提醒，健忘的我想起曾经也用过 C 品牌，是还不错，那就挑它吧。老板娘的几句闲谈让我本来明确的购物目标重新变为模糊，在进一步决策的过程中，我转而购买正在促销的产品，而且购买量增大。当然，对于纸巾这类低风险产品，消费者很可能就会尝试购买正在做促销的品牌。所以我认为关键是如何让消费者在其购物目标变得清晰明确之前，接触到优惠促销信息。"

张华还在考虑这个方案的可行性，而旁边一直未发言的彭萝提出了反对意见，她显然刚才也在思考："我非常同意李店长之前对优惠券派发地点选择的分析，但最后说到的这种做法在社区小店也许可行，但对于'乐家'这样的大型超市来说，让员工都与每个前来购物的消费者攀谈几句实在不太可能。如果很冒昧地与顾客闲聊，可以说是浪费了人力、精力。而且如果促销人员询问的语气不太友善的话，可能导致顾客的疑惑和反感。其实并一定要完全模仿其他两分店的做法。毕竟江南店的营业面积稍小，而且周围能够辐射到的社区范围也相对较小。我们也许可以从其他方面着手进行改进。"

3. 优惠券的派发：有条件还是无条件

彭萝是公司新来的销售助理，去年刚从Z大学营销专业毕业，表达能力、沟通能力特别强，对事物的观察也相当敏锐。初生牛犊的她有时并不太顾忌人情世故，有了反对的意见也敢直言，正是这一点让主管销售的余总特别欣赏她。虽然刚才一直侃侃而谈的李店长被打断后，略显尴尬，但余总还是示意彭萝继续讲下去。

有了余总的鼓励，彭萝继续说道："我们或者可以从另一个方向考虑问题。在评价促销效果时，除了要考虑促销活动所带来的销售的增长，同时还要考虑这一活动所需要付出的成本。据我所知，另外两家分店在派发优惠券的时候，使用的都是无条件优惠券，也就是说，只要顾客在店里有消费，无论金额大小都能得到5元的代金券，这种方式的成本会相对较大。而江南分店可以把优惠券设计成有条件优惠券的形式，也就是说，设立一个最低消费额度。例如，规定必须消费满88元，才能获得5元代金券。相对于只要有消费就能立即获得5元代金券的优惠方式，这种优惠方式可以降低促销的成本。"

"秀城和天美正是因为没有设立限制条件才吸引了大量顾客的参与，商店在顾客参与的过程中获利。如果我们设立门槛，会不会进一步降低顾客对江南店促销优惠的兴趣？没人参与的促销活动，成本再低也没意义啊。"张华不禁问道。

彭萝马上解释道："许多研究都表明，消费者更倾向于更多地使用有门槛的优惠券。因为这种门槛，在某种意义上，给了消费者一个心理暗示：优惠券不是全部人都能拿到的（比如，要消费满一定金额才能获得），现在我拥有它是因为我付出了一定成本（这时消费者会有强烈的优越感），而且既然付出了成本，就应该好好使用才行。因此，这种优惠方式更能激发消费者的使用欲。现在，一些百货商店派发现金抵扣券时，常常会要求顾客先支付一定的金额。例如，购物满188元加1元送18元现金券。再如，一些连锁店在推行会员制时，也一改往常免费加入的做法，要求顾客交1元钱后才能办理会员卡。当然这1元钱对于商家来说是个小收益，对于顾客来说是个小成本。但这一小小的门槛将许多无效的顾客（即那些拿着优惠券也不会去兑现的顾客，以及那些持有会员卡却不常消费的顾客）挡在门外，让真正希望使用优惠券、享受会员优惠的顾客更有兴趣参与这一促销活动。"

张华若有所悟，又问道："或者可以折中，我们设定一个门槛，但将它定得低一些？比如花费满48元，就能获得2元的折扣？虽然折扣率低了一些，但因为门槛的降低，可能会吸引更多顾客的关注。"

彭萝似乎料到张华有此一问，继续解释："有条件优惠券该怎样限定门槛，包括享受优惠必须付出的最低消费额度，以及优惠折扣比例为多少等内容，这有很大的讲究。使用优惠券的顾客购物时购物目标会受到优惠券的'门槛'干扰。门槛低于顾客平均购买额的优惠券，有可能会让顾客减小花销，即低于平均水平；而门槛高于平均购买额时，则消费者可能为了使用优惠券，达到最低消费额，而增加花费，即高于平均水平。我之前看过去年江南分店的相关销售数据，每人每次平均消费额是58元，所以我建议采用消费88元获得5元折扣的方案。"

余总、彭萝及两位店长先前的话给张华带来很大的启发，到底该如何制定新的促销决策改变江南分店的困境呢？应当如何设计适合的优惠券形式、选择适合的优惠券派发方式？张华在心里已经有了一定的想法，他觉得会议结束后还应该和彭萝进一步商量促销方案的具体内容。

■ 相关概念与理论

1. 优惠券的设计

消费者感知降价的线索：价格线索和语义线索。价格线索包括现价和参考价。语义线索指的是价格信息的表述方式，常见的降价表述方式有：相对数值，即百分比（8.8 折）；绝对数值，即金额（节省 1.8 元）。即使降价幅度实际上相同，但在不同的表述方式下，消费者感知的降价幅度却是不同的。

相对数值表明了对于不同价格水平的产品，该促销的相对价值，它简单而直观地表明了降价幅度和原价的直接关系（Heath、Chatterjee、France，1995）。绝对数值表明了如果消费者购买了该产品，能省下多少钱。绝对数值不如相对数值直接，不能直接说明该促销的相对价值，因为它取决于降价产品的原价（Chen、Monroe、Lou，1998）。

观点之一：相对于百分比形式，金额形式的优惠券设计会让消费者感知到的高价产品的优惠幅度更加明显；相对于金额形式，百分比形式的优惠券设计会让消费者感知到的低价产品的优惠幅度更加明显。

2. 购物目标理论

我们的日常生活当中，目标的作用十分重要。目标给我们指明方向、让我们的行为更加清晰，而且会影响到我们思考与行为的方式。如果从目标的角度来看，消费者消费过程中的购物目标会不会随着他们购物过程的推进而不断变化呢？营销行为（如促销活动）的成功与否会不会受到消费者在面对促销时具有的目标类型的影响，而促销活动是不是又会影响这些目标的形成？

消费者在不同的阶段会有不同的行为目标。例如，一个口渴的人最初的目标可能就是喝点饮料，然而当他走进小卖店时目标可能就会具体化，变成喝他喜欢的某个品牌的橙汁。Trope 和 Liberman（2003）指出每个人会将未来较长一段时间内的目标和行为理解为较笼统、较高层面的目标行为，而当目标行为越来越临近时，他们则会将其转化为更具体、更低层面的目标行为。例如，当要求人们在第二天完成"锁门"这一动作时，他们会将这一动作理解为"用钥匙锁门（具体、低层）"，而如果要求他们在第二年内完成"锁门"这一动作，他们可能就会将其理解为"增加房屋的安全设施（笼统、高层）"。Gollwitzer 等（1990）认为人们的意志控制可以分成两个阶段：在第一阶段，人们的目标不是太清晰，他们非常慎重，憧憬着理想的结果；而在第二阶段，人们已经有自己明确的目标，开始为实施做准备，决定什么时候、去哪里、如何满足目标。处于第一阶段的消费者一般比较容易接受外部信息，他们相比第二阶段的消费者来说显得思想开放，不仅对新的信息比较敏感，而且处理外界信息时，他们的阅读量很大、阅读速度很快。

我们还可以从另一个角度来思考消费者目标日益具体、集中的这一转变：决策过程中的偏好形成。Ariely（2003）等人的一项实验表明：当询问参与者愿意为一瓶 1998 年的玫瑰酒付多少钱时，他们可以接受的价格与其社会安全号码最后两位数的关联度非常高，尽管实验前工作人员已经提醒过参与者，社会安全号码只是些随机产生的数字，并不代表着任何相关的信息。消费者偏好的产生有些不合常理，当决策时刻来临时，消费者的偏好部分源于他们内在的喜恶、部分源于决策时所处环境提供的某些暗示。因此，人们的行为目标可能会受他们所处的环境及环境提供的暗示的影响,尤其是在目标还不具体、还不确定的时候。

根据以上一些研究,购物目标理论(Shopping Goals Theory)指出:在购物的初始阶段,消费者还不确定他们准备购买哪些商品、准备花费多少金额,因此,容易受所处环境和外界因素(如广告宣传和促销活动)的影响。一旦他们形成了具体的购物目标,则标志着进入了第二阶段。这时,消费者受购物目标的指使,已经有明确的行为方向。他们大多数都会坚持自己已经设定的目标,并按照这一目标行进。因此,这一阶段的消费者受所处环境及外界因素的影响较小。

消费者在其购物的不同阶段是不是存在不同的购物目标呢?让我们来看看 Leonard 等人 2006 年的一项研究。他们希望通过实验了解消费者在进入便利店之前及之后他们对其准备购买的商品及所花费金额的想法。

观点之二:与处于购物初始阶段的消费者相比,处于购物后续阶段的消费者更确切地知道他们想买什么商品(什么类别、什么品牌、什么规格等),以及准备花费多少金额。

3. 无条件或有条件优惠券

如果消费者的购物目标分为清晰或模糊的不同阶段,那么外部因素(如促销活动)对购物目标的影响会不会在购物初始阶段更为显著,而在后续阶段则影响非常有限?

有条件优惠券,即消费满 X 元或以上,则可立减 Y 元;而无条件优惠券,则指消费任一额度都可立减 Y 元。对优惠券使用的条件限制(如最低消费额度)可以让消费者的购物目标更加明确。例如,在当当网上购物满 99 元可以免运费或者获得免费礼物一件。通过对优惠券使用条件的限制,我们可以测试不同的优惠券方案对处于不同阶段的消费者影响也有所不同。

观点之三:当消费者处于购物初始阶段时,条件优惠券(最低消费额度)的影响相对较大,因为此时,他们的购物目标尚不明确、具体;而与此相对应,处于后续阶段的消费者的购物目标变得更为明确、具体,所以条件优惠券的影响也相对较小。

(案例来源:朱翊敏,彭莱,吴铭洺,等. 优惠券的设计与派发[M]//中山大学管理案例研究(2009—2011). 北京:经济科学出版社,2011:374-390)

■ 互动讨论

1. 阅读完案例之后,你认为应如何设计一个有效的促销方案?促销优惠券应当如何设计,是采用金额的形式还是采用百分比的形式?促销优惠券应在何处发放,店内或是店外?优惠券的发放方式是如何影响顾客对促销活动的参与意愿的,会产生什么效果?消费者对有条件优惠券与无条件优惠券的态度是否存在差异?是否会对购物行为产生影响?有条件优惠券是如何通过设定的"门槛"来影响顾客的购物目标的?有条件优惠券的门槛及其发放地点两因素之间的交互作用是否对购物行为产生显著影响,具体表现如何?你的理由是什么?请结合消费者心理和消费者行为的相关理论,试分析消费者接受促销背后的心理过程及其对企业促销决策的启示。

2. 如果你是张华,你是否会支持彭萝提出的观点,以其为指导原则来制订下一季度的促销方案?或者你还有什么更好的建议?请给出你的详细理由。

■ 推荐阅读

1. Chen, Monroe, Lou. The effects of framing price promotion messages on consumers'

perceptions and purchase Intentions[J]. Journal of Retailing, 1998, 74(3): 353-372.

2. Chandon Pierre, Wansink Brian, Laurent Giles. A benefit congruency framework of sales promotion effectiveness[J]. Journal of Marketing, 2000, 64(October): 65-81.

3. Hsee Christopher K. The evaluability hypothesis: an explanation of preference reversals between joint and separate evaluations of alternatives[J]. Organizational Behavior and Human Decision Process, 1996, 67(3): 247-257.

4. Johnson Michael D. Consumer choice strategies for comparing noncomparable alternatives[J]. Journal of Consumer Research, 1984, 11(December): 741-753.

5. Leonard Lee, Ariely Dan. Shopping goals, goal concreteness, and conditional promotions[J]. Journal of Consumer Research, 2006(June).

6. Strahilevitz Michal, Myers John G. Donations to charity as purchase incentives: how well they work may depend on what you are trying to sell[J]. Journal of Consumer Research, 1998, 24 (March): 434-446.

1. 假如你在麦当劳餐厅用餐后获得一张再次消费时可使用的优惠券，你会怎样使用它？为什么？

2. 许多药品广告声称"无效退款"，你认为这种促销方式存在哪些问题？消费者会作出什么样的反应？为什么？

3. 在什么的情况下，企业可以采用"买一送一"的促销方式？请选择一家企业，并为它策划一次"买一送一"活动，目标是增加销售量。

[1]　Ellwood Mark. Bargain fever: how to shop in a discounted world[M]. Penguin, 2013.

[2]　Bawa K. Influences on consumer response to direct mail coupons: an integrative review[J]. Psychology and Marketing, 1996, 13(2): 129-156.

[3]　张叶．优惠券狂热[J]．中国药店，2011(8)：72-73．

[4]　Ellwood Mark. Bargain fever: how to shop in a discounted world[M]. Penguin, 2013.

[5]　乔治·贝尔奇，迈克尔·贝尔奇．广告与促销：整合营销传播视角[M]．郑苏晖，等译．8版．北京：中国人民大学出版社，2009：505．

[6]　亚洲纺织联盟．北美服饰百货零售流行折价券促销模式．[EB/OL]．2011-09-23．http://cn.sohoo.com/info/562043.html．

[7]　尼尔森．尼尔森研究称中国优惠券使用比例最高．[EB/OL]．2011-10-14．http://www.cnad.com/html/Article/2011/1014/20111014175210518.shtml．

[8]　张叶．优惠券狂热[J]．中国药店，2011(8)．

第6章 竞赛 SP 策略

引例 玉兰油，挑战阳光环球玉兰游

相对保湿、美白、抗衰老三大主打护肤品类而言，防晒市场多少显得有些没那么重要。由于防晒品属于季节性产品，销售周期较短，对品牌整体的销售贡献率相对较低，所以各大品牌对防晒品的重视程度往往偏低。但随着细分市场竞争的日渐激烈，在各大品牌还在酝酿秘籍的时候，玉兰油则以一次漂亮的跨界合作抢占了 2015 年防晒市场的先机。

2015 年 4 月 6 日起，宝洁公司著名的护肤品牌玉兰油联手世界最大的私人旅游指南出版商孤独星球（Lonely Planet）打造"挑战阳光环球玉兰游"。此次合作也是孤独星球这个品牌在中国的首次跨界合作，因此受关注程度十分高。"挑战阳光环球玉兰游"消费者活动是首次向全球五个紫外线最强的阳光旅游胜地发起挑战的活动。活动旅游地包括了普吉岛、帕劳海中、东非大草原、青藏高原、埃及，玉兰油旨在通过此活动建立消费者对玉兰油防晒产品的信心，并通过促销增加营收。

此外，"挑战阳光环球玉兰游"包含两个抽奖活动。第一个是"把环球阳光带到中国"的巡回系列活动。现场消费者只要用手机扫描，进入唯品会(Vip.com)线上购买玉兰油白里透红系列产品，就可以获得阳光幸运卡，有机会现场获得"环球玉兰油旅游基金"大奖。旅游基金以支票形式兑现，具有极大吸引力。

第二个是玉兰油#就不怕晒#普吉岛大挑战活动。活动分为两个阶段，第一阶段需关注玉兰油 byOlay 官方微信，参与微信发布的小游戏。该游戏主要是根据 GPS 定位，测算出用户距离普吉岛的真实距离，再分享至朋友圈邀请好友帮忙积攒里程。在好友的帮助下，积攒里程达到所测算的真实距离，即有机会获得普吉岛旅行机会；即使未能去普吉岛挑战阳光，也可以参与抽奖赢取限量版礼品。第二阶段则是"世界上最爽的挑战"，在第一阶段中获得免费游的消费者在普吉岛上将接受来自玉兰油发出的#就不怕晒#大挑战。玉兰油发出的唯一挑战条件就是"不要晒黑"。活动中带上一本孤独星球普吉岛指南，使用玉兰油防晒家族其中一款产品做好防晒措施，如当地的吉普赛人一样，随心所欲地晒太阳，从浮潜、骑马、风筝冲浪到海上皮划艇尽情挑战阳光，成为阳光下的真正勇士。由于活动参与条件简单，达成条件也简单，消费者甚至不需要购买产品便可参加抽奖，奖品价值高，所以这些都极大地刺激了消费者的期望并参与抽奖。活动开始一周内收到了超过 11 万人的报名。

除了精彩的线上互动和线下活动，双方在社交媒体上的炒作也是有备而来。通过与女性旅游专业爱好者合作，在微博上通过展现她们到日照强度极大的世界各地的旅游照片大力宣传，表明了玉兰油对自身防晒功效的自信。#就不怕晒#这一微博话题吸引了超过 3 万人的参与。

此次抽奖活动的效果不仅体现在参与人数上，还反映在产品的销售上。在唯品会上线的第一款限量版防晒套装，开售不到 10 小时就售出了 300 套，同时还带动了相关产品的关联销售，玉兰油全线防晒产品的销量皆上涨超过 15%。

（资料来源：根据玉兰油 olay 官方微博 weibo.com/olay 资料整理）

竞赛 SP 是基于利用人的好胜、竞争、侥幸和追求刺激等心理，通过举办竞赛、抽奖等富有趣味和游戏色彩的促销活动，吸引消费者、经销商或销售人员的参与兴趣，推动和增加销售。竞赛 SP 工具主要有经销商的销售竞赛、销售人员的销售竞赛和消费者的竞赛抽奖三种，如图 6-1 所示。

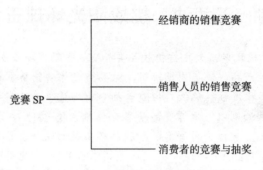

图 6-1　竞赛 SP 的分类

6.1　消费者的竞赛与抽奖

不论选择哪一种工具，企业的促销活动都需要考虑费用问题。营销管理者最希望的结果是，让消费者乐于接受促销信息，又不会花费企业太多的促销费用。

在营销实践中，最能令消费者充满兴趣和中奖期待的促销活动，自然非竞赛与抽奖莫属。原因之一是，竞赛活动提高了参与者的兴趣——人都有好胜的心理需求；原因之二是，竞赛过程通常比较长，可以保证参与者有较长时间参与促销活动，从而扩大了促销活动的影响力；原因之三是，抽奖满足人们"试运气"的心理，并且引发期望获得意外大奖的欲望；原因之四是，营销管理者对竞赛和抽奖促销方式的控制能力较强，可以预先设计并策划有效的竞赛和抽奖活动，但通常所需要的费用又不大。

例如，某企业在商店内举办抽奖活动会吸引许多消费者作出购买决定，但是，消费者心里也明白，如果没有中奖也不会过于沮丧，这样一来，商家采取竞赛和抽奖的方式进行促销就成为常规手法。然而，即便消费者不会太在意是否中奖，如果让消费者感受到不仅自己没有中奖，周围的人也没有听说有人中奖，那么消费者仍然会对竞赛和抽奖方式抱怀疑态度，这样一来，企业的促销活动就失败了。这正是在城市的商业街上随处可见的竞赛可抽奖方式并没有吸引顾客的原因了。

可见，对于竞赛和抽奖这种促销工具，核心问题是竞赛活动是否吸引人，以及中奖机会和奖品的吸引力的大小。这两个方面又与目标顾客的需求特点和心理特征有关。比如，对于那些消费者因经济原因一时无法购买的必需品，消费者通常愿意花费时间参与企业举行的竞赛活动,希望借此机会能够"天上掉馅饼",说不定就"白得"一样东西;对于那些喜欢参加群体活动、喜欢竞技的消费者,竞赛式促销会对他们很有吸引力。

6.1.1 竞赛和抽奖促销的适用范围

多年来,营销人员通常有一种习惯的看法,认为消费者通常是冲着奖品才参与竞赛和抽奖活动的,因此,挖空心思不断寻求诱人的奖品成为对营销人员能力的一种考验,那些价值大的商品通常成为奖品的选择对象,从难以计数的金银珠宝、彩电、汽车等奖品赠送到精神心理上的享受及满足,几乎无所不包。无疑其目的都是希望抓住消费者,吸引其踊跃参加促销活动。然而,如果不理解消费者心理,奖品的选择可能带有营销人员的主观性。比如,在一些商店里,现场搞抽奖活动,奖品是一粒小小的翡翠,虽然销售人员将这粒翡翠说得多么珍贵,但消费者却觉得它百无一用,无法尽快实现它的使用价值。不过,如果将这粒翡翠换成实用、美观、独特的物品,效果可能会好很多。有效的竞赛与抽奖应该注意以下几点:

1. 要因地制宜

一般而言,竞赛与抽奖适于针对特定目标市场进行直接的广告与促销诉求。举办竞赛或抽奖活动的主题或所送的奖品,可以根据不同的市场区域策略精心规划,以符合特定人口结构或不同心理层面的真正需求。如果营销人员贪图方便管理,在不同的区域或针对不同消费者选择相同的奖品,效果就会大打折扣。比如,在我国的南方地区,消费者无论男女老少,也无论天气如何,随身携带雨伞是必需的,因此,雨伞也是比较容易损坏或丢失的东西。如果用雨伞作为一种奖品,通常会吸引大部分消费者参与竞赛和抽奖。可见,周转率较高的生活必需品且有事实上价值的商品作为促销奖品是一种理想的选择。

2. 抽奖活动的适用范围

一般而言,抽奖的促销活动适合那些高价位、高利润的商品。例如,高价位的汽车、健身器材等,可借抽奖活动带来购买高潮,造成促销轰动,一次活动所带来的利润,甚可抵消广告活动的开支,制造了许多后续的销售机会。但是,由于商品本身价值较高,消费者对奖品的敏感性会下降,此时,要特别注意中奖的机会。如果中奖机会太少,或者奖品与促销商品之间的匹配程度不大,抽奖促销活动就起不到效果。例如,在汽车销售过程中,奖品选择那些与车的使用有关的商品效果会更好。

3. 要有助于强化品牌和零售终端的形象

毫无疑问,成功的竞赛和抽奖活动可用于扩大建立或强化终端形象(店面或者网站)。当营销人员将商品与突出的赠品彼此紧密联结时,必能使商品本身更为引人注目,同时,也可借助促销主题,协助塑造或强化终端的定位。竞赛与抽奖的运用,应以建立长远的品牌形象更甚于着重眼前的立即回赠为出发点。也就是说,竞赛和抽奖活动的设计要体现商品的形象和品位,也要体现终端的诚信和社会责任感。比如,有些商店在店前广场举办竞赛和抽奖活动时,采用一些庸俗的方式招徕顾客,或者将过时或包装损坏的商品,更有甚者将伪劣商品作为奖品,则可以激怒消费者,甚至引来官司。这样的竞赛和抽奖活动会对商店形象和促销品牌形象产生严重的负面影响。

6.1.2 竞赛与抽奖规则设计

1. 如何区分竞赛与抽奖

美国广告代理商协会对竞赛的定义是："竞赛是一种请消费者运用和发挥自己的才华去解决和完成某一特定问题的活动。"竞赛参加者是以某种技术或能力的竞争而获得奖赏的。通常情况下，消费者竞赛方式有回答有关产品优点方面的问题，或为品牌命名，或提供广告主题语或广告创意等，这些方式都需要消费者靠某方面的才干夺魁。消费者竞赛通常需要具备三个要素：奖品、消费者才华和学识，以及参赛评定的依据。

美国广告代理商协会阐述抽奖的含义是："抽奖不是针对部分具有才气的消费者而办的，获奖者是由参加的所有来件中抽出的，换句话说，奖品的赠送全凭个人的运气。""抽奖"在英文中又称"Sweep stake"，其原意是赌金的独得。据《广告英语辞典》（北京商务印书馆，2007.），所谓"Sweep stakes"，是以高额的奖金或赠品，一人或数人占有形式的附奖销售。例如，购买某产品时，"可中高级轿车或免费欧洲旅游"等诱人的广告都属于抽奖形式的促销活动。因此，抽奖活动的参加者只要填写姓名、身份证号码，或其他一些个人资料即可，优胜者通常无须任何才华或学识，所以抽奖通常会比竞赛的参加者多出10倍。

从以上定义中可以看出，从消费者的角度看，竞赛促销对消费者的素质有一定的要求，因此它的适用范围更加有限；而抽奖方式比较容易理解，对消费者的个人素质要求不高，因此从适用范围上看，要大于竞赛方式。从目前的实际情况看，在21世纪，随着网络技术的日益普及，网上竞赛促销日益普遍，而抽奖方式则多见于城乡接合部的零售超市。这从某种程度上也说明了竞赛和抽奖促销这两个方式的不同。当然，将竞赛和抽奖方式相结合往往会产生更大的促销效果。例如，通过在网上参加一种简单的游戏，获得某种形式的奖励后，还可以凭借在网上填写的个人信息参与抽奖活动，这样一来，消费者就有两重奖励机会，参与的兴趣自然大增。

2. 如何确定奖品价值

在奖品确定之后，奖品及奖品的价值组合是竞赛或抽奖活动成败的关键。通常，奖品价值组合均采用金字塔形，即一个高价值（超值）大奖，接着部分中价位的奖品及数量庞大的单价低的小奖或纪念品。美国各州极为流行的乐透彩券，备受消费者欢迎，常是增长吸引力的最佳指南。依据乐透彩券赠奖方式来看，可知奖品组合中的中价位奖品再多，也比不上送一个超级大奖更能吸引消费者。显然，没有大奖不足以吸引消费者，没有大量的小奖也不足以让消费者相信抽奖活动的真实性和商家的诚信度。大奖和小奖的组合可以称得上是一门艺术。此外，政府的相关法律规定也是必须考虑的问题。例如，《中华人民共和国反不正当竞争法》和国家工商总局《关于禁止有奖销售活动中不正当竞争行为的若干规定》中对有奖销售活动作了详细规定：抽奖式的有奖销售，最高奖的金额不得超过5000元；以非现金的物品或者其他经济利益作为奖励的，按照同期市场同类商品或者服务的正常价格折算其金额。

3. 如何制定竞赛与抽奖的规则

竞赛与抽奖活动之所以成功的主要因素之一，就是拥有清晰、易懂的活动规则。尽管各个活动的规则各有不同，但美国广告代理商协会建议的下列几项有关竞赛与抽奖的适用规则却是可供参考的：

（1）包含活动的截止日期。

（2）列出评选的方法，并说明如何宣布正确答案。

（3）列出参加的条件，如参加者的资格，必须附寄的印刷物（如标签、商标……凭证）。

（4）列出奖品及奖额。

（5）标示评选机构，以确认最后决选的职权。

（6）告知参加者，所有参与此活动之资料，其所有权属赞助商所有。

（7）中奖名单的发布告知，通常经其所附的回邮信封通知。

（8）说明奖品兑领赠送方式。

不论竞赛或抽奖，活动期间应清楚标明，尤其是截止日期，更应注明。一般此类促销活动的期限以 2～3 个月最普遍。这样才能有较充裕的时间来推动促销活动，并让更多的消费者把握机会踊跃参加。

各国政府对竞赛或抽奖方式都有各种规章条款的限制，这使得营销人员在发展和执行竞赛与抽奖活动时更加困难，何况此类促销活动在销售范围上也有区域性的限制。

6.1.3 如何提高竞赛和抽奖促销的效果

公司在需要开展促销活动时，目标有多种，竞赛和抽奖促销方式比较适合推出新产品，或者是对老顾客给予报偿。事实上，有奖销售和竞赛的本质在于强化顾客体验，商家只有抓住每一次互动机会，不断增进顾客关系，强化商品认知，进而提升品牌形象，才是有奖销售真正的价值所在[1]。因此，要提高竞赛和抽奖策略的有效性，需要注意以下几点：

1. 竞赛活动要吸引人

公司在利用竞赛活动促销时，竞赛活动本身要有吸引力。比如，喝啤酒比赛通常会吸引较多的人参加，因为喝啤酒本身不需要特别的场所，并且喝啤酒这项活动带有一定的娱乐性质；此外，很多人并不清楚自己喝啤酒的能力与别人相比究竟如何，使许多人都敢于参与，参与比赛的心理障碍较小。

近年来，一些运动品牌纷纷在国内举办带有竞赛特点的促销活动，吸引了大量青少年消费者。在国内运动品牌中，近年来名声大振的福建晋江的 361 度体育用品公司，在推广其产品时，精心策划"361°娱乐篮球"活动，该活动以广大青少年和群众喜爱的篮球竞技、表演、技术和参与性内容为主体，以电视转播和专题节目为传播方式，配以大众通信和网络支持，通过比赛和评选完成与篮球有关的竞技、娱乐、表演等活动。2006 年 1 月至 6 月初赛期间由中央电视台联合 14 家省级兄弟台在各主要城市设置分赛区；2006 年 7 月至 9 月进行省级决赛；2006 年 10 月在北京进行全国总决赛，并由央视《篮球公园》对比赛进行现场直播。通过普选、半决赛、决赛，打造"361°娱乐篮球"活动十几个项目的全国总冠军，并伴随活动组成"361°娱乐篮球队"在全国乃至海外进行"361°娱乐篮球"巡演。

显然，由于竞赛本身带有一定的刺激性和新鲜感，因此，往往对于那些以青年消费者为目标顾客群的产品或品牌生产企业比较适合采用竞赛方式进行促销。

当然，对于由营销人员确定竞赛结果的活动，其适用范围会更广。比如，航空公司可能会对某年度或某一特别的日子中的第一位乘客给予某种奖励，但乘客本身很难确定自己是否第一位。再如，某零售商店可能会对某一天光顾商店的前若干位顾客给予奖励等。类似的活动本质上也是一种竞赛，只是竞赛参与者之间没有面对面而已。很多企业都可以采用这样的竞赛促销策略。

2. 中奖机会要足够多

竞赛SP需要参与者具备一定的条件和能力，但是抽奖SP策略则对参与者的要求很低，因此，对参与者的吸引力会比较大，在那些针对日常消费品进行促销时，采用抽奖方式容易取得成功。但是，如果参与者感到中奖概率太小，抽奖方式的促销效果就会下降。因此，许多采用抽奖方式的企业通常会设计大量的小奖来提高中奖率，同时，最好在抽奖现场对中奖者进行公布，制造抽奖现场的中奖氛围也有助于吸引消费者的目光。此外，对中奖方式和中奖率的说明方式也会影响消费者的参与热情，类似的说明要简明扼要，使消费者可以判断自己中奖的概率有多大。比如，有些企业在开展抽奖促销时，声称"100%中奖"就是一种明确说明中奖率的情况，虽然"100%中奖"的中奖率很高，但消费者会对奖品的期望值下降，如果奖品有足够的吸引力，一定会引起消费者的注意。

3. 奖品要有足够的吸引力

竞赛和抽奖方式的共同点是都会设置奖品，从本质上说，竞赛和抽奖促销方式吸引消费者的原因是有奖励的存在。否则，仅仅"重在参与"并不能吸引消费者关注并参与促销活动，因此，奖励的设置非常关键。根据马斯洛的需要心理层次论，针对不同的目标消费者，需要设置不同的奖品，这样才能起到"奖励"的作用。一般而言，在竞赛和抽奖促销活动中，公司奖品设置与促销目标有关，大致有三种情况。

（1）公司将自己生产或经营的其他产品作为奖品。这样做的目的可以是宣传新产品，也可以是增加顾客使用量或使用频率。例如，有些公司在竞赛促销活动中，用新产品作为奖品，目的是让消费者认识这种新产品，让消费者形成使用偏好，这是常见的做法，也是许多促销活动的目的所在。还有一些公司在抽奖促销活动中，目的是宣传公司和产品形象，此时，用自己生产的其他畅销产品作为奖励，使消费者感到这种奖励的畅销产品"物有所值"，因而愿意参与促销活动。

（2）将其他公司的产品作为奖品。如果公司自己原有的产品并无吸引力，或者公司生产的产品不宜作为奖品奖励购买者，或者是零售商店并无自有品牌可以作为奖品。此时就需要选择其他公司的产品作为奖品。显然，选择其他公司的产品作为奖品要特别谨慎，不仅要保证消费者喜欢这种产品，而且要保证产品质量和服务都是信得过的。特别要注意的是，不可选择那些积压、过时，甚至是质量有问题的产品作为奖品，这会让消费者感到商家不守诚信，没有真心对待顾客。

（3）现金奖励。在许多情况下，现金奖励是对经销商和销售人员的竞赛奖励的主要方式。比较而言，现金奖励容易衡量，并且为所有竞赛参与者所接受。与商品作为奖品的竞赛和抽奖活动相比，有时效果会更加明显。比如，一些白酒生产企业，为了鼓励消费者多购买、多消费自己的品牌，干脆将人民币等现金放入包装内，使消费者真切感受到中奖的喜悦。

将其他公司的产品或服务作为奖品是一种合作SP形式，双方都可以从中受益，这种合作的领域和范围非常广阔，同行业的公司可以合作，不同行业的公司也可以合作。例如，许多公司对经销商的奖励是国内或国外旅游，还可以是参与一种培训；公司对销售人员的奖励也可以采用上述办法。对目标消费者的奖励要与他们的生活方式相符，否则，效果就会很差。

4. 竞赛和抽奖过程要简单易操作

这两个方面又与目标顾客的需求特点和心理特征有关。比如，对于那些消费者因经济原因一时无法购买的必需品，消费者通常愿意花费时间参与企业举行的竞赛活动，希望借此机会能够"天上掉馅饼"，说不定就"白得"一样东西；对于那些喜欢参加群体活动、喜欢竞技的消费者，竞赛式促销会对他们很有吸引力。

微案例6.1　马自达汽车摄影比赛促销活动

日本汽车制造业中，丰田、日产等品牌已扬名国际，马自达(Mazda)汽车仅在日本屈居第四位。为扩大市场占有率，该公司于1985年推出一个极具创意的促销活动，这是一个以"马自达汽车提高生活情趣"（Having fun with Mazda cars and trucks）为主题的全世界摄影比赛活动，成功地向全球传达了"马自达是一家讲究品质的国际性的大公司"的信息。

马自达汽车公司认为，这项活动至少可以达成两大目标：第一，由于举办全球摄影比赛，影响波及全世界；第二，入选的照片以不同国家作背景，即便是偏僻地区的国家，也有机会入选，加强了马自达的全球形象。

此项活动的基本做法是把入选的照片印成月历作为店面广告(POP)，以此来招徕顾客。"马自达汽车提高生活情趣"为主题的摄影比赛的收件日期，定为同年6月1日至8月30日，并从6月18日至7月16日在影响极大的美国《时代》杂志的全世界不同版本上刊登广告。呼吁各国摄影者可在各地马自达汽车展示场索取申请表，按规定提交参选作品，照片内必须有马自达汽车，但不限汽车是否为其所拥有，并须以各国风光作陪衬；录取前20名，每名奖金3000美元；入选作品版权归马自达所有，得奖作品及得奖人由11月19日由《时代》杂志公开宣布；并将入选作品印刷成13万份月历，分发给世界各地的经销商。

此项活动在媒体方面用了56.39万美元，在促销方面用了14.9万美元，总共预算为71.29万美元。结果总共收到来自世界各国4000位参选者的作品，13万份月历散布世界各马自达经销商，大大提高了马自达的国际形象，促进了马自达汽车的销售。

互动讨论题：马自达汽车摄影比赛促销活动的成功之处何在？

促销专论6.1　抽奖促销与赠券促销有效性比较研究

抽奖促销，还是赠券促销，这是一个问题。研究者探讨了决定抽奖促销比赠券促销更有吸引力的边界条件。研究发现，促销方式的相对吸引力受到"促销设计特点""产品特点"和"消费者风险态度"等三个因素的影响。

消费者所购买产品的价格是消费者对促销价值判断时的一个重要情景因素。当消费者所购买产品是高价产品（例如，耐用品）时，具有非常低中奖率但奖品价值非常高的抽奖活动的高价值奖品对于消费者制定购买决策具有非常强的诊断性，因而抽奖促销的权重系数将被高估，并进而导致抽奖促销比赠券促销对消费者的价值更高、更有吸引力。相反，当消费者所购买产品是低价产品（例如，日用品）时，具有非常低中奖率但奖品价值非常高的抽奖活动的高价值奖品对于消费者制定购买决策具有非常低的诊断性，因而其权重系数将不再被高估，甚至可能被低估，进而导致抽奖促销在促销吸引力方面失去其相对优势。

抽奖促销与赠券促销的另一个重要区别是，抽奖促销对于消费者来说是有风险的，而赠券促销对消费者来说是无风险的。消费者对风险的态度是不一样的。根据消费者对待风险的态度，可以将消费者分为两大类：风险爱好者（risk-prone）与风险厌恶者（risk-averse）。进而可以推测，爱好风险的消费者更喜欢抽奖促销，而厌恶风险的消费者更喜欢赠券促销。

所以，出于对产品特点、促销设计特点和消费者风险态度的考虑，研究者在研究中提出了两个假设。假设一：当消费者购买高价产品时，低中奖率的抽奖促销比赠券促销更有吸引力；当消费者购买低价产品时，低中奖率的抽奖促销吸引力的相对优势将消失。假设二：对于爱好风险的消费者，低中奖率的抽奖促销比赠券促销更有吸引力；而对于厌恶风险的消费者，赠券促销比低中奖率的抽奖促销更有吸引力。

为了验证上述假设，研究者做了两个实验：实验一研究在促销预算一定的情况下，抽奖促销与赠券促销的相对吸引力比较，以验证研究假设一；实验二研究在促销预算一定的情况下，抽奖促销与赠券促销对不同风险态度的消费者的吸引力比较，以验证研究假设二。研究结果表明：

第一，抽奖促销与赠券促销的相对吸引力受到促销设计方式的调节作用。具体而言，中奖率较大的抽奖促销不如赠券促销更有吸引力，而中奖率很低但奖品价值很高的抽奖促销却很可能比赠券促销更有吸引力。

第二，抽奖促销与赠券促销的相对吸引力受到产品特点的调节作用。具体而言，对于高价产品低中奖率的抽奖促销比赠券促销更有吸引力，对于低价产品低中奖率的抽奖促销与赠券促销的吸引力没有显著差异。

第三，抽奖促销与赠券促销的相对吸引力受到消费者风险态度的调节作用。具体而言，对于偏好风险的消费者，低中奖率的抽奖促销比赠券促销更有吸引力，对于厌恶风险的消费者，赠券促销比低中奖率的抽奖促销更有吸引力。

学者们的研究结果对于企业营销活动具有重要的管理启示。首先，研究发现，对于高价产品而言，低中奖率的抽奖促销比赠券促销更有吸引力，对于销售高价产品（例如，销售数码彩电、电冰箱等）的企业，可以考虑使用低中奖率的抽奖促销以"幸运大奖"吸引消费者购买，而不是采用赠送现金券的促销方式。其次，研究发现，消费者风险态度对于低中奖率的抽奖促销与赠券促销的相对吸引力具有调节作用，对于偏好风险的消费者，低中奖率的抽奖促销更有吸引力，对于厌恶风险的消费者，赠券促销更有吸引力，企业在进行促销活动时可以根据自己产品目标顾客群的风险特征选择合适的促销工具。最后，研究对于企业设计促销工具也有启示意义，当奖品是功用性奖品且奖品总价值一定时，欲让抽奖促销具有更大的促销价值与吸引力，从营销视角来看，企业设计抽奖促销时应考虑使用具有低中奖率高奖品价值的"幸运大奖"方式，而不是具有中等或比较大的中奖率的"人人有奖"方式。

（资料来源：高充彦，郝辽钢，贾建民. 抽奖促销与赠券促销有效性比较研究：一个促销价值模型 [J]. 管理评论，2008（5））

6.2 经销商的销售竞赛

举办经销商的销售竞赛主要出于两个目的：一是激发经销商的合作兴趣与支持，加大进货和分销的力度，缩短物流时间；二是希望借此加强与经销商的关系，密切彼此的配合。经销商销售竞赛的方式一般有以下几种：

（1）购买量竞赛。
（2）总销售量竞赛。
（3）基于配额的销售竞赛。
（4）新产品或库存产品的销售竞赛。
（5）销售额增长速度竞争。

为了使竞赛有效果，竞赛的规则必须公正合理，给每一个中间商或零售商以公平竞争的机会。同类产品或服务在不同品牌之间竞争，往往在销售渠道上表现得十分激烈，即争夺经销商、零售商之战。在这种争夺战中，举办经销商销售竞赛活动是一种重要的武器，因而有时使经销商销售竞争愈演愈烈，不断升级。

渠道（通路）的畅通是所有企业保持生命、实现营销计划的关键所在。而经销商在营销体系占据着重要的地位。在所有的经销商SP中，经销商竞赛是生产商常用的SP手段，事实证明，经销商竞赛确实是行之有效的。最经常使用经销商竞赛的有软件业、IT行业、汽车业、移动PC、非处方药、饮料等快速消费品等。

1999年11月24日，武汉市天源沙棘饮品有限责任公司邀请湖北省内数十家新闻媒体，在华中国际博览中心举行了隆重的"高原皇向名牌经销商授车仪式暨新闻发布会"，向襄樊、沙市、孝感、咸宁等15个湖北地市经销商颁发了"名牌客户"荣誉证书，并授予15家经销商福田小卡车一辆或昌河面包车一辆。"高原皇"评选名牌客户是武汉商界甚至全国商界首创，其大手笔对经销商奖励也是业界罕见，引起了很大的社会反响，大大调动了经销商的积极性。12月19日，澳门回归前一天，应众多经销商的强烈要求，并结合考核结果，"高原皇"再次隆重举行了授车仪式，向宜昌、宜都等5个地市经销商颁发"名牌客户"荣誉证书，并予以授车奖励。在短短不到一个月的时间里，"高原皇"就向20家经销商奖励了20辆车，并颁发"名牌客户"荣誉证书，总投资近100多万元。"高原皇"这一维护、培养经销商的举措，让各地经销商很受感动，当然产品也就随着这一感动迅速冲向市场。

6.3 销售人员的销售竞赛

6.3.1 销售人员的销售竞赛适用场合

对于那些依靠销售人员个人及团队推广的销售工作，采用销售人员的销售竞赛，可以实现拉回销售量和对销售人员进行培训等目的，此外，还可以用于振奋销售人员及其组织的推销士气。因此，在以下几种情况下适于采取销售人员的销售竞赛活动。

一是当企业需要提高销售人员的个人或销售小组的销售量时，可以开展销售人员的竞赛活动。

二是当企业需要增强推销人员的自信与自尊时，销售竞赛活动有助于展示销售人员个人的能力，从而树立销售人员的信心，或者是鼓励销售人员树立远大目标，向优秀的销售人员学习。

三是当企业需要加强销售组织的团结及归属感时，销售人员团队之间的竞赛活动更加有效。

四是当企业需要教育和培训销售人员时，销售竞赛也是一种行之有效的方式。销售竞赛是销售人员学习及提高销售知识、磨炼技术、改善销售的方法的机会，具有教育意义。

五是当企业希望销售业绩创出新纪录时，通过竞赛活动通常会实现目标。

六是当企业面临对手的强大压力，需要维持一定的市场占有率时，开展销售人员的竞赛活动也有一定的作用。

例如，2006年，广州本田在广州举行"喜悦之星"销售精英大赛，这是广州本田举办的首届大规模销售技能大赛，来自广州本田全国特约服务店的20名销售代表进入了总决赛。广州本田举办此次竞赛的目的是提升广州本田全国特约店销售和售后服务，因为对于广州本田来说，虽然出现了新兴的网络销售渠道，但传统的销售网络仍然是目前本田汽车销售服务的重点。

6.3.2 销售人员的销售竞赛常用方法

1. 销售人员销售竞赛方法

开展销售人员销售竞赛的方法很多，但以下三种形式比较常见。

一是销售竞赛，即举办销售人员与销售人员、销售小组与销售小组相互之间的竞赛。这是销售人员或团队之间的竞赛。这种竞赛方式通常对于那些由团队共同完成的销售工作比较适用；或者是对于那些程式化的销售工作比较适用。

二是销售赠奖，即对达到一定销售目标的销售人员，予以特别的奖励，如津贴、奖金、奖品、旅行、休假，等等。这种奖励，是薪资制度之外的奖励。奖励的条件可以有以下两种：一是按一定期间的销售实绩，例如，周、月、年等按该期间内的销售成绩比例支付；二是按特定商品的销售实绩，如限定销售商品项目，某种特定商品或某商品系列，或对新产品或库存品扩大销售时。奖励的方法可以是颁发奖金；可以是赠给奖品，比如达成120%业绩的销售人员，均赠20吋彩色电视机1台；还可以是奖励其旅行假期，并提供一定金额的旅费，以刺激相互之间的竞争。这种竞赛方式非常适合于依靠销售人员个人销售技巧和推销努力的销售工作，例如，保险公司对销售人员的奖励就属于这一类型。

三是让优秀销售人员出名，使杰出的销售人员的成绩受到肯定和推崇，获得受尊敬的地位。如日本人寿保险公司实施"日生俱乐部员制度"，美国也有"百万美元圆桌俱乐部制度"，激励销售人员向更高的目标迈进。这种方式比较适合那些需要鼓励销售人员，培养销售人员的职业精神和帮助销售人员树立积极的工作态度的企业。

销售人员的竞赛方法也与文化有关，不同文化背景的销售人员会偏好不同形式的竞赛和奖励活动。比如，据美国国内的一项调查结果显示，各行各业花在激励销售人员的费用高达52.3亿美元，其中有11.2%为旅游犒赏费用，9.4%是购买礼物送给销售人员；而销售人员最喜欢的奖励是旅游（占 40%）、礼物（占 39%）、现金（占 21%）；而所有受访的主管均认为给予销售人员奖励，是最有效的奖励办法。在我国，旅游奖励方式也越来越受到欢迎，不过如何组织获奖的销售人员参加旅游活动也是需要精心考虑的问题，要防止因旅游专利号不愉快而使奖励的效果打折扣。

2. 销售人员销售竞赛标准

在开展销售人员的竞争中，正确把握销售竞赛的标准很重要，必须重视评估销售人员的四项素质：一是关于工作的知识（Knowledge）；二是对销售的正确态度（Attitude）；三是关于熟练的推销技术（Skill）；四是关于有效的推广活动及良好的习惯（Habit）。这四个方面也简称为KASH 标准，其中最重要的是正确的态度，这对发扬销售人员的士气，会产生直接的影响。

上海通用别克就曾针对销售顾问的服务水准问题对销售顾问进行竞赛活动，目的是通过竞赛活动从整体上提升销售顾问现场销售能力和服务水平。

2006 年 10 月 27 日，上海通用别克在湖北博诚别克专营店内举办三区所有经销商汇聚的"销售顾问试乘试驾竞赛"，目的是强化试乘试驾这一环节中销售顾问的真实能力，即标准化流程，让顾客有参与感，使其充分感受到"上海通用别克"周到细致的服务。随着服务意识的提高、市场竞争的加剧，各大汽车品牌厂商都对提升顾客服务满意度提出更高的要求。上海通用别克品牌倡导"别克关怀"的服务理念，但是公司发现，虽然销售顾问已积累了一定的销售经验，但在试乘试驾这一环节上的标准流程与销售话术仍待进一步加强。试乘试驾是让顾客感性、直观地了解车辆信息的最好机会，为了让顾客能够体会到别克关怀，通用别克特地规范了有关试乘试驾的标准流程。为了更好地引起重视，规范、加强各店试乘试驾的标准化流程，激发出更优异的销售话术，整车销售培训与第三方公司合作，举办为期 4 个月的"试乘试驾竞赛"，以期销售顾问从中得到锻炼，为广大消费者提供更周到的试乘服务。为了保证此次竞赛的公平性，在大区竞赛开始前，将开展"神秘顾客"暗访活动。

3. 销售人员奖励因人而异

针对销售人员的竞赛奖励不仅与文化有关，也与销售人员的个人的生活方式和心理特征有关。从销售工作的性质上看，并非所有人都可以胜任销售工作，遗憾的是，在我国，有许多销售人员并没有将销售工作看作是一项伟大的事业，或者是值得用心的工作。比如，即便是就读于高校市场营销专业的学生，也有许多人认为销售工作是一件苦差事或者说是一件不那么体面的工作（除了收入较高外，别无吸引力）。因此，从态度上讲，销售人员就有喜欢销售工作与不喜欢销售工作两种。对于后者，那些有助于提升其工作能力的奖励方法并无大用，反倒是那些能带来直接的金钱利益的奖励方式会更有效。但是，对于前者，那些有助于提升其职业声望、标明其工作业绩的符号作用会很大。例如，获得"标兵""冠军""状元"之类的称号对这类销售人员会很有用。此外，销售人员的个性也影响对奖励方式的偏好。美国盖洛普管理顾问公司将销售人员分成四种：竞争型、成就型、自我欣赏型和服务型。显然，对于竞争型和成就型的销售人员与自我欣赏型和服务型的销售人员，奖励方式会很不同。

4. 销售人员竞赛奖励误区

对销售人员进行适当的奖励是学者和营销管理者都十分关注的问题，它表明销售人员的奖励工作并非一件简单容易的事情，竞赛活动的设计要体现鼓励先进的原则，避免产生各种负面因素。销售竞赛的根本目的是促进企业产品和服务的销售，如果与这一目标相悖，销售竞赛就是不合理的，甚至是失败的。

微案例 6.2 饮料行业的有奖销售模式升级

作为一种屡见不鲜的促销工具，有奖销售策略正在遭遇挑战。一方面，"中奖难，兑奖难"的现象在有奖销售中频繁发生，比如康师傅饮品的有奖瓶盖难以兑奖，经销商的解释是"厂家还没给他们配兑换的饮品或不知道兑换哪种"；又如世界杯期间，消费者凭印有夺冠国家队名和"冠军"字样的百事可乐拉环或瓶盖，就能赢得2010元现金大奖，但是自始至终"冠军"瓶盖都难觅其踪。就像"狼来了"的故事，消费者在经历多次"中奖难，兑奖难"之后，普遍认为有奖销售只是企业的一个噱头。另一方面，传统有奖销售的实质是企业用价格杠杆来吸引消费者，目前，"开盖有奖"风靡饮料行业，康师傅、统一、娃哈哈、和其正、霸王凉茶，还有珠江、燕京等啤酒品牌都一拥而上，仿佛有奖销售已经成了饮料行业的"标准"，过犹不及。

面对追求个性化、购物渠道多元化和过程体验的新时代消费者，企业惯用的有奖销售策略需要调整。互联网时代，消费者需求和购买行为已发生质变，所以企业必须从以金钱刺激为主的短期交易型模式，向以品牌体验为主的长期关系型模式转变。然而，如何成功实现这一变革？如何降低消费者对价格杠杆的敏感度？如何升级有奖销售模式？因此，实现有奖销售从交易型营销转变为关系型营销，通过有吸引力的有奖销售来识别并保留对企业真正有价值的顾客，有针对性地实行有奖销售创新与升级，成了企业必须面对的变革。

正视网络时代更喜欢展示自我、更强调购物体验、更重视亲友关系、更不容易被短期促销活动打动的消费者，一些涉足饮料行业的企业围绕关系和体验两个核心关键词，对有奖销售的形式进行了全面创新。

华润雪花：生活方式吸引人心

你一生最大的梦想是什么？几乎每个人都会回答——环游世界，因为面对工作压力和越来越雷同的日常生活，消费者日渐渴望能脱离钢筋水泥的包裹，走入大自然。华润雪花抓住了消费者的这一心理，于2011年推出了以尊重和热爱生命为核心的"勇闯天涯——穿越可可西里"主题活动。活动期间，凡是热爱雪花啤酒勇闯天涯的顾客，均可在销售雪花啤酒的餐饮店或大卖场向工作人员及促销人员免费索取活动的"通行卡"，凭借此卡消费者能够有机会获得不同等级的奖励。比如，特等奖获得者可参与两江源头户外探险活动；一等奖可获便携式户外桌椅冷藏箱；二等奖可获软体车载冰箱；三等奖则赠送户外腰包。华润雪花此次有奖销售的所有奖品都与户外探险、户外旅行相关，如果单从金钱方面考虑，奖品可能比不上航空公司提供的里程奖励，但是华润雪花让消费者体验了"走出去"的生活方式，为他们的梦想旅程做了准备。

康师傅茶饮料：注重活动的互动性

康师傅"校园赢茶总动员"活动，邀请人人网用户为自己的学校投票积攒人气，人气胜出的城市，品牌代言人安以轩会在该城市中选择一所人气高校，亲临校园给大家派送康师傅茶饮料、卓越礼品卡、拍立得相机及iPad 2等奖品。正如一位参与者所言："不会为了奖品去参与活动，但为了寄托了青春时代美好回忆的学校，我们愿意。"

可口可乐美汁源：展示自我，来分享吧

面对有着强烈自我表达意愿的新兴消费者，企业需要用彰显自我风采、实现自我价值的方式吸引大家参与，让有奖销售真正"奖"到消费者心里。2011年，可口可乐美汁源推出了"果粒多更多，欢乐齐分享"微博互动活动，活动期间凡购买美汁源饮料，并将自己与美汁源的合照上传至腾讯微博的消费者，都可获得赠饮一瓶。与此相似，《嘉人美妆》杂志邀请读者把自己的美妆、美肤照片上传至官方网站由网友评选，获胜的最美主角可以得到《嘉人》杂志赠送的化妆品，还有机会作为嘉宾参加《美丽俏佳人》的节目录制。

通过扫描不同企业有奖销售的创新形式，不难发现，这些新的尝试已经不再局限于对消费者的金钱诱惑，而是更加关注消费者生活方式的变迁、心理需求的升级及对情感体验的渴望。所以，企业有奖销售模式的升级路径可以归纳为：以企业战略为指导，充分发挥新媒体的力量，融合情感、娱乐、互动等多元要素强化品牌体验，同时坚守企业的生存根基——"诚信和责任"，只有这样才能真正打动消费者，让企业的品牌形象更加鲜活、深刻，实现可持续发展。

（资料来源：余伟萍，爱玲，桂敏. 醉翁之意不在酒：有奖销售模式升级［J］. 销售与市场，2011（9）；王老吉官方网站. http://www.wlj-china.com/）

互动讨论题：
1. 请归纳案例中不同企业有奖销售做法的特点。
2. 围绕"消费者关系"和"品牌体验"，可能的有奖销售创新路径还有哪些？
3. 结合当前市场中某饮料公司的有奖销售实践，谈谈其做法的可圈可点之处。

本章案例

百乐促销，如何让消费者"乐"购？

■ **案例情境**

百乐是一家著名的食品公司，主要生产销售健康果蔬食品。公司的产品主要通过超市进行销售，而且销售量维持在较高水平。今年，公司决定增加产品线，进军饮料行业，生产销售新产品"乐缤纷"果汁。公司决定利用春节这个销售时机，通过开展促销活动的方式让新产品顺利进入市场并且占据一定的市场份额。但是，公司市场部总监Tony深知饮料行业白热化的竞争，在超市中，每天都有饮料在进行促销活动。饮料行业中涉及的促销类型除了销售促销外，还有广告、人员促销等，因此，要想实现促销效果，需要制订更缜密周全的计划。同时，随着全球经济环境萧条、国内原材料成本上升等，"乐缤纷"果汁在促销费用上的投入受到资金压力和成本提高两个因素的限制。因此，除了考虑销售促销的形式和内容外，促销费用也是公司必须考虑的。

1. 奖励金额：大额还是小额

"圣诞大促销啦，买一送一！""薯片全场8折优惠，还有机会参加抽奖活动！"……百乐市场部总监Tony正在巡视超市货架，耳边不时传来商家圣诞节促销的吆喝声，可是促销摊位前的顾客却寥寥无几，促销人员也显得有些无精打采。他不禁放慢了脚步，回想起一年前圣诞促销热闹的场景。"看来今年的经济形势真的不太理想，连超市的客流都少了许多。"Tony心中默默想着,"那接下来公司准备推出的新产品'乐缤纷'果汁,能不能顺利上市啊?"

从超市刚回到公司,Tony便召集了部门成员,开了个简短的会议。"我看了这个季度的销售报告,很明显,各个产品的业绩都不太理想,大都没有实现预期的增长。当然,经济环境不好、消费者需求低迷是主要原因。公司决定在这个时期推出'乐缤纷'果汁,对于市场部来说,是个很大的挑战。大家都认为新产品上市的成功与否,很大程度上取决于促销活动是否有力。"Tony凝重的表情告诉大家这次会议的重要性。

加入公司时间不长但敢于表达自己想法的小艾首先发言:"大家都知道,促销往往能够在短时期内增加新产品对消费者的吸引力,让消费者尽快熟悉并且接受新产品。不过,以往公司促销奖励基本都是小额奖励,例如,顶圣诞帽或者一个环保袋。今年能否提高奖励的价值?一般来说,大额奖励肯定会吸引更多消费者的关注,而且还能够帮公司建立更为正面的品牌形象。"

"我认为提高奖励金额的方案不太可行。"在百乐公司工作已经超过5年的赵梅熟悉公司运作流程,分析问题一针见血,她摇摇头说道,"提高奖励金额的做法的确很有吸引力,但是成本太高。今年的经济形势不好,原材料价格一涨再涨,公司销售业绩也不太理想。因此,估计能够拨给新产品的促销费用非常有限。希望公司增加促销预算、提高奖励金额的想法有些不切实际。"

"消费者现在每天都面临着越来越多的促销,随便走在大街上都能碰到促销奖励,如果奖励的价值不大,对企业来说,往往是钱也花了却没有达到预期的效果。而且,小额奖励可能还会影响消费者对新产品的感知,他们可能会根据产品提供的奖励来判断其定位,甚至是公司实力。"小艾进一步补充道。

一时间,会议仿佛陷入了僵局,大家都沉默着。Tony皱着眉,端起面前的那杯铁观音,回味着刚才的争论,自言自语道:"小艾说得没错,新产品,尤其是饮料这类入口的产品,消费者的感知风险较高,小额奖励的吸引力很可能无法抵减购买风险。但赵梅的担心也没错,今年公司的效益不如往年,新产品的促销预算肯定不会大幅增加。有没有可能找到一个既不增加成本,又有吸引力的促销方式?"

2. 奖励方式:确定性还是不确定性

"大家有没有留意,我们常用的赠品促销中奖励金额无论是大额还是小额,只要消费者购买了产品,就可以获得相应的奖励。但还有一种奖励方式,其金额是不确定的,消费者购买产品,有可能获得大额奖励,也有可能获得小额奖励。其实这种不确定奖励方式也经常为企业所用,如抽奖促销、刮刮卡等。一方面,这种不确定奖励方式可以降低公司的促销成本。另一方面,公司又可以通过向消费者提供获得大额奖励的机会增加促销的吸引力,同时刺激购买。其实这种形式的促销活动在全球都很流行,其中可口可乐公司举办的My Coke回馈计划中"My Coke Under the Cap"即时获奖抽奖活动和麦当劳公司的大富翁游戏效果非常显著。近几年,零售商越来越多地使用即时获奖游戏作为促销,正是因为这种游戏无论是在网上还是在门店都很容易控制,而且它也能有效增加零售商网页的浏览量。"小艾的这次发言显然更有说服力,大家才发现之前都陷入赠品促销的固定模式,如果跳出这个传统的促销方式,其实一举两得,既吸引消费者、成本又可以接受的计划还是可能的。

赵梅显然没有了刚才的完全否定态度,但仍然心存疑惑地说道,"的确,这种不确定性奖励的方式能够降低公司的促销成本。我之前也考虑过采用抽奖的形式,但实际运用中这种促销方式存在一定的风险。消费者都是风险厌恶的,除非风险非常小,否则,与收益相比,消费者要倾向于风险规避,相比不确定收益,消费者更倾向于确定收益;也就是说,有可能存在消费者排斥不确定性奖励或者关注不确定性奖励中的低价值奖励等现象。所以我认为这种不确定性奖励会带来风险的。当然,现在很多商家都在用这种不确定性奖励,而且不乏成功的例子,说明这种奖励是在一定条件下能出现促销效果的。"

会议室又一次陷入了沉默,大家都在思考着,小艾和赵梅两人说得都有道理,究竟公司在新产品促销时应当选择哪种奖励金额和奖励方式呢?

相关概念与理论

1. 风险规避

一些在经济学和心理学领域的著名研究表明了:对比不确定性的利益,消费者更倾向于确定性的利益。消费者是风险厌恶的,风险厌恶表明了一个无风险的利益总是比一个含有不确定性的价值同等的利益更受欢迎。在不确定性的利益中,消费者面临着损失或者受益减少的风险,因此消费者更偏向确定性利益。

2. 前景理论

前景理论首先由国外学者 Kahneman 和 Tversky(1979)明确地提出,认为人们通常不是从财富的角度考虑问题的,而是从输赢的角度考虑,关心收益和损失的多少。除非风险非常小,否则,与收益相比,消费者更加倾向于风险规避。同时,人们在面临获得时,往往不愿冒风险;而在面对损失时,人们更倾向于冒险。前景理论包括三大效应:确定性效应、反射效应与孤立效应。

1)确定性效应(Certainty Effect)

Kahneman 和 Tversky(1979)描述了"确定性效力"现象,这个现象表明了在收获区域中,确定性的结果相比个人会低估不确定概率性结果。确定性效应导致了当选择中包含确定性收益时的风险厌恶及当选择中包含确定性损失的风险寻求,并且强调消费者是如何在没有正当理由的情况下规避风险或者是不确定性的。之后,Gneezy、List 和 Wu(2006)确定了一些场景,在这些场景中,对比含不确定性的回报,人们更加看重可能出现的最差结果。如在他们的实验当中,人们付钱去参加一个可获得金钱收益的彩票的意愿比直接获得彩票能带给的最低的回报的意愿低。这表明了人们是偏向规避风险的。

2)反射效应(Reflection Effect)

当正负前景的前景绝对值相等时,在负前景之间的选择和在正前景之间的选择呈现镜像关系。我们可以由价值函数反映反射效应。从价值函数的凹面(和其他效用函数在收获区域满足凹面一样)我们可得到这样的一个概念:除非风险非常小,不然的话,与收益相比,消费者更加倾向于风险规避(Kahneman 和 Tversky,1979),而且消费者更倾向于确定的回报而不是不确定的但价值同等的回报(Bernoulli,1954;Dhar、Gonzales-Vallejo 和 Soman,1995)。

价值函数是一个 S 形函数(见图 6-2),中性点

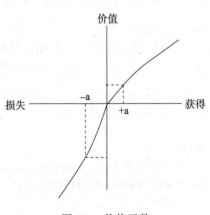

图 6-2 价值函数

即是判断决策的参考点。总的来说，价值函数是有以下特征：①从参考点开始定义偏离；②对于获得是呈现凹面，对于损失是呈现凸面；③损失函数比获得函数更陡峭。这表明一个人损失一笔金额的痛苦要比获得相同金额的快乐显得更大。

3）孤立效应（Isolation Effect）

为了简化选项中的选择，人们往往会忽视选项中共同的部分，而关于差异的部分。这样会导致不一致的偏好，因为一组前景被划分为共同和差异的方式是多样的，不同的划分有时会导致不同的偏好。

3. 不确定的吸引力

研究表明了消费者可能不会用严密的数学验证来评估这些促销活动，而且，他们有时候会用"幼稚的乐观观点"来解释不确定性。

乐观分为两种，第一种乐观是有意识的，如当人们意识到人口基数率（例如，90%新开的餐馆都会倒闭），但是却相信这种概率问题只会发生在其他人身上而不是自己身上（例如，一个人会觉得自己喜欢的饭店只有20%的可能性倒闭）。第二种乐观是跟我们这个研究相关的，这是一种先天的或者说自发的乐观，如人们面对不确定的结果或事件的第一反应是用乐观的角度去解释（Bar-Hillel 和 Budescu，1995；Taylor 和 Brown，1988）。在经过仔细思考之后，有乐观的意识可能会继续下去。然而和有意识的乐观不同，自发的乐观是一种发射性的反应，在经过仔细思考后，这种反应会被抑制或削弱（例如，事实上的可能性概率）。例如，当注意到基数率时，这种自发的乐观将会被抑制。此前的一些研究已为这一现象提供了支持。

研究表明，在不影响人们自我感知的可能性判断时，自发性的乐观会使人们从乐观的角度去解释不确定（Bar-Hillel 和 Budescu，1995；Krizan 和 Windschitl，2007）。Dhar、Gonzales-Vallejo 和 Soman（1999）在他们的研究中发现，在低风险的情况下，不确定的折扣幅度比确定的折扣更能吸引消费者。Norton、Frost 和 Ariely（2007）发现了在人际吸引中也有相似的效果。在网上相亲中，人们对预期的对方知道得越少（更加不确定的结果），他们越喜欢。Wilson 和他的同事（2005）就"快乐悖论"来描述了一些能给不确定性带来益处的不可预知利益。例如，消费者有时候会牺牲不确定性所提供的（对于一个小礼物来源处的不确定）来源于某种欲望的快乐，以获取更多的信息（增强可预知性）。

（该案例受中山大学管理学院案例中心资助，由朱翊敏副教授和硕士研究生徐岚共同完成）

■ 互动讨论

针对"百乐"促销，如果你是林总的话，你会选择怎样的促销方案呢？是用大额奖励还是小额奖励呢？是用确定性奖励还是不确定性奖励呢？如果是不确定性奖励，不确定奖励的范围应该是多少呢？你的理由是什么？请结合消费者心理和消费者行为的相关理论，试分析消费者接受促销背后的心理过程及其对企业促销决策的启示。

■ 推荐阅读

Goldsmith Kelly. Can uncertainty improve promotions[J]. Journal of Marketing Research, 2010, XLVII (December): 1070-1077.

1. 如果一家生产洗衣机的公司希望促销某一新品牌产品,计划开展针对销售人员和针对消费者的竞赛促销活动,请为这家企业策划两类促销活动,注意二者之间的协调与配合。

2. 随着奖励旅游的兴起,某旅游公司计划推出一项专门为各类机构定制的奖励旅游项目。请为这家旅游公司策划一个奖励旅游项目,目的是吸引各类机构用来奖励其优秀的员工。

3. 请为一家零售商店策划一次大型抽奖活动,目的是在春节前夕吸引更多的消费者前来购物。

[1] 鲁培康. 有奖销售的价值在于互动体验[J]. 销售与市场(管理版),2011(10):5.

第 7 章　组合 SP 策略

引例　一键 Uber，惊喜不断

　　Uber 成立于 2010 年 8 月，总部位于美国旧金山，以移动应用程序链接乘客和司机，提供租车及实时共乘的服务。按照抽取车费的 20% 作为佣金估算，其 2015 年的收入大约在 20 亿美元。截至 2015 年，虽然 Uber 在中国仅进入了上海、北京、广州、深圳四个城市，但它已经变得相当火爆，在市场营销方面，也做得非常出色，取得了相当好的成绩，赢得了消费者的信赖和支持。易观智库发布的《2015 年第二季度中国专车市场监测报告》显示，滴滴以 82.3% 的绝对优势占据了行业活跃用户覆盖率首位，Uber 和神州专车分别以 14.9%、10.7% 位列第二名和第三名。

　　Uber 在跨界合作的道路上得心应手，2015 年，Uber 不发红包，不打折，只是联合了诸多志同道合的品牌推出了一个又一个有趣的活动。

　　5 月，广州。Uber 联手曜能量推出英雄专车，给你一个正能量的理由。5 月 8—9 日，如果你身处广州，不仅能看到这些拯救世界的大英雄，还可以享受他们提供的驾车服务。

　　6 月 20—21 日，成都。Uber 携手京东音乐节，邀请全城一键 Uber，齐聚保利公园 198，用音乐浇灌昼与黑，与"与众不同"为伍，做自己的大咖，和 Uber 一起玩转京东音乐节。

　　6 月，北京。Uber 联手亚马逊生鲜馆，一键送生鲜。用户只需像平时打车一样，在 20 和 21 日两天正午 12 点到下午 3 点打开 Uber 的客户端，然后在车辆选项中选择"Feast"专车即可。系统会自动分配最近的车辆，并获得半价购买牛排和海虾套餐的机会，Uber 包邮。

　　7 月，北京。Uber 联手华润置地，初伏天送福。热浪袭人下打车软件使用频率激增，用户使用打车软件 Uber，会发现有"初伏送福""跑车送花""输入华润置地楼盘名得乘车优惠"及"华润置地经理人预约看房"等多重优惠和惊喜。

　　7 月 9 日，上海。Uber 联合平安壹钱包发起"一键呼叫一个亿"活动。当天只要你在上午 10 点到下午 3 点间打开 Uber 客户端，就可以一键呼叫一辆专属你的 Uber 壹钱包运钞车。一键呼叫 Uber 成功之后，壹钱包账户里面将会出现 1 亿元。

　　8 月，成都。中国最"壕气"的文化旅游项目万达旅游城，联合 Uber 进行跨界合作请全城人去看流星雨。8 月 14 日晚上 8 点，都江堰，500 万人民币 15 分钟打上天，为大西南三千年青城山献上最美焰火秀，全城一键优惠呼 uber（老用户），注册输入"成都万达城"获 50 元乘车金（新用户）。

　　在互联网的营销洪流中，品牌跨界百花齐放，玩法层出不穷。除了上面跨界营销之外，Uber 的"一键呼叫系列"营销也赚足了公众的眼球。

　　1 月，一键呼叫舞狮队：上海、广州、深圳。Uber 推出一键呼叫舞狮队。用户如果在客户端看到舞狮队，可以选择叫舞狮来表演，持续20分钟。

4月，一键呼叫佟大为：上海。Uber推出一键呼叫佟大为活动。Uber邀请佟大为驾驶特斯拉，作为司机满城市转悠拉客。

4月，一键呼叫摇橹船：杭州。这个春天，用户可以通过Uber下单登船游湖。

4月，一键呼叫人力车：北京。在什刹海地区，用户可以召唤最近的人力车度过40分钟胡同之旅。

4月，一键呼叫CEO：北京。16个企业高管乘坐轿车围绕清华转，学生通过Uber客户端叫车，和高管在车上进行15分钟面试。

4月，一键呼叫直升机：上海。这次活动邀请了赵又廷作为首飞乘客，价格2999元，20位用户成为首批乘客。

4月，一键呼叫移动图书馆：深圳、成都、重庆、武汉、天津。4月23日"世界读书日"当天，Uber在这五大城市携手青番茄推出了大型公益阅读活动，打造移动图书馆。同日，在北京地区也推出了"一键呼叫UBER×KINDLE书单"活动。

7月，一键呼叫冰激凌：7月24日，Uber冰激凌日，是Uber每年夏天举办的一项全球性的趣味活动。2015年国内多个城市参与，而且在每个城市，Uber都会融入独具匠心的创意，以最贴近当地用户的使用习惯和生活方式的形式开展该活动，例如，极具成都特色的冰麻花椒口味冰激凌。

8月，一键呼叫帆船：青岛。活动当日上午11点，只要打开Uber客户端，身在青岛的市民即有机会享受一键叫帆船服务，体验豪华帆船启航出海。

（资料来源：Uber 官方微博；http://www.cnit-research.com/content/201507/1267.html；http://www.digitaling.com/projects/14349.html；http://www.digitaling.com/projects/14941.html）

组合SP是指整合或综合运用多种SP手段，或由多家企业参与，来开展SP活动的促销策略。组合SP策略一般通过以下几种形式出现：联合促销、顾客忠诚计划、事业关联营销和活动促销等。

7.1 联合促销

联合促销（Joint Promotion），是指两个以上的厂商（这些厂商可以分处不同的行业），基于相互利益的考虑，共同进行广告及共同推广产品和服务。比如，航空业与旅游业、旅馆、购物超级市场联合促销，顾客只要走进其中的任何一家企业，就可在各个环节都享受优惠。

7.1.1 联合促销的类型

联合促销主要包括跨业联合促销、与经销商联合促销和业内联合促销三类。

1. 跨业联合促销

与其他行业的联合促销是最常见的SP手段，因为不同行业间不存在直接竞争问题，而且还可以优势互补。

例如，美国的AT&T可谓长途电话业的龙头，在美国政府开放长途电话市场后，其霸主地位受到了挑战。为维护其既有的市场份额，AT&T采取了各种策略，其中之一便是和不同行业进行联合促销。AT&T 长途电话公司曾与联合航空、达美航空、美国航空进行联合促销，AT&T 长途电话的顾客可享受这三家航空公司提供的优惠。因此，常乘坐这三家航空公司飞机的旅客在打长途电话时多数会选择 AT&T，而常使用 AT&T 长途电话的顾客外出时也多数会在这三家航空公司中选其一。AT&T 的成功使其他长途电话公司竞相模仿，例如，长途电话公司 MCI 也与西北航空联合促销，以分享航空旅客这一市场份额。

再如，2002 年 11 月，饮料与唱片行业的两大巨头百事可乐和索尼唱片公司联合发布了一个雄心勃勃的全球推广活动，两家公司彼此交换最有价值的资本以促进各自的销售。两大公司之间的协议是首例音乐名牌与饮料公司的合作，利用艺术家进行推销，而不是金钱交易。艺术家参与推销并未获得任何报酬，百事公司和索尼公司各自从现有的营销预算中抽取资金来支付联合营销计划。当该活动启动后，中国消费者有可能在购买百事可乐后得到一张 F4 的唱片[1]。

2. 与经销商联合促销

与经销商联合促销的方式称为垂直联合促销。此种促销方式的最大优点是二者的目标市场比较一致，同一产品销量的增加对联合双方都有利，因而较易找到合作伙伴。例如，某厂家与某百货商场的联合促销，为庆祝该商场成立×周年，该厂家的产品进行优惠酬宾活动。厂家对给予商家的批发价进行让利，商场又再次对零售价进行让利，使商品价格下降幅度较大，以吸引消费者。在该厂商的产品销量增加的同时，商场的其他商品的销量也会受到联动影响，最终增加了商场总的销售额，这样便达到了互惠的目的。

采用此种联合促销方法，经销商的合作意愿十分重要。如果经销商投入程度不高，则促销效果就会大打折扣。

3. 业内联合促销

业内联合促销是指与同行的公司联合促销。俗话说"同行是冤家"。如今的市场上，同类产品和品牌众多，同行间的竞争十分激烈。麦斯威尔与雀巢咖啡两个品牌在 20 世纪 80 年代在中国台湾地区的广告战就达到了白热化的程度。百事可乐与可口可乐的拉锯战也从 20 世纪 50 年代延续至今。这些实例无不让人感到同行业的对立态势。然而，同是生产热水器的两大产家"万家乐"与"神州"却"化干戈为玉帛"，联合进行广告："万家乐"热水器的广告词是"万家乐崛起于神州"，而"神州"热水器的广告词则是"款款神州，万家追求"。可谓你中有我，我中有你。其结果是两家企业双双跻身于全国 500 家最大工业企业行列。可见，同行的联手可使双方共同提高各自的竞争实力。在同类产品的厂家众多的情况下，与同行联合促销是一个十分有效可行的方法，可起到"鹤立鸡群"的效果。

2014 年世界杯期间，同为德系汽车高端品牌，宝马和奔驰同时在其官方微博上共同推出#We are one team#这一主题精神的为世界杯德国队加油的微博，例如，"敬友谊，为悍将，齐喝彩""共把盏，齐上阵，同进退！"等。为了支持国家而"化敌为友"，让人感动，两大品牌还纷纷以国家之名来进行各种致敬，奔驰以致敬德国国家足球队的球星为主，而宝马则是向一个个被淘汰的球队致敬。同类竞品之间的互动营销，实属罕见。

7.1.2 联合促销的原则

无论选择哪一类型的合作伙伴，采用联合促销的公司都应遵循以下几个原则：

1. 目标市场相同或相近原则

联合促销的各方要有相同或相近的目标市场，才能用较少的成本取得较大的促销效果。1981 年 No Nonsense 牌裤袜试图寻找一家与其合作广告的厂商进行联合促销。经多方商洽，百事可乐同意参与这项联合促销广告。初看让人觉得可乐与裤袜风马牛不相及。然而，百事可乐参与联合广告的两个品牌是 Diet Pepsi（减肥百事）和 Pepsi Light（低卡路里百事），这两个品牌的消费者 75%以上为年轻女性，而 No Nonsense 牌裤袜在年轻女性中的消费增长迅速，其消费层次极为吻合。结果，减肥百事的销量增加 8%~9%，低卡路里百事的销量则增加了 18%，No Nonsense 裤袜的知名度也大大提高。

进行联合促销为的是共同发挥增加销售的互补效应，若选择的合作伙伴是经销商或同行，其目标市场一致性程度更高。所以说，目标市场相近原则是选择合作伙伴的基本原则。

2. 互惠原则

联合促销是在对促销各方都有利的基础上进行的。企业之所以要进行联合促销，其目的就是获得单独促销无法获得的效果。例如，广州工商银行推出信用卡新品种——牡丹教师卡。凡教师申请此信用卡，可免两年信用卡费，而且凭此卡在天河购书中心、广州百货大厦、广州酒家等地消费则有八至九折优惠。这可以说是一种很好的联合促销策略。一方面，工商银行可吸引更多的教师申请信用卡。另一方面，天河购书中心、广州百货大厦等消费场所的消费增加。这些地方是教师的主要消费场所，使用工商银行信用卡的教师因有优惠而增加了在这个地方的消费。这样一来，联合促销的各方都拓宽了各自的客源，在获利的同时还树立了"尊师重教"的良好形象。

3. 形象一致原则

选择联合促销的合作方一定要考虑市场形象一致性问题。企业树立一个受目标市场欢迎的形象不容易，一旦合作伙伴选择不当，很有可能破坏自身原有的市场形象，达不到预想的促销效果。选择一个拥有强有力市场形象的合作伙伴，可起到对自身市场形象的推动作用。

1988 年圣诞节期间，电子游戏软件公司任天堂与百事可乐一起在电视上举行联合促销活动。任天堂之所以选择百事可乐，有两点很重要的原因：其一，百事可乐从 1960 年开始，就将其目标市场定位为年轻人的软饮料，而任天堂游戏软件的消费群也是以青少年为主，二者目标市场很接近；其二，百事可乐经过几十年的经营，已经在年轻人心目中树立了良好的市场形象——积极进取、充满活力。1964 年百事可乐提出了口号："给想年轻的人"（For those who think young）。这一口号一直延续了二十多年，任天堂正是要借用百事这一充满活力的市场形象，来提高自己在年轻人心中的地位。

此次联合促销效果显著，售出了相当于 100 万美元的任天堂产品和 20 亿罐百事可乐，同时加深了任天堂产品在喜爱百事的顾客心中的好感。

4. 优势互补原则

2000 年，可口可乐与北京大家宝薯片共同举办了"绝妙搭配好滋味"促销活动。生产大家宝薯片的北京兴运实业有限公司董事长助理焦可认为，可口可乐是微甜的软饮料，大家宝是微咸的休闲食品，二者进行搭配可以在口感上相互调剂，甜咸适宜，这就是双方合作的基础。也就是说，产品间、企业间的优势互补也是联合促销的一个基本原则。

5. 价位适应原则

联合企业的品牌之间产品价位差不宜过大,彼此相适应,联合促销才会有较好的效果。如果娃哈哈和大众汽车进行联合促销,我们就很难想象其效果;如果 TCL 促销电脑时说"买电脑,送电池",这对消费者来说,吸引力也不大。如果产品价格相差太大,顾客在选购高价位的产品时往往会十分慎重,而忽略低价位的产品,低价位产品难以收到预期的促销效果。

6. 产品相融原则

联合促销的产品和服务要符合人们的消费心理、消费习惯和消费能力,避免引起消费者的抵制和反感。比如,若农夫山泉和强生的尿布联合促销,效果可能会适得其反。

7.1.3 联合促销的优点

联合促销主要包括以下一些优点:

1. 营销成本降低

联合促销的费用一般是由双方共同承担,相当于双方彼此进行一定程度的免费促销,其结果是:企业影响扩大,销量增加,促销费用减少,营销成本降低。例如,如果豪杰解霸不与娃哈哈联合促销,而是单独促销,要达到同样的效果,其促销费用肯定要增加不少。另外,企业与渠道中间机构的促销联合还可以降低物流成本,比如,科龙和南航的联合促销。科龙每年可节省大约30%的空运费用。

联合促销可以消除或缓解销售竞争,使不同行业的企业联合建立起强有力的市场地位。由于减轻了促销的竞争压力,防止费用的攀比上升,促销联合体内的各成员可以以较少的促销费用取得较大的促销效果。

2. 消费群体扩大

联合各方的消费群体通常不会完全重叠,即便是有重叠,其重叠程度也比较低。比如,购买"小天鹅"洗衣机的顾客不可能完全都是"碧浪"洗衣粉的使用者,否则"碧浪"就不必与小天鹅联合促销以扩大目标顾客群了。但是,通过联合促销,双方企业可使属于对方的消费者同时也成为自己的消费者,从而扩大自己产品的消费群体。小天鹅和碧浪的联合不仅仅是进一步扩大各自品牌的影响,而且是借对方的资源来扩大消费群体,以开拓更大的市场空间。当然,这两个企业之间的联合促销也有助于提高各自目标顾客的品牌忠诚度。

3. 品牌影响扩大

在市场上,即使是知名品牌或强势品牌,也不可能人人都熟悉它、喜欢它。品牌的知名度、美誉度和忠诚度会使顾客产生不同的印象、感受和评价。在联合促销中,可通过共享对方的品牌影响力、传播能力等资源优势来提高自己的品牌知名度,提升品牌美誉度,加强品牌的忠诚度,从而扩大品牌的影响力。

不同地区的商业企业的联合促销,可以在技术上更好协作,紧俏商品互相支援,滞销商品互相帮助推销,平销商品互相调剂。不同生产企业之间的联合促销,可以互补企业之间产品技术、经营管理方面的长短,使产品质量显著提高。

4. 获得规模效应

如果企业的生产和服务没有得到充分的使用,通过联合促销,可以生产更多的产品和提供更多的服务,可能产生规模效应。企业在降低营运费用的情况下,通过联合促销提高了销量，使单位产品成本降低，从而显现出规模效应。南航独揽科龙一年航空货运1300万元的业务，降低了单位成本，取得的规模经营效应。

5. 利于新产品的推广

推广新产品对弱势品牌来说，会付出较多的代价，风险很大，并不划算。在推广新产品时，联合促销有两种方式：一种是企业内部不同产品的联合促销；另一种是通常所指的企业之间的联合促销。企业在其内部进行联合促销是多元化经营企业常用的营销策略。例如，某企业在推广新产品A时可能会遇到一些困难，但是，如果消费者已经接受了另一种产品B，通过A和B产品之间的联合促销（如消费者在购买产品B时，可免费获得产品A作为赠品），这样，A产品就可以搭B产品的便车，直奔向消费者的内心和意识之中，此时，B产品成了A产品的媒介和载体。

妮维雅公司在中国就以这种方式成功地推出了它的多个新产品。妮维雅公司通过在中国市场上每年销量达400万个的畅销唇膏，将该公司希望推出的新产品作为对购买唇膏的消费者的赠品，成功地使他们的新产品顺利地到达400多万个目标顾客群手里。

Cross-Buff 促销服务公司曾协助 Alka Seltzer Plus 药品公司以企业间的联合促销形式成功地推出了新的感冒药。他们选择了BIC剃须刀配合促销活动，将Alka公司的感冒药样品装入BIC剃须刀包装内，分送总数多达500万份。随着BIC剃须刀在市场上的成功销售，感冒药样品也得以顺利地进入家庭，与消费者见面。通过这种卓越的SP活动，BIC及Alka非竞争性的双方相得益彰，各享其利。

无论是内部的品牌联合促销，还是企业之间的品牌联合促销，都受到许多因素的影响，其中，顾客对产品品质的敏感性、顾客评估产品品质的能力、品牌使用费和机会成本等问题对企业是否采取联合促销方式影响很大。例如，如果一种产品很畅销，则这种产品比较适合采用联合促销方式；如果某品牌有许多潜在的盟友，则该品牌较适合采用与盟友之间的联合促销。表7-1是各项影响因素对联合促销的重要性进行的分析，表中"√"表示在这种情况下建议采用联合品牌[2]。

表 7-1 品牌联合策略的影响因素

	是	否
顾客对品质的敏感程度		
顾客是否愿意为好品质多付钱？	√	
顾客是否把产品用于对品质变化很敏感的生产过程？	√	
顾客是否有惩罚劣质产品厂家的意识？	√	
客观上，或在人们的意识中，市场上同类产品的品质是否有很大不同？	√	
顾客评价品质的能力		
产品是否属于比较新异类型？	√	
产品是否经常有人买？		√
顾客是否把握了充分信息？		√
顾客是否有品质检测设备？		√
产品的真实品质是否只有长期使用后才看得出？	√	
品牌使用费		
是否有许多潜在的盟友？	√	
联合品牌是否会由于出现不可预料的原因而失败？		√

续表

预期中的盟友是否出现在多个市场？		√
盟友是否会从联合中受益？	√	
机会成本		
联合品牌组成后，将来会不会出现阻止联合品牌解散的障碍？		√
将来是否会有一些技术进步使另外的盟友更具吸引力？	√	
有关规章制度是否会有变化致使联合的费用增加？	√	

（资料来源：Rao Akshay R，Robert W R. 品牌联合的威力[J]. 世界经理文摘，1996（3））

7.1.4 联合促销的操作难点与注意事项

几家企业一起采用联合促销方式时，会遇到一些操作上的难点，主要包括四个方面：

（1）由于联合促销的各成员所承担的费用份额难以商定，所以，无论是按产品项目、成交数额还是按企业规模、企业利益分配，都很难体现公平合理性。

（2）促销时间、地点、内容很难统一。各成员都希望选取对自己的产品促销有利的时间、地点和内容，但成员之间的差异性导致联合促销方案很难对所有成员都产生均等的利益。

（3）联合广告、分购联销等客观因素会限制企业各自特色的体现或发挥，而经营特色的建立和发展对某些企业来说可能是成败的关键。

（4）由于客观存在的竞争规律，在联合开展促销活动期间，各企业又可能互相成为竞争对手。为把顾客吸引到自己周围或扩大自己的销售优势，利用对策互相拆台的情况也会发生。这种摩擦的结果，往往使再次联合更加困难。

联合促销在执行的过程中有以下三点需要注意：

（1）明确联合促销的目的，选取合适的合作对象。联合促销应与企业长远的营销目标一致，双方的目的不同会影响对联合对象的选择。

（2）建立合作关系，制订促销计划。企业应有足够的诚意，不要把眼光只盯在自身的眼前利益上。如何才能使对方愿意与自己合作，关键在于找出双方利益的契合点，在这个基础上，联合各方才可共同商谈联合促销的计划，双方达成一致意见并制订一个双方都愿意接受的方案。

（3）联合协议的完善和成员企业严格履行协议，是联合促销机制有效运行的最基本前提。

 促销专论 7.1　捆绑价格促销对冲动性购买行为的影响

作为一种有效的促销方式，捆绑价格促销方式被业界广泛采用。然而，捆绑价格促销方式，是否真正能够激发消费者的购买欲望或者说冲动性购买欲望呢？

研究者以捆绑价格促销为诱因，探讨了不同的捆绑价格呈现方式和捆绑方式对消费者冲动性购买的影响。研究以冲动性性质为调节变量，从捆绑价格的呈现方式和捆绑方式来研究捆绑，并通过设置不同的促销刺激来检验捆绑价格促销对冲动性购买的影响。

关于捆绑价格的呈现方式，研究中提及了三种：共同定价、分别定价、免费赠送。对于捆绑方式，基于品牌联盟的概念，研究者以品牌知名度来分析两个产品之间的关系从而来定义不同的捆绑方式。从理论角度品牌捆绑包括了四种：知名品牌捆绑知名品牌；不知名品牌捆绑知名品牌；知名品牌捆绑不知名品牌；不知名品牌捆绑不知名品牌。但是在现实营销过程中，知名品牌在做促销中一般是不愿意捆绑一个不知名品牌自掉身价的，而不知名品牌捆绑不知名品牌对企业来说似乎没有这个必要。同时，这里主要研究捆绑品牌知名度对冲动性购买的影响，所以在研究中研究者只研究了前两种形式。

研究结果发现：捆绑方式不同，令消费者冲动性购买呈现出显著的差异，即知名品牌捆绑知名品牌的方式较不知名品牌捆绑知名品牌的方式更容易引起消费者冲动性购买；消费者在面对共同定价时，冲动性购买的程度高于在分别定价情境下的冲动性购买程度；消费者在面对免费赠送时，冲动性购买的程度高于在分别定价情境下的冲动性购买程度。

（1）捆绑价格促销对冲动性购买行为的影响。根据研究结果显示，不同的捆绑价格呈现方式对消费者冲动性购买的刺激是不同的。免费赠送的冲动性购买边缘均值显著大于共同定价的冲动性购买边缘均值，共同定价的冲动性购买边缘均值显著大于分别定价的冲动性购买边缘均值。

（2）捆绑方式的作用研究发现，捆绑价格呈现方式对冲动性影响更大，并且知名品牌捆绑不知名品牌这种方式下的冲动性购买边缘均值显著大于不知名品牌捆绑知名品牌这种捆绑方式冲动性购买边缘均值。

（3）高冲动性特质者（冲动者）相对于低冲动性特质者（深思熟虑者），更容易产生冲动性消费行为。在面对相同的促销活动与沟通情境下，有些消费者的购买行为就是比较冲动。

冲动型的消费者，相对于谨慎型的消费者而言，较能够享受购物行为本身的乐趣，进而可能较容易产生冲动性购买。由于高冲动性购买者较缺乏自我控制性，所以他们对数量往往很敏感。高冲动性购买者在面对共同定价时，其抵御诱惑的能力低于面对分别定价时其抵御诱惑的能力。

研究为公司采用捆绑价格促销方式提供了建议和指导：

（1）捆绑价格呈现方式的选择就捆绑价格促销而言，不同的价格呈现方式其结果是不同的。企业在运用捆绑价格促销时，为了更大地激发消费者的冲动性购买，应以免费赠送为主。

（2）知名品牌捆绑知名品牌是很有效的促销方式，消费者对于这种促销方式是认可的。那些具有较高品牌知名度的企业可以很好地借用这种方式在增加销售额的同时，较好地保持企业的品牌形象。那些处于品牌建设时期的企业，也可以借助知名品牌来建立自身较好的品牌形象。

（资料来源：王丽丽，吕巍，黄静.捆绑价格促销对冲动性购买影响研究［J］.管理评论，2008（11））

7.2 顾客忠诚计划

顾客忠诚计划，是指企业对于顾客频繁的重复购买行为提供的优惠、增值服务或其他奖励方式，其目的在于奖励忠诚顾客、刺激消费并留住核心顾客，是实施关系营销的一种重要方式。顾客忠诚计划的类型有许多，下面主要介绍赠品印花、会员促销和价值网促销三种。

7.2.1 赠品印花

赠品印花（stamp）是一种古老而具影响力的促销术，受消费者喜爱的程度起伏不定。它是指在活动期间，消费者必须收集积分点券、标签或购物凭证等这一类的证明（即印花），达到某种数量时，则可兑换赠品，或是消费者必须重复多次购买某项商品，或光顾某家商店数次之后，才得以收集成组的赠品，如餐盘、T恤衫或毛巾，等等。图 7-1 列出的是赠品印花常用的几种方式。

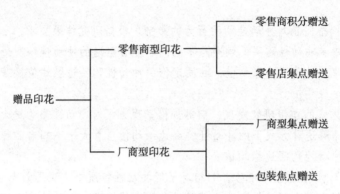

图 7-1 赠品印花的常用方式

为了建立邮件速食麦片系列的销售业绩，通用食品公司特别将五种品牌组合在一起举办连续性的印花累积优惠的促销活动，提供价值 5 美元的 GAF 万花筒，外加一套"超级巨星"的彩色照片。这些赠品，只要凭参加促销的任何品牌之罐内凭证 9 个，即可免费获得。在这个促销期内，如果消费者不愿等太久，则可寄 2 个凭证和现金 3 美元，也可同样获赠。

麦当劳公司在一段时期内都会推出一些各类售卖食品组合的累积积分卡。消费者只要在任何一间麦当劳分店消费满一定数额，就可以获得一枚印花。当印花累积到一定数目以后，就可凭印花卡到任意一家麦当劳分店换取奖品或是换取一些免费食品。国内的一些商场中的服装专柜和化妆品专柜也常采用这种方法，当购买金额达到一定数量后，即获得一定数量的印花后，便可在下一次购买时获得相应赠品或折扣优惠。

绿茵阁西餐厅的"八国促销护照"非常具有新意。只要在其餐厅就餐，加 2 元就可得精美"护照"一本，就餐一次可在护照上加盖一国公章，盖到八国公章时就可参加抽奖，奖出国游等。这种促销手段既能最大程度地吸引消费者的注意力，引导消费者到该餐厅用餐，又能让消费者获得一种满足感和身份认证，受到了消费者的极大好评。

1. 赠品印花的应用场合和常用方法

在以下两种情况下，采用赠品印花的促销形式效果较好。

一是吸引反复不断购买及持续性购买。通过赠品印花这种持续性的促销活动，能够保证既有顾客，有助于培养品牌忠诚度及养成购买习惯。

二是减少购买竞争者的产品。在需要反复特定（指定的购买品牌或购买点）购买时，常可使顾客暂时停止非特定的购买，从而削弱竞争者的品牌吸引力。

采用赠品印花这种促销方式，常用的方法有以下几种。

1）零售商型印花

零售商应用印花促销时常有两种方式：

（1）零售商积分赠送。这是根据顾客在零售店购物的一定的消费金额作为赠送的基准，当消费者收集积分券达到某种数量时，即可依赠品目录兑换赠品。

（2）零售店集点赠送。在零售店或专卖店举办的集点赠送活动，目的是吸引消费者的光顾。食品店及超级市场最普遍地采用这种促销方式，他们经常利用成组的赠品来广泛地招徕生意。诸如以整套的盘碟、炊具、珠宝首饰、草坪设备作为赠品等。

2）厂商型印花

厂商应用印花促销时也有两种形式：

（1）厂商型集点赠送。这是指以厂商的立场推出积分券、折价券或其他可供证明的购物凭证等的集点赠送。此类型的集点促销方式，主要是厂商鼓励消费者多购买他们的产品，以收集某特定数量的点券，即可兑换各种不同的免费赠品，或是凭此点券再买商品时可享受折价优惠。

（2）包装集点赠送。这是指要求消费者必须在某一限定的时间内收集必备的标签或购物凭证并提交出来，方可兑换赠品。这种有时效性限制的集点赠送，比持续不断的积分赠送更受包装性商品的厂家的青睐，规则是消费者可以通过购买不同的包装收集到成组的赠品，故又称包装集点赠选。运用此种方式促销，使企业有机会建立起消费者对产品的兴趣，进而达到吸引新消费群及潜在顾客的目的。

2. 赠品印花方式的操作难点及注意事项

1）要考虑活动时间的长短。

赠品印花活动的时间跨度过大时，消费者很难有参与的耐心。例如，有一个收音机的赠品，必须收集 50 张点券才可兑换，而消费者平均每星期购物时才能取得 2 张，因此，此活动时间最少要 25 个星期。促销时间不宜拖延太长，以避免参与活动的消费者大失所望。特别是在目前这种凡事要求立即报偿的时代，赠品印花对许多人似乎并不具备很强的吸引力。因此，所设定的促销活动时间，必须顾及一般消费者能积存足够的点券来换得赠品，以这个过程所花时间的平均值作为拟定时间长短的依据。

2）印花必须容易取下

某些商品包装能很容易地取下标签或获得购买凭证。但某些商品则并非如此，例如，塑料包装或金属容器等，想由包装上取下购物凭证，有时几乎是不可能的事，所以对购物凭证或是点券的载体的形式务必费心挑选，以免让消费者失望。

7.2.2　会员促销

会员促销（Club Sales Promotion）是最能体现长期效果的 SP 促销方式。它的一般做法是，由使用某种产品或到某一商场购物，或享受某一服务的人们组成一个俱乐部形式。加入俱乐部的条件可以是购买产品，或是在购买产品后再交纳一小笔会费，成为会员后便可在一定时期内享受折扣购买一定数量的产品或享受一定级别服务的权利。

1. 会员促销对消费者的激励

1）享受低价优惠或特殊服务

对于消费者来说，加入俱乐部的会费一次性支出远小于此后享受到的低价购买所带来的好处，因此，他们把会员促销看作是商家降价招徕顾客的一种优惠方式，往往愿意加入。

2）方便购物

成为俱乐部的会员之后，消费者通常能定期收到商家有关新产品的样品，或有关新产品性能、价格等方面的资料。会员也可以足不出户，通过电话购物约请实行会员制的商家定时送货上门。

3）利用会员卡馈赠亲朋

在一些商场的会员促销活动中，消费者交纳少量费用成为会员后，商场会为其配送一张会员卡。会员卡又称购物卡，会员本人可以使用，也可转借他人使用，引领了馈赠亲朋的新时尚。会员卡的形式有很多，有的附有副卡，可转赠他人；有的可以发展新会员，介绍他人入会可以减免会费；等等。

4）方便消费者结识朋友

有些推行会员促销的商家，为了吸引消费者重复购买，或者建立良好的口碑效应，通常会定期将会员召集在一个特意安排的地点，进行多种富有创造性的活动，如培训活动、参加娱乐健身活动或者是旅游探险等活动等。例如，一些汽车品牌制造商为其客户会员提供的汽车知识培训；中国移动为其动感地带客户提供用缴费换音乐家门票等活动。

2. 会员促销给厂商带来的利益

1）建立长期稳定的市场

对厂商来说，设立产品俱乐部形式的会员促销，并不等于简单的降价销售，其根本区别在于产品俱乐部的设立以有组织有约束的形式为生产厂商的产品销售建立了一个长期稳定的市场，而降价促销则不具有这样的功能。例如，在保健品市场特别适用会员促销，由于人民生活水平的提高，服用营养保健品的消费者数量逐渐增加，各种"宝""浆""液"充斥市场，但是营养保健品的价格不低，消费者服用时经常时断时续，缺乏持续性。通过保健品会员俱乐部的建立，厂家可以把大批不稳定的消费者变成稳定的消费者，从而大大地扩大自己的市场份额。

2）培养大批的品牌忠诚者

实行会员促销，顾客只要交纳一定的会费，甚至有时只需要购买商品就可成为会员，凭会员卡可在价格、送货、保险等方面享受优惠，这些措施都有利于培养长期顾客，稳定客源。缴费式的俱乐部的成员资格期一般为1~3年，期满后再续交会费，延续会员资格。初入俱乐部时，产品以比较优惠的价格供给，待消费者具有购买习惯后，延长资格时，可视情况在价格上进行适当调整，但仍会给会员享受一定的好处，使会员成为品牌的忠诚者。实行会员制也便于对会员的购货情况进行统计，掌握商品的销售状况。

3）会费收入相当可观

俱乐部以超低价格销售产品或服务却还能大赚其钱主要因为有可观的会费收入，会费的收入往往比销售产品或服务的纯利润还多。例如，美国著名会员制零售商Costco在2015

年销售额增速达到 7%，超过了它最大的竞争对手 Walmart（1.5%）。与沃尔玛不同，作为美国第二大零售商，Costco 的利润有 70%来自会员费收入，它在全球拥有 7500 万收费会员，他们每年都要缴纳 55~110 美元不等的费用，2014 年会员费高达 24 亿美元。

7.2.3　价值网促销

价值网 SP（Value Network Sales Promotion）是指基于消费者价值和共赢价值的、运用 IT 技术支撑的网络型实效促销方式。它是从积分促销方式逐步发展出的更有效的促销策略[3]。

从积分卡开始，促销就需要有发达的计算机网络和数据库等技术的支持。积分的计算很烦琐，还需要在各个合作单位之间进行换算，顾客要能上网查户口资料等。为什么航空公司比较早推出这类飞行里程积分卡？原因之一是航空公司的计算机网络最发达。但现在互联网和 IT 技术的进步和普及，使得一般商家也能做到。

积分促销在网络上的应用比起传统营销方式要简单和易操作。网上积分活动很容易通过编程和数据库等来实现，并且结果可信度很高，操作起来相对较为简便。积分促销一般设置价值较高的奖品，消费者通过多次购买或多次参加某项活动来增加积分以获得奖品。如现在大家比较熟悉的信用卡积分、航空公司里程积分卡，等等。

1. 从信用卡积分到购物卡积分

随着信用卡消费的不断发展，围绕信用卡展开的促销活动非常丰富。利用信用卡的消费信息不仅可以锁定特定的消费群，还可以根据消费信息开展优惠促销活动，其中，信用卡积分计划就是一种有效的促销策略。

信用卡的积分计划与传统的赠品印花本质上是相同的，它改造了印花的方式，消费者不再有收集和保存印花的麻烦，换成信用卡的自动积分或集点。这同样起到了鼓励消费者重复购买的作用。

在国内，各家银行发卡踊跃积极，信用卡的应用也已十分普及。2003 年被称为中国的信用卡元年。统计显示，2003 年，全国信用卡发卡量仅有 300 万张。2010 年，信用卡发卡量达到 2.3 亿张（其中活卡约为 1.31 亿张），相当于 2003 年的 77 倍，信用卡消费额在社会消费品零售总额中占比达到 32%[4]。

信用卡的分散管理能力，使得信用卡积分计划的实施成为可能。例如，在某大型现代化商场，顾客凭一张信用卡就可以在商场中购物、餐饮、参加商场内的各种娱乐活动，省却了现金携带的不便。又如，在某连锁商店，可按顾客购物款额在信用卡中记录相当的点数（分数），顾客用此卡就可以在连锁店的每个分店得到同样水平的服务，而每个分店能够了解以往所不能掌握的购物消费累积点数，并及时地计算和更新顾客的点数，使得顾客能以此点数为基础在任何一家分店享受到适当的优惠服务。

银行业的信用卡积分促销方式很快延伸到零售业和其他服务业，出现了广义的购物积分卡和里程卡。购物积分卡多种多样，五花八门。它可以是某银行的信用卡，可以是某商场的购物卡，也可以是某加油站的会员卡，还有银行与企业合作的联名信用卡等。最常见的非信用卡类的积分卡应该是商场购物积分卡，不少商场都采用这种方法，锁定顾客，并为顾客提供实惠。

例如，2015 年春节来临之际，麦德龙超市推出了印花换购活动。作为德国最大、欧洲第二、世界第三的零售批发超市集团，麦德龙超市定位于高端，其目标消费人群属于中高阶层人士，追求高品质、高品位生活。此次印花换购活动针对麦德龙的会员，凭消费小票，单次购物满 100 元即送印花 1 枚。消费者在集够 12~22 枚印花后，只需以低于换购商品 2.5 折的价格就可以换购不同德国知名品牌 Thomas 不锈钢刀具系列中的任意一款刀具。印花发放时间为 2015 年 1 月 8 日至 2015 年 4 月 15 日，长达 3 个月之久；而产品换购时间为 2015 年 1 月 8 日至 2015 年 4 月 29 日。活动开始时间临近农历新年，而且跨越了春节期间直至 4 月份。在这段期间，人们购置年货，消费金额也会大幅增加。此外，有时间和精力收集印花的消费者一般是时间较充裕的家庭主妇，而时尚和实用兼备的德国名牌刀具恰恰能吸引她们，家庭必备而且能够长期使用，也符合目标消费者对生活品质的追求。

2. 从积分联盟到通用积分

积分促销方式的发展出现了三个阶段：单一积分、积分联盟和通用积分。

在单一积分阶段，积分计划作为一种促销手段早期在航空公司应用比较普遍，主要做法是，乘客办理消费卡，累积的里程达到一定的里程数，持卡人就可获得高昂的航空保险、兑换免费机票、免费升级舱位、免费机场停车、分期付款参加旅游行程、免费使用机场贵宾室等奖励。这种做法对提高顾客的忠诚度、刺激消费起到了很好的作用，但也存在明显的局限性。首先，顾客要乘机旅行相当的距离才能够累积足够的里程，累积的积分只能在以后乘机时才能够消费，对于一些不经常乘机旅行的顾客来说吸引力不大；其次，由于各航空公司都采取类似的做法，因此，单纯的赠免费里程并不能有效地吸引新顾客。

为了补救上述缺陷，各公司开始探索新的经营模式。其中，以美国联合航空公司的做法最为成功，该公司突破了单一的送免费里程的模式，建立了包括酒店、超市、健身房、餐馆、咖啡店等 1000 多家联盟企业在内的"积分联盟"，美国联合航空公司的顾客乘机旅行所获得的积分可以随时在这 1000 多家联盟企业中消费。累积的飞行里程，除了可用于坐飞机外，还可以用作他途。积累的分数可用于免费坐飞机、购买汽车或兑换成电影票等。例如，加拿大的 Air Mile Card 的积分可用来兑换成电影票，175 分可换成 Famous Player 电影院的 2 人电影票，外加 2 杯饮料和爆玉米花。Air Mile 有很多合作伙伴，经常推出新花样。由于成功地建立了庞大的积分联盟网络，为顾客提供了多样化的选择机会，使美国联合航空公司的顾客忠诚度大为提高，并吸引了大批的新顾客，有效地提高了企业的经营业绩。同时，各联盟企业也从中得到了很大好处。

积分联盟是指某个公司不但利用自身的资源促销，而且争取到围绕消费者需求的其他公司加盟，消费者在其联盟圈中的累计消费金额换算成消费积分，然后以消费积分获得回报。积分联盟与单一积分的促销手段相比具有更大的优势，其新的吸引力是为消费者提供了多样化的选择。公司为了吸引更多的顾客，会不断扩大加盟的范围和加盟公司的数量，同更多的加盟机构签订合作协议，逐渐形成更大的跨地区、跨行业的营销网络，这一网络的形成又吸引更多的顾客参与加入，有利于形成联盟圈中的忠诚顾客。

然而，这种积分联盟的促销模式的特征是以一个主体公司为主导而展开和发展形成的，即存在一个促销联盟的中心或核心。在此基础上，积分促销很快又创新出现了更具竞争力的新策略，即第三阶段"通用积分"。

通用积分是一个共有的、以消费者为导向的促销网络或大平台，其中，参与合作的多种行业、众多公司提供广泛的多类产品或服务，在吸引消费者购买的同时，向消费者提供更方便、更多选择的、在网内通行无阻享受优惠的积分。同时，加盟的众商家可以实现共赢的、超越单一积分和积分联盟的效益。其成功机制在于，通用积分是建立在价值网的营销思想之上的。

在国外，跨行业通用积分已经屡见不鲜，电信、时尚百货、信用卡、航空旅行、休闲娱乐等行业通用一张积分卡。任何行业消费奖励的都是同一种积分，积分兑换也简单便利，可以"像现金消费一样"使用通用积分，换取自己希望获得的各种产品或服务。英国著名的 Nectar 积分计划是目前最成功的通用积分计划，类似的还有澳大利亚和新西兰的 Fly Buys 积分计划、德国的 PayBack 积分计划、美国的 Golden Points 积分计划和韩国的 OKCashbag 通用积分等。在欧美国家，这些"替代货币"不仅可以用来支付电话费、地铁车费、餐费，还可以支付酒店住宿费，或者购买商品，事实上已经具备了一般等价物的特征[5]。

微案例 7.1 中小股份制银行信用卡促销"给力"

最爱给出信用卡优惠的往往不是大行，而是中小股份制银行。从数年前的平安信用卡"10 元看电影"开始，信用卡优惠打折就开始"比拼"。至今，信用卡刷卡积累积分已是寻常事，异业联合促销也不新鲜。在这样的市场环境下，要吸引关注，需要"大手笔"优惠。

广发银行信用卡举办的刷信用卡有机会获得千元免还款签账额活动，可谓力度空前。2011 年 6 月 17 日，广发银行董事长董建岳在与阿里巴巴集团战略合作协议的活动现场宣布，双方共同推出的广发淘宝信用卡就具有最高返还 4999 元免还款签账额的超值优惠功能。

据主办方介绍，持卡人在周五刷卡消费，若消费授权号末两位数字为"88"，即可获得返还此单消费同等金额的免还款签账额，最高达到人民币 4999 元。卡片激活后，持卡人可以获赠一个特别定制的可爱淘公仔，且使用"快捷支付"消费后将获赠 2000 个支付宝积分，可用于抵扣使用支付宝进行支付的消费。如果持卡人在卡片激活后，连续三个月每月单笔消费满 1000 元且该消费使用 12 期及以上分期形式，还将另外获赠最高 90 元的免还款签账额。

另一张股份制银行深圳发展银行也正在以特别的宣传吸引眼球：只要是深圳发展银行信用卡的持卡人，即可带上家人搭上"1 元游香港"方便快车，前往香港体验"丰泽分期 5%返现"活动——即日起至 6 月 30 日，持深圳发展银行信用卡（国际卡、商务卡除外）到香港丰泽任何一分店（丰泽香港机场分店除外）分期消费，即可享受深圳发展银行向客户提供的二重优惠：第一，全场商品 0 利息 0 手续费（iPhone 系列产品需支付全额 3%的手续费）；第二，可享受消费金额 5%的返现回馈，每位客户每月的最高回馈奖励金额高达 1000 元。

（资料来源：崔烨，任文娇. 信用卡优惠层出不穷. 发卡激增睡眠卡占 4 成 [N]. 解放日报, 2011-06-23）

互动讨论题：请分别指出广发银行信用卡、深圳发展银行信用卡所使用的促销工具。

7.3 事业关联营销[6]

随着经济发展和社会进步，消费者有更强的意愿和能力参与慈善事业，同时他们也要求企业承担更多的社会责任。向慈善事业进行捐赠是企业承担社会责任的方法之一，也成为消费者评价企业形象及声誉的重要指标及提升消费者态度的重要途径。根据捐赠类型的不同，企业捐赠可以分为无条件捐赠和慈善营销。其中慈善营销是企业在取得销售收入之后，再将其中一定比例捐赠给慈善组织。例如，2012年，娃哈哈集团推出一瓶一分"筑巢行动"，旨在帮助贫困地区儿童解决住学难问题。公司承诺每销售一瓶营养快线，就将向中国扶贫基金会"筑巢行动"捐赠一分钱，累计捐赠4000万元的善款。再如2013年，361°联合中国扶贫基金会，共同发起"One cares One 买一善一"公益项目，消费者每购买一双专款鞋，贫困地区的孩子就会得到一双以消费者名义捐赠的公司专门设计的运动童鞋。

在国外，慈善营销已经非常普及，许多企业都将慈善营销与公司的长期发展目标联系起来。例如，2010年百事公司宣布调整其营销重点，从传统的超级碗比赛盛事期间的广告转向以社交媒体为主、由消费者投票的数字化慈善营销活动。该活动已向当地涉及健康、艺术和文化、环境和教育等慈善组织捐赠超过2000万美元。而在国内，慈善营销仍然处于起步阶段，据2006年的调查显示，在国内工商注册登记的企业有超过1000万家，但其中有慈善营销记录的不超过10万家。近年来，随着社会责任意识的不断提高，越来越多的中国企业也开始意识到慈善营销的重要性和价值，它们尝试推出相应的慈善营销活动。

7.3.1 事业关联营销的定义、起源与发展

事业关联营销（Cause-related Marketing），又称慈善营销、善因营销和公益营销等。Varadarajan与Menon（1988）提出的慈善营销是一种特殊形式的捐赠，是指企业将某一慈善组织与企业的产品销售联系起来，在活动开展期间，消费者与企业之间每发生一次交易，企业就会把一定数额的销售额捐赠给合作的慈善组织，用于支持特定的慈善事业。

事业关联营销的起源可追溯至1983年美国运通公司与爱丽丝岛基金会（The Statue of Liberty-Ellis Island Foundation）合作发起的为修复自由女神像而进行的募捐活动。活动期间，消费者每使用一次运通卡，公司就为修复工程向基金会捐赠1美分；同时在美国境内，消费者每开通一张运通卡，公司也会捐赠1美元。通过这次活动，公司共计捐赠170万美元，而运通卡使用量也由此增加了28%。

此后，越来越多的企业通过慈善营销来承担其社会责任，对社会施以最大的积极影响，并收获最丰厚的商业利益。根据IEG报告，美国企业慈善营销活动的涉及金额逐年增长，2012年增长3.1%，达到17.3亿美元（见图7-2），在不同类型的赞助活动中，其金额约占9%（见图7-3）。虽然金融危机让美国经济陷入了衰退，但Cone公司的研究报告却显示，仍然有81%的受访者认为企业应该对慈善事业保持或增加投入。

国内慈善营销运作得最成功的例子可能要属农夫山泉。2001年，农夫山泉借助北京申奥的契机，开展了"喝农夫山泉，为申奥捐一分钱"的慈善营销活动，在全国范围内引起巨大的反响，使其品牌得到大范围的传播和认同。通过这次活动，公司共计捐赠近500万人民币。同年7月"农夫山泉奥运装"在全国销售近5亿瓶，比上一年同期翻了一番，并在瓶装饮用水城市市场占有率跃居第一。此外，通过多年的摸索，国内也涌现出一些成功的慈善营销案例。例如，2010年消费者凡是选购一支指定润唇膏，曼秀雷敦即向中国红十字会捐出0.5元，用于资助西部贫困地区兴建博爱卫生院。再如2012年，招商银行信用卡宣布推出"小积分，微慈善"活动，持卡人每捐赠500积分，银行联合慈善组织即可将积分兑换为一个专业辅导课时，帮助自闭症儿童进行康复。短短几天内，公司就已募得6万多训练课时。

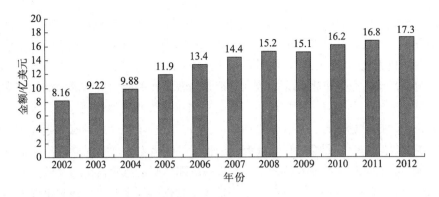

图 7-2　美国企业慈善营销活动的金额（2002—2012 年）

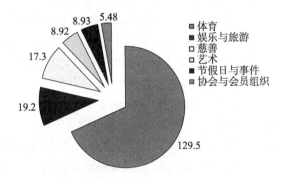

图 7-3　2012 年美国企业不同类型赞助活动的金额（亿美元）

7.3.2　事业关联营销创造的价值

与无条件捐赠不同，慈善营销中企业的捐赠行为与产品销售挂钩，产生于消费者的购买行为之后，是实现企业、慈善组织和消费者三方利益及其多重目标的营销形式之一（见图 7-4）。下面将从这三方面分析慈善营销创造的价值。

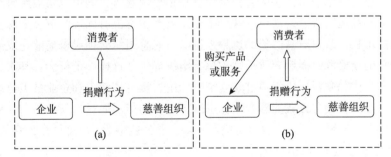

图 7-4　企业的无条件捐赠与慈善营销
（a）无条件捐赠；（b）慈善营销

1. 为企业创造的价值

美国 VISA 信用卡在一项旨在培养儿童阅读能力的慈善营销活动期间，其信用卡的交易额飙升了 18.9%。慈善营销为企业提供了如此大量的利益，足以补偿企业为其付出的成本，因此，越来越多的企业愿意尝试这种新型的营销方式，美国《商业周刊》更将它描绘成"慈善事业中最热门的事情"。企业通过慈善营销不仅提升了企业产品的销量,而且得到了更多消费者的支持,品牌的知名度得到了进一步的提高。事实上,慈善营销带给企业创造的价值远不止于此。"现代营销学之父"菲利普·科特勒在《企业的社会责任》一书中指出,慈善营销活动给企业带来的大多数利益都是与营销相关的,成功的活动能够支持企业吸引新客户、影响细分市场、增加产品销售额、强化积极的品牌认同。

  首先,从短期目标来看,慈善营销活动可以直接促进销售、增加媒体曝光率、促进消费者的购买和提高企业的利润,还可以有助于提升消费者对企业、品牌和产品的感知和态度。在美国,47%的消费者每个月至少会购买一次那些开展慈善营销活动的品牌,这一数值比2010年增长了47%。另外,有9%的消费者会转向购买那些支持慈善事业的品牌。其次,从长期目标来看,企业可以通过支持众人关注的慈善事业让消费者产生良好的品牌联想进而提升企业形象;可以提升消费者对品牌的认知和信任、提高品牌知名度和品牌形象,促进消费者的重复购买,提升品牌忠诚度,进行正面的口碑传播;还可以增加消费者对企业承担社会责任的感知,提升其对企业的认同和企业声誉。在美国,对于开展慈善营销的品牌,39%的消费者会推荐,34%的消费者会强烈推荐。再次,企业通过慈善营销建立与慈善组织之间的联盟,可以提升员工对企业的认同感,增强员工对企业的承诺,而这些在企业经历经济困难时期的时候尤为重要。最后,企业参与慈善营销可以提升各利益相关者(包括股东、消费者、供应商及企业的员工等)对企业的态度和认同。例如,增强员工受雇于该企业的意向,以及股东对该企业投资的意愿。根据Cone公司的研究结果显示,与极少从事慈善营销的公司相比,那些经常开展慈善营销的公司,其员工忠诚度平均高出25%,而且超过75%的员工选择公司的部分原因在于看重公司对各种社会公益事业的承诺。

  2. 为慈善组织创造的价值

  对于与企业合作的慈善组织来说,慈善营销也是不无裨益的。首先慈善营销可以帮助慈善组织实现其目标,而这些目标主要是通过活动参与者对慈善组织的感知得以实现的。慈善组织与企业合作的主要目标是通过刺激企业和消费者之间的交易行为来为慈善组织筹集资金,同时也可激励公众直接向慈善组织进行捐赠。慈善营销可以拓展慈善组织运营资金的来源,弥补其运营资金的缺口。现今很多慈善组织都没有固定的资金来源,而随着慈善组织数量的增长,政府对其资助也越来越少。慈善组织必须寻求能够完成组织使命、增进社会福利的新资源,而慈善营销则为慈善组织提供了这样一个机会。其次,企业和慈善组织之间的合作和联盟,可以通过建立情感依附,提升消费者和企业员工对慈善组织的认同。此外,慈善营销的方式能够有效促进慈善组织的员工通过自身的参与,从企业的慈善营销中获得更多发展资源,并利用这些资源来发展公益事业,满足社会公众的服务需求。

  3. 为消费者创造的价值

  消费者参与慈善营销活动可以获得产品和捐赠两方面的利益,既购得所需产品,又满足了他们支持慈善组织、表达爱心的需求。捐赠等帮助他人的行为可以唤起消费者自身的正向情绪体验,满足其利他动机。参与慈善营销活动可以让消费者以较低的捐赠成本实现利他动机。例如,2012年全球第二大酸奶品牌Yoplait公司开展了慈善营销活动。活动期间,消费者寄回一个空酸奶瓶后,公司就会捐出10美分用于乳癌研究。消费者纷纷表示参与该项活动可以带给他们强烈的成就感。

7.3.3 影响慈善营销效果的主要因素

正如前文所述，慈善营销能够实现企业、慈善组织、消费者的三方共赢。而慈善营销活动的成功与否，很大程度上取决于与这三方相关的因素。企业只有在充分了解影响慈善营销效果的各种因素之后，才能制订出更有效的活动方案。具体来说，企业、慈善组织和消费者的相关特征等都会对慈善营销活动的效果产生影响。

1. 企业相关特征的影响

企业相关特征主要包括品牌熟悉度、产品类型、企业社会责任水平和可信度等几方面。第一，品牌熟悉度对品牌态度、慈善组织态度和购买意愿存在正向的影响，而且随着慈善事业重要性的提高，熟悉品牌和不熟悉品牌的品牌态度、企业态度和购买意向之间的差异会减小。另外，相比于高熟悉度的品牌，低熟悉度的品牌开展赞助活动，消费者会有更好的品牌态度和购买意向。第二，企业生产产品的类型会影响慈善营销的效果。根据产品属性的不同，产品可分为享乐型产品和实用型产品两类，其中享乐型产品是指能够给人带来愉悦感、体验性的产品，而实用型产品是指目标和功能导向的产品。研究表明，享乐型产品进行慈善营销活动比实用型产品有更好的效果。第三，企业社会责任水平会影响慈善营销的效果。企业社会责任水平是指消费者对企业承担社会责任方面的感知，它反映了消费者对企业在社会义务方面的状况和活动的认知。社会责任水平较低的企业推行慈善营销时，与企业现有的声誉和形象不一致，容易引发消费者质疑企业的潜在动机，进行降低消费者对慈善营销活动的可信程度。而社会责任水平较高的企业则让消费者感觉值得信赖而放弃防御机制，这类企业推出慈善营销时，与其声誉、形象及相应的慈善事业之间的联想保持一致，消费者较少深究企业的潜在动机，进而能够提升慈善营销活动的可信度。第四，企业的可信度也会影响慈善营销的效果。企业可信度是企业声誉的一个维度，它表示消费者和其他利益相关者对该企业专业性和诚信度方面的评价。慈善营销活动中，企业的可信度越高，消费者对企业的态度越好、购买意向越高。

2. 慈善组织相关特征的影响

慈善组织相关特征主要包括慈善组织的熟悉度、慈善事业的类型、重要性、卷入度和契合度等几方面。第一，慈善组织的熟悉度会影响慈善营销的效果。相比熟悉度较低的慈善组织，熟悉度较高的慈善组织的影响更强烈，并有利于减少消费者质疑、提升消费者态度和购买意向。第二，慈善事业的类型会影响慈善营销的效果。根据企业提供援助的时机不同，慈善事业可分为灾难救援型和持续捐赠型。研究发现，灾难的外部性和不可控性让针对这类事件而推出慈善营销活动可以取得更为积极的效果。第三，慈善事业的重要性会影响慈善营销的效果。慈善事业的重要性是指消费者个体与慈善事项之间的相关性，由于个人的经历或社会规范而对该慈善事项的支持程度。研究发现，慈善事业的重要性会正向地影响消费者对低熟悉度品牌的态度与购买意向。第四，慈善事业的卷入度对慈善营销活动存在正向影响。慈善事业的卷入度是指消费者感知到的慈善事业与个人相关的程度，它是由个体过去与某一慈善事项的经历（如某一亲戚得了癌症）或他们的自我概念（如环保意识较强的人会把回收项目看得与自身更为相关）所引起的。第五，企业与慈善组织的契合度对慈善营销存在积极影响。契合度越高，消费者对慈善营销活动的态度越积极、购买意向也越高。研究表明，高契合度下的消费者参与意愿是低契合度下的 5～10 倍。

3. 消费者相关特征的影响

消费者相关特征主要包括人口统计特征、心理描述因素和消费者类型等几方面。第一，人口统计特征的影响。首先，性别会对慈善营销的效果产生影响。男性和女性在价值观、态度和角色行为方面存在差异，同情心和亲社会行为之间存在紧密的联系。与男性相比，女性更可能参与亲社会行为（如社工服务等）。因此，女性对慈善营销活动的感知和产品态度会比男性更为强烈，也更可能支持企业推行的慈善营销活动，对活动的评价也更为积极。其次，年龄和宗教信仰对慈善营销活动的效果也存在影响。年轻的或是有宗教信仰的消费者更可能支持慈善营销活动。第二，控制焦点、自控程度、人际信任程度、广告怀疑度、个体的社会责任感、之前的亲社会行为经历、品牌意识等心理描述因素都会对慈善营销活动的效果产生影响。外控型、高自尊、高人际信任程度、高广告怀疑度、高社会责任感、之前有过亲社会行为的消费者更可能对慈善营销活动表现出积极的态度。第三，根据消费者在慈善营销上花费的时间、精力及对慈善营销活动的卷入度，可以将他们分为四类，即怀疑者、寻求平衡者、归因导向者和关注社会者。不同类型的消费者面对慈善营销活动时的心理及对慈善营销活动的响应方式都存在差异，进而可能会影响慈善营销的效果。

此外，还有其他一些因素会影响慈善营销的效果。例如，捐赠额度会对消费者响应产生影响。如果捐赠金额与产品价格的比率较低，会让消费者感觉企业很"小气"和"吝啬"。额度较低的慈善营销还会让消费者质疑企业的动机，认为企业在利用慈善组织获取自身的利益；相反，捐赠水平越高，消费者对慈善营销活动的感知和购买意向也越好，进而影响其品牌选择。再如，慈善营销广告中的文字表述或图片呈现方式也对其效果产生影响。例如，积极表述的方式会让消费者对慈善营销活动产生更好的态度。另外，慈善营销广告中突出慈善组织的图片会对购买意向产生更强烈的影响。捐赠额度表述得客观性越高，即可估计（将 $X\%$ 的利润捐赠给某组织）和可计算（将 $X\%$ 的价格捐赠给某组织），消费者对活动的怀疑度越低、广告的可信度越高，而如果慈善捐赠额度采用"将收入或利润的一部分捐赠给××组织"这种模糊的表述方式则会让消费者不易验证其真实性，进而产生负面影响。

7.3.4 企业实施慈善营销的注意事项

在了解影响慈善营销活动效果的主要因素的基础上，本书认为企业在实施慈善营销过程中应当注意以下的一些事项。首先，企业在决定是否推出慈善营销时，应当考虑自身品牌的熟悉程度、产品类型及现有的社会责任水平。对于那些消费者所熟知的品牌或是生产享乐型产品的企业，以及社会责任水平较高的企业来说，慈善营销效果会更加突出。其次，在选择合作的慈善组织或事业时，应当综合考虑慈善组织的熟悉度、慈善事业的类型、重要性、卷入度和契合度等几方面。选择消费者熟悉的、重要性和契合度较高的慈善组织或事业。企业应当首选消费者熟知的或者对消费者来说相关程度较高的慈善组织。另外，除了与教育、体育、环保、健康等长期的持续性事件合作，企业还应当重视扶贫、赈灾等灾难性事件，及时响应，推出相应的慈善营销活动。当然，为了取得更好的活动效果，企业还必须从功能或形象等角度出发，选择与自身相契合的慈善组织开展合作。再次，企业推行慈善营销活动时，还应当考虑其面对的消费者，充分了解他们的基本背景、心理因素等信息，针对不同的目标消费群作出不同的决策。最后，在设计慈善营销广告时，还应当尽量注意文字的表述方式和图片的呈现方式等方面。与产品价格、企业规模相比，捐赠额度不宜太低，而且宜采用消费者容易验证的方式进行表述，图片中突出慈善组织而不是企业自身的产品。

综上所述，企业应当将慈善营销作为品牌建设过程中一个需要长期投入的项目，绝不可把它与月度或季度之类的短期促销计划混为一谈。国内一些企业缺乏系统性和长期性的营销战略规划，往往企图以一件事、一个点来树立企业良好的公众形象。企业应当将慈善营销作为企业文化的一部分，融入其长远发展战略当中。只有持续的投入，才能获得持续的回报，才能使企业推出的慈善营销活动获得媒体的报道与关注，以及消费者的参与；才能促进企业与社会的良性循环，给社会与消费者带来更多益处，使得慈善营销真正成为推动企业、慈善组织和消费者共赢的最好工具。

7.4 活动促销

活动促销，又称为事件促销（Event Sales Promotion），是指企业借助特定的活动来传播产品和品牌形象，从而吸引消费者购买的 SP 策略。可以用来开展的事件有很多，凡是那些能够吸引公众目光的重大事件都可能成为企业进行 SP 的载体。其中，体育比赛作为一种大众参与程度较高的活动，早已成为 SP 的首选载体。因此，体育 SP 主要是指借助赞助、冠名等手段，通过赞助体育比赛活动来推广企业的品牌。现在有越来越多的企业树立了体育营销意识，认识到体育背后蕴藏着无限商机，体育赛事是品牌最好的广告载体，投资体育产业的企业也获得了极好的回报，声名远播。

体育营销和明星推广已成了大众认同率最高的两大市场推广策略。可以说，体育营销最集中地体现了品牌推广手段的所有优越性，因而也最具魅力、最受各路厂商的欢迎。首先，体育赞助的效果自然、易于被接受。体育赞助实质上是一种软广告，但是由于广告并不单独出现，因而商业性及功利性不像硬广告那么明显。其次，体育赞助沟通对象面广、量大、有针对性。在重大比赛现场，观众动辄成千上万，媒体受众更是不计其数。即使一些地方性的赛事，只要组织得好，观众也会十分踊跃，因此，非常有利于企业与目标对象进行有效的沟通，达到事半功倍的效果。

球赛对球迷的巨大吸引力也为商家们造就了庞大而集中的受众群体，几乎每一场重大赛事都无一例外地成为全球商家投放广告、展开整合传播的理想场所。而举世瞩目的世界杯足球赛更是成为了全球商家广告大战的主战场。世界杯是企业展示形象、推销产品的极好机会。企业家们都心知肚明，利用重大赛事进行广告投入，其效果将会比平时投放广告的传播效果超出许多倍。对于这难得的商机，许多企业在开赛前夕就开始未雨绸缪，广告策划、媒体策划都各纵战马，披挂上阵。例如，2002 年 6 月 16 日上午，在世界杯举行得如火如荼之际，在广州天河体育中心的宏城广场，举行了"百事球王争霸：波比足球决赛及颁奖仪式"。现场除了比赛，还有精彩表演和现场游戏，更有机会参加抽奖，赢取奖品。在酷热的天气下，逛街之余，买一罐百事可乐解解渴，有机会参加游戏还能得到精美奖品。在百事波比决赛的当日，现场购买百事可乐一罐，即可参加"鸳鸯脚""热力施射""过杆没商量""双人背柱踢球"等游戏。游戏引来全家或情侣等的参加，父子间齐玩背柱踢球、情侣合玩鸳莺脚。阵阵笑声，加油声响彻全场，游戏玩乐享受天伦假日休闲尽在一罐百事可乐之间。

在其他国家，特别是在美国，许多企业把赞助世界顶级赛事作为提升企业形象、扩大品牌知名度、增强与消费者的亲和力的重要手段，受益匪浅。比如，世界最大的VISA信用卡公司就是奥运赞助的受益者。VISA公司从1992年开始赞助夏季奥运会，当年的市场占有额就上升了17%；在以后的五年里，其市场份额从45%增加到49%。阿迪达斯公司则在1936年柏林奥运会上因赞助了球星欧文一双球鞋而名声大振。而后，阿迪达斯公司在每一届世界杯足球赛上都赞助各国足球队的服装和运动鞋，以不容置疑的实力和影响打入了世界杯市场。多家体育用品生产经销商的成功一再表明，世界上几乎所有的知名品牌都是通过与体育结缘而大举成名的。

除了体育SP之外，可以借势为企业做营销传播的事件还有许多，互联网的普及加快了事件的传播速度与范围，也赋予活动营销更多的创意。2014年10月，原淘宝旅行举行新闻发布会，推出新独立品牌"去啊"及独立域名alitrip.com。据阿里的介绍，"去啊"的品牌含义是："只要决定出发，最困难的部分就已结束。那么，就去啊！"而浓缩成发布会现场的一页PPT则是："去哪里不重要，重要的是去啊。"不料，这句并不奇葩的表述，竟然引来了整个中国在线旅游圈的集体戏仿与致敬，变成了一场久违的狂欢！"去啊"和行业里另一主角"去哪儿"，无论在字还是音上，都太过于相近。从品牌转播角度上看，这是可以指摘的。而事实上，据发布会现场参与者介绍，"去啊"旅行总经理李少华在台上宣讲时，还真的说成了"去哪儿不重要，重要的是……去啊。"作为"当事方"的"去哪儿"立即回应："人生的行动不只是鲁莽地'去啊'，沉着冷静地选择'去哪儿'，才是一种成熟态度！"将"去啊"和"去哪儿"两个品牌拎出来，制造冲突。而接下来跟进的旅游品牌，也基本延续了这个路数。携程接过了下一棒，把老对手和新威胁一道黑了一把，最终突出了自己。"旅行的意义不在于'去哪儿'，也不应该只是一句敷衍的'去啊'，旅行就是要与对的人，携手同行，共享一段精彩旅程——携程自驾游用心为您打造完美假期。"此外，还有更多相关品牌也参与了这场集体戏仿与营销狂欢，并从中受益。

微案例7.2　一汽奔腾佛山功夫争霸赛

2007年，佛山曾迎来4S店扩张潮，一年新增近20家4S店。如今的佛山车市，已形成佛山（国际）车城、华南汽车城、顺德大良车城三大板块。成行成市的4S店、逼近广州的新车上牌量，对于投资者而言，大佛山车市已处于饱和边缘。

一汽奔腾于2009年8月方进驻佛山，在佛山的知名度与销量有待提高。一个新品牌如何在一个新的市场打开局面，这就是一汽奔腾当时面临的问题。

2010年，广州亚运会将武术列入亚运会比赛项目，表明了武术这一传统体育运动在国际地位上的认可，弘扬武术精神，让更多的普通大众认识了解并参与其中。佛山功夫争霸赛就是基于这一主旨举办的，将传统功夫在现代发扬光大，吸引群众性参与。为了打好这张"亚运牌"，一汽奔腾开展了"迎接亚运会，创造新生活"佛山社区体艺嘉年华系列活动之"一汽奔腾杯"佛山功夫争霸赛。争霸赛覆盖佛山五区，在整个大佛山都引起了市民的关注。

7月5日，由佛山市体育局等主办，一汽奔腾冠名，佛山唯一授权经销商——佛山市中汽华宝汽车有限公司协办的"一汽奔腾杯"佛山功夫争霸赛在黄飞鸿的故乡——佛山南海西樵山下的黄飞鸿武术馆正式启动。当时，正值电影《叶问》的成功带来的功夫热，这对功夫争霸赛的发动预热再合适不过。10日，"一汽奔腾"功夫之夜在展厅上演。

7月18日，"一汽奔腾杯"佛山功夫争霸赛的首场比赛在三水广场举行。包括《佛山日报》在内的佛山市多家媒体到场，报道了此次活动，并对同时举行的一汽奔腾那个功夫路演表现了强烈的兴趣与关注。在首场活动引起众多关注的情况下，激发了受众对后续活动情况的兴趣。7月31日，"一汽奔腾杯"佛山功夫争霸赛在南海保利水城举办，也取得了很好的效果。

8月7日，功夫争霸赛来到了李小龙的故乡，也让他的老乡们有机会体验他的双节棍绝技，以此表达对一代功夫巨星的纪念。8月27日至29日的佛山房博会暨品牌车展中，奔腾静压试验、挑战安全极限，以及奔腾侧翻和功夫争霸赛这些亮点齐聚奔腾展台。激情漂移爆足眼球，15厘米极限出库、180°正反向漂移、720°漂移、烧胎等精彩汽车特技表演，让现场观众体会到无与伦比的精彩与激动。

10月10日，"一汽奔腾杯"佛山功夫争霸赛在西樵山站举行，赛事进展得如火如荼。据每次赛事统计，每次活动的人流量和现场集客批次都相当大，并由相关媒体进行活动报道，可谓声势浩大。

11月6日，在"一汽奔腾杯"佛山功夫争霸赛总决赛上，武林派对——功夫争霸赛的完美收尾，以车主联欢的形式举行功夫派对，并进行颁奖典礼。与功夫之夜形成首尾呼应，始终用功夫作为奔腾营销利剑。

至此，"一汽奔腾杯"佛山功夫争霸赛终落下帷幕，历经艰苦比赛的选手们收获了冠军奖杯。奖杯同样属于一汽奔腾，在整个公关事件中，一汽奔腾的知名度与销量都有了明显的提升。

（资料来源：http://www.faw-benteng.com/；一汽奔腾杯佛山功夫争霸赛全程总结内部文件；一汽奔腾杯佛山功夫争霸赛正式启动［EB/OL］．http://auto.jlonline.com/huodong/2010/0707/12801.html）

互动讨论题：有人认为本次"一汽奔腾杯"佛山功夫争霸赛可看成是一场精心策划的公关促销赛，请谈一谈你对此的看法。

本章案例

抬高门还是降低门槛：如何让你的顾客忠诚

■ **案例情境**

过去，"米亚"一直将经营重点放在家庭、休闲这一市场，主打产品"午后时光""欢乐A餐""幸福B餐"及"儿童套餐"深受顾客的喜爱。因为店面选址位于或邻近商业中心，所以"米亚"成为许多消费者逛街后休息、与朋友或家人聚餐的首选。

随着经济的繁荣与发展，花城各大商业区附近写字楼林立，在写字楼工作的白领希望在紧张的工作之余好好享用美味可口、营养丰富的午餐（甚至有些经常晚上要加班的人希望晚餐换换口味），而原有的一些快餐连锁店品种单一、质量不稳定，越来越不能满足他们的需求。于是针对这类人群的商务餐饮市场也随之涌现。

虽然商务人士这一细分市场对于"米亚"来说是比较新的领域，但今年作为"米亚"招牌推荐的"商务套餐"因为价格合理、营养全面而受到白领们的欢迎，从一开始推出就取得了不错的销量。许多人（尤其是在高级写字楼工作的白领）将它作为午餐的最佳选择。

目前公司只有通行的积分计划（没有专门针对商务套餐的积分活动），基本内容是：凡在餐厅消费任何产品1元，可积1分。积分累计100分，可兑换10元优惠券（在下次用餐时可作为现金抵扣）。以此类推，积分越多，优惠越多。

但市场瞬息万变，如果总是以一个微笑的面孔面对顾客，有一天他们也会感到厌倦。"米亚"或许在新的积分计划中应该尝试化个彩妆、戴个面具或是扮个鬼脸？

为了进一步提高顾客的忠诚感，推动商务套餐在未来一季的销量，"米亚"准备专门推出针对商务套餐的全新积分活动。可是方案应该怎样设计才能够吸引更多的商务人士长期前来用餐呢？为了能够提高活动的吸引力，实现最好的促销效果，国庆长假过后，李总给公司促销策划的智多星们群发了一封邮件，希望他们能讨论并且最终提出行之有效的方案。

时间：10月9日9:40　发件人：客户服务部经理Nancy

客户服务部经理Nancy有着丰富从业经验，在"米亚"算是一名元老级人物。Nancy传统、保守但十分稳健，她认为，顾客在评价积分计划时，一般都会考虑为获得奖励所需要付出的努力，他们进行消费决策的一个重要原则是付出的努力最小化，即根据付出的成本大小决定是否加入积分计划。如果付出的努力要求相对太大，顾客往往会放弃参与意愿。例如，对于普通旅客来说，每年累积1万飞行里程才能获得升舱或免费机票的奖励，实在太难，所以这种方案对于普通旅客几乎没有任何吸引力。因此，应该降低积分计划的门槛，使得包括商务人士在内的所有顾客可以比较容易达到目标。同理，将现有积分计划中100元的消费要求降低至80元，这样还可以扩大商务套餐的目标消费群。

时间：10月9日10:12　发件人：市场部助理Man

市场部助理Man是今年刚毕业的大学生，来公司还不到半年，但她新鲜跳跃的思维在很多次会议中都给李总留下了很深的印象。在收到李总及Nancy的邮件后，她第一时间作了回复，说明了自己的看法。她认为顾客在参与活动时除了考虑付出的努力，同时也会考虑积分计划的奖励或回报（即实用性奖品与奢侈性奖品）。顾客进行消费决策的一个重要目标是获得的回报最大化，即根据收益进行评价，因此设有丰厚回报的积分计划可以激发顾客的参与兴趣。如果一个积分活动，参与者所需要付出的努力不大，但奖品没什么吸引力，那么消费者也不会对它产生太大的参与兴趣。例如，她家附近的某大型超市就经常推出买50元送活蚌珍珠一颗的活动，去超市购物往往会超过50元，但作为奖品的珍珠没有实用价值，所以愿意结账后再折回二楼取珍珠的顾客少之又少，谁愿意浪费时间做无用的事呢？

所以她认为，应该将奖品或奖金设置得丰厚一些、诱人一些，这样可以增加顾客参与活动的积极性。例如，可以将消费100元送10元优惠券改为送15元，或者改为价值20元甚至30元的时尚礼品一份（可以挑选一些商务人士喜爱的礼品，公司付出的实际成本应该会低于礼品的价值）。

时间：10月9日11:38　发件人：广告部经理Tom

广告部经理Tom正在Z大学的商学院攻读MBA，多年从业的经验加上正规的管理训练使他成为李总决策过程中不可或缺的臂膀。刚刚从广告公司取回设计稿的Tom一连收到几封邮件，他细细读完后给出了自己的意见。他认为，顾客面对的积分计划不仅数量众多，而且品种也繁多。商家可以把活动设计为众多不同的形式，以餐饮业为例，有的餐厅是以消费次数来累计，有的餐厅是以消费金额来累计，有的餐厅送餐券，有的餐厅送礼品，还有下次光顾3位顾客以上1位免单。积分计划内容、形式上的不断创新，使得顾客难以通过绝对的付出与收益进行简单的比较与评价。

顾客可能会选择从活动的质量和价值等其他线索来对积分活动进行比较与评价，也就是说，顾客可能会将"其他顾客参与活动所需付出的努力"作为参考，与"自己参与活动所需付出的努力"进行比较。该项比较的结果决定着顾客对积分计划价值的感知。当顾客认为自己的个人努力比其他顾客的参考努力更少，即认为自己具有相对付出优势时，对积分计划的价值感知会更高，于是更愿意参与该计划。

日常生活中的消费者也常常是这样，不仅关心自己的得益，同时还关心别人的收获。例如，一个人在银行或超市排队等候服务或结账时，应当关心有多少人排在他（她）前面，他们办理业务或购买商品的多少。然而，他（她）的满意感还会随着排在他（她）后面的人数的增加而增加。也就是说，排在后面的人越多，他（她）感知自己所处位置的价值越大，等候的时间越值得。

上个周末，Tom 在 MBA 课堂中听到 Y 教授提到了一项关于露天停车场司机对等候者的领地防御行为的研究，也与这一观点类似。研究表明，驾车离开公共停车场车位的司机具有领地行为，这些行为甚至与他们离开的目的相反。被侵占领地的司机比没有被侵占领地的司机离开停车场的时间要长。当出现另一辆汽车并且按喇叭催促时，司机开车离开的拖延时间更长。当男司机被地位高的汽车侵占时，他们开车离开的时间要明显地快于被地位低的汽车侵占时离开的时间。

因此，Tom 觉得餐厅可以考虑针对商务顾客（上班族）推出专门的积分计划（例如，只有消费了商务套餐才能参加该项积分计划），一旦这些目标顾客感知到自身参与活动的优势后，他们参与计划的兴趣会大大提高。当然，如何让这部分顾客感知到参与优势，他会再仔细考虑一下。至于其他普通顾客，并非商务套餐的目标消费群，盲目地扩大目标消费群，改变产品原有的定位，会大大损害产品好不容易建立起来的品牌形象。

时间：10 月 9 日 14:02　　发件人：广告部副经理 Jane

广告部副经理 Jane 是 Tom 多年的搭档，合作非常愉快。Jane 在邮件中指出她非常赞同 Tom 的想法，认为顾客的偏好不都是理性及明确的，由于缺乏相应的知识及目标的不明确，顾客的偏好具有不稳定性，相对付出优势对积分计划存在显著影响。

此外，她还从运作成本和促销预算方面考虑，对 Tom 的想法作了进一步的补充。Jane 认为顾客感知到相对付出优势后，在回报价值不变的情况下，适当提高回报标准（例如，增加为获得奖励参与活动的频率或提高累积消费额度），顾客感知的相对付出优势也会相应增加，从而产生更高的参与意愿。

因此，制订针对商务顾客的积分计划在推出时不仅不需要投入更多的促销费用，反而可以适当地提高参与积分计划的门槛。例如，累计 120 分可获得 10 元优惠券一张（仅用于下一次商务套餐的购买）。

时间：10 月 9 日 18:23　　发件人：越秀分店经理 Helen

处理完店内日常事务之后，Helen 仔细阅读了他们邮件中的观点，也支持 Tom 针对商务顾客制订专门积分计划的建议。

她还提出，"米亚"在越秀、天河的六家分店附近写字楼密集，商务套餐的目标顾客相对比较集中，公司是不是可以考虑针对这些顾客推出更加有针对性的积分计划？毕竟商务套餐超过 50%的销售量来自于这六家分店。例如，积分计划中增加一项内容——在上述六家分店消费商务套餐可获双倍积分，即消费 1 元积 2 分——补充条款会更加鲜明地突出商务顾客，特别是越秀、天河分店附近的商务顾客的参与优势。

离餐厅营业的结束时间还有一个多小时，有些倦意的李总一一阅读了智多星们的邮件。大家的意见好像都挺有道理。对于顾客来说，当然是奖品越丰厚、参与的条件越低积分计划越受欢迎，但从公司的角度出发，促销成本又不允许投入过大。如果不增加促销投入，像 Tom 和 Helen 建议的，设计新的积分计划，一定会成功吗？究竟应该选择哪种方式开展积分计划，究竟是不是可以适当地提高积分的门槛？李总关掉空调，推开窗户。入夜后，南方的 10 月还是有些闷热。天色少有的好，居然能看见几点闪烁的星光。一时间，李总已经想好了明天在公司的管理层会议上提出的对策。

■ 相关概念与理论

1. 社会比较理论

社会比较理论（Social Comparison Theory），又称公平理论，它是美国行为科学家亚当斯提出来的一种激励理论。该理论侧重于研究工资报酬分配的合理性、公平性及其对职工生产积极性的影响。社会比较理论的基本观点是：当一个人做出了成绩并取得了报酬以后，他不仅关心自己所得报酬的绝对量，而且关心自己所得报酬的相对量。因此，他要进行种种比较来确定自己所获报酬是否合理，比较的结果将直接影响他今后工作的积极性。

人们会进行横向比较，即他要将自己获得的"报偿"（包括金钱、工作安排及获得的赏识等）与自己的"投入"（包括教育程度、所做努力、用于工作的时间、精力和其他无形损耗等）的比值与组织内其他人做社会比较，只有相等时他才认为公平。除了横向比较之外，人们也经常做纵向比较，即把自己目前投入的努力与目前所获得报偿的比值，同自己过去投入的努力与过去所获报偿的比值进行比较，只有相等时他才认为公平。

顾客通过比较进行价值判断的理论依据就是来源于社会心理学中的社会比较理论。社会比较理论认为，人们在现实生活中定义自己的社会特征（如能力、智力等）时，往往是通过与周围他人的比较，在一种比较性的社会环境中获得其意义的，而不是根据纯粹客观的标准来定义。社会比较又称为人际比较，是一种普遍存在的社会心理现象，是人类在相互作用过程中不可避免的。Gilbert、Giesler 和 Morris（1995）认为，社会比较是一种自发的行为。在消费决策中，顾客根据比较的结果对事物进行评价，并对具有相对优势的事物更具吸引力（Kivetz 和 Simonson，2003）。

很多忠诚度计划（如消费积分、消费印花、航空里程等）都是难以通过绝对的付出与收益进行评价的，因此大多数顾客都不擅于评价忠诚度计划的吸引力。因此，人们在评价忠诚度计划时，计划要求的付出努力和回报的价值并不是唯一的决策依据。根据社会比较理论，顾客会以其他顾客的付出努力作为参考，与自己的付出努力进行比较，这一比较的结果决定着顾客对忠诚度计划价值的感知。当顾客认为自己的个人努力（individual effort）比其他顾客的参考努力（reference effort）更少，即认为自己具有相对付出优势（relative advantage）时，对忠诚计划的价值感知会更高。

2. 相对参与优势对顾客的影响

Ran Kivetz 等（2003）的一项关于信用卡公司积分奖励计划的研究情境如下：

假设你的信用卡公司正在开展一个积分奖励计划，使用该卡结账，每消费 1 元积 1 分。如果在信用卡公司的特约商户（指定的一家加油站和一家超市）消费，可获双倍积分，即每消费 1 元积 2 分。你恰好经常光顾该加油站和超市。[在任何

加油站或超市消费都可获双倍积分,即每消费1元积2分]

根据信用卡公司的积分奖励计划,累计5000分[10000分]时,就将获得由乐林公司提供的百科全书豪华CD(2000版)一张,内容包括大量文章、相片、音频、视频、地图等。

该项研究的结果显示:当被试得知在他们经常光顾的加油站或超市消费可获双倍积分时,提高活动的参与门槛(即获得回报的标准,从5000分升至10000分)他们参与该积分奖励计划的可能性大大提高。当被试得知在任何一家加油站或超市消费都可获双倍积分时,提高活动的参与门槛会大大降低他们参与该积分奖励计划的可能性。

Ran Kivetz等(2003)的研究模型如图7-5所示:其中三条射线分别代表参与活动所需要付出的努力大小:①相对高的参考努力(斜率相对陡峭,如OA'所示);②顾客的个人努力(如OC所示);③相对低的参考努力(斜率相对平坦,如OA所示)。坐标横轴是积分奖励计划规定的获得回报所需的标准(program requirements),坐标纵轴是顾客为获得回报所需要付出的努力。

顾客感知到的参考努力和感知到的个人努力都会随着回报标准的增加而增加,即$X_2A > X_1B$,$X_2C > X_1D$。在一般情况下,获得回报需要顾客付出一定的努力,如需要消费一定次数或金额才能获得奖励(如餐厅的优惠券)。

由于决策的不确定性,顾客对忠诚计划进行评价时,通过比较其付出与收益作为参考,以降低对评价的难度。根据社会比较理论,顾客通过比较进行价值判断,因此,在评价过程中实际起作用的是顾客的相对付出努力——以其他顾客的付出努力作为参考,与自己付出的个人努力进行比较的结果。

对于个人努力与相对高的参考努力,因为参考努力函数的斜率比个人努力函数的斜率大(OA'比OC陡峭),在任何回报标准(横轴所示)下,顾客都会认为他们付出的个人努力比参考努力低,从而感知到相对付出优势。

如图7-5所示,当回报标准为X_1时,个人努力=X_1D,参考努力=X_1B',个人努力小于参考努力,即$X_1D < X_1B'$;此时,顾客感知到相对付出优势($DB' = X_1D - X_1B'$)。

当回报标准为X_2时,个人努力为X_2C,参考努力为X_2A',个人努力小于参考努力,即$X_2C < X_2A'$;此时,顾客也感知到相对付出优势($CA' = X_2C - X_2A'$)。

比较两种回报标准下的相对付出优势,当回报标准由X_1提高到X_2时,相对付出优势也随之增大($CA' > DB'$)。

综上所述,由于顾客很难用绝对付出努力作为标准来评价积分计划,根据社会比较理论,当顾客认为自己与其他顾客相比付出的努力更少,即认为自己具有相对付出优势时,对积分计划的价值感知会更高。在回报价值不变的情况下,提高回报标准,顾客感知的相对付出优势也会相应增加,从而产生更高的参与意愿。

(案例来源:朱翊敏,林泽锐,周素红. 米亚的故事:如何让你的顾客忠诚[M]//中山大学管理案例研究(2008). 北京:经济科学出版社,2009:327-342)

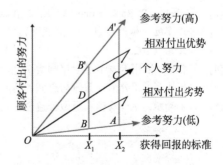

图7-5 相对付出对顾客的影响

■ 互动讨论

针对米亚的故事，如果你是李总的话，你会怎样设计这个积分累计方案呢？是应当提高奖品的价值，还是应当选择更有吸引力的奖品类别？是应当降低门槛，让更多的顾客有机会参与活动，还是应当适当提高门槛，让忠诚顾客更觉优越感？请给出你的详细理由。请结合消费者心理和消费者行为的相关理论，试分析消费者接受促销背后的心理过程及其对企业促销决策的启示。

■ 推荐阅读

1. Brown Christina L, Carpenter Gregory S. Why is the trivial important? a reason-based account for the effects of trivial attributes on choice[J]. Journal of Consumer Research, 2000, 26(4), 372-385.

2. Feinberg Fred, Krishna Aradhna, Zhang Z John. Do we care what others get? a behaviorist approach to targeted promotions[J]. Journal of Marketing Research, 2002, 39(August), 277-291.

3. Kivetz, Simonson Itamar. The idiosyncratic fit heuristic: effort advantage as a determinant of consumer response to loyalty programs[J]. Journal of Marketing Research, 2003, 40(4), 454-467.

4. Xavier Drèze, Hoch Stephen J. Exploiting the installed base using cross-merchandising and category destination programs[J]. International Journal of Research In Marketing, 1998, 15(5): 459-471.

本章思考题

1. 信用卡积分促销与会员促销有哪些异同之处？
2. 通用积分为何更具竞争力？
3. 联合促销受到哪些因素的影响？
4. 事业关联营销与公共关系有哪些异同之处？

本章注释

[1] 百事与索尼联手推出买饮料送唱片［EB/OL］. 2002-11-21. http://economy.enorth.com.cn/system/2002/11/21/000458431.shtml.

[2] Akshay R. Rao，Robert W. R. 品牌联合的威力. 世界经理文摘，1996（3）.

[3] 卢泰宏. 赢的创新——价值网营销. 卢泰宏教授莅临创新营销论坛演讲［N］. 深圳晚报，2006-07-02.

[4] 曹蓓. 信用卡发卡量七年剧增 77 倍［N］. 证券日报，2011-06-15.

[5] 杨速炎. 积分卡：数值与忠诚的博弈［J］. 中国商贸，2008（Z1）.

[6] 朱翊敏. 慈善营销：既做公益也做效益［J］. 北大商业评论，2013（11）：56-63.

第二篇 SP策划篇：
让SP更有效

只知道SP重要并不够
关键是如何达成有效的SP
由此需要SP策划
让SP高效击中目标

第 8 章 SP 策划基础

引例 华美食品：会说话的月饼

2014年8月，华美食品在临近中秋之际，用微信、微博、微视"三微"办了一场促销活动——华美"会说话的月饼"！

华美"会说话的月饼"玩法：

1. 用户购买华美月饼，扫描二维码，进入华美微信服务号活动主页面。
2. 定制祝福：拍摄微视频短片，录制并上传祝福视频，复制微视祝福链接，输入华美月饼独有的祝福编码，提交。
3. 分享祝福到朋友圈，就有机会抽取华美食品提供的万元钻戒、iPhone 5s、名牌手表、华美月饼等丰厚奖品。而收到月饼礼物，同样扫描二维码即可查看祝福视频。

华美"会说话的月饼"活动，在网络上掀起一场前所未有的浪潮，很多普通用户也加入到了月饼送祝福活动的热潮中。全新的祝福方式，广受年轻人的喜爱支持，更是吸引了网络红人参与，如《天天向上》阿毛及微博红人@回忆专用小马甲等人，也是大力支持华美"会说话的月饼"微活动。

月饼原本就是节令性食品，华美"会说话的月饼"凭一次全新的创意祝福方式，以及过硬的品质与服务，创造了一场前所未有的销售高峰。这与华美食品的营销新法有着密不可分的联系，即——企业互联网思维技术的运用。

（资料来源：东哥.2014最具创意的十大微博营销案例［EB/OL］.http://www.managershare.com/post/163671）

华美月饼营销新法的成功离不开精巧的策划。促销是系统的组织活动。无论促销活动规模大小，都要进行周密的策划。毕竟，凡事预则立，不预则废。有没有事前策划，从活动结果上就可以看清楚。

8.1 SP 策划的框架及主要内容

一般而言，单次 SP 活动不像广告那样需要大笔经费支持，但每次 SP 活动还是会引起成本的上升。此外，公司实施 SP 策略通常需要供应链各个环节的参与。例如，制造商的 SP 需要经销商和零售商的配合；反过来，零售商和经销商的 SP 活动也离不开制造商的支持。

从整合营销方面讲，SP 活动不应该是随机发生的事情，而应该与公司的整体营销规划相一致。好的 SP 策略应该有助于公司营销战略的实施和落实。因此，科学地、创造性地策划 SP 活动，是营销管理者面对的一个挑战。

8.1.1　SP策划的框架

SP策划（SP Planning）又称SP企划或SP计划。通常，策划的内容不会仅仅是单项SP活动，而是涉及多个方面的一系列活动。因此，与促销策略的选择一样，SP策划也是一个复合的过程，包括应该考虑策略和预算的一致性。对于其中的每一次活动都必须有事前设计，考虑其计划达成的目标及预算的限制。

很长时间以来，SP都只是作为营销组合中不太重要的一个元素，高层管理者很少参与SP的企划。然而，随着SP费用在整个促销组合中所占比重的增加，它已开始引起高层管理者的注意。SP在营销策略中的高层管理工作越来越多。过去，实效促销专家只是在营销战略制定好后才会介入，今天，不少公司已经将实效促销专家视为品牌建设战略团队的一部分[1]。

对SP可以发挥的作用及接受程度，不同公司管理者的观念也不尽相同。例如，某公司的总经理强调，只有当促销活动真正促进了需求量的增加，而不是仅仅将需求拉近了，这时SP才是可以接受的；而另一公司的高层管理者则认为，如果促销费用可以尽快将其市场份额提高，那么该项促销计划就可以接受。

一旦促销在营销策略中的作用确定下来，管理者便要开始从总体上制定出促销预算及相应的广告预算额的适当水平。这其中的主要影响力来自于公司必须面对的市场环境。有研究表明，耐用品制造商对其促销费用比例的决策主要取决于市场中竞争者的数量、公司主要竞争对手的市场份额、购买间隔期的长短、新产品的促销活动状况，以及产品对于经销商业绩的重要程度，等等。

如果促销预算的总额已经确定，则下一步应该针对各项促销目标，均衡各自的SP费用。在大多数公司里，这项决策主要是由底层向上传递的过程，而不是由上至下。某个单项产品的管理者确定出促销目标，并制定出相应的促销计划及预算额，然后传达给上层领导，由高层管理者对多个上述计划进行协调，最后确定全公司年度内各产品总体促销计划。公司全局的SP策划概要将列在促销日程表上，其中标明了促销目标、促销产品的名称、促销工具、相应的促销时间，以及促销市场区域等。这样制定出来的策划才具有一致性和系统性，可以尽量减少一项促销活动预期达到多个目标而又无法实现的可能性。图8-1显示了SP策划过程的主要框架，可以看出，SP策划的主要内容是SP设计。

8.1.2　SP策划的主要内容

对多个公司SP策划过程的研究表明，促销目标一旦确定，任何一项促销策划设计都会包括以下三大方面的内容：

（1）确定促销类型（Type），是指为确定实现促销目标，应该采用何种促销类型。

（2）确定促销范围（Scope），是指确定产品范围，对于哪种规格、哪一型号的产品进行促销。还包括确定市场范围，即确定促销活动进行的区域（全国/区域；线上/线下）。

（3）确定促销策略（Tactics），是指确定何时进行，何时宣布，持续多长时间；确定折扣形式，是直接折扣还是间接折扣；确定销售条款。

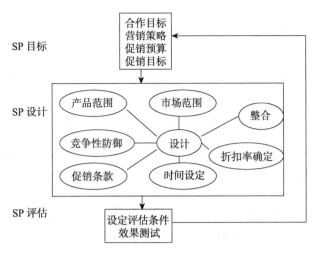

图 8-1　SP 策划框架

对上述三个方面内容的更详细分析如下。我们也将讨论一些从实际运用中得出的适用于其他产品——市场环境的概括性结论。

1. 明确促销类型

从策划的角度讲，SP 的形式可分为即时价值（Immediate Value）促销、延时价值（Delayed Value）促销与附加价值（Added Value）促销。即时价值促销使消费者在购买的同时马上受益；延时价值促销，消费者则必须在采取一次甚至多次购买行为后方才有所受益。前者的影响力较大，尤其是在销售现场刺激冲动型购买及品牌转移购买时，效果较佳；由于存在延迟折扣效应——延迟带来的时间折扣，所以后者的影响力较弱，但具有长期的效果，特别是针对那些品牌忠诚度很高的消费者来说，效果更明显。他们会为了获取一定的利益而付出长期的努力。例如，在一项促销活动中，消费者可将 3 个包装盒上的标志及 3 美元的支票寄到公司，便可以获得邮寄出的一本烹饪用书。在此实例，消费者要获取价值，需要分 5 个步骤逐渐参与其中：

（1）认知进行促销的品牌。
（2）每次购买时留下包装盒上的特定标志。
（3）按促销活动规定邮寄 3 枚标志和 3 美元。
（4）收到邮寄来的烹饪用书。
（5）使用该书，制作食物。

显然，这是一个有序的、长期的过程。只有在过程结束之后，消费者才可以真正获得好处，而通过这一长时间的过程，消费者对品牌已产生了深刻的印象。

此外，所有的 SP 活动都向消费者提供了特别的好处，但这种好处不一定需要通过直接的降价手段来体现。除了直接降低价格，企业还可以通过为消费者提供附加价值来设计促销。表 8-1 根据价格—价值对"消费者 SP"进行了分类。

2. 选择 SP 的产品范围

选择 SP 的产品范围涉及产品规格、型号、系列相关产品等方面。通常，在购买选择时，消费者对价格的比较越来越频繁，同一品种所代表的延伸产品也不胜枚举，因此促销

表 8-1　消费者 SP 的分类

种　类	即时价值	延时价值
降低价格	特殊的零售价格	折价券
	价格包装	折扣
附加价值	奖金包装	附邮津贴
	购买附赠品	定期活动

设计中产品范围的确定越来越重要。在处理具体实例时，往往要考虑到以下几个问题：

（1）促销活动是针对整个产品系列，还是单独某个型号的产品？

（2）促销活动是针对某一系列的产品，还是针对产品系列之外特别设计包装的产品？

（3）如果促销活动是有选择性的，那么所涉及的大众化的商品的数量是多些好，还是少些好？是针对价格高一些的商品还是低一些的商品？

一年之内，一个品牌可以开展多次促销活动，因此，管理者必须对促销的效果进行评估、比较，决定是针对某一品牌开展多次促销活动所取得的效果好，还是针对一系列的产品进行一次或多次促销活动的效果好。另外，产品范围的决策也受到中间商、消费者、竞争者、销售小组各方面考虑等因素的影响。比如，当不同层次的中间商打算对同一系列的不同产品进行促销时，可以针对所有的销售渠道全面展开促销活动。例如，食品店对中等规格牙膏进行促销，而大型购物中心则着重对大规格牙膏进行促销。当同一系列不同的产品面对着一系列对应的竞争者时，对单一型号产品进行促销可能是最优方案。例如，制造商可能可以预期到某种新竞争产品会以某一价格档次进入市场。在竞争者的新产品推入市场前，对该项产品进行促销可以形成强大的威胁力，而且，这种单一性质的促销活动也可能减少促销混战。对中间商来说，对销售人员所提供的促销优惠则往往是相当有限的。在同一品牌下的多种延伸产品的组合，往往适合采用多项产品同时促销的形式，因为要对其中每一项产品单独进行促销，不仅日程安排上很困难，而且花费也会很大。

3. 划定实施 SP 的市场范围

同一项促销活动是不是应该在所有的市场开展？举一个例子，Toro 公司认为他们的市场各个时期、各个区域的气候水土有所不同，当地消费者的消费习惯和偏好也有所不同，所以他们在一年内的不同时期、不同的市场区域，对不同的产品进行促销。此外，Toro 公司的管理人员还认为一项国际性的促销计划很容易被竞争者所察觉，并做出相应的反击措施。因此，设计出一项区域性促销的方案不仅具有针对性，而且具有保护性，可以取得较好的效果。在如今这个的数字化时代，企业更需考虑线上市场和线下市场的问题。

选择市场范围时必须注意以下几个问题：

（1）管理方面的努力。为销售小组制订更详细的计划，需要更多的时间用于管理方面。在总部和当地经销商之间必须设立一个中介机构。此外，还需要有一些特殊的计算机设备和受过专业培训的销售人员。

（2）费用方面的影响。在不同区域同时进行规模不同的促销活动，可能会使对需求的预测和生产计划的安排变得复杂化；安全库存量就必须相应有所增大。当促销产品的生产地点和销售市场之间的距离较远时，运输成本会大大提高。此外，在国际性广告中宣布促销计划也可能会降低广告本身的效果。

（3）国际性的财务。国际销售网络总部的中间商向各地区销售点出售商品。虽然总部通常允许零售价格存在一定的灵活性，但基本趋势却是集中统一的。因此，一个包括各个市场或有选择性市场的不同促销活动的复杂的促销计划，可能是不易令人接受的。应该在某个特定的市场，利用细分的优势，确定促销计划。

（4）转移。如果折让优惠和运输费用相比较，并不十分诱人，那么，中间商很可能放弃当前的采购来源，转向价格低廉的其他市场。这种情况普遍发生在距离相隔不远而人口分布密集的市场之间。

4. 选定实施SP的时间

在促销企划设计中，时间的设定包括何时促销、何时宣布促销、促销持续时间及频率等几个方面。

（1）何时促销。当某一品牌或某项产品的库存量低于一般水平时，可考虑进行针对中间商的促销活动，促销目标是增加中间商的库存量；或者当库存量高于一般水平时，其促销目标则是使库存大量销售出去。

消费者需求的时间特征是影响"何时促销"的重要因素之一。对产品的需求可能有一定的时间特性。例如，有些产品的使用与气候相关；有些产品呈现年度性变化；购买的产品作为一种礼品；或者产品购买决策需要进行审慎比较，如购买耐用品，一般在周末——此时时间充裕。在这样的情况下，促销的时间应与产品使用、选购的高潮相符，才能取得明显的效果。例如，巨人集团的脑白金、黄金搭档作为定位礼品市场的保健品，销售周期主要集中在重大的节假日前，节假日消费占据70%以上，其中春节前十几天的销售量就占据全年销售的50%以上，所以，这个时候它的广告促销会非常集中，甚至让人厌烦[2]。

（2）何时宣布促销。大多数制造商在制订年度营销计划时就已经预先制订了他们各个季度甚至月度的促销计划。那些没有事先制订的促销计划往往是为了应付意料之外的竞争对手的行为，或是为了在意外的销售淡季把过多的库存销售出去。

一些事先制订的促销计划，例如换季时的清仓减价行为，以及年末的减价促销行为，消费者和中间商都是事前已经知道的。在另外一些情况下，促销时间可能是作为季节性购买计划的一部分，事前由制造商和零售商协议产生。此外，随着促销行为的日益复杂性和创造性，制造商试图尽力使其促销活动跟上消费者的购买节奏，于是合作性质的事前促销计划变得盛行起来。

（3）期限。一项促销活动持续时间的长短取决于目标消费者中较多数的人要多长时间才可以接收到促销活动所要传达的信息。一项促销活动期限的长短也必须考虑到其他促销活动的开始及持续时间，以免互相重叠，浪费资源并降低效果。

（4）频率。促销活动的频率是否恰当取决于众多因素，如中间商对产品特征及类别感兴趣的程度、消费者的购买倾向、对意外的竞争性促销活动作出的反应，以及销售人员小组日程安排、活动本身持续时间及效果，等等。

如果一个制造商在短期内推出两项促销活动，很显然，就算第二次活动的折扣优惠大大高于第一次，但由于第一次促销活动开展期间，中间商的库存已经大大增加，达到饱和，所以第二次促销的效果肯定相对较差。

如果促销活动过于频繁，而且互相重叠，也会引起消费者和中间商的疑惑不解。通用汽车公司一位负责人曾说:"现在我们促销活动的频率可能高于一个经销商可以接受并作出反应的范围。"在国内,自 2012 年以来,电商每年都会举办"双十一"和"双十二"两次大促,"双十一"每年都会引起全国人民的疯狂购物热潮,然而,"双十二"却远远比不上"双十一"的销量和影响力。2013 年"双十一"销售额为 350 亿元,"双十二"销售额仅有 43.8 亿元;2014 年"双十一"淘宝销售额为 571 亿元,"双十二"的销售额却并未公布,很多卖家和消费者都表示对"双十二"积极性不高。

5. 确定折扣率

每项促销计划,无论是直接的降价,还是间接的增值,其商品价格相对平时都会有一定的折扣。如何确定折扣率的大小,可以依据以下几点:

(1)最低百分率的确定应以吸引中间商和目标消费者的注意为依据,促使其潜在的消费者进行实际的购买行为。

(2)依据以一般价格向中间商出售商品的比例。这一数据越小,折扣率相应就越高。

(3)折扣率的确定往往会依据同一价格档次的其他品牌折扣情况。

(4)费用的波动也会影响到折扣率的确定。当波动不大时,制造商一般会增加折扣率,而不是降低产品价格。

(5)在其他条件不变的情况下,如果接受一笔交易可以为中间商节约某些成本,那么制造商给予中间商的折扣率也将会低一些。

6. 明确 SP 的期限和条款

在促销协议中必须指明制造商出售货物的数量和价格折让,以及中间商付款的期限、购买商品的数额,等等。对消费者的促销也是这样,必须注明样品兑换的具体时间、折价券的有效期限,等等。这些条款包括:

(1)在收款发货后将附上促销折扣的现金支票。

(2)确定由中间商提供的增设陈列的时间和规模,以及特别广告、减价信息等。

(3)限定中间商每次促销期间只允许签一次协议,进行一次运输,以减少转移或提前购买的可能。

(4)限定促销商品的购买数量,以防止商品滞留在某一折扣渠道上。

8.2 SP 设计要素

8.2.1 产品范围和服务范围

产品范围和服务范围是指确定促销的产品或服务范围。是对整个产品系列进行促销,还是针对价格高的或低的产品进行促销,或是针对受欢迎的产品类型进行促销?在同一时间内,是针对一个价格档次下多种产品进行促销,还是针对不同价格的同一产品类型进行促销?

促销的产品范围决策,其复杂程度直接受同一品牌的产品种类多少的影响。例如,Hartman 箱包公司制造多种硬边、软边的箱包,其大多数产品又根据材料不同划分为四种不同的价格,而且每种又细分为男用、女用两类。对于像 Hartman 箱包公司这样的企业,要确定其产品范围相对比较复杂。

由于耐用品制造商的一个品牌下往往覆盖许多产品类型，产品范围的决策也不是十分容易。比较而言，宝洁公司的品牌经理在决定促销计划的产品范围时却显得简单一些，因为在宝洁公司的一个品牌下，产品类型并不多。

对于价格较高的产品，那些偏向购买价格低廉产品的消费者的价格敏感度特别高。因此一些产品经理挑选其品牌系列中较小型的产品进行促销，希望可以吸引那些可能会采取一系列更新行动的新产品的消费者；而另一些经理则选择弱势产品进行促销，以期经销商的购货支持，并引导消费者购买那些较昂贵的产品；还有一些经理偏向选择价位较高的产品进行促销，因为广告宣传已经赋予该产品较好的品牌形象。此外，这种做法也可以说服经销商调整其产品组合，提高高档产品的比例，这样制造商和经销商的平均单位边际利润会有所增加。

同一系列的不同类型产品适宜采用不同类型的促销方式。例如，主要器具制造商发现折扣对于价格偏高或偏低的产品效果不错。首先，它可以提供一项绝对额较高的折扣优惠；其次，高价产品购买者有能力一次付清全部货款，而不需要等待折扣机会，但对于购买低价产品的消费者来说，他们对可以节约现金的做法十分赞赏。

对服务SP来说，如果SP目标是防御性的，促销范围可能是受到竞争压力的那些服务。如果目标是吸引新顾客，对感知风险较低、价格不贵的服务，促销对象则会是那些选择性很强的潜在消费者。如果目标是在竞争中取得优势地位，则促销的服务范围应可以使消费者和服务营销者之间建立起较长期的关系。

服务所包含的范围越广，在决定促销服务范围时越具挑战性。航空公司可以只对飞机上的某个座位进行促销，而当它与宾馆、出租汽车公司合作时，却是针对整个旅行的所有环节进行促销。而餐馆则可以对不同的菜单或是晚餐的某一道菜等进行多项促销。

8.2.2 市场范围

同一项促销活动是否有必要在所有的市场开展？如果不是因为品牌的市场份额、竞争行为、零售环境、消费者需求模式等原因，则不必在各个市场进行不同的促销活动。

许多公司制定出促销日程表，包括了全国性（甚至全球性）、区域性的促销计划。促销计划的确定不仅要依据地理区域，而且要依据消费者细分及渠道类别。例如，消费者习惯在哪间商店购买产品；他们是进行比较后采取购买，还是只在一家店进行购买；他们是有计划性地购买，还是冲动型购买；在购买前他们的信息来源是哪里；他们是第一次购买者，还是更新、重复购买者。

此外，尽管任何一项促销优惠都必须提供给一个市场范围中的每个经销商，但不同层次、不同规模的经销商之间还是会存在一定的区别对待，因为他们的营销策略、库存采购方式、评估条件及是否给予特别的陈列支持都有所不同。

对服务业来说，由于价格差异化的存在，所以服务营销人员比制造业营销人员更具灵活性。宾馆连锁业可能希望开展定期国际性的促销活动，以助于建立起一个统一的市场形象。如果需要，也可以根据市场份额的不同，对单个市场进行不同层次价格的促销。此外，只要服务营销者愿意，他们也可以将促销范围局限在某个很小的区域里，而这对制造业来说却是不可行的。交通服务业常常针对学生和儿童进行特别的促销活动，对年老者也提供票价方面的折扣优惠，然而，有些法规中却对促销对象作出了严格的限制。

8.2.3　SP 整合

如何将消费者 SP 与经销商 SP 结合起来？如何整合地运用不同 SP 工具？如何将 SP 与其他营销沟通工具，如广告、人员推销、公关、直销等，整合运用？

为了取得最大效果，对消费者的促销与对经销商的促销应同时进行。如果广告与消费者促销相结合，或是对销售小组提供特别的激励，那么带来的影响将是巨大的。每当一项产品采取拉式或推式促销时，经销商都会增加其采购量，并着手安排特别的采购支持活动。事实上，当一项促销活动对消费者的吸引力大过对经销商时，这种采购支持会显得更为重要。例如，制造商向消费者提供某种促销优惠，如果他们在一家商店购买了一定数量的产品，则可以免费或以较低的价格购买该店出售的同类或其他产品。由于这类优惠可以增加经销商的营业额，所以经销商也乐于支持这样的促销活动。同时，制造商也会根据购买者旺季出现的规律提供一定的现金折扣，并在经销商的销售现场设置一些特殊的陈列，以招徕顾客，加强零售支持。

SP 整合除了用于经销商促销和消费者促销之间，还适用于广告与促销之间，包括 SP 在内的任何一种营销沟通都应可以加强品牌广告所要传达的信息。

8.2.4　折扣率的确定

在各种复杂而不同的情况下，如何确定合适的 SP 折扣率？

在确定 SP 的折扣率时，制造商必须考虑到竞争产品的折扣率、相比较的价格差异，以及对品牌形象的影响。与市场跟随者相比，市场份额较大者可以提供低一些的折扣率而达到相同的效果。对于市场领导者来说，较高的折扣率往往不能取得较好的利润绩效，因为他们需要以更大的销售额来弥补消费者折扣的损失。虽然在比例上说，无论是大品牌还是小品牌，其付出的都是基本一致的，但对于大品牌来说，其绝对量要大得多。例如，市场份额 20%的品牌就比市场份额只占 5%的品牌更难实现销售的翻倍。

某些促销形式（例如财务激励）向消费者提供了延时性利益，然而现金折扣却可以提供即时利益。不同类型的促销所引起的消费者反应是不同的，而且其关系也常常是非线性的。例如，折扣率为 20%并不一定是折扣率为 10%的效果的 2 倍。

对于不同的商品采用同样的促销折扣率，消费者的反应会不同。例如，财务激励就可以分为提供较低的贷款利率和延长分期付款的期限两种。这两种方式都会减少贷款还款期内每月应付的款项。研究表明，每月付款数目对于消费者购买新的耐用品意愿的影响力很大。另一种做法是鼓励消费者在购买后几个月内尽早付清货款。耐用品制造商可以选择任何一种适合的方法来吸引目标消费者。

某些促销活动，特别是价格／数量促销，在消费者接受服务的过程中就向其提供了即时的现金优惠。它们往往使消费者以较低的价格获得同样的甚至更多的服务。另一类促销活动（例如抽奖）则向消费者提供并非一定与促销价格相关的某些延时利益。这种形式的促销使消费者以相同的价格获得更多的服务或其他额外利益。很显然，服务营销者在确定优惠的形式及额度时，必须全面考虑消费者偏好、可能的成本，以及促销目标等因素。当同一项服务面对消费者分布的层次很多时，促销设计中可以把多种选项结合起来，对不同消费数量或水平提供不同的折扣率。例如，航空公司的里程促销，就是根据乘机里程累积数的大小确定可享用折扣率的高低。

在确定折扣率时，服务营销者还应考虑折扣率定为多少时才可以使进行促销的服务具有更强的竞争力。与制造业一样，相较于追随者，服务业市场中的领跑公司可以提供低一些的折扣率，却仍可以获得相同的效果。如果市场领导者的折扣率高于一般水平的话，可能会引起价格弹性的刚性提高。另外，较高的折扣率可能会吸引那些以普通价格不会进行重复消费的一次性消费的顾客。

8.2.5　SP 时间安排

SP 设计应明确促销时间、促销频率及促销期限等方面的问题。大型购物中心销售耐用品时，促销时间和频率受到经销商和产品管理计划循环的影响。对于大多数零售商来说，每年都有两次开放型采购耐用品的时段。在采购季，他们将制订采购计划，决定库存类别，填写订单。因此，产品管理人员必须事先将自己的促销计划告知经销商，以期在经销商采购计划中占有一定优势，不要让经销商心存疑惑。同样，产品不同交易对象的促销期限要避免重叠不清。

在竞争激烈的市场中，多数产品管理者可能都很重视季度销售目标，每季至少会安排一次促销活动，而且，促销活动涉及多种产品和多个系列，因此，促销时间的事先设定应及时告知销售人员。许多耐用品的销售与消费者对气候条件的反应、每年式样更新的速度、购买礼物的高峰期有很大的关系，制造商必须针对各时期制定相应的 SP 目标和详细的 SP 策划方案。

对服务业来说，促销常常是为了平衡需求，因此他们并不是一味地想提高服务量，恰恰相反，服务业有时甚至讨厌那种季节性销售高潮。

任何一项促销的持续时间都应该和目标顾客购买产品的过程相符合，并与提供优惠的多少相符合，即购买间隔期越长，促销持续时间就越长，以保证所有的目标顾客都能接触到该项信息。

同样地，促销频率的确定也必须考虑到竞争压力及典型消费者的消费过程等因素，服务营销人员应避免产生"促销活动是在一年中的每个季度进行"这种观念。

8.2.6　SP 条款

应制定哪些条款来保证 SP 活动正常顺利地进行？

SP 条款对于耐用品制造商的财务情况的影响可能很大，因此，需要采取措施进行控制。例如，小型设备制造商在送礼旺季给予的折扣优惠，由于潜在折扣率较高，制造商可以在销售现场相应提高折扣优惠额，以增强吸引力。而汽车制造商在设计促销计划时，往往会要求经销商在促销期内售出规定数量的汽车。

传统上，消费者促销可以不断提供更多可供选择的优惠条件，以满足不同细分市场消费者的需求。例如，克莱斯勒汽车公司就允许消费者在低利率分期付款和一次性付款现金折扣两种方式中任选其一。现在，对经销商的促销也开始提供多种选择以适应不同层次不同规模经销商的偏好。

对于服务业来说，在促销条款中确定谁是最终受惠人是相当重要的。例如，服务营销者可能只希望在其消费群中确定某个特定的细分市场作为受惠群体。为了推广自动柜员机（ATM）的使用，波士顿银行举行了一项促销活动，凡参加"如何使用 ATM"展示会的消费者均能获得一张可在附近商店免费获得冰激凌的赠券。两年后，等大部分消费者都掌握了 ATM 的使用方法时，该银行又推出了另一项促销活动，即所有的消费者每使用一次 ATM，就可获得一次抽奖机会，头奖是夏威夷的一次免费旅行。

有时，消费者购买服务时并不需要自己付钱。这种情况多发生在消费者出差住宾馆、使用交通工具时。这时，由于费用是消费者所属组织支付的，折扣的受惠人不是消费者本人，折扣不具有很大的吸引力，因此促销不宜采用原有固定的每日折让形式。近来，航空公司为了解决这一问题，向消费者提供未来航班的机票折价券，出差者可以将其用于以后的个人旅行。但是，许多公司仍坚持要其员工将折价券上交，以备公司使用。里程数折扣也是一种解决办法，但其明显的缺点是其他航空公司很易效仿。

8.2.7 竞争性防御

如何防止竞争对手模仿自己的 SP？如何防止消费者的误解？促销时应该可以创造一种独特而持久的竞争优势。大多数促销行为是容易模仿的，有时要想制订出一种较复杂的促销计划，既不易被他人很快效仿，又不会为消费者所误解，是十分困难的。但是，如果实现了上述目标，相应的收益也十分可观。例如，前面提到过的 Toro 公司有一项 SnoRisk 计划，竞争者最快也只能在下一年才可能效仿出来，所以在此期间 Toro 产品的增长率达 30%。这是第一种竞争性防御措施。

第二种竞争性防御措施是安排一次其他厂商无法模仿的特殊相关性促销。

第三种竞争性防御措施是着重强调制造商偏向的一种促销工具。例如，通用汽车公司强调财务激励方式。

在服务业中，许多公司推出一项促销活动后，其结果往往是遭到竞争者迅速的效仿促销反击。例如，历史上，航空公司曾有过折价券之战、里程数折扣优惠战，竞争性银行之间有过礼品之战，时尚杂志也曾有赠品之战。对于一个营销人员来说，最令人头痛的莫过于精心策划推出了一项颇具新意的促销活动，马上就为竞争者所仿效采用。例如，1982 年春末，假日酒店（Holiday Inn）开始提供折价券，以提高其客房利用率。没隔多久，Howard Johnson's 就推出了一项电视促销活动，其中不仅包括向消费者提供类似假日酒店的折价券，而且还向再次光临酒店的消费者提供享受房价折扣的凭证。

大多数促销都是容易模仿的，并没有什么特别行之有效的方法可以扼制竞争者在其他地方以其他形式提供类似的促销活动，有三种竞争性防御措施的建议：一是制订出一项复杂的促销计划，使竞争者无法在短期内做出迅速的模仿动作；二是几家著名公司举行联合促销活动；三是形成促销活动品牌，如农夫山泉的"一分钱"系列。

8.3 SP 策划的市场因素

SP 策划设计受到多种因素的制约，如 SP 在营销策略中的作用、现有或潜在的竞争对手的促销活动，以及促销预算的规模等。这一节将介绍影响促销设计的市场因素，分析 3 种产品—市场因素与 6 种促销设计因素之间的关系。这些分析并不是针对某个具体的领域，而是为所有的产品和服务提供了一个分析框架。

8.3.1 产品—市场因素

1. 消费者介入度

产品和服务可以根据消费者在购买决策中的投入程度加以区别分类。消费者介入度（Consumer Involvement）较高的商品，通常会复杂一些，价格也会更高一些。消费者购买频度不高，购买时可能会带有财务上的、社会性的或心理上的某些风险因素。消费者介入度较高的产品，在购买时，人们往往会多去几次不同的商店，了解多一些有关信息，并进行全方位的比较之后，再采取购买行为，甚至是推迟购买。高介入度的商品包括耐用消费品、自我意识较强的产品（如化妆品）等。

低介入度的商品包括一些经常性购买的廉价商品。这些商品购买的随意性很大，消费者的购买行为很容易就从一个品牌转到另一品牌。但也有例外，有些低介入度的商品（如食盐），人们往往只购买一种品牌，这并不是因为其品牌忠诚度很高，而是这种商品不值得消费者花太多的时间和精力去考虑其价格和功效是否相当。

当然，介入度的高低并不是十分确定的，消费者购买同一项产品或服务时其介入度也有可能不相同。

2. 经销商库存风险

对中间商来说，库存风险（Inventory Risk）来自两个方面：其一是库存不足造成的缺货损失，其二是库存过量不能及时售出所带来的产品积压风险。在以下几种情况下，都会使库存的风险增加：

（1）消费者的总需求量无法预测时。
（2）制造商不允许退货时。
（3）整个购买过程不易被改变、被激励时。
（4）库存占用资金的成本过高时。
（5）消费者在品牌选择时做出了意外的转变时。
（6）商品价格由于季节性、延迟性、时尚性，无法保持稳定时。

不同产品受欢迎程度、时期不相同，其库存风险也有不同。对于新鲜的烘焙食品来说，它的新鲜与否是对产品物理功能方面的一个要求。而对于小汽车来说，新型产品意味着对基本需求和更新换代过程的刺激。新旧产品之间的差别大小是评价一件新产品优秀与否的重要标志。

对季节性的产品和服务来说，库存的风险尤其大。如果消费者的需求仅仅是集中在某一特定的时间段内，库存若是不足，其损失将是巨大的，因为在下一轮销售旺季到来之前，消费者将不再购买该产品，或者购买量明显下降。同样地，如果需求是无法预测的，也会存在一定的库存风险。

如果制造商习惯于对销售渠道通过独立的分销方式进行控制（如汽车销售），或是通过直接发送商品的方式加以控制（如新鲜的烘焙食品的销售），那么库存风险对促销策略的影响可能会减轻一些。渠道控制使得库存风险较高的制造商可以更准确地了解到零售商的需求量，因此他们可以尽量减少库存风险。

3．品牌力

品牌力（Franchise Strength）较强的商品有以下特点：

（1）具有较强的品牌认知度和忠诚度。

（2）在单一市场或相关细分市场上占有优势的市场份额。

（3）品牌在中间商的营业额中占较大的比例，有助于中间商的总销售业绩、直接利润和店面形象等。

品牌力还受产品竞争激烈程度的影响。竞争的激烈程度是指竞争者数量的多少、竞争者市场份额的接近程度，等等。竞争者数目越多，市场份额接近度越高，竞争的激烈程度越高。消费者在店中对商品进行价格比较时，往往会选择那些品牌力较强的商品。

微案例8.1　北京汽车的渠道创新

网购正逐步侵蚀传统购物方式的领地，成为市场渠道的重要一环。很多新兴行业、新兴产品更是借助网络迅速扩展销量，占领市场。而作为大额消费品，汽车却始终与网络营销保持着一定距离。虽然很多汽车厂商开展了不少网络营销尝试，但效果始终不温不火。探其原因，汽车是一种消费者介入度非常高的产品，现阶段还难以让消费者完全信服地从网上购买消费。然而，在2012年"双十一"期间，北京汽车推出的"淘宝双十一网上购车促销活动"，收获了近1300台车的订单，不仅成为所有汽车品牌"双十一"网销的最高纪录，更以截至11月30日1105台的实际成交量，大幅突破既往汽车网购中仅20%左右的平均成交转化率天花板，成为业界一个新的成功营销案例。

能在此次网销活动中取得如此骄人业绩，主要归功于北京汽车对汽车网销的现有问题进行了全面分析，并逐个击破,在营销政策制定、销售过程管理、市场推广宣传等方面做出了诸多有益的创新尝试。

要推行全国性网上购车促销活动,并非易事。北京汽车必须首先解决两大问题：一是改变消费者传统购车习惯，从实体店转向网购；二是解决线上、线下渠道冲突，化解经销商后顾之忧。针对以上两点，北京汽车从2012年9月开始，由销售部牵头，分别会同淘宝公司、经销商代表、公司销售本部领导及财经本部领导多次会商，最终设计了如下促销政策：

对消费者——加大促销力度，诱之以利。针对看好北京汽车各款车型，但犹豫或等待时机下单的消费者，推出"天猫四重礼"活动，活动期间在享受各种线下优惠的基础上，网上购车成功再送1111元油卡、500元长城润滑油限量礼包、100元淘宝车险，并可参与4999元的幸运大抽奖；针对能以最低价格购买代步车的消费者，推出"聚划算团购价最低"活动，原价58800元的车型一次剧降近万元，以49999元的价格团购,并加赠以上四重礼。

对经销商——提高支持力度，解除后顾之忧。重点解决好线上与线下销售政策差异的问题。在9—10月较为稳定的支持政策基础上,再次提高11月份经销商支持力度,使终端销售价格足以下探到49999元,解除经销商担心赔钱卖车的后顾之忧。并且,考虑到维持年终促销的政策稳定性,向经销商承诺,"双十一"活动结束后,厂家延续较高的支持政策,确保经销商保持促销力度。

(资料来源:曹斌,冯晓岚. 北京汽车的渠道创新[J]. 销售与市场(管理版),2013(3))

互动讨论题:北京汽车的巨大成功有什么借鉴之处呢?

8.3.2 促销设计因素

1. 促销形式

表 8-2 列出了产品—市场因素与促销形式之间的关系。在不同的产品市场环境中使用的促销工具的类型也不同。

表 8-2 产品—市场因素与促销形式之间的关系

促销设计因素	产品—市场因素	消费者介入度		经销商库存风险		品牌力(优势)	
		高	低	高	低	高	低
促销形式	减价/增值	增值	减价	—	—	增值*	减价*
	即时价值/延时价值	延时价值	即时价值	—	—	延时价值*	即时价值*

注:*表示关系密切。

1)消费者介入度

消费者介入度高的产品不适宜采用直接减价的促销形式。因为它可能会影响到整个产品系列内部价格特征的联系,导致消费者对产品品质失去信心,刺激消费者向经销商施与更大的减价压力,要求其提供更高的折扣率。因此,Hartmann 箱包公司一般针对其不同价格弹性的消费者提供不同折扣率的促销活动。

介入度高的产品,只有当该类产品有使用减价促销的传统,或者公司目标是诱导消费者同制造商建立起长期关系时,才会采用直接减价的促销形式,如汽车市场。直接削价的方式一般用于产品系列中定价较低的产品,特别是产品系列向市场利润偏低的区域延伸出的那部分产品。例如,大型设备制造商发现对于价格稍低的产品使用减价的促销方式效果较好,而对于价格偏高的产品则采用延时性附加价值的促销形式更为有效,其原因有二。首先,对于那些价格昂贵的设备,即使在相同折扣率的情况下,也比低价产品提供的折扣的绝对额高许多。其次,购买高价设备的消费者有能力一次性付清巨额款项,并不需要制造商提供即时减价的优惠;而购买低价设备的消费者,通常喜欢从固定标价中以减价的方式直接获得节约现金的即时利益。

介入度高的产品更适合使用延时性附加价值的促销形式。这类产品(如汽车的配件及售后服务)受促销行为的影响可以产生很大的相关需求。是否提供低利率贷款、产品保修卡、现金折扣、免费安装及配送等所有可能形成购买风险的因素都会导致消费者推迟其购买决策。由于这种相关需求的存在,于是产生了零售促销中捆绑式销售的形式,它为消费者购买提供了便利,鼓励消费者在购买核心产品时,顺带购买其他相关产品,增加了那些不常进行购买的消费者一次购买商品的数量,并有助于品牌与消费者之间建立起持续性的关系。

介入度低的产品就无法利用相关需要的机会。他们把大部分促销费用都用于即时减价的促销之中，特别是对于那些可供选择的品牌众多或冲动型购买中易受影响的产品。价格／数量促销重在鼓励消费者增加一次性购买产品的数量，而持续性促销可以提高消费者对强势品牌的忠诚度，如抽奖、竞赛这类活动可以使消费者对原本枯燥无味的购买过程产生兴趣，投入程度随即增加。

2）品牌力（优势）

强势品牌倾向于将其大部分的促销费用用于附加价值（即以相同的价格购买更多的产品）的形式上（例如，酬谢包装旨在鼓励消费者使用更多的该产品），而不是用于直接减价（即以较低的价格购买相同数量的产品）的形式上。因为减价会导致消费者过分注重产品的价格，而忽略其品质。

强势品牌实施减价促销时，向经销商提供折让会比对消费者进行促销更为有效。因为强势品牌向经销商提供的折让更易转让给消费者。而且通过经销商转让给消费者的折扣优惠，是消费者事先并不知道的，其持续时间很短，只有那些经常在某一经销点购买该产品的消费者才有很大的机会获得好处，这种促销费用比起提供给消费者的折价券更为灵活一些。因此，强势品牌促销优惠中有一大块是转让给消费者了，剩下的一小部分则由经销商获得。1987 年对折价券的研究结果表明："强势品牌不宜采用折价券的促销形式，从收益角度来看，弱势品牌使用折价券的形式更好。"某些强势品牌有时也会采用折价券的形式，其目的是把它们以直接邮寄的方式送至市场调研确认的那部分非使用者家庭中，诱使其产生购买动机和行为。

弱势品牌可供选择的促销形式不多。类似酬谢包装、销售奖励等促销形式需得到经销商的大力支持，强势品牌要做到这一点并不难，而对弱势品牌来说却相当困难。因此它不宜采用这些促销形式。弱势品牌促销费用绝大部分是用在给消费者提供即时利益的直接减价形式上，而采用附加价值或延时价值往往都不能达到足够的影响力。弱势品牌应将其有限的促销资源集中用于一项或两项促销活动上，特别是和其他品牌进行联合促销时，就更能引起经销商和消费者注意。弱势品牌促销活动程序应尽量简单，这易于与经销商沟通，因为其销售人员面对众多的品牌，他们不可能像对待强势品牌那样对其投入许多时间和精力。

弱势品牌更注重对消费者的促销，而非对经销商促销，因为它必须保证把折扣优惠尽量转让给消费者，并对广告起到补充和替代的作用。然而，很多时候，弱势品牌为了保持现有的分销渠道而不得不强调对经销商的促销。

 促销专论8.1 "减价30%"还是"打7折"——基于调节匹配理论的促销框架效应

"当当网一月500畅品大抢购，全场4折封顶！"
"上品折扣——炫夏花朵装，60%，off！"
"双安商场夏季促销：每200元直减50元！"

促销能直接提升消费者对产品和服务的需求，是商家最常用的营销手段之一。在市场竞争越发白热化的今天，降价、打折、买一送一、返券等各种促销手段层出不穷。本文开头的三则促销信息,就摘自不同商家的促销广告。不难发现,同样力度的促销信息可以用不同的方式表述。例如,"打4折"的另一种表达方式是"减价60%"(即商场中常见的"60% off"),而"原价200元,现价150元"的促销,既可以表示为"减价25%",也可以表示为"减价50元"。

有过境外旅行或生活经历的中国消费者可能会发现一个有趣的现象:在中国,传统的促销方式以"打折"最为常见,而"减价"在西方国家更为常见(即"$x\%$ off")。欧美国家的大卖场、百货商场乃至便利店,几乎都使用"减价"来表述促销信息,"打折"十分少见。近年来,国内的许多商家也开始使用"减价"的表述方式,有时甚至直接用英文"$x\%$ off"来表示,那么,"减价"和"打折"这两种促销表述方式,是否会对消费者的感知价值产生不同影响?是否在某些情况下,用"打折"的方式表述促销信息对消费者更有吸引力,而在另一些情况下,用"减价"的方式表述促销信息对消费者更有吸引力?

本研究用三个实验验证上述假设。实验一通过启动被试的"理想自我"与"现实自我"来激发不同的调节导向,结果发现,当被试的"理想自我"被激发时,他们对"减价"的感知价值更高。而当被试的"现实自我"被激发时,他们对"打折"的感知价值更高,从而初步验证了本文假设。实验二通过激发被试"省更多"或"花更少"的目标倾向来促使被试产生不同的调节导向,并研究了促销力度对调节匹配效应的调节作用,结果在高促销力度下进一步验证了本文假设。在实验三中,我们使用经典量表测量被试的长期性调节导向,并同时引入了比率陈述和金额陈述两种方式。结果表明,促销框架和调节导向的交互作用只在比率陈述下成立,在金额陈述中该效应消失。

实验结果验证了初始假设:促销框架和调节导向对消费者感知价值有显著的调节作用。从均值上看,"促进导向"的消费者对"减价"的感知价值更高;而"防御导向"的消费者对"打折"的感知价值更高。

然而,上述调节匹配效应有两个边界条件:促销力度和陈述方式(金额或比率)。只有在相对较高的折扣力度下,并且当促销信息以比率方式呈现时(如打 x 折或减价 $x\%$),上述交互效应才存在。在较低的折扣力度下,或当促销信息以金额方式呈现时(如"只需 x 元"或"节省 x 元"),调节导向和促销框架的交互作用消失,而促销框架存在显著的主效应——此时,无论何种调节导向的消费者都更偏好"减价"而非"打折"的促销方式。

(资料来源:彭璐珞,孙鲁平,彭泗清."减价30%"还是"打7折"——一个基于调节匹配理论的促销框架效应[J].营销科学学报,2012,8(2):99-114)

2. 产品范围

表8-3列出了产品—市场因素与产品范围之间的关系。不同的市场环境中,促销活动涉及的产品种类、数量也有所不同。在促销策划时,需要考量:是针对受欢迎的产品进行促销,还是针对一般性产品?是针对整个产品系列进行促销,还是选择系列中某项产品?

1)消费者介入度

除了那些差异化程度较大、介入度高的产品之外,其他产品都需要有一些减价促销。介入度高的产品有必要保持品牌形象和价格结构的可信度,整个产品系列的价格档次不同,会引起不同的竞争压力,因此提供的促销行为也有可能不同。而介入度低的产品情况却非如此,它们往往需要对整个产品系列进行促销。

表 8-3　产品—市场因素与产品范围之间的关系

促销设计因素	产品—市场因素	消费者介入度		经销商库存风险		品牌力（优势）	
		高	低	高	低	高	低
产品范围	多种产品/单一产品	单一产品	多种产品或单一产品	单一产品	多种产品	单一产品*	多种产品*
	受欢迎产品/一般产品	受欢迎产品	一般产品	受欢迎产品或一般产品	受欢迎产品	受欢迎产品*	受欢迎产品*
	系列产品/单一产品	单一产品	系列产品	系列产品*	单一产品*	单一产品*	系列产品*

注：*表示关系密切。

在销售现场是否出售介入度高的品牌的整个产品系列，这一点相当重要。它可能通过激励经销商而达到促进整个销售过程的目标，制造商如果可以控制经销商的售货空间，就可以将公司规模、产品优势及让消费者放心的产品质量等信息顺利地传达出去。高介入度产品的制造商把促销作为长期价格体系的一部分而不是暂时性的，并通过各种各样的购买计划（包括数量折扣、库存均衡等）来实现整个产品系列在经销商处同时出售的目标。例如，某些箱包制造商喜欢对产品系列之外某些设计特别的产品提供促销优惠，或是对产品系列中的某项产品提供以系列外设计特别的产品作为赠品的"购买—再购买"或"购买奖励"等形式的促销优惠。这类促销活动一般不会针对所有价格档次的产品，而是选择其中某个档次。

这种选择性促销方式将销售人员和经销商的注意力集中在某一特殊商品上，产品系列包含的项目越多，越有必要采用这种促销形式。此外，选择性促销方式允许大部分的促销商品在消费者广告中出现，这样有助于既定的配套产品的重复搭配购买。一般来说，对价格档次较低的组合产品进行促销可以增加新购买者的数量，并且减少连带的负面效应。

对低介入度的产品（如饼干）可供选择的品牌很多，产品经理偏向在同一时间对一个系列中所有产品进行促销，以满足消费者较大范围的需求，并在销售现场实现较强的吸引力，以刺激冲动型消费者的重复购买。然而，许多低介入度产品并不是这样去做的。

消费者介入度较低时，他们对某个特定规格单品的忠诚度往往也较低。这是因为：

（1）不同规格的产品实质是一样的。

（2）介入度包括消费者购买决策的所有方面，当然也包括了对产品规格的选择；介入度低则说明消费者对产品规格的选择投入时间不多。

（3）消费者会经常性去商店采购一些介入度低的产品，对他们来说，购买小规格商品引起的不方便并不明显。

因此，对于随意型购买者来说，他们往往会选购那些正在进行促销的商品。理论上认为，低介入度产品应针对其一般性产品进行促销，较易成功。

2）经销商库存风险

库存风险的影响主要来自于进货渠道的不同。高库存风险产品的制造商往往根据不同的销售季节，在消费需求的旺季针对产品系列中最受欢迎的产品进行促销，以保证在零售商的促销日程安排中占有一个优势位置。另外，库存风险较高的产品受销售季节的影响，应在旺季末期针对某些一般性产品进行防御性促销，用以将剩余的库存推销出去。

重视库存控制的厂商会特别选择那些一般性商品进行促销，因为他们掌握了准确、及时的库存数据，并对零售商执行情况了如指掌。例如，大多数汽车公司的财务激励只针对那些估计可能会有过量库存的型号。同样地，航空公司的计算机系统可以比较航班实际订票额和预期之间的差额，并在飞机起飞前对未售出机票进行必要的价格调整，以尽量售出最多的机票。然而，为控制预期库存而对销量、库存量等数据进行分析所需的成本，以及为减少库存风险而进行促销等因素可能会导致管理者在选择其促销产品范围时过于严格。正如某航空公司的营销经理所说，"如果我们采用过于苛刻、缜密的促销政策，就有可能造成机票价格体系过于复杂的情况。这样，将会增加旅行社的负担。消费者也会产生厌倦和反感的情绪"。

库存风险较高的产品很少针对系列之外的特别产品进行促销。这类产品在销售旺季结束前不得不提供更高额的折扣以免产生库存的积压。

3) 品牌力（优势）

对于优势品牌，在对经销商促销时可以选取产品系列中特定的一两项进行促销。虽然有人会认为这种做法会影响到经销商提供购买支持的情况，但在实际操作中，大多数制造商一般还是选取一两种最受欢迎的产品进行促销。例如，1982年宝洁公司对多维（Dawn）、象牙（Ivory）、欢乐（Joy）三个品牌的洗洁精的14次促销活动中有10次是针对两个最受欢迎的单品。这样做的原因有三点：

（1）经销商希望用那些受大众欢迎的单品来吸引消费者。

（2）对最受欢迎的单品提供折扣，经销商可以提高整个产品系列的库存量，因而达到引导新产品顺利进入市场并占有市场的目的。例如，通用电气公司的一位产品经理认为，为了保证新产品销路的畅通，对该系列中受欢迎产品进行促销，比针对新产品本身进行促销的效果要好些。

（3）弱势品牌竞争者更倾向于保持销量较大的受欢迎产品的销路，并对其施以重度促销。而市场领导品牌（如佳洁士牙膏）则不必对产品系列中受欢迎程度不高的单品进行促销，因为它们往往是同一规格中经销商唯一销售的品牌。

对大部分消费者来说，他们已经接触或使用过某些强势品牌，所以这类品牌很少会采用"试用促销"的方式，而其促销目标主要是劝说现有使用者购买大包装产品。因此，强势品牌倾向于选择大包装产品进行促销。前面提到过的宝洁公司1982年的14次促销活动，有10次是针对受欢迎单品，而另外的4次则是针对大包装产品。

对系列外的特殊产品进行促销时，强势品牌可能得到经销商的大力协助。例如，宝洁公司的洗洁精品牌力可以说服经销商接受酬谢包装等形式的促销活动。经销商必须为该类促销做大量的附加工作，其他弱势品牌则无法要求经销商做到这一点。进行酬谢包装促销的产品，其实质和原系列产品是一样的。采取这种促销方式可以保证折扣优惠最有效地传达给最终消费者，可以让公司根据价格表中上架出售产品的比例决定向零售商发货的数量，也可以准确地预计出促销所需费用。

弱势品牌更倾向于对其产品系列中所有单品进行促销。时新产品的情况有时会有例外，它们会选择规格较小的产品进行促销，以鼓励消费者试用。原因有以下三点：

首先，弱势品牌平均销量较低，销售渠道的差异化程度较大。对整个系列进行促销，便允许经销商根据各自偏好而选定增加哪项产品的库存。

其次，如果某一品牌中没有一种单品可以占有较大的货架空间以保证特殊的购买支持，制造商就可能为了某项产品得到特殊的购买支持而不得不就整个系列向经销商提供折扣。这种方式有助于多种产品的同时销售。

最后，弱势品牌不能在销售陈列上吸引购买者的注意力，而对整个系列的促销则可以扩大影响力，引起消费者的注意。

3. 市场范围

表 8-4 列出了产品—市场因素与市场范围之间的关系。那么，有哪些因素影响着不同市场范围内的促销活动？

表8-4 产品—市场因素与市场范围之间的关系

促销设计因素	产品—市场因素	消费者介入度		经销商库存风险		品牌力（优势）	
		高	低	高	低	高	低
市场范围	全国性/区域性	全国性	区域性	区域性	全国性	全国性*	区域性*

注：*表示关系密切。

强势品牌进行促销的频率并不高，但它依然吸引着许多消费者，特别是像牙膏这类体积不大，运输、存放费用较低的产品，因此，它受经销商潜在购买力的影响较大。不同区域的经销商促销政策在时间设定、条款、折扣率等方面也有所不同，这样难免会造成实施过程中的疏漏。因此，就算强势品牌拥有对区域性促销进行计划、执行和评估的能力，也应尽量避免产品市场范围内对经销商促销中折扣水平、期限规定等方面显著的差异。他们应该通过不同的消费者 SP 策略和销售现场广告来使不同区域范围内的促销形成一定的差异性。

消费者介入度高的产品类型中的强势品牌，在对各个地区销售全国性产品，向经销商提供不同促销优惠时应格外谨慎。原因有两点：首先，他们销量中很大一部分是通过全国性渠道进行销售的；其次，消费者可以花费大量的时间和精力，在范围广阔的全国市场中寻找所需产品，最后以最低的价格在距离可能较远的市场上购买到。

而对介入度低的产品，消费者在选购过程中不会花费很多精力。经销商的作用就显得特别重要，因为顾客面对的是经销商选择陈列的商品。

另外，服务业的强势品牌并不受地区性消费行为或不同市场范围内的转移消费行为的影响，他们可以根据市场的不同对促销内容进行适当的调整。例如，著名的国际性旅游公司——赫斯（Hertz）在佛罗里达州这一主要市场中面对着几个成本偏低的强大的竞争对手，这些公司往往注重价格弹性较高的当地非商业性的旅游细分市场，而不注重对服务敏感度较高的商业旅行细分市场。为了占领市场，赫斯公司运用灵活的促销策略，针对该市场提供了较高的折扣优惠。

库存风险越高，在不同市场调整促销内容产生的激励作用就越大。它可以减少经销商的库存风险，促使其购入更多的库存。如果时间允许，某一市场过量的某项产品的库存可以运往另一个适逢需求旺盛的市场，互补有无，减少风险和损失。例如，航空公司在春天旅游淡季将部分佛罗里达航线上的空运能力转向其他航线，通过这种区域间库存均衡调整的措施，可以减少库存紧缺及库存过剩的可能性。

4. 时间设定

表 8-5 列出了产品—市场因素与时间设定之间的关系。在不同的市场环境中，何时促销、何时宣布促销信息、促销持续时间长短及频率高低等都是不同的。

表 8-5 产品—市场因素与时间设定之间的关系

促销设计因素	产品—市场因素	消费者介入度		经销商库存风险		品牌力（优势）	
		高	低	高	低	高**	低**
时间设定	何时促销	—	—	应季	应季或不应季	应季或不应季**	应季**
	何时宣布	提前	延迟	提前	延迟	延迟**	提前**
	促销持续时间	长期	短期	—	—	长期**	短期**
	促销频率	低	高	—	—	低**	高**

注：*表示关系密切；**表示关系非常密切。

1）何时促销

由于消费者需求的季节性变化，产生了库存风险。对制造商来说，在经销商的旺季促销日程安排上占据一个有利位置，对促销效果的好坏影响很大。例如，1980 年，Toro 公司为扫雪机、除草机两项产品所花的促销费用中，有 84%用于需求旺季促销活动。强势品牌最有能力在需求旺季得到经销商最大限度的协助和支持，但他们也必须警惕，一些小型制造商在旺季到来之前推出促销活动，以此延伸购买期，并将未来需求提前，从那些等不及强势品牌推出促销折扣的消费者的购买行为中获利。因此，新产品的促销如果选在旺季到来之前效果会更好。

有人认为，在淡季只有少数强势品牌（特别是服务业）进行少量的价格促销活动。然而在大多数品牌促销攻势有所减弱的淡季，那些知名度不高的品牌如果推出促销活动，则较易引起经销商和消费者的注意。不过一般来说，出于对产品成本和边际利润的考虑，零售商还是不太愿意在淡季对小品牌进行促销。

2）何时宣布

消费者介入度较高的产品往往倾向于对产品进行年度性促销，因此，可能会提前宣布其定期清仓的促销行为。这种促销活动在行业内具有普遍性，除非其相应的广告攻击性过强，一般来说不会对品牌形象产生不利的影响。此外，消费者事先知道了促销时间，他们可以从容地决定：或者为享受折扣优惠而推迟购买，或者不享受优惠以全价即时购买。这种促销行为一般是通过经销商传达给顾客的，而经销商和顾客在沟通上更容易，因此顾客的满意程度会有所上升。

库存风险较高时，制造商往往会事先与经销商一起协商出具体的促销时间，以保证库存供应量的充足、适量。高库存风险的产品十分注重库存控制，因此在确定其促销时间时更具灵活性，他们有时也不会提前向经销商透露出促销时间，否则销售人员会降低促销前的工作投入程度。当库存风险很低时，制造商没有必要过早将其促销时间安排告知经销商。

弱势品牌或新产品，为了有更多接触消费者的机会，往往会提前将其促销计划告知经销商。虽然受经销商购买计划的限制，强势品牌还是尽量推迟宣布促销时间或者不在每年的同一时间进行促销。这种预期不到的促销对强势品牌来说效果更佳，原因是无论其何时宣布都会引起经销商的关注。促销时间的不确定可能会对竞争者、消费者及提前或转移购买的经销商等的优先购买起到一定的限制作用。另外，由于消费需求模式的季节性变化，强势品牌也有其销售旺季和淡季，所以，即使没有提前宣布促销时间，经销商也可以根据以往的经验而采取提前或转移购买行为。这是时间不确定性可能付出的成本。如果促销活动已经提前向经销商宣布了，则可以根据收到订单的情况，对生产及后勤所需作出准确的预计。企业应将成本与其带来的好处相比较，再决定何时宣布促销计划。

3）持续时间

大多数管理者认为，消费者 SP 的持续时间除了可以让足够多的目标消费者接收到信息之外，还应和产品购买间隔期相配合。

消费者购买低介入度产品的频度较高，因此促销的持续时间可以短一些。然而，许多促销的持续时间长达 60 天甚至更长，其中经销商只提供了 1 周左右的特殊购买支持。由于低介入度产品缺乏供应者和零售商之间事先计划好的促销活动，经销商 SP 的持续时间的长短，对经销商将促销产品放在促销日程表的什么位置，有很大的影响。

由于高介入度产品的购买间隔期长，消费者选购的时间也较长，因此，促销时间有必要延长一些，以确保更多的消费者接触到信息。汽车促销活动很少只持续一周。另外，由于高介入度产品购买的可推迟性，所以促销持续时间又不能太长，得有一定限度，以在消费者中制造出购买的紧迫感，促进其尽早购买，达到经销商的短期目标，避免促销活动之间的重叠性。正如通用汽车公司的一位经理所说的："持续时间超过 2 个月的促销效果并不好，因为经销商只会在短期内认真执行其促销内容。最好的解决方法是推出为期一个月左右的促销，然后根据需要延展其持续期，以此引起第二次购买浪潮，诱导那些错过第一次促销机会的消费者前来选购。"

弱势品牌的促销持续时间往往比强势品牌的长一些。其主要原因如下：

（1）当强势品牌不进行促销时，经销商更易将弱势品牌的促销效果传达到最好。也只有这时候，经销商才愿意接受并协助弱势品牌进行促销，以此避免对强势品牌销售的过分依赖。

（2）如强势、弱势品牌同时进行促销，则推销人员往往没有机会或不愿意在经销商面前提及弱势品牌。

（3）随意型消费者购买弱势品牌的可能性较大。而强势品牌更注重对忠诚度较高的消费者进行促销。

4）频率

当某个介入度高的产品提供价格促销的频率过高时，经销商和消费者就会怀疑它的质量可能存在问题。而且更严重的影响是使人们对制造商原来的价格抱有怀疑态度。

通用汽车公司的一位营销经理说过："当消费者对产品的价格和质量之间的关系失去信心时，他们的购买态度就会变得迟疑，甚至推迟不买。"为了消除他们的疑虑，就必须追加广告费用，以减少不协调性。

同时，高介入度产品往往会采取连续性的短期促销方式，这样推销人员总可以用某一折扣优惠来打动价格敏感度很高的经销商。于是，经销商也愿意推销整个产品系列。而对促销敏感度很高的消费者来说，他们一般都不愿意转向购买其他非促销产品，而会将购买行为推迟至下一个促销期到来时。

对于低介入度的产品，无须考虑经常性促销是否会导致消费者对其质量持怀疑态度。原因有三：

首先，对于处在成长期的品牌来说，进行促销是很平常的。

其次，消费者购买一项低介入度的促销产品时面临的风险很小。事实上，消费者往往认为零售价格偏高，而折扣优惠只是对其偏高的价格作了必要的调整。

最后，在大卖场这样的零售业态中，只有少部分产品有特殊陈列的机会，因此，经常性的经销商 SP 是很有必要，它有利于保证经销商提供额外的购买支持。

在大多数情况下，经销商 SP 和消费者 SP 是结合起来推出的，以便消费者在没有经销商 SP 时也可以在购物时享有优惠。

强势品牌推出促销活动，可以在实施过程中得到经销商提供的更多购买支持。他们的促销频率越低，其促销时间及经销商可提供购买支持的水平就越可预知。强势品牌促销过于频繁时，效果往往不好。而弱势品牌在经销商支持方面远不及强势品牌那么有信心，因此，为了取得较好的绩效，必须进行更经常性的促销，或是提供折扣率更大的促销。

在竞争激烈的环境中，即使是强势品牌，其相对品牌力也是有限的，因此制造商要有经常性推出促销活动的准备，一旦出现有多个促销活动互相重叠的复杂现象，管理者应采取措施以减少其负面影响。由于竞争者的促销活动推出的时间是很不确定的，所以制造商还必须预留促销费用，以备竞争者推出意外的促销活动时使用。

5. 折扣率

表 8-6 列出了产品—市场因素与折扣率的确定之间的关系。不同的产品，进行促销时提供的折扣率高低程度也有所不同。

表 8-6 产品—市场因素与折扣率之间的关系

产品—市场因素 促销设计因素	消费者介入度		经销商库存风险		品牌力（优势）	
	高	低	高	低	高	低
折扣率	低*	高*	高*	低*	低**	高**

注：*表示关系密切；**表示关系非常密切。

1）消费者介入度

价格昂贵、介入度高的产品除非是进行清货处理，否则不应和那些低介入度的产品一样，提供过高的折扣率。这样做主要有以下原因：

第一，价格昂贵的产品即使提供的折扣率较低，但从绝对量来说，也足以吸引消费者的注意，并影响购买决策。相反，低价产品（如香皂）往往需要更经常性地对不同规格的产品进行促销以保证提供吸引力足够大的折价券和零售商折扣。

第二，许多高介入度的品牌对多种价格档次的产品提供促销，以尽可能满足各类消费者的需求，并减少对某一特定产品进行价格促销可能引起的压力。在同一产品系列中对任何一项产品提供较高的折扣率，都可能会影响到原有的价格体系。相反，大多数介入度低的产品在每次促销中往往针对某一价格档次（最多两个）的产品，而不是多个价格档次，从而不受折扣率可能对价格体系造成的负面影响的限制。因此，那些生产多种规格的低介入度产品的制造商，更关心维持其原有的价格体系。

第三，消费者更关心高介入度产品之间的差异化。然而，产品的复杂程度增加了进行直接价格比较的难度。因此，在购买决策过程中价格的拉动作用有所减缓。

第四，高介入度产品如提供较高的折扣率可能会与其平时的零售价格形成鲜明对比，过低的促销价格使产品不再保有原来的品牌形象，这样会导致消费者对参考价格的可信度提出怀疑，并降低对产品质量的期望。相反，对于经常性购买的低介入度产品来说，消费者在购买过程中很有自信心，而不易使之相信价格较高的国际品牌在质量上的确优于其他价格低的产品（特别是一些功能完备、技术先进的私有品牌）。因此，较高的折扣率可能适合用以缩小与质量差异相关并有所延伸的价格差异。

第五，对低介入度产品来说，其需求的价格弹性比较高。这是因为，首先，大多数消费者并不关心不同品牌的低介入度产品之间的差异，因此，更易产生转移购买；其次，消费者可以为了获取更多的优惠而购入更多的低价产品。由于折扣率较高的促销结束之后对产品的需求很有可能会暴跌，因此，制造商便推出了频繁的短期促销活动。

2）经销商库存风险

在同样的价格层次下，库存风险高的产品应提供的折扣率也应高一些，以补偿经销商承担的风险，并促使他们购买整个产品系列。相反，库存风险低的产品（尤其是那些强势品牌），经销商一般会采取提前大量购入库存的方式，因此不需要向他们提供太高的折扣率。

产品销售一段时间之后，可能会过时，其价值也将相应降低。如果产品过时的时间可以预知，就可以在其过时之前，以提供高折扣率的方式，来抵消部分库存积压造成的损失。

对于计算机制造商来说，竞争者推出一项新产品，就会导致其产品过时，在这种情况下，除非新产品推出之前竞争者已经宣布过，否则制造商不可能及时推出预先准备好的折扣促销活动。这类技术发展很快的行业，很可能会遭到突然的致命的打击，致使产品价值暴跌。很少有消费者愿意购买一项已被淘汰的产品，无论该产品价格低到什么程度。

3）品牌力（优势）

强势品牌不必像弱势品牌一样经常性地提供较高折扣率的促销，原因如下：

第一，强势品牌在零售店的销路畅通，不必经常进行促销也具有较大的吸引力。它提供不高的折扣率也可以刺激经销商购买，并将折扣优惠顺利传达给消费者。而其他小品牌若提供相同的折扣率却不能达到相同的效果。宝洁公司的一位品牌经理说："经销商需要得到一些额外的激励以推动弱势品牌的销售。"

第二，强势品牌就算提供了大量的促销活动，其绩效的增长也是有限的。领导品牌（如佳洁士牙膏）为保持其毛利为40%，如提供10%的折扣率，则销量必须增长33%；若折扣率升至20%，则销量必须增至两倍。而第三品牌（如Aquafresh牙膏）进行类似的促销，只需针对较小市场范围提供折扣优惠。因此，强势品牌折扣率越高，其成功的可能性越小。

第三，在确定折扣率时，产品经理应考虑到同类型的其他产品。对全国性领导品牌提供较高的折扣率，可能会将其定位等同于同样价格水平的零售商自有品牌。如果折扣顺利地转让给消费者，则会吸引他们，而促销结束之后，他们就不愿意以非优惠价格进行重复购买了。

第四，对全国性领导品牌提供较高的折扣率，一般不会全部转让给消费者。原因有以下四点。

（1）经销商一般会避免将全国性品牌的价格和自有品牌定成同一档次。

（2）经销商转让给消费者的折扣优惠，只要可以达到打动消费者的目的即可，并不一定需将折扣全部转让出去。事实上，如果经销商愿意提供额外的津贴，全国性领导品牌有时也可以采用较低的折扣率。

（3）当某一品牌提供折扣，并在店内有特殊陈列时，销量多少与折扣提供的产品范围关系不大，特别是对那些有固定需求的产品而言。

（4）经销商应努力避免促销浪费的现象，不必对同类所有的全国性品牌同时设定低价，而不考虑设定不同的折扣率。

第五，购买、使用低市场份额的品牌对消费者来说风险较大。小品牌提供的折扣应至少可以抵消它与同价大品牌相比给消费者带来的购买风险。消费者常认为强势品牌不需要和其他竞争品牌一样提供同样的折扣率。研究表明，一旦消费者发现促销产品质量较差，他们会立即停止购买而转向购买强势品牌。

在两个特定的环境中，强势品牌也有必要提供折扣率高一些的促销活动：一是当促销战严重影响到同类产品的价格体系时，为了置竞争者于进退两难的境地，强势品牌可以提供较高的折扣率，特别是当促销战可以刺激基本需求，或者弱势品牌因实力不够而无法提供相当的折扣优惠，其原有的市场份额很有可能为强势品牌所吞食时；二是当弱势品牌不再采取经常性减价促销，而干脆将价格调低，削减以后的促销活动时。

微案例8.2　GAP的花样折扣

你可能经历过这样的情境，路过GAP门店，看到门口聚集了不少顾客在排队，只要现场留下手机号码，即可抽取从6折至9折的不同优惠卡，可享受一次全单相应折扣。你觉得有意思，便留了手机号码，抽到3张8折卡。过两天，突然收到GAP的优惠短信，凭短信即可享受折扣。便宜来得这么突然，你忍不住又去了一次，到店里一看，又有其他优惠活动，大买特买，心满意足。三番五次下来，发现GAP简直把折扣玩出花样，非常有趣，购物变得像一场游戏。

折上折——清库存

为了清理库存，GAP设置了多种折扣形式。除常见的单品折扣外，还常采用"多买多折"的形式。比如在夏季促销中，会采用购买3件商品享折上7折，购买5件商品享折上6折的方式。这种折扣只针对打折货品，新品及原价货品不参加活动。

这种"升级打怪做任务"式的优惠，吸引了大量人群到店。GAP还特别"贴心"地规定，全场所有打折货品均参加，包括内衣、配饰，两双袜子换一个全单6折，简直是在占便宜。据粗略估计，折扣活动时，店内顾客至少为非折扣时期的3倍以上，清理库存效果显著。

国内品牌的折扣形式，除单品折扣外，通常是"买一送一"，也就是购买一件货品，即可免费获得一件同价位或低于其价格的货品。"买一送一"相当于"强制性"的5~6折，对比GAP"6~7折商品多买多优惠"，并没有利用好顾客不同的心理账户。而GAP的库存折扣也会同时配合店内的一些当季折扣商品，新旧搭配，小件带动大件，新货带动旧货，库存迅速清了，也为下季的上新做好准备。

单品、全单折扣——日常促销

常去 GAP 会发现，门店内的活动是长年不断的。即使是非折扣季，依然能找到不少优惠商品及活动。常规性的折扣吸引着顾客不断来店。

促销活动以各种不同的形式不定期推出，让新品不会因为顾客"等待打折"而卖不出去，也让顾客不至对同样的活动方式感到厌烦。

比如开头提到的留手机号码抽全单折扣，随后将不定时推送短信优惠等。而抽折扣这个活动本身就充满意外惊喜，手气好的，6 折是不小的优惠，手气差的也至少有 9 折可享。但抽到 9 折的顾客，往往也不会就此打住，不少人会偷偷再排一次队，留个号码，再抽一次，现场的工作人员也不甚严格，任由顾客多抽几次。顾客越抽越开心，货品也卖得火热。

根据当季的销售情况，GAP 还会推出满额送 VIP 卡的活动。虽名为 VIP 卡，但这张卡并不能享受一般意义上的折扣，而是会指定几种品类，分别折扣。比如，笔者收到一张卡，注明可使用两次童装折扣、两次牛仔系列折扣等。结账时，不纯按单结，还会把货品分类，一单里有牛仔也有童装，即分别消耗一次折扣机会。这种游戏性的折扣活动在别的品牌中是很少见的，事实也证明，顾客非常喜欢这种形式。

指定折扣——新品推荐

GAP 还有一种有趣的折扣玩法，即指定商品折扣。

不少顾客都是冲着 GAP 的徽标系列 T 恤衫、卫衣来的，GAP 就抓住顾客这样的心理，不定时地推出全场徽标系列折扣，当然还有长裤折扣、裙装折扣、牛仔折扣甚至全场蓝色商品打折，等等。顾客来店里看一看，除了折扣商品，保不齐也就看上别的货品。

而最有趣的折扣则是指定试穿折扣。牛仔系列是 GAP 的当家系列商品，每年都会推出几款主打新品。当新品到店时，门店就会推出活动，试穿指定牛仔裤享折扣。不用留电话，不用抽奖，只要试穿一下就有折扣，也不强制购买。对顾客来说太有吸引力了，就算不想试，也忍不住要进店看一下这条牛仔裤是什么样子。这样就大大增加了顾客对新品的接触率，买不买都留下了印象。第一次不买，再来店时也会因为之前试穿过，对这件商品特别关注，提高了成交概率。

（资料来源：张大伟. GAP 的花样折扣 [J]. 销售与市场（渠道版），2014（8））

互动讨论题：GAP 如此频繁的折扣为什么能大受消费者欢迎？

6. 条款

表 8-7 列出了产品—市场因素与促销条款之间的关系。对于不同的产品，处于不同的市场环境中，其提供促销的条款限定也有多有少。

表 8-7 产品—市场因素与促销条款之间的关系

产品—市场因素 促销设计因素	消费者介入度		经销商库存风险		品牌力（优势）	
	高	低	高	低	高	低
条款	—		紧	松	紧*	松*

注：*表示关系密切。

1）品牌力（优势）

品牌力是品牌是否有能力在促销时间和提供购买支持等方面提出强硬条款的决定性因素。强势品牌在资金和人力资源方面都有较大的优势。例如，布莱克德克公司（Black & Decker）1984年开始将经销商销售绩效和折扣优惠联系在一起。有资格获得此项优惠的经销商因此下降了30%，但这部分经销商的总销量却比原来有所增长。这说明只要品牌力够强，无论其促销条款多么严格甚至苛刻，经销商都会有兴趣。当然，有些时候强势品牌也会放松要求，以吸引更多的经销商。例如，在零售商必须提供特殊的促销购买支持，并凭此得到相应折扣的期间，制造商对条款规定的期限会有所延长，以避免竞争性经销商之间在同一时间对同一产品也提供促销，而影响到整体零售绩效。

相反，弱势品牌为了得到经销商的购买支持，不得不一再放宽条款的严格程度，然而他们也应对条款作出明确的规定。例如，弱势品牌可能无法保证得到特殊的货架陈列，却可以配合店头宣传提供长达四周的减价促销，其效果也不错。

2）经销商库存风险

库存风险较高的产品十分注重对库存量实行控制。他们应加强绩效条款的限制。例如，通用汽车公司1986年提供的低利率财务激励计划，其中便要求购买者在指定期限内将车运走，除非他们在促销刚刚开始时就已经下了订单。这样降低了库存风险。制造商情愿在销售旺季内花一定的成本向购买者提供折扣优惠，也不愿在旺季结束后面临车型过时导致积压的情况。

对于不同的市场环境，促销条款执行过程也有不同。例如，受季节变化影响大的库存风险较高的产品，其营销人员十分注重在销售旺季确保经销商提供必要的购买支持。

本章案例

优衣库：130万人排队领奖

■ 案例情境

优衣库是一家很有创意的企业，曾做过一个非常经典的社会化媒体营销创意活动：Lucky Line，网络排队有奖活动。其实，同一个创意营销活动在日本和中国台湾地区都做过，但是效果都没有在中国大陆地区的好。

优衣库选择了跟人人网合作，在2010年12月10日启动活动，参与者都用自己的人人网账号登录活动页面，选择一个卡通形象，就可以用这个小人和其他人一起在优衣库的虚拟店面前排起一串长长的队伍。排队的用户的队列号要是队伍中某个幸运数字，就可以得到奖品和礼包。此外，所有用户都可以参加iPhone、iPad抽奖活动。

1. 营销设计与分析

1）营销目标

优衣库对这次活动的预期是有100万人次参加。

2）时机选择

12月，优衣库的春季新装已经上架，正好利用这个活动趁着圣诞节期间做营销。

3）平台选择

优衣库选择了和人人网合作，一是因为人人网开放了应用程序编程接口（API），有很多应用可以操作；二是因为人人网相对来说和 Facebook 更加接近，之前优衣库已经积累了和 Facebook 合作的经验；三是人人网的用户普遍为年轻学生、白领，他们喜欢新鲜、好玩、时尚的创意，这与优衣库的定位相契合。

4）创意来源

Lucky Line 的创意最初来自日本店里排的长长的队伍。优衣库中国子公司迅销（中国）商贸有限公司电子商务部部长松山真哉表示："总部希望那些受地域、时间限制不能排队的顾客，也有机会享受促销优惠。"

5）游戏设计

这次活动的服务器仍然在日本，但是游戏却是在人人网上进行的。为了迎合中国消费者，优衣库选择之前承担过日本和中国台湾地区 Lucky Line 设计的比利时公司 Eboy 承担了这次活动的具体设计。他们设计了 15 个场景和大约 50 种排队的人物角色，在充满中国味儿的街道上，随处可见北京烤鸭、大红灯笼、石狮子、小笼包，各种不同的人物角色，如大熊猫、孙悟空及打太极或者骑自行车的人们在优衣库的店面前面排起长长的队伍。事实证明，中国元素卡通形象的加入，使得这次活动比起其他国家和地区的应用增加了更多趣味。

6）游戏规则

参与者只要用自己的人人网账号登录优衣库官网，就可以选择一个喜欢的卡通形象，并发表一句留言同步到人人网新鲜事，然后就可以用这个小人和其他人一起，在优衣库虚拟店面前排起一串长长的队伍。等待的同时也绝不会无聊，把鼠标移动到队伍中的其他顾客那里，就会显示此人的人人网账号姓名和留言。在活动页面还能看到实时更新的人人网好友留言，在线"与好友聊聊"。

每隔 5 分钟可以参与一次排队，而每次排队都会有机会抽奖。除了每天随机赠送的一部 iPhone 或者 iPad，如果你在队伍里恰好排到 100000 或者 500000 这样的幸运数字，还可以得到 4999 元的旅游券或者 20 件衣服的大礼包，而中奖率颇高的 9 折优惠券则会让参与者不会空手而归。同时，每天优衣库的公共主页都会在相册公布得奖者的人人网照片，更加体现了抽奖的真实性，这些都为排队者提供了源源不断的动力。

7）奖项设置

在奖项设置上，优衣库做了精心的安排。首先是为参加排队游戏的用户提供可随机抽中的满 300 元即打 9 折的优惠券。为了鼓励他们及时消费，优惠券上还印着日期，只在获奖当天和第二天之内有效。另外，对于排到幸运数字如 888、8888、88888 等的用户，以及排到 500000、1000000、1500000 等巨额数字的用户，优衣库都提供了衣服奖品，甚至还有 20 件的摇粒绒衣服大礼包赠送。一台 iPhone 或者 iPad 的大奖。

为了让大家对抽奖更有信心，增加抽奖的可信度，除了游戏里的"立即知道获奖""见到好友获奖"等功能外，人人网的优衣库主页会不停滚动播出中奖者名单和信息。另外，所有的奖品在开始前都在游戏中亮着，每开一个大奖，游戏界面会自动将它切一刀，该奖品就暗淡下去，而剩下的大奖仍然悬在那里，刺激着人们继续充满希望地排队。

这次活动设置了四类奖项，大奖延了日本和中国台湾地区活动时的设置，每天随机抽取，如果参与者希望增加中奖概率，在活动结束前可以无限次重复排队。与以往不同的是，在这次与人人网的合作中增加了幸运数字纪念奖。幸运数字会提前公布，这会吸引大量排队位置接近的参与者在短时间内重复排队。如果实在运气不够，优衣库还为"踊跃战斗在排队第一线"的疯狂粉丝们设立了参与大奖。

活动过程中，排队游戏的界面底部不停滚动播出中奖者的名单公告，大奖得主的照片也公布在优衣库人人网公共主页的相册里。除了每天的随机大奖和幸运数字纪念奖，还评选出了踊跃参与大奖的得主。来自沈阳的杨威成为第一个完成排队500次的粉丝，并因此获得了包含20件摇粒绒衣服的大礼包。

这三类奖项的设立目的都是尽量使参与者保持持续的热情，而中奖率颇高的9折优惠券既能让参与者不会空手而归，对优衣库自己来说，还能有效地在圣诞节期间促进实体店的销售业绩。

8）沟通平台

更加注重沟通功能，这个活动不仅调用了人人网参与活动的用户ID，还调用了人人网的在线聊天室，人们可以同时在一个多人聊天室说话，分享对排队游戏的体验及中奖的喜悦。

2. 实践流程

1）活动预热

12月2日，优衣库登陆人人网建立公共主页。12月3日，优衣库开始在视频网站上放出活动广告，所有线下实体店也从12月6日开始用宣传册和展板海报进行预告。

2）活动详情

第一天：2010年12月10日，中国区的团队就知道能顺利完成任务，因为当天参加的人次就达到了10多万。在888等一些关键数字快要到了的时候，总是会掀起排队的小高潮，服务器响应速度骤然变慢。

第一周：一周下来，人人网上已经有数十万人次参加了排队游戏，而且这一周很多人都受到了优衣库排队的"骚扰"，因为不停有用户的状态更新为"参加排队"，甚至有人以每5分钟一次的频率泡在了游戏里，到处都是排队的消息。

不过，活动开始时Lucky Line的9折优惠券设定的有效期不超过两天，目的是希望网友每天都来排队看看。这个过短的时间限制受到了不少网友的质疑，而且活动人数也很快超过了预期。

第二周：优衣库调整策略。第一，提高了中奖率。有用户反映，第一周几乎平均排5次才能中优惠券，第二周几乎每排一两次就能中奖。第二，延长优惠券的使用期。将复印有效的折扣优惠券变得更加"阳光普照"——转发有效、手机拍照也有效！而且将第一周规定的两天之内必须使用的优惠券期限也取消了，活动期间随时可用。

只有降低优惠券的使用门槛，才能更大地提升实体门店的销售额。优衣库认为，如果一个用户千辛万苦参加排队，好不容易获得了优惠券，并将辛苦换来的优惠券分享给周围的所有朋友（复印、转发和拍照），那么，他就会获得朋友们的感谢、赞誉和尊重，这时候他们心里就会油然而生出几分骄傲和成就感。

3. 活动结果

1）阶段成绩

短短一周时间，这次网上排队活动已经有超过93万人参加（截至12月17日19:00）。参与者在排队的同时，还会在其人人网主页生成一条"新鲜事"消息，分享给其好友，排队的人多了，就出现了所谓的刷屏。从12月3日登陆人人网，在不到两周的时间里，优衣库的粉丝人数就已经接近11万人。

2）最终成绩

截至12月24日游戏结束时，共有133万人次参加了排队。优衣库的实体店顺利完成了销售目标，而活动期间优衣库的B2C网站每天的访客（UV）超过10万人次，而活动之前是2万多人次。在活动结束后，人人网将参与了优衣库排队活动的10多万名用户，自动贴上了优衣库好友。活动共产生新鲜事304717416次，"优衣库Lucky Line"成功成为社交网络热词。

优衣库的成功，也充分印证了人人网在11月份发布的"人人效应——SNS社交媒体广告价值衡量标准"的理论价值：付费媒体（Paid Media）——优衣库的社会化广告和公共主页，每一轮曝光都获得了用户的点击、后续行为及新的粉丝，由此带来的参与人数和粉丝数为20738个；免费媒体（Earned Media）——新鲜事带来的口碑传播曝光、点击、行为和粉丝，由此带来的参与人数和粉丝数为11.5万个；自有媒体（Owned Media）——最终广告+好友口碑的传播，直接促进了粉丝数累计超过13万个。

3）对比数据

2010年9月，中国台湾地区Lucky Line活动在优衣库台湾一号店开业前推出，"参与人数完全超乎预期"。在价值4万元新台币的日本游大奖激励下，借助Facebook和Twitter平台，超过60万人次通过网络在优衣库门前排起长队，优衣库在Facebook上的粉丝从0激增到8万个。但此次优衣库与人人网的合作非常成功，20天内完成了133万人次的排队记录，不仅超额完成预定的100万人次的目标，也创造了该活动的世界纪录，超过其在日本和中国台湾地区的同类活动，为优衣库赢得了13.5万人的公共主页粉丝，大大超过了优衣库在Facebook上的粉丝数目。

■ **相关概念与理论**

1. 社会化媒体

一群拥有相同兴趣与活动的人建立的在线社区。这类服务往往是基于互联网，为用户提供各种联系、交流的交互通路，如电子邮件、即时通信服务等。此类网站通常通过朋友，一传十、十传百地把网络展延开去，就像树叶的脉络。

多数社会化媒体会提供多种让使用者互动起来的方式，如聊天、寄信、影音、档案分享、网志、新闻组等。社会化媒体为信息的交流与分享提供了新的途径。

2. 前景理论

前景理论（prospect theory，也作展望理论），是行为经济学的一个重大理论成果，由心理学教授丹尼尔·卡内曼和阿摩司·特沃斯基提出。前景理论对分析在不确定情况下的人为判断和决策方面作出了突出贡献，卡内曼更因此获得2002年的诺贝尔经济学奖。

主流经济学长期假设每个人作决定时都是"理性"的，然而现实情况并不如此；而展望理论加入了人们对发生概率高低等条件的不对称心理效用，成功解释了许多看来不理性的现象。这个理论的假设之一是，每个人基于初始状况（参考点位置）的不同，对风险会有不同的态度。

人在不确定条件下的决策选择，取决于结果与展望（预期、设想）的差距而非单单结果本身。即，人在决策时会在心里预设一个参考标准，然后衡量每个决定的结果，与这个参考标准的差别是多大。例如，一个人展望（预期）能得到奖金500元，当他的决策让他得到奖金500元，他会觉得没什么；若他有办法得到多于预期的500元，多数人会审慎地考量这方法（决策）带来的风险，以免失去展望（预期）回报；如果相反，即使他有另一个比较安全，但让他少得100元奖金的办法（决策），那多数人会宁可冒较大风险，以获取展望（预期）回报。

3. 框架效应

框架效应（Framing effect）是一种认知偏差，与展望理论一样，由阿摩司·特沃斯基与丹尼尔·卡内曼等两位学者提出。意义为面对同一个问题，使用不同的描述但描述后的答案跟结果都是一样的，人们会选择乍听之下较有利或顺耳的描述作为方案。当以获利的方式提问时，人们倾向于避免风险；当以损失的方式提问时，人们倾向于冒风险。

4. 抽奖促销的有效性

高充彦等（2009）曾依据展望理论发展了一个促销价值模型，提出了决定抽奖促销比现金券促销更有吸引力的边界条件。研究发现，针对抽奖促销与现金券促销：相对吸引力受到促销设计特点的调节作用，中奖率较大的抽奖促销吸引力小于现金券促销，而中奖率很低的抽奖促销却很可能比现金券促销更有吸引力；相对吸引力受到产品特点的调节作用，对于高价产品低中奖率的抽奖促销比现金券促销更有吸引力，对于低价产品两种促销方式的促销吸引力没有显著差异；相对吸引力受到消费者风险态度的调节作用，对于偏好风险的消费者低中奖率的抽奖促销比现金券促销更有吸引力，对于厌恶风险的消费者现金券促销比低中奖率的抽奖促销更有吸引力。

（资料来源：陈亮途. 社会化营销：人人参与的营销力量［M］. 沈阳万卷出版公司，2011）

■ **推荐阅读**

1. 高充彦，郝辽钢，贾建民. 抽奖促销与赠券促销有效性比较研究：一个促销价值模型. 管理评论，2009，21(12)：80-85.

2. 娜日. 基于社会网络分析的网络营销策略研究——以人人网为例. 现代情报，2012，32(8)：49-54.

■ **互动讨论**

1. 优衣库排队领奖活动的成功因素有哪些？
2. 你从优衣库此次社会化媒体营销活动策划中得到了哪些启示？

1. 规划好一项促销活动的关键因素有哪些？
2. 你认为SP策略者需要具备哪些素质？
3. 请选择一家MP3制造商，并为其品牌设计一项促销活动，目的是让消费者了解其产品的某种特殊功能比对手更加优越。

[1] 乔治·贝尔奇，迈克尔·贝尔奇. 广告与促销：整合营销传播视角［M］. 郑苏晖，等译. 8版. 北京：中国人民大学出版社，2009.

[2] 史玉柱自述：我的营销心得［M］. 北京：同心出版社，2013.

第 9 章 SP 策划实务

引例 西捷航空：专属礼物带来圣诞惊喜

西捷航空（West Jet），是一家总部位于加拿大卡加里市的廉价航空公司。作为加拿大第二大航空公司，西捷航空一直希望把公司的感谢传递给每一位顾客。如何传递这份感谢呢？送飞机票，玩大转盘抽奖品，还是宴请乘客吃大餐？都不是！

西捷航空把目光瞄准了圣诞节，想在这一天为乘客制造一个难忘的圣诞节惊喜。

在圣诞节前夕，西捷航空在一个飘雪的夜晚从飞机上运下了一个巨大的蓝色礼盒，然后悄悄地放在候机厅。

第二天，这个巨大的蓝色礼盒就被候机的乘客们团团围住了。因为在这个蓝色大礼盒上有一个电子屏幕，屏幕上有一位身穿紫蓝色圣诞服的圣诞老人一直在说："在这里显示登机牌。"当乘客好奇地扫描了登机牌后，屏幕里的卡通圣诞老人就会变成真人与乘客进行对话。

这位圣诞老人会逗趣地问可爱的小朋友："什么是你想要的圣诞礼物？你喜欢托马斯火车吗？"或者向夫妇们打听他们希望得到的圣诞礼物是什么。于是，有乘客回答，他想要一台大电视，还有乘客向圣诞老人许愿要一台数码相机，更有小朋友希望在圣诞节收到一套全新的冰球棍……来自各地的乘客纷纷向这个屏幕里的圣诞老人许着圣诞心愿，但没有人知道，这位西捷航空的圣诞老人，接下来会给许愿的人们带来什么样的惊喜。

当飞机降落，乘客们在传送带旁等待自己的行李物品时，突然，整个机场大厅响起了音乐，空中飘起了雪花。人们惊奇地发现，蓝色大礼盒屏幕中的圣诞老人正向自己走来。这时候，传送带上出现的，不是乘客的行李，而是大大小小的蓝色礼盒。

当大部分乘客还摸不着头脑的时候，已有乘客发现有自己署名的蓝色礼盒了。于是，乘客们纷纷开始寻找自己的礼盒。

原来，当乘客们还在候机厅向巨型蓝色礼盒里的圣诞老人许愿的时候，西捷航空的工作人员就开始在幕后忙开了。先是收集整理好乘客的愿望清单，接下来就是全员出动帮乘客选礼物的时刻了。西捷航空的工作人员穿梭在各大商场超市，按照乘客的愿望清单挑选商品。小到儿童玩具，大到超大屏幕电视机，他们在幕后悄悄地把礼物买好、打包，最后装上乘客乘坐的同一架飞机。

当然，最激动人心的，是拆礼物的那一瞬间。乘客们万万没想到几小时前许下的圣诞愿望居然真的变成了现实。

当拆开写有自己名字的蓝色礼盒，发现里面正是自己想要的圣诞礼物时，大家脸上都写满了惊喜和感动，不少人直呼："这不可能！"人们再一次涌向圣诞老人，用拥抱来表示自己的感谢。

事后，西捷航空把这次圣诞送礼过程制作成了视频，在网络上得到了更多人的肯定，西捷航空的品牌影响力由此再一次扩大。

（资料来源：海欢．西捷航空：专属礼物带来圣诞惊喜［J/OL］．实战商业智慧，2014（252）．http://www.glzh.com.cn/ Projects/ xjhkzslwdl.html）

为了拉近与顾客的距离，很多企业会想到用"礼品回馈"的形式作为答谢，但一场冷冷的小抽奖，或者面额不多的优惠券，却显得不那么诚恳。如何给顾客一次创意与诚意兼备的惊喜呢？西捷航空为业界提供了颇具创意的促销案例。在本章中，我们将在第 8 章 "SP 策划基础"上，详细描述 SP 策划的具体实务操作，为实现具有创意的 SP 策划提供操作上的指引。

9.1 SP 策划过程

在运用 SP 策略过程中，需要进行一系列的策划活动，其中主要的策划工作包括：建立 SP 目标、选择 SP 工具、确定 SP 方案、试验、实施和控制 SP 策划方案，以及评估 SP 方案的效果等。图 9-1 显示了 SP 策划的过程。

9.1.1 建立 SP 目标

一般来说，公司的 SP 目标是从总促销组合目标中拓展出来的。在整体上，还受到公司市场营销总目标的制约，是公司营销总目标在促销策略方面的具体体现。

公司针对不同类型的目标市场，要实现的 SP 目标各不相同。例如，对普通消费者来说，SP 目标可以确定为鼓励经常购买和重复购买；吸引新购买者试用；建立品牌知名度；引起消费者的兴趣；改进和树立公司及品牌形象等。对制造商或中间商来说，SP 的特定目标可以确定为促使零售商购买新的产品项目；提高零售商的购买水平；鼓励零售商的非季节性购买；对抗竞争者的促销活动；建立零售商的品牌忠诚；打进新的零售行业等。对推销人员来说，SP 目标可以确定

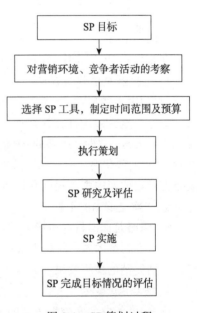

图 9-1　SP 策划过程

为鼓励对新产品或新型号的支持和推广；刺激非季节性销售；鼓励更高的销售水平等。

公司负责 SP 的部门要通过多因素分析，确定一定时期内 SP 的具体目标并尽可能使其量化。其中，数据挖掘是一种可能的方法。

9.1.2 选择 SP 工具

SP 工具多种多样，各具特点，分别适用不同的范围。在选择 SP 工具时要考虑以下 4 种主要因素。

1. 市场类型

不同的市场类型需要不同类型的 SP 工具。比如，中间商市场和消费者市场的需求特点

和购买行为就有很大差异，针对这两类市场，所选择的促销工具必须与之相适应。

2. SP 目标

特定的 SP 目标往往对 SP 工具的选择提出了明确的要求，制约 SP 工具的选择，规定了 SP 工具选择的可能范围。

3. 竞争条件和环境

这包括公司本身在竞争中所具有的实力、条件、优势与劣势，以及公司外部环境中竞争者的数量、实力、竞争策略等因素的影响。

4. 促销预算分配及每种 SP 工具的预算水平

市场营销费用中有多少用于营销传播，其中又有多大份额用于 SP，这些问题往往也对 SP 工具的选择形成一种硬性约束。

此外，常常有这样的情况，同一特定的 SP 目标可以采用多种 SP 工具来实现，这时就需要考虑如何通过 SP 工具的比较选择和优化组合实现最优的实效促销效益。

9.1.3 制订 SP 方案

在确定了 SP 的目标并选择了相应的 SP 工具后，接下来就要着手制订具体的 SP 方案了。在 SP 方案的制订中，以下几点是需要注意的。

1. 比较和确定刺激程度

要使 SP 取得成功，一定程度的刺激是必要的。刺激程度越高，引起的销售反应也会越大。但是，这种效应往往存在递减规律，也就是说，在有些情况下，消费者对频繁的 SP 活动习以为常，这时，更多的 SP 活动反而会让消费者少了新鲜感，甚至对公司和产品产生怀疑，SP 的效果将大打折扣。因此，要对以往的 SP 实践进行分析和总结，并结合新的环境条件确定适当的刺激程度和相应的开支水平。

2. 正确选择 SP 对象

SP 策略是面向目标市场上的每一个人，还是有选择地针对某类群体？SP 策略的实施控制在多大的范围内？哪类人群是 SP 策略的主要目标？诸如此类的选择是否正确都会直接影响到促销的最终效果。

3. 选择 SP 媒介

许多 SP 策略的实施需要借助于媒介。比如，当营销者选定折价券这种促销工具时，还须进一步确定将多少折价券放在产品包装内，有多少用邮寄的方式发送，有多少放在杂志、报纸等广告媒介中，有多少借助互联网或移动互联网方式送达。这些媒介的选择和组合意味着不同的接受率和费用水平。

4. 选择 SP 的时机

SP 策略的有效实施，需要考虑实施的时机问题，时机把握好，就可以取得事半功倍的效果。在什么时间开始发动一场 SP 战役，持续多长时间效果最好，这是值得深思熟虑的重要问题。若 SP 活动持续时间过短，消费者可能在有限时间内无法实现重复购买，SP 策略的可能利益就难以实现；若 SP 活动持续时间过长，又会引起开支过大和降低刺激购买的效应问题，并且容易使公司的产品在顾客心目中降低身价。一般而言，每次促销活动的持续时间以平均购买周期长度为宜。

5. 分配 SP 的预算

分配 SP 的预算是指 SP 预算在各种促销工具和各个产品间的进一步分配。SP 预算的分配问题需要考虑到各种促销工具的使用范围、频度、各种产品所处的生命周期同阶段等多种因素的平衡。

微案例9.1　分众传媒情人节全城示爱

调频表白早已过时，2015 年的情人节多了一种新玩法。分众传媒在 2 月 14 日 "情人节"当天，推出"全城示爱"活动——只需关注活动微信公众账号（qcshiai）并提交对他（她）的表白内容，就能在全城分众框架显示屏上看到自己的示爱话语像弹幕一般滚动而过。

"全城示爱"活动设计简单：用户关注"全城示爱"微信，选择一个你想表白的对象，设定他（她）所在的楼宇，输入想表白的话，情人节当天就有机会以弹幕形式在该楼宇的分众广告屏上，引发"群众围观"。小区楼下、办公大楼、购物中心都成为了表白弹幕的轰炸中心。如果某栋楼宇没有设置框架显示屏，则可以勾选全城投放。所有被示爱上传成功后，用户将得到一个抽奖码，把抽奖码分享到朋友圈后还将有机会获得歌诗达邮轮游、奥马情侣冰箱、德芙巧克力等奖品——说到这里，这一串广告词应该也让你猜到了，这些作为奖品的冰箱和巧克力，都是在分众投广告的广告主。

分众传媒公关总监嵇海荣称，为保证 2 月 14 日当天 24 小时的全城示爱，分众放弃了不少广告资源，加之媒体宣传、市场推广、经典电影对白版权购买，投入接近 1 亿。这么做的目的则是希望引起大众关注，摆脱"电子广告牌"的固有印象：在移动互联网大势下，分众不再想做单纯楼宇广告服务商，而是要成为具备 LBS（基于位置的服务）互动平台功能的 O2O 网络广告服务商。

这个活动从一月末开始经过数周发酵，活动结束时表白总量已突破 160 万。如按照 20 天计算，平均每天微信端交互量达 7.5 万，这对一个从零开始的微信号来说，绝对不是一个小数字。

（资料来源：daisy. 2.14 情人节　分众传媒要玩"全城示爱"[EB/OL]. 2015-02-03. http://www.itavcn.com/news/201502/20150203/54258.shtml）

互动讨论题：分众传媒的"全城示爱"活动巧妙之处在哪里？

9.1.4　SP 方案实施

虽然许多 SP 方案是在经验的基础上确定的，但仍然需要进行必要的试验来确定促销工具的选择是否适当、刺激程度是否理想、现有的途径是否有效等。SP 试验可以采取询问消费者、填写调查表、在有限的地区内试行方案等方式进行。如果试验的效果与预期的结果相近，便可进入实施阶段了。在实施中要密切注意和监测市场反应，并及时在促销范围、强度、频度和重点等方面进行必要的调整，保持对促销方案实施的良好控制，以顺利实现预期的方案和效果。

微案例9.2　肯德基"秒杀门"：仅是促销策划失败？

2010 年 4 月 6 日，肯德基联合淘宝网推出"超值星期二特别秒杀优惠券"，其中第一轮"秒杀"活动推出的产品是上校鸡块。优惠券上显示，原价 11 元起的上校鸡块，凭优惠券只需要 5.5 元，不过此券仅限 2010 年 4 月 6 日、4 月 13 日、4 月 20 日、4 月 27 日使用。同样，在淘宝网上也出现了相关活动消息，淘宝上显示的是第二轮"秒杀"的产品是香辣/劲辣鸡腿堡。同时显示，两种产品的电子优惠券库存设为 100 张，拍完即止。肯德基母公司百胜餐饮成都分公司相关负责人称，全家桶是肯德基原定的第三种"秒杀"产品。

相关负责人称，第一轮"秒杀"活动已经顺利结束，但在第二轮"秒杀"活动开始前市场上就出现了大量假优惠券、为此公司临时决定停止第二轮和第三轮"秒杀"活动，并称目前市面上关于第二轮、第三轮"秒杀"产生的优惠券均为假券，肯德基餐厅一律拒收。不过他们还会在肯德基优惠网上陆续公布后续的优惠活动。

4 月 7 日，肯德基在其官方网站发表声明称，"可能许多网友在秒杀活动没开始就拿秒杀优惠券去餐厅消费，现在肯德基已取消上校鸡块优惠券外的其他优惠券秒杀活动"，并明示将拒收本张优惠券——"如要使用，建议先咨询餐厅"。

这就在全国很多城市引起了诸多网友的质疑。现在，我们不去讨论到底是"假优惠券"惹的祸，还是肯德基"翻脸不认账"，最重要的是对于网友排山倒海的质疑，肯德基的反应是解决问题，还是回避问题。遗憾的是，肯德基选择了逃避和推卸责任，甚至是报警来回应。

（资料来源：蒋军. 肯德基"秒杀门"：仅是促销策划失败？［EB/OL］. 2010-04-10. http://news.winshang.com/news-69432.html）

互动讨论题：前事不忘，后事之师。肯德基的此次"秒杀"带来了什么教训？

9.1.5 评估 SP 效果

评估 SP 效果是一项重要而困难的工作。应当明确的是，事实上，评估工作在选择促销工具之前就已经开始了。比如，制造商向推销人员和中间商说明将要使用的促销工具，听取他们的意见，通过获得他们对这些工具的反应来作出某种判断。市场营销者也可以通过各种方法来了解消费者的意见。比如，零售商可设置两种奖品，它可以在一部分零售店中使用奖品 A，在另一部分零售店中使用奖品 B，通过对两组零售店销售情况的比较，判断哪种促销工具更容易被消费者接受。

在 SP 方案实施结束之后对其有效性要进行总体评估，最简单而普通的方法是比较促销前、促销期间和促销后的销售变化。比如，一家公司在销售促进之前占有 6%的市场份额，在销售促进期间激增至 10%，在销售促进刚刚结束之后，回落到 5%，过了一段时间又上升到 7%。这就表明这次促销活动吸引了新的购买者并刺激原有的购买者，增加了他们的购买数量。促销结束后销售的回落是消费者消费他们的存货引起的，最终的 7%这一格局说明公司赢得了一些新的用户。如果这一市场份额与原有的水平相差很小，那么它表明这次促销仅是改变了需求的时间模式而没有改变总需求。促销人员也可以采用消费者调查的方法来了解事后有多少人能回忆起这项 SP 活动、他们如何看待这次活动、有多少人从中得益、它如何影响消费者后来的品牌选择行为等，并可以进一步采用某些标准对消费者进行分类来研究更为具体的结果。SP 效果的评估还可以通过变更刺激程度、促销时间和促销媒介来获得必要的经验数据，供以比较分析和得出结论。

9.2 明确 SP 目标

许多营销管理者往往会忽视"明确 SP 目标"这一重要步骤,而且,就算已经大致确定了 SP 目标,管理者又将面临的另一个问题是:应该如何周密策划某次 SP 的具体目标?

9.2.1 SP 的两类目标

不同公司的 SP 目标各不相同,但概括来说只有两大类:短线速销和长期效果。短线速销的目的是在短期内实现大量的销售,而长期效果则是指借助于 SP 策略实现长期销售增长(及发展品牌)的目标。

1. 为了短线速销的 SP 活动

如果一家公司的 SP 活动旨在短线速销,就是希望使从未使用本企业某个品牌的顾客尝试使用该品牌;使某品牌的习惯购买者购买更多数量的产品。目的是短线速销的 SP 策略通过经销商的配合使物流更加畅通,也能有效防范竞争者的营销努力。立即提高销售量的目的一般通过以下三个途径达到。

(1)提高购买者数量。促使非使用者购买该品牌或促使购买其他品牌的消费者改变习惯,POP 推广、竞赛、减价优惠及免费试用等 SP 工具对此都是非常有效的。其中,免费试用的成本相对较高,而且消费者试用后未必会实际购买,再者,样品的发放难以集中在非使用者,因此,此法须谨慎采用。POP、折价券、减价优惠、赠品等方式在吸引原先无购买计划的顾客方面也很有效。

(2)提高人均购买次数。通过提高顾客的重复购买率,可以实现迅速销售的目的。由于折价券、减价优惠和酬谢包装等几种 SP 工具可以帮助顾客省钱,所以在提高重复购买率方面都显得非常有效。消费者到商店购物时,一般从众多品牌中选一种或少数几种。因此,POP 广告能够吸引消费者的高度注意,能直接影响消费者的购买决策,提高该品牌的销量。

(3)增加人均购买量。各种 SP 工具中,折价券、减价优惠、赠品及酬谢包装都能激励消费者增加购买量。

2. 追求长期效果的 SP 活动

此种 SP 活动旨在配合广告活动做一些促销工作,以提高广告效果,巩固品牌的形象。一般 SP 的长远效果不易测量,原因是在 SP 与广告的配合使用当中,若品牌忠诚度、品牌形象确实发生改变,也很难分清到底是广告的效果还是 SP 的效果。长期目标的 SP 活动多用来巩固品牌形象,它不如短线速销的销售效果明显。在各种 SP 工具中,竞赛和赠品均具有长期的促销效果。

9.2.2 SP 策划的六种基本标的

SP 活动的目标分为短线速销和长期效果两种。在 SP 的具体策划中,我们用"标的"来表达更加具体的目标,一般需要再进一步区分 SP 策划的六种基本标的:

1. 吸引潜在顾客

许多 SP 计划的目标是吸引新试用者。通常意指给予使用竞争产品的顾客某种激励,鼓励他们试用某种品牌。另一个目标是针对那些尚未使用某个产品类别中任何品牌的潜在消费者。虽然也有许多成功的案例，但是，第二个目标较第一种目标更为艰难。

2. 保持现有顾客

大多数产品都以一批稳定的使用者为基础，这些使用者是企业大部分收入的来源，赢得这部分消费者也就占据了稳定的市场份额。因此，保持现有顾客和吸引新顾客同等重要。当竞争者设计 SP 活动吸引新试用者，或企图夺走现有顾客时，营销者就应推出一个新的 SP 计划，希望能保持住他们现有的顾客。

3. 促成已有的使用者更多购买

保持顾客的一种方法是"促使他们大量购买某产品"，或者"使他们离开某个市场"一段时间。因此，SP 计划要鼓励现有顾客购买某产品，其数量足以让他们在较长的时间内不再购买此类产品。这样做可以达到两个目的。第一，因顾客手边有促销中的产品，从而保证其继续使用该产品。第二，因为顾客有足够的该产品可资利用，所以他们对竞争者的促销推广的敏感性就会下降。

4. 增加产品的用途

许多 SP 策划的主要目标之一是增加产品的使用。在消费者的数量成长缓慢的情况下，对许多产品而言，一定要寻求出新的用途以增加消费者。企图从竞争者那里继续不断地取得市场份额，是要付出昂贵的代价的。同时，从长期来看，消费者经常不断转换品牌的结果，往往会导致任何品牌的销量或市场份额只有微不足道的增加而已。较好的长期策略，应为增加某产品或服务使用者的人数。

一项最普通的增加产品使用的方法，是增加产品的其他用途。例如，某些食品广告宣称为其产品或品牌发展新的烹饪法或新用途。

5. 实施产品升级，以达到更高品质或更高价位

使顾客步向产品高级化，或购买比他们正常所使用的产品更为昂贵的品牌或型号，是许多品牌的目的。为此，通过提供减价优惠的 SP 方式可以在一定程度上实现这一目的。例如，许多汽车制造商常以减价优惠或联合价格对加装立体音响、空调机、单人圆背小折椅及其他设施来推销某一具有特殊装备的新车型，其目的在于使顾客们习惯于这种附设用品，在下次购车时就可能愿意以正常价格成交。

6. 强化品牌

通过 SP 提高品牌知名度或强化品牌的广告效果也很重要。最常见的做法是把给消费者的赠品与广告运动相结合。在某些情况下，广告活动本身就成为一项有效的 SP 工具，如将已成为流行歌曲的广告歌曲做成唱片出售。

9.3 SP 工具的选择

9.3.1 SP 工具的选择原则

SP 策划的另一项重要内容是如何选择适当的 SP 工具。一般而言，在选择 SP 工具时应注意以下几项原则：

1. 必须与已确定的 SP 目标相一致

斯特朗 1976 年的研究结果显示，不同的 SP 工具适应于不同的促销目标，见表 9-1 和

表 9-2[1]。

2. 听取多方意见

比如听取员工的意见，通过召开小组座谈会了解消费者态度等。

3. 在决定促销工具之前尽可能做评估

事前评估的方法有：

（1）经验分析，即根据以往促销活动的经验来选择。

（2）事前测试，即让消费者或经销商来评价对各种促销工具的反应程度。

（3）市场试验，即在特定的市场环境里进行小规模的对比试验。

（4）决策模型，即用已经设计好的决策模型，计算各种促销工具的有效性。

有关的评估方法，请参阅本书的第四篇。

4. 组合运用 SP 工具

为了使 SP 获得成功，在实战中往往组合运用多种 SP 工具，这比单独使用一种工具的效果更好。在 SP 策划中应该特别重视 SP 组合的创意。

表 9-1　针对不同的 SP 目标选择不同的工具

SP 工具	促销目标		
	品牌知名	吸引新顾客	提高现有顾客的购买量
酬谢包装			√
现金回扣			
一次购买即获		√	
多次购买即获			√
竞赛与抽奖	√		
优惠券			
媒体发放/邮寄		√	
包装内/上			√
多次购买或获			√
赠品			
一次购买即获		√	
多次购买即获			√
减价			√
免费样品		√	

注：表中"√"代表适合不同 SP 工具的 SP 目标。

表 9-2　各种 SP 目标与 SP 工具的对应

SP 目标		SP 工具 POP推广	折价券	免费试用	减价优惠	竞赛	赠品	酬谢包装
短期效果	引起尝试	√	√	√	√	√		
	转变购买习惯	√			√			√
	增加每次购买量		√		√		√	√
	刺激潜在购买量	√		√		√	√	
长期效果	增强经销商的接受程度						√	
	提高广告效果					√		
	巩固品牌形象					√	√	

注：表中"√"代表与各种 SP 目标相适应的 SP 工具。

在唐·舒尔茨及其合著者的重要著作《促销管理的第一本书》中，特别举例强调了组合 SP 的运用[2]：

（1）为了让消费者看到广告，最好的刺激方式就是兑奖，这种 SP 方式可使消费者在心理上由衷地投入到活动中来，同时，也实现了让消费者阅读广告的目的。

（2）为了增加折价券的兑换率，不妨在折价券上加上猜奖的 SP。

（3）为了促使零售商大量购入存货，可以将多项经销商 SP 的优惠条件同时提供给零售商。

（4）为了在进行消费者 SP 时得到零售商更多的协助与支持，可以增设一项对零售商的"销售比赛"。

9.3.2 终端促销的困惑与创新

20 世纪 90 年代末期，现代零售渠道在大城市处于快速起步时期，营销界提出了"决胜终端"的口号。一方面，一些中小企业在做品牌无望的情况下，通过终端促销推动销售，以小代价获取了大收益，其巨大的示范作用吸引了诸多企业争相学习；另一方面，与广告投入相比，企业普遍感到"临门一脚"终端促销对销售的推动作用更快速，效果更明显。因此正是从那一时期开始，国内许多企业把产品推广的重点从广告转向促销，促销费用增长速度开始远远超过广告费用增长速度。此后的 1999—2000 年是终端促销的黄金时期，创新性的促销手段不断出现。这一期间丝宝集团的主打品牌"舒蕾"凭借"终端促销"挑战宝洁取得阶段性成果，对终端促销的传颂到达顶峰，日化产品行业的许多企业都不遗余力地做终端促销，把其作为市场运作的基本策略。

1. 终端促销的困惑

自 2001 年以来，信奉终端促销的企业却开始产生了不少困惑，主要体现在三个方面。

困惑 1：不促不销，甚至促而不销。

小促销周周上，大促销月月有，节日促销更是绝不会错过，促销活动一浪接一浪，但终端销量却不见明显增长。"不促不销甚至促而不销"成为令企业头痛的"癌症"，不做终端促销痛心，做终端促销伤心。

困惑 2：投入产出不成比例。

终端促销要付出很高的资金成本。在丝宝的终端促销"风光无限"之时，国内众多日化品牌便开始纷纷效仿，"终端争夺战"一度成为日化产品营销的最主要方式（现在仍是基本方式），加之一些目光短浅、急功近利的零售终端不靠销售赚钱，却把卖场当成"广告发布场所"，结果使终端促销的成本越来越高。有报道说，丝宝的一次大型推广会的费用竟多达 500 万元，而这一数字对于一个中小日化企业而言，简直是不可想象的。因此有企业甚至认为终端已经成为吞噬资金的黑洞。

困惑 3：遭遇创新难题

各式终端促销套路，包括路演、套餐、返券、买赠、抽奖、积分、特价，甚至还有一些新奇另类的促销手段，厂商都会尝试，无所不用，而其他厂商则会迅速跟风复制。炒作方式的雷同直接导致各个厂商在终端决胜中很少有突出的"亮点"。许多曾经的终端促销创新手段已屡见不鲜，各家企业的促销形式同质化，真正的创新越来越难。

简而言之，终端促销领域中面对着严重问题。终端促销越来越像是厂家和商家的"鸡肋"，食之无味，弃之可惜，但不促销又可能连鸡骨头都啃不到。"不做终端等死，做终端找死。"在终端促销之做与不做的两难选择上，许多企业正面临着相同的窘境。

2. 终端促销的创新思路

那么，新型的终端促销的突破口在哪里？可以认为，新型的终端促销应实现以下几个方面的转变：

（1）从主要关注竞争对手到更多地关注消费者。传统的终端促销（甚至是整个营销策略）强调紧跟竞争对手，迅速模仿，以快制胜，这在很大程度上导致了终端促销手段的同质化。终端促销的基本思路应该从主要关注竞争对手转变为更多地关注消费者。尽管许多企业声称自己是以消费者为中心的，但事实显然并非如此。终端促销要考虑消费者的真正需求，以及如何比竞争者更好地满足这种需求。所以要对终端促销人员进行严格的培训和管理，使其谦恭、精力充沛，才能为消费者提供有效帮助。

（2）从价格促销到价值促销。停留在战术层面的终端促销策略往往是直接或间接利用价格作为手段。而理论研究表明，单纯以价格导向的促销会对品牌资产造成伤害，从长期均衡的分析看，会使得整个行业逐渐陷入"零利润误区"。新型的终端促销的出发点要从传统的单纯以维系顾客短期关系为目标转变到设法维系顾客长期关系的考虑，以价值促销代替价格促销，在终端促销的同时考虑建立品牌资产的需要。终端促销要辅助品牌资产的建立和强化，向顾客传递品牌的价值内涵，注意提升消费者的整体购买体验，而不再局限于利用价格来诱导消费者。

（3）从单点促销到系统促销。"一招鲜，吃遍天"的营销时代已经一去不复返了。以前，终端促销人员个人能力强就可以一招制胜，而现在的终端促销则需要多部门协同。从促销产品、促销时机的选择，促销品的采购到此后的物流仓储、上市辅导、广告宣传，以及商店陈列、终端促销人员培训等诸多环节，随便哪个环节出了问题，最终厂商都可能遭受挫败。因此，终端促销的未来出路也包含着要保证整个运作流程畅通。

（4）从重视促销创意到创意与执行并重。传统的终端促销活动，企业总是希望自己的促销创意能别具一格，但毕竟灵光一现的绝妙创意可遇不可求，想获得不容易复制的好创意更是难上加难。事实上，不同的企业执行同一终端促销方案，其结果可能大相径庭。企业要重视终端促销的创意，也要重视促销方案的实际执行。

（5）从独立促销到联合促销。联合促销是"合作营销"组合要素之一。所谓"合作营销"，指的是两个或两上以上的品牌或企业，为了实现资源的优势互补，增强市场开拓、渗透与竞争能力，达成长期或短期的合作联盟关系，共同开发和利用市场机会。联合促销是基于参与方的资源和优势互补，以一种相对开放的方式获得"双赢"的。未来的终端促销应更多地重视与合作伙伴（如其他互补性产品的供应商、零售商等）的联合促销。

9.3.3 理解社会化购物工具

在消费社会中，很大程度上，购物是一种社会化活动。电子商务的迅速发展，社会化媒体的飞速渗透，商务与媒介的深度融合，使得社会化商务成为今天的营销活动不可忽视的一个领域。过去经典的信息传播模型爱达（AIDA）模型——Attention（注意）、Interest（兴趣）、Desire（愿望）和Action（行动），今天甚至被修订为AISAS——Attention（引起注意)、Interest（引起兴趣)、Search（进行搜索)、Action（购买行动)、Share（人人分享），两个具备网络特质的"s"——Search（搜索)、Share（分享）的出现，指出了互联网时代下搜索和分享的重要性[3]。2011年2月，美国著名风投KPCB风险投资公司合伙人约翰·杜尔第一次提出了SoLoMo的概念，这一概念将互联网时代三大趋势之"社交化（Social)、本地化（Local)、移动化（Mobile)"整合在了一起，基于SoLoMo的应用充分体现了数字化对于人们生活方式和消费行为的影响与改变[4]。

不可避免地，社会化媒体应用影响到了企业促销活动。许多企业开始使用社会化媒体派发优惠券，鼓励用户分享参与活动的照片，参与销售抽奖等。有研究表明，在线评论甚至会提高线下促销策略的有效性。比如说，乐柏美在夹报广告中加入了线上评论的内容，优惠券使用率因之提高了10%[5]。

在进行策划与执行SP活动时，需要理解社会化购物工具——那些可以帮助消费者分享信息、作出决策及享受一起网上购物过程的应用程序——如何促使人们改变其态度和营销的。特蕾西·塔腾和迈克尔·所罗门对此进行了总结，见表9-3[5]。

表9-3 社会化购物工具与影响力来源

社会化购物工具	社会认同	权威	稀缺性	吸引力	一致性	互惠
"询问你的网络"				*	*	
品牌管家服务					*	*
优惠信息目录			*			
优惠信息推送			*			*
过滤器	*					
团购			*			
清单	*				*	
建议	*	*				
推荐活动		*				*
评论	*					
分享工具				*		
一起购物				*		
社会化媒体商店				*		
他人证明	*					
用户论坛	*					*
用户图片库	*					*
地理位置促销			*		*	

注："询问你的网络"，是指网站上的分享与征询工具，使人们能发布产品信息并在购物之前询问好友建议；"过滤器"可以以"最受欢迎""最受推荐"等形式展示商品；"一起购物"应用允许购物者看到购买伙伴在网站上的动向、讨论与分享；"用户图片库"提供了一个虚拟的图片库，用户可以分享他们创造的图片、购物清单和愿望清单，也可能包括了促销产品的图片；"地理位置促销"是通过地理位置服务平台提供优惠券、特价产品等促销信息。

促销专论9.1 价格促销为何旺丁不旺财？

价格促销是商家提高销售量的最常用手段之一。近年来，价格折扣运用得越加广泛，折扣幅度也越来越大。但是，无论是商业实践还是学术研究都发现，价格折扣的效果在下降。价格促销虽能有效地吸引顾客"人气",却不能有效地提高销售量"买气",即能带来人气而不能创造买气。

研究人员采用实地调查的方法,直接从零售环境中的消费者那里收集数据。具体方法是在武汉的一个大型购物中心随机拦截消费者,邀请他们参加调查,即回忆最近一次在打折的情况下进行的非计划购买经历(最终结果可以是购买,也可以是没有购买)。

经研究发现,较大的折扣幅度对于坚定消费者的购买决心而言犹如双刃剑。一方面,折扣幅度越大,消费者认为该商品日后继续降价的可能性越小,本次购买机会就越珍贵,这会坚定他们的购买决心;另一方面,较大的价格折扣幅度会引发消费者较高的购买冲动,使消费者对该商品产生比较浓厚的兴趣,在这种情况下,他们会进一步思考商品的质量是否过硬,而且由于"低价低质"的常理,反而会对商品质量产生较大的怀疑,这会动摇他们的购买坚定性。此外,研究还发现,购买冲动对购买坚定性具有显著的负向作用,这似乎令人费解。这可能暗示,在购买冲动与购买坚定性之间除了质量质疑之外还存在其他中介变量,如产品的适用性、消费者对使用折扣商品的面子的担忧等,从而影响了购买坚定性。

研究结果显示,价格折扣幅度在提高购买冲动的同时对购买坚定性产生负面影响,揭示了价格促销对消费者的多重作用路径,深化对价格促销的认识;丰富了对冲动性购买理论的理解。以往研究认为,消费者在产生购买冲动后会弱化认知评价。但是,这项研究发现,在有些情况下,购买冲动作为一种唤醒水平,会引发消费者进一步的理性思考和分析,正是"发乎情而止乎礼"的具体体现。

在价格促销日益盛行的今天,这项研究对企业管理者具有重要的参考价值。首先,研究提示企业管理者不能仅仅关注消费者的购买欲望,还要重视他们的购买坚定性。这是因为,即使消费者有很高的购买欲望,但如果对购买决策没有坚定的信心,他们同样会放弃购买。其次,管理者应该意识到价格促销是双刃剑,虽然它能降低消费者的降价预期,但也可能降低他们对商品质量的感知。最后,管理者在运用价格促销策略时,要设法在提高消费者购买欲望的同时坚定他们的购买决心。因此,一方面,管理者应该使消费者意识到本次促销机会是该商品的折扣底线,消除他们对未来降价的预期,坚定他们的购买决心;另一方面,管理者应该采取措施降低消费者对商品质量的怀疑,通过说明折扣理由,如标明"换季打折"或"打折"等促销缘由,向消费者明示商品质量并没有随着价格降低而降低。

(资料来源:朱华伟,黄敏学,符国群. 价格促销为何只有人气没有买气[J]. 经济管理,2010(1))

微案例9.3 武汉中百电器的新年促销

武汉中百电器开展了一场以"大促销 过大年——动感中国年 乐兔特卖会"为主题的促销活动。活动时间为2010年1月14—20日,在活动期间,只有购买金额达到一定标准,即有礼品可送。市内店的具体活动内容如下:

(一)会员惠享,现金卡翻番用

1月14—20日,凡持中百会员卡即可领取10元、20元、30元现金卡;1月21日—2月2日,持现金卡购物时,10元、20元、30元即可分别变为50元、100元、150元,购物时直接抵现使用。

（二）新年新惠，款款有礼

（1）购冰箱/空调/洗衣机/电视/厨卫（抽油烟机/嵌入式灶具/消毒柜/热水器）单件满 299 元送饮料 1 提或抽纸 1 提；499 元直降 50 元送 1.8 升食用油或洗涤套装；999 元直降 100 元送取暖器或不锈钢电水煲；1999 元直降 200 元送电压力锅或电磁炉；3999 元直降 400 元送足浴盆或挂烫机。

（2）套餐满 5999 元送佳能数码相机；9999 元送 HP 笔记本电脑；19999 元送 32 英寸 LED 电视；29999 元送 iPhone 4（其中特价及已让利机型不参加）。

（三）乐透嘉年华，曼妙香港游

购套餐满 8888 元即送曼妙香港双人游（限市内店参加，共计 13 名，每店限 1 名）。

（四）炫酷寒假，中百有礼

凭学生证购买手机或电脑即可在成交价基础上再送 50～200 元中百购物卡，另依型号加送数码大礼包。

（五）以旧换新，家电下乡，齐献礼

以旧换新，家电下乡，国家补贴+厂家让利+中百电器赠品补贴（送压力锅/电磁炉/电饭煲/电水煲等）。

（资料来源：赵志伟. 新春促销 拼的是力度——武汉中百电器新年促销案例 [J]. 现代家电，2011（10））

互动讨论题：案例中，中百电器采用了哪些促销方法？

9.4 不同产品生命周期阶段的 SP 策划[6]

一般而言，在产品生命周期的不同阶段，企业的营销目标并不相同。因此，如何在产品不同阶段制订相应的行之有效的促销方案，发挥出 SP 工具的最大作用，这也是营销者应该关注的重要课题之一。

9.4.1 市场导入期的 SP

为使新产品尽快打入市场，在营销沟通方面，除了依赖提升知名度的品牌广告或公关活动外，开展针对消费者或通路的促销也是十分必要的。在市场导入期间，常常需要大力进行促销，以吸引试用，采取的 SP 策略主要有通路激励、免费试用、附送赠品、退费优待。

1. 通路激励

一个企业在产品通路方面的强弱直接影响到该企业各种策略的制定和实施结果，对通路中间商的营销策略乃至战略性的激励与合作是产品营销要素之一。为了增加产品与消费者见面的机会，制造商必须激励和管理好通路上的每个中间商，而对消费者的促销更需各级成员的积极响应与支持方能取得成功。

（1）经销商促销激励。经销商的促销激励手段名目繁多，大致分为以下几种：

一是长期年度销售目标奖励。厂商设定一个销售目标，如果经销商在规定的期限达到了这个目标则按约定的奖励给予兑现；也可设定多个等级的销售目标，其奖励额度也逐级递增，激励经销商向更高销售目标冲刺。经销商的奖励最好不要采用现金或货物等方式，以避免出现低价倾销或冲货等扰乱市场行为的发生。例如，2014年8月，奥康奖励10位优秀经销商及其家属乘坐皇家加勒比"海洋水手号"游玩韩国5天。此次奖励优秀经销商游韩国是奥康当年年初提出"马年开宝马"大型激励计划的一部分[7]。经销商得到了荣誉，更开拓了视野、增加了学习的机会。

二是短期阶段性促销奖励。厂商为提高某一阶段的销量或其他营销目标而开展一些阶段性促销奖励。相对于长期目标奖励，短期促销更有诱惑力，更能激发经销商的积极性。百事可乐公司经常开展此类促销活动，如"即日到月末经销商进货15件赠1件"。

三是非销量目标促销奖励。除具有针对性的销量促销奖励外，开展如产品专项经营奖励、铺货奖励、陈列竞赛等一些营销目标奖励也十分必要。如华润雪花啤酒有限公司、百事可乐公司的产品专项经营奖励，以及宝洁公司的产品终端陈列竞赛奖励，在一定程度上将竞品排挤在经销商的大门之外。

对经销商的促销必须注意两点：一是经销商为达到目标，取得额外利益采取低价倾销或窜货，为此奖励额度不宜过大，避免奖励现金或同类产品；二是促销期间大量囤货，一旦无力快速出货，待促销结束就会闲置一段时间才能进货。

（2）终端促销激励。新产品要快速进入市场，终端是不可逾越的门户。此时促销工作的重点是提高产品铺货率和卖场生动化建设方面，开展产品进货奖励、陈列奖励等活动。例如，"加佳"洗涤用品系列曾经针对二级批发商和零售商推出特别酬宾。①进一箱"加佳"洗衣粉即可得兑奖券1张，可参加抽奖（兑奖数量为125万张）：特等奖50名，奖价值2000元的奥利巴斯相机1台；一等奖500名，奖价值380元全毛衬衫1件；二等奖5000名，奖350克加酶洗衣粉一箱；三等奖12500名，将不锈钢饭盒1只；四等奖25万名，奖350克加酶洗衣粉1袋；②一次性购买"加佳"产品，每100箱，凌增不锈钢汤盆1套（5件装）；③累积购买"加佳"产品满2万箱，另奖价值2000元的奥林巴斯照相机一台；④累积购买"加佳"产品满2万箱，另奖价值2000元的奥林巴斯照相机一台。这一个"酬宾销售"的活动大大刺激了经销商，推动销售量一路走高。

（3）通路各成员及消费者的整合促销。消费者购买产品是通过通路实现的，对消费者的促销也离不开通路的支持。例如，2000年5月宏宝莱公司开展的主题为"掀起你的盖头来"有奖促销，消费者只要凭印有"奖一瓶"字样的瓶盖，可向零售商兑换1瓶宏宝莱饮料；零售商凭借18个"奖一瓶"瓶盖向经销商兑换一件宏宝莱饮料（24瓶）；经销商凭借20个"奖一瓶"瓶盖向厂家兑换一件宏宝莱饮料（24瓶）。

此类促销将通路成员利益全部贯通起来，渠道变得顺畅，增强了产品在市场中的竞争力，使消费者促销活动能够顺利开展。同时它也使通路成本上升，中间商的要求增多。此类促销要注意：①评估中间商促销的投资回报率；②评估业务员的执行、监控、协调促销能力；③零售商的最佳奖励方式就是现金。

通路促销是企业进行市场营销运作的重要组成部分，任何绕开通路去实现市场目标的做法都可能面临巨大障碍。

2. 免费试用策略

免费试用策略是指将产品或其试用装免费赠送给消费者，供其免费使用的一种方法，常见的方式主要有：

（1）居民区或直接派发入户，就是组织专人将免费产品在居民区内派发或直接入户送到消费者手中。这种方式的最大的好处是消费者尝试率极高，注意率更高，如果产品确实不错会赢得尝试，甚至消费者会重复购买，成为该品牌的忠诚消费者。例如，2002年7月宏宝莱公司在吉林市选定30个居民区进行"宏宝莱花生露"免费品尝，不但在极短的时间内提高了花生露的品牌知名度，更提高了品牌的美誉度，培养了一大批忠诚的消费群体。

（2）户外样品派送，就是在零售店、购物中心、重要街口等人流量较大的地方进行派送。在做户外派送的同时辅以相应的售卖活动效果会更佳。例如，皇宝鞋油在购物中心免费试用；康师傅3+2饼干新品上市时，在大型超市外免费品尝。

免费试用促销策略能够提高产品入市速度，是夺取其他品牌忠诚消费者的最佳方式之一。同时由于活动费用高，操作难度大，所以做此类活动必须掌握两点：一是掌握好成本费用，即赠品成本费用、派发费用、活动费用、宣传费用等；二是掌握好活动时机，在旺季来临前，市场铺货率应在60%以上，确定派送对象能够接受的时间、地点。

免费试用促销活动有着显著的三高特点，即"高试用率，高品牌转换率，高成本开支"。因此，企业在开展此类促销时必须做好详尽计划，并请富有专业经验、信誉度高的人员组织管理，这样才会收到事半功倍的效果。

9.4.2 市场成长期的SP

当产品进入成长期，品牌广告和公关活动担负着提升品牌形象的任务，此时，SP策略应以建立品牌偏好为主。SP策略主要有公关赞助、竞技、联合促销、抽奖、有奖竞赛等。

1. 公关赞助

就是通过赞助某一社会活动或体育运动并围绕活动开展的一系列营销宣传。借助赞助项目的良好社会效应提高企业品牌知名度和品牌形象营造良好的生存发展空间。它主要分为体育赛事赞助、公益活动赞助、文艺活动赞助三种。

1）体育赛事赞助

体育赛事在给人们带来娱乐和刺激的同时还能激起人们对运动员的崇拜追逐的心理。企业通过赞助活动向受众传达的是一种品牌精神。体育赛事的赞助一般可分为三种：媒体栏目赞助、球队赞助、赛事赞助。

（1）媒体栏目赞助。这指的是电视转播或点评节目以品牌冠名特约播出，节目背景的大幅品牌标识宣传。报纸媒体的形式多为"金牌榜""特约刊登"等冠以品牌名。例如，2014年巴西世界杯期间央视体育频道的两大核心栏目都是由汽车企业冠名的。东风日产独家冠名CCTV-5黄金时间品牌栏目《豪门盛宴》，力争成为万众瞩目的焦点；一汽丰田卡罗拉则携手CCTV-5举办了全新足球益智类挑战节目——《5要赢》，模仿世界杯赛程，掀起球迷狂欢[8]。

（2）球队赞助。各种球类运动的比赛长期以来备受人们的喜爱和关注，企业通过冠名球队达到提升知名度和美誉度的目的。例如，风靡全国的足球中超联赛、中国男子篮球职业联赛（CBA）中的各支球队都引得企业争相赞助。

（3）赛事赞助。企业通过赞助赛事来获得比赛冠名权进而塑造、提升企业形象。2004年，安踏成为CBA的服饰赞助商，当时签约的金额为3个赛季6000万元，相当于平均每个赛季2000万元。合作带来的收益明显。安踏初次与CBA合作时，年营业额为3.1亿元，之后几年的金额分别为6.7亿元、12.5亿元、29.8亿元、46.3亿元、58.7亿元，一直到2011年的89亿元。2012年，CBA与安踏的合同到期，李宁借此机会发力，5年合同投入约20亿元，成为了新的"CBA唯一指定运动装备[9]"。

2）公益活动赞助

公益活动体现了企业关心社会、关心人类、回报社会的经营理念，企业通过赞助来提升品牌亲和力，塑造了良好的品牌形象。国内饮用水的知名品牌农夫山泉就很好地运用了公益赞助策略。2000年奥运唯一饮用水、2001年申奥装、2002年阳光工程，农夫山泉借此赢得了今天的市场地位。

3）文艺活动赞助

企业冠名赞助目标消费群关注的文艺类活动可以拉近与消费者之间的距离，达到互动沟通的目的。例如，央视春节联欢晚会、正月十五元宵节晚会，每年都会吸引大量公司进行赞助。

公关赞助类活动的最大优点就是能迅速提高品牌知名度，塑造良好的品牌形象，创意独特、组织完善的公关赞助活动更胜过一些投资巨大而收获甚微的广告，它是企业进行品牌积累的一条捷径。公关赞助有利于促进产品的销售，更有可能给企业带来名利双收的效果。但这类活动需特定的机会，企业必须善于抓住机会，甚至能够创造机会。同时活动所需费用较大，活动的组织者要做好事前的调研准备工作。

2. 抽奖

抽奖促销策略是指利用人的侥幸和追求"以小赢大"的博弈心理，通过抽奖赢取现金或商品来强化购买的欲望。抽奖主要凭个人运气，无须学识和才华，参与的人较多。抽奖活动方式主要有回寄式、即开即中式、多重连环抽奖式、抽奖与其他促销方式的组合运用，以下分别说明。

1）回寄式抽奖

消费者将消费凭证及个人的姓名、地址等资料寄至指定地点即可参加抽奖活动。例如，上海光明新鲜屋曾举办过一次回寄式抽奖活动。消费者只要购买光明新鲜屋系列任一款，剪下牛奶包装盒的"屋顶"及"条形码"装入信封，并在信封背面写明个人资料，机会指定地点，即可参加抽奖。

2）即开即中式抽奖

举办者事先确定并公布中奖的内容，将其印在刮刮卡或产品包装上的特定地方，消费者在现场刮开核对是否中奖。例如，可口可乐公司为了提高在中国台湾市场的市场占有率，曾经发动了一场"可口可乐雪碧红配绿对对送"的促销活动。所谓"红配绿"，就是把可口可乐的红色瓶与雪碧汽水的绿色盖予以红绿交配配对。头等奖是两辆福特轿车。结果，小小的瓶盖生意轰动了整个台湾，到处掀起了找盖兑奖的热潮，可口可乐公司也达到了提高市场占有率的目的，促销后的市场占有率较促销前的12%提高了一倍。

3）多重连环抽奖

举办者为提高消费者中奖概率和购买积极性，吸引更多的人参与，在抽奖促销的基础上，又设计推出了多重连环抽奖。如果第一次抽奖不中，将自然循环到后面的中奖环节中去。例如,"康师傅面霸120"现金5000连环中的多重促销就极具魅力。

4)抽奖与其他促销模式的组合运用

(1)抽奖与优惠券组合。消费者参与抽奖活动没有中奖,可以将抽奖凭证作为下次消费的优惠券。

(2)抽奖与集点换物的组合。为弥补消费者未得奖的遗憾,增加活动的吸引力,可将未中奖的凭证累计到一定数量换取奖品。例如,2002年长春百事可乐公司在推广"七喜"过程中开展的"玩得起,爽到底"的促销活动就非常成功。

(3)抽奖与赠品的组合。此类活动将抽奖由主角转换成配角,赠品变成活动的主角,这种活动也是为了增强活动的参与性和吸引力。例如,2002年长春城市晚报的"阳光征订大行动"——消费者订阅一套全年报纸可获一份礼物,同时还可以参加抽奖获取意外的收获;2003年欧美雅美容仪在北京开展打折、赠送、抽奖。

抽奖活动的最大优势就是最大限度地满足更多目标消费群的需求,同时能直接促进销量的提升。炫目的产品广告加上令人心动的"抽奖活动",使消费者更加关注商品,刺激吸引新老消费者尝试或重复购买。但它也有一些不足的地方,如事先难于预估参加人数、活动的成效,宣传的费用也较高。因此,奖品的设计特别关键,它直接影响人们的参与度,活动操作流程也需要仔细安排,并应控制好项目的成本预算。

9.4.3 产品成熟期的 SP

产品步入成熟期,企业经营策略重心应努力使产品生命周期出现再循环的局面。此时,营销沟通应重点以销售促进和人员推广为主,鼓励品牌转换,使企业获取更大的利润空间。此时常用的 SP 策略主要有积点换物、游戏促销等。

1. 积点换物

积点换物又称积分优待,消费者只要收集产品的购买凭证,达到活动规定数量,即可换取不同的奖励。它一般分为以下几种方式。

(1)时限较长的"积点换物"。这指的是消费者有时间、有机会收集足够的分数来换取高档奖励。例如,1999年玉兰油产品的"积分换大奖",不但让消费者放心积分,而且高档的礼品更牵动人心。

(2)时限较短的"积点换物"。这指的是消费者在规定的期限内达到规定数量的积分即可兑换奖品。例如,2000年金士百啤酒公司"做集盖高手"的促销活动吸引了无数消费者参与,产品销量骤增。这种方式的好处是消费者在短期内增加购买次数或购买金额,企业容易控制活动的预算。同时它也要求事先必须做好宣传,参加的难度不要大。

(3)积点换物与抽奖促销的组合。这种组合方式因吸引力大、娱乐性强而经常被厂商使用。

积点换物促销的优势在于可以建立顾客多次购买行为,有利于培养消费者的品牌忠诚度,提高产品的防御竞争力。它的不足之处是兑换的难度直接降低消费者的参与热情,同时吸引新顾客试用效果差。

要做好此类促销应注意几点:奖品是活动成败的关键因素,奖品的选定、设置一定要吸引、刺激目标消费群踊跃参加;奖品兑换数量的设计本着先易后难的原则,以增加消费者的信心；兑奖地点、时间的选择应以消费者方便为主。

积点换物促销活动的作用在于鼓励消费者重复消费，强势品牌最适合开展此类活动。对于市场份额低的产品，这种 SP 工具也比较有效。此外，针对市场份额低的产品，可使用"通路奖励"策略提高产品的铺货率和产品的流通力；也可以开展产品生动化建设提高终端卖点产品展示率，促使消费者随机购买。为提高产品铺货率和推荐率，可针对业务推广人员开展铺货奖励、店员的推荐奖励等。若要使消费者试用企业的产品，可根据不同的市场环境采取免费试用、联合促销、抽奖促销；若要提高消费者的购买量和购买频次，可采用积点换物、游戏促销等。对于弱势品牌，价格竞争有时更有利于提高市场份额。

2. 游戏促销

游戏促销就是将枯燥简单的商业促销活动，通过游戏的方式使其变得妙趣横生，提高活动的娱乐性、参与性。

（1）拼字游戏。这是将品牌或其他文字与游戏结合起来，加强消费者对品牌印象的一种促销活动。例如，2014 年，中粮集团悦活 U 格饮料推出"U 格活力瓶"促销活动，本次活动，悦活推出包含近 400 个常用汉字的拼字瓶，一瓶一字，还有表情和符号，这 400 个汉字交到消费者手中时，他们可以拼出：我爱你，求涨￥等，如果在线下一直没找到自己想要找的那个字，可以在线上求瓶子，通过微信、微博等平台，广泛调动消费者一起参与互动。活动线上线下共同进行，符合年轻人的需求，吸引了很多年轻人的参与。

（2）幸运组合游戏。这是指按规定将两个或两个以上的文字、数字或图形组合在一起，即可得到相应的奖项。例如，2002 年世界杯期间百事可乐公司的"球王争霸赛"和以 F4 代言的"超级星阵营"幸运组合促销活动都取得了非常好的效果。

游戏促销不易说明，为便于消费者理解，宣传时须将游戏规则等内容以醒目的图形加以说明，让人一目了然。游戏促销营造了产品广告的差异化，促使消费者反复购买，加深了对品牌的记忆。

3. 同质产品的促销

在产品成熟期，竞争的结果往往会导致产品的同质化程度提高，此时，企业应注重品牌形象建设，营造品牌差异化，同时采用适当的 SP 增加消费者的购买量、频次，培养消费习性，使消费者成为产品的忠实使用者。

同质产品的促销策略主要有 2 种，即凭证优惠促销和会员（俱乐部）营销。

1）凭证优惠促销

凭证优惠需依据某种凭证方可享受到购买商品（或服务）的优惠。凭证优惠促销有利于消费者建立品牌偏好度，促其成为品牌的忠诚者。但也应注意费用成本，包括优惠额度、广告费用、通路费用、人员费用等。活动的时间最好是旺季来临前。同时优惠券的制作力求精美可信，这有利于品牌推广。凭证优惠活动比较适用于品牌知名度高、产品形象好的企业。通常用以下方式送发优惠券：

（1）直接分送。逐户或逐店及街头繁华地段直接派发优惠券，这种方式的最大优点是可以选择不同的受众，针对目标顾客发放。此券配合免费试用包装联合使用，会使试用产品满意的顾客凭券重复购买，进而实现销售。例如，美容院、饭店、服装等行业经常开展此类活动。

（2）媒体附送。厂商通过报纸、杂志等传媒刊登优惠信息，消费者凭此媒体可获优惠。此类活动因费用大而具有一定风险性，因此必须做好活动前的调研和预测工作。

（3）商品自身附送优惠券或赠品。为培养更多忠诚的消费者或推广新产品，厂家可以将优惠券或赠品直接放在产品包装内或包装外，以鼓励消费者重复消费或尝试购买。例如，化妆品公司多采用此类包装形式的促销活动。

（4）折旧换新优惠。凭借老产品经折旧后可换得新产品的优惠活动，如家电产品的折旧换新优惠。例如，2003年北京顺美西服的折旧购新活动，将任意品牌的一套旧男西服折抵为600元，用于购买顺美的任意一款服饰。

2）会员（俱乐部）促销

会员促销又称俱乐部营销，是指公司以某项利益或服务为主题形成和建立某种形式的组织团体，开展宣传、销售、促销的营销活动，实现参与者的交流和分享。会员促销充分利用人的认同、从众或虚荣的心理，满足其对品牌的追求渴望，产生对品牌的拥有感和归属感。

会员促销以潜在的攻心为上的策略，培养顾客的品牌忠诚度，避免了与竞争对手的正面相争，提高了企业的品牌竞争力。但它也有回报慢、费用高、效果难预测等缺点。因此，开展会员促销应事先设定清晰的目标及所能提供的服务项目和费用的预算。关键是系统、持续、周期性地与会员进行沟通交流，将会员紧紧团结在身边。

会员促销的基本手段包括以下几种形式：

（1）价格优惠。价格优惠是会员促销普遍采用的一种方式，利用价格的优惠来吸引新的会员加入。

（2）方便购物。成为会员后消费者可定期收到商家有关新商品的性能、价格的资料。消费者购物可乘坐商家的专车，或电话购物，商家会送货上门。世界著名的大型零售企业常采用此方式吸纳会员，提高营销运作能力。

（3）情感体验。企业采用上述两种手段的目的在于直接达成销售，而情感体验是以培养顾客的品牌忠诚度、树立企业形象为目的开展的，它提供的是知识、信息，传播的是一种文化。比如，2015年3月5日，有着21年历史、被戏迷票友称作"戏迷寻宝库"的西单音像大世界（现名大世界音像）重装开业当天，音像店就在店内宣布开始招募"大世界音像戏迷俱乐部"会员。未来，音像店将以俱乐部的形式组织会员活动[10]。

9.4.4 产品衰退期的 SP

在产品的衰退期，销售下降的原因很多，其中包括技术进步、消费者偏好的改变、国内外竞争的加剧等。所有这些都会导致出现生产能力过剩、产品降价和利润侵蚀等情况。随着销售与利润的降低，一些企业会退出市场，而留下来的企业可能会减少产品数量，从较小的细分市场和较弱的营销渠道中退出，或者削减促销预算和进一步降低价格[11]。

在此阶段，应将 SP 减少到最低水平，除非为了快速减少库存，收拢资金。

本章案例

随州市冰姿服饰公司的促销问题

■ 案例情境

1. 引言

随着2011年春节脚步的临近，地处湖北中部的随州市街头熙熙攘攘。商铺里挤满了打年货的人，大家脸上都洋溢着节日的喜庆，就像这个冬天温暖的阳光。2010年的冬天似乎一直都是这样暖暖的。随州市冰姿服饰公司（以下简称"冰姿公司"）的总经理韩继雄走到办公室窗口，伸手探了探外面的空气温度，望着窗外那明亮的天空，却怎么也高兴不起来。公司主营业务收入基本都来自于羽绒服的销售。2008年一场雪灾带来的恶劣气候让羽绒服供不应求，2009年的暖冬却导致大量羽绒服库存积压，一直卖到2010年还没有消化完。如果2010年冬天的温度一直这么高，那么公司就会和2009年一样出现羽绒服大量滞销。截至11月份，公司库存积压资金高达2000多万元人民币。这就像一块大石头悬在半空中，让韩继雄感到不踏实。面对公司库存问题，公司产品销售策略保持不变还是策划促销活动？直觉告诉自己应该继续等待机遇，不用急着处理库存。理性考虑，公司需要刺激销售降低库存压力。可是策划一个什么样促销？怎么选择促销时机、促销力度等？韩继雄决定召集各部门负责人开会商定对策。

2. 羽绒服行业简介

羽绒是一种天然的保暖材料，保暖性能极佳，同时具有吸湿、发散性等良好特点。羽绒服深受消费者喜爱，具有非常巨大的市场需求。中国是世界上最大的羽绒服生产国和出口国，羽绒服产量占全世界产量的60%以上。目前羽绒服年产量在2亿件以上，生产羽绒服和相关制品的企业超过4000家，集中分布在浙江、江苏、江西、福建和山东等地（见表9-4）。国内羽绒服行业从20世纪80年代开始起步，迄今年均增长速度保持在14%以上。2008年受金融危机的影响，对外出口贸易减少，整个行业增长速度减缓，目前处于恢复阶段。相比欧美地区及日本等国家30%~70%的普及率，中国羽绒服普及率偏低，只有8%左右。影响羽绒服市场需求主要有以下几个因素：

（1）羽绒服产品价格普遍比一般保暖服装价格偏高，限制低收入地区居民的消费，特别是农村地区。

（2）由于羽绒材质原因，所以羽绒服款式设计水平低于普通服装。

（3）羽绒服市场需求易受到气候变化而引起波动。

国内羽绒服行业大型企业主要有波司登国际服饰（中国）有限公司、艾莱依集团股份有限公司、雅鹿集团股份有限公司、江西共青鸭鸭(集团)有限公司、哈尔滨鸭宝宝羽绒服饰有限公司、雪伦国际时装（北京）有限公司等（见表9-5）。波司登国际服饰（中国）有限公司是羽绒服行业的领军企业。2010年波司登总资产为83.8亿元，销售收入达57.38亿元。其中华中地区11.69亿元，5620个分销网点遍布全国（见表9-6和表9-7）。旗下波司登、雪中飞、康博和冰洁四大羽绒服品牌在中国占有36.7%的市场份额。波司登2010年品牌羽绒服、贴牌加工管理及男装业务的销售利润率分别为54.1%、22.0%、51.4%（见表9-8）。

表 9-4　2010 年全国各地区羽绒服生产情况

省市	产量/万件	省市	产量/万件	省市	产量/万件
全国	23573.59	天津市	600.89	湖北省	134.71
江苏省	9935.41	上海市	395.64	陕西省	115.74
江西省	3640.81	河南省	368.59	黑龙江省	58.01
浙江省	3237.73	安徽省	362.19	重庆市	41.21
山东省	2389.10	河北省	315.61	四川省	36.92
福建省	787.85	北京市	278.73	湖南省	13.00
广东省	603.02	辽宁省	242.28	贵州省	6.80

表 9-5　2010 年国内羽绒服十大品牌

排名	羽绒服品牌	所属公司	产地
1	波司登	波司登国际控股有限公司	江苏
2	艾莱依	艾莱依集团股份有限公司	浙江
3	雅鹿	雅鹿集团股份有限公司	江苏
4	鸭鸭	江西共青鸭鸭（集团）有限公司	江西
5	鸭宝宝	鸭宝宝羽绒服饰有限公司	哈尔滨
6	雪中飞	波司登国际控股有限公司	江苏
7	雪伦	雪伦国际时装（北京）有限公司	北京
8	千仞岗	千仞岗集团有限公司	江苏
9	雁皇	上海雁皇羽绒制品有限公司	上海
10	坦博尔	青州市坦博尔服饰有限公司	山东

表 9-6　波司登国际服饰（中国）有限公司国内各片区销售状况　　单位：百万元

销售地区	2010 年	2009 年	变动
华北片区	3262	3434	−172
华东片区	1189	1161	28
华中片区	1169	1067	102
合计	5620	5662	−42

表 9-7　波司登国际服饰（中国）有限公司分销网点　　单位：个

店铺类型		2010 年	2009 年	变动
专卖店	集团经营	7	31	−24
	第三方经营	3289	3829	−540
寄售网点	集团经营	988	694	294
	第三方经营	1336	1108	228

表 9-8　波司登国际服饰（中国）有限公司各业务收入　　单位：百万元

公司业务	2010 年		2009 年	
	收入	占比	收入	占比
品牌羽绒服	4688.9	81.7%	3747.6	87.7%
贴牌加工管理	646.8	11.3%	527.5	12.3%
男装	402.4	7.0%		
合计	5738.1	100%	4275.1	100%

3. 随州概况

随州是一个地级城市，地处湖北省北部，属于北亚热带季风气候，具有充足的光照和温和的气候，冬季的寒冷天气和夏季的酷暑持续时间都比较短。年平均降水量大部分地区在 865～1070 毫米，年光照时间总数在 2009.6～2059.7 小时，年平均气温 15.5 摄氏度，无霜期为 220～240 天。随州历史文化悠久，是中华文明最早的发祥地之一。其中历史文化代表性人物或文物是炎帝神农、曾侯乙编钟。随州人传承炎帝始祖美德，积淀了深厚的"重信尚德"人文精髓。随州人民风淳朴、勤俭节约、精明能干，喜欢在春节等节庆日子购置大量商品。

2010 年全市常住人口为 215.98 万，全市生产总值达 401.7 亿元，城乡居民人均可支配收入达到 15280 元。2010 年的社会消费品零售总额有 198.5 亿元，其中城镇实现零售额 180.6 亿元。如今，随州已形成汽车机械、电子信息、医药化工、纺织服装、轻工食品五大支柱产业。2009 年，"五大支柱产业"实现工业总产值 266.7 亿元，同比增长 23.7%，占全市规模以上工业总产值的 76.2%。随州市 2007—2010 年的经济发展状况见表 9-9。随州地区部分产品及宣传服务的物价见表 9-10。

表 9-9　2007—2010 年随州市经济发展状况

年份	2007 年	2008 年	2009 年	2010 年
常住人口	219.9 万	220.4 万	220.4 万	215.89 万
生产总值	257.6 亿元	310.2 亿元	344.1 亿元	401.7 亿元
城镇居民人均收入	10025 元	11592 元	13461 元	15280 元
社会消费品零售额	122.8 亿元	152.3 亿元	165.3 亿元	198.5 亿元
服装产量		1110 万件	1272 万件	3107 万件

表 9-10　随州地区部分产品及服务的价格表

产品及服务	单　价
鸡蛋	4.5 元/斤
武昌鱼	8 元/斤
金龙鱼食用油	58 元/瓶（2.5 升）
石花白酒	128 元/瓶、88 元/瓶、58 元/瓶
电视机	560 元/台
舞台租赁费	大型：5000～10000 元/天；小型：300～1000 元/天
户外广告牌	50 元/平方米
POP 广告	80 元/平方米
广告片	1000 元/分钟
《随州日报》	2000 元/1000 字
随州文工团	1 万元/1 演出
随州电视台	春节特色节目赞助冠名费 10 万/月 06：00～18：30 时间段 500 元/分钟 18：30～20：30 时间段 1000 元/分钟 20：30～00：00 时间段 600 元/分钟

4. 冰姿公司简介

冰姿公司是随州市最大的羽绒服企业，业务包括经销代理、代工生产和自营生产三个部分。公司目前拥有员工 300 多人,生产厂区面积有 40 亩,年产值最大可达到 1.4 亿元。公司主要销售市场为随州地区,2009 年全年的总营业收入为 4551 万元(见表 9-11),其中随州市场销售收入达 3600 万元,在随州市场占有率达 70%。

冰姿公司现经销代理 100 多个羽绒服品牌,其中一线品牌有波司登、雪中飞、康博、冰洁、法迪、雪伦、冰飞、红豆等;公司自营生产的羽绒服品牌有芙澜门、狸奴、赛曲、三梦、冬之锦,其中芙澜门定位高端 25~40 岁成功女性羽绒服市场,其他定位则相对低端(见表 9-12)。公司代工生产的品牌主要有 H&M、冰川、真维斯、淑女屋、香港欧迅等。冰姿公司 2010 年 1—11 月总营业收入 4207 万元(见表 9-11),比 2009 年同期相比增长 2.1%。其中波司登公司旗下品牌如波司登、雪中飞、康博、冰洁品牌销售收入达 1740 万元,其他代理品牌销售收入为 1489 万元,自营品牌为 402 万元,代工生产营业收入为 576 万元。另外,目前冰姿公司在随州地区布置有 8 个专卖店和 2 个羽绒服商场(见表 9-13)。

表 9-11 冰姿公司 2006—2010 年业务收入　　　　　　　　　单位:万元

公司业务	2006 年	2007 年	2008 年	2009 年	2010 年(1—11 月)
品牌代理	940	1800	3511	3562	3229
自营生产	130	186	287	469	402
代工生产	230	600	180	520	576
毛利润	410	759	1280	1350	1228

注:数据以销售年度(当年 3 月至次年 2 月)计算,2010 年数据截止于 11 月。

表 9-12 冰姿公司主要产品销售情况

产品	2008 年		2009 年		2010 年	
	销量/件	销售额/万元	销量/件	销售额/万元	销量/件	销售额/万元
波司登	25588	870	23437	832	22778	820
康博	14367	431	13079	412	11813	378
雪中飞	12661	314	11434	287	10000	256
冰洁	13548	336	12163	298	11440	286
雪伦	6515	129	5795	113	4700	94
冰飞	2200	44	2195	45	2190	46
红豆	3484	108	3143	99	2469	79
冰川	5723	99	6127	106	5389	97
百事吉	6500	91	6966	101	5733	86
雪豹	3767	55	3484	54	2250	36
杰克丹尼	1956	44	1911	43	1830	43
爽仔	2857	40	2690	39	2267	34
捷尔克	3538	46	3333	45	3357	47
风之韵	2667	40	2516	39	2500	40
冬之韵	4588	78	4529	77	3722	67
南极峰	5086	89	4889	88	4378	81
雪银狐	3371	59	3222	58	2811	52

续表

产品	2008年 销量/件	2008年 销售额/万元	2009年 销量/件	2009年 销售额/万元	2010年 销量/件	2010年 销售额/万元
鸭鸭	3074	83	2982	82	2214	62
鸭宝宝	2706	92	2638	91	2171	76
艾斯莱尔	1838	34	1134	33	1200	36
卡伊莲	2033	62	1937	61	1813	58
南极人	1462	50	1433	49	1229	43
法迪	8614	317	13600	510	10842	412
芙澜门			1657	179	1350	162
三梦	6000	126	6974	136	4400	88
冰姿	4571	112	5103	124	4160	104
狸奴	1494	26	1200	21	1389	25
赛曲	1292	23	500	9	1243	23

注：数据以销售年度（当年3月至次年2月）计算，2010年数据截止于11月。

表9-13 冰姿公司零售店面分布

店面	主要品牌	开店时间	地址
波司登专卖店	波司登、康博、雪中飞、冰洁	2000年	曾都区舜井大道
波司登专卖店	波司登、康博、雪中飞、冰洁	2003年	曾都区解放路
波司登专卖店	波司登、康博、雪中飞、冰洁	2007年	曾都区沿河大道
康博专卖店	康博、波司登	2005年	曾都区沿河大道
芙澜门专卖店	芙澜门	2009年	曾都区舜井大道
芙澜门专卖店	芙澜门	2009年	曾都区交通大道
法迪专卖店	法迪	2009年	曾都区交通大道
法迪专卖店	法迪	2006年	曾都区舜井大道
冰姿工厂店1	雪伦、百事吉、冰洁、鸭鸭等	2006年	曾都区交通大道厂区门口
冰姿工厂店2	狸奴、赛曲、三梦、冬之锦、冰川、冬之韵等	2008年	曾都区交通大道厂区门口

5. 成长历程

冰姿公司从只有9平方米的店面发展为随州最大的羽绒服企业，也是湖北省著名企业，经历了三个阶段。

第一阶段为1997—2000年。主要业务是在随州市场代理销售冰川和波司登羽绒服。1997年韩继雄从随州纺织厂辞职，取得冰川羽绒服在随州地区的代理权后，租下了一个9平方米的店面开始创业。他通过低于出厂价的低价竞争策略，逼迫竞争对手纷纷退出，自己则通过厂家5%的年终销售返利赚取利润。在此期间不断扩大自己的规模，到2000年已经有3家门店，店面销售面积扩大到600平方米，销售额达到1100万元，利润达到120万元（见图9-2）。

第二阶段为2001—2005年。2001年冰姿公司取得波司登羽绒服湖北省的代理权，将市场区域扩展到全省。在做波司登全省代理的同时，冰姿公司在随州地区进一步将店面增加到4家，其中3家波司登和1家法迪专卖店。2005年冰姿公司在湖北全省市场的销售收入达到6500万元，利润为700多万元。

第三阶段为2006年至今，公司业务扩展为经销代理、代工生产和自营生产。韩继雄做了多年经销代理以后，深刻认识到企业发展已经到了一个瓶颈，不仅规模受限，而且处处受到厂家的掣肘。于是2006年开始调整战略方向，希望开发自有羽绒服品牌，并于2006年年末建成羽绒服生产基地。冰姿公司与H&M、冰川、真维斯、淑女屋等品牌厂家建立良好合作关系，为它们进行代工生产。另外，收缩战线，放弃了湖北全省的代理身份，专注随州地区的代理和市场开发。2008年公司尝试推出针对三、四级市场25~45岁消费者的自有羽绒服品牌三梦、赛曲、狸奴、冬之锦、芙澜门等。并在生产基地门口增加了2个羽绒服综合卖场。2009年公司又新开了两家自有高端女性品牌芙澜门专卖店。

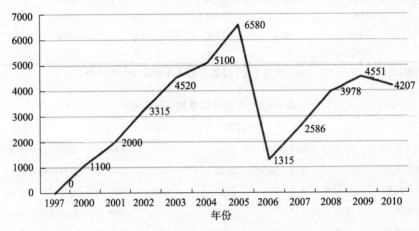

图9-2 冰姿年份公司发展历程

注：2010年为1—11月数据（单位：万元）。

6. 韩总其人

如果外人走进冰姿公司，基本不会留意到一个留着胡茬，穿着厂服，个子不是很高的普通中年男子，这个人就是冰姿公司的董事长兼总经理韩继雄。他在生活上非常低调，为事不张扬，平时就和普通员工一样住在厂里。韩继雄1952年出生于河南一个书香门第，在家中排行老大，还有两个妹妹，其父母都是教师。在"文革"期间他随父母下放来到了湖北随州，高中毕业后参军。母亲一生中非常关心贫困学生，即使自己的工资非常微薄，也会拿出来一部分去资助所带的贫困学生，让他们完成学业。他一生中最敬重的人就是母亲，并在厂区花园里塑造了母亲雕像以此来缅怀。父母言传身教和参军经历对他以后的企业管理产生了巨大影响。他在冰姿公司日常管理中强调学校、家庭、军队和球队的文化。"学校"的文化就是培养员工随时随处自觉学习的习惯，为此他在工厂食堂饭厅里设立了书架,员工可以一面进餐,一面看书。"家庭"的文化是培养一种和谐融洽的家庭氛围。每逢节日他都会亲自去看望退休的老员工，企业内部还设立员工基金用于资助贫困家庭子女上学。"军队"文化是希望打造一支执行力强的员工队伍。"球队"文化是强调团队合作精神。正是由于他独具特色的管理模式，使得冰姿公司在短短10年时间发展成为随州最大的服装企业。其本人也成为当地非常受尊重的企业家，被推举为随州市服装纺织商会会长，推选为随州市政协委员。

7. 公司面临的问题

2006年之后,冰姿公司开始收缩战线,放弃市外市场,在本地加快开店速度,实施精耕细作战略。韩继雄认为,随州虽小,但羽绒服市场依然大有可为,因为只有做深做透本地市场,才能积累向外扩展的资本。下一步,公司还要打造自主羽绒服品牌,对此大家都无意见。但在公司发展速度上,除了韩继雄以外的所有公司管理层都认为应该稳扎稳打,步步为营。他们认为,公司自营生产方面管理经验欠缺;随州市场容量有限,无法支撑公司的大规模开店扩张。韩继雄不顾反对意见,毅然坚持大规模开店来迅速占领随州市场。依靠随州市场品牌羽绒服销售收入来填补公司自营品牌生产与建设的资金需求。2006—2008年,为了跟上公司扩张的速度,公司不断加大进货量。而2006—2008年三年间公司的发展状况比韩继雄预期还要好,使得他更加坚信自己的决策。2008年公司陆续推出了自有品牌三梦、赛曲、狸奴等,并且在厂区新开总面积近2000平方米的羽绒服工厂店(见表9-13)。2008年南方雪灾的极端天气,使得品牌羽绒服需求激增,销售供不应求。2008年销量大大超出公司的库存量,由于雪灾交通不便利无法及时进货,导致公司各大专卖店出现了销售断货。因此韩继雄决定大幅度提高波司登等畅销品牌的羽绒服冬季期间进货量。然而2009年冬季温度上升引起的需求下降,导致大量羽绒服库存积压(见表9-14)。积压下来的羽绒服,在2010年期间销售也不太理想(见表9-15)。其实早在2009年,市场部经理李珍当时就向韩继雄建议尽快低价处理掉库存的羽绒服,但是遭到公司包括韩继雄在内的一些管理层的反对。因为羽绒服款式更新比较慢,可以在未来几年再次进行销售,低价处理不仅损害了公司的品牌形象,而且利润太低。

表9-14 冰姿公司羽绒服库存量 单位:件

年末库存量	2009年	2010年11月底
波司登旗下品牌	18500	21600
其他代理品牌	12000	14210
代工品牌	5500	8000
自营品牌	6800	7800

注:数据以销售年度(当年3月至次年2月)计算,2010年数据截止于11月。

表9-15 冰姿公司2007—2010年经营性现金流量 单位:万元

	2010年	2009年	2008年	2007年
净利润	500	850	760	460
折旧	150	120	120	100
递延税款				
资产及负债的变化				
应收账款	−160	−180	−240	−150
存货	−560	−1865	160	−200
应付账款	100	750	−96	160
应计费用	45	56	15	45
应付票据				
其他				
经营性现金流量合计	75	−269	719	415

注:数据以销售年度(当年3月至次年2月)计算,2010年数据截止于11月。

另外一个困扰他的问题是公司自营品牌发展始终不温不火。韩继雄一直认为白酒市场和羽绒服市场状况有点儿相似，波司登、艾莱依、雅鹿、鸭鸭等就相当于茅台、五粮液、泸州老窖等。虽然市场中有非常强势的品牌，但是地方品牌依然可以获得一席之地，甚至在将来可以向全国性品牌转变。他想把公司羽绒服品牌做成白酒市场中的"湖北枝江"。第一步将随州市场变为自己的市场堡垒；第二步通过随州市场的影响力扩展到周边襄阳、孝感等市场；第三步是瞄准武汉市场，并以武汉为中心向湖北全省渗透；第四步是以湖北省场为跳板，迈向全国。然而现实是公司2006—2009年的自营品牌销售收入增长始终不是很大，离他预期的目标相差太远。每年公司投入大量资金进行自营品牌开发，如果代理的存货再大量占用资金，这就让企业捉襟见肘了。

8. 会议上的讨论

各位部门负责人就座后，韩总便首先发言。"大家也应该意识到公司的库存有点儿高，近期我们销售得也不太理想。我们今天开会的目的是尽快拿出一个好的对策。李珍，你市场经验比较丰富，谈谈你的意见。"

跟着韩总在市场征战多年的公司市场部经理李珍便开始了发言："和去年的想法差不多，我还是坚持低价，尽快处理库存。我们公司需要尽快把这部分积压的资金释放出来，这样公司运营上会更加灵活。现在公司的这些库存对我们的销售情况造成了巨大影响。由于羽绒服库存，我们市场部不得不把相当多的资源投入到积压羽绒服的销售上。而实际上，销售效果不是非常好。消费者现在不仅注重羽绒服品质，也开始关注羽绒服的时尚性。"

"我不太赞成低价处理库存。"质量部的张经理打断了李珍的发言，"羽绒服由于本身的材质问题，在款式设计上有限。我比较过近几年的羽绒服设计，都是大同小异。咱们随州消费者买羽绒服，有几个是特别在乎这些细微款式差别的？低价处理不仅损害我们冰姿的品牌形象，而且肯定会降低我们的销售利润率。这个高库存只是一个暂时性的问题。只要天气转冷，这个问题绝对会迎刃而解。我们也经历过2008年的销售情况。由于天气寒冷，消费者在购买羽绒服时几乎是抢购，我们所有库存羽绒服都卖完了。"

"我同意张经理的观点，没有必要低价处理我们羽绒服。"生产计划部王经理听了张经理的发言后，表示支持，"低价处理的可行性是个问题。怎么协调我们这么多代理品牌的价格？比如，波司登品牌给予公司的价格调整范围最多是在10%以内。低价处理波司登羽绒服，能不能得到波司登公司的支持？况且，我们公司在随州羽绒服市场几乎处于垄断地位。随州的消费者购买羽绒服基本都是从我们公司购买。消费者总要购买我们的羽绒服，公司没必要去低价销售。从长远来看，低价处理库存只会降低公司的利润。因为低价促销相当于以低价格的羽绒服提前透支了消费者未来的羽绒服需求。所以我们公司应该维持既有的营销策略，不用搞低价促销。高库存的问题可以解决，我们只是欠缺一个时机。"

财务部刘经理也开始发言："大家不能光考虑未来怎么样，而是需要思考我们公司目前面临的问题。羽绒服库存积压已经占用了公司近2000多万元的资金。这是一个非常吓人的数字，我们公司营业收入也不过4500万元左右。维持这样高的库存，给我们公司带来的财务风险太大了。资金是有时间价值的，今天得到1元钱肯定大于明天的1元钱。尽快解决高库存，释放出资金，我们可以用来投资其他项目创造更多的价值，而且极大地降低了财务风险。等待天气转冷来解决库存问题，公司显得太被动了。我认为公司应该暂时牺牲一定的利益，解决库存积压问题。"

卖场经理高萍发言道："目前来看，今年冬天的天气和去年差不多，是一个暖冬。不管是不是要解决高库存问题，即使要顺利完成今年的销售目标，公司也需要做一个促销活动。大家也不用把焦点都集中在低价促销上。李珍经理只是给大家这样一个解决库存问题的选项而已。公司确实不能守株待兔式地等着，应该主动出击解决库存问题。我了解到随州电视台恰好正在尝试做一个反映随州人民生活的春节特别节目。我们随州人都有春节前打年货的习惯，公司可不可以借助这样一个契机来做一个关于这个主题的促销活动，来刺激消费者购买需求？"

"那我也有一个想法，不知道好不好。"刚从武汉某高校管理学院毕业的韩玉（韩继雄总经理的儿子）见高萍说到公司年货促销想法，马上说道，"我注意到有媒体报道随州市曾都区安居镇有一个叫黄金玲的11岁小女孩得了再生障碍性白血病，正在武汉协和医院接受治疗。医院确诊小金玲的病只要坚持治疗就有康复的机会，但需要高昂的医疗费用。父亲黄代兵和母亲都是以打工为生，收入微薄。整个家庭为治疗小金铃的病花了20多万元，已经债台高筑，而要完全治愈还要30万元的费用。而《随州日报》先前报道过这个事件。公司如果要搞促销，能不能结合这个事件做个营销。"

"如果要弄个促销，哪里需要这么麻烦。"负责公司生产部多年，脸上布满岁月痕迹的王龙经理突然说道，"促销不用那么复杂，这些形式既费钱又费力，而且效果还不一定好。老百姓买东西就是图一个实惠与便宜。只要咱们把羽绒服价格降低下去，肯定会提高羽绒服的购买量。如果公司需要做促销解决库存问题，那就按李珍说的低价促销就可以了，简单实用。现在我们需要确定的是，公司现在是促销销售还是自然销售。"

质量部的张经理依然坚持自己观点说道："高库存一方面由天气转暖需求下降造成，一方面也是我们公司有意为之。我们公司2009年大量进货，也考虑到库存会积压的问题。但是2008年冬季的销售，证明了只要天气转冷，再陈旧的羽绒服也能迅速地被卖掉。如果低价处理掉我们公司囤积的羽绒服，那又何必当初呢？况且现在还是11月份，这个冬季才刚刚开始，未来天气是否转冷还不确定。风险和收益是并存的，坚持原价销售策略是有一定风险，但是未来可能的收益也是巨大的。我的意见还是坚持自然销售我们的羽绒服。等到2011年2月中旬以后，再去考虑促销问题。"

"我不同意2月中旬以后再去考虑促销问题，因为2月中旬都已经是春节之后了。"李珍经理针锋相对地回应道，"促销活动就应该在春节之前，春节之后许多在外打工的消费者都开始外出务工。另外，随州人的消费习惯是喜欢在春节前购置大量的年货，消费都比较集中在春节前。"

面对大家激烈的争论，韩继雄看了看表，思索了片刻然后说："今天的会，我们暂时先开到这里，大家回去再好好想想，明天下午再讨论。"开会期间，韩继雄认真听着与会人员的建议和讨论，始终沉默不言，他的心里已经开始有了自己的想法。

■ 相关概念与理论

案例涉及的理论主要有：冲动性购买、体验营销、善因营销、消费价值、社会影响理论。

1) 冲动性购买

冲动性购买是一种突发的、难以抑制和带有享乐性的复杂购买行为。在冲动性购买过程中，购买者迅速做出决策，而不细致、深入地考虑所有相关信息和其他可能的选择（Rook，1987）。在进行冲动性购买时，消费者往往受一种突然出现的、意外的冲动性力量的驱使，这种力量往往是强烈的、执着的，甚至是不可抵制的。冲动性购买非常普遍，在商场和超市的消费者购买活动中占据着极大的比例,有些产品通过冲动性购买实现的销量甚至占整个销量的80%(Abrahams,1997)。

2)体验营销

自1982年两位美国学者Holbrook与Hirschman在其开创性的经典论文中将"体验"概念引入消费及营销研究领域开始,这一概念逐渐成为理解消费者行为的一个核心概念。"体验"研究成为继20世纪70年代的顾客满意度研究、80年代的广告态度研究和90年代的品牌关系研究之后消费者行为领域的一个新的研究热点和机会,"体验"也被看作继产品、商品和服务之后的又一关键市场提供物。更被视为未来市场营销的基础。

Schmitt(1999)基于心理学的模组(module)概念,认为消费者体验的维度及类型构成战略体验模组,包括五个体验维度(形态):①感官体验,即通过人的五种感官获得的体验;②情感体验,即基于内在情感和情绪的体验;③思考体验,即通过以智力创造新的认知或提供解决方案而获得的体验,④行动体验,即与身体或生活方式有关的体验;⑤关联体验,即与他人(事物)或社群相联系的体验。其中前三项是个体独有的体验,称为"个人体验";后两项常在人际互动中产生,称为"共享体验"。

3)善因营销

善因营销,也称事业关联营销、慈善营销,是为了营销某一形象、产品或服务,由企业、慈善机构或公益事项结成互惠互利的合作伙伴关系所共同发起的商业活动。这种活动一方面可以向公益事项提供相应的资金或其他类型的捐赠,保障公益事项的顺利实施;另一方面可以向社会公众传达企业对社会的回馈和善意,同时还能够增加媒体对企业的宣传,可谓社会责任与经济价值的完美结合。

4)消费价值

Shelth等人1991年认为消费者购买产品是为了获取消费价值,其中,消费价值包括功能价值、情感价值、价格价值和社会价值。功能价值指由产品的感知质量和期望的性能而得到的效用。情感价值是指因产品而生的愉快感觉和喜爱之情而得到的效用,是指产品或服务能带给顾客情感或情绪上的改变。社会价值是指产品提高消费者社会自我概念的能力而得到的效用。价格价值是指由于感知到产品短期和较长期内购买成本的降低而得到的效用。

5)社会影响

个体的情绪、想法和行为会受其他人的影响。社会影响主要表现为从众性、遵从、社会规范、社会认同等。从众性是个体会改变自己的信念或行为以期达到与群体相一致;遵从是指个体改变行为服从命令,但是态度上不一定改变;社会规范是指个体会接受和遵守社会群体建立起来的一系列规范;社会认同指个体受自己喜欢的人物影响改变自己的态度和行为。

(此案例由华中科技大学管理学院戴鑫副教授及其合作者编写,已被大连理工大学中国管理案例共享中心收录。感谢戴鑫副教授允许本书使用此案例)

■ **互动讨论**

1. 为什么冰姿公司2010年冬天会产生大量库存?

2. 产生大量库存后冰姿公司该如何应对?是继续自然销售还是采取促销活动?决策的出发点是什么?

3. 如果选择做促销，那么促销的时机该如何选择？是春节期间促销，还是春节后促销？时机选择的依据是什么？

4. 在促销工具的选择上，是做纯粹的商业促销，还是善因促销？两者各有什么利弊？

5. 如果选择传统的商业促销，那么具体的促销方案该如何设计？例如，促销的刺激物如何选择？是所有商品都促销，还是部分商品促销？促销对象的参与条件是什么？促销持续的时间有多长？促销活动如何适应当地的市场环境和消费习惯？促销优惠措施是当场兑现还是延迟实现？促销之前是否需要做宣传，利用哪些媒介来做宣传？如何宣传？公司可以拿出多少费用来做促销？预计的促销投入产出比大概是多少？如何做好促销方案的执行与控制？采用哪些方式对促销效果进行评价？

6. 如果选择善因促销，那么具体的促销方案该如何设计？例如，如何将公益活动与商业促销巧妙地结合起来？公益活动的触发点是什么？准备触发消费者的哪些心理要素？促销的刺激物如何选择？是所有商品都促销，还是部分商品促销？促销对象的参与条件是什么？促销持续的时间有多长？促销活动如何适应当地的市场环境和消费习惯？促销优惠措施是当场兑现还是延迟实现？促销之前是否需要做宣传，利用哪些媒介来做宣传？如何宣传？公司可以拿出多少费用来做促销？预计的促销投入产出比大概是多少？如何做好促销方案的执行与控制？采用哪些方式对促销效果进行评价？

■ 推荐阅读

1. 熊素红，景奉杰. 冲动性购买影响因素新探与模型构建. 外国经济与管理，2010，32（5）：56-64.

2. 贺和平，刘雁妮，周志民. 体验营销研究前沿评介. 外国经济与管理，2010，32（8）：42-50.

3. 毕楠，银成钺，康茜. 中国情境下影响消费者感知成功善因营销的多案例研究. 管理学报，2016，13(3)：347-358.

本章思考题

1. 如果一家饮料公司希望通过 SP 活动抵消对手的新产品推广活动，应该如何策划相应的 SP 活动？

2. 如果一家公司希望加快一种即将退场产品的销售，应该如何策划促销活动？该公司应该注意哪些方面的问题？

3. 假设一家生产糖果的公司计划在春节前两周内开展促销活动。请问：应该如何策划这样的 SP 活动？

本章注释

[1] Strang Roger A. Sales promotion: fast growth, faulty management[J]. Harvard Business Review,

1976, 54(4): 115-124.

[2] 舒尔茨，鲁滨逊，彼得里森. 促销管理的第一本书[M]. 黄漫宇，译. 北京：中国财政经济出版社，2005.

[3] 张艳. 论互联网传播对消费行为模式的影响[J]. 当代传播，2009(5): 65-66.

[4] 臧丽娜,李欣. 基于SOLOMO应用的互动传播研究新模式[J]. 现代传播，2014(7): 130-133.

[5] 塔腾，所罗门. 社会化媒体营销[M]. 李季，宋尚哲，译. 北京：中国人民大学出版社，2014.

[6] 关皓天. 产品各阶段促销策略的运用[EB/OL]. 2003-04-07. http://www.emkt.com.cn/article/100/10019.html.

[7] 张君义. 奥康奖励经销商游韩国. 温州日报，2014-08-15.

[8] Kant. 东风日产赞助《豪门盛宴》：传统营销如何玩出新意？[EB/OL]. 2014-07-09. http://www.chinamedia360.com/newspage/102311/F7C9985823EAD880.html.

[9] 文肖. 李宁接手CBA也不容易. [EB/OL]. 2012-06-26. http://sports.163.com/12/0626/05/84TE14BK00052UUC.html.

[10] 吴为. 西单音像大世界重装开业[M]. 新京报，2015-03-06.

[11] 科特勒，凯勒，卢泰宏. 营销管理[M]. 卢泰宏，高辉，译. 13版中国版. 北京：中国人民大学出版社，2009.

第三篇　SP 执行篇：
在实战中取胜

实战的 SP
各有千秋
因人因事因时
区分才能获胜

第10章 制造商如何运用SP策略

引例 索尼"上传照片"玩出新意

在2015年夏纳国际创意节的入围作品中,惊现网络营销界、江湖人称三大活动老梗之首的"上传照片"案例,经索尼巧手包装后,突破了网友通常不爱参与UGC活动窘境的做法,颇值得参考。

先来看活动主题。想象一下,如果你成了世界名画的主角,画中原本世人熟悉的角色,不但姿势、构图都一样,而且你可以任选PS4上你喜欢的电玩角色来替换,像是NBA球星凯文·杜兰特、古墓奇兵的劳拉,这幅画会有多酷多特别?更重要的是,这幅画不是印出来的,而是名家一笔笔画出来的!

你只需要进入索尼为了这个活动架设的网站,选择三幅名画中的一幅,挑选电玩角色,再放上自己的照片,分享在网站上。票选前50名的玩家,就能获得这样的名画。

在活动的暖身期,索尼先让你当评审员,决定谁最有资格被画进名画里,来炒热气氛引发你也想得到的欲望。这些人一共5位,都不是什么名人政要,而是一些跟电玩有关的狂热粉丝,包括资深玩家、游戏评论家、透过游戏教育小孩的妈妈级玩家、世界上第一个拿到PS4的铁粉。最后票选的结果是,一位名为Joey Chiu的华人老兄获选!因为,他在PS4开卖当天,排了整整20个小时的队,成为全世界第一位拿到PS4的玩家。除了这个头衔之外,他成为了这次索尼营销活动的代言人,出现在游戏网站的网页横幅广告上。

这个活动一共推出了3种画布、70个可供选择的电玩角色,组合出75万种可能。总计有5万多名玩家参与,制作出属于自己的名画。

票选前50名的玩家,可以得到瑞典的油画画家帮你画出的你所创造出来的名画,前10名的玩家,还可额外得到1台PS4。

步骤一,分别从"华盛顿横渡特拉华河"等3幅名画中,挑选你最喜欢的一幅作为画布。

步骤二,选择你想要将哪些PlayStation电玩角色加入这幅画。

最后,透过视讯镜头拍下你的脸部特征,将你放进画中主角的位置,你的大师级名画就完成了!

这个活动背后,有个非常简单隽永的创意,也让单纯的照片上传活动和品牌有着意义深远的联结:索尼的团队认为,以往的英雄、伟人,都会被画进油画里,作为纪念,那么PlayStation的玩家们,也值得这样的待遇。

只要办过UGC活动的人都知道,影响成功与否有两大关键:一是低门槛好参与;二是网友创作的内容有看头。这听起来很合理,却是两个彼此相反的要素。想要参与的人多,活动方式就得简单,但往往内容平淡无奇;反之,内容要求趣味有创意,却因难度高,参与者少得可怜。

索尼的这个活动，很巧妙地利用"世界经典的名画构图"来取得"好参与+有看头"的平衡。不管你上不上相，放在名画的构图里，那画面绝对差不到哪儿去。除了成功吸引电玩爱好者之外，就连平常不打电动的人都想参与。就算没办法获得由画家亲手画出的名画，只要下载图档过过干瘾，自己影印成照片的感觉也不错啊。

唯一可惜的是，这个活动已经结束。

（资料来源：MOTIVE 编辑部. 跟网友认真你就赢了，Sony PS4 巧手包装超老梗的"上传照片活动"入围坎城大创意奖！[EB/OL]. 2015-08-07. http://www.motive.com.tw/?p=10413）

长期以来，制造商一直是促销的主体。一方面，制造商不仅自己直接策划、组织和执行各种 SP 活动，而且还为那些看上去由渠道成员组织的 SP 活动提供支持；另一方面，制造商促销的对象也更为多元，既包括直接针对消费者的促销，也包括针对渠道成员的促销。

10.1 制造商的 SP 哲学及 SP 特点

10.1.1 制造商的 SP 哲学

制造商的 SP 哲学直接影响制造商对 SP 活动的看法和实施。在多数时候，制造商运用 SP 进行促销会遵循一种哲学或政策。这种经营哲学扎根在制造商中高层管理者的心中。下面的 SP 理念是许多制造商管理者坚持的。

（1）SP 是促销组合工具中的一种，可用也可以不用。

（2）SP 是品牌营销武器库中的一个强有力的武器，而不仅仅是营销、库存出现问题时的防御武器。

（3）无论何时，SP 都可以延伸与加强品牌的广告和定位。

（4）SP 可以发展为有组织的运动，而不是简单的无关性的一些事件。

（5）SP 只是吸引品牌转换的一种防御性策略，SP 的地位远没有广告高。

（6）SP 的费用能省即省。

SP 在促销中扮演的重要角色并没有得到所有制造商的承认，制造商对 SP 的恶劣印象会直接影响其有效地运用 SP。在对 SP 的认识当中，最基本的问题是 SP 能够带来多少利润的增加，以及 SP 对增强品牌地位是否能真正起作用，这个问题只有随着制造商营销经验的渐增才能回答。

10.1.2 制造商 SP 的特点

为了更好地了解制造商 SP，我们必须掌握其以下几个特点。

（1）制造商 SP 的对象包括对消费者或对经销商的 SP。选择对经销商的 SP 还是对消费者的 SP 并没有一个明确的答案，要视具体的产品特点、市场环境和预算而定。在营销费用中，广告媒体通常占到约 40%，渠道促销大约占 28%，消费者促销约占 28%[1]。

制造商对消费者的促销始终是重要的营销工具，特别是近年来，一些供应链上游的原料供应商不仅重视对经销商的 SP，更加重视对消费者的 SP，纷纷走到市场终端，通过事件促销方式，直接拉动最终消费者的需求。目的是同时采用"推"和"拉"两种促销路径，扩大产品和品牌的市场占有率。人们熟知的宝洁、联合利华和蒙牛等品牌经营者均采用了终端促销方式吸引消费者购买。

（2）制造商的 SP 活动需要统一策划。就日用消费品制造商而言，同一品牌的产品种类越多，SP 决策就越复杂。针对某一品牌进行的经销商 SP 活动不应该一次次分开制定，而应在每个年度内统一制定。例如，某冷冻食品公司的产品经理为公司的 12 种产品（6 种味道各 2 种规格）制定出一张经销商 SP 费用的资金预算表。他确定了 6 次经销商 SP 活动，其中，有 3 次是针对最受欢迎产品，折扣率较低；另外 3 项是针对成长潜力较大的产品，相应的折扣率也较高。该经理还进一步把每项促销策略根据产品规格，细分为个人用规格和家庭用规格两类，这一做法使品牌收益率平均比上年增长了 45%。

品牌的市场占有率、竞争行为、销售人员促进力和零售环境，以及经销商和消费者对促销活动的反应程度，都会随市场变化。如果制造商对所有的产品市场都只制定一种单独的促销策划，显然是不明智的。但是，根据各个市场的具体情况制定出相应的地方性经销商 SP 策略，也有局限性。首先，计划这样一项活动需要花费许多的时间、精力和金钱，把计划传达给各销售人员及他们执行的整个过程也需要大量的时间、精力和金钱，因此，只有大企业才有能力这样做。其次，地方性营销计划还应附加上分销成本，国际性的连锁经销商并不喜欢制造商对不同市场区域提供不同供销优惠的复杂做法。

（3）包装促销是制造商特有的一种 SP 工具，其目的是希望凭借特殊的包装在零售点的陈列架上有最突出的表现，特别是在商品差异性不大时，更具凸显效果。

制造商应用包装促销主要是为了让消费者产生强烈的购买欲望，提高经销商进货意愿，获得店内特别陈列展售，给消费者额外价值的赠品等。比如，"好丽友·派"的制造商将"阳光立体卡"放在其产品包装内，并在外包装上声称"九款限量版快来收集吧"的文字，以此来吸引消费者更多购买"好丽友·派"。再如，伊利QQ星牛奶促销在外包装上经常采取绑定玩具的形式来吸引小孩子的关注。优益 C 在瓶包装上显示"再来一瓶"的字样，通过揭盖中奖来吸引消费者的重复购买。2013 年，可口可乐在迎合年轻消费群体方面大胆试水，对其可乐产品包装进行了更新换代，将"高富帅""白富美""纯爷们"等网络流行语印在百年品牌传统包装瓶上，志在迎合年轻消费群体。这种特殊的包装方式，结合社会化媒体的传播，使 SP 活动的效果更好。

依据产品类别与所使用的包装的不同，可以有包装内、包装上和包装外赠品三种方式。

包装内赠品是指在包装里包进一件特别的礼品，只要符合卫生和食品条例即可。考虑到赠品的成本，一般包装内赠品只放置较便宜的、流行的、有趣的赠品，如儿童玩具、卡通图片、影视明星图片等。包装内赠品一定要考虑赠品的价值和品质，赠品不能是太廉价，或是肮脏、令人厌恶的东西，且要与产品相关联。比如，一瓶装在盒子里的酒可附赠酒杯，一卷羊毛线附赠一副毛线编织针，一盒牙膏附赠漱口杯等。有时，制造商会考虑到赠品的成套性，鼓励消费者多多购买，像洗发水推出优惠装买洗发水送护发素等配套活动。前面提到的"好丽友·派"就提供了九款赠品供购买者收集。再如，有些洗洁剂制造商制定持续的包装内赠品计划，他们鼓励消费者多次购买某品牌以获得全套的盘碟、毛巾或厨房用小器具。从营销者的观点看，决定使用什么物品作为免费赠品是相当困难的，因为销售量的增加很大程度上要仰仗赠品的吸引力，另外还要考虑到赠品的成本问题。

不是所有的营销者都有机会将赠品放入包装内的，所以有时也得考虑包装上能否附赠。比如，一瓶指甲油涂剂要附赠一个小刷子时，这个小刷子不能放入指甲油涂剂包装内。同样，购买剃须膏要赠送双层剃须刀也只能使用包装上的赠品。值得注意的是，置于包装上的赠品，失窃率很高，尤其是当赠品吸引力很大的情况下更是如此。为了克服这一现象，包装上赠品方式比较适合那些体积较小，且与商品本身的形状和包装比较匹配的情形。货物分门别类的百货公司最乐于采用这种SP促销方式，如一个化妆手袋附赠一个精美的小化妆品，购买洗衣液赠送小的旅行装。在这种方式下，营销者必须考虑到，所附赠的礼品对消费者是否具有足够的吸引力、剩余的赠品应如何处理等问题，因此有时候包装外赠品效果不一定如预期的好。

如果赠品体积较大则常采用商品与赠品分置的办法，消费者凭借购物证明去收款台或客服中心领取赠品，这种方式在超市里颇为流行。比如，高露洁公司曾推出购买一盒高露洁牙膏，赠送一个印有周杰伦广告形象的口杯。该口杯体形较大，不适合做牙膏的包装外赠品，消费者需凭购物单到客服中心领取。人人乐在开学季推出购买满100元赠送盒装蓝莓时，由于新鲜蓝莓需要冷藏，消费者同样也是需要凭小票去客服中心领取。

包装内、包装上、包装外免费赠品，营销者能够事先预知促销的成本，消费者也能够当场获得利益，往往为了获得免费的赠品，消费者也可能会首先购买此类产品。

（4）无论选用什么样的促销工具，制造商都必须注意争取经销商或零售商的全面支持与配合，否则计划给予最终消费者的优惠将无法真正落实到消费者手中。比如，促销时间的设定最好严加保密，防止外泄后批发商、零售商甚至消费者推迟自己的购买行动，以致制造商产品供应的大幅波动。

对经销商的 SP 活动频率及持续时间长短主要根据品牌对经销商的重要程度。对于一个销量很大的产品类别中的市场份额极高的品牌来说，即使是对经销商 SP 频率不高，比如，每隔 2 周或 3 周才进行一次，也可以从许多经销商那里获得最大限度的购买支持，甚至在淡季，这类品牌的促销也可以获得经销商的全力支持。对于销量不大的产品类别，或者是市场份额不大的品牌来说，对经销商的 SP 应该持续较长时间，而且应该经常进行，这样才可以抵挡强势品牌的进攻。

微案例10.1　家家宜洗衣粉战略促销"1+1"

国内日用洗涤用品市场竞争异常惨烈，宝洁一家独大，立白、雕牌等国内标杆眈眈相向，地方品牌龙盘虎踞。如何在洗涤用品市场上分得一杯美羹，让无数生产企业百思不得其解。然而，东莞立顿洗涤用品实业有限公司开创自主品牌"家家宜"洗衣粉，在短时间内成功突围，取得了骄人的战绩。其成功原因之一就是颇具创意的赠品促销活动。

家家宜的目标群体主要是广大的农村消费者。他们的收入有限，对价格的敏感程度比较高，期待在尽可能的"廉价"基础上，尽可能的"物美"（或者"物多"）。由此，家家宜战略性地将洗衣粉与"脸盆"相结合，采取"1+1"的形式，迅速铺开三、四级市场。

对于农村消费者来讲，脸盆不仅仅是"有用"的，而且是"多用"的：洗脸洗脚、养鸡养鸭、端水浇地……"洗衣粉+脸盆"赢得大批农村消费者的欢心。

家家宜采用"1+1"的产品模式创新，在丰富了品牌的内涵的同时，也增添了产品的价值。小小的脸盆帮助该企业业绩提升了二倍以上。没有它大张旗鼓的"买一袋洗衣粉送一个脸盆",就没有今日让同行刮目相看的赫赫战功。

(资料来源:杜庭婷.家家宜洗衣粉脸盆舀出来的市场[J].销售与市场(战略版),2010(10))

互动讨论题:家家宜的该促销活动有何借鉴之处?

10.2　推式 SP 与拉式 SP

推式 SP,又称"交易促销"(Trade Promotion)或 B2B 促销,是指针对中间商的 SP 活动,制造商将产品积极地推到批发商手上,批发商又积极地将产品推给零售商,零售商再将产品推向消费者;或者在没有批发商的直供渠道中,由制造商直接向零售商促销。

拉式 SP,即"消费者促销"(Consumer Promotion)或 B2C 促销,是指制造商针对最终消费者从事的促销活动,通过增进最终消费者对产品的需求来拉动零售商增加进货量,进而增加从制造商的进货量。如果做得有效,消费者就会向零售商要求购买该产品,于是拉动了整个渠道系统,零售商会向批发商要求购买该产品,而批发商又会向制造商要求购买该产品。

制造商选择推式 SP 还是选择拉式 SP,是两种不同的 SP 策略。制造商对推式 SP 和拉式 SP 的偏好各有不同。这种策略选择的差异显然会影响各种促销工具的资金分配。一般而言,制造商可以同时采取两种 SP 策略,此时,制造商首先必须确定对经销商 SP 和对消费者的 SP 活动所占的比例,以达到均衡、协调、互相促进的作用。

10.2.1　推式 SP

推式 SP 是制造商使用最普遍、最为制造商们理解的营销工具。其主要方式包括给予特殊折扣(如额外再打 9 折)、赠送(如买 1 打,送 1 打)、托售(卖出产品后再付货款)、放宽付款期限(如延至 120 天或分期付款)、销售返点(销售一定数量的产品后进行返利)、付钱租下展售场地等。制造商热衷于进行推式 SP 的理由主要有以下几点:①与具有价格竞争力的商店自有品牌商品竞争;②鼓励零售商把价格折让传递给那些对价格敏感的消费者;③清理存货;④增加品牌知名度或者说服消费者试用,以便在未来获利;⑤实现铺货率目标,扩大市场占有率,提高产品销量;⑥完成季节性调整,如冷饮产品和空调产品在淡季和旺季之交常常大规模展开的推式 SP 活动。在实际操作中,通常的情况是,进行推式 SP 活动最多的品牌常常是最为成功的品牌。因此,零售商也愿意制造商向他们提供特别的促销,因为这不仅可以带来促销品的销售增长,招致来的顾客还会提升商店其他商品的销量甚至商店的品牌形象[2]。

与拉式 SP 相比,拉式 SP 是一种操作过程简单、短期促销效果很好的方法。它所强调的重点是价格而不是品牌利益。对于渠道成员而言,制造商要求较低的价格有利于渠道成员大量销货,实现薄利多销的目标;同时,还可以利用制造商提供的促销支持,树立公司形象,培养忠诚的顾客。

推式 SP 主要是影响渠道成员的进货量的存货量。有些人认为,跟经销商打交道比较有利，因为他们可以替你销售产品，而且还能让你的产品在店中展售。但"聪明"的零售商从来不规矩地进行促销采购。他们总是多采购促销商品，将本应在促销结束后进行的正常采购提前到促销期内。这样，他们可以在制造商规定的促销期结束后，继续以促销价销售商品，对制造商的品牌形象造成损害；或者，以正常的价格出售以促销批发价结算的商品，从中获得额外的收益；有些零售商甚至还将以折扣价购买的存货销售给其他零售商，造成让人头疼的窜货问题。因此，制造商必须审慎地设计终端促销方式，用销售量考核而不是采购量。

推式 SP 和拉式 SP 的费用是根据单位销售量来计算的，费用就只有在渠道成员或消费者实际购买后才会产生。因此，比起广告费用来，它们的财务风险要小一些。另外，对于推式 SP，它的效果评定不仅仅依据消费者（或渠道成员）的反映，而且还必须依据制造商和渠道成员之间的配合。以上这些促销手段所引进的费用随着产品数量的增多而增加，它在预算中所占的比率也越来越高。除了用于推式 SP 的直接费用（如折扣费用、赠送费用）之外，推式 SP 还要协助经销商促销新产品，传统方式包括在零售点展售、全国打广告、配合地方促销、赠送优惠券、训练或奖励销货员或经销商等。

大部分制造商推出新产品时，总是先采用推式 SP 策略。因为这使他们轻易就可把产品行销到全国各地，但是，利润往往不高。如果零售商拒绝接受新产品，认为厂商的新产品"风险太大"或是"没有把握"，那么，厂商通常要改用拉式 SP 策略，以吸引消费者的注意，进行二度促销。箭牌口香糖的促销是推式 SP 策略运用得较为成功的一个案例，通过箭牌口香糖的深度分销，使消费者可以在任何认为可以买到口香糖的地方都可以买到。

10.2.2 拉式 SP

拉式 SP 是制造商直接刺激终端消费者的需求。为此，需要花大笔预算在终端消费者身上。采用拉式 SP 策略的商家坚持的理念是：忘掉渠道成员。既然一定要让消费者买你的产品，那你最好一开始就把所有火力集中在消费者身上，利用你的时间和金钱来培养消费者。

拉式 SP 计划可以强调品牌形象，或产品和品牌的某一方面利益，如抽奖、折价券、赠品等 SP 形式都是直接向消费者传达优惠利益，通过减少花费来增加对消费者的吸引力。对消费者的 SP 一般对零售商的投入要求不多，诸如酬谢包装、减价等形式的促销活动，增加的成本可以完全由制造商负担，零售商无须额外支出更多的费用。在传统的向消费者促销的活动中，多数 SP 所起的作用只是激励消费者尝试购买某项产品，对于提高该产品的品牌形象没有任何帮助。

近年来，随着国内市场竞争的不断加剧，许多制造商对消费者的 SP 策略推陈出新，出现了许多富有创造性的 SP 活动。例如，2005 年，蒙牛公司通过赞助湖南卫视的"超级女声"活动，使其品牌知名度迅速提升，在活动期间，其产品的销售量就迅速上升，取得了令人意想不到的促销效果。目前，这种 SP 方式在国内已被广泛采用，许多制造商都寻求通过与大众传播媒体的合作，共同实现 SP 的目的。从 2012 年开始，加多宝与《中国好声音》持续合作，双方共赢，创造了非凡的营销效果；2013 年 10 月，随着湖南卫视亲子互动节目《爸爸去哪儿》的播出，作为赞助商的英菲尼迪迅速被公众熟悉，该活动也成为英菲尼迪"进入中国市场最成功的一次商业赞助"。

采取拉式 SP 策略通常分三个步骤进行。

（1）用广告直接向消费者促销。

（2）大量分送新产品的免费试用品，如果新产品是玩具或机器，那就找一个人多的地方公开展示或示范。

（3）期盼广告和试用品会造成消费者对这项产品的需求，于是经销商就会向厂商订货。

采取拉式 SP 策略推广新产品时，厂商必须向广大地区进行广告宣传，介绍一项消费者既未用过又不熟悉的产品。这当然有一定风险，但是，这种促销方式可能会增加消费者对这项产品的忠诚度。比如，高露洁公司在推出新的牙膏产品时，就采取这种促销方式，首先在中央电视台播放由周杰伦代言的广告片，同时，在超市里开展"买一赠一"的活动，即买一盒牙膏，送一个口杯。这项活动让消费者觉得真正得到了实惠，从而增加了一次购买牙膏的数量，有效地抢占了市场份额。

在 1920 年对棕榄香皂和桂格米果等产品促销成功的著名广告文案作家克劳德·霍普金斯曾在《我的广告生涯：科学的广告》一书中说："任何人都很难同时向消费者和经销商促销成功。只要你说服了消费者，经销商就会设法满足消费者的需求。"[3]霍普金斯当初是通过写信向消费者直接推销获得成功的，因此他才会有这种看法。

微案例 10.2　邹云的苦恼

邹云是某食品销售公司的经理，他最近正被一些经销商的抱怨弄得心烦意乱，焦点就是一个——窜货。

当有经销商告诉邹云，他那里窜的货是来自上海某大卖场的时候，邹云并没有把这当回事。"怎么可能呢？"邹云心里盘算着，"从上海往这个区域窜，按那个卖场的进价，再刨去运费和人工什么的，根本就是赔本的买卖嘛！这帮经销商，净瞎猜。"

但当邹云在区域市场看到被窜过来的货的批号的时候，他傻眼了：这明明就是专供上海大卖场的那批货！

"怎么可能呢？"他自问着。

是不是那家超市的内盗？不可能，这家连锁超市的管理还没有差到这种程度，能让这么多货流出来。是超市方直接从酒厂仓库拉出去窜的？也不可能，最近即便是最旺的时候，超市也没有自己来提过货。那是因为……

"促销！对了，是促销！"邹云绞尽脑汁后，终于灵光一现。年节前的促销期间，该超市的要货量一下子突飞猛进，厂家也没细想，仅是问了问分公司促销员，也说卖得火，团购的单就有好多。

"好嘛，肯定是囤了促销期间的低价货，现在拿出来冲货呢。"邹云算了一下价格差，发现果然让那个卖场赚去不少油水。

"切！找他们算账去！"邹云就要拿起电话，却突然想起来，上海那边正在靠卖场打牌子。这一闹，如果引起与超市方的矛盾，那可怎生是好？邹云慢慢放下了电话，他想吵闹不是办法，得另外想招。

（资料来源：贺和平. 销量考核，多方共赢，重新设计终端促销［J］. 中国商贸，2003（5））

互动讨论题：怎样避免邹云式的烦恼？

促销专论 10.1　价格促销：是推还是拉？

　　一般地，制造商推行价格促销主要有两种实现途径：一是通过激励零售商削减价格向消费者传导价格优惠，即推式 SP；另一种则是直接面向消费者的返利、赠券等价格促销，即拉式 SP。尽管都是由制造商主导的价格促销模式，但推式 SP 和拉式 SP 的性质有着根本的区别：价格优惠是否经过零售商的传导不仅会影响零售商的定价，而且会影响供应链成员的策略选择。因此，制造商的促销方式选择不仅是与市场反应密切相关的营销决策，而且是影响供应链上下游协作配合的运作决策。这一特点也使得推式 SP 和拉式 SP 在价格促销效率和性质方面的比较更具研究价值。通过分析比较供应链成员在推式 SP 和拉式 SP 下的福利和效用，从市场和运作两个维度考察促销方式如何影响价格促销的效率和特性。当制造商采用推式 SP 时，零售商可能会侵吞部分促销费用从而减少向最终顾客传递的价格优惠；当制造商采用拉式 SP 时，零售商则会通过提高零售价格的策略乘机获利。可见，推式 SP 和拉式 SP 在市场效应和对供应链成员的影响效应上均存在着不可忽略的差异。

　　学术界对两种促销方式差异性的考察主要针对推式 SP 和拉式 SP 在各种供应链环境下的绩效差异。很多早期的研究假设，制造商在拉式 SP 中直接提供给顾客的返利是有成本的，因而并非所有的顾客都会使用这种折扣。Gerstner 和 Hess 将市场中的顾客按照保留价格的高低分为两类，具有高保留价格的顾客使用制造商返利的成本高于保留价格低的顾客。该研究表明，即使市场中的顾客全部使用了返利，制造商采用拉式 SP 获得的利润仍要高于采用推式 SP 时的利润。Gerstner 和 Hess 对该结论进行了补充，指出具有高保留价格的顾客使用返利的成本越高，拉式 SP 对制造商越有利，而顾客和零售商的福利都变得更差。但是，并不是所有的研究都支持拉式 SP 对制造商更为有利这种观点。Chen 等比较了部分顾客和全部顾客参与拉式 SP 时制造商的收益水平，研究发现，制造商直接向顾客返利时，部分顾客申请折扣有助于其利润提升，而全部顾客都参与的拉式 SP 并不能增加制造商的利润，因而制造商往往使用一些发生申请成本的折扣方式从而控制折扣数量。

　　在推式和拉式两种促销战略下，如果仅考虑价格对需求的绝对影响，忽略价格变动带来的需求刺激，那么推式 SP 和拉式 SP 的效率是等同的，即使制造商避开零售商的环节直接对顾客让利也不能获取更高的利润。虽然推式 SP 和拉式 SP 影响需求的作用机理并不完全相同，但两种促销对于需求曲线的改变都是依托价格发生的，而这种机制导致两种促销方式也不存在根本性的差异。此外，企业在实施价格促销时，如果过于依赖促销价格对需求的直接影响，忽视了充分利用价格促销的形式和内容刺激需求，那么价格促销的效率也只能停留在较低的水平，不能产生额外的需求刺激效应。可见，推式和拉式价格促销在基本的需求扩张阶段是无差异的，决定促销效率高低的关键因素在于促销是否能够产生额外的需求刺激。此外，顾客对于促销方式的偏好也可能导致这种额外刺激的产生。

　　清晰的划分阶段需求对制造商主导的推式价格促销更为有利。在实际操作中，很多供应链系统实行销售季节初期的一次订货策略，即使允许多次订货，在缺乏信息共享情况下，制造商向零售商发货后，无法考察商品具体的出售时间，从而难以区分促销期和正价期的需求，就可能导致制造商过度补偿零售商的现象，降低价格传递效率。这也说明，推式 SP 的价格传递问题在一定程度上源于制造商不能及时掌握准确的需求信息。制造商难以区分价格促销的实际需求和名义需求，过度补偿零售商，从而造成了促销资源的浪费。尽管供应链系统的信息共享有助于解决这一问题，但零售商需要得到足够的激励去分享需求信息。

尽管价格促销激发了大量的需求，但制造商和零售商的利润反而要低于正价销售期。这一结果也间接解释了企业在有限的销售期内尽量延长正价销售期并缩短促销期的现象。商品发售初期也是企业的"撇脂期"，在"撇脂期"进入的高端顾客意味着高额的利润边际和迅速的资金回收，因此这部分需求对于企业有着重要意义。相比之下，促销期虽然需求数量大，但利润边际也大幅降低，商品的盈利能力远不如正价销售期。特别是顾客群体对价格促销不敏感时，这种劣势表现得尤为突出。可见，**价格促销在企业的市场营销战略中并不能占据主导地位**。企业在进行市场营销时，应该侧重于正价销售期的市场开发，尽可能培育高端顾客；相反，如果企业过度依赖价格促销增加利润，不仅利润增幅较低，而且等待回款周期长，导致盈利效率低下。

（来源：梁冬寒，李刚，孙林岩. 基于确定性效应的推式和拉式价格促销研究[J]. 运筹与管理，2012（2）：126-132）

10.3　制造商 SP 的目标

制造商的营销目标一般需要转化成销售量、市场占有率、利润、投资回报率等定量指标。在为了达到销量和利润目标所作的计划中，往往包括了 SP 活动的内容，比如，营销预算中包括广告与促销费用的分配等。

1. 制造商 SP 的目标

制造商使用 SP 策略通常是为了达到以下目标。

目标 1：对消费者的目标

（1）刺激消费者试用样品，以扩大消费者的基础。

（2）延伸产品线以发现新的消费者，并保持原有的顾客。

（3）品牌转换。

（4）扼制淡季的销量下降。

（5）鼓励大量的购买。

（6）建立品牌忠诚度。

目标 2：对经销商的目标

（1）获取经销商的促销支持。

（2）造成经销商提前或批量购买。

目标 3：对零售商的目标

（1）劝说现有零售商出售整个产品系列。

（2）鼓励零售商加大对消费者的推销力度。

2. 示例

以下是制造商 SP 目标的几个例子。

示例 1：

营销目标：市场占有率从 5%提升到 7%。

营销战略：用 SP 活动推动产品的销售，将产品推到购买者的手中；用广告作为拉式策略，将消费者或经销商吸引到该产品上来。

SP 目标：获得 90%的分销。

SP 战略：采用对经销商折扣的方式，特别在低分销区域。

示例 2：

营销目标：提高 20%的销量。

营销战略：提高产品的购买率。

SP 目标：缩短两次购买之间的时间，从 10 周缩短到 8 周。

SP 战略：用对经销商的价格折扣鼓励其对消费者施行减价促销，用对消费者 SP 提高其购买的频率。

示例 3：

营销目标：提高 20%的利润。

营销战略：在保持高销量的前提下尽量削减营销费用。

SP 目标：保持 90%的分销。

SP 战略：削减对消费者 SP 的费用，对经销商的 SP 只是为了保持分销渠道的畅通。

示例 4：

营销目标：在三年之内提升至 50%的市场占有率。

营销战略：加强广告，举办习惯性的 SP 活动。

SP 目标：第一年——将初次尝试购买率从 50%提高至 75%；第二年——在新使用者当中形成 50%的回购率；第三年——在新使用者当中保持有 40%的回购率。

SP 战略：第一、第二年——用直接邮寄折价券的方法和免费试用样品的方法吸引初次购买者，用包装内折价券吸引重复购买率；第三年——逐步结束包装内折价券，改用报纸刊登折价券。

10.4 对销售人员的 SP

对销售人员的 SP，是对销售人员及其团队的促销活动，其目的在于振奋销售人员及其团队的推销士气，不仅提高个人的销售量，销售人员彼此之间也会产生连带效果。对销售人员的 SP 策略，有助于提高销售人员的自信与自尊。在销售人员中开展销售竞赛极具教育意义。销售人员为了争取业绩，必须充实销售知识，改进销售方法，磨炼技术，这相当于教育了销售人员。向销售人员开展的 SP 活动可以使销售业绩创新纪录。

欲使销售人员 SP 活动获得成功，必须重视销售人员 KASH 四要素，即关于工作的知识（Knowledge）、对销售的正确态度（Attitude）、熟练的销售技术（Skill）、有效的推广活动及良好的习惯（Habit）。上述四要素中的"态度"，对发扬销售人员之推销士气产生的直接影响最大。对销售人员的 SP 一般有销售竞赛和销售赠奖两种。

1. 销售竞赛

销售竞赛的有效方法包括：

（1）推动销售人员与销售人员、小组与小组相互之间的竞赛，其主要目的在于提高销售组织的团队精神及归属感。通过销售竞争的过程，达成销售业绩的目标。

（2）奖励销售人员，凡达到一定的销售目标，予以特定的奖励。

（3）长期表扬优秀销售人员，使杰出的销售人员如泉水般源源不绝，人才辈出。日本人寿保险公司实施"日生俱乐部会员制度"，美国也有所谓"百万美元圆桌俱乐部制度"。此类制度在日本，以人寿保险业最盛行，其目的在于促使人寿保险业组织庞大化，业务兴隆。

如何有效地对销售人员进行奖励并不是一个容易回答的问题，许多企业管理者对此都有自己的独到见解，在《销售与市场》杂志 2006 年 11 月上旬刊中提供了下面几个典型案例：

一次，我的一个优秀的销售代理商，完成了一项我认为是不可能的交易。我告诉他说，如果他能成交，佣金将是给他做一幅肖像画并挂在销售会议室里。结果他完成了这项任务，我就将他的肖像挂在了会议室里，肖像上有标题"他们说这不可能完成"。

——Andrew Cagnetta, CEO, Transworld Business Brokers

自由时间是很大的激励。过去我们安排了免费的度假，现在优秀员工可以在免费度假中，根据兴趣尝试公司给他们安排的不同的新事物。可以在沙漠中开吉普车，可以坐热气球升空，或者干脆待在他们的别墅里。自由时间对他们来说，比任何其他事情都重要。

——Rashmi Hudson, Aflac 副总裁

员工可以参与回馈当地社区的慈善项目，这提供了一种超越了资金的有意义的经历。比如，优秀员工可以在度假胜地比赛谁组装最多的自行车，并将自行车捐赠给当地的孤儿院。

——Ira Almeas, Impact Incentives-Meetings Inc.的负责人

2. 销售赠奖

销售赠奖，是指在销售人员薪金制度之外按特定条件，支付一定报酬予以奖励。例如，津贴、奖金、奖品、旅行、休假等，赠奖之名目虽各不相同，但其目的不外乎：规定销售人员于特定期间内，集中全力在推销上，以提高绩效；激励销售人员，积极推展销售业务，以打破销售业务的单调乏味，使销售活络有朝气；增进特定商品之销售；业务繁忙期的特别津贴，可以提高经销商的销售量或消费者的购买效果。

销售赠奖的形式包括：

（1）奖金。在一定条件下，支付奖金。此法虽然极为平凡，但对组织内不论任何人均具激励效果。

（2）奖品。奖品的目标明确，例如，达成 120%业绩者，均赠苹果手机 1 台。

（3）旅行。凡具备特定资格的销售人员，准许一定期间的旅游假期，并提供一定金额的旅费，以刺激其竞争意欲。随着生活水平的提高，通过旅游方式对优秀员工进行奖励的方式正在成为许多公司奖励员工的形式之一[4]。

销售赠奖的奖金支付方法可以按一定期间的销售实绩——例如周、月、年等，按该期

间内的销售实绩比例支付；按特定商品的销售实绩——限定销售商品项目，如某种特定商品及某商品系列，或对新产品或库存品扩大销售时。

美国安利公司是一家采取人员推销方式向世界各国销售清洁剂、厨房用具和营养食品的公司，推销范围包括欧美、东南亚、日本等地。为安利公司推销产品的人员竟有百万之众，堪称世界之最。安利公司的销售人员一般都是通过已参与者的介绍、缴纳少量数额的经费购买推销业务必备的各类应用文件，即可获得推销资格。所缴纳的唯一经费，辞职时公司如数退还。销售人员可以从安利公司购入产品，完全采取现金交易方式，一般的利润为销售价格的 30%；如果未能销售，公司保证可以百分之百退货。公司对销售人员及其所在团体根据销售实绩按既定比例发放奖金。为了维护信誉，公司每年为销售人员更换一次契约。

通过对销售人员的促销措施，可以激励其利用人员推销的优势，把消费者对产品的信息反馈回制造商，并使制造商迅速改进产品性能和质量，改进包装和服务，从而更广泛地占领市场。针对特定商品的销售，赠奖鼓励，对该项商品的销售确有激励作用，但对企业的其他商品销售并无裨益，所以对企业整体而言，并非有利，这是值得注意的地方。

本章案例

看似必然，其实不然：折扣还是赠品？

■ 案例情境

1. 折扣还是赠品，这是个问题

窗外淅淅沥沥的雨没有一点儿停的迹象，空气潮湿得让人有些烦躁。杨之华推开那扇正对着草坪的窗户，好像能够闻到些春天的气息。三月的南方每年都是这样，湿润、黏稠。有些树木会一直等到这个时候才换装，一夜间落下所有枯黄的叶子，光秃秃地等着发芽吐绿。

杨之华是全国知名家电生产商 M 公司的总经理。M 公司产品线很广，小到家用的电动须刨、电饭煲、电风扇，大到电冰箱、空调。即将到来的四月，商场里又将打起新一轮的战役，为此，杨总得做好充分准备，以应对家电市场日趋激烈的竞争状况。

远处那棵几天前突然落光叶子的树居然已经冒出了满枝头的嫩芽。冬去春来，自然界的规律就是这样。商场呢？商场的规律又是什么？竞争？公平？残酷？

咚咚的敲门声打断了杨总的遐想。秘书小陈送来了几份当天的报纸和其他部门提交的上一季度工作汇报。杨总喝了口刚泡的普洱茶，坐下来慢慢翻看起来。

销售部工作汇报中实现开门红的数据让杨总看了很是高兴。第一季度的亮点是元旦与春节前后销量的大幅增加。或者是因为准备热热闹闹过个新年，或者是因为单位在年底发了一笔大额的奖金，总之，很多消费者都喜欢在这个时候选购大型家电。杨总打算找个时间和这帮同事好好庆祝一下，之前的几个月他们付出了许多，放弃了许多本应该陪家人的休息时间。

财务部的汇报中提到虽然前一季度取得了不错的销量，但资金回笼情况不是太理想，还有许多应到的货款未收回，这直接导致下一季度的促销预算非常紧张。于是，杨总马上翻开市场部厚厚的工作汇报，里面除了上个季度的营销活动的开展效果评估、经验总结之外,还有关于下一季度的促销活动安排的新提案。

我们考察了过去一年各大电器连锁店电器类产品的促销形式,主要包括现金折扣和免费赠品两大类。例如,(美丽生活电器连锁店)元旦期间 A 厂商开展的买冷暖空调满 2000 元直减 288 元的活动,B 厂商推出买微波炉送 88 元现金券的活动;春节期间 C 厂商推出的买 42 英寸以上大屏幕液晶电视送 17 英寸名牌电脑液晶显示器的活动;D 厂商开展买豆浆机送精美果盘套装的活动。我公司的产品线比较广,从价格几十元的普通风扇,几千元的空调、冰箱,到几万元的液晶电视。上一季度推出的促销活动类型主要也是现金折扣与免费赠品两类。

从整体情况来看,折扣方式的活动次数与促销投入远远超过赠品。但从促销效果来分析,并不是所有的促销投入都有同样的促销回报。同样都是折扣,冰箱与风扇的促销效果就不太一样,同样都是赠品也有类似情况。于是我们进一步结合去年的促销活动资料,分析其中原因,提出了下一季度的促销试行方案。考虑到当前公司的财务状况,在促销预算有限的前提下,我们才提出了这样的假想:部分家电类产品适合采用免费赠品的促销形式,部分家电类产品宜用现金折扣的促销形式。

2. 折扣,减!减!减!

看到这里,杨总不禁心生疑问。直觉告诉我们,在消费者可以自己选择的时候,折扣与赠品的价值相等,甚至现金折扣的价值略低于赠品的价值的情况下,消费者都应该倾向于选择折扣的促销方式而不是赠品。理由很简单,消费者拿到 50 元的现金折扣或代用券,可以随时买到价值 50 元的产品,而他们拿到价值 50 元的赠品时,心中对赠品价值的判断却可能不一样,如果赠品是他们喜欢的或正好需要的,他们可能会觉得它值 50 元,否则他们一定会选择现金折扣而不是赠品。那么究竟何时宜用现金折扣,何时宜用免费赠品呢?杨总起身往茶杯里加了点儿热水,继续往下读这份报告。

虽然我们都知道在价值相等的情况下,现金折扣的诱惑通常都会大过赠品的吸引力,但在使用折扣优惠这种促销形式时有许多外在因素会制约它的效果。现金折扣对销量的刺激作用会依赖于折扣金额相对产品价格的比例,而赠品促销则不会。因此,在相同的促销预算前提下,对于那些价格较高的家电产品来说,折扣优惠的吸引力会有所降低。此时,则宜采用赠品的促销形式来减弱消费者对促销品价值与所购产品价值之间比例的关注。

我们来看一下美国学者诺斯在某超市中做的一项研究,他分别针对 64 盎司的大包装和 26 盎司的小包装的食品罐头设计了如下促销情境(见表 10-1):

表 10-1 食品罐头的促销情境设计

规格		原价	促销价	赠品
大包装 64 盎司	产品描述		优惠 1.99 美元	提供免费开瓶器(价值 1.99 美元)
	实际价格	10.99 美元	9.00 美元	10.99 美元
小包装 26 盎司	产品描述		优惠 1.99 美元	提供免费开瓶器(价值 1.99 美元)
	实际价格	6.99 美元	5.00 美元	6.99 美元

(资料来源:Nunes Joseph C, et al. Incommensurate resources: not just more of the same[J]. Journal of marketing research, 2003(Feb))

其中,情境 1:以折扣价(优惠 1.99 美元)购买食品罐头。

情境 2:以原价购买食品罐头,同时免费获赠开瓶器(店内销售工具区域内有同样的开瓶器出售,标价 1.99 美元)。

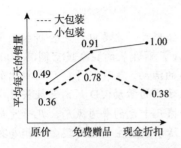

图 10-1 不同促销情境下食品罐头平均每天的销量分布

（资料来源：Nunes Joseph C, et al, Incommensurate resources: not just more of the same[J]. Journal of marketing research, 2003（Feb））

研究结果很清楚地显示了两种不同的促销形式对于不同包装的产品产生的促销效果之间的差异（见图 10-1）。其中 1.99 美元的现金折扣对于原价为 10.99 美元大包装罐头来说只减了 18%，而对于原价 6.99 美元的小包装罐头来说却减了 28%。因此，当消费者在决策过程中比较促销优惠（1.99 美元）与所购买商品（6.99 美元）之间的价格比例之后，他们会认为同样的现金折扣对小包装罐头更有效（1.00 与 0.38）。随着产品价格的提高，折扣的相对比率逐渐减小，其促销效果也随之降低。

对于赠品促销来说，无论是大包装还是小包装，它的促销效果都没有显著的差异（0.91 与 0.78），因为消费者在判断促销活动的吸引力时是根据赠品的绝对价值，而非相对价值。而且，对于大包装罐头来说，赠品的促销效果会超过折扣的促销效果（0.78 与 0.38）。

这一结论有力地支持了我们在报告一开始就提出来的假设，也就是说在促销预算相等的前提下，针对价格较贵的家电类产品，如液晶电视、空调、冰箱来说，应当选择赠品的促销形式。而对于价格偏低的家电类产品，如电饭煲、剃须刀来说，折扣的促销形式更为适合。当然，如果预算充裕，对高档家电产品提供更高额度的促销优惠，它的吸引力又另当别论。

根据以上分析，在预算受限的情况下，我们的营销策划人员需要对促销活动中提供的现金折扣与家电产品的价格进行比较，如果比率太小，则应当选择相同价值的赠品代替。此外，对于他们来说，了解消费者对赠品价值的估计也是非常重要的。赠品的真实价值是多少？对于消费者来说，它又值多少钱？这是我们在作赠品促销设计之前应当掌握的重要信息。对于成功的赠品促销来说，其赠品的价格往往是未标明的。

3. 赠品，送！送！送！

读到这里，杨总刚刚有些舒展开的眉头又重新皱了起来，他又一次陷入了深思。究竟是不是如市场部所分析的那样，对于不同价格的产品"折扣"与"赠品"的效果会有所差异？如果针对价格相对便宜的产品采用赠品策略，那么应该如何具体实施呢？赠品是不是应该不标明价格？面对赠品促销，特别是在那些赠品现金价值或标出价格不明确的情况下，消费者是如何评价赠品的价值，以及该次促销活动的吸引力呢？

可能是连日来的应酬，令杨总觉得思考问题时有些疲倦感。他打算休息片刻，翻翻当天的报纸，然后再继续读完那份长长的报告。现在报纸的版本相当多，但有价值的信息却非常有限。忽然有两则广告引起了他的兴趣，它们分别刊登在两份当地影响力最大的报纸上。

一则是 B 品牌化妆品在《GZ 日报》上登出的广告（见图 10-2），其中促销活动的内容主要是：凡购买一定金额的产品即可获得公司送出的各款礼物。例如，购满 580 元送限量版男士拎包，购满 780 元送活泉系列 6 件套，购满 1080 元加送身体系列 4 件套，购满 1480 元再加送典藏首饰盒。另一则广告是 Y 品牌化妆品在《NF 都市报》刊登的（见图 10-3），其促销活动的主要内容是：凡在专柜购买满 980 元即可获赠价值 880 元春暖礼赞 9 件套，购物满 2280 元即可加送价值 750 元的 MP3 一个。

其中第一则广告中没有明确标出这些礼物的价格。而第二则广告中广告商明确给出了赠品的价格。当然可能许多消费者都注意到了这一点，那么他们将如何估计这些礼物的价值呢？对于那些未标出价格的赠品来说，消费者会不会根据所购产品价格的高低来估计赠品的价值？或者还有其他方法进行估计？对于那些商家已经标明价格的赠品来说，消费者

图 10-2 化妆品广告之一

图 10-3 化妆品广告之二

是否会相信它并且采纳它？对礼物价值的估计会不会进一步影响到他们的购买决策呢？

免费赠品的促销设计应当注意哪些问题？例如，赠品的价格是否应该标出？赠品应当如何选择才更有吸引力？对于那些未标明价格的赠品，消费者可能会根据所购买产品的价格高低来判断附赠品价值的高低，也可能会根据自己的偏好来判断它的价值高低。未标明价格的赠品在消费者决策过程当中是否会因为消费者无法确定其准确价格而具有一定的优势？如果让消费者在赠品与现金折扣之间进行选择，这时消费者可能会将现金折扣的金额作为评价赠品价值的标准，未标明价格的赠品所具有的这种优势是否会因此消失？带着这一大堆的疑问，杨总又拿起了那份报告开始阅读。

通过使用无法直接进行比较的资源来进行促销（如购买大屏幕彩电时赠送省内温泉游），可以引导消费者不再将附加的成本或利益与原来的成本或利益相比较，不再注重相对差异。营销人员使用不同类型的促销方式（如现金折扣或免费赠品）可能会被当成额外的收益，通过比较使利益显得更小从而降低消费者价值。

当然，公司在决定采用赠品促销的方式之后，还必须注意两点。一是赠品的价格是否很容易知道。例如，在同一卖场里是否在出售相同的产品（消费者很容易看到它的价格标签），或是赠品十分常见（它的价格为消费者所熟知）。二是消费者心目中对赠品价格是否已经存在明确的价格估计。在这两种情境下，消费者很容易将未标明价格的附赠品转换为可以与购买产品时支付的现金相比较的货币形式，那么这时对他们来说，免费赠品将不如现金折扣有吸引力，具体解释如下。

（1）如果资源间可以互相转换，无法比较的利益则变成了可以比较的利益，人们又会回到比较资源之间相对额的过程中去（例如，消费者会判断促销品的货币价值与所购买产品的货币价值是否相称）。因此，如果企业提供了赠品的标价，那么消费者对促销活动吸引力的判断将与"赠品价格占家电产品价格的比率"相关，赠品相对折扣的促销优势也就会降低甚至消失。

（2）如果消费者对无法比较的资源有自己的价值估计，或者他们很容易估计出赠品的价格，那么"赠品价格占他们支付金额的比率"就会影响到促销的效果。例如，与水晶花瓶相比，汽油的价格就很容易为消费者所知，消费者很容易将它转换为现金的形式。因此，当消费者在考虑是否花 4 万元购买一辆汽车时，可能会觉得"提供 4 年的免费维修服务"的促销方式比提供价值相当的汽油票或折扣优惠更有吸引力。再如，联想扬天电脑送出的也是一项"价格模糊"的服务——联想桌面顾问服务（见图10-4）：一站式解决147种常用软件应用问题；除常规上门服务，更提供电话、网络远程直接控制，快速解决问题；7天×9小时服务承诺（9:00—18:00）。消费者可能很难估计出这项服务的现金价格。

图10-4 联想桌面顾问服务

必须注意的是，在使用未标明价格的赠品时可能会导致消费者对其价值判断的明显差异，尤其是那些存在明显个人偏好的产品。例如，某些艺术品，喜欢其风格的消费者会认为它价值较高，不认同其风格的则会觉得它价值很低。当然，要选择一件目标消费者估价差不多，同时它的货币价格又不很明确的赠品的确很难。

有时，消费者不会进行利益与货币之间的转换与比较，特别是当与想要达成的交易相关联的价值所具有的经济意义不大时。例如，许多年前，美国国家橄榄球联盟（NFL）一直无法吸引球员参加年度的全明星赛（Pro Bowl）。1980年，NFL提出了一个方案解决该难题，他们将比赛地点搬到旅游胜地夏威夷，并且向球员提供两张头等舱往返机票及食宿。虽然人们很容易估算出到夏威夷旅行的大概费用，而且大部分球员都能够负担这一费用，但是强烈的情感因素使球员们不再去考虑这一旅程的经济费用。NFL知道如果他们做了转换与比较，它的经济价值是无法解释球员为什么会去参赛的。

杨总端起了手边的普洱茶，浅啜了一口，茶已经有些凉了。市场部的报告显然经过了他们仔细的研究与讨论，读起来也很有说服力。但是否真如他们所说下一季度的促销投入应当有所变化，将部分资金从现金折扣转到赠品，而且在某些家电产品的媒体广告中不提及赠品的价值？下一季度是家电销售的旺季，夏天到来之前，那些强大的竞争对手都在摩拳擦掌，虎视眈眈地盯着市场上的一举一动。如果促销安排上有所闪失，可能会影响全年的家电销量。一时间，杨总还拿不定主意。

■ 相关概念与理论

1. 前景理论

前景理论认为人们对财富变化的反应与韦氏定律中关于人们对光线、声音和温度等物理刺激变化时的反应十分类似。例如，与100千克的杠铃上增加5千克相比，10千克的杠铃上增加5千克更容易引起人们的注意。同样，10元与15元之间的差异就会比995元与1000元之间的差异更明显。许多学者由此得出结论：消费者对现金折扣价值的判断是根据相对额（即折扣相对原来价格的百分比），而不是折扣的绝对额。当然，这并不是说明消费者不关注折扣的绝对金额,而是说明消费者会首先关注折扣相对于原有价格的比例是大还是小。

消费者在判断折扣形式的促销时比较简单,因为它以金额形式提供了参考水平和变化量。但当消费者面对的促销是以赠品形式,而且赠品的价值是模糊的或未给出时,那么消费者就很难将赠品与原有价格进行直接比较。例如,作为商场第100名顾客而获得500元的奖励所带来的喜悦可能会有所降低,如果第101名顾客获得了1000元的奖励。但如果第101名顾客获得的奖励是一部手机,情况又会如何呢?这两种奖品的可比较性会影响前一位顾客对他所获奖品价值的评价。如果两种奖品无法直接比较,前一位顾客的喜悦程度不会降低;如果很容易进行比较,前一位顾客的喜悦程度就会大大降低。

2. 无法比较的资源（Incommensurate Resources）

戴尔蒙和沙亚（1990）曾经做过这样一个简单的实验设计。

情境1:向消费者提供两种选择:①购买一瓶调味酱即可获得一罐价值49美分的速食汤;②购买一瓶调味酱可享受25美分的折扣优惠。

情境2:向消费者提供两种选择:①同时购买一瓶调味酱和一罐速食汤即可享受49美分的折扣优惠;②购买一瓶调味酱可享受25美分的折扣优惠。

虽然对消费者来说,两种情境中第一选项的实际价值是一样的,但研究结果显示,在情境1中有56%的消费者选择免费赠品(速食汤),而在情境2中只有37%的消费者选择同时购买两种产品享受折扣优惠。事实上,在情境1中49美分的利益(即速食汤)是与调味酱的价格相比,但在情境2中49美分的利益是与整个购买组合(即调味酱和速食汤)相比,显然前者的收益比例较大,所以它对消费者更有吸引力。

这里涉及一个概念——无法比较的资源(Incommensurate Resources),它是指那些难以转为现金或其他统一的单位进行比较的财富承载物。如果我们不提供速食汤的价格,那么作为赠品的速食汤和调味酱则属于无法直接进行比较的资源,消费者很难将它们进行简单比较。如果消费者喜欢这款速食汤,他们可能会觉得它的价值比49美分更大。因此,在促销设计时,不提供赠品价格能够有效地缓解消费者评价现金折扣时日益下降的敏感度。

另一位营销学者莱特（1999）也提出人们在不同的决策环境中对相对价格差异或绝对价格差异的敏感程度是不同的。在复杂的决策环境中,人们会根据判断相对价格差异或绝对价格差异的难易程度来决定选择哪个作为决策的依据,如果相对价格差异较难获得,则他们会自动选择更容易获得的绝对价格差异作为决策依据。但是当结果无法进行直接比较时,人们会倾向于选择绝对差异作为决策依据,因为它们并不受限于产品价格的变化。

例如,人们会认为高奖金、小概率的赌博比低奖金、大概率的赌博更有吸引力。但如果将奖金换成非现金奖励(如附近餐馆享用一次晚餐),那么两种选择之间吸引力的差异就会减少一半。由此可见,奖励的形式会影响人们的判断。使用无法直接比较的奖励形式能够有效地降低人们对奖励金额的过分重视。同样地,使用现金折扣会引导消费者更加重视价格,使他们将促销刺激物与他们所付出的价格进行比较,而非现金的促销形式(如赠品)则能够让他们不再那么看重他们所付出的价格。

此外,现金折扣强调价格,它会引发消费者定量的分析过程(如价格的差异、比率等)。赠品则会引发消费者定性的分析过程(如偏爱的顺序,买或者不买),而此时的消费者会更重视产品的其他方面,如促销活动中提供的赠品。

(案例来源:朱翊敏,李蔚,顾安朋. 看似必然,其实不然:折扣还是赠品[M]//中山大学管理案例研究

（2008）．北京：经济科学出版社，2009：343-356．）

■ 互动讨论

1. 阅读完整个案例之后，你从中得到哪些启示，你认为应如何设计一个有效的促销方案？（包括：何时宜用现金折扣，何时宜用免费赠品？采用赠品策略时，赠品是否该标明价格？在赠品现金价值或标出价格不明确的情况下，消费者又是如何评估赠品的价值的？在什么情形下，免费赠品将不如现金折扣有吸引力？你的理由是什么？）

2. 如果你是杨总，你会支持市场部制订的下一季度的促销活动新方案吗？或者你还有什么更好的提议？请给出你的详细理由。请结合消费者心理和消费者行为的相关理论，试分析消费者接受促销背后的心理过程及其对企业促销决策的启示。

■ 推荐阅读

1. Chandon Pierre, Wansink Brian, Laurent Giles. A benefit congruency framework of sales promotion effectiveness[J]. Journal of Marketing, 2000, 64(October): 65-81.

2. Dhar Ravi, Wertenbroch Klaus. Consumer choice between hedonic and utilitarian goods[J]. Journal of MarketingResearch, 2000, 37(February): 60-71.

3. Drèze Xavier, Nunes Joseph C. $209 or $49 and17 000 frequent flier miles? pricing in combinations of currenciesto lower consumers' perceived cost. working paper, Department of Marketing, University of Southern California, 2002.

4. Johnson Michael D. Consumer choice strategies for comparing noncomparable alternatives[J]. Journal of Consumer Research, 1984, 11(December): 741-753.

5. Nunes Joseph C, et al. Incommensurate resources: not just more of the same[J]. Journal of marketing research, 2003(Feb).

6. Tversky Amos, Kahneman Daniel. The framing of decisions and the psychology of Choice[J]. Science, 1981, 211(January): 453-458.

本章思考题

1. 对于制造商而言，哪些类型的企业更适合采用推式 SP 策略？为什么？

2. 对于制造商而言，哪些类型的企业更适合采用推式 SP 策略与拉式 SP 策略相结合的方式？为什么？

3. 奖励旅游这种激励员工的方式有哪些约束条件？哪些公司比较适合采用这种激励方式？为什么？

本章注释

[1] 肯尼思·E. 克洛，唐纳德·巴克（著），谭永风，胡静（译）. 整合营销传播：广告、媒介与促销［M］. 5 版. 上海：格致出版社，上海人民出版社，2014.

[2] 贺和平. 交易促销中的渠道行为及其经济学诠释［J］. 商业经济与管理，2003（7）：13-16.

[3] 克劳德·霍普金斯. 我的广告生涯：科学的广告［M］. 邱凯生，译. 北京：新华出版社，1998.

[4] 张云中. 澳大利亚：掘金中国奖励旅游市场［EB/OL］. 2005-03-23. http://travel.sohu.com/20050323/n224823687.shtml.

第 11 章　通路如何运用 SP 策略

引例　好邻居：构建全渠道场景的社区 O2O

好邻居连锁便利店全渠道 ERP 及全渠道营销系统，以及全新的微信服务号携带诸多服务功能于 2014 年 12 月正式上线。这是好邻居继与腾讯微信支付合作开通门店线下微信支付功能之后，在 O2O 领域的又一探索性尝试，一上线就取得了极大的成功，初步达到预期设计效果。

好邻居的全渠道应用设计思路在于"以线下业务为基础，适应顾客在线化迁移的趋势，提升顾客全方位服务水平"。就主要创新点来说，以微信为用户身份体系和工具软件，一方面导入用户并数字化、会员化；另一方面，利用移动互联网的互动效果、随时随地和可支付特征，推广和实现围绕便利店的营销活动和本地 O2O 服务。应用微信的成熟功能和围绕微信进行一系列开发，实现门店营销和服务推广及运营实现。

上线之初，好邻居开展了微信支付发放满减代金券、微信支付你购物我送钱抢霸王单的活动，以完成初步的会员导入，获取首批种子用户，2 个月内会员数增长了 3 倍以上，达到近 10 万的用户数，其中 90%为北京用户，75%用户到店访问。

用户通过门店内的微信支付活动可直接关注好邻居，成为微信服务号内的注册会员。顾客来好邻居门店消费，不再需要携带实体会员卡，仅需出示好邻居微信服务号应用中的绑定条码会员卡，即可享受优惠活动、积分等会员特权，并可查询身边的最近门店、获取商品现有库存等附加服务。

同时，在微信服务号内，利用新品和自有品牌产品，开展 1 元秒闪购、钻石荷兰式拍卖等活动，进行各种会员福利营销，以及顾客可持续参与的游戏。一方面对商品起到了推广作用，另一方面培养了顾客的固定活跃度和互动习惯。顾客关注度极高，基本上秒杀商品上线后即销售一空。

上线两个月，已经初步达到效果，逐步实现四项预设的经营改善效果。

一是便捷。用户可通过微信服务号内的功能菜单查找周边门店，查询店内商品的库存、价格；在微信内的线上店直接预订商品，下单后到店提货或者选择送货上门；查询门店服务，如第三方合作电商自提点。

二是价格。顾客使用微信会员卡，可获得会员价格，购买会员专享商品，获得长期回馈。可以获取非店内商品的预订折扣（大包装、店内不经营），远期商品的预订折扣（年节和季节商品服务）。

三是选择性。通过电商合作，实现店内预订和手机预定服务，尤其是生鲜、数码、旅游、钻石、手工食品（手工现制、特色小吃）等，扩展店内商品和服务。

四是服务。如金融 O2O 服务，与云信金融（北京）互联网金融服务公司合作，小额取现、小额借款、储值宝（活期消费金理财）、定制理财产品销售，分期付款购买旅游和通信产品，洗衣和快递业务的代收代发。

（资料来源：好邻居 O2O 探索新尝试：构建全渠道场景［J］. 连锁，2015（3））

从本质上看，促销不外乎是在刺激或激励最终顾客或消费者认同、购买公司的产品和品牌。从供应链整体上看，除制造商外，经销商和零售商、促销人员都是通路成员，对他们的 SP 策略也至关重要。制造商需要对通路成员开展 SP 活动，这既可以直接给通路成员利益，以对其进行激励，又可以推动其将对最终消费者的促销策略真正落到实处。同样，就像引例中的好邻居一样，如果零售商也能有效地开展自己的促销活动，对供应商的利益也有保障作用。本章从通路的角度，分析制造商对经销商的 SP 策略和零售商的 SP 策略。

11.1 制造商对经销商的 SP

11.1.1 对经销商的 SP 工具

对经销商的 SP 工具主要有三种：合作广告、经销商销售竞赛和商业折扣。此外，还有现场演示、业务会议和贸易展览、企业刊物发行，等等。

1. 合作广告

合作广告是指制造商通过合作或协助的方式与经销商合做广告。双方通过协议确定自己投入的资金比例。一般地，合作广告常常是由制造商出大头，目的是赢得经销商的好感和支持，促使他们更好地推销本企业的产品。合作广告是一种经销商激励政策，经销商能够以最低的成本来获得广告覆盖率，从而吸引更多的新客户购买。例如，可丽舒公司（Kimberly-Clark）创作了一则广告——主要是为 Pathmark 商场而创，拍摄的是特价出售的可丽舒公司的 Kleenex 纸巾[1]。在国内，部分经销商可能会对区域性的广告媒体（如城市公交车体广告）感兴趣。在经销商的申请下，制造商会给予一定的支持。

2. 经销商销售竞赛

经销商销售竞赛是指制造商采用现金、实物或旅游奖励等形式来刺激经销商增加进货量，加快商品到达消费者手中的速度，这与通过竞赛或抽奖方式吸引消费者兴趣的活动的方式类似，但目的有所不同。前者是为了促进经销商大量进货，从而抢占经销商仓库或终端货架空间，后者则是为了吸引消费者大量购买，提高消费者的购买欲望，抢占市场份额。挪威游轮公司在一次"出售所有航行"促销竞赛中，吸引了 5500 家旅行社报名参加。奖励是根据订单确定的。每一个注册荷美游轮的旅行社都被邀请参加此次竞赛。竞赛提供的奖品包括乘坐拥有 5 个游廊特等舱的游轮进行一次免费航游。公主游轮公司则向代理商提供乘坐带有小套房游轮航游美国西海岸的机会。这场竞赛持续 90 天，每周都会奖励一次航游。为旅行社提供奖品和航游机会的做法提高了旅行社预订该公司游轮的积极性[2]。

3. 商业折扣

商业折扣是指制造商通过折扣或赠品的形式争取经销商订货，或促进经销商对产品的促销支持。例如，美国一家电子起搏器公司在开拓日本市场时，曾对当地 35 家贸易公司进行考察，最后选定其中 6 家为代理商，并给予经销商每售出一件产品 10%的价格折扣。可口可乐公司为了拉拢经销商推出"买 12 送 3"的营销策略，经销商购买 12 瓶可口可乐可以享受 3 瓶的"赠送"。

4. 现场演示

现场演示是指制造商安排经销商对企业产品进行特殊的现场表演或示范，以及向零售商或消费者提供咨询服务，演示或表演者由经制造商培训过的销售代表担任，代表制造商形象。

5. 业务会议和贸易展览

这是指邀请经销商参加定期举办的行业年会、技术交流会、产品展销会等，以此传递产品的信息，加强制造商与经销商的双向沟通。

6. 企业刊物的发行

制造商通过精心编制的内部刊物，向经销商传递各类信息。这是制造商定期对经销商传达信息、保持联系的一种有效做法。

7. 经销商补贴

制造商为了使经销商同意以某种方式在一定时间内突出宣传其产品，常常给经销商一定的礼物或补贴作为报偿。例如，当制造商意欲要求零售商在其商店大厅的显赫处悬挂一幅标语、摆设一幅广告牌时，通常要给零售商以营业津贴，包括广告费、陈列费等。如果要将其产品放在柜台或货架的显眼处，还须支付零售商以展销津贴。事实上，制造商对经销商的支持几乎是所有经销商所希望的。

微案例 11.1　宝马中国新政补贴经销商

2015 年 7 月初，宝马中国和华晨宝马向中国经销商下发了一则名为《宝马中国及华晨宝马 2015 年第二季度特殊奖励政策及华晨宝马 2015 年上半年本地市场拓展奖励金额通知》的商务政策。

该商务政策显示，宝马中国对于经销商的奖励主要有两方面：对宝马在中国销售的进口车型签订目标完成率为 100%及以上的经销商，给予每辆车 1.6 万元的补贴；对宝马与华晨汽车合资生产的国产车型签订目标完成率为 100%及以上的经销商，给予每辆车 1.8 万元的补贴。

此外，宝马对没有完成任务但目标完成率为 85%及以上的车型也将分别给予补贴，补贴金额为进口车型 1.3 万~1.4 万元，国产车型 1.6 万~1.7 万元。而在此之前，宝马经销商获得宝马给予经销商返点前提是，经销商完成了汽车生产企业规定的销售指标和各项 KPI（企业关键绩效指标）。

在宏观经济形势普遍不佳和豪华车市场遇冷的背景下，宝马公司通过制定商务政策，在利益分配时更多地向经销商倾斜，有利于帮助经销商来面对目前市场的困境，也刺激经销商完成市场目标。

（资料来源：沈佳苗. 宝马中国新政应对市场疲软　主动补贴救经销商［V］. 法治周末，2015-07-15）

互动讨论题：你怎样评价宝马中国的渠道促销政策？

11.1.2　对经销商的监测

对经销商的监测是制造商实施 SP 过程中的重要问题。主要原因是，制造商的 SP 策略最终目的是实现促销产品销售，但是，经销商的目标常常与制造商的目标并不完全一致，导致制造商的 SP 策略无法实现既定目标。比如，对经销商来说，他们倾向于制造商能够提供全面的促销活动，而且对某些获利丰厚的产品能够提供某些特殊的购买支持，但是，制造商的产品经理则更多地考虑对其大规格产品（而非小规格）进行促销，以促进消费者购买大规格的产品。

大多数情况下，制造商需要通过经销商把商品销售到消费者的手中，但长久以来对通路的研究工作却做得不够，原因是大制造商无须经过任何协商和让步（促销折扣等）就可以获得经销商的通力合作，现在这种状况已有所改观。经销商，特别是大型零售商所拥有的权力及其对制造商营销活动的影响越来越大[3]。在这种情况下，制造商对经销商的监测越显必要。

以下是经销商监测中的若干具体事项。

1. 对经销商执行促销条款的控制

为了确定任何一次经销商 SP 活动折扣细节，产品经理都应该首先确定严格的购买绩效标准，例如、型号、陈列方式、店头宣传广告等，都应有详细具体的规定。经销商在这些方面能达到的标准不同，制造商提供的折扣率也应有所区别。产品经理还应该全面考虑所有的标准，针对不同层次的批发商、零售商制定出不同的促销条款。销售人员和经销商可以具体协商究竟采取哪一选项才最为合理。最后，产品经理应根据条款规定随时监控促销计划实施进展情况，其中包括将折扣与最小购买量相结合，限定经销商做完一次经销活动才可以签下一张订单。除了季节性很强的产品类型，其他产品应尽量避免装运次数过多。此外，在零售店扫描仪记录的货物数目中应减除折扣优惠提供的那部分商品。

2. SP 策略实施的有效性调查

制造商的 SP 策略有时要通过经销商的合作才能有效地实施。对经销商的监测中可以得到如下信息：消费者对商品陈列的兴趣、购买频率、一次购买数量等，这些信息将帮助制造商判断现行的 SP 策略是否有效。

3. 对经销商广告的测试评估

许多制造商开始重视通过商业出版物或大众媒体针对经销商做广告，在互联网时代，制造商利用公司官方网站来向经销商做广告也是一种非常有效的方式。比如，在箭牌公司的网站上，曾设有"箭牌商家"栏目，其中介绍了箭牌产品能给经销商带来的利益，并附有零售店内产品的展示图片，从而起到吸引经销商的目的。经销商广告通常不需要像对消费者广告那样进行严格的测试和评估，原因是投入的经费较消费者广告少。现在这种评估显得特别重要。对消费者广告的一些测试评估技术也常适用于经销商广告。

4. 商品导购工作的实施情况调查

据统计，50%的零售商除了销售商品外，不为制造商做任何额外的促销工作，有 2/3 的折扣未能顺利地到达消费者手中。因此，加强零售商对商品导购工作的管理就非常重要。商品陈列、宣传品的提供等都能帮助制造商达到促销目的。因此，制造商期望零售商能够在陈列新产品方面做些工作。如果由双方合作共同设计商品的导购方案就容易得到经销商的认可和配合。不顾及经销商感受，会使在导购工作方面产生矛盾，所以必须定期调查经销商对商品导购的意见及建议。

5. 新产品上市的可行性评估

新产品上市通常要冒一定风险，零售商收取货架空间占用费和损失赔偿费更是增加了上市的成本。制造商在推出新产品时，经常容易忽略零售商的接受程度。因此，经销商对新产品的反应也应纳入制造商对上市效果的测试当中。调查经销商的反应可以帮助制造商修正不够完善的市场策略，提高品牌成功机会，甚至在产品上市之前就可以判断出它成功的可能性。

6. 零售经营状况调查

制造商需要追踪自身及竞争对手的零售经营的情况，以便评价自己的商品。为了取得零售终端的数据，可以委托市场研究公司立项调查或直接购买相关研究报告，定期（一般是每季）拜访零售网点的负责人，拿到有关品牌的款式、规格销量、价格等数据。数据分析结果可与零售商共享，以帮助零售商管理业务。

7. 经销商心目中的制造商形象调查

制造商经常注重自己在消费者眼中的形象。其实，制造商在经销商心目中的形象也非常重要。一年一次或半年一次的调查可以帮助制造商衡量自己及竞争对手在经销商眼里的形象。

8. 处理制造商与经销商的冲突

制造商越发认识到经销商对商品销售的控制作用，他们正主动或被动地投入越来越多的资源用以对经销商促销。这笔日渐庞大的开支使双方期望值也日渐增高，容易产生冲突。制造商经常报怨经销商在商品的销售上没花工夫，白领了折扣；经销商则认为制造商不重视自己的经营目标。双方要精诚合作，必须理解双方的要求。市场调查在双方的相互理解及设计双方接受的交易方式中起了重要的作用。

乐泰公司就是一个很好的例子。乐泰是一家著名的生产胶带和密封胶产品的生产商，其产品用于许多不同的行业。公司的大部分产品通过批发商销售，批发商再将这些产品销售给零售商及商业和工业客户。在产品销售中，乐泰与其分销商矛盾重重。公司认为，分销商不关心产品线的销售，因为分销商的销售人员在向顾客推销产品时从不携带乐泰的产品样品；而分销商则认为乐泰公司对他们希望给予销售支持的请求漠不关心，因为他们感到销售人员不能正确使用产品样品。乐泰公司相信，样品是一种非常好的销售辅助手段，却被分销商搁置在一旁。最终，当乐泰公司决定对分销商使用销售辅助手段时的需求和问题进行调查研究时，这一矛盾才得以解决。调查结果显示，分销商未能使用乐泰样品的一个简单理由是：乐泰公司产品样品的设计仅适合用公文包携带，但是乐泰公司的大多数分销商的销售人员根本不带公文包。了解到这一情况后，乐泰对样品重新进行设计，缩小了样品，使之可以装在销售人员的口袋里，问题迎刃而解[4]。

11.1.3 如何改进经销商 SP 管理

制造商对市场的控制，在多数情况下离不开对经销商的依赖，为此，不断改进对经销商 SP 工作的管理十分重要，其中的工作包括多个方面的内容：一是评估并培训营销人员处理经销商 SP 问题的能力；二是正确评估不同经销商的促销业绩；三是分析经销商 SP 的各种关系及效果的影响因素；四是建立 SP 决策支持系统；五是了解对不同消费群购买行为的影响。

  作为改进经销商 SP 管理的第一步，管理者应该评估营销人员处理经销商 SP 问题的能力，并考虑在这方面的进一步培训，具体包括评估产品经理设计、执行促销活动的能力和评估销售人员是否有能力向单个经销商或明智的购买者，在存货管理上作出恰当的推介和说明。

  作为销售人员评估的一部分，管理者还应该考虑改变绩效评估的标准。一种方法是转向建立一个可以综合考虑利润及销售数量的评估系统。例如，在百事可乐公司，销售人员的报酬是根据"营销人员和销售人员管理者协商的销量定额完成情况"和"交易和分销渠道成本的目标"给出的。另一种方法是为销售人员（特别是那些服务于店铺和总部之间的销售人员）建立更详细的与促销相关的目标。如果某品牌在销售人员所在区域的店面广告的比例超过其相应的市场份额，或者有了超前的增长，那么制造商会给予他们一定的奖励。

  此外，对销售人员的评估可以根据绩效评估的目标，而安排于不同的时期，以免在财政年度的四个时期内制造能力和分销能力的不协调。例如，利佛兄弟公司就是在不同时期，对其 6 个区域的销售小组进行各自的绩效评估工作。

  改进经销商 SP 管理的第二步工作是，管理者必须掌握对经销商的评估的不同侧重点。为了评估促销购买的影响，管理者必须掌握各项主要的消费者营销策略。这一点特别重要，因为零售业态的细分越来越明显。比如，对仓储式商店，其中出售的大部分商品都是有折扣的；而对购物中心而言，它更强调商品的质量和档次，而不是价格。

  销售人员还必须了解如何评估每个经销商的促销业绩，许多零售商只是根据所完成的销量及实现的平均利润来判断某一经销商 SP 活动的成功与否。而当折扣优惠与存货占用成本无法比较时，按投资回报率（ROI）来评估会更有意义。管理者对经销商很熟悉时，便会为其品牌提供更有效的推介，以及更多的购买支持，制造商会设计最好的销售计划，以在其未来的促销日程中，帮助个别主要经销商实现较高的投资回报率。

  最后，制造商应该确定哪些经销商没有能力提供与折扣率相应的购买支持。例如，宝洁公司对仓储式店铺购买其产品时的回扣有很多限制，因为这些店铺往往不能提供较好的店面宣传广告，或者是提供足够的陈列空间，所以他们可以提供的购买支持是很有限的。此外，宝洁公司的这种做法得到了仓储式店铺的主要竞争对手——超级市场和连锁店的大力支持。这些零售商往往可以提供优越的购买支持条件。事实上，越来越多的制造商认识到挑选一个认真负责的经销商的极端重要性。

  为了有效对经销商 SP 的活动进行评估，需要努力做到以下几点。

  1. 要找出影响 SP 效果的因素和关系

  （1）经销商 SP 对品牌销售、市场份额和收益，在长期和短期上的影响。

  （2）收益较好的经销商 SP 是如何策划的。

  （3）在年度促销计划中经销商 SP 的哪种组合效果最佳。

  （4）在营销费用中，经销商 SP、消费者 SP 和广告费用的比例应如何安排才合理。

  为了回答这些问题，必须有一些关于储运、促销活动、价格变动方面的内部数据，以及有关经销商存货及剩余、零售货架陈列、店头广告、竞争者价格等方面的外部数据。其中有关货架陈列的数据最难得到，因为一方面零售调查的费用相当高，另一方面除非每周到店观察，否则持续时间不到七天的特殊陈列将被疏漏。

2. 建立 SP 决策支持系统

例如，奇士布朗—旁氏公司的工厂装运情况、仓库存货、零售，以及每个品牌规格的其他数据都储存在一个普通的数据库中。这样营销人员可以根据数据随时做出各种各样的相关分析——依据品牌规格，依据不同的经销商，依据经销商的层次、规模，以及依据销售区域。此外，产品经理可以运用一套模拟模型，计算出过去的经销商 SP 活动的收益情况及影响，并对特定的计划计算出未来的收益情况及影响。

3. 了解 SP 对不同消费者购买行为的影响

对那些品牌转换者组成的群体，例如，随意型消费者会购买任何一种摆在货架上的品牌，而忠诚使用者可能事先已经准备了付多少钱、买什么牌子。这些问题既可以通过固定样本组的日记式调查来解决，也可以通过在网上获取用户评论来获得。

微案例 11.2　闹心的渠道奖励政策

Q 企业在全国有 300 多家地市级代理商。每年都要制定十几项渠道管理制度，其核心是渠道奖励政策，对销量有着举足轻重的影响。

营销中心 Z 总监走马上任之后，提出了"特殊支持型奖励政策"——对全国各代理商区别对待，依据市场潜力、竞争态势、代理商广告及促销计划投入量，给予各地区数额不等的费用支持，少则几千元，多则数十万元。

由于各地情况迥异，代理商年初纷纷向公司表决心、提计划。在无法准确预测各地区全年销量的情况下，Z 总监只能凭主观感觉决定公司在各地区投入多少资金。

"会叫的鸟儿有食吃"，这激起了渠道代理商的强烈不满。没拿到支持的地区不停地抱怨，拿到支持的地区还嫌支持太少。公司前所未有地投入了近千万元费用，却换来了代理商大面积的消极怠工、怨声载道。

这一年成为 Q 企业销售史上的"滑铁卢"，任务落空、费用超标，销售形势急转直下。第二年，为了扭转被动局面，营销中心吸取了失败教训，推出了"返利型奖励政策"——公司不再预先支持各地区费用，一律以全年的实际业绩说话，按不同销量级别给予不同返点奖励。

但如此千篇一律的政策有失僵化，没有考虑部分特殊市场的具体情况，引发了销量排名前 20 位的大代理商集体抗议。

他们认为，"没有投入就没有产出"，竞争激烈的地区仅靠代理商的力量是不够的！而市场广告促销费用全由代理商垫付，公司等着年底坐收渔翁之利，是一种不负责任的态度。

大代理商的消极态度直接影响到了中小代理的信心。Q 企业销售再度全面下滑。

渠道奖励政策是一切问题的焦点，两种政策都让代理商十分闹心。企业钱没少花却激化了矛盾，究竟该怎样办呢？

（资料来源：肖阳. 闹心的渠道奖励政策［J］. 销售与市场，2009（9））

互动讨论题：Q 企业连续两年在渠道政策上摔跟头，原因何在？

微案例 11.3　广州联通产能提升渠道复用

2013 年三季度，广州联通开展了增值业务产能提升活动。在活动期间，其社会渠道沃店发展宽带、流量包、国际数据包、国际长途优惠包等产品用户可以算入每月渠道积分体系和折算为当月产能。这样间接令渠道有机会获得更高佣金，从而提升渠道推广该类产品积极性。

比如沃店在活动期间新发展的 3G 用户中办理 3G 随意玩，那么 7 户新用户开通该业务即可折算为 1 户新 3G 新用户，而且每户可以算入 5 积分。如此一来，沃店则可以通过发展增值业务、宽带业务快速提升产能，从而更容易达到当月产能目标，也能够借此获得高额佣金。

在活动实施期间，联通 3G 用户产能环比提升 16.91%，宽带用户产能环比提升高达 42%，把户均流量由活动前的 137M 提升到活动期 150M 以上，效果十分明显，促销活动效果良好。

（资料来源：赛立信通信研究：一线促销实战剖析与改进探讨.2014）

互动讨论题：广州联通渠道复用策略有何借鉴之处？

11.2 零售商的 SP 目标和实施

11.2.1 零售商的 SP 目标

促销是零售经营的永远主题之一。针对最终消费者的 SP 主要是指零售商促销和消费者促销。在零售商 SP 中，零售商向购物者提供直接的激励，比如打折、商品展示、特色广告、免费礼品、商店折扣券、竞赛等[5]。

在美国，当消费者到零售店购物时，每周几乎有过百种商品是已在报纸杂志上做过广告的，正在展示陈列的商品也多达数十种；大型超级市场、百货大厦经常举办各种丰富多彩的促销活动；更有零售商提供的商品展示会，足以令人目不暇接，仿佛置身于促销的汪洋大海之中。面对零售商丰富多彩的店内促销，消费者自然会情不自禁地打开钱包，购买成堆的需要或不需要的商品。

零售商必须要对其市场地位作出战略性决策，这些决策包括以下方面的内容。

（1）定价（高／低）。

（2）促销战略（高／低或日常低价）。

（3）服务水平（高／低）。

（4）花色品种（多／少）。

（5）焦点（特定商品专卖店／整个百货商店）。

（6）便利条件（多／少）。

通常，零售商的上述战略决策并没有明确的划分，但它们集中表示了零售店可能采用的战略，这些战略定位的选择，直接影响零售商的促销目标方面的决策。比如，专卖店经营的商品种类有限，但通过较低的价格很快会使经营的商品在同类别中更具竞争力，脱颖而出，特别是在电子产品、家庭用具、汽车配件及维修和服装等产品的销售上，这主要是由于专卖店通过大批量订货，可从供货商那里获得更多的数量折扣，因而，保证专卖店可通过较低的价格大量销货。

再如，服务水平影响着零售商的成本结构。零售商的服务水平越高，成本也就越高。零售商如果决定提高服务水平，就很难在促销中采用低价策略。促销并不只意味着一系列的价格折扣，而是一次选择消费者的演习。零售商进行促销是为了：①强化店面的正面形象；②试销新产品；③对潜在顾客以特别的优惠。通过实现这些目标，最终实现消费者惠顾，实现企业的利润目标。

零售商应该采取低价策略还是高价策略是一项困难却很重要的决策。一些零售商对那些采用日常低价格策略的商品，无法再实行折扣促销策略；对那些高价商品则可以采用打折促销方式。在许多情况下，有一定市场地位和知名度的零售店在一段时期内进行价格折扣深受消费者偏爱。采用低价促销战略或是高价促销战略，零售商在操作上是极不相同。

就零售商经营的商品花色品种而言，大型商店都趋于采用多品种策略，而在某个产品类别中，则提供广泛可供选择的多品牌和产品规格。这种策略可能意味着几乎每一周都会有针对某一特定产品类别的促销活动。

总而言之，零售商的战略定位会影响到其促销目标的设定。零售商的 SP 目标一般有以下四种：一是吸引顾客；二是清除过多的存货；三是增强零售商品牌及店面的形象；四是建立实惠的价格形象。

1. 吸引顾客

吸引顾客可以通过促销活动达到。比如，好又多超市在卖场入口处悬挂员工微笑的巨幅图片吸引顾客的目光。再如，连锁店的店主经常以某一商品的低价格吸引顾客进店，推动其顺便购买其他正常价格的商品。经营汽车和家庭用品的商店，通过商品里的促销活动，可导致顾客进店享受其他高价的维修服务，使零售店获利。

零售商吸引顾客是为了通过 SP 打开商品买卖的大门,而不局限于让顾客购买促销中的商品，这是与制造商策划的 SP 策略最不同的地方，这也意味着零售商策划 SP 更具复杂性。

2. 清除存货

零售商经常会发现店内的存货已经越积越多，需要通过促销来降低库存。为了减少库存，零售商通常会进行计划外的促销活动。降价清仓可以清除过多的库存，但有时也有必要策划除降价之外的清仓促销活动。

3. 增强零售商品牌及店面形象

第三种目标是增强零售商品牌及店面形象。零售商可以采用特色广告或商品展示来对特定的商品进行促销。虽然零售店促销的只是某种类型的商品，但这种促销却影响着消费者对整个商店形象的认知。比如，高级时装店展示某一名牌时装。虽然这种品牌的服装真正卖出的并不多，却使商店在消费者的心目中占据了高品质商店的地位。百货大厦经常也采用这种方法去建立起高品质的形象。

4. 价格优势

第四种目标是通过促销建立实惠的价格形象。消费者判断某家商店是否是低价商店，主要是在关键商品上的定价是否便宜，如果商店对关键商品的定价较低，消费者就会形成商店是低价商店的印象——这就是所谓零售商价格形象。比如，在广州，新大新百货商店中销售的时装和化妆品通常比较贵，消费者就会认为这家商店采用的是高价策略。值得注意的是，如果消费者在商店里发现仅有促销的商品价格较低价，有可能会失望地败兴而归。

因此，要在促销商品价格形象与非促销品的价格形象之间进行协调，尽量保持较为一致的价格策略。

 促销专论 11.1　美国消费者如何看店内促销

在行业及学术领域，有关店内促销运作的研究已有着悠久的历史。先前的大多数研究都集中在消费者如何应对各种店内外促销活动上，而且较为分散。大多数研究都假定消费者偏爱研究中所关注的促销技术。而 SIMM（Simultaneous Media Consumption）的研究则主要聚焦在店内购物之前和店内促销活动后的消费者报告上，并探讨这些店内促销是如何影响消费者个人购买行为的。

以往的店内促销研究主要沿以下三条路径发展：第一是配对样本测试，实验组采用某种促销活动，控制组不采用该促销活动，根据观察消费者购买行为的变化来判断促销活动的有效性；第二是单一的聚焦测试——要么用购物促销活动取代了消费者店内行为的改变，要么是漠视了消费者在感受店内促销活动之前已接受的促销活动的影响；第三是对不同零售运营活动的专项研究，并且假定它们是独特的，很难转移。几乎所有的研究都选择了以营销人员为中心的观点，尝试去确定哪种促销选择才是能够影响消费者行为的最有效方式，而很少有研究关注消费者如何看待这些促销活动，以及如何将其纳入其购物需求。

本研究则着重于消费者如何看待店内促销活动，以及他们是如何相信这些活动能够影响其在零售终端的购买行为的。为此，研究人员选择了 SIMM 研究为其数据来源。SIMM 研究基于一个美国消费者的全国性样本，每年进行两次数据收集。所涉及的问题都是基于消费者的视角，包括人口统计性问题、闲暇时间的活动安排、每天的媒体使用时间、媒体和促销活动对购买的影响、最经常购物的网站，以及在接下来的三个月内的主要购买计划等。自 2002 年收集样本开始以来，SIMM 已进行了卓有成效的数据分析工作。

目前，SIMM 数据库已包含超过 20 万的个人回应数据。研究者将这些数据收集整理在两个表格中：第一个表格主要收集那些在消费者进行零售店访问之前的营销活动的影响；第二个主要收集消费者认为他们在购物时最有影响力的店内促销活动。据此，研究者根据 SIMM 的促销数据特性建立了具有预测性的店内促销模型，并依据消费群体确定店内促销活动的最佳组合，最后用 CHAID 决策树分析方法输出结果。

依据上述实证分析，得出五个结论：第一，确定消费者的促销偏好，要保证所采用的方法要与消费者相关，而不只是与营销人员相关；第二，消费者对店内促销活动的价值及重要性的认知会因顾客类型和产品类别的差异而有所不同；第三，要懂得店内促销的作用机理，需要掌握消费者访问零售店之前所感知的营销活动及店内促销活动的知识，两者缺一不可；第四，利用 SIMM 数据和 CHAID 决策树分析方法，可以为零售商和制造商制订店内促销计划提供重要改进；第五，虽然在本文中未提及，纵向的消费者数据对店内促销活动影响的观点可以大大提高营销回报。

（资料来源：Schultz Don E, Block Martin P. How U. S. consumers view in-store promotion[J]. Journal of Business Research, 2011(64): 51-54）

11.2.2 零售商 SP 实施要点

零售商实施 SP 策略应重点抓好 5 个方面的工作：一是活动策划；二是选择促销商品；三是确定折让水平；四是发布 SP 广告；五是提前存货。

1. 活动策划

举办零售商 SP，通常首先要决定年度内要举办哪些促销活动，这些活动常会与某些季节、假日、节日等联系起来。对于一个食品零售商来说，这些活动可能会包括"夏季新鲜蔬菜系列""秋季靓汤系列""儿童节优惠系列"。对于一个百货商店来说，可能会包括暑假后学生"返校促销"等。家庭用品企业、房地产企业等都可能利用节日开展促销活动，例如，圣象地板就曾在"五一"节期间在各大城市开展"万人践踏"活动；广州的一些房地产企业在教师节前举办教师购房优惠活动等。一般而言，在促销活动开始之前 SP 策划就已开始，策划活动包括与供应商的协商、试探合作广告，特别是获得广告津贴、展示津贴或价格折扣的可能性等，如果经济条件和市场环境发生变化，策划也需根据变化做适应性的调整。

2. 选择促销商品

一般的零售商店会经营成千上万种商品，但并不是所有的商品都有必要同时进行促销。作为零售商的供应商，每个产品的制造商都会制定针对自己企业的品牌或产品的相应的 SP 策略，面对供应商的不同的 SP 方案，零售商需要制订符合自己企业经营目标的促销方案，其中，促销商品的选择应该依据一定的标准，首先，选择的促销商品要能够吸引顾客；其次，选择的促销商品要保证可从中获利；最后，要能够树立积极的商店品牌形象。

1986 年，Curhan 和 Kopp 两位学者曾分析了影响零售商选择促销商品的八大因素[6]，其中包括：

（1）商品的重要程度，即促销商品的销售额比重、竞争对手促销的可能性、商品类别对促销的反应，等等。

（2）促销弹性，即购买者估计的降价、展示、特色广告等促销活动对销量的影响程度。

（3）制造商的支持，即制造商以什么形式支持促销，是折价券、广告（广播、电视、报刊或互联网），还是店面促销等？

（4）制造商的声誉，即制造商的产品品质、与中间商合作的经历等。

（5）促销历史，即该产品类别是否促销过，该产品是否促销过？

（6）销售速度，即品牌的市场占有率、日常销量等指标。

（7）商品的可获利性，即商品的正常盈利水平。

（8）激励的程度，即折让的幅度，折让占促销成本的百分比等。

3. 折让水平的确定

一旦促销商品选定以后，就要确定折让的水平，这取决于制造商的折扣、消费者的反应程度、竞争对手的状况及商店想建立的价格形象，等等。理论研究和业界实践都表明，零售价 10%～30%的金额是较为理想的折让水平，具体折让水平需酌情制定。

4. 发布 SP 广告

与价格折扣相结合的是店面特色广告和通过商品来展示折让的方式。这两方面的决策取决于零售商可能提供的合作广告经费或广告津贴、展示津贴的数量。

5. 提前存货

当制造商向零售商提供了特别的促销支持时，将会吸引零售商以折扣价大量购买，建立库存，这被称为提前购买。在食品零售业，提前购买是零售商的利润主要来源。在假设零售商不提升商品价格或没有其他收入的前提下，研究发现，如果没有提前购买，食品零售商将无利可图。

促销专论 11.2　不同促销方式对产品购买决策的影响

促销方式如何影响消费者决策是商家和学者们关注的中心问题。不同促销方式对消费者决策有何不同影响，已有研究多从促销频率、促销深度、消费者个体差异等角度探索促销对购买决策的影响。根据是否与金钱直接相关，促销可分为金钱促销和非金钱促销，价格促销与赠品促销为二者最典型的代表。有研究发现，价格促销的促销效果不如赠品促销。价格促销频率和促销深度过高皆损害品牌资产；导致顾客价格敏感，淡化顾客对厂商的信任并对顾客忠诚形成负面影响。

社会认知理论认为，人们对事件的反应取决于他们对事件的心理表征，心理表征具有不同的抽象程度。依此观点，消费者对促销信息的表征决定着对促销产品的决策。如果能够揭示消费者对赠品促销和价格促销的心理表征，即揭开消费者加工促销方式信息的黑箱。价格促销提供更多的实用型利益，赠品促销提供更多体验性和情感性的享乐型利益。实用型利益强调产品的功能、价值和产品实用的理性理由。享乐型利益更多地强调消费者自身的主观体验和感受。如六一儿童节某品牌的小孩奶粉进行价格促销九折优惠活动。消费者看到价格促销活动后，首先想到查看产品质量譬如保质期、奶粉成分等，并计算九折优惠具体可以节省多少支出。如果该品牌进行赠品促销，买一罐奶粉送玩具一个，那么消费者额外得到一个赠品，就会感觉非常开心，并想将该玩具送给小孩做礼物。价格促销易激活质量和价值等抽象概念，赠品促销易激活意外和开心等具体感受。根据社会认知视角的解释水平理论，本质的、核心的和抽象特征对应于高水平解释；外围的和具体的特征对应低水平解释，价格促销和赠品促销分别为价格导向促销和非价格导向促销的典型代表。价格促销提供实用型利益，强调产品价格，产品价格通过影响感知质量和感知付出进一步影响消费者的产品感知价值。价格促销时，产品价格低于消费者参照价格，消费者感知到的交易价值和获得价值皆提高。价值是抽象概念，价格与价值的密切关系使消费者在接触产品价格时易联想到价值，思考其核心属性、质量及付出。个体倾向于在高解释水平表征价值。综上可知，价格促销易激活价值、实用型利益等核心特征。由此可推，个体可能更倾向于在高解释水平表征价格促销产品。赠品促销提供体验性和情感性的享乐型利益。赠品促销是一种微小属性和边缘特征。赠品常以新颖性和纪念性等来吸引消费者，且消费者不倾向于将赠品以货币形式表征。赠品较难与产品质量、产品价值等核心属性联系起来，赠品是否影响消费者决策常取决于一些边缘线索如消费者知识水平及信息披露形式等因素。由于赠品是具体的背景属性和边缘特征，赠品促销易激活主观体验和具体感受，且人们倾向于在低解释水平表征事物的具体属性；由此可推，人们可能倾向于在低解释水平表征赠品促销产品。

当消费目标关注产品的可获得性或事件活动强调任务的可行性时，人们倾向于在低水平表征该产品或活动。低水平的、背景化和边缘化的特征更容易被人们关注。边缘的背景属性比关键的抽象属性对产品决策和产品评价的影响更大。赠品或免费礼品是边缘属性的一种。由此我们可以预期，当购物任务关注购买可行性时或消费目标关注产品的可获得性时，赠品比其他促销方式如折扣促销更能吸引消费者注意力，对其购买决策和产品评价的影响也更大。反之，当购物任务关注产品的价值和核心功能属性或事件活动强调任务的合意性时，人们倾向于在高水平表征该产品或活动；核心的、去背景化的特征更容易吸引个体注意力。在消费者判断商品的价值并要求估计其所愿意支付的价格时，价格促销更容易吸引消费者的注意力，对消费者的购买决策和产品评价的影响也更大。

不同时间距离下，消费者对促销产品决策存在差异。赠品促销产品组合在近时间距离下促销效果比在远时间距离下的促销效果更好；价格促销产品组合在远时间距离下的促销效果比在近时间距离下的促销效果更好。时间距离对促销方式与任务类型的表征水平匹配关系（即赠品促销与购买可行性任务、价格促销与价格支付意愿任务）有增强、扩大作用。

（资料来源：刘红艳，李爱梅，王海忠，等. 不同促销方式对产品购买决策的影响——基于解释水平理论视角的研究［J］. 心理学报，2012，44(8)：1100-1113）

11.3 零售商的 SP 工具

可供零售商选择的 SP 工具比较广泛，其中，价格折扣、联合 SP、会员 SP、商品展示、零售商 SP 广告、竞赛与抽奖、兑换印花、更有效的降价 SP 等是应用较广的 SP 工具。

1. 价格折扣

零售商使用最普遍的促销工具是价格折扣。零售商折扣率的水平一般会达到商品价格的 10%~30%。折扣的范围会达到商品数量的 2%~10%。从汽车、日用品到过多的库存商品、淡季商品等各种商品类别都有可能采取价格折扣策略。零售商的价格折扣较易实施，一般只在某一特定商店或连锁店使用，其目的是吸引消费者光临某一特定商店，而不是为了使顾客购买某一特定品牌的商品。此外，这种手段也被广泛用来协助制造商刺激消费者对店内各种商品的购买欲望。实践表明，零售商的价格折扣通常是零售商与制造商之间的绝佳的合作组合，目的在于诱惑消费者到特定的商店购买特定的商品。

零售商抓住消费者心理以增强商店的减价形象。比如，告知消费者某商品原价为 2.00 元，现价 1.80 元，可替消费者节省 0.20 元，以此鼓励消费者购买。又如，一些超市向消费者提供某些商品的价格折扣方式是同时购买 2 个单位或 3 个单位的商品比购买 1 个单位的商品便宜。例如，购买一个面包是 0.5 元，而购买 3 个面包则是 1 元（此时相当于 1 个面包 0.33 元，比原价降低 0.17 元）。一般来说，购买多个商品才能获取价格折扣的方法将鼓励消费者购买更多单位的商品，零售商也因此获得更多的销量。

部分零售商甚至更往前一步，采取大包装战略。在美国连锁超市运营商 Pathmark 的一则促销广告中，布什（Bush's）烤豆 3 包 5 美元，优诺酸奶（Yoplait yogurt）10 盒 6 美元；在食品超市 Cub Foods 里，12 听装的雪碧在搞促销，3 箱 11.97 美元；而在 Kroger 的门店里，柠檬水、袜子和小熊糖都在搞特价，10 件 10 美元。其实，顾客就算不按店家的推荐数量来购买，也可以获得折扣，但他们还是会购买那么多，这就是暗示的力量。拥有 Cub Foods 和其他多个食品杂货连锁店品牌的美国超价商店公司（Supervalu）曾做过一个实验，那就是在同一个超市对同一款商品分别推出 10 件 10 美元和 5 件 5 美元的促销活动，结果发现，如果是 10 件 10 美元的促销活动，顾客往往会多买两件商品。但是，当他们尝试 1 件 1 美元的定价时，销售额会出现一个两位数的下滑。这可能意味着，当顾客看到 10 件 10 美元的商品时，他们会认为这个很值，就会多买一些[7]。

2. 商品展示

商品展示是零售商可以运用的重要促销工具。商品展示可以大幅度增加零售店的销量。但是，商店的货架空间有限而变成稀缺资源，为了获得有限的货架展示机会，制造商通常需要支付较高的代价。不管零售商的销售面积有多大，能展示的商品数量总是有限的，因此，零售商通常会将商品展示机会留给市场份额高的商品，除非那些低市场份额的商品愿意支付额外费用。

销售场所的商品展示促销可以有效地吸引消费者对展示的商品或服务特别加以注意，从而有助于使潜在消费者变成现实消费者，促使消费者立即购买。商品展示在那些没有店员介绍商品的超级市场之类的零售场所，发挥的效果会十分明显。对于那些通过大拍卖、特价、减价等特意促销商品的零售店，商品展示这种 SP 工具更常用。

商品展示一般由制造商提供经费，零售商只需支付少量费用，甚至免费。更值得一提的是，商品展示可以美化店堂、改善购物环境、提高商品陈列的艺术水平，借以达到招徕顾客、扩大销售的目的，因此深受零售商的欢迎。

3. 零售商 SP 广告

零售商使用的另一种较为重要的促销工具是 SP 广告。SP 广告一般会发布在网站上、零售现场、当地的日报或周报上，或者印制成 SP 传单及 SP 汇册，或邮寄发送至目标消费者家中。SP 广告的内容包括所促销的商品及特殊的价格折扣，附有实物照片。比如，深圳的沃尔玛、家乐福、新一佳等超市都向周边社区住户报箱投放过促销海报。

零售商报纸广告的规模一般有三种类型：第一种是大规模广告，通常用于市场容量较大商品大幅度降价促销；第二种是中等规模广告，规模比第一种小，即所促销的商品量不大，降价的幅度也一般；第三种是小规模广告，只是为了获取制造商的广告津贴而做的广告，广告商品也未必进行价格折扣。

制造商用合作广告或广告津贴的方式鼓励零售商为其产品做广告。据美国市场研究调查显示，百货商店的 SP 广告很多都是采取与制造商合作广告的方式；销售家用器具的零售商有 50%～75%的广告费用也是由制造商以广告津贴的形式提供的；食品零售商所做的广告 100%是使用制造商的广告津贴。显然，零售商的 SP 广告经费中，制造商承担了重要的角色，这也是制造商对经销商促销的一种方式。

4. 竞赛与抽奖

竞赛与抽奖方式变化万端，在促销活动领域中，它是一个真正令创意天马行空的领域，也是零售商可采用的让消费者感到极度兴奋并充满中奖期待的促销活动。竞赛与抽奖最重要的特色之一就是提供一个比实际支出金额更多优惠的活动契机。例如，让中奖者到国外旅游或赠送名贵轿车等，此类大奖额的促销赠送，当然比花相同经费的送样品或折扣券的促销更富刺激性。

竞赛与抽奖的奖品可以由制造商提供,是制造商鼓励零售商扩大铺货面的上策之一;也可以由大型的百货商店、超市提供,以直接促进零售店的整体生意增长。

5. 兑换印花

以兑换印花作为零售店的促销工具,最早出现在美国威斯康星州米尔瓦基市(Milwaukee)的一家百货公司。1896年,S&H印花专业公司在美国开业,使新英格兰地区零售商加盟其旗下,共同发行印花,开始交换商品业务,现在S&H已成为美国最大的印花公司。日本利用印花作为促销工具则是在"二战"后才开始的,像日本大型商社东光屋、明治屋,就是在1950年左右才纷纷发行印花的。同时,各地商店街也开始发行共通的地区性印花。

兑换印花在超级市场连锁店特别盛行,在国内,女性服装和化妆品商店也较多使用这种促销方式。凡购买一定金额的服装或化妆品,就可获得若干个印花,随着印花数量的不断累积,消费者在以后的购买中就可获得赠品或获得进一步的价格折扣。

兑换印花这种持续的促销活动,一般以整套盘碟、炊具、珠宝首饰、化妆品等作为赠品或商品折扣依据,以鼓励现有使用者购买某品牌或到某零售店去选购,所以对现有使用者最为有效。此外,由于许多人在开始保留赠品印花之后,却从未以印花兑换赠品或奖品,所以这些活动的成本通常都比较低。因此,在当前凡事要求立即报偿和品牌忠诚度下降的时代,持续赠品印花计划对许多人似乎并不具备很强的吸引力。

6. 连锁SP

连锁经营是世界零售业发展的新趋势,它将众多分散经营同类商品和服务的零售企业纳入同一经营管理系统中,各分店或成员店在总部的指挥下采取共同的方针,一致行动,实行集中采购和分散销售的有机结合,实现规模经济的效益。与其他分散经营的商业零售机构相比,连锁SP(Chain Promotion)具有明显的整体促销效益。

所谓连锁店,又称为公司联号,是指在总公司或核心企业领导下,由分散的、经营同类商品或服务的零售企业,通过规范化经营,实现规模效益的经济联合体。连锁店遵循3S原则,即简单化(Simplification)、专业化(Specialization)和标准化(Standardization)。

连锁经营的特点形成了连锁商店特有的SP方式,连锁SP的最大特色是方便与服务促销。连锁SP具有以下的特点:

(1)价格低廉的高质量商品。连锁店的规模很大,专业化分工有利于实现低成本经营,大批量的进货形成了低价格。通过积极采购和灵活的配销,连锁店可以努力地使商品保持低价位,尽量将利益转让给顾客,给顾客以天天平价的感受,对顾客具有很大的吸引力。

(2)经营品种齐全,满足顾客各层次的需求。连锁店宣传的是"一站式"购物概念(one-stop shopping),让顾客体验到与众不同的购物新感受。连锁经营一般集百货店、超市、餐饮、娱乐为一体,适应消费者购物时的多层次需求。比如,深圳罗湖沃尔玛购物广场,在1996年8月刚开张,它提供的产品种类就有新鲜海产、果菜副食、速冻食品、家用、电器新款服装、化妆用品、出炉糕点、各式寿司,还有快捷便利的一小时冲印服务等。

(3)便利、优良的服务。连锁SP最突出的特点就是以便利的服务吸引顾客。这不仅包括了连锁商店在位置方面提供的便利,也包括购物时顾客在店中买到所需商品的便利。在连锁店的众多分店中,顾客可以很方便地在就近的一家店铺购买所需。连锁商店开放式商品货架，增加了商品的可视度和可选度，方便顾客自我服务。连锁商店提供了一次付款方式，也简化了烦琐的传统收银方式。

连锁店就是靠商品品种多、价格便宜和便利优良的服务很快风行全球的。例如，麦当劳、肯德基、屈臣氏等大型连锁的商业公司凭借巨大的规模收益加上统一策划的连锁SP，成为了闻名的跨国公司。

7. 其他促销

零售商提供的促销类型还有很多，除了店内的价格折扣，还有折价券（可附在报纸广告页上）、赠品、免费试用样品，等等。只要对吸引消费者购买商品有利的，零售商都有可能想到。

8. 更有效的降价SP

随着竞争的日益激烈，各种SP工具的使用已经相当频繁，令消费者时时处于SP活动的汪洋大海之中。其结果是消费者对SP活动麻木，降价也无效。但是，面对习惯了SP手段的消费者，零售商又无法不用SP或减少SP，唯一的出路是思考如何使SP更有效，效果更显著。以下是一些更有效的招式。

招式1："大"，买"小"送"大"，如 买2元彩券中奖送房车。

招式2："统"，全部五折、通通十元、十元店、99美分店。

招式3："最"，全市最平、最低，否则补款。

招式4："捆"，捆绑销售，多则更低，促使多买。

招式5："一"，造成震撼，加一元多一件、一元机票、一元手机。

招式6："配"，买一送一、买彩电送洗衣机，购房送家私、送空调。

招式7："限"，限时、限量、限人数。令消费者唯恐失去SP机会。如航空公司折价机票、房地产公司售楼等。

招式8："玩"，以"玩"吸引并降低对SP的反感，如百事"摇钱数"SP、可口可乐"红色真好玩"SP等。

招式9："教"，寓教于促，教育推动消费者接受，如化妆品、微波炉、电脑等学习班。

从以上对零售店SP促销工具的介绍中可以看出，零售店SP的实施一般有两种途径，一种是零售店自己策划SP活动，以促进商店整体的销量增长；另一种是由制造商提供津贴或技术协助，通过零售店实施对消费者的促销，这对制造商而言，是其对经销商（包括零售商）促销的方式之一。

11.4 零售商SP实施中的可能问题

在实施SP的过程中，零售商可能面临以下问题：一是协调各种档次商品的销售很困难；二是零售商之间的过度竞争；三是零售商与供应商的矛盾；四是零售商存货不足；五是消费者对价格不信任。

1. 协调各种档次商品的销售很困难

销售激励是零售商促销的重要部分，许多零售商依靠销售人员将产品推向顾客。零售商一般根据商品的档次高低来设定销售人员应得的佣金和回扣，这样一来，销售人员通常更愿意推销更高档次的商品，使档次较低的商品受到销售人员的冷落。可见，协调各种档次商品的销售不是件容易的事情，特别对那些广泛设点的零售商来说更是如此，因为这些零售商对销售人员的控制和管理会更困难些。

2. 零售商之间的过度竞争

如果零售商纷纷根据自身的发展要求进行 SP 活动，可能会引发零售商之间的价格战。零售价格战从 20 世纪 90 年代起，一直持续十多年。从实体零售跨越到电子零售市场。苏宁与国美作为两大家电零售巨头，博弈十几年，从最开始的线下对抗逐渐转变成线上线下的价格互博，直到渐行渐远。而随着互联网的不断发展和进步，电商零售商的竞争则更加惨烈。2014 年"双十二"由淘宝和京东挑起的"猫狗大战"更是将战场转移到移动客户端。先是淘宝说自家比京东便宜，而京东则指责淘宝卖假货，接着苏宁、国美、当当、一号店、乐蜂、易迅都加入了"互黑"大军当中。这种恶性竞争是中国零售业过度竞争的必然结果。这种策略，使消费者越来越关注价格，而不是价值[8]。

3. 零售商 SP 与供应商的矛盾

伴随着国内大型零售商的迅速成长，大型零售商和供应商的矛盾日益显现，成为政府、行业、媒体和学术界共同关注的一个问题。从 2003 年的家乐福与上海炒货协会事件、2004 年国美与格力冲突，到西安杨森与南京医药冲突、格力与夏普冲突，2009 年沃尔玛与家乐福冲突，2014 年格力与美的冲突，当当网与亚马逊冲突，都体现出大型零售商的崛起对传统渠道权力平衡关系的冲击。大型零售商似乎"毫无忌惮"地使用着手中的权力，供零冲突呈现经常化、激烈化、广泛化的趋势[9]。

4. 零售商存货不足

在进行促销过程中，商品短缺是零售商面临的大灾难，其原因从厂家角度讲，主要有两个：一是厂家对库存管理过于保守和谨慎所致；二是厂家对终端库存管理不完善和物流配送系统落后造成的。从零售商角度讲，通常是由于零售商不能准确地预测商品销量造成，而无法得到厂家的存货支持造成的[8]。同样的商品，在促销时，销量可能是非促销时销量的两倍。用经验方法来预测销量往往会出现问题。另一个原因就是店内缺少库存，不易及时订到货。在百货商店和其他类型的零售店中，库存的变化一般是有规律的。广告主投入了千万元的广告后，一定会努力减少商品短缺的可能性，解决的办法就是与附近库存点保持良好的沟通。

5. 消费者对价格不信任

通常零售商对大规格、大包装的商品的定价要比小规格小包装的定价高。比如，小规格的包装定价为 1.09 元，大规格的包装可能定价 2.59 元。零售商必须决定是否可以用这种方法定价，否则消费者会认为零售商在欺骗他们。解决的方法是可以咨询制造商对特定产品类别的定价，而不要自以为是。

总而言之，促销策略的实施需要认真细致的考虑，否则很容易疏远了消费者，换来得罪消费者的恶果。

微案例 11.4 "八毛钱烤鸡"促销事件

2002 年 11 月 8 日上午，广州市新开张的华润万佳天河北店出售"5.90 元开业特价"

自制烤鸡；很快，百佳将店里同类烤鸡价格由 6.80 元/只降到 5.80 元/只。快到中午，华润万佳将烤鸡价格猛调低到 4.90 元/只；下午 4:00，百佳调低烤鸡价至 4.80 元/只。到了 9 日，双休的第一天，价格战在不断升级，以鸡蛋为例：早上 9:00，百佳首先把鸡蛋价格调低到 1.80 元/斤，接着万佳的鸡蛋价格为 1.60 元/斤。不到半小时，百佳的鸡蛋价格重新调到 1.50 元/斤，"鸡蛋战"以价格维持告一段落。同时，这一天两家的烤鸡价格都降到了 2.90 元/只。晚上 9:00，百佳的卖烤鸡柜台还围着三圈等待烤鸡的顾客。

11 月 10 日早上 8:00，万佳外面已经等候着近 100 多名闻风而来的顾客，这时的烤鸡价格调到 1.90 元/只，鸡蛋的价格再次调低到 1.30 元/斤。8:30，万佳的鸡蛋价格已经降到了 1.00 元/斤。与此同时，百佳的工作人员正在改公告牌上的价格，鸡蛋价格重新调低到 0.50 元/斤。下午 2:00，在挤得水泄不通的百佳三楼熟食柜，有人问工作人员："请问烤鸡多少钱？""好像是 8 角吧，我都不知道了，真是一分钟一个价。"

"战火"还从烤鸡蔓延开来，副食品、日化、家电等大批商品齐齐上演多个回合你来我往的价格"拉锯战"，两超市里相当多的同类商品连续 5 次降价。华润万佳店里共有逾千种商品加入和百佳的低价比拼中，甚至有的商品以低于对手 50%的超低价出售。

互动讨论题：请指出"八毛钱烤鸡"促销战的根源。

本章案例

一枝独秀还是相映成辉？商品陈列的技巧

■ 案例情境

1. CATHY 的困境

"小姐，小姐，你的咖啡已经准备好了。"在服务生的连声提醒中，靠着柜台的 Cathy 终于回过神来，一边说着"Sorry"一边付钱。刚才她正注视着咖啡店外的风景出了神。正在她回头的那一刹那，Cathy 看见了 Brian 在咖啡店的一张桌子后面注视着她的窘态，她觉得他微微露出轻蔑的神情。Cathy 在心中暗叫不妙，忙回过头去，拿了打包好的咖啡推门而出。

秋天总是这样，忙乱而又琐碎。刚刚过去的黄金周促销还没有让 Cathy 缓过气来，她又陷入了秋天越来越混乱的状态。Cathy 在一家连锁照明零售商"爵士"做销售经理。她从著名的 Z 大营销专业毕业之后曾在一家调研公司工作过两年，一直自认自己做事很有逻辑，自信满满，一跳槽来到爵士开始从事销售工作，她以自己严谨的思维根据过往的销售数据拟定了合理的新的销售目标，并好好地动员了一线的销售人员。但是，当计划开始进入实施阶段，她感到了自己的无力，她感觉自己抓不住销售的规律，倒像是被各种销售任务追着跑。各种促销活动，做完了，成功或失败，Cathy 有时觉得摸不清原因。在培训一线销售员的时候，Cathy 常常不知从何教起……她的自信一点点地磨平了。在为自己的实战经验不足愧疚之余，Cathy 拿出了调研公司前员工的韧劲和刻苦，常常和普通销售员一起做导购工作，希望能够摸清楚客户的需要。她发现既有非专业客户来购买照明产品，也有十分专业的"行家"前来选购，二者的需求十分不同。Cathy 认为，能够留住客户并为他们提供更好的价值的办法之一，就是为他们提供更多的选择。她决心和公司的总裁商量，增加照明灯具的种类……就在她认为稍有收获的节骨眼上，更大的挑战降临到她的头上——公司给她调来了一个营销副经理，Brian。

Cathy 并不清楚地知道 Brian 有多大年纪，只知道他并不是科班出身，但是有着相当长的从业经验，而且是技术出身，对于各种照明及配件的生产、行情和售后工作有着十分清楚的认识。他的到来使得 Cathy 突然着了慌。Cathy 总觉得 Brian 在看着她的一举一动，并且十分不屑。他远远看着 Cathy 向顾客推销的过程，脸上似笑非笑，这让 Cathy 的心情瞬间降到了冰点。这位不善言谈的营销副经理，让 Cathy 觉得很难接近。他的到来是要取代自己吗？还是真的仅如公司总裁所说"提供帮助"？但是 Cathy 深知，能从他那里学到很多实践经验和专业知识，可她觉得当看着 Brian 冷冷的眼神时，她怎么都难以启齿，只能点头或艰难地挤出微笑，只想赶快从他身边逃开。谁知正在此时，Brian 开口了："经理，我想和您谈一谈。"

2. 打破僵局

在办公室里，Brian 先开口了："听说您正准备给公司总部准备报告，希望能够增加灯具的种类，我想知道您是怎么想的，也许我能帮助您准备您的报告。"Cathy 听着这客气的提问，又开始紧张起来："我认为如果能给客户更多的选择，他们会更加愿意做我们的忠诚客户。有很多知名的企业都是通过增加客户的选择取得巨大成功的，比如说沃尔玛就是很好的例子。"Brian 笑了："我很赞同您的观点，但是我觉得在给顾客选择的同时，还有一点您稍稍欠考虑了，就是怎样帮助顾客作出选择。"Cathy 没有想到 Brian 这样的客气友善，戒心立即有所减轻，又听到他言之有理，马上问道："那依你之见……""我们的商品与超市中的许多商品有所不同，因为灯具是一种具有功能差异，或是有装饰效果的产品，所以顾客在选购的时候，多半要进行比较和斟酌，对吗？"Cathy 点头同意。"然而顾客如何进行选择则是我们可以影响的突破口。"Brian 的指尖轻轻一点，一副胸有成竹的样子，停了下来。

"果然姜还是老的辣！"Cathy 被 Brian 的表情逗笑了，禁不住赞道，谈话的氛围一时间轻松了很多，"突破口是选择的话，我们又能有什么对策？""我看经理您一直身体力行，常常和一线员工一起工作，您有什么感觉？"Cathy 低头想了想，说道，"你这么一说，我觉得确实有玄机，最成功的销售员们常常设置参照物。"话一出口，Cathy 马上觉得自己的老毛病又犯了，说得太书本化，她马上补充道，"我的意思是说，销售员们总是会提到顾客较熟悉的品牌来作例子，和我们的产品比较，展示其功能。"Brian 眼里闪过一丝笑意："你说得很对，通过举例子，售货员马上拉近了产品与消费者之间的距离，说明产品的参数和功能就更容易了。我们就用我们卖的护眼台灯为例吧。市面上最有名的牌子就是日本产的钛能牌护眼台灯，而我们商店销售的护眼台灯品牌有四种，其中 A、B 两种的性能优于钛能牌，价格较高；另外 C、D 两种价格相对便宜，但质量也低一些。"

"我从业以来的经验就是，在卖好的东西的时候，一定要强调它的优点和它的独特性，这样愿意付高价的顾客才会觉得物有所值。就好比我们推介 A 牌护眼灯时，告诉顾客它相比于钛能牌有许多性能上的优点，这个时候，顾客会认为 A 牌护眼灯是一个很高级的产品，很独特，但是若是同时介绍 A 牌和 B 牌两种，顾客反而觉得没什么了不起了，原来有很多牌子都比钛能好，就不稀罕了。"Brian 说道。

"你这么一说，我觉得确实是这样！同时推销 A 牌和 B 牌，将它们和钛能牌做比较，似乎是抬高了顾客的期望值……"Cathy 马上意识到自己又说出了过于"学术化的"言辞，她轻轻吐了吐舌头，继续说道，"我的意思是说，他们变得更加挑剔，在 A 牌和 B 牌之间比较来比较去，越挑反而毛病越多，购买的欲望也降低了。"

"我正是这个意思，所以，我觉得商品不一定要种类多。多了有时还坏事。"Brian 笑道，"所以依我啊，我们索性减少陈列的品种，也许销售额还会因此增加。通过削减牌子，增加每个牌子的订货量，我们拿货的价钱说不定也能降低。这就赚了。"

Cathy 想了一想，说："刚才你分析得很有道理，但是我们也不能简单地把这个想法推到所有的产品上了，就好比说，C 牌和 D 牌护眼灯也要削减一种吗？""那当然，一个道理嘛。""不，我们来看看。因为 C 和 D 牌都比钛能牌差，如果只留一个，消费者会觉得这是个面临淘汰的产品，太差了，但是要是有两个牌子，消费者会想啊，哦，其实比钛能牌差的牌子还是有一些的，说明钛能牌是中上等了，我们要实惠就在这些稍差一点的牌子里挑一个，好好比较，还是能挑一个性价比不错的。你说对吧？"

"到底还是经理有学问啊！你这么一说，我觉得确实不错！"Brian 赞道。"哪里哪里，也是你启发了我啊。"Cathy 笑道，"现在，我们把思路理一理吧。要想帮助顾客更好地作出选择，我们为他们提供一个参照物，也就是一个可以给他们作为对比标准的产品，没错吧？"

Brian 点头同意，"接下来，就是我们怎么介绍我们要卖的产品的问题了。要是消费者想要更好的产品，我们在介绍的时候重点介绍一种，总之要避免介绍太多种；要是消费者想要功能差一点儿的产品，我们就多给他们一些选择。看来这个你说的参照物是很关键的啊。一般来说，我们要选市场上广告卖得好、知名的牌子吧？"

"那也不一定啊！这个参照物啊，也可以由我们来引导，全看售货员怎么说了。"Cathy 兴奋地说。两人相视而笑。正在这时，办公室里的电话响了起来，Cathy 接听，原来是她大学时代的同学 Selina，"有空出来吗？今晚聚会！""我手头正有一个很重要的企划要做呢，可能没有空去聚会啊！"Cathy 却发现 Brian 在跟她使眼色，并递过一张纸条："交给我吧。"

Cathy 笑着结束通话，问 Brian："你怎么知道我打算写什么企划？""不如我们学周瑜和诸葛亮，看看我们所想是否一致。"Brian 递过便签纸和笔，Cathy 接过写下自己的想法，再与 Brian 的对照，果然二者所写一样："培训。"

Cathy 心头一暖，原来她自己的假想敌是一位既有能力又十分细心风趣的好同事，此次真是要好好合作，大干一番了："就这么定了！我们出一个培训销售员的方案，改进他们推介的方式，同时改善商品陈列，看看我们能达到怎样的效果吧！""好！"Brian 赞同道，"我在这一行干了几年了，一致认为促销有玄机，这次可算是理清了！"

"那就辛苦你先做一个企划的框架，稍后我会写具体的培训方案。"Cathy 转眼望向窗外秋日的晴空，觉得多日以来心中的愁闷一扫而空，现在，她有了好战术和好战友，是时候好好地挑战一下了！

3. 聚会，聚会

在秋日余晖之下的人行道上，Cathy 正在踱步，她正准备参加晚间的大学同学聚会。但她还有的是时间，并不着急。此刻，她正在回味下午她和销售副经理 Brian 展开的讨论。Cathy 曾经一直想增加零售店中的灯具种类，增加消费者的选择，以此来为顾客提供更多的价值，以达到吸引新客户、保住旧客户的目的。但是刚刚到任的 Brian 对她的想法提出了质疑。Brian 行内经验丰富，相比于刚刚从市场研究公司来到爵士的 Cathy，显然经验多，底气足。Cathy 对 Brian 抱有戒心，觉得他对自己怀有敌意。可是 Brian 非常诚恳地提出了自己的意见,将自己的经验和观察与 Cathy 分享。他指出了销售中常用的参照物产品的重要性,这种参照物产品会对大大影响消费者对商品的评估和选择。在经过讨论之后,Cathy 和 Brian 发现,如果顾客想要比参照物更优的产品时,选择多了反而是件坏事,重点推荐一种高级产品会增大购买的可能性,也使消费者选择起来更加容易,更加满意。相反,如果顾客想要比参照物差的产品时,商家应该提供稍多的选择而不是只提供一种产品,这样能达到更好的效果。在最后,Cathy 和 Brian 达成了一致:培训销售员和改进陈列方式很关键,他们决定放手一试。

Cathy 漫不经心地看着街边一家服装店里的售货小姐们工作的身影,她们脸上的微笑和一开一合的嘴唇,令人觉得她们真的很努力;转过一条街,Cathy 来到了城里一处卖五金用品的专业街,这条古老小街积聚着不少开五金店的人,街边上静静地停着蓝色的准备载货的小卡车,店里的老板正拿着一本写满了参数的册子给顾客讲解,只见那顾客摇了摇头,似乎不赞同店老板所说的观点……

看着这么多广义上的"同行",Cathy 不禁心生感慨,不知道自己今天和 Brian 的讨论结果,是不是在每个行业都有用呢?应该每个行业都有自己的应用版本吧,营销的世界是这么的丰富,这么的充满了创造力和可能性,Cathy 突然间觉得自己应该把这个小小的"成果"和好朋友们一起分享,听听他们基于自己行业的意见。这样想着,她不禁加快了脚步,没错,她今天要认真听每一个人的意见。

4. 他山之石

"好吧,我先打头阵吧。"Cathy 大学时的好友,现在仍在攻读博士后的人称"举人"的 Dave 先开口了,"其实我对你的发现很感兴趣,最近我也看到了讨论这方面问题的文献。但是我正在想怎么将这个问题扩展开来看。在已有的文献中,和 Cathy 所遇到的情况相似,都是要卖的产品总体优于参照物,或者劣于参照物,但是这在实际操作中并不十分普遍。更常见的情况是,一些属性优于参照物,另一些属性劣于参照物,那时候要怎么讨论呢?将会是更为复杂的情形了。"刚说完,Dave 的嘴里就被塞了一块装饰菜肴用的小西红柿,"Dave,你书生气也太重了!说累了吧?咱们也听累了。""真是的,Dave 一直是怪人一个,我们班唯一的素食者嘛,你是不是很爱植物?"Dave 把西红柿胡乱咽下去,扶了扶眼镜:"错,我是素食者不是因为我爱植物,而是我讨厌植物,因此要把它们全部吃掉。"

"我觉得 Dave 还是说得很好啊!我们各抒己见嘛。"文静的 April 接腔了,"就好比我吧,你们都知道我在一家专业性很强的通信设备公司做事。我们的客户都对产品的属性很了解,所以我们在销售的时候并不采用具体的参照物。我们谈论得更多的是市面上产品的平均性能指标。Cathy 说的现象确实是存在的,当客户想要优于平均水平的产品,或技术尖端的新产品时,重点推介一种效果比较好。这时客户会觉得这是我们的拳头产品或是未来主导机型,值得投资;如果向他们同时推荐几种,顾客反而会不满意,怀疑这些产品的性能,常常比较了很久又犹豫了。但是若是购买价格较低的机型,更多的选择会使他们更满意,他们通过比较,选择更适合自己需要的性价比组合,成交的可能性也越大。其实和 Cathy 的行业很不一样的一点是,有时若是我们销售人员作出过多的解释和对比,反而使客户反感。因为大家都很内行,客户更相信心中的标准,此时提供适当的服务和解说是比较明智的做法。"

做汽车经销的 Henry 也表示赞同:"我觉得这个办法在我们行业也是很行得通的。如果客户想买高端的车型，其实一般他们自己心中已有了一个较为心仪的对象了，我们要做的很多时候是帮助他确认这个选择，这个时候要是给他很多替代的方案，反而会使客户们陷入疑惑之中，为了摆脱这种不确定的感觉带来的不快，他们也许就不来我们店买了，那可是大损失啊！对于我们来说，保住大客户的很重要因素就是让他们感觉好。"

"但是购买普通车型或入门车型的客户们，想法就会很不一样。他们享受挑选最适合自己的、性价比最高的汽车的过程。多给他们提供备选方案会使他们很高兴，觉得我们服务做得很到位，也觉得自己的钱花得值。"

"你们说得都很对。"在一家艺术收藏类公司供职的 Sam 说，"于我就没什么用处了，你们的办法能否顺利实施有一个重要的前提，就是产品之间是否容易比较，否则这规则就玩完了。像我们行业吧，试问哪个顾问能为消费者比较画作呢？更多的是靠模糊的心里的感觉。Cathy 啊，我觉得你的想法好，就是有局限。"

"是啊是啊，你们知道我在快消行业做的。"Linda 说，"消费者购物的时候根本没有很认真地比较的过程，你的妙计我们也用不到了。"

"No, no, no!" 同是快消行业的 Christopher 说，"大家不要把思路封死了，我来抛砖引玉一下，看看我们能不能打开思路。咱还是说快消！快消的产品消费者是不会太认真地比较，购买的时候大多数都是出于习惯或是受促销活动的影响。但是不能和别人比还不能跟自己比吗？我们推出新产品的时候，不是很喜欢使用消费者试用的手段来测试新产品吗？这个时候，Cathy 说的那种现象会不会影响测试的结果呢？"

"对啊！如果新产品优于过去的产品，那么一次给试用者几种新产品样本和单独给一种新产品的样本，测出来的结果可能有偏差了！"Linda 若有所悟地说，"单独评价的时候，消费者给出的结果会比联合评价好；若是新产品劣于过去的产品，单独评价的结果就会比联合评价的结果差了。" Christopher 得意地笑着不做声。

"好，我也来一个！"做广告的 Flora 说，"同样的疑问，也会出现在我们广告行业呢。按照 Cathy 和 Christopher 的结论，如果两个较好的品牌同时在一个杂志上做广告，且更极端的情况是，做广告的版面相近，宣传效果其实是有所折扣的喽？如果较为差点的产品广告做在一起，反而能起到协同作用，提高每一种产品的销量了？"

"这怎么可能呢？我还是不明白，怎么可能较差的商品摆在一起卖，反而每一样都比分开来卖得更好呢？这真是很不可思议的事情啊！"Tom 摊开双手，不解地问。

"那是因为啊，消费者在比较较差的产品的过程中，发现了其中一种或几种的优点。当然这些优点都是相对于个体消费者而言的，而消费者的偏好又是不同的。这就导致了你刚才所提的可能性啊。而且如果较差的商品单独出现，顾客会觉得它实在太差了，也许是淘汰商品了，而同时出现几种会使消费者认同这些商品并不是最差的，从而促使消费者在比较中发现它们的优点。"Cathy 解释道。

正在这时，侍者送上了餐后甜点，Cathy 说："现在让我们稍事休息，享受我们的冰激凌吧，当然，Dave 你除外。"素食者 Dave 点了点头，用叉子叉起一块苹果向大家示意："我还有它。""真的很感谢大家分享了这么多有意思的想法。今晚真是太高兴了。我想我们下一个议题是，我们下一站去哪里？"

"我觉得更重要的议题是预算问题。"Christopher 怪声怪调地说。"好解决，当然是我请客啦！"Cathy 爽快地回应道，顺便白了 Christopher 一眼，Positano 咖啡馆霎时间里响起了一阵欢呼声……

■ 相关概念与理论

首先，假设当消费者评价一种产品时，他们会比较所有可获得的参考信息。前人的研究说明，刺激物的吸引力不仅取决于它的绝对价值，而且也受其相对价值的影响，即相对于某些参照物的价值。例如，买房者在估计一套房子的价值时，他会将那套房子与选定的一些参照房屋进行比较，然后再估价那套房子的价值。参照物可以是一些具体的事物（如他朋友的一套房子），也可以是一些抽象信息（如该地区房屋的普遍情况或者大部分房屋的情况）。

其次，假设当消费者同时评估两个产品时，他们会着重对两者进行比较，而较少依靠参照物的信息。例如，上例中，如果中介机构给买房者同时介绍两套房，买者则不太会想起他朋友的房子或者该地区房子的普遍情况，而会着重在两套房子中进行比较。相对于那些间接的背景参考资料，消费者更倾向于使用直接可用信息，纵使直接可得的资料不及背景资料更为有用。当消费者要在联合评估模式中评价一个产品时，相对于原始的参考信息来说，另一个替代选项的信息会变得更为显著，而成为主要的参考物。此时，消费者会更加关注目标产品与可替代品之间的不同点。

基于以上假设，我们提出如下观点：

首先，一系列刺激产品（现假定为两个）在单独评估还是在联合评估情况下更具吸引力，主要取决于产品与消费者在单独评估时所选用的参照物之间的关系。具体来说，如果这些产品在单独评估时已经对消费者十分有吸引力，将其置于联合评估的情境下反而会降低它们的吸引力。因为联合评估时消费者会将产品与其它替代品进行比较，继而可能发现其缺点。相反，如果产品在单独评估时对消费者的吸引力不大，将其置于联合评估的情境下则会增加其对消费者的吸引力，因为联合评估时消费者可能会通过产品间的比较发现其优点。

假设两个刺激产品 A 和产品 B，同时 A 和 B 都具有属性 1 和属性 2，即 a_1、a_2 与 b_1、b_2，且 $a_1 > b_1$，$a_2 < b_2$（这里 ">" 和 "<" 代表该属性优于或劣于另一属性）。在单独评估情况下，A 和 B 共同的参照物为 R，R 的两个属性分别为 r_1 和 r_2。根据假设，在单独评估情况下，消费者将单独陈列的产品与参照物进行比较；而在联合评估情况下，消费者对联合陈列的产品进行比较。为了简化分析，我们假定在联合陈列时，消费者完全忽略参照物，只对联合陈列的产品进行对比。

因此，刺激产品在单独评估和联合评估两种模式下的吸引力公式表达如下：

$$V_{sep}(A) = k + w \times u(a_1 - r_1) + (1-w) \times v(a_2 - r_2) \tag{11-1}$$

$$V_{sep}(B) = k + w \times u(b_1 - r_1) + (1-w) \times v(b_2 - r_2) \tag{11-2}$$

$$V_{jnt}(A) = k + w \times u(a_1 - b_1) + (1-w) \times v(a_2 - b_2) \tag{11-3}$$

$$V_{jnt}(B) = k + w \times u(b_1 - a_1) + (1-w) \times v(b_2 - a_2) \tag{11-4}$$

其中，V_{sep}，V_{jnt} 分别代表商品在单独评估和联合评估两种模式下的吸引力；k 代表产品吸引力的基数；w 代表该产品的两种属性所占比重（$0 < w < 1$）；u 和 v 代表两种属性的实用功能。

公式（11-1）至（11-4）表明，评估模式影响（即刺激产品在单独评估或在联合评估更具吸引力）取决于刺激物与参照物之间的关系，即"产品参照物关系"。因此，我们提出如下观点：

观点1：评估模式和产品参照物关系之间存在交互作用。相对于联合评估模式，在单独评估模式中，产品参照物关系对刺激物吸引力的影响更加显著。

参照物和刺激物之间关系存在许多可能。我们将研究两个极端例子：①A和B的属性都比R好，即"优于参照物"情况；②A和B的属性都比R差，即"劣于参照物"情况。

首先，对于优于参照物的情形，即$\min(a_1,b_1)>r_1$且$\min(a_2,b_2)>r_2$。因为$a_1>b_1>r_1$，$b_2>a_2>r_2$，且u和v是单调递增函数，就有：

$$u(a_1-r_1)<u(a_1-b_1) \tag{11-5}$$

$$v(a_2-r_2)<v(a_2-b_2) \tag{11-6}$$

$$u(b_1-r_1)<u(b_1-a_1) \tag{11-7}$$

$$v(b_2-r_2)<v(b_2-a_2) \tag{11-8}$$

结合公式（11-5）至（11-8）与公式（11-1）至（11-4），可以得到：

$$V_{\text{sep}}(A)>V_{\text{jnt}}(A) \tag{11-9}$$

$$V_{\text{sep}}(B)>V_{\text{jnt}}(B) \tag{11-10}$$

因此，我们提出如下观点：

观点1a：如果A和B的属性都优于R，相对于联合评估模式，他们的吸引力在单独评估模式下更大。

其次，对于劣于参照物的情形，$\max(a_1,b_1)<r_1$且$\max(a_2,b_2)<r_2$，由于$r_1>a_1>b_1$，$r_2>b_2>a_2$，u和v都是单调递增函数，就有：

$$u(a_1-r_1)<u(a_1-b_1) \tag{11-11}$$

$$v(a_2-r_2)<v(a_2-b_2) \tag{11-12}$$

$$u(b_1-r_1)<u(b_1-a_1) \tag{11-13}$$

$$v(b_2-r_2)<v(b_2-a_2) \tag{11-14}$$

结合公式（11-11）至（11-14）和公式（11-1）至（11-4），可以得到：

$$V_{\text{sep}}(A)<V_{\text{jnt}}(A) \tag{11-15}$$

$$V_{\text{sep}}(B)<V_{\text{jnt}}(B) \tag{11-16}$$

因此，我们提出如下观点：

观点1b：如果A和B的属性都劣于R，相对单独评估模式，他们的吸引力在联合评估模式下更大。

总之，无论是单独评估还是联合评估，评估方式对刺激物吸引力的影响，取决于单独评估中刺激物和参照物之间的关系。如果在单独评估中产品比参照物更有吸引力，那么联合评估对产品不利。如果在单独评估中产品不如参照物有吸引力，那么联合评估对产品有利。

（案例来源：朱翊敏，彭莱，吴铭洺，等. 一枝独秀还是相映成辉：商品陈列的技巧［M］//中山大学管理案例研究（2009—2011）. 北京：经济科学出版社，2011：391-411）

■ 互动讨论

1. 阅读完案例之后，你从中得到哪些启示，你认为应如何设计一个有效的促销方案？在促销产品的时候，是否要在促销物旁边设计参照物？而当设置并陈列参照物的时候，参照物的选择是要优于促销产品的，还是劣于促销产品的？在选择参照物进行商品陈列的时候，是只选择一种参照物进行单独陈列，还是选择好几种参照物进行联合陈列？在单独评估时，参与者会使用目标产品的内在评估标准作为参照物。你认为通过改变刺激产品的价值而非改变参照物，可以控制产品参照物关系吗？从消费者的角度去考虑，采取不同类型的参照物，采取不同数量的参照物，消费者会对促销产品产生如何的评估？理由是什么？

2. 如果你是 Cathy，你是否会支持 Brian 提出的观点，以其为指导原则来制定下一季度的促销方案？或者你还有什么更好的提议？请给出你的详细理由。请结合消费者心理和消费者行为的相关理论，试分析消费者接受促销背后的心理过程及其对企业促销决策的启示。

■ 推荐阅读

1. Hsee Christopher K, Leclerc France. Will products look more attractive when presented separately or together?[J]. Journal of consumer research, 1998, 25(2): 175-186.

2. Leclerc France, Little John D C. Reason-based decisions in consumer promotions. working paper, Graduate School of Business, University of Chicago, 1996, 606-637.

3. Nowlis Stephen M, Simonson Itamar. Attribute-task compatibility as a determinant of consumer preference reversals[J]. Journal of Marketing Research, 1997, 34: 205-219.

4. Russo J Edward, Medvec Victoria H, and Meloy Margaret G. The distortion of information during decisions[J]. Organizational Behavior and Human Decision Processes, 1996, 66(April): 102-110.

本章思考题

1. 零售商的 SP 策略有哪些特点？
2. 制造商针对经销商的 SP 策略有哪些特点？
3. 面对零售商增强的权力，制造商如何更有效地组织促销活动？

本章注释

[1] 约翰·R. 罗西特，拉里·珀西. 广告沟通与促销管理[M]. 2版. 康蓉，等译. 北京：中国人民大学出版社，2004.

[2] 肯尼思·E. 克洛. 唐纳德·巴克. 整合营销传播：广告、媒介与促销[M]. 5版. 谭永风，胡静译. 上海：格致出版社，上海人民出版社，2014.

[3] 贺和平. 零售商市场权力研究综述[J]. 外国经济与管理，2006, 28(3): 31-39.

[4] 伯特·罗森布洛姆. 营销渠道：管理的视野[M]. 8版. 宋华，等译. 北京：中国人民大学出版社，2014.

[5] Shu-ling Liao The effects of nonmonetary sales promotions on consumer, preferences: the contin-

gent role of product category[J]. Journal of American Academy of Business, 2006, 8(2): 196-203.

[6] Curhan R C, Kopp R J. Factors influencing grocery retailers' support of trade promotions. na. 1986.
[7] Clifford Stephanie. 折扣让消费者买更多[J]. 孙天译. 第一财经周刊，2011(8): 15.
[8] 汪旭晖，李飞. 跨国零售商在华战略及本土零售商的应对[J]. 孙天译. 中国工业经济，2006(2): 21-29.
[9] 贺和平. 论大型零售商的社会性成长——一个跨学科的视角[M]. 深圳大学学报（人文社会科学版），2010(2): 63-68.

第12章 服务业如何运用SP策略

引例 信用卡岁末促销：银行真拼！

吃饭半价、9.9元看电影、加油9.5折……岁末年初，各大商业银行在信用卡优惠上的比拼似乎也越演越烈，除常规的刷卡送礼、积分翻倍、消费折扣持续不断以外，活动的幅度和广度也比平日更高。从外出旅行、商场购物、餐厅用餐乃至影院观影、洗车加油，均让人有惊喜。市民手中的信用卡已经不仅仅是一张支付卡，利用好也可以变身各式贵宾卡和优惠卡。

吃饭刷卡付账能打五折。总结多家银行的促销信息，最常见的优惠除了10元或9.9元左右看电影以外，最大的优惠幅度集中在餐饮领域，在一定的消费幅度范围内或在一定的时间段内，最高可享受全单5折的优惠。黄先生一家，夫妻两人加起来有四张信用卡。"周三吃饭刷招行卡半价，周五刷广发卡星巴克消费买一送一，周五刷交行卡加油打9.5折，邮储银行信用卡在橙天嘉禾9.9元可看电影……"作为刷卡达人，黄先生对很多家银行的优惠了如指掌。在一项随机对市民进行的"你会否跟着银行的优惠找吃找喝找玩？"的调查中，不少市民表示会留意自己信用卡的优惠信息。

新开卡优惠更吸引。为了吸引更多新客户，在原来的优惠上，银行对开卡后激活的客户给予更多的折头。例如，农行专门为0~6岁宝宝的年轻时尚妈妈量身定制了一款"漂亮妈妈信用卡"，这也是国内首款亲子主题IC信用卡，市民在2015年12月31日前开卡并激活即可获赠最高保额为2万元的女性健康险、全年两次的全国知名儿童医院专家预约挂号服务资格。

银行"倒贴"推广品牌。市民刷信用卡半价的背后，是银行在倒贴，至于幅度视合作情况而定，需要分别谈判。以活动最多、优惠最大的餐饮为例，如果优惠日持信用卡可享全场7折，其背后的运作是这样的：银行与合作商家洽谈，给刷本行信用卡的客户打9折，每刷一笔，银行再补贴给商户20%，这样顾客所享受到的优惠就是7折了。

当然，银行在做优惠活动进行补贴钱，已经精算测算过成本，加上合作商家也有意愿，因此补贴的费用并不算多。但是，对银行而言，光有发卡量是无法带来利润的，银行需要活跃的用户。由于市场竞争激烈，很多人手里有好几家银行的信用卡，通过优惠的形式，给持卡人一定的折扣优惠，激活存量卡，同时吸引新客户。

（资料来源：信用卡岁末促销　银行真是蛮拼的！[N]. 中山商报，2015-02-03）

随着航空公司、银行、宾馆和旅游公司等服务行业内部竞争的加剧，使得服务营销中的促销活动（特别是直接针对消费者的促销行为）越来越频繁。不仅在中国，美国市场情况也反映着这一特征：

（1）美国曼哈顿银行为了减轻美国运通卡在旅行支票市场的消费量带来的压力，向每个办理了 Visa 旅行支票的消费者都提供一定的折扣优惠。这个为期一年的促销计划向消费者提供了众多消费折扣，消费者可在威斯订酒店、U.S.Auto 俱乐部享受折扣优惠价，并在购买富士胶卷、宾得相机时也享有一定优惠。

（2）纽约迷福特广场面对客户利用率急剧下降的状况针对那些非出差性质的旅行者提供了两项促销措施：一是"实惠纽约之行"活动，每位预订双人间的消费者都可以获得 43 美元的优惠房价，平时订一间双人房的价格是 61～81 美元，且酒店免费提供一次鸡尾酒会、一次美食聚餐和一份普通早餐；二是"悠闲之夜"活动，顾客可凭当日赠送的戏票或存根，在房价中优惠 10 美元，如有第二张戏票则可再优惠 5 美元。

（3）为了鼓励 10～16 岁的儿童开办存款储蓄账户，美国巴克利银行和科罗格公司联合举行了为期三个月的促销活动。参加者只要 10 张 50 便士的现金，开一个储蓄账户，即可获得价值 0.8 美元的折价券。

作为迪士尼以"梦想成真"为主题的全球营销活动的启动活动之一，迪士尼为消费者提供了一个叫作"通往魔力王国的钥匙"在线抽奖机会。获胜家庭将赢得赴世界迪士尼乐园游玩的奖励，还可以在魔力王国待一天[1]。

电子优惠券变得越来越受欢迎。心脑血管药店（CVS Pharmacy）提供了店内优惠卡扫描服务，顾客只要在店里一台机器上扫描优惠卡，就能收到优惠券和根据顾客购买历史推荐的特别活动[2]。

在中国国内，服务业的短期促销虽然不是什么新鲜事物，但它从来没像现在这样密集，服务业的促销费用不断增加。面对这一趋势，服务营销人员在设计推广促销方面并不及日用品经销商那样熟悉、老练，有一系列需要解答的问题。例如，服务业和制造业在促销设计、管理上的区别是什么？服务营销中短期促销行为起着什么样的作用？有哪些促销工具是适用于服务营销的？在选择促销工具、设计促销策划时有些什么标准？这些问题将在下面几节中作详细的阐述。

12.1 服务业 SP 特点

服务业与制造业相比，具有一些基本的差异：首先，服务不能贮存，例如，航空公司的机票一旦在某一航班未经售出，就不能像日用品一样留待下次出售，这张机票只能作废，不能为顾客和公司带来任何价值；其次，除维修、保修业务外，服务业大都不需要提供固定的销售渠道，中间商的作用相对减弱；最后，与消费者直接接触的服务人员在服务消费过程中发挥着相当重要的作用。服务业的这些特性决定了在进行 SP 策划时，所选择的促销对象和适用的 SP 工具等都要遵行独特的规律。

12.1.1 服务业 SP 需要调节需求

由于服务是不能贮存的，所以服务营销人员的一个重要目标就是寻找一种途径，可以在任何一个给定的时候，使需求和供给能力相符。最简单的策略就是：在需求旺季努力减少需求，而在需求低谷时期刺激需求，使之增长。特别是受营销者形象、顾客满意度的影响，导致顾客光顾频率下降，这种策略效果更为明显。

消费者的消费时间各有不同，所以许多服务行业通过引入价格调整制度，以达到每天、每周乃至每季消费需求的稳定。由于价格调整有一定的范围，这就允许设计促销策划时有较大的回旋余地，可以以其独特的吸引顾客感兴趣的方式传达出一般的减价促销内容。对于那些固定成本很高、可变成本又低的服务行业，这样的机会更多。由于其普通价格和可变成本相差很大，它们可以提供大型的价格促销活动。

与服务业促销相反，日用消费品促销的目标一般并不追求稳定需求，当需求过旺时，不会采取措施适当降低需求。这是因为：

第一，对大多数日用消费品来说，需求的稳定并不重要，日用消费品制造商在短期内对生产能力的控制比起固定成本很高的航空公司、酒店等服务业要容易得多。

第二，由于产品可以贮存，一项不定期的促销活动可以刺激经销商（甚至消费者）进行超量采购，而促销活动一旦结束，需求又会锐减。因此，人为创造的旺季需求量一旦减少就会引起生产和销售成本的上升，因为在销售旺季到来之前，制造商已为预期中猛增的需求做好了生产、销售上的准备。

日用消费品促销往往是为了鼓励消费者的重复购买行为，排斥对其他竞争性品牌的购买，促进现金流量的通畅。供应链各个环节上的存货通过促销流向消费者。

服务营销无法向消费者提供"存货"，但可以提供一种具有延时价值的"资格"。其形式有两种。

1）预约服务

许多服务提供商都希望能够通过预约的方式锁定消费者，即便是还没有提供服务，就可以捕获一批顾客。例如，电影院向那些希望提前订位的观众提供季度预约的服务；铁路公司和航空公司提前预售车票；主题公园提供年票或月票服务；美容院、牙医提供预约服务等。虽然这种做法并不一定可以增加戏票销量，但对于部分消费者来说，他们不必花更多的金钱和时间，就可以享受到预约的服务，使接受服务的时间更加自由、方便，而对于服务提供商而言，最重要的收获是提前锁定消费者，抢占了市场先机。

2）奖励忠诚消费者

就像零售商提供购买印花来提高消费者忠诚度一样，许多大型航空公司向消费者提供各种各样的航空里程数累加的减价优惠。这种做法可以刺激更多的消费或使其他公司的消费者转向这家公司，同时也可以增加消费者对特定航空公司的忠诚度。

服务促销比日用消费品促销的频率高许多。首先，日用消费品制造商之所以不宜过度频繁地使用促销工具，是因为他们担心过多的促销会让经销商或消费者大量购入存货，以至促销结束之后，销量由于促销期间的超量存货而锐减。其次，从实施过程来看，服务促销会比日用消费品促销更加迅速。日用消费品促销中，制造商必须保证引起需求增加的那部分商品能及时运至经销商处，以满足消费者的购买。再次，许多日用消费品促销要求产品标签和包装上有所改变，以适应促销的特别内容，例如，在包装上增印上折价券、竞赛题目等。而对服务业来说，除非促销对象是服务行业某不可缺少的有形产品，否则就不存在这种对包装和标签的附加要求。最后，要让消费者对服务有一定认知度，并产生兴趣的费用很高，服务业促销因此可能比日用消费品促销更难实施。大多数购买日用消费品的消费者每周至少会光顾一次超级市场，无论消费者是否已从媒体广告中获得了促销的有关信息，都有机会在销售现场将促销信息及时地直接传达给每位消费者。但对于服务来说，非目标消费者数量太大，其媒体广告波及范围或促销效果，可能明显不如日用消费品促销。

12.1.2　中间商对服务业 SP 作用减弱

服务业和日用消费品之间的另一主要区别是，大部分服务并不需通过中间商再出售给消费者。这一点对服务促销的计划和实施有什么意义呢？

大多数日用消费品营销需要重视广告、消费者 SP 和经销商 SP 之间的费用合理分配问题，但服务营销往往是直接与消费者接触，不必过于考虑中间商的因素，服务营销者可以更有效地对促销费用的分配和使用实行控制。

然而，也有一些服务是必须与中间商打交道。例如，旅游业和保险业大量使用经纪人和代理商，这些服务业必须在人力资源、陈列空间等方面与其他竞争者作比较，因此，对中间商的 SP 在这里又显得重要。

有时，直接销售、促销频率很高的服务营销也会面对一些中间商，例如，航空公司利用中间商扩展个人及团体的推销，其折价促销活动进展就会快一些，其折扣兑现率也比预期高一些。

微案例 12.1　央视广告招标：预售锁定客户

2014 年 11 月 18 日，素有"中国经济晴雨表"之称的央视 2015 年黄金资源广告招标会在北京举行。央视称，2015 年广告招标预售总额高于上年，食品饮料、家电、汽车、金融等依然是央视广告的主力军。

相比较往年，央视 2015 年的广告招标显得很低调。央视表示，2015 年广告招标预售总额高于上一年。央视 2013 年的广告招标吸金 159 亿元。2015 年央视招标预售以签约认购为主、招标竞购为辅。广告招标会央视只拿出 1/3 的黄金广告资源现场招标，剩下资源都在预售阶段进行。而 2014 年现场招标的资源比例是一半，2013 年是 2/3。

从 2015 年招标预售结果来看，食品饮料、家电、汽车、金融、旅游、IT、日化等行业是目前央视广告的主力军。海尔、美的、格力和海信四大家电巨头齐聚央视；加多宝、王老吉、伊利、光明等食品饮料行业均放大投放量。

（资料来源：李蕾.2015 央视广告招标"静悄悄"中标额保密［N］.新京报，2014-11-19）

互动讨论题：请分析预售对央视及其客户的意义所在。

12.1.3　服务人员的重要性

中间商不存在或者发挥作用不大时，服务人员的促销就显得格外重要。在日用消费品营销中，独立的销售人员对于交易成功所起的作用不那么显著，而在服务营销中，情况恰恰相反，消费者的满意程度很大一部分要取决于消费者对服务人员的满意程度。因此，为了确保服务质量，服务人员的促销就具有普遍的意义。

在服务消费过程中，服务人员可以作为一种很有效的可利用的促销实施手段。例如，连锁快餐店提供的一些折价促销活动，便可以在服务人员向顾客提供服务的过程中得以一一传达。一项促销计划实施的成功与否，关键点之一是要在顾客和服务人员之间建立起友好、和谐的关系，使顾客对基本服务的速度和效率无可厚非。

由于服务 SP 有其独特之处，在进行服务业 SP 策划设计时，也与其他类型的 SP 有所不同。服务业 SP 策划包括六大要素，即产品范围、市场范围、折扣率、时间、受惠人的确定及竞争性防御，在本书第二篇 SP 策划中已有详细阐述。

12.2　服务业 SP 的目标

服务业的 SP 目标大致分为三类，即对目标消费者的 SP 目标、对中间商的 SP 目标和对竞争者的 SP 目标。与其他类型的 SP 目标相比，服务业 SP 的目标更侧重于缓和过剩或过低的市场需求。

12.2.1　服务业针对消费者的目标

（1）提高消费者对服务的认知度和知名度。对于一种新型服务的推出，或者是一家新的服务机构的成立，通常会采取一些针对消费者的促销活动，例如，美容院在推出一种新的产品或新的服务时，通常会印制一些传单，并通过专人在特定的场所进行派发，还会通过微信公众号大量推出免费服务信息或折扣信息来吸引消费者，目的是让更多的消费者知道和了解新型服务。再如，一家新开业的餐馆，通常会举行开业大酬宾活动，还有送券活动，目的是让更多的消费者光顾，扩大影响。

（2）鼓励对新型服务的尝试性消费。为了鼓励消费者尝试并接受新型的服务，光顾新的服务设施，许多服务机构会提供多种促销措施，目的是让更多的消费者尝试新型的服务，例如，美容院通常会给那些第一次接受某种新型服务的顾客提供免费、赠券或打折优惠。

（3）鼓励非目标消费者对已有的服务项目进行尝试。服务业也需要不断扩大市场份额，更需要不断从竞争对手那里抢夺顾客。相对而言，劝说那些非目标消费者使用已有的服务，相当于在成本不提高很多的情况下就实现了更多的销售，毫无疑问，这样的销售对企业的利润贡献更大，因此，许多服务机构均花大力气吸引非目标消费者。例如，专为女性服务的美容院采取一些促销措施吸引陪同女性顾客前来消费者的男性消费者接受某些服务。

（4）劝说现有的消费者。劝说现有顾客的目的包括鼓励顾客继续购买该公司提供的服务，而不转向其他公司；鼓励现在消费者增加服务的消费频率；激励现有消费者形成定期购买一定量服务的习惯；鼓励现有消费者承诺长期购买服务等。例如，美容院、健身中心等服务机构通常会推出折扣的年卡、月卡消费方式，目的是让消费者意识到通过更加优惠的方式就可以长期接受服务，增加了服务机构对需求的控制力。

（5）缓和顾客需求模式，在需求过旺时，降低顾客需求。航空公司通常为提前购买机票的顾客提供更大的折扣，特别是对那些在非旺季的时候提前购买机票的顾客会给予很大的优惠，目的就是调节需求的不均衡，加强企业的需求管理能力。

（6）介绍服务的某些显著利益。在竞争激烈的市场环境下，服务性企业为了突出自己的个性和为顾客创造的独特利益，往往也会借助于一定形式的促销活动，向目标顾客展示服务的某些显著利益。例如，必胜客为了突出满足目标顾客特殊要求的利益，专为学生提供优惠的服务，凡是持有学生证的消费者均可以获得必胜客提供的打折优惠。

（7）增强服务的广告效果，引起更多的顾客的注意。许多服务提供商都花费高昂的广告支出来宣传自己的产品和品牌，为了强化广告的效果，这些服务商通常还会开展进一步的实效促销活动。例如，麦当劳和肯德基等西式快餐公司都在电视上播放广告，同时，也通过公司网站提供电子优惠券，当消费者到达餐厅后，还可以获得纸质的优惠券，这样一来，广告就与SP活动整合在一起，效果更明显。

（8）获得服务业的市场研究信息。有时，服务商开展SP活动的目的并不仅仅是促进销售，获取行业信息也是一个重要的目的。例如，某些市场研究机构联合服务性企业共同研究某项课题，为了获得一手资料，有时需要通过SP活动鼓励消费者参与调研活动。

（9）把服务作为一个范围很广的产品系列中的某个部分进行促销。例如，美容院了为扩大某一品牌的美容用品，可能在厂商的支持下开展服务的促销活动，目的是通过增加消费者对服务的使用范围和频率来促进某一产品或品牌的销售，此时，服务的SP是更广泛的产品系列中的组成部分。

微案例 12.2　河狸家美甲的促销活动

2014年3月，河狸家信息技术有限公司在北京成立，对于一家上门美甲美容服务的O2O平台，2015年进驻深圳，为了发展业务和扩大消费者对产品服务的认知，河狸家全面推出了一系列送券、优惠和折扣等促销活动，其目标用户群非常明确，即针对爱美的女性人群，特别是上班白领。河狸家是中国第一个以解放手艺人为目标，为顾客提供优质上门服务为宗旨的美甲美容平台，这一平台的推出，对中国手艺人的市场生存环境做了质的改变，也为广大消费群体提供了便利。手艺人再也不用坐等顾客的到来，也不用再每天待在公司等候，或面临好手艺无人问津的局面，现在，只要你手艺好，你就能获得你的忠实长远的顾客，自己还能分配自己的时间，不用一味地听候顾客的安排，资源得到了极大的利益，自己也有自己的活动时间。对于消费者，再也不用为了美甲特意打扮抽出时间跑去美容院，而是轻松手机APP预约自己想要的手艺人即可实现上门服务。

在深圳河狸家的推广促销活动中，最初每周都会举行领取优惠券免费上门美容美甲的活动。在活动过程中，手艺人会通过要求下载河狸家APP点击抢购相应手艺人的订单来实现最终服务，这样，就能对顾客进行轻松绑定，并实现日后的继续合作。由于河狸家所面对的消费群体为经济独立的爱美女性，因此，河狸家还会在每周末对各大商场进行定点促销，如"一分钱修眉""29.9元美甲"等优惠活动，通过会场的布置与人数来吸引观众的眼球，然后通过优质的服务来获得留住消费者。在活动现场，还会设置一系列奖励，如消费满99元就赠送价值200元的礼品及抽奖活动，加大对消费者的吸引力，此外，还通过线上发布美手选秀活动来与消费者进行互动等。

（资料来源：河狸家官网 www.helijia.com）

互动讨论题：案例中"河狸家"促销活动有何特点？

12.2.2 服务业针对中间商和竞争者的 SP 目标

在服务行业中,虽然在许多情况下,中间商的作用不大,但是,对于需要中间商提供服务的情况下,针对中间商的 SP 仍然需要特别重视。针对中间商的 SP 目标主要包括以下几个方面。

(1)劝说中间商代理提供一项新推出或重新设计过的服务类型。例如,公交公司或地铁公司需要一些银行、商店或其他一些机构提供代销车票的服务,在这种情况下,给予这些中间商某些优惠条件对于迅速扩大市场至关重要。

(2)劝说已有的中间商在服务现场提供附加的推销支持。与有形商品的 SP 一样,为了获得中间商提供的销售现场服务支持,针对中间商的 SP 也是必要的。

(3)把服务现场的消费者价格的协商和中间商分离开,使之不受影响。为了鼓励中间商,在服务业中,为了吸引更多和最终消费者,通过向中间商提供 SP 支持,使针对中间商的价格与针对给消费者的价格加以区别,从而保护了中间商的利益。例如,航空公司虽然会针对某些消费者的特殊要求而推出折扣很大的机票,但是,这通常并不影响中间商的利益。

(4)把由于提价导致消费暂时下降和中间商分离开,使之不受影响。在某些情况下,服务提供商可能需要提高服务的价格,因此而导致的消费暂时下降并不会让中间商承担,从而使中间商的利益得到保护。

(5)服务业 SP 的竞争目标。为了维持市场份额,或者是为了扩大市场份额,许多服务提供商会针对一个或几个服务竞争者不定期地进行一些防御性或进攻性的促销活动,以保持或扩大自己的市场占有率、知名度等。比如,一些国内银行纷纷在为所谓有大客户提供多种促销服务方面下功夫,通过各种方式使这些大客户在接受服务过程中,体验到尊贵的身份,目的是锁定这些为企业带动巨大利益的大客户。

 促销专论 12.1 推荐奖励计划对消费者推荐意愿的影响

随着国内市场竞争的程度不断提高,企业的广告负担日益沉重,而且竞争的加剧也带来了顾客忠诚度的降低,如果获取高质量的顾客成为企业面对的一个重要难题。在这一背景下,顾客推荐奖励计划因其目标针对性强、成本相对较低和可控性高等特性开始日益受到企业的重视,在国内的营销实践中逐渐崭露头角,特别是在网络团购领域广为推崇,口碑作为消费者之间最常用的非正式沟通方式和最重要的信息获取渠道,对消费者的消费态度和行为具有重大影响。如何有效控制和利用口碑,一直是市场营销学者和实践者都非常关注并致力探索的问题。

近年来,出于尝试主动管理品牌口碑传播的目的,一些企业开始试行"推荐奖励计划",通过给予现有顾客各种类型的奖励,激发他们帮助企业积极传播正面口碑,并推荐新的顾客。一些企业在实施推荐奖励计划时发现,同样是忠诚的老顾客,有些人希望企业赠送礼物,而有些人则更喜欢奖励现金。这表明,不同类型的顾客对奖励类型的反应存在差异。在市场经济中,消费者和企业之间既存在利益驱动的商业关系,也存在情感驱动的朋友关系。为了激发现有顾客的推荐积极性,企业既可以选择"以利诱人",对其提供金钱奖励;也可以选择"以情感人",向其赠送礼物。要制定有效的激励策略,企业还应该考虑顾客的品牌关系类型。如果顾客将其和品牌的关系视为交易型关系，顾客就会对帮助推荐进行外部归因，并希望能得到金钱回报；如果视为社交型关系，顾客就会将帮助推荐归因为帮助企业，不愿意获取金钱回报。

有鉴于此，在实施奖励推荐计划时，企业应该基于顾客的品牌关系类型采用相应的奖励方式。对于交易型关系的顾客，奖励金钱更能激发其推荐意愿；对于社交型关系的顾客，赠送礼物更契合其心理需求。国外学者发现，顾客对自己同品牌的关系的感知会影响其作帮助决策的心理机制。如果顾客认为他和品牌之间是交易型关系，只有当他希望获得从交易中能得到的报酬和利益时他才愿意提供帮助；如果顾客认为他和品牌之间是社交型关系，只有当他关心品牌及其成功时他才愿意提供帮助。交易型关系的顾客会对推荐活动的成本和收益进行充分的衡量，其推荐意愿取决于交易中能获得的报酬和利益的吸引力，即取决于价值感知。社交型关系的顾客帮助推荐主要是出于利他动机，推荐意愿取决于他对企业、品牌的关心程度，即取决于其对企业的友情感知。

奖励类型与品牌关系类型的交互作用会对顾客的推荐意愿产生积极的影响。具体来说，两种品牌关系类型的顾客在面对企业提供的外部刺激因素时，其推荐意愿源自不同的心理机制。具体来说，交易型关系顾客的推荐意愿取决于其对推荐奖励活动的价值感知，只有他们感觉"划得来"的时候才会积极帮助推荐；而社交型关系顾客的推荐意愿则主要取决于其对品牌行为的友情感知，如果他们感觉品牌对待自己的行为方式像好朋友甚至家人，就会去积极地帮助推荐，否则相反。钱会让交易型关系的顾客产生更强的推荐意愿，而赠送礼物则会让社交型关系的顾客产生更强的推荐意愿。

（资料来源：黄静，吴宏宇，姚琦. 奖励类型对顾客推荐意愿之影响研究［J］. 武汉大学学报，2013（5））

12.3 服务业如何选择 SP 工具

12.3.1 可选择的服务业 SP 工具

除了采取直接减价的方式，服务业 SP 还可以采用以下六种促销工具。

1. 试用

服务虽然是无形的，但仍然可以采取"试用"方式吸引消费者。例如，一家信用卡公司向对他们新推出的信用卡保护系统感兴趣的消费者提供一个月的免费试用样品。再如，随着产业和融合，移动通信行业和传媒行业的界限正在日渐模糊，通过手机发送新闻或娱乐信息的方式正在成为继互联网之后的重要媒体。一些网站为了进入这一新兴市场，可以通过手机向用户免费提供一个月的新闻体验。

2. 价格/数量促销

在服务业，价格和数量促销是一种常见的方式。例如，美国航空公司向乘客提供 5 年至 15 年的预订机票优惠，总价格为 19500～58900 美元。在我国，电信行业为频繁使用其服务的客户提供优惠的方式种类繁多，预交话费送手机的活动也不少见。

3. 折价券

在传统经济条件下，服务行业推出优惠券的方式很普遍。例如，Cunard 公司在其报纸广告中附送购买加勒比海航游的船票、价值 280 美元的折价券。随着互联网的日益普及，许多服务企业推出使用互联网送折价券的促销活动。例如，肯德基公司就提供了这种可以自行打印的折扣券。有研究发现，最能够影响消费者购买决策的促销方式，是个性化的店内折扣和通过电子邮件发送的优惠券，而通过 APP 进行的个性化促销的作用也越来也大[3]。

4. 退款及未来折扣

由于服务提供商通常难以控制需求的数量和顾客需要服务的时间，有时会由于供应不足而导致顾客的服务未能满足，在这种情况下，许多服务企业提供退款服务。例如，国内最大的在线旅行服务公司携程网为在 2006 年春节期间未能进入香港迪士尼乐园的游客，全部退回所有香港游费用，其中包括退回了迪士尼门票款。这项措施有效地缓解了消费者对携程网和香港迪士尼乐园的不满情绪。

5. 奖品

服务业通过提供奖品实现促销目的是一种比较方便的做法。例如，2006 年 12 月份，中国农业银行为新开借记卡的消费者顾客一份日历作为奖品。移动通信公司为答谢老客户，也经常会提供各式各样实用的奖品。服务行业送出的奖品范围十分广泛，因为服务是无形的，消费者通常不会将服务与某些具体的有形产品联系在一起，因此，许多公司选择实用型的产品作为奖品，包括厨房用具、带闹钟的收音机等；或者是消费者倍感实惠的服务作为奖品。例如，预交话费送话费的方式就是如此。

6. 抽奖

抽奖方式在服务行业也是一种比较常见的 SP 工具。航空公司经常会在航班上提供的杂志上刊登顾客调查表，或者是意见反馈表，并为那些填写调查表的顾客设置抽奖活动。某航空公司曾在飞机航行过程中，在机内推出听广播有奖问答的促销活动。

虽然这六种促销工具对于服务业和制造业都是通用的，但应注意在具体使用某种方法时，又有不同之处。

微案例 12.3　资源占优的青旅在线，为什么会败给携程？

携程在成长初期，定位于酒店订房业务，遇到的竞争对手包括同样作为旅游网站的青旅在线，以及早期已开展酒店订房的艺龙、上海假期、商之行、黄金世纪、黄金假日，等等。其中，最被看好的是青旅在线。它依托中青旅的资源和品牌优势，开展旅游产品营销与酒店分销，具有显而易见的优势。其他竞争对手也早已在订房规模上领先于携程。

但是，青旅在线表面上仰仗旅行社的强大资源，对于网络业务而言，却是劣势。旅行社越强大，它在网络上的布局就越无力。这是因为，中青旅这样的大型旅游公司业务遍布全国，业务操作上分散给各地分公司完成，如上海青旅、成都青旅等，都是一群区域实力派公司。这些分公司都有各自的利益诉求，几乎无法在全国范围内按照一致的标准推行任何一项业务。同时，网络布局初期，线上业务收入肯定不够显著，却会对线下业务产生影响。这更使线下各公司有理由抵触，乃至排斥青旅在线的发展，网站发展中必需的各种资源投入也就无法保障，本来的资源优势变成了劣势。而携程的其他几个竞争对手，在会员卡上分别收费 80～400 元不等，在此基础上才可以享受订房优惠。收费使得这些订房中心虽然具有一定规模的收益，但客源不够大。可是当时没有任何一家订房中心愿意舍弃既有的收入，免费向客户赠送订房卡。与竞争对手相比，携程则选择了将资源投入高度聚焦到酒店分销以及如何扩大客源方面，做了两件事。

一方面，携程先后收购了现代运通和商之行，一举成为北方市场最大的酒店分销商。

另一方面，携程开始免费派发携程订房卡，并发动员工参与发卡拿提成，发卡最多的员工每月可以拿到1万元工资。正是通过这样的大规模免费派发，在18个月里，携程的订房量从每月几百间猛涨到每月10万间。

（资料来源：沈拓. 资源占优的青旅在线，为什么会败给携程？[J]. 销售与市场（渠道版），2015（7））

互动讨论题：携程的促销活动有何启发意义？

12.3.2 服务业选择SP工具的标准

在服务业选择促销工具时，有许多因素是必须注意的。为了正确选准促销工具，可以从以下10个方面通过43个问题进行核查和衡量：

1. 目标是否准确和清晰

问题1. 促销活动是否与品牌营销目标在总体上保持一致？是否与消费者促销中的所有目标相一致？

问题2. 促销活动是否涉及范围广泛？促销活动是否有能力接触到不同类型的消费者（包括新的和已经存在的消费者），同时也可以完成多个目标下的任务（如刺激重复购买、转移购买等）？

问题3. 促销活动的对象是消费者、中间商，还是服务人员？

问题4. 促销形式是作为全国性的还是作为区域性的更为有效？例如，折价券适合在单一的市场范围内使用，而抽奖、竞赛的形式却往往是全国范围内进行的。

2. 是否与服务类别相匹配

问题5. 服务类型是属于计划型消费的，还是属于冲动型消费的？如果是冲动型，则在服务现场进行的促销活动影响力更大。

问题6. 服务是否属于经常性消费的？如果促销内容要求重复消费，而该项服务又不属于经常性消费类型，则促销效果会很差。

问题7. 服务本身的特性是否适合采用这种促销形式？

3. 是否瞄准目标消费者

问题8. 目标消费者是否习惯这种促销形式？如果不习惯，他们是否认为它不合适？

问题9. 促销是否可以减少服务的购买风险？

问题10. 促销活动的所有条款是否都易懂、易记？

问题11. 促销是向顾客提供即时利益，还是延时利益？

问题12. 消费者为了获得优惠条件，必经付出多大程度的努力？

问题13. 促销活动的所有条款是否具有灵活性，可向消费者提供多个选择机会？

4. 对中间商有何要求

问题14. 为了促销能够成功地实施，中间商需要付出多少额外的努力？

问题15. 促销活动是否向中间商提供了直接的经济利益？例如，一些退款优惠，包括用规定的购物凭证来优惠购买第二件相关产品，或是凭第二件相关产品的购买凭证获取一定的退款。

问题16. 在促销的时间设定及执行方面，中间商有多大的灵活性？
问题17. 促销是否允许中间商成为其代理机构？
问题18. 促销活动在服务现场的宣传是否有吸引力？

5. 是否有利于取得竞争优势

问题19. 竞争性服务最近是否也在使用该工具进行促销？
问题20. 竞争者对于其类似或更优的促销活动的反应迅速程度如何？

6. 成本效益如何

问题21. 促销活动预期的最大效果有多大？
问题22. 促销提供的条款是否可以尽量减少促销费用？例如，要获得一项退款优惠所必须的购买凭证的数量可以适当增加，这样实际的经销成本就会有所下降。
问题23. 预期的促销费用的准确程度如何？如果促销实际费用远远超过预算额，那么中间商（如折价券经纪人）是否应追究其责任？
问题24. 促销会不会对服务能力给予过大的压力？例如，提前消费的压力。
问题25. 促销费用是用于"即买即得利型"的促销（如折价券）还是抽奖的方式？
问题26. 促销有没充分考虑到兑现错误或偷窃的行为，或是浪费等因素？
问题27. 促销在设计中是否已尽力缩小获利一次以上消费者的数目？

7. 有没有进行整合

问题28. 该促销能否容易和营销组合中其他因素（广告、人员推广、销售现场陈列等）整合成一体？
问题29. 促销是否可以增强服务广告效果，或是有利于品牌力的建立？
问题30. 促销能否和其他促销活动整合在一起形成一个极具魅力的事件？例如，抽奖活动经常和折价券或退款促销同时使用。
问题31. 该促销是否可以顺利地用于包括几项服务或单项服务的一系列促销活动中？
问题32. 该促销是否属于该类服务成功的营销传统的一部分？

8. 实施的可行性如何

问题33. 为了取得促销活动的成功，管理者和服务人员要付出多少努力？
问题34. 服务人员是否希望促销活动可以促进其销售任务的完成？
问题35. 在促销实施过程中，外部代理商的服务应到一个什么程度？
问题36. 管理者能否控制全过程的费用和时间的安排？
问题37. 管理者在此之前是否具备类似促销的经验？
问题38. 在实施过程中，促销的影响时间为多长？

9. 是否便于效果的评估

问题39. 是否存在评估促销反应的标准，如何评估？例如，抽奖的参与人数是否可以反映出对促销品牌的正面效果。
问题40. 是否可用较低的费用对效果进行评估？并与其他同类或不同类的促销活动进行比较。

问题 41. 消费者反应是否集中在促销推出后的很短的一段时期内，是否存在一些不相关的因素减少了评估的精确度，而且增加了其费用？

10. 法律上有否障碍

问题 42. 对这一类型的促销活动的制定和实施是否存在法律上的约束？

问题 43. 这一类型的促销可以在全国范围内实施吗？各个地方的法规都可以接受这一促销吗？

 促销专论 12.2　促销决策：让消费者"若有所得"

管理人员正绞尽脑汁地推出各种促销手段，然而，明显的事实是：花费同样的成本，取得的效果却可能大不同。易初莲花超市曾经做过一种促销，当顾客购物满一定金额，即可参加超市的抽奖。这个抽奖基本上人人都能中奖，但是奖品都很廉价，无非是些小包洗发水、餐巾纸之类。那么，如果超市选择在顾客购物金额里折扣一元，和前一种促销相比，哪一种顾客会更加愿意接受呢？

研究者在中欧 MBA 班级中做了一个便利样本的小调查，差不多一半的学生倾向于选择小礼品，一半倾向于现金折扣。而当研究者把礼品和现金折扣的金额提高到 10 元，再让学生进行选择。这个时候，班上绝大多数的学生会选择现金折扣。究其原因，非常简单，因为他们觉得 10 元现金更加实在一些，这也和顾客的一般感知相符合。

由这个例子引发出来一个决策问题，即超市营销经理在面临这样的促销决策时，是不是也应该顺应顾客的要求而选择现金折扣呢？在回答这个问题前，先谈谈两个概念。消费者总是喜欢"得"，而想要避免"失"。其实，"得"有两种表现的方式。一种是"直接收益"，比如你在马路上捡到 10 元钱，这很容易理解，因为你口袋里多出 10 元。另外一种是"未发生损失"，比如说你昨天晚上发现手表不走了，打算今天换个电池，但是早上起来发现手表又正常工作了，那么你就省下了换电池的钱，这就是未发生损失，其实也是你的"得"。直接收益和未发生损失，人们对于哪一种更加敏感呢？显然应该是前者。对于后者，有时候你都很难把它当作一种"得"来看，因为你的钱包里毕竟没有多出一分钱来。

回到 10 元现金和礼品的促销例子上，营销经理在评价促销的效果时，要考察两方面的标准。一个是硬性标准，即促销对于销售的改善；一个是软性标准，即观察促销对于消费者态度上的影响，通俗地说就是看消费者感觉好不好。如果我们把两个选项放在一起供顾客选择的话，消费者会更加倾向于现金折扣，因为这时他们是以实用性原则进行评价，所以，消费者可能会选择 10 元折扣。但是，我们在促销的时候，并不是让顾客在两个选项之间选择，所以营销经理此时关注的并不是实用性，而是要关注顾客在两种促销下的情绪反应。研究发现，当分别评价现金折扣和礼品时，获得礼品的消费者会在情绪上更加高兴，因为获得礼品属于直接收益，而这种"得"的感觉非常明显。而现金折扣则相当于一种未发生损失，这种"得"以一种比较隐蔽的方式体现出来，毕竟你的购物篮里也没有额外多出一件产品。

既然我们知道，直接收益的方式让人更加印象深刻，而未发生损失则不那么让人敏感，那么作为营销经理，就应该尝试把未发生损失，以一种直接收益的形式给呈现出来，增强顾客"得"之感受。假设有一家经济型酒店准备做一次促销，一种促销是原价 210 元/天，现在活动期内降价 30 元。另外一种方式是房价不变，但是对于每个房间的入住客人送一块价值 10 元的巧克力、一本 10 元的休闲读物，以及另外一份价值 10 元的旅行日历。这是不是看上去比 180 元的房间更有吸引力呢？节省了这 30 元，你"得"的感觉并不强烈，但是送给你的这 3 件礼物，甚至可以成为你下次光顾的理由。这也是为什么在当今的商业实践中，市场上越来越多的商家开始采用现金返还来取代传统的折扣促销的原因，特别是在以会员为基础的服务性行业中。

（资料来源：陈峻松. 促销决策：让消费者"若有所得"[J]. 21 世纪商业评论，2011（2））

12.4 提高服务业 SP 的有效性

服务业 SP 还处于成长发展阶段，在实施过程中难免会产生一些偏差，为了避免浪费金钱和精力，实现有效的服务业 SP 管理，应特别重视以下几个方面。

1. 主动制定促销策略

与其为了对竞争对手作出反应而制订类似的促销计划，倒不如主动地按年度制定出促销策略。营销人员制定出一项促销日程表，其中列出哪项服务应该进行促销，何时促销，在哪个市场中进行，促销目标有哪些，以及实施过程中使用哪种促销工具，这样的一个计划可以保证促销计划的一致性、连续性、系统化。因此，在公司内部设立一个负责促销部门是很重要的，这样就可以主动地保持计划过程必要的连续性。

2. 限定促销目标

不应夸大服务 SP 可以达到的效果，也不应该奢望通过一项促销计划达到过多的目标。一个特定的促销活动一般只能集中实现一个或两个目标，这样安排促销费用可能会取得最大的成效。

3. 区分服务类型制定不同的促销策略

服务类型不同，相应的促销策略也不同。对于那些消费者不熟悉的高风险的不经常性消费的服务类型，它们在非价格属性上存在一定的差异性，因此可以采取频率较低的促销策略，特别是当促销活动可能会影响到该行业的严肃庄重的形象时，如职业化服务（医院）及殡葬服务中就很少使用促销活动。但类似航空公司这种服务类型又适合采用频率较高的促销策略，原因如下：

一是航空公司的收益率与机票出售量，机舱利用率的关系相当密切。普通售价、可变成本之间巨大的差额要求提供更多的促销活动。

二是随着对航空公司政策的放宽，新产品（即新的航空公司新的航线）出现越来越密集。在这些新型服务的推介过程中，在经济衰退的情势下如何发挥这些行业的全部服务能力，促销扮演着格外重要的角色。

三是大多数消费者是根据航班时刻表及价格作出乘机决定的。因此，品牌忠诚度只是第二位考虑的问题。研究表明许多旅客明显感觉到各航空公司间的服务有差别。

四是大部分乘机旅行者对价格的敏感度都很高，他们很愿意花费大量时间作详细的了解，最后以最便宜的价格购买机票。由于特殊的中间商——旅行社的出现简化了这一过程，旅行社可以根据乘机旅行者的限期通过电脑终端和电话为其提供所有相关信息。

五是对于那些自由决定消费时间的服务业，不定期的促销可以刺激消费需求，否则消费者很可能就推迟消费甚至不进行消费。促销提供了将需求推前的可能性。

六是对于有限的几条黄金航线（被称为服务业中的"面包和牛油"）竞争者的市场份额差别不大，且经常变动。

4. 考虑联合促销

许多服务行业（特别是旅游业），其多项服务可以和其他行业的服务或产品一起提供给消费者。服务营销往往可以有效地延伸其促销来源，通过对自己多项服务或与其他公司的服务或产品相结合进行促销，以此形成影响力很大的促销事件。例如，航空公司和宾馆连锁业可以推出一项联合抽奖活动，其中包括航空机票和宾馆房价的双重优惠及其他奖励。服务业和制造业之间的联合促销不仅提供一种借助知名品牌传递有关信息、接触新顾客的途径，而且促销费用也因双方分摊而下降。

5. 考虑促销工具的组合

为了避免促销方式雷同，缺乏创意和吸引力，最好的办法是将某些促销工具作适当的组合，以形成具有突出效果的促销事件。例如，折价券和抽奖、退款优惠的组合形式。

6. 激励促销环节的所有对象

通过激励服务过程所有环节，包括消费者、服务人员及中间商，同时创造出"推"和"拉"的促销效果，这样的促销计划才是最有效的、成功的。但一般的促销形式，如抽奖只针对消费者，销售竞赛只针对中间商和服务人员，这往往具有很大的局限性。

7. 创意和简约相结合

促销活动的设计都需要创意，这样才能保证设计出来的促销活动在实施中是有异化的、特别的、引人注目的。然而也不能刻意地追求促销设计中的创意，否则将导致促销计划过于复杂，消费者不易理解或不易记忆，而消费者对促销活动的理解和记忆程度对促销的成功与否是很重要的。

英国铁路曾推出一项促销计划，向旅客提供一种月卡，持卡人只需和一名购全票的乘客同时乘车则可以免费乘车。但为了有机会获得这种月卡，消费者必须收集至少六张印有不同超市品牌的商品包装标签。这个促销实例就是由于其刻意追求促销设计的创意，设计过于复杂，而导致了失败。我们从中可以吸取一些经验教训，即促销设计应既讲究创意，又具有朴素的风格，让消费者对其新领的创意产生兴趣之余又容易记住、容易参与。

8. 评估促销效果

应该对每项促销活动取得的促销效果（服务销售量上升了多少）进行评估，比较如不进行促销，服务销售量大约有多少，而进行促销之后，有多少提升。所幸的是，服务促销的效果评估不用像日用品制造商评估仓库存货、零售店库存量那样复杂。

一项计划周密、实施顺利的促销活动，是一种威力强大的战略武器，可以借此实现较高的收益率，并取得竞争优势。然而在使用一种新的促销工具时，必须十分注意，不要过度进行促销活动，因为并不是在任何情况下促销都是适合的。在某些环境中，可能有另一种营销工具更适合，此时就不应一味地坚持使用促销这种方法，而忽略不用其他方法。必须注意以下几点：

一是虽然促销可以引起消费需求的增长，它也可能提高消费者的价格敏感度。因此，反复促销的结果可能导致消费者最后只愿意消费那种有折扣优惠的服务，否则消费者将停止消费，而且如果服务营业额中很大一部分是来自于经常性的促销，那么平时的普通价格将变得毫无意义了。

二是过多的促销行为会削弱非价格差异的创意和建立品牌资产的投资这两方面，而这两方面正是大多数服务企业长期生存发展的基础。

三是当促销很容易被竞争者所效仿时，"零和游戏"的风险很可能会导致促销各个环节的失败，尤其是当促销行为并不能引起基本需求的增加时。

微案例 12.4　广州电信流量经营劳动竞赛

广州电信在 2014 年 5—6 月期间开展流量经营劳动竞赛，竞赛期内，按照流量包销售人员累计发展量进行统计，累计发展 20 元及以上流量包大于等于 20 个可获得奖励资格。对符合资格的销售人员在竞赛期间发展的流量包给予 8 个月在网月租价值等值金额奖励。如业务员 A 发展有效流量包（即正常出账不退订）8 个月月租总金额为 1000 元，他就可以获得 1000 元奖励。

而对于 1 万元及以上合同金额的团购流量包，活动期间按照签订合同并完成收入的团购流量项目收入进行统计，奖励金额按照团购流量合同收入总金额 2% 进行发放。如活动期间万元以上团购流量包完成收入 4 万元，那么相关销售人员可获奖励 800 元。

受到活动刺激，广州电信上半年流量包净增用户数高于深圳、佛山、东莞三地流量包净增用户数之和，30 元流量包用户活动首月净增近 2 万户，活动效果突出。

（资料来源：赛立信通信研究：一线促销实战剖析与改进探讨. 2014）

互动讨论题：广州电信的流量经营劳动竞赛有何借鉴之处？

本章案例

米亚的故事：附赠印花的诱惑

■ 案例情境

1. 圣诞前夕的困扰

十一月刚过，圣诞的气氛就开始在这座南方的城市弥漫。临街的橱窗已经摆出了圣诞的布景，商场里高大的圣诞树上挂满了可爱的圣诞公仔、亮晶晶的彩片与彩灯，甚至还有人带着红色的圣诞帽和白色的大胡子装扮成圣诞老人站在超市门口招揽顾客。

这个季节是花城最美的时候，李总站在餐厅总店三楼办公区的落地窗旁，沐着初冬暖暖的阳光，看着不远处十字路口不断变换着的红绿灯，陷入沉思当中。时值岁末，她正在考虑推出新一年的"熟客优惠计划"，其中一项重要内容就是关于新的"印花方案"的设计。

一直以来，"米亚"都非常重视与顾客建立长期稳定的关系。今年"米亚"印花活动主要内容是消费 10 次指定套餐（包括儿童套餐、优惠 A 餐、优惠 B 餐）后，即可免费获得一份相应的套餐。自从印花活动开展以来，餐厅套餐销量在保持稳定的同时的确有所增加。但随着物价的上涨，餐厅经营成本迅速提高，新的一年餐厅促销开支非常紧张，李总希望能够在促销预算保持不变的前提下,进一步增加印花活动的吸引力、提高印花活动的效果。

说实话,李总心里也没底。一方面,现在的顾客消费时都很精明;另一方面,餐饮业竞争激烈,促销投入几乎是每年都在递增。那个十字路口在一轮长达200秒的红灯之后终于转为绿灯,等待多时的车辆潮水般涌向前方。李总像是想到了什么,她转身回到办公室,让秘书安排下午3点召开了一次管理人员会议,商讨如何设计新一年的印花活动,希望能集思广益,找到一个最有效的方案。

"米亚"的总店位于花城最繁华的商业区步行街的一侧,这里有大型商场和特色专卖店,周边有林立的写字楼。因为是周末,逛街的人特别多。步行街上的人们脸上洋溢着或是喜悦或是期待的表情,有的人手上已经拎着大大小小的购物袋,有的人还在商品的海洋中继续搜寻着。

下午3点。店外,逛街的人群熙熙攘攘、走走停停;店内,顾客不算太多,他们悠闲地喝着咖啡,谈论着各自的收获,并且交流着各个商家准备新年打折的消息。会议室里特别安静,但李总看得出许多人都是有所准备而来,他们会带来什么方案呢?李总充满了期待。

2. 用积分兑换印花

这次又是市场部助理 Man 首先打破了沉默,提出了一个小建议。她认为新的印花活动可以采用积分形式而不是以购买次数来进行。比如,顾客消费一次指定套餐获得10分积分,积满100分即可获得赠品。虽然同样是10次购买才能获得赠品,但积分的高速累积给顾客的感觉更有成就感。

她目前使用的信用卡公司的积分计划就和其他银行不同,其他银行大都是消费1元积1分,而她的这张信用卡消费1元积100分。虽然积分在换取礼品时的价值相差无几,但平时消费获得积分时的成就感特别强烈。

而且即使积分并无货币价值,一些顾客仍然对于收集积分兴趣盎然。例如雅虎、百度的问答服务 Yahoo Answers 和百度知道,就给那些回答问题的人或是给问答评分的人提供积分奖励。虽然用户无法用这些积分来兑换实际的商品和服务,但是,网民仍然乐此不疲,只是为了在优胜榜上居于人上或是不断超越自我而获得的成就感与满足感。

李总心里很满意,Man 果真是新人新想法。

3. 人为推进的印花

广告部经理 Tom 很认同 Man 的说法,也觉得传统的以购买次数为累计对象的做法很陈旧,以促销中介(如积分)的形式会更加有效。

此外,他进一步提出"印花累计卡的设计"是决定印花活动成功与否的重要因素,一个有创意的设计能够以相同甚至更低的成本实现更好的促销效果。例如,可以在累计卡上附赠一定比例的印花,即利用人为推进的作用。比起那些一片空白的印花累计卡,这种方式会显得更有吸引力,促销效果也会更好。

例如,在推出新的印花活动时派送已经印有两个印花的累计卡,并且说明每次顾客消费指定套餐可获赠一枚印花,集齐该卡片(共12个印花)可免费获得一份相应的套餐,这种人为的附赠印花可以让顾客觉得目标更容易达到,进而更有动力并更快速地完成任务。一方面,人们比较不喜欢浪费,看见印花卡上已经有两枚印花,就会激励自己采取购买行为,进而赢得奖品;另一方面,附送的两枚印花会让顾客产生一种更加接近目标(奖品)的感觉,进而也会继续采取购买行动。

李总一直很欣赏 Tom，他善解人意地了解到公司最大的障碍是促销经费的短缺。如果"米亚"像"比萨屋"一样是跨国经营的大集团，拥有雄厚的财力支持，也许她不用像今天这样为一次印花计划的制订而绞尽脑汁。

广告部副经理 Jane 十分支持 Tom 的想法，也认为附赠印花的促销效果会更好，而且她还指出是不是可以考虑适当增大附赠印花比例。例如，将累计卡设计为需要积齐 15 个印花才能获得免费套餐，而其中预先附赠 5 个印花。对公司来说，在付出的成本不变的前提下，人为赠送的印花越多，顾客可能越会参与活动。

越秀分店经理 Helen 对他们的提法半是赞同，半是怀疑。她虽然也认同附赠印花对大多数顾客来说是一种诱惑，但凭自身的消费经验，她觉得不应该无缘无故地附赠印花，而应该向顾客提供一个合理的解释。天下没有免费的午餐，毫无理由的获得顾客不仅不会珍惜，而且还会让顾客心存疑虑，他们会觉得商家开展促销活动纯粹是为了赚取更多的利润，并且怀疑自己从活动的参与当中真正获得的价值。

4. 增设大奖才能吸引顾客？

短暂的十分钟茶歇之后，会议继续。客户服务部经理 Nancy 对 Tom 的提议直接提出了反对意见，认为附赠印花的想法太过学院派，效果不大。原因很简单，因为无论哪种印花形式，都是要消费相同次数才能获得赠送，消费者根本不会觉得那几个附赠的印花有用。要知道现在的消费者每天都有机会参与各式各样的促销活动，商家已经把他们培养得十分精明；而且附送的几个印花可能还会让顾客觉得参与活动需要消费的次数有所增加，活动提供的优惠有所减少，进而产生挫折感、降低了继续购买的兴趣。

Nancy 觉得一个促销活动是否吸引顾客，关键并不是活动形式上的花哨，而是在于奖励的大小，只改变活动内容的表述方式而不增加促销投入很难实现提高活动效果的目标。例如，绿茵阁西餐厅的"八国促销护照"没有附赠印花，而是从零开始累积，顾客盖到八国公章就可以参加抽奖，奖品很吸引人，包括出国旅游等。它的成功在于活动设立了一个相当诱人的大奖，虽然顾客都知道能够抽中大奖的概率并不大，甚至很小，但仍然受到许多消费者的追捧和参与。

因此，Nancy 觉得，设立大奖是非常行之有效的办法，具体实施时可以保持原有的促销预算不变，适当减少小奖项的数量与金额。即使促销投入上有所增加，也是非常值得的。

大家各说各的想法，场面有些热烈，也有些混乱。会议室里的气氛因为大家激烈的讨论而显得略有些紧张。时间过得很快，不知不觉窗外已是华灯初上，餐厅一天的黄金时段又要到来。一直保持沉默的李总显得非常犹豫，无法判断应该听从谁的意见，是否应当听取 Nancy 的意见，重新考虑增加新一年的促销预算？毕竟西餐业的利润不算太薄，如果一味地强调控制成本，而在促销投入上低于竞争对手，市场份额的减少会带来更大的损失。可是 Tom 的建议听起来也好像很有道理，如果新的印花活动方案能取得成功的话，对公司来说未尝不是一个好的开端。

■ 相关概念与理论

1. 人为推进效应

顾客忠诚度计划的历史非常悠久，如今仍然具有强大的生命力。对于那些积极向消费者推行客户忠诚度计划的企业，诸如服务性企业（包括航空公司、旅馆、银行、餐厅等），如何设计一个有效的顾客忠诚度计划显得尤为重要。

美国航空（American Airlines）于1981年首次推行了有名的飞行常客计划。据知名调研公司朱比特研究机构（Jupiter Research）的调查，有超过75%的消费者至少有一张顾客忠诚卡，而有超过三成的消费者有两张或两张以上的顾客忠诚卡。信息技术分析机构嘉特纳（Gartner）、佛里斯特研究（Forrester Research）和美泰集团（META）的调查表明，这种刺激消费的行为丝毫没有减退的迹象。嘉特纳分析师Adam Sarner指出，仅2003年，美国企业在顾客忠诚度计划上的支出就多达12亿美元。

面对种类纷繁、数量众多的顾客忠诚度计划，如何才能吸引消费者，提高他们对计划的兴趣指数往往是企业营销部门非常关注的一个问题。而如何在预算保持不变的前提下，提高计划的吸引力对企业来说既是一个挑战，又是一个机遇。

一些聪明的商家常常利用人为推进效应来设计他们的顾客忠诚计划，实现增加计划吸引力的目标。人为推进效应（Endowed Progress Effect）是指当商家为消费者达到特定目标提供了一定的人为帮助（Artificial Advancement）时，消费者会对目标的实现更为坚持的现象。顾名思义，"人为帮助"就是虚拟的推进。商家提供的帮助看起来使人们更加靠近目标（例如，"已经有2枚印花了，再积多8枚印花就够了"），但是在此同时将目标相对于人们移远（将换购所需要的印花数量由没有附赠印花时的8个，增加到附赠印花后的10个）。从而能够在保持任务的要求与任务的奖励不变的前提下，看起来好像消费者离目标更近，好像这个目标已经实现了一部分，而事实上到达目标的绝对距离是不变的（见图12-1）。

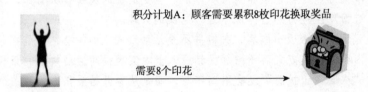

积分计划A：顾客需要累积8枚印花换取奖品

需要8个印花

积分计划B：顾客需要累积10枚印花换取奖品，公司已经附送了2枚印花

附送2枚印花　　还需要8个印花

图12-1　人为推进效应

（资料来源：朱翊敏，周素红，林泽锐. 附赠印花促销的诱惑［J］. 新营销，2008(6): 98-101）

■ 互动讨论

针对案例情境，如果你是李总的话，你会不会采纳Tom的印花设计方案？对于其他人的观点，哪些是你赞同的，哪些是你反对的？或者你还有什么更好的提议？请给出你的详细理由。请结合消费者心理和消费者行为的相关理论，试分析消费者接受促销背后的心理过程及其对企业促销决策的启示。

■ 推荐阅读

1. Nunes Hoseph C, Dreze Xavier. The endowed progress effect: how artificial advancement

increases effort[J]. Journal of Consumer Research, 2006, 32(4).

2. Hsee Christopher K, Yu Fang, Zhang Jiao, et al. Medium maximization[J]. Journal of Consumer Research, 2003, 30(1): 1-14.

3. Kivetz Ran. Earning the right to indulge: effort as a determinant of customer preferences toward frequency program rewards[J]. Journal of Marketing Research, 2002(39): 155-170.

4. Drèze Xavier, Nunes Joseph C. Using combined-currency prices to lower consumers' perceived cost[J]. Journal of Marketing Research, 2004, 41 (1): 59-72.

本章思考题

1. 哪些类型的公司更加适合采用服务 SP 来促销产品或服务的销售？

2. 假如出租汽车公司计划采用服务 SP 策略开展竞争，目的是让顾客感到该公司的服务更加优秀，请为这家公司设计一项服务 SP 策略。

3. 假如某一空调制造商计划在夏季到来之前开展服务 SP 活动，请为该公司策划一次服务 SP 活动，并要求与其他公司共同开展这次促销活动，目的是通过这次联合促销活动提高顾客忠诚度。

本章注释

[1] 迈克尔·R. 所罗门，格雷格·W. 马歇尔，埃尔诺·W. 斯图尔特（著）.罗立彬，姚想想，等译. 市场营销学：真实的人，真实的选择［M］. 7 版. 北京：电子工业出版社，2013.

[2] 肯尼恩·E. 克洛，康纳德·巴克. 整合营销传播：广告、媒介与促销［M］. 5 版. 谭水风，胡静译. 上海：格致出版社，上海人民出版社，2014.

[3] 王晓峰，张永强，吴笑一. 零售 4.0 时代［M］. 北京：中信出版社，2015.

第 13 章 耐用品的 SP 策略

引例 乐视打造第三大电商节

2015年9月19日晚间,乐视公布了乐迷节的促销数据:截至当日20:00,超级电视销量突破24万台,超级手机销量突破43万部,"黑色919"红色乐迷节全生态总销售额突破12亿元。一役确定了乐迷节在中国电商市场上第三大节日的地位。

乐视"黑色919"红色乐迷节十分火爆。抢购开启不到一小时,乐视商城就由于流量过大而引发宕机,导致网友纷纷在微博上抱怨。乐视商城马上致歉:"感谢乐迷的巨大热情!由于瞬时访问量过大造成系统崩溃,部分用户可能暂时无法提交订单,请不要着急,我们会尽快修复并延长提交订单时间至24小时。"黑色919"活动全天开放购买,我们准备了充足货源,活动将持续到24:00,现货和预售同享超级电视、超级手机直降500元优惠特权。请不要着急,耐心等待错峰购买!"随后,乐视创始人贾跃亭转发乐视商城微博:"真诚致歉!由于人流量巨大,导致部分乐迷在乐视商城不能顺利购买,系统正在全力恢复中。未成功支付的乐迷在完成支付后,我们将赠送一副头戴式耳机。请大家错峰购买,超级电视、手机立降500元,直到今天24:00。"

乐视商城给出这份成绩,是多方面因素综合的结果,更是乐视生态化的作用。

首先,从用户而言,乐视的用户群体是最具购买力的群体,他们是有着"铂金"称号的乐迷群体。据悉,在年龄和收入上,73.5%乐迷拥有大学及以上学历,55.7%月收入在6000元及以上,尤其是乐迷中月收入超过12000元的人数达到20.5%。在学历职业上,乐迷中本科、硕士及以上人群占比高达73.5%,职业上则88.0%为白领,36.1%为管理层,乐迷的职业地位较高,社会经济地位较高。

其次,乐视此次"黑色919"红色乐迷节给出的优惠实在吸引人。据乐视官方介绍,9月19日10:00~22:00,乐视超级电视、超级手机全渠道(乐视商城、LePar、京东、天猫、苏宁)直降500元。其中,乐视超级手机Pro、乐视超级电视X50 Air在直降500元的基础上,还可以享受最高千元的福利。

乐视商城备货15万台超级电视、30万台超级手机,且全天现货开放购买;购买全屏影视会员赠送电视、手机、体感枪等配件;乐视路由器等智能硬件全天现货开放购买;此外加上7场秒杀专场、会员专场、配件及衍生品专场、生态专场等活动,共计5亿元倾情回馈广大乐迷。事实上,给乐迷送出福利的其实是乐视生态的广告客户。乐视只是将广告客户的钱拿来后转手送给了乐迷,将互联网奉为圭臬的"羊毛出在猪身上"的真理演绎得淋漓尽致。

"黑色919"红色乐迷节中,参与其中的乐视生态广告客户有十多家。其中,包括打令、易到用车、蒙牛、绿源、西门子、考拉母婴、福瑞车美、美菜医疗、花之城豪生酒店等企业纷纷拿出巨额资金参与其中。据悉，有的公司投出的广告资金高达数千万元。其中，易到用车就与乐视约定，"黑色919"红色乐迷节，如乐视总销售额超过10亿元，则超出金额，易到将同步拿出对应金额的优惠券给乐迷，1亿元封顶。

（资料来源：919乐迷节销售破12亿　乐视打造中国第三大电商节成功［N］．南京晨报，2015-09-20）

我们在第10章中已经介绍过制造商的SP策略，耐用品作为一种特殊的产品类型，其制造商的SP策略无疑也符合第10章中介绍的知识。但是，与日用消费品相比，耐用品的购买决策通常更加复杂，就像手机购买决策一样，购买者的产品介入度比较大，对信息的需求量也比较大。同时，耐用品的购买对销售业绩的贡献显著。因此，这里我们专门开辟一章介绍耐用品的SP策略。

13.1　耐用品SP费用的增长趋势及其原因

随着SP重要性的不断增强，在耐用品行业，用于SP的费用也在逐年上升。一项针对190家耐用消费品制造商的研究表明，其SP费用占全部促销费用的66%，而这一比例对于日常消费品制造商来说，只有58%。显然，在耐用消费品制造者的营销组合中，SP占有相当重要的地位。SP在耐用消费品制造商的营销预算总额中所占的比例有大幅度增长的趋势。

耐用品SP费用的不断上升是众多因素共同影响的结果，以下列出9个方面的原因：

（1）SP商业广告的实效作用供大于求。由于大量广告泛滥，消费者对商业媒体的不信任感以致反感程度的增强，造成媒体广告效果日益下降。此外，顾客购买耐用品时，往往介入度较高，此时，人员促销辅以产品介绍手册等宣传材料，有助于消费者迅速认识产品，完成冲动性购买[1]。比较而言，SP策略通常是针对某个细分市场的具体消费者，它可以更加有效地将产品和品牌的优点传达给消费者。

（2）制造商针对消费者的拉式广告效用和针对零售商的推式沟通作用有减弱趋势。一方面，消费者对商业媒体的信任度下降；另一方面，一些零售商的销售人员缺乏对有关产品专业知识的了解，在他们与消费者之间的沟通过程中态度并不积极，因此，仅仅依靠拉式广告和针对零售商的推式沟通作用被削弱。然而，消费者购买耐用品的决策通常属于介入度较高的类型，在购买过程中希望得到销售人员的介绍和讲解，也就是说，习惯于"推式"的购买，因此，对于耐用品制造商，在销售现场进行针对消费者的直接促销，以及教育型示范变得越来越重要。

（3）随着市场经济的日益成熟，消费者面对日益丰富的产品和服务，有了更多的选择余地，特别是新一代的消费者，品牌忠诚度下降，商品的价格弹性也不断上升。在这种环境下，实效促销可以利用价格弹性上升的特点，通过降低或其他优惠方式，吸引大量消费者购买。

（4）消费者越来越习惯于频繁的实效促销活动。在日益激烈的市场环境下，日常消费品的促销包围着消费者，越来越多的消费者开始习惯于铺天盖地的折价券、赠品、减价……而且，频繁的促销活动促使消费者在采取购买决策时尽可能寻找更加优惠的条件。消费者在购买日常用品方面的经验很自然地会体现在他们购买耐用消费品的决策中。更重要的是，消费者对产品降价的观念也发生了变化，他们不再认为提供优惠的产品与质量差有必然的联系，进行促销的产品并不是因为它质量不好。

（5）消费者认为新产品上市后会有一个降价的过程。消费者根据以往的经验，发现新推出的商品（如汽车、电脑、手机等）的价格在推出一段时间之后就会有所下降。因此，利用消费者的这种期待，可以对那些打入市场已有一定时间或是有些过时的耐用品，积极利用促销方式刺激消费需求，可以取得较好的效果。

（6）大多数消费品已进入成熟期。对于一些家庭用品，例如，电视机、冰箱、洗衣机等，均已经趋于成熟阶段。如果某个生产企业在这一时期开展实效促销活动，有利于提高消费者的购买欲望，使产品市场份额有所扩大。

（7）在不可避免的价格竞争环境中，许多耐用品制造商都开始追逐以规模效应来降低产品价格的目标。而规模效应的结果往往是产品供应量大大超出需求量，此时，厂商便有必要通过实效促销方式来刺激需求，将过多的产品推销出去。

（8）通路的竞争力不断增加。随着零售业态的不断变革，耐用品制造商不得不面对多种经营的销售渠道，特别是那些大型零售连锁商店，它们同时出售多种产品的品牌。日益复杂和多元化的销售渠道，制造商的控制能力和管理能力都受到影响，制造商对销量大小的追逐远远高于对单位边际利润的追逐，因此，零售价格上的竞争愈加激烈，其结果是，已经得到一定利益的零售商要求制造商在销售时提供更多的优惠，迫使制造商开展 SP 活动。

（9）在专业人员和代理公司的双重推进下，促销活动的专业化程度不断增加。这也使 SP 在营销组合中的地位不断提高。此外，耐用品制造商自身也在为创造新的促销工具而努力。实际上，本章引例中提到的"乐迷节"就是一个很好的例子。

> **促销专论 13.1　8 大理由让促销战愈打愈火热**
>
> 促销的重要性愈来愈高，据美国促销决策公司的研究，有 42% 的消费者，是因为厂商提供促销才购买，随着通路竞争更趋白热化，厂商在分配营销预算时，促销费用高于广告预算，已是时势所趋。
>
> 归纳来看，促销广受重视有 8 大理由：
>
> 理由 1. 零售商议价力增强
>
> 顾客导向时代，议价力量移转到零售商手上，商店要卖什么产品，由零售商主导。生产厂商为了争取零售商进销产品，须提供优惠促销诱因，还必须举办消费者促销活动，使促销愈来愈受重视。例如大卖场、便利商店和供应厂商洽谈交易条件时，都会要求供应厂商提供完整促销计划。
>
> 理由 2. 品牌忠诚度式微
>
> 消费者愈来愈精明，对品牌的忠诚度有逐渐式微的趋势，关心价格、重视价值、讲究便利，成为购买决策的主要考虑因素。有不少消费者是冲着促销活动来，认为许多品牌产品差异有限，而且具有满足感与互换性，于是游走在多个品牌之间做选择，促销成为影响消费者购买的关键因素。
>
> 理由 3. 促销敏感度提高
>
> 消费者普遍期盼厂商提供促销诱因，厂商也投其所好，在行销活动中大量使用促销。

据美国促销决策公司针对33000多位消费者所做研究,显示在12种包装产品的总销售量中,有42%是因为厂商提供某些促销诱因才购买,促销活动以折价券最受欢迎,有24%的销售量来自厂商举办折价券促销。消费者对促销的敏感度愈来愈高,企盼厂商举办促销活动成为一种习惯。例如,百货公司周年庆促销,许多女性消费者一次购足一年的需要量。

理由4. 产品增殖蔚为风气

据美国全球新产品资料库公司研究49个国家产品创新及包装消费品销售成功的资料,显示市场上每月新上市的产品超过20000种,其中有75%在上市第一年即告失败,大部分原因是忽略消费者的购买习惯,厂商只得大量举办促销,试图吸引消费者惠顾。当年,饮料厂商竞相推出茶类饮料,却忽视了消费者的饮茶习惯,比照开发一般饮料的思维,推出含糖的茶饮料。产品上市后赫然发现销售落差大,究其因才知道消费者喝茶不加糖的事实,于是重新开发无糖及微甜的茶饮料。

理由5. 消费市场细分化

消费市场区隔愈来愈细分,加上传统大众媒体广告效果疲态,厂商转而寻求利基市场,促销成为瞄准目标市场的利器,于是厂商纷纷将促销活动和特定地区、主题或事件结合,提高促销效果。麦当劳、必胜客比萨、达美乐比萨等快餐餐厅,建立直接行销与网路行销系统,争取外送市场,消费者只要打电话或网路订购,就可以享受外送服务。

理由6. 顾客注重短期利益

许多厂商认为促销受到重视,得益于行销计划与报酬制度结合,创造了提高销售量的短期效果。厂商推出促销活动,不只在介绍新产品及防御竞争者的竞争,而是在迎合销售需要。公司业务员都有短期销售责任额或目标,因此会要求公司举办促销活动,协助他们顺利将产品推销给零售商。针对消费者及中间商的促销,是创造短期业绩的有效方法,尤其是和价格有关的促销活动效果显著。

理由7. 营销责任愈趋重要

公司对业绩的要求,除了对行销长、品牌经理、业务员造成短期销售压力,也都希望进一步了解投入大笔促销费用所产生的结果,促销活动的结果比广告活动的结果更容易衡量。公司都期望促销活动所创造的销售与利润,不但可以精确的衡量,而且还可以辨识责任,作为奖励与升迁的准据。

理由8. 竞争局势日趋激烈

市场竞争激烈,厂商利用促销活动维持或提高竞争优势的需求也愈来愈殷切。市场渐趋成熟,成长缓慢,厂商利用广告不容易再创销售高峰,加上今天广告讯息几近泛滥,公司要提出具有突破性的创意,可遇不可求,而且消费者对大众媒体的注意力有持续衰退现象,于是许多公司纷纷调整策略,转而将广告预算投注在促销活动上。

此外,数字化革命掀起新一波营销战,也是促销受重视的重要原因,今天许多厂商用各种线上技术执行促销活动,颠覆传统营销方法。例如,透过Facebook、电子邮件、短消息、Twitter、LINE传递促销讯息,提供折价券、折扣等优惠措施,广受"婉君"们的喜爱。现代的年轻消费群利用线上促销讯息,作为购买决策的比率愈来愈高,足见促销受重视的程度。

(资料来源:林隆仪.8大理由让促销战愈打愈火热[N].工商时报,2015-04-24)

13.2 耐用品的 SP 目标

耐用品供应商可以通过 SP 实现多方面的目标。大致可分为 4 类：以消费者为目标；以经销商为目标；以竞争者为目标；以公司自我为目标（又进一步分为树立形象和需求管理两类目标）。为了适应不同的市场环境，在制定 SP 策略时目标也各有侧重，不尽相同。以下分别述之。

13.2.1 以消费者为目标

以消费者为目标的耐用品 SP 策略，目标主要有两个，一是劝说消费者尽早作出购买决策；二是帮助消费者克服购买耐用品的心理障碍。

在劝说消费者尽早作出购买决策方面，包括以下几种情形：

（1）促使消费者尽早购买或更新某品牌。例如，在汽车行业，一些厂商推出"降价补偿"的促销策略，也就是说，某些厂商向购买其某个品牌的消费者承诺，当该品牌在未来的一定时期内，如果出现降价，就对已购买该品牌的消费者进行价格补偿，从而打消消费者推迟购买的观望念头。

（2）在第一次购买时选择某品牌。例如，某些电视机生产企业，为了促使消费者第一次购买时能够选择某个品牌，通常会给予消费者提供赠品、价格折让、免费送货安装等多种促销优惠，从而捕获新顾客。

（3）在消费者重复购买或更新旧产品时，能够保持对某的品牌的忠诚度或转向购买某品牌。例如，某些手机厂商提供以旧换新的服务，消费者在提供旧手机的同时，只要花费较少的费用就可以购买到一部新手机。这种以旧换新的促销活动可以发生在同一品牌之间，也可发生在不同的品牌之间，但通常是在同一厂商的产品中进行。

（4）购买一项比他们打算购买类型更昂贵些的某品牌产品。当耐用品厂商不断推出新产品时，激励顾客购买价格更高的新产品，或利润更高的品牌是很自然的目标。为此，厂商可以通过某些 SP 策略推动经销商或零售商，以及消费者购买新产品或利润更高的品牌。比如，一些电脑厂商为了推出利润更高的新产品，通常会提供较多优惠措施吸引经销商和消费者。

（5）在购买主要产品之外，还顺带购买其他相关附件。一些电脑厂商在出售一部电脑后，通常会声称以更加优惠的条件出售配套产品，比如无线网卡、刻录机、打印机、应用软件等。

（6）激励消费者购买因已有的某品牌产品升级而需要购买的相应附件或产品。例如，软件制造商通常采取一些 SP 措施鼓励消费者购买因产品升级后所需要的软件或产品。通过销售这些附件和产品，耐用品制造商又多了一项收入来源。

在帮助部分消费者克服购买心理障碍方面，以消费者为目标的耐用品 SP 策略包括三种情形，一是激励那些已经拥有其他品牌的耐用消费品而不再愿意重复购买或更新购买的消费，例如，有些已购买过某品牌电视机的消费者，根据过去的经验，认为该品牌的电视机能够满足其需要，因而没有必要重复购买，更没有必要重新购买一台另一个品牌的电视机，为了帮助消费者克服类似的心理障碍，电视机厂商可以为可在卧室中摆放的电视机提供更多的优惠，从而促使消费者作出重复购买的决策。二是激励那些受到购买能力的限制，不能采取购买行为的消费者。例如，一些电脑厂商向在校大学生提供按揭方式购买电脑的条件，促使在校大学生在收入有限的情况下就可以提前作出购买决策。三是激励那些因服务的风险而对购买存在疑惑的消费者。例如，海尔公司倡导服务第一的理念，通过提供全面的优质服务，使消费者打消因产品维修方面的顾虑而不愿作出购买决策的念头。

13.2.2　以经销商为目标

以经销商为目标的耐用品 SP 策略，目标主要有两个：一是劝说现有的经销商增加某个品牌的存货或保持现有的货架空间；二是说服新的经销商销售某个品牌的耐用消费品。

当耐用品厂商希望经销商在某个品牌的推广方面给予配合和支持时，通过运用一些有效的 SP 策略，鼓励经销商保持现有的某品牌的货架陈列空间；为某品牌提供更多的陈列空间；增加某品牌的存货量；或者是为某品牌提供特殊的展示机会或产品特性广告。

有时，当耐用品厂商推出新的产品系列时，通过运用 SP 策略，可以激励经销商购进额外的产品系列存货或产品系列以外的促销性产品的存货。

当要说服新的经销商销售某个品牌的耐用消费品时，为了打消新的经销商对风险的顾虑，需要运用适当的 SP 策略。实施 SP 策略的具体目的是弥补经销商在销售产品过程中招致的损失，使新的经销商放心销售。例如，把销售现场的零售价格协商与经销商分开；把价格上涨引起的销量暂时性下降与经销商分开。

耐用品厂商应注意当产品固有的边际利润受价格竞争的影响而有所下降时，应及时弥补经销商的损失。厂商还需要确定在某个特定时期经销商须对某品牌下的哪种产品进行推销活动。要给销售人员一定的物质激励，使他们为某一系列或某项产品的推销付出更多的努力。

13.2.3　以竞争者为目标

通常情况下，由于耐用消费品行业的进入障碍相对较大，许多市场显现出垄断竞争的格局，竞争异常激烈。例如，在电脑制造行业，能够在竞争中生存下来的企业和品牌通常具有较强的生命力。为了保持在市场上的占有率，各企业和品牌之间展开了全方位的竞争，因此，针对竞争者的 SP 策略也就显得更加重要。

针对竞争对手的 SP 策略，其目标之一是为了选取不同的出发点对一个或多个竞争者采取进攻型或防御型措施。这类 SP 策略的策划起点是对竞争对手的调研，针对竞争对手的促销策略制定自己企业的应对 SP 策略。例如，2002 年，面对联想公司的市场策略，七喜电脑将暑期促销活动的重点放在了华南，一款主流机型喜悦 3000 从 6999 元降到 5999 元，还加送 200 元大礼包。七喜公司认为，在家用电脑同质化趋势越来越明显的情况下，要赢得市场，一是靠市场策略，再一个就是成本控制。与联想在市场策略上优势相比，七喜公司认为自己的优势在于成本控制[2]。

针对竞争对手的 SP 策略，其目标之二是为了不定期地缩小某个品牌与低价位竞争者之间的价格差异。在产品同质化比较明显的行业，缩小与竞争者之间的价格差距是赢得竞争优势的重要手段，因此，针对竞争对手的 SP 策略这是耐用消费品行业常见的策略，其中，降价促销更是普遍，因而常常引发价格战。例如，"五一"历来都是商家大打促销战的节日，既是空调、冰箱等时令商品的重要节点，也是彩电扭转整年销售情况的重要拐点。2015 年"五一"期间，广州苏宁、国美、广百电器等家电卖场，某知名日系品牌 60 吋全高清安卓智能电视售价在 6000 元以内，70 吋电视跌破 1 万元。而另一品牌的曲面电视新品也一改往日姿态，55 吋机型此前价格一直维持在 13500 元左右，其时降至万元以内，和之前同档次的 55 吋平面电视价格几乎相当[3]。

针对竞争对手的 SP 策略，其目标之三是为了在竞争对手新产品打入市场之前，向经销商进行全面充分的铺货。例如，为了避免竞争对手挤出新产品带来的压力，一些耐用品厂商会采取一些激励经销商的 SP 策略，提前向经销商铺货，抢占市场。

13.2.4　以公司自身为目标

与许多日用消费产品一样，耐用品的 SP 策略有时也针对公司自身的品牌发展需要；或者是为了实现需求管理的目标。

随着整合营销思想的发展，营销管理者普遍认为 SP 策略必须与企业的整体营销目标一致，因此，在品牌建设方面，耐用品的 SP 策略也可以实现某些目标，具体包括以下 7 点。

（1）为了提高市场对某个品牌的认知度。

（2）为了更好地将某个品牌的突出的优势传达出去。

（3）为了加强广告宣传，增加广告的覆盖率，特别当促销信息以广告的形式发布时，SP 策略可以起到补充和强化的作用，使广告的效果得到充分发挥。

（4）在广告宣传间断的时期内，维持对某个品牌的认知度，特别是当促销信息未以广告的形式提及时，SP 策略可以起到提示、唤醒和保留品牌形象的作用。

（5）为了掌握某个品牌的市场研究信息。

（6）为了在相关营销活动中将某个品牌作为整个系列中的组成部分加以展示。

（7）为了针对那些重视某品牌信任度及产品忠诚度很高的消费者，建立起对某个品牌的认知度，并诱发消费者购买。

在需求管理方面，针对企业自己的 SP 目标包括以下 4 点。

（1）通过把经销商的销售业绩与激励相联系的方式，刺激经销商对未来需求作出准确的预测，并购入相应的存货。

（2）缓和意外急增的需求，以适应事先计划生产的规模。

（3）在季末或年末帮助经销商将剩余的存货推销出去。

（4）降低商业循环中协作的不稳定性。

促销专论 13.2　价格促销对耐用消费品更新购买行为的影响研究

耐用品消费是拉动国内需求增长的重要动力。居民耐用消费品的升级行为对公司具有重要的意义。金融危机爆发以来，企业和商务部等政府部门积极运用价格折扣、以旧换新等策略促进消费者购买家用电器和汽车等耐用品，取得了一定成效。

耐用品的购买者分为两类：第一次购买者和再次购买者。再次购买者又分为两类：强迫性情境下的更新购买者和非强迫性情境下的更新购买者。而再次购买者与初次购买者有两个主要差别：一是再次购买者原来拥有的产品是更新购买的心理成本，对于消费者的更新购买会产生阻碍作用；二是再次购买者比初次购买者具有更多的消费知识和消费体验，在更新购买决策时，消费者对产品属性及其重要性的选择与初次购买者存在显著差异。

根据展望理论，原来所拥有的耐用品对消费者具有禀赋效应，是再次购买者在更新购买决策时的心理成本，对旧产品的处理结果会影响到消费者的购买行为；Strahilevitz 和 Loewenstein 的研究表明，对旧产品拥有的历史时间会影响到对旧产品的评价，拥有时间与旧产品评价之间具有正向相关关系。以旧换新促销时，通过对旧产品的回购降低了消费者更新购买的心理成本，因此，以旧换新比直接价格折扣更能够促进消费者的更新购买意愿。

耐用消费品的更新购买不但要受到旧产品心理成本的影响，还要受到消费者对新产品感知价值的影响。感知价值是消费者基于所得和所付出的某个产品效用的全面评价，所得是指产品显著的内部属性、外部属性、感知质量、以及其他更高层次的抽象概念。消费者对新产品的感知价值与消费者的购买意愿之间存在正向关系。为了增强消费者对新产品的感知价值，企业常常运用价格捆绑的促销策略。

虽然以旧换新策略在促进消费者更新购买决策方面的作用已经受到了政府部门和企业的高度重视，但是，在促进消费者更新购买耐用品时，应深入研究价格促销策略能够有效发挥作用的条件，才能更好地促进国内耐用消费品消费的持续增长。

首先，应考虑消费者的购买动机、生活方式和产品类型等因素对价格促销效果的影响。对于能够更好适应社交需要的产品，消费者更换产品的频率较高。这时采用以旧换新策略比价格折扣更能够刺激消费者购买升级新产品的意愿；但是对于适应社会功能和表达自我价值功能较低的产品，以旧换新策略和直接的价格折扣策略没有差异，可以根据企业的需要进行选择。

其次，应把旧产品在二手市场的价格作为以旧换新旧产品折价的重要参考。对于购买升级新产品的消费者而言，进行产品的更新购买时面临两个方面的决策：放弃旧产品的决策和购买新产品的决策。实践表明，当企业对彩电采用以旧换新策略时，一些消费者以低价在二手市场购买旧彩电，然后到商场通过以旧换新购买新彩电。当企业对汽车销售采用以旧换新策略时，一些消费者感到对旧汽车的折价过低而放弃重置购买。

最后，以单一价格、与具有高相关度的强势品牌进行价格捆绑能够促进消费者对新产品的购买。顾客感知价值是影响消费者行为的重要前导变量。当新产品与具有高度相关性的强势品牌进行捆绑时，消费者对新产品的感知价值和品牌形象会提高，从而增加消费者对新产品的购买意愿。另外，从统计数据看，农村每户家庭平均拥有的耐用品数量低于城镇居民每百户家庭拥有的数量。除经济因素外，农村居民的生活方式和生活环境与使用耐用品也是导致他们对空调、抽油烟机和电冰箱等家用电器需求较低的重要原因。

（资料来源：雷大章. 价格促销策略对耐用消费品更新购买行为的影响研究[J]. E-Business Journal, 2010（10）: 19-20）

微案例 13.1　空调厂商花样促销

伴随着各式各样的"年中大促"的浩大声势，家电空调厂商之间的营销大战也如期而至。不同于往年单纯的比价格，2015 年家电厂商的营销模式充斥着浓郁的"互联网思维"，各种营销手段铺天盖地而来。

早在 2015 年 4 月初，美的便联合众安在线开启了高温红包活动。从 6 月 1 日到 7 月 31 日，拥有"高温补贴卡"的用户，只要所在城市温度高于 35 摄氏度，就可享受美的空调送出的电费补贴；TCL 则与《侏罗纪世界》合作，以"来电侏罗纪智能抢王牌"为主题，开展了北斗系列智能空调的促销活动；格兰仕和科龙空调的促销活动则是"看天吃饭"——在指定的日子里有台风登陆内地或者当地下雨的话，消费者便有机会获得相应的优惠。这种营销手段看似很无厘头，却也引来不少人翘首以盼。

不可否认，这些创意营销能够为空调厂家带来一定的品牌影响力的提升，可在花费了大量的人力、财力、物力之后，对于关键性的销量售额提升究竟能起到多少作用，却仍是一个未知数。

（资料来源：蔡晓素. 空调厂商促销花样百出［N］. 信息时报，2015-06-19）

互动讨论题：你如何评价空调厂商的促销活动？

13.3　耐用品 SP 目标与日用消费品 SP 目标的比较

将耐用消费品 SP 策划目标与日常消费品进行比较会发现存在许多不同之处，以下 7 条是最主要的：

（1）由于耐用品的生产、销售、使用周期比日用品长，在对渠道存货的管理上，促销的作用显得更为重要。对耐用品来说，促销往往是在销售旺季末期用于推动减少零售存货，无论该产品是否已有新的替代品出现。

（2）与日用品相比较，耐用品的生产属于资本密集型，同时，在商业循环中消费者对耐用品的需求弹性很高，需求随价格的波动变化很大。因此，一些耐用品制造商仅出于对季节或商业循环的考虑，而采取促销行为、他们并不管消费者的需求如何。

（3）日用品的促销往往可以采用增加单位包装容积或单位购买量或改变购买时间的形式。然而，对于耐用品来说，SP 可以影响消费者的购买时间，使之提前购买，但却不可能说服消费者在购买数量上有较大的增长。

（4）日用品促销的目标往往是希望提高同一品牌的重复购买率。对耐用品而言，产品的重新购买（更新换代）的 SP 目标也十分重要，其中包括了销售产品（如相机的胶卷）、产品附件、售后服务及同一品牌下其他延伸产品的潜在购买行为。建立一个优势品牌的全过程与该目标的实现过程是一致的。

（5）与日用品的促销不同，耐用品的促销强调的是引起经销商对存货的需求。大多数消费者每周都会光顾超级市场至少一次，但却不会经常性地光顾耐用品商店。因此，制造商不得不转向首先考虑对经销商存货的推销，同时也重视对入店消费者的促销。为了巩固制造商、经销商之间的关系，达到各项促销目标，许多SP策划都是协作式的。

（6）当消费者十分有兴趣购买一项日用品时，其财务风险是很小的，而在购买耐用品促销的内容应该包括对某些具体问题的考虑。例如，服务风险（维修方面）、财务风险（付款方面）等。耐用品制造商已根据各自多年的经验，针对不同类型消费者风险心理，找出了一系列相应的策略。

（7）由于销售人员在消费者决策时的重要性，以及消费者在购买过程中的不断反复比较甚至推迟购买，所以向销售人员提供必要的激励条件，使之更投入地开展推销工作十分重要。

13.4 耐用品的 SP 工具

在耐用消费品促销中，对消费者的促销增长速度明显高于对经销商的促销增长速度。本节将进一步讨论对消费者促销的耐用品 SP 工具，并与日用品促销中 SP 工具的异同适当比较。一般而言，有一些 SP 工具对于耐用品和日用品都适用，而另一些则只适用于其中一类产品。

对于耐用消费品的销售，存在三个方面的主要问题，它们分别是价格过于昂贵，操作复杂程度高，维修困难。制造商可以针对这三方面普遍存在的问题分别采取相应的 SP 策略。

针对价格昂贵问题，可以采用折扣、财务激励和赠品等 SP 工具；对于操作复杂程度高的问题，可以采用示范操作等示范 SP 工具；针对维修困难问题，可以采用完备的售后服务之类的服务 SP 工具。

1. 附送赠品和折扣

日用品促销中常用的两种促销工具——附送赠品和折扣，对于耐用品促销也有较好的效果。例如，现代汽车曾推出过一个有吸引力的赠品。按照建议零售价 5 万美元购买现代雅科仕（Equus）汽车的顾客可以获赠一部免费的 iPad，里面有 300 多页的互动用户手册，还附赠一个 iPad 皮质保护套，里面放着事先准备好的汽车服务预约安排[4]。

附送赠品促销比起直接削价更具诱惑力，其原因是：附送赠品可提供的价值（消费者感觉意义上的价值）高于制造商为之付出的实际成本。然而也只有当附送品的价值与产品本身价值相比较，相差不是太悬殊的情况下，这种促销形式才有说服消费者购买一件价值不菲的耐用品的可能。另外，在消费者可选择的价格范围内用提供赠品的促销方式击败竞争对手十分有效。

折扣的促销形式在耐用品促销中可以发挥更大的作用。因为耐用品相对昂贵，虽然折扣的相对量不会太大，但其绝对量之大是很吸引人的。对于购买价值 1000 元的耐用品，消费者得到 50 美元的折扣就已经相当满足了。而对价值 10 美元的日用品，仅为 1 美元的折扣对消费者来说也不一定可以起到什么作用。其实，前者的折扣率只有 5%，是后者的一半而已，但由于绝对量是后者的 50 倍，所以发挥了重大的作用。

当消费者购买产品的目的是作为礼品送人，其要求退换的比例相对较低，这时，折扣的效果会更好。另外，制造商折扣中已包含了少量的退换赔偿金额，因此经销商不必对顾客的索赔承担额外的费用，然而，现在经销商纷纷抵制折扣这种形式，因为折扣有时由制造商和经销商共同承担。

在进行折扣促销过程中，有些经销商会私吞部分甚至全部由制造商提供的折扣优惠，有些优惠条件还是制造商在广告中提到过的，但是，部分消费者并未得到任何优惠。

2. 财务激励、示范操作、售后服务

（1）财务激励。20世纪70年代末期，耐用品制造商开始普遍向消费者提供分期付款、低息贷款等的优惠，目的是让那些没有一次性支付能力的消费者有可能采取购买行为。财务激励在以下情形中的效果很好：一是在对空调这类急需但又未事先为之准备大量储蓄的耐用品的销售中；二是家具类商品，消费者不会在一年中某个特定时期购买这类商品，消费者的开销首先会用于购买其他商品。三是像汽车这类产品，其价格远高于一般消费者的月收入。

为解决价格昂贵的问题，一般来说有"现金折扣"和"财务激励"两种主要可选择方式。但在具体运用过程中，耐用品制造商偏向使用财务激励，而不是现金折扣。

对一些公司来说，财务激励可以提供某种策略性优势。通用汽车公司将越多的汽车出售给子公司，其现金流出相对流入的量就越大，这样在商业循环中的不稳定性就会相应减少。其子公司凭借自身规模和良好的财务状况，可以获得较其他公司利率低些的贷款，因此，它可以以较低的利率向消费者提供分期付款等形式的财务激励，或是以相应的利率从其他方面赚更多的钱。

财务激励的利率确定也很有讲究，如果利率定得太高，消费者则会放弃公司提供的财务激励优惠，而转向开放的资金市场直接贷款，或者采取一次性付清货款的方式。

（2）示范操作。针对耐用品操作复杂的问题，实行示范性操作的方式也很普遍，特别是数码相机、电脑、微波炉之类操作性较强的耐用品，往往会在大型购物中心开设专柜，由经过培训的推销人员在销售现场进行操作示范，这样消费者可以目睹操作的全过程，甚至在购买前亲自尝试，并学会一些操作步骤，增加购买该产品的信心。

（3）售后服务。耐用消费品的制作工艺一般较复杂，所以产品一旦出现故障，并不是普通人员可以立即解决的，消费者出于这方面的顾虑，往往会推迟购买，甚至不购买，以免增添维修上的麻烦。针对这一点，大多数的耐用品制造商都会提供一些保障措施，如建立广泛完备的售后服务系统，解决消费者的后顾之忧。例如，联想ThinkPad E430暑期促销时，针对参加高考的考生，凭高考准考证及身份证，在指定店面购买ThinkPad E430即可优享4年联想原厂保修保障，并升配双肩电脑包[5]。

3. 折价券、样品赠送、价格/数量促销

在日用品促销时，常用到折价券、样品赠送和价格/数量促销三种SP工具，而在耐用品促销中，一般较少使用。

对于耐用品来说，较少使用折价券进行促销的传统，这主要是因为：

（1）价值较高的折价券兑现过程中，资金风险很大。

（2）折价券兑现的过程，对主要出售耐用品的小型零售商来说、现金滞流的压力很大。

（3）在缺乏明确的折价券促销协议的情况下，出售各类耐用品的各个渠道之间折价券兑现情况没有统一标准。

然而，一些潜在需求量较大的耐用品制造商，现在已经开始提供一些时期不限的耐用品折价券。消费者如果购买了一架宝丽来（Polarid）快照相机，就有机会获得一系列的快照胶卷的折价券，每一张折价券的最后使用期限都不相同，可以累积起来，集中使用。这种促销方式对相机的销售起了很大的促进作用。

大多数的耐用品都具有不可分性，其价值也都较高，所以，样品赠送的促销方法不大可能使用。但是，由于耐用品许多时候是没有外包装的——例如汽车等——所以在购买前可以对它们进行测试。苹果电脑公司近来向消费者提供了一项 24 小时测试其新产品 Macintosh 的促销活动，允许所有的家庭成员在家中试用产品。

此外，耐用品制造商一般向经销商提供批量购买的优惠，而对消费者的"买二送一"促销方式只适用于那些一次性购买数量较多的产品。价格／数量促销对于那些只需一件耐用品的家庭来说也是不合适使用的。

微案例 13.2　嘉柏丽美元促销

黄金 10 月以来，嘉柏丽漆大量出口到非洲积累了几百万的美元。为了带动中国市场的增长速度，加大对中国区嘉柏丽经销商的扶持力度，嘉柏丽公司决定在 2011 年 12 月前，对嘉柏丽竹炭系列每桶配一美元纪念币，凡购买嘉柏丽最新科技竹炭系列的客户开桶后都可以收到一美元纪念币，可以作为纪念用，也可以到银行换取人民币来购买东西。

这一活动推出以来，受到了很多消费者的热爱，在万州、温州、宜春等地出现了抢购嘉柏丽竹炭漆的景象，一度导致嘉柏丽竹炭漆脱销，在嘉柏丽公司市场部各地片区经理的协调下，紧急从周边嘉柏丽专卖店调竹炭漆来满足客户的需求。

嘉柏丽公司针对最新科技环保产品——竹炭漆系列推出的美元促销活动，目的是让更多的消费者认识到健康的重要性，爱护身体，家居需要嘉柏丽竹炭漆的双重保护。

（资料来源：美金促销——嘉柏丽品牌竹炭 26°火爆家装市场［EB/OL］. 2011-11-03. http://www.bmlink.com/news/message/357588.html）

互动讨论题：嘉柏丽的美金促销为什么会受到消费者的欢迎？

13.5　不同类型的耐用品如何选择 SP 工具

以上对各类促销工具在耐用品促销和日用品促销中的适用性分别作了论述。下面将对不同类型的耐用品进行细分，进一步研究产品类型与促销工具一致性的问题。由于产品类型的不同，使得诸多促销目标间相关重要性，以及促销工具的恰当与否完全不相同。

从广义的促销而言，耐用消费品供应商所采用的各类广告及促销方案，与日常消费品供应商所采用的广告、促销安排完全不同。表 13-1 详细介绍了耐用消费品促销、广告策划的分类情况。表 13-2 是两家耐用消费品制造商各类促销、广告费用比例的比较。从表 13-2 中可以明显看出，对于耐用品来说，针对消费者的信息传达型广告的费用额远远高于针对经销商的；而促销活动却恰恰相反，利益传达型的促销费用大部分是用来针对经销商的推式促销。

不同类型的耐用品 SP（特别是针对消费者的 SP），选择 SP 工具有不同的侧重。耐用品的特征需要考虑三个方面：一是价格，耐用品属于低价还是高价耐用品；二是购买的系统性，消费者购买的是单项产品，还是购买整个系统；三是产品一经销售是否会引起对其他相关产品的大量需求。表 13-3 列出了适用于不同类型耐用品的对消费者 SP 工具。

耐用品可根据价格水平的高低分成三类。一类是价格水平较低的有包装的耐用品。例如，价格偏低的小型家庭用具，它常常是作为礼物被购买的。它们无论从结构或是功能上都不太复杂，因此也不需要建立起广泛的零售支持和集中的销售系统。对于这些小型设备制造商最重要的是保证从大型购物中心分散开的分销网络畅通地销售尽可能多品种的产品系列。

表 13-1　耐用消费品供应商的促销安排

	信息传达型（广告）	利益传达型（SP）
拉式（针对最终消费者）	国际性广告	对消费者的促销工具
	主要城市的广告	折扣
	当地/协作式广告	价格/数量上的 SP
		折价券、抽奖等
推式（针对经销商）	经销商广告	购买折扣
	经销商展示	价格、折让
	预先事件营销	存货、存货均衡、期限
	销售现场营销	销售奖励
		对销售人员的奖励

表 13-2　两家耐用品公司不同 SP 策略的比较

费用类型		主要厨房设备制造商/%	小型家用设备制造商/%
信息传达（广告）	拉	32	35
	推	5	1
利益传达（SP）	拉	9	14
	推	53	49

表 13-3　针对各类耐用品的促销工具

价格	低价（使用型）				高价（服务型）			
产品类型	单项		系统		单项		系统	
引起大量需求	是	否	是	否	是	否	是	否
举例	一次性相机	铁器	家具	轮胎	汽车	冰箱	个人电脑	家庭保安系统
折扣	√	√	√	√	√	√	√	√
价格/数量 SP			√					
折价券	√							
抽奖	√						√	
附送赠品	√						√	
样品					√	√		
相关促销	√		√		√		√	
折价补贴			√		√		√	
财务激励					√		√	
服务协议							√	
发现者费用								√

另一类耐用品的价格昂贵，例如通过独家经销商出售的汽车。汽车制造商主要的促销目标是引起经销商的购货行为。对个别消费者来说，购买一辆汽车不仅仅是决定何时、何地、购买哪种型号，而且也将涉及其他方面的选择，如售后服务协议、财务激励，等等。一辆汽车的销售，往往会导致对易耗品（如汽油）、附件、售后服务（维修等）的大量需求。在购买过程中，必须考虑的方面还包括财务风险、推销人员介入的程度等。

介于这两类之间的另外一类耐用品，包括大型电器（如电冰箱）和系统耐用品（如个人电脑和音响器材）。消费者在购买这类耐用品时必须针对整合起来的几部分做出综合的决策和判断。当一名顾客购买的产品系统是由几个制造商的产品共同组成的时，它显然比那些由一个制造商生产出产品几个部分后包装起来，一同出售的情况复杂许多，这类耐用品往往是通过不同的渠道进行分销的。这种情况下，耐用品制造商的促销目标是尽量增大其在货架陈列的空间，使其在销售现场的品牌价值有所增加。

13.6 降低耐用品 SP 实施的风险

耐用消费品的促销费用有较大幅度的增长，尤其是像汽车这类产品，其促销活动更是越来越频繁和投入越来越大。但是，促销也可能带来负面的影响和不良的后果，所以，在实施耐用品 SP 时，应全面考虑以下五方面的风险：

风险 1：影响品牌资产等战略性的营销目标

用于 SP 费用的不断增长，使得用于建立品牌形象的广告费用有所减少。而且随着消费品价格弹性的提高。促销活动甚至会使原有的品牌忠诚度有所降低。当然，如果所有厂家的所有品牌都采用 SP，那么它能引起的消极影响也不会太大。但对于公司来说，如果原有产品系列都是以 SP 的方式进行推销的话，很难再改用其他方式，例如，制作出一则更好的广告来对新的产品系列进行促销。

风险 2：实施中的失控

促销费用不断增长，可能会失去控制，变得盲目。一项淡季促销策划可能只是打算在淡季把存货积压较多的商品销售出去，但随着旺季的到来，该项策划可能会有所延期，而转为一项针对整个产品系列的应季促销策划，由此一直延伸下去，无法间断。这样消费者开始可能只将 SP 作为某个时期某项独立的活动看待。但随着促销活动是不断延伸、循环、促销费用无休止地增加，SP 可能会成为定价构架中不可缺少的一部分。制造商可能会发现自己已陷入"零一"游戏的困境中，他们之间减价促销竞争越是激烈，他们的边际利润就会越低。

风险 3：对 SP 引起的需求突增不能快速反应

当促销活动过于频繁，或是可以预期到的时候，消费者（有时会从零售商处得到未来促销行为的信息）可能会把购买行为推迟到该产品举行促销优惠活动为止。同样地，如果消费者先于预期采取购买行为，这时制造商由于对需求的突增无法迅速做出反应，也会在供货上造成一定的混乱。这个问题对耐用消费商来说更为严峻，因为消费者并非急需某件耐用品而在购买决策时间上就会显得更为灵活机动。

风险 4：缺乏整体性

耐用消费品的营销人员往往针对同一品牌下各延伸产品分别拟订不同的促销方案。在这一过程中，某一单项产品的 SP 策划破坏了整个产品系列促销模式的整合结构的可能性是存在的，这样它在具体的实施中会遇到许多困难，这种促销活动可能还会有相反的副作用。

风险 5：实现均衡的 SP 优惠会遇到操作中的障碍

制造商对每个市场的经销商应该提供公平均衡的促销优惠。折扣率上的差异应努力达到合法、公平。但对大多数制造商来说，由于销售渠道多元化和复杂性，要做到这一点是很难的。经销商的范围很广，从重视服务和购买支持的单个独立的商人，到希望实现最低供应价目单的大型购物中心。制造商与这类大型购物中心接触时，往往在协议中必须达到的购买支持水平方面有一定障碍，这样原计划给最终消费者的促销优惠在传达的过程中也会有一定障碍（如一些购品无法及时送出，一些折价券无法及时兑现，等等）。

耐用品 SP 向制造商提供了一种功能广泛的工具以达到诸多促销目标。然而制造商在使用 SP 工具时也将面对种种风险。因而，他们所面临的挑战是，通过什么样的途径运用 SP 才可以达到利润最大化，又能避开不利的方面？以下两条建议值得重视：

（1）控制 SP 的支出费用。

第一，将营销预算和 SP 效果相关联，对产品经理充分运用"胡萝卜加大棒"的策略，让他们自己解决部分促销费用。为了实现这一点必须有严格的促销兑现标准。

第二，将促销活动和广告活动联系起来。例如，在销售现场的促销优惠的内容应与广告中所提及的保持一致。一些研究表明如果在广告中加入有关减价折价券的促销信息，可以增加广告本身的有效性。

（2）避免出现促销减价战。促销可能导致制造商陷入减价的混战之中，降低了商业利润。为了避免这种情况的发生，就必须有周详的计划和评估过程。计划方面的工作包括了对潜在竞争者的反应、竞争性防御促销。另外，要清楚促销对于品牌及市场占有率的影响，这样可以更准确地预计促销活动引动起的一系列的销量上涨或下跌情况。通用电器公司曾在 1983 年减少铁器和烤炉的折扣率，而将节约下来的资金用于减价和广告费用当中，这样做往往会使制造商的市场占有率有所下降，其原因有二：①竞争者不会采取跟随行为，相反他们会采取攻势更猛的促销活动；②对于那些不经常购买的商品，消费者往往在品牌比较过程中，把商品价格作为质量优劣的一种重要标志，价格偏低或减价的产品往往是和劣质产品联系在一起的。

避免促销减价战最有效最长远的方法，是创造出与竞争者众多的同类产品相比，有独特风格的、对消费者有吸引力的新产品。苹果公司的 iPhone 和 iPad 等产品就是最好的例子。应该让 SP 在整合营销的整体策略中，充分发挥出它不可缺少的作用。

本章案例

永美电器的促销困境：选择情境对消费者决策的影响

■ 案例情境

永美电器是全国知名的电器连锁店，在 G 市拥有多间分店。繁忙的新年促销期终于告一段落，虽说经济危机为各类家电的销售带来了负面的影响，但经过大家的共同努力还是取得了一定的成绩。接下来是销售淡季，公司要怎样应对？春暖花开的三月，华南区总经理梁鹏心头却愁云密布。在 G 市，天河旗舰店是永美电器最大的分店，多年以来一直保持着相当稳定的销售业绩。今春，天河更是以单店零售额最高的成绩取得了全国销售冠军。在梁鹏的眼里，店长秦非精明能干甚至有些狡黠，深谙促销之道，每每利用促销赚得盆满钵满。随着永美电器公司在华南市场的一步步扩张，秦非的事业发展也是如日中天，公司有意将其调任华南区销售经理。颁奖大会结束后，梁鹏请秦非、以及销售业绩不太理想的白云店长童同和海珠店长徐文到自己办公室一边喝茶、一边进行非正式的经验交流。

梁鹏开门见山地引导着大家开始交流："秦非，究竟是什么秘密武器能让你的销售额领先其他分店那么多呢？跟大家分享下你的经验吧？"

1. 商品陈列中不同的档次品牌组合

容光焕发的秦非把事先准备好的一叠资料摊到茶几上，说道："销售业绩好，促销着实功劳不浅。但是其实除了促销，还有其他因素。不知大家有没注意到，顾客在挑产品的时候，除了促销，还很看重它的档次。特别像电器这种比较专业的行业，顾客可更看重这个档次问题。店里不同的档次品牌组合，往往能左右顾客的选择。市场当中，绝大多数的产品种类常常包括两个以上的品牌，即使是同一品牌也可能包含不同型号。但据我了解，消费者的选择范围一般不会超过两种相近的质量档次。以彩电为例，我们一般认为爱索 A 系列（豪华型）为高档品牌、远虹 B 系列（实用型）为中档品牌，而康华 C 系列（经济型）为低档品牌。然而，顾客心中的档次可不是这样绝对，甚至与我们通常的想法有偏差。比方说，如果销售员向顾客同时介绍爱索 A 系列、远虹 B 系列的彩电，他们会认为远虹 B 系列是相对低档的品牌吧？"

秦非顿了顿，大家点头同意。"但如果我的销售员不仅介绍爱索 A 系列和远虹 B 系列，也还同时介绍康华 C 系列，这个时候，他们就会觉得远虹 B 系列变成了中档，而不是原来的低档品牌。所以，一个品牌究竟属于哪个档次，与消费者可选择的范围关系很大。至于消费者心目中有哪些可选品牌，这些品牌都属于什么档次，看似不可捉摸，但实际上我们却可以通过进货选择或货架摆设加以干预。"

2. 高档品牌促销与低档品牌促销

秦非似乎看出了童同和徐文两人眼中的疑问："消费者在促销时选什么品牌跟其档次可大有关系。根据我的经验，在有两个档次品牌的情况下，高档品牌一旦促销，销量的增长会非常明显；但是要是低档品牌促销呢，销量增长就相对差一些。总之，高档品牌的促销对顾客来说更具有吸引力。这算是一种不同档次品牌促销时拥有的魅力差距吧。"

"这确实可以理解，因为顾客总认为购买低档的品牌会在质量上承受一定的损失，总怕低档品牌的质量不好，所以这种担心导致他们宁愿多花一点钱买更高档的品牌，一旦高档品牌促销，他们就会更愿意转向高档品牌。而低档品牌促销时，这种担心会妨碍他们转向低档品牌。"徐文点头同意秦非的话。

3. 促销中产品系列包含高、中、低三个档次的品牌

"但是，如果我们的产品系列包含三个档次的品牌，促销时又会有什么不同呢？"童同觉得自己似乎听出了些眉目，但又仍不很明白。她的店里本来打算今年夏季引入高档空调产品，拉动全店空调销售。

"当有三个档次的品牌时，情况可就不大一样。还是以彩电品牌为例。因为有爱索 A

系列存在，远虹 B 系列与康华 C 系列在促销时拥有的魅力差距就会减小。也就是说，因为有高端品牌存在，远虹 B 系列促销时能从康华 C 系列那里抢来的生意变少了，而康华 C 系列促销时从远虹 B 系列那儿抢来的生意变多了。"秦非侃侃而谈，"开始我也很纳闷，仔细一琢磨，好像也还真有那么点道理。你想想看，在三个档次品牌的情境下，最在意档次而且不介意价钱的顾客一定会选择爱索 A 系列。那么，选择远虹 B 系列的是什么样的顾客？他们更有可能在意价格，不那么在意质量与功能，也就是说，在康华 C 系列促销时，他们更有可能转而购买康华 C 系列。而在三个档次情境下选择康华 C 系列的又是什么样的顾客呢？他们当然是最看重价格，最不在意质量与功能的。所以，他们在远虹 B 系列促销时转而选择远虹 B 系列的可能性也不高了。"

童同一边听着，一边若有所思地说："没想到高档次品牌的存在能对中低档品牌的促销带来这么大的影响。"

秦非笑了："另外，其实低档品牌的存在对于中高档品牌的促销也有很大的影响。在只有两个品牌的情境下，顾客们更愿意从远虹 B 系列转向促销的爱索 A 系列，而不是从爱索 A 系列转向促销的远虹 B 系列。那么如果这时候多了一个低档品牌康华 C 系列呢？"

梁鹏明白了这其中的含义："那应该有更少的顾客在爱索 A 系列促销时从远虹 B 系列转向爱索 A 系列，更多的顾客在远虹 B 系列促销时从爱索 A 系列转向远虹 B 系列！因为在两个品牌情境下选择高档的消费者并不全都是最看重档次和不在意价格的，所以一旦有 3 个档次存在，他们会发现跟康华 C 系列比较，远虹 B 系列并不那么低档，而且价格上更优惠，所以爱索 A 系列的促销对他们的吸引力减弱了，他们便会转向选择远虹 B 系列。"

4. 合理设置品牌档次，影响促销效果

秦非竖了竖拇指，继续说道："品牌档次会影响促销效果，而我们同样也可以影响消费者对品牌档次的认知。例如，在爱索 A 系列促销的时候，店员可以只重点介绍爱索 A 系列和远虹 B 系列，让消费者感知到两个品牌档次。一旦远虹 B 系列促销，店员就会把康华 C 系列也一起推荐，这时候，消费者心中可能就会存在三个品牌档次了。以此类推，不管哪个档次的品牌促销，都能想出相应的推荐方法。当然，关键是培训一批机灵的员工啦！"

听到这里，梁鹏不禁又问道："事实上，现在各分店因为所处区域消费者的收入与购买力的差异，销售的产品档次也不尽相同。有的只销售中高档品牌，有的只销售中低档品牌。那么，为了满足不同顾客对档次的喜好，各分店是不是都应该引入全部高中低档的品牌？"

秦非继续说道："根据我的调查，天河店因为地缘优势，顾客以中高收入人群为主，主要销售高档和中档产品。白云店处于偏远城郊，顾客的消费力较弱，主要销售低档和中档产品。而海珠店所属区域消费群结构复杂，同时销售高档和低档产品。几家分店的情况各有不同，在促销品牌选择、是否引入其他档次品牌以及何时引入等问题上也大有讲究，不能一味套用已有的成功经验，而是需要我们大家多多交流、慢慢摸索和总结。"

■ 相关概念与理论

品牌转换是市场营销中最常研究的课题之一。有哪些因素会影响不同价格、质量档次的品牌转换？较高的感知质量（例如，更优的功能、更高的可信度、或其他正面的品牌联想）、较低的价格、或者两者兼有常常会导致消费者从一个品牌转向选择另一品牌。因此，对品牌转换的研究将有助于我们进一步了解有哪些因素影响消费者选择更高档或更低档的

品牌。

1. 品牌档次与考虑集

典型的商品市场都包含了不同档次的品牌，品牌档次（Brand-Tier）分别代表着不同的价格水平和感知质量。例如，在评价纸巾产品时，消费者可能会认为舒洁属于高档品牌；清风属于中档品牌；而百佳这类自有品牌属于低档品牌。消费者可能会在不同或类似档次之间进行品牌选择。

考虑集（Consideration Sets）在理解品牌选择和品牌转换行为时非常重要。不同质量、价格档次间的品牌转换取决于消费者的考虑集。消费者的考虑集一般都只包含了价格质量范围有限的几个品牌。Cooper 和 Inoue 指出，那些认真考虑购买高档汽车（如 Lexus）的消费者不太可能会选择低档汽车（如 Dodge Neon）。消费者的考虑集通常包含相对数量较少的品牌。例如，根据 Narayana 和 Markin 的研究，考虑集内品牌的平均数量是 1.3~3.5 个，但是认知集(Awareness Sets)内则包含 3.5~10.6 个品牌。促销引起的品牌转换通常出现在类似档次的品牌之间或者相对较小的价格范围内。

2. 选择情境

消费者可以接受而且能够感受到差异的品牌档次往往会受到选择情境（Choice Context）的影响。对比效应表明不同的选择情境下，消费者对同一产品的判断会有所不同。例如，相比 6 倍放大率的望远镜，消费者可能会觉得 9 倍放大率的望远镜功能强大，而如果相比 12 倍放大率的望远镜时，他可能就不会对 9 倍放大率的望远镜产生类似的感觉。而且，相对于单独比较 9 倍和 12 倍的望远镜，在考虑集内添加一副 6 倍放大率的望远镜时，9 倍和 12 倍的望远镜之间的差异会有所减小。当然，消费者对这个选择情境的敏感度在不同品牌间是不同的，对于那些拥有较强性价（高或低）关联的品牌，消费者的敏感度更低。例如，无论考虑集内有哪些其他品牌，类似劳士莱斯的品牌和普通品牌都会被认为是高档品牌和低档品牌。而对于其他一些档次联想较弱的品牌来说，则可能对考虑集内其他品牌更为敏感。

因此，消费者对品牌档次间差异的感知会受到选择情境的影响。在包含 3 个或以上可选品牌的情境中，价格质量最低档的品牌往往会被忽略。也就是说，消费者表现出特别不喜欢选择那个最低档次的品牌，也许因为质量是购买产品时非常有用的属性。也就是说，在那些可选品牌超过 3 个或者更多的考虑集内，消费者不太可能选择最低档的品牌。

消费者对品牌档次的感知往往取决于选择情境，也就是他们对某一品牌的判断会取决于考虑集内的其他品牌。例如，消费者会根据考虑集内的其他品牌来判断某一品牌（如 Magnavox）属于高档品牌或低档品牌。如果对档次的感知受选择情境的影响，那么无论考虑集包含哪些品牌，消费者选择其中某一档次品牌（如高档或低档）的比例都差不多。在包含 Sony、RCA 和 Goldstar 的考虑集内选择其中两个高档品牌（Sony 和 RCA）的消费者的比例，与在包含 RCA、Goldstar 和 Kmart 的考虑集内选择其中两个高档品牌（RCA 和 Goldstar）的消费者的比例差不多。

3. 选择情境对促销效果的影响

价格促销的效果往往是很直接的：消费者常常会因为价格的吸引力而转向选择正在进行促销的品牌。还有一些其他的因素也可能会引发消费者对促销的反应，例如：低估获得奖品或现金返还所需的努力。不对称转换效应（Asymmetric Switching Effect）表明：相对低档品牌，高档品牌从促销中获得的市场份额增长较多。换句话说，相对于从高档品牌转向选择正在促销的低档品牌，更多的消费者会从低档品牌转向选择正在促销的高档品牌。我们可以用前景理论（Prospect Theory）来解释这一效应，即消费者对价格上的损失不甚敏感，而对质量上的损失较为敏感。

考虑集内不同档次品牌的构成会系统地影响品牌选择。将一个中档品牌添加到包含两个不同档次品牌的考虑集内，相对高档品牌，低档品牌将获得更大的市场份额增长。换句话说，大部分在两个档次考虑集的情境下选择低档品牌的消费者将在三个档次考虑集的情境下转向选择中档品牌，然而相对较少的选择高档品牌的消费者会在新的情境下转向选择中档品牌。例如，将一台Magnavox添加到包含Sony和Goldstar的考虑集内，最大的市场份额损失者将会是Goldstar，而Sony可能几乎没什么损失（甚至，在某些情况下，这些高档品牌的市场份额还可能有所增加）。Simonson和Tversky认为，因为质量是消费者购买商品时的重要属性，他们不喜欢在包含三个或更多档次品牌的考虑集内选择最低档次的品牌。相对于低档与高档品牌之间的转换以及中档与高档品牌之间的转换，低品牌与中档品牌之间的竞争和转换更为明显。

如果大部分在三个品牌档次的考虑集内选择中档品牌的消费者在两个品牌档次的考虑集内（不包括中档品牌）选择低档品牌，那么这些购买者考虑集内的档次组合会包括中档品牌(在三个品牌档次的考虑集内)，同时也会包括低档品牌(在两个品牌档次的考虑集内)，但不会包括高档品牌。因此，较大的细分市场可能只包含低档和中挡品牌，较小的细分市场则可能会包含高档品牌(当然也可能会有一些细分市场同时包含中档与高档品牌)。因此，选择情境会影响消费者对不同档次品牌促销的反应。

（资料来源：朱翊敏，李忠钰，彭莱. 永美电器的促销困境：选择情境对消费者决策的影响［M］//中山大学管理案例研究（2012）. 北京：经济科学出版社，2013: 223-241）

■ 互动讨论

阅读完整个案例之后，你从中得到哪些启示，你认为应如何设计一个有效的促销方案？例如：不同档次品牌进行促销时，是否应当添加不同品牌类型产品的选择？假如没有任何促销的情境下，你认为向包含高、低档品牌的考虑集内添加中档品牌是否会影响高档品牌或低档品牌的销售？哪种类型的品牌损失更大？消费者面对选择情境不同时，消费决策态度是否存在差异？是否会对购物行为产生影响？你的理由是什么？请结合消费者心理和消费者行为的相关理论，试分析消费者接受促销背后的心理过程及其对企业促销决策的启示。

■ 推荐阅读

1. Bronnenberg B J, Vanhonacker W R. Limited choice sets, local price response, and implied measures of price competition[J]. Journal of Marketing Research, 1996(33): 163-173.

2. Dhar R. Consumer preference for a no-choice option[J]. Journal of Consumer Research, 1997(24): 215-231.

3. Sethuraman R. A model of how discounting high-priced brands affects the sales of low-priced brands[J]. Journal of Marketing Research, 1996(33): 399-409.

4. Posavac S S, Sanbonmatsu D M, Fazio R H. Considering the best choice: Effects of the salience and accessibility of alternatives on attitude-decision consistency[J]. Journal of Personality and Social Psychology, 1997(72): 253-261.

5. Nowlis Stephen M, Simonson Itamar. Sales promotions and the choice context as com-

peting influences on consumer decision making[J]. Journal of Consumer Psychology, 2000, 9(1): 1-16.

本章思考题

1. 对于一家生产空调的企业，在夏季和冬季应该如何开展促销活动？

2. 如果一家热水器生产企业要开展联合促销活动，应该选择什么样的企业作为合作对象？为什么？

3. 假如奇瑞汽车公司计划向青年女性推广其一款新式汽车，应该如何采用 SP 策略？为什么？

本章注释

[1]　一直. 戈壁滩上长什么：Y 企业新疆战略性市场全攻略[J]. 销售与市场（管理版），2005, (1): 63-67.

[2]　何锦坚. 华南 PC 市场格局突变[J]. 新电子——IT 经理人商业周刊，2002(9).

[3]　蔡晓素. 广州五一家电市场：彩电竞争激烈　空调低调促销[N]. 信息时报，2015-05-08.

[4]　肯尼恩・E. 克洛，康纳德・巴克. 整合营销传播：广告、媒介与促销[M]. 5 版. 谭永风，胡静译. 上海：格致出版社，上海人民出版社，2014.

[5]　丁艳. ThinkPad 20 周年高考季促销助你 4 年无忧[N]. 杭州日报，2012-07-06.

第四篇 SP评估篇：
将促销置于控制中

提升SP的实战力
要把握技术和方法
将SP置于控制与评估之中
实现"心中有数"的SP

第 14 章　SP 绩效评估与控制

引例　世纪佳缘七夕联合快的免费送 10 万朵玫瑰

每年七夕节，与其说是情人、爱人们的节日，还不如说是各路商家们的狂欢日和出货日。与过去促销、送礼、烛光晚餐、表白等俗套的玩法比，一些企业开始变换手段，玩更刺激、新奇的营销招数。作为一个以婚恋交友为核心定位的网站，世纪佳缘自然不会错过这一机会展开促销活动。2014 年七夕节，世纪佳缘给七夕打车的"快的打车"用户送去了惊喜。

世纪佳缘此前进行的市场调查结果显示，超过 90%的用户都希望和另一半共度七夕节，而玫瑰花是最受欢迎的见面礼。但令人意外的是，其中 60%的网友曾有过忘记买花的经历，也有不少用户表示会考虑价格问题，选择在七夕节之前或之后再送花。此外，以北上广深四大城市为例，处于异地恋的人群比例均超过 10%，"双城生活"已经成为一线城市居民的一种重要现象。

于是，世纪佳缘和快的打车跨界合作，联合发起一项公益活动，七夕节当天向包括广州、深圳等在内七个城市的居民派出 10 万朵玫瑰花。"今天是七夕节,没想到打个出租车,司机竟然先递给了我一枝玫瑰花,刚开始以为是异地恋的男友安排的。"选择在出租车内送花,世纪佳缘在出租车上给乘客创造了一份意外惊喜，收获了良好口碑。

2014 年 10 月，由《广告主》杂志主办的第三届社交网络营销论坛暨金蜜蜂奖颁奖典礼在北京举行。世纪佳缘"七夕送花"活动策划荣获"最佳效果类案例金奖"。金蜜蜂奖是国内首个社交网络营销领域的奖项。秉承着全面、客观、公正、公开的原则，大会评委们从策略、创意、执行、效果四个方面选出国内社交网络营销的标杆案例，世纪佳缘 "七夕送花"活动凭借其创新力、良好的社交口碑获得了评委的一致青睐。

（资料来源：刘仰奇. 今年七夕，打车就送玫瑰花［N］. 新快报，2014-08-04）

低迷的经济迫使企业领导者意识到必须对以往粗放的营销传播方式有所节制。营销传播领域中，一个重要的趋势是对可测量结果的重视。优惠券、竞赛、折扣或者是广告活动，必须在销售额、市场份额、品牌知晓度、消费者忠诚度或者其他指标上得到可观测的结果，才会被认为是成功的[1]。在这一章中，我们将主要讨论 SP 的绩效评估，以及为保证 SP 效果而进行的必要控制。

尽管 SP 的技术手段越来越丰富，但对 SP 活动效果的事前测试与事后评估的研究却不充分。如果对 SP 效果的研究能够引起营销者的足够重视，促使营销者运用科学的工具与方法评估 SP 效果，SP 策略就会发挥出更大的作用。

一般来说，SP 的业绩效果主要依赖于两大因素：一是 SP 的实施环境；二是公司 SP 计划的执行能力。如果实施环境或 SP 活动的执行与最初的计划有偏离，相应的绩效就会较预期的下降。而且，偏离程度越大，差额也越大。只有当管理层完全了解到评估和控制的重要性时，组织才有可能防止主要问题，并且采取有效的补救措施。

对 SP 促销活动的结果进行评估，是检验促销活动是否达到预期目标，以及检验促销花费是否合算的唯一途径。同时，事后评估也有助于将来的促销活动策划，帮助确定以后哪些环节是该做的或是不该做的。卓越的促销管理突出表现在能够较早地发现问题，并且能够及时地对行动方案作出调整和修订。在事前及时地阻止问题的发生，在时间和费用上都比事后进行解释与修正更为有效、更为经济。

对 SP 活动绩效的完整评估，不仅应当与过去进行比较，而且应将公司与其竞争对手进行比较。与竞争对手的工作与绩效相比较而得出的相关数据和结果。使管理者可以更精确地评估某项促销活动的得失。

14.1 SP 评估系统

为了确保促销活动是按计划分步实施，管理层需要一套及时追踪、评估绩效的系统，这一系统应当注重营销沟通，从行为层面进行预防和纠正。

正确评估绩效必须建立在对绩效正确测量的标准与方法之上。SP 绩效评估与控制系统如图 14-1 所示。该系统的目标包括以下 3 方面。

（1）确定在促销活动期间发生了什么，正在发生什么，以及即将发生什么。
（2）对所发生的事情的质量进行评估。
（3）确定适当的行动方案。

14.1.1 SP 评估系统的结构

为了实现上述目标，需要 SP 评估系统对促销活动的结果有全面准确的描述，并且，该系统试图控制 SP 绩效，能对 SP 活动引起的已经发生、正在发生或可能即将发生的市场情况进行准确描述。该系统还能够追踪测量绩效的质量，只描述已经发生了的情况对管理者也有帮助，然而有关"绩效对促销目标的实现的贡献程度"的描述会显得更为重要。评估系统必须清晰地描述最新的促销绩效。

对 SP 绩效进行评估之后，就进入控制阶段。控制的内容主要包括在绩效令人满意的情况下什么也不做，或是对促销计划做一个全面的检查等。总之，SP 控制系统的基本目标是为保证促销活动按预期顺利进行而发出必要的提示信号。

14.1.2 有效的 SP 评估与控制系统的特征

一个成功有效的评估控制系统应当包含以下内容：一是该系统将促销目标与评估控制过程整合在一起；二是该系统测评对促销计划成败至关重要的一些因素；三是该系统有能力制订必要的控制方案，或是为制订这些方案给出一些有益的提示。

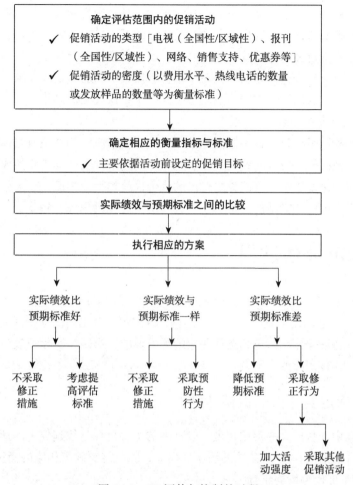

图 14-1　SP 评估与控制的过程

1. 理解促销计划的目标

评估某项 SP 计划的绩效总是相对的，它取决于评估之前确定的标准。SP 计划预先制定的目标（如市场份额增长率、消费者态度的改变情况、产品认知度的改变等）常作为 SP 绩效的评估标准。

一个不能完全说明促销活动预期目标或意图的评估系统往往会错误地（高估或低估）描述公司的绩效。这很可能会导致夸大 SP 活动取得的成绩，或者忽视活动可能存在的问题。例如，将活动目标粗略地定为"市场份额的增长"，而并没有指出要增长多少，这样就会导致活动结束后很难评估结果是否可以接受，乐观的管理者可能会认为市场份额增长 3% 才是令人满意的结果，而同样的增长对于悲观的管理者来说，可能是令人失望的结果。

2. 对关键绩效的测评

从成本角度看，我们不可能对市场上因为促销活动而发生的所有因素的变化都进行追踪与测评。这些因素中的大部分对于促销活动的成败影响并不大。一个有效的评估系统应当有效地利用资源，将关注点放在对促销效果影响重大的因素上。

要想建立一个有效的测评系统并非易事。首先，该系统必须具备可操作性。例如，公司对某消费品开展一项促销活动的目标，是在头六个月里销售额增加某一百分比，为了对活动的绩效进行有效的评估，管理者必须对销售额的概念进行界定。管理者是否应当把尚未发生的订单算在销售额增加的统计范围之内？已经运往批发商货仓的货物是否应当考虑在内？零售额是否应当进行粗略估算？对于销售额概念不同的界定将会取得不同的结果。同样，选择了一个错误的测量方法当然就会带来一个错误的测量结果。

3. 制订有效的控制方案

一个有效的控制系统可以最大限度地减少从"分析情况"到"采取具体行动"所需的时间。随着认识到机会，发现问题到具体实施的时间越来越长，其相应的成本也会越高。公司对机会反应的速度越慢，可能为之付出的代价也就越大。相反，如果公司发现问题的时间越早，制定实施应变措施的速度越快，公司可能受到的损失就越小。

14.2 SP 评估过程

SP 评估与控制是一个工作整合过程，其中每个步骤相互联系、相互影响。如图 14-1 所示，SP 评估与控制系统包括 5 个步骤：第一，确定评估范围内的促销活动及其组成；第二，确定相应的衡量指标；第三，选择相应的衡量标准；第四，实际绩效与预期标准之间的比较；第五，执行相应的方案。

14.2.1 确定要评估的促销活动

在这一步骤中，从广义的促销角度，管理者的主要目标是找到促销活动的真正组成部分，如广告、人员推销、SP 及公关的活动规模等，因而需要确定相应的衡量指标。

1. 将促销费用作为衡量指标

一般来说，从一项活动花费的资金规模可以衡量它的规模。如果公司的财务数据记录比较完整，这是一种很简便的方法。这种方法的优点在于货币单位统一可比，不同类型的促销活动可以以同一标准进行比较。例如，在广告上花费了人民币 10 万元，而在人员推销上花费了人民币 20 万元，那么就可以认为在人员推销方面的促销努力是广告方面的 2 倍。

这种方法的最大缺点在于如果在某一促销工具上付出 1 元钱，所取得的效果并不等于在其他促销工具上等值付出所取得的效果。比方说，10 万元的广告费支出所获得的销售业绩与 10 万元的人员推销费用支出所获得的不同。每种促销工具的沟通与说服能力各有差异。

非人员促销工具的预算主要是用于购买媒体空间与时间，而人员促销工具的花费主要用于购买人力并提高他们的工作效率。以费用水平来衡量促销活动可能会因为沟通资源的种类不同而导致其无效。

2. 将媒体行为作为衡量指标

与促销费用相比，"媒体行为"可能是更理想的衡量指标。例如，可以用"购买率""使用媒体的数量"等指标来衡量电视广告；而对于人员促销这种形式则可以采用"每天的电话接收量"或"广告展示量"来进行衡量；在衡量公关活动时，可侧重"新产品发布的数量"或"向服务组织展示宣传片的数量"等指标；对于 SP 策略的绩效，也可以用"样品派发量"或"活动参与量"来衡量。

通过对不同"媒体行为"的测量，能够知道某项促销计划做了什么工作、采用了哪些服务、这些工作与服务的数量是多少等。使用"媒体行为"作为衡量指标的方法可以让管理者了解促销费用是如何使用的，可以较为准确地描绘市场的真实状况。

这种衡量方法最大的困难在于，很难比较不同媒体行为。比如，我们很难确定究竟是100点收视率的广告活动的所需付出的努力大，还是销售人员写给潜在消费者的15封信的大。因此，对于促销经理来说，他们必须知道各种媒体之间的营销努力是有所差异的，不能简单地将它们进行比较。

3. 采用多种指标综合衡量

使用任何一种指标来衡量促销活动都有优点和不足，最理想的方法就是运用多种指标进行综合衡量，描绘出市场状况的完整图像。只有通过多种测量方法的综合使用，管理者才能全面掌握销售人员所做出的营销努力。管理者必须通过对"广告的预算费用""经销商参与的数量""销售卖场展示的数量与花费"等多项指标的综合评定才能确定一项 SP 活动的营销努力。这种指标综合的方法能大大提高测量的准确性。

14.2.2　SP 绩效测量方法

评估一项促销计划的关键在于准确掌握 SP 对象的变化，SP 绩效测量是针对 SP 的沟通与说服效果进行测量。每项促销计划都是为了针对特殊的受众，达到特定的目标而设计的。SP 计划的目标说明书明确描述了该计划的目标，其中包括目标受众是谁，预期反应将会是什么（认知、理解、确信或购买）。

1. 受众分析

SP 绩效评估的一项最基本任务就是判断 SP 策略是否真正传达到了目标受众，这是相当重要的一环，因为整个促销计划都是针对特定消费群体或特定的目标市场。例如，对于广告计划，主要分析三个指标：人口因素、心理因素和行为因素。人口因素包括受众年龄、收入、职业以及教育程度等；心理因素包括受众个性、社会阶层以及生活方式等；行为因素包括受众品牌忠诚度、产品使用率、购买频率以及偏好等。

根据促销目标受众不同，可以选择不同的指标进行衡量。例如，管理者常常使用接受广告信息的受众数量来对广告的绩效进行衡量，受众数量可以通过诸如媒体发行量和电视观众的数量进行估算。对于人员推销，受众分析经常是建立在新增客户或减少客户的数量与类型的基础上。销售代表负责建立并保持客户关系，业务成长的机会在于发展新客户以及增加现有客户的使用量。了解客户数量以及特征，如行业类型、员工规模、销售量等信息，将有助于管理者监控销售人员是否与目标消费者建立了有效的沟通。对于公共关系，受众分析的重点在于对公关广告文字内容感兴趣的人们，以及对公关活动有所反应的人们。

对于 SP 策略，受众分析主要针对那些使用了或没有使用优惠券的受众的特征，以及参与了 SP 活动并接受了合作广告津贴的经销商与那些没有参与活动的经销商等。

2. 认知测量

认知测量（Awareness Measures）用来确定受众对厂商提供的产品和广告的认识度。例如，促销经理用这一方法衡量一项广告活动在受众脑海中的印象。

认知测量主要是针对产品存在的认知、产品特性的认知，它包括提示状态下和非提示状态下认知测量两种形式。非提示状态下认知测量，也称"独立回忆"，主要是用于测量促销活动在受众意识中留下的印象，它是促销内容在受众脑海中的第一印象。例如，测试人员可以向受众提出下面两个问题让他们回答：

（1）最近一段时间，你印象最深的一则广告是什么？

（2）请说出你看过的三个广告产品的名称。

提示状态下认知测量也称提示回忆，是用于测量受众在某一特殊方面的记忆程度。例如，测试人员可以向受众提出下面的问题让他们回答：

（1）请问你是乘坐哪家航空公司的航班去纽约的？

（2）请回忆一下上两个星期你看过的关于人寿保险的广告。

（3）你知道是哪家公司使用了"我喜欢这个游戏"（I love this game）这一广告标语？

（4）这里有一份《销售与市场》杂志，请问你看过这则广告吗？

3. 理解测量

"理解测量"（Comprehension Measures）可以了解到受众对促销信息的关注程度。对于印刷广告，可采用"读者评分"方式测量受众收看或阅读一则广告后的接受程度，并进一步将读者分为三类：①注意型，这类读者能够记得看过广告，但无法回忆其中的内容；②联想型，这类读者能够回忆起广告中一小部分的内容；③精读型，这类读者阅读了广告中超过一半的文字内容。

虽然这种读者评分的方式是进行有效测量的一种通用方法，但也有一些不足之处，这种方法对被测试者回忆的精确性依赖性很大，它的精确程度值得怀疑。

另一些测量方法则不需过于依赖被测试者的回忆能力，有些方法着重测量受众在接受一条促销信息之后即时的反应行为。对于一些促销计划来说，期望对信息的理解最终会激发对产品的兴趣。这样，管理者就能够根据受众接受信息后寻找信息的数量和来源这一指标来测量该信息引发的兴趣水平。这种"信息寻找"的测量方法的逻辑是：如果一条信息具有影响力，那么受众就有可能被激发而希望得到更多相关信息。确定这些受众获取信息的来源可以有助于发现沟通的机会，了解沟通中可能存在的问题。例如，受众可能会从销售代表那里得到所需要的信息，也可能会从朋友或是商业期刊那里得到这些信息。对受众的说服作用更多地来源于由营销人员控制的信息来源，包括销售代表、商业广告等形式。

表14-1概括了这些信息的来源，当中一部分受营销人员控制，一部分不受营销人员控制。由营销人员控制的信息来源主要是指信息的性质和传递过程由促销者决定；而营销人员未控制的信息来源主要是指相对独立的促销过程。

表14-1　SP受众获取信息的来源

	营销人员已控制	营销人员未控制
个人来源	销售代表 分销商	朋友 同事 其他公司的人员
非个人来源	产品宣传册 广告	商业期刊 产品测试报告

4. 确信测量

确信测量（Conviction Measures）关注人们从信息中做出的判断或得出的结论。这时重要的不仅仅是受众接受的信息内容，更应该了解到受众接受信息后形成的印象。

态度测量能反映确信的程度，其中，一种是调查形成的印象，测量受众是喜爱还是厌恶；另一种是测量偏好。如果想了解受众对某一产品属性能够带来满意度的认知程度，可以采用提问的方式来了解情况。例如，"你认为品牌 X 的耐用程度排在第几位？"在测量受众对某一产品的感觉时，可以问这样的问题："请你说出你喜欢或者厌恶某一产品的程度。"

同样，需要掌握促销活动是否影响了受众最后的购买决策。这些信息可以帮助营销经理确认受众的决策过程中哪些因素才是最重要的。

如果单独测量受众对产品的"认知"，往往会忽视周围竞争环境对促销沟通的影响。例如，有时受众的确喜欢广告产品，但他们却更加喜欢竞争者提供的产品。如果有众多可供选择的代替产品存在，确信测量则能够更加准确地反映受众对产品的喜爱与厌恶程度。

5. 意图测量

对沟通对象的行动和意图进行测量，称为"意图测量"（Intentions Measures）。例如，如果沟通成功实现，沟通的对象就会采取相应的消费行为。具体地说，如果对产品的兴趣被充分调动起来，消费者就有可能购买。意图测量关注的是组织或个人在某一特定时期内可能采取的购买行为。通常可以采用以下问题来测量：

（1）在今后一年当中，你是否打算购买一台××牌的洗衣机？
（2）你是否打算在促销期内逛逛××百货商店？

当无法确定一项促销活动能否引发购买行为时，采用意图测量这一方法会很有帮助，尤其是在营销因素之外的其他因素对购买决策影响力更大的时候。例如，在购买汽车的决策当中就包括对产品特性、价格、经销商服务等方面的仔细考虑，这里广告和人员推销的作用是信息传播以及说服。但大部分消费者不会仅仅因为广告或是人员推销而采取购买行为，如对于汽车这一产品来说，意图测量比起销售测量更为可行有效。

6. 购买测量

购买测量（Purchase Measures）（如销售测量）关注实现了的销售。我们可以通过购买测量了解促销活动究竟对实际购买行为产生了多大的影响，它反映了促销活动的实际业绩。购买测量可以用三种方式：销售量、销售额和市场份额。销售量反映了人们购买该产品的实际数量；销售额反映了实际的营业额；市场份额表示公司相对于竞争对手的销售成绩。

销售量与销售额的测量可以采用描述性的方法，关注的是促销活动的结果，销售量与销售额数据本身并不具可比性。换句话说，销售量和销售额数据是绝对值而非相对值。如果仅仅关心商品的流动数量，以及由于这种流动带来的营业收入，用销售量和销售额的数据就足够了。如果想要了解竞争背景下的销售业绩，就需要用市场份额的数据作为补充。市场份额可以反映某一公司的销售额在整个同类市场中占有的比例。

7. 促销工具促销效果比较

伊丽莎白·加德纳（Elizabeth Gardener）和米纳克什·特利维迪（Minakshi Trivedi）提出了一套传播框架以帮助促销经理在给定的特定标准下评估 SP 战略。借鉴广告及几个主要传播目标（注意、理解、说服、购买）的使用，研究讨论了四种主要的促销工具及每日低价对传播目标的作用，见表 14-2[1]。

表 14-2　促销工具对传播效果的影响

	注意/印象	沟通/理解	说服	购买
独立插页优惠券	√√	√√√	√√	√√
货架优惠券	√√√	√√	√√	√√√
捆绑促销	√	√	√	√
有奖包装	√√	√	√	√
每日低价	√	√	√√	√

注："√√√"代表强；"√√"代表中；"√"代表弱。

8. 社会化媒体促销测量

考虑到社会化媒体的广泛渗透，有必要专门考虑社会化媒体促销效果的评价。相关测量指标包含了活动指标、互动指标、回报（财务指标）。

活动指标测量组织采取的与社会化媒体有关的互动。比如，好时 Bliss 的 House Party 活动会对聚会举办的数目、参与度、博客帖子和上传到微网站的内容质量设定了活动指标。互动指标聚焦在目标市场用户如何参与了社会化媒体平台的活动。互动指标包括关注者、粉丝、评论、赞、推荐及分享的内容的数量。回报指标关注的是直接或间接影响品牌成功与否的产出（财务或其他方面的），包括投资回报率、成本降低指标和其他绩效指标。表 14-3 提供了一个社会化媒体促销测量指标的框架。当然，不是每一个社会化媒体促销都需要考虑其中的所有指标。

表 14-3　社会化媒体促销测量指标框架

	定量测量	定性测量
活动（投入）	（微）博客、更新、评论及回复评论、照片、视频、不同媒体渠道活动的数量及频率	活动诉求的共鸣及契合度、社会化媒体的涉入度
互动（回复）	注册数、书签/最爱/赞/评分，评论/帖子/提及/标签，链接/引用链接，下载/安装/嵌入，订阅，粉丝/关注者/好友，分享/转发/邀请/推荐，评论/证明，访问量/观看量，网站停留时间，折扣/优惠券使用率	情感、参与、影响、推荐、蜂鸣（扩散）
绩效（产出）	销售机会转化率、成本效率、平均顾客收益、投资回报率	品牌态度、品牌忠诚度、顾客满意度、服务质量感知

（资料来源：塔腾，所罗门. 社会化媒体营销［M］. 李季，宋尚哲，译. 北京：中国人民大学出版社，2014）

微案例 14.1　当春晚遭遇红包

谁也没想到，2015 年的春晚会被抢红包抢去了风头。在大年三十央视春晚收视人口首次跌破 7 亿的同时，红包却漫天飞舞。据微信官方公布的数据，除夕当晚有 185 个国家的用户参与摇红包，总人数达 110 亿人次；22 时 34 分达到高峰，1 分钟内同时摇红包的最高纪录为 8.1 亿人次；22 时 32 分至 22 时 42 分发放红包总数高达 1.2 亿个，总金额超过 5 亿元。

从参与到春晚微信红包的企业阵营和参与的形式，可以看出电视与移动互联网整合营销的效应和价值正在全面显现。14 家参与春晚微信红包投放的广告主，可以分为三大阵营：传统大牌企业阵营，以洋河、泰康、招商银行、陆金所、华为、平安保险、雪佛兰、海尔、伊利为代表；知名互联网品牌阵营，以京东、微店为主要代表；垂直阵营，出现了唯一一个亲子垂直领域的互联网黑马妈妈网。可以说，从传统企业到互联网新贵，都参与了红包互动。

第一，传统企业搭乘互动列车推广新品。例如，洋河酒业向来是春晚营销的常客，从春晚冠名，到产品植入，再到春节期间的央视节目赞助，洋河在春晚营销的路上始终不落人后。而 2015 年，洋河不再专攻春晚硬广告，而是将其专注于健康的新品洋河微分子酒与春晚红包融合。蒙牛乳业旗下新近上市的植物基合资品牌 Silk 植朴磨坊也通过微信红包来撬动消费者对植物基健康营养品类的翘首期盼，而且"Silk 植朴磨坊"微信服务账号还从初一到十五期间陆续推出系列抽奖互动，奖品涵盖吃、喝、玩、乐各个方面，这两个传统大鳄，都是利用新的互动方式，来提升新品影响力。

第二，知名互联网企业搭乘央视春晚实现市场下沉。最近几年，无论是阿里、360、小米、百度还是京东，等等，都选择了在春晚期间登台，核心的目标则是关注在三线、四线市场。例如，京东 2014 年选择在春晚做广告，2015 年春节期间，除春晚红包之外，京东约贡献总计 1 亿元现金和 6 亿元京东东券，而京东春节红包大战，旨在渠道下沉。通过现金和购物券红包，京东希望巧妙地将自己的品牌形象和购物优惠券送到三线、四线地区，甚至农村地区。

第三，垂直黑马借助央视春晚平台转身飞跃。在参与微信红包中，有两家新锐企业，一家是妈妈网，这家腾讯战略投资的企业并不为大众所熟知，但是在很多准妈妈和妈妈群体中，这个垂直网站却颇有影响力，这次妈妈网的加入，也让央视春晚平台对于垂直细分领域的品牌营销带来了示范效应。例如，春晚期间，妈妈网旗下移动端产品妈妈圈的品牌广告曝光次数高达 5 亿人次，有过千万用户摇得妈妈圈派出的红包，其单个红包最高金额达 4999 元。妈妈网旗下另一电商产品小树熊母婴进口电商平台，通过春晚"摇红包"和初一"摇卡券"活动实现春晚品牌推广的完美链接，同时，其准确地定向全国女性用户，创造了超高的卡券兑换率和订单转化率。

（资料来源：肖明超. 品牌掷千金微信红包意在何为？［J］. 销售与市场（管理版），2015（4））

互动讨论题：从品牌参与微信红包案例，可以得到什么启发？

14.2.3 SP 控制

当促销计划开始实施之后，管理者的一项重要任务就是努力控制计划的执行过程。通过对整体计划以及其中各个步骤的评估，可以确定计划的实际状况与预期之间的差异，而控制系统则是为了保证计划能够顺利地完成最终目标。

管理者对 SP 计划的控制有三个选择：一是不采取任何行动；二是采取补救性措施；三是采取预防性措施。

1. 不采取任何行动

如果促销计划执行的结果与预期的目标之间并不存在明显差异，那么，最佳的选择就是不采取任何行动。然而，预期与实际之间通常都会存在一定的差异，我们所需要了解的是这种差异是否在可接受的范围内。如果是，我们也不需要采取任何修正行为。

有时，尽管我们发现实际结果与预期目标之间存在差异，仍不需要采取修正行为。这是因为在促销活动执行过程中，评估与控制系统是个连续的过程，某一项评估结果只是针对某一个特定时刻促销绩效的评估，虽然评估结果的确与预期目标之间存在差异，但如果管理者确定这种差异是暂时的，就不需要采取任何修正行为。此外，促销计划的某个阶段的费用比例会相对高一些，这必然导致这一阶段的成本比预期目标高，绩效评估结果也可能会差一些，这时也不需要采取修正行为。但如果这种情况持续若干阶段后仍没有改善，就要引起注意，管理者就必须考虑是否应当采取适当的修正措施。

2. 采取补救性措施

一旦促销活动在执行过程中出现问题，就应当采取补救性措施。补救性措施是直接针对促销活动中出现问题的部分。例如，有时促销广告的回馈率过低，目标消费者的购买量与预期相差太远，或者参与合作广告津贴活动的经销商数量太少，或是刊登促销广告的报纸印量过小等，都应当采取相应的补救性措施。补救性措施可以针对促销计划中的任何一部分，从目标的重新设定到具体的执行步骤，如重新印制销售宣传册、指派销售代表完成一定量的电话促销任务等。

一般来说，补救性措施适合在实际绩效与预期目标出现了较大的差异时使用。这时，如果不采取补救性措施，实际绩效与预期绩效之间的差异将继续存在并且可能进一步加大。

3. 采取预防性措施

一个完整的控制系统里，除了应包含补救性措施之外，还应当有其他内容。例如，有效的控制系统必须保证避免某些严重问题的出现。预防性措施的任务并不是即时指出促销过程中发生了什么问题，而是在问题出现之前发现它。假设我们选择销售量作为某一促销项目的绩效测量指标。如果发现实际销售数量超过了预期的指标，这时我们往往会觉得没有必要采取任何修正行为。然而也许会存在这样一些因素，它们目前可能对销售量没有影响，但将来可能会产生一定的影响。例如，销售量主要是来自于现有顾客的重复购买，我们可能会得出这样的结论：顾客目前的满意度将引起未来的购买行为。如果发现目前的顾客满意度出现大幅度的降低，那么我们将预测到未来的销量会有所下降。尽管目前没有任何问题产生，但为了避免潜在的问题发生甚至造成更严重的后果，现在就应当采取一些预防性的措施。

一般来说，预防性措施的成本会低于补救性措施的成本。因为一旦要采取补救性措施的时候，它所面临的成本不仅仅是采取行动所必须的费用，而且还包括由问题所引起的已经发生的损失，或者是利润方面的机会成本等。

4. 调整促销的关注焦点

采取修正行为时，必须明确是针对促销活动的总体，或是针对其中某个特定的环节。

（1）确认促销的总体计划。在执行评估任务时，管理者会确认总体促销努力的程度对收益而言是过高还是过低，或者方向是否正确。对总体促销努力中存在问题的确定可能会导致对促销策略的重大修正。例如，资源的重新配置，或是促销主题的改变，等等。预算水平的重大变化会影响营销或公司的其他方面，因为一个部门预算的制定往往是基于公司的整体预算，某一部门预算的调整将会导致其他部门预算的相应调整。促销努力的改变意味着预算的调整，进而对整个公司产生影响。

总体促销努力方向的改变将会影响计划中的每一个组成要素。促销计划方向的变化意味着促销计划在整个营销努力中的作用发生了一定的变化。例如，这种变化可能会对营销部门产生重大的影响，在执行之前可能必须经过反复的验证。

（2）调整促销组合。尽管有时促销计划的安排与方向都是可接受的，但可能需要针对其中某个组成要素采取修正行为，这种修正可能会提高整个促销计划的绩效。例如，虽然总体绩效较好，但可能是促销组合中的某个要素的贡献率大一些，而相对来说，另一些要素的贡献率则可能较低。如果我们提高这些目前较差要素的贡献率，那么总体绩效就会比现有水平更高一些。

促销组合的重新确定是针对促销计划中各组成要素的比例和方向进行修正的行为。一般来说，这些行为将通过各要素安排的平衡协调来实现促销绩效提高的目标。例如，对各促销要素的评估表明人员销售可能因为顾客对产品和公司的陌生而遇到了困难。这时，我们就需要调整促销组合，增加对广告的投入以提高受众对产品和公司的认知度。

（3）重新评估预期指标。修正行为常常关注营销努力而忽略了评估标准。有时也需要调整评估标准。例如，发现评估系统中使用的预期指标不适合的时候。这些预期指标可能制定得过高或过低。如果预期指标定得过高，将会导致任务难以完成；如果预期指标定得过低，则会导致公司失去一些本应该把握的机会。

对预期指标的重新评估适合在环境（促销计划与目标的制定正是在这一环境中完成的）发生重大变化时使用，或者有证据显示指标是错误时使用。前一种情况常常发生在法律、竞争、社会以及经济环境发生巨大变化时，而后一种情况的确定则相当难一些，如有时实际绩效与预期目标的差异存在了较长的一段时期。

当管理者重新确定促销目标时，还必须回顾之前的促销努力。因此，这时的修正行为不仅仅是针对总体促销努力，而必须保证修正后的促销努力与重新设定的促销目标相配合。

14.3 如何用销售量评估 SP 绩效[2]

14.3.1 SP 效果的 4 种典型情境

很多情况下，SP 效果评估的依据是消费者对促销活动的反应。典型的衡量方法是折价券的回报率、赠品的偿付情况、竞赛和抽奖的参与人数等。而短期销量的变化幅度就是衡量其效果的最好依据。只有在短期的销量不易测量，以及想衡量长期的效果时才需要其他的评估方法。从理论上说，SP 效果会呈现 4 种典型情境，如图 14-2 所示。

A 型：稳定上升。这是营销者最期望的情形，在促销期内销售量不断地增加，促销期过后仍能保持促销期内的销售量。但这种情形一般很少见。常见的情形还是 B、C、D 这三种类型。在后面三类情形中，促销期内的销售量增加是以促销期后的销售量减少为代价的。

B 型：大起小落。促销期内销售量增长很快，促销结束后销售量减少，总体来说销量增加的数量超过了销量减少的数量。在促销期内，消费者迅速从别的品牌转向该品牌，购买频率明显提高，购买量也明显增大。比如，快餐食品、软性饮料、啤酒和冰激凌等，在促销期间消费者会增加购买的数量和提高购买的频率。如果此类消费者不是某一特定品牌的忠诚购买者，那么他的购买习惯就会从原品牌转到促销品牌上来。

C 型：平起平落。促销期内销售量增加，促销结束后销售量下降，销售量增加的数量大约等于销售量减少的数量。在这种情形下，消费者并没有增加对该品牌的购买量，只是改变了购买的时间。最典型的例子是洗衣粉的促销，促销期间会使消费者抢购一大批数量的洗衣粉，足以供其近期或将来的一段时间内使用。但是消费者对洗衣粉的使用量却不会因促销而大量增加（即用量是一定的），所以促销结束后的一段时间里销售量下降了。

D 型：小起大落。这是最糟糕的情形。促销期间销量增加的数量还不如促销期过后销量减少的数量。这种情形发生的原因是，在促销期间内消费者经常购买使用该产品以至于产生了腻烦感，于是在未来的时间内他们再也没有兴趣购买此品牌了。比如快餐店在举办了促销活动之后销售量会有较为明显的下降，因为消费者在促销期内吃腻了这种食品，于是在未来的一段时间内他要转到其他餐厅去换换口味了。

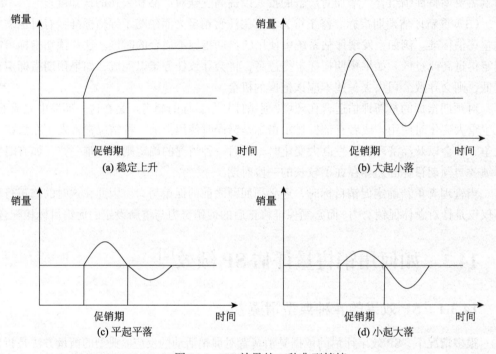

图 14-2　SP 效果的 4 种典型情境

正如以上对四种情境的分析，销售量的衡量一般是通过比较该品牌在促销期前，促销期间以及促销期后的销售量来实现的。虽然有时零售店内部存货的数据也相当有用，但是不及零售店销量数据用得普遍、拥有先进的电子扫描技术的零售店能更方便地监测销售量。没有扫描监测仪器的店铺可通过专门的调查获得此类数据。此外，监测消费者的购买行为也可以作为估计销售量的依据。

14.3.2　用销量计算 SP 绩效的方法

促销前后销售量的变化昭示了 SP 活动的效果。如果促销期后销售量水平低于促销前的水平，意味着消费者虽然在促销期间购买了促销的品牌，但在促销期后回购率很低，甚至低于原先的正常水平。以下例子将说明如何用零售店的店铺销售量来预测 SP 的效果。

计算短期的促销效果（见表 14-4）。

表 14-4　促销效果计算实例数据

销售期	P–3	P–2	P–1	促销时点 P	P+1	P+2	P+3
销量	1003	1028	945	2306	805	911	942

从表 14-4 中可见，促销期后 3 个月销售量恢复正常。为求促销期的销售增长率，需先求出下列各量：

促销期前 3 个月的销量和 = 1003 + 1028 + 945 = 2976

平均月销量 = 促销期前 3 个月的销量和/3 = 2976/3 = 992

促销期后 3 个月的销量和 = 805 + 911 + 942 = 2658

促销期提前购买量 = 促销期前 3 个月的销量和 – 促销期后 3 个月的销量和
　　　　　　　　= 2976 – 2658 = 318

促销期的净增量 = 促销期销量 – 平均月销量 – 促销期提前购买量
　　　　　　　= 2306 – 992 – 318 = 996

因此：

促销期的销售增长率 = 促销期的净增量 / 平均月销量 = 996 / 992 ≈ 100%

在计算中有两点值得注意：一是采用销量平均值代替促销前或促销后的销量水平。用均值计算比较公正、准确，且具有代表性，去除了偶然因素引起的销量变化。二是每一期前后减少的销量意味着促销活动引起了人们的积极购买，但事后的回头客减少，重复购买的人数不多。观测这种销量的变化时，应监测促销前后引起销量变化的所有期间（如本例为 3 个期间），只有如此才能完整地计算出促销活动引起的整体销量变化。

促销活动通常会增加营销成本，所以促销期间产品的边际利润会有所下降。一个比较明显的例子就是减价优惠。即使不直接降低商品的价格也可能间接增加成本。所以营销者要考虑的关键问题是：要达到多少销量水平才能补偿促销所需的成本费用。答案很简单，边际利润降低一半，销量至少就要增加一倍。

例如，宝洁公司的海飞丝香波的边际利润是 5 美元，每天正常的销量为 1000 瓶，如果在促销活动中每瓶的促销费用是 2.75 美元，则需要达到什么样的销量水平才能补偿促销活动的成本？

根据公式：

非促销期的最低销量 × 促销时的边际利润 = 正常销售量 × 正常的边际利润

得出：

最低销量 = 1000 × 5/(5–2.75) = 2223（瓶）

（2223–1000）/ 1000 = 122%

即销量必须增长 122% 以上才能补偿成本。

微案例 14.2　胡佛公司的失败促销

"买一台价值 100 英镑的胡佛（Hoover）牌吸尘器，您将拿到一张到美国去的机票（价值至少 250 英镑）。"这广告听起来像个骗局，但做广告的公司却真的信守诺言了。

1992年下半年，胡佛吸尘器欧洲公司为了在已经饱和的市场中再创佳绩，推出了这一奖励促销奇招。此招一出，即让英国推销商目瞪口呆，果然造成了轰动，一口气售出20多万台。好像谁不占这个便宜谁就是傻瓜，因为这一商品的确是物超所值。

这一销售佳绩使得胡佛公司在苏格兰的工厂不断加班生产，可在市场超饱和以后，恶果立刻出现了：不但设在美国的总公司要倒贴2000万英镑为客户买机票，而且到处可见出售"未拆封胡佛吸尘器"的广告。因为很多家庭早已有了吸尘器，畅游美国归来后，顾客觉得卖掉它总比闲置不用划算，这就等于顾客花50英镑游览了美国，实在便宜之至。

然而胡佛公司可是黄连入口，苦不堪言。不但苏格兰的工厂无事可做，工人们只好同意将周薪冻结为170英镑（直到1994年为止）以免公司倒闭；胡佛欧洲公司总裁、市场服务部总经理也因这一失误丢掉了乌纱帽。

胡佛公司的这一错误举动，甚至波及了英国的旅游代理业，因为每年到国外度假的约有100万人次，但这一年，有1/5的游客让胡佛公司的吸尘器给"吸"走了，不少代理商只好关门歇业。可另一方面，胡佛欧洲公司却意外地拯救了陷入困境的航空业。以波音747每架载客400人算，胡佛欧洲公司就要包下500多架次，航空公司当然"乐不可支"。表面上义气过人的航空公司摆出助人为乐的高姿态，同意凑5万张机票。胡佛公司只好忍痛大出血，另掏腰包租飞机载客。至于英国的5274家零售商则获利匪浅，除了应得的佣金外，还拿到了超额销售的奖金。英国政府也可以收取胡佛吸尘器5%的加值税和航空公司的加值税。其余的消费者就算是没有捞着白得飞机票的好机会，也可以在二手货市场上以半价买一台全新的吸尘器。结果，一家公司的失误，成全了多家的美事，也使这一事件蒙上了一层幽默滑稽的色彩。

（资料来源：吴秋雁. 胡佛公司：赔了夫人又折兵[J]. 销售与市场，1994（2））

互动讨论题：从SP活动控制的角度，对胡佛公司的促销进行总结。

14.4 通路SP效果评估

通路SP大致分为两个部分，一是供应商针对零售商的SP策略；二是制造商针对经销商的SP策略。通路SP效果评估包括对这两种SP策略的评估。

14.4.1 零售商SP效果评估

零售商SP是否成功，取决于两个因素：一是零售商对SP的参与程度；二是零售商达到SP要求的程度，如是否在店内陈列展示促销的商品、有无店内招牌广告、有没有给消费者减价优惠等。总之，要评价零售商是否提供了切实有效的促销支持。

零售商对SP活动的接受程度可以作为衡量促销效果的一项指标。事实上，零售商是否按照制造商的要求做出促销努力很难衡量，通常只能从销售量中衡量。很多公司从零售市场调查中获得零售商店数量、零售广告类型、品牌销量等方面的数据来衡量零售商SP的效果。

零售商SP评估的一般方法是监测促销前期、中期和后期的销售量变化情况。

假设一家零售店举办了一次促销活动，历时1个星期，促销内容包括降价（从原价1.9

元降到 0.89 元)、SP 广告和商品展示。销售数据如下：

（1）促销前四周的平均销量是 960 个单位，单价为 1.09 元。

（2）促销期间的销量为 2640 个单位，单价为 0.89 元。

（3）促销期后的一周内销量为 720 个单位，单价为 1.09 元。

（4）SP 广告的成本是 300 元，商品展示的成本为 18 元，广告成本不由零售商支付。

（5）商品的成本是每箱 21.50 元。

（6）制造商提供的商品折扣是每箱 2 元，广告津贴是每箱 1 元，展示津贴为每箱 0.5 元，用作广告及展示的商品有 24 个单位/箱。

（7）零售商并未做提前大批量购买。

从以上的数据可以估计出促销的获利，结论如下：

（1）如果不举办促销，销售收入为 1046.40 元（1.09×960）。

（2）如果不举办促销，成本为 860.00 元（960÷24×21.50），利润为 186.40 元（1046.40–860）。

（3）促销期间的销售收入为 2349.60 元（0.89×2640），销售成本为 1980.00 元[（21.50–2.00–1.00–0.50）×（2640÷24）]，所以利润为 369.6 元（2349.60–1980.00）。

（4）还有一项成本应考虑进去，那就是促销期过后的销售量下降销量从正常的 960 个单位跌至 720 个单位，损失的利润为 46.60 元[（1.09×240–21.50×（240÷24）]。

（5）综合上述的计算结果，促销活动所获的利润为 136.60 元（369.60–186.40–46.60），各种促销的成本为 318.00 元（300.00+18.00）。所以促销造成的损失是 181.4 元（318.00–136.60）。

从这个例子可以看出，此次的促销活动的降价折扣幅度过大，得不偿失。

用监测促销前、中、后期销量变化的方法来评估促销活动的效果比较简便易行，但此法也有四个比较明显的缺点：①结果不便推广；②产品类别中的其他商品对促销商品的影响作用没有考虑；③影响销量的因素除了促销还有价格等其他因素，这些都未被考虑；④方法不规范，有很大的灵活性，如到底监测促销前或后多长时期的销量并没有统一的规定。不少学者正着力研究更为科学的零售商 SP 评估方法。

零售商 SP 效果的评估一般需要两类数据，一类是零售店销售数据（store level point-of-sale date）；另一类是个人购买的历史数据（individual purchase histories），又称"典型调查数据"（panel date）。第一类数据较容易获得，但它不能解释消费者的品牌转换和品牌忠诚方面的问题。第二类数据虽然更具价值，但不易收集到，所以人们只好用第一类数据。

零售商 SP 效果评估的具体指标包括：

（1）促销活动的背景（以往促销情况）：包括价格折扣、展示活动、零售广告的具体描述、其他促销活动等。

（2）日销量或周销量数据：包括促销前销量数据、促销期间销量数据、促销后销量数据、从产品类别到商店的总零售额、顾客人次等。

（3）成本及盈余信息：包括零售广告和商品展示在内的促销活动成本、各种促销活动的成本，以及商业折扣、合作广告和展示津贴等。

14.4.2 经销商 SP 效果评估

经销商对促销活动的接受率在促销活动完成之后很容易被测量出来，它也被作为测量促销活动效果的指标依据。可是，如果等待 SP 活动完毕之后再得出促销成功与否的数据就为时已晚。对制造商的营销管理者而言，事前就知晓此次促销活动对中间商有无吸引力、接受率是多少，非常重要。这种事前测试所提供的信息不仅可以帮助提高中间商对 SP 活动的接受率，还可以促进整个促销活动的全面成功。通过事前测试的结果，营销商可以督促中间商做更进一步的营销努力和促销支持。值得注意的是，假如中间商能够意识到自己为某品牌做了促销努力之后的美好后果，他一定会乐于去努力的。所以事前测试也是取得经销商对 SP 活动支持的必要手段。

运用市场研究方法预测评估 SP 活动很有效，也很有吸引力。对中间经销商 SP 活动的事前测试一般有以下三种方法。

（1）征询意见法。选择有代表性的中间经销商，征询他们对 SP 活动的看法。

（2）深入访查法。深入访查每一个经销商，获知他们支持或不支持 SP 活动的原因，以及实施 SP 过程中出现的问题与困难。事前测试的结果将对 SP 活动效果的充分发挥起到更好的促进作用。

（3）综合分析法。找出所有可能影响品牌力的因素（如市场份额、存货量、零售利润等）和交易因素（如价格折扣的上下限等）进行综合的研究分析，可以得出一些对 SP 活动策划有价值的结论。比如一个品牌的综合情况为：它并非市场的领导者，其销售量稳定且极具潜力，此时应考虑采用高的价格折扣以吸引中间经销商，而不该要求中间经销商必须达到最佳的销售效果。

14.5 消费者 SP 效果评估

利用销售量和利润等指标衡量 SP 效果解决的是事后评估问题。对于营销者来说，进行 SP 的事前评估更有利于 SP 目标的实现。消费者 SP 活动的事前测试是指在 SP 活动展开之前对其促销的效果进行预测，预测其是否能够达到预定的目标。

有些营销者认为这种测试没有必要，也有一些营销者认为过去曾经成功过的 SP 做法可以再次取得成功。但是，众多 SP 策略失败的教训表明，这些想法靠不住。SP 的事前测试之所以重要，不仅在于 SP 活动会花费大量的资金，应"物"有所值，确保成功，而且还因为不成功的 SP 活动会造成巨大的负面效果，损害企业的品牌形象。因此，应该通过事前测试及时地制止灾难后果的发生。

消费者 SP 事前测试的方法包括以下几种[3]。

方法 1：征询意见。

非常快速而便宜的事前测试可以采用小组访谈的方式（Focus groups）集中征求意见，也可以采用和随机采访（Mall—intercept Interviews）的方法。集中征求意见可以及时地改进和发展 SP 的创意；随机采访可以广泛地征求消费者对各种 SP 活动的意见，从中筛选出具有吸引力的 SP 方案。

就如同在产品测试中所采用的技术一样,对 SP 活动的事前测试关键就是对市场上的消费者的反应所做的测试,如可以邀请有代表性的 SP 对象以征询其对不同的 SP 方案的反应。

方法 2:小规模对比试验。

消费者 SP 事前的市场测试一般采用实验室检验法。促销活动的影响通常通过比较受试人群(对其实施 SP)和控制人群(对其不实施 SP)的促销效果来进行评估,如比较受试群和控制群的反应、对比在两个群中的销售量变化等。

1. 在零售店内进行的 SP 事前测试

在零售店内进行的 SP 活动有商品展示和减价优惠等,其事前测试一般采用两组店面对比检验法。在这种检验法中,选择两组数目相同的零售店,一组作为受试群,一组作为控制群。对受试群实施 SP 活动,而对控制群则不实施。控制群是为了配合受试群而存在。在检验期间,监测受试群与控制群的促销品牌销售量,比较两者的差别就可以知道 SP 活动的效果。同时需要监测的指标还有正常的品牌销售量、同类品牌的销售合、购买者的人口分布、店铺总销售量等,因为这些指标明显地影响了促销品牌的销售。

2. 在零售店外进行的 SP 事前测试

在零售店外进行的 SP 活动如邮寄折价券、免费赠送样品等一般采用特定市场检验法。该法的步骤与两组店面对比检验法大体类似:把市场分成受试市场和控制市场两部分,分别实施与不实施 SP 活动,检验平均销量等指标,可以从中对比出 SP 活动的效果。

另外,也可以在单个的市场或是特定的城市里检验 SP 的效果。比如说要检验折价券的不同面值对消费者反应程度的影响,可以将不同面值的折价券附加进报刊或杂志中,通过对折价券回报率的监测和比较,检验出不同面值的折价券对吸引顾客购买的不同影响程度。

3. 检验家庭对 SP 活动的反应

检验家庭对 SP 活动的反应可以利用先进的电子扫描技术,监测同样数量的两组家庭。如对其中的一组家庭免费赠送样品,对另一组家庭则不,检验两组不同的家庭对 SP 活动的不同反应,可以得出 SP 的效果。这种方法的优势在于它甚至能判断出家庭成员中谁对此种 SP 活动最敏感,通过对品牌销售量的监测,可以判断哪个家庭已经拥有了品牌忠诚度,哪个家庭已从别的品牌类别转到此类品牌,或哪个家庭从以前到现在都没有购买过此类品牌。这种测试对 SP 促销目标的最终达成是非常重要的。

> **促销专论 14.1** "越便宜越好卖"?——折扣深度与促销方式对促销效果的影响
>
> 随着市场竞争的日益加剧,促销被各商家广泛应用。促销活动可以为企业带来一系列的利益,也会对消费者产生不同程度的影响,使消费者的购买行为发生变化。一般来说,为了获得更好的促销效果,商家会选择较大程度的折扣,增加折扣深度使得促销产品充满吸引力,因为消费者能体验到明显的价格优惠。然而价格促销有时也会带来负面影响,如降低消费者对品牌价值的感知,降低消费者对品牌的价格预期,促使消费者等待下次促销而降低了消费者在产品促销后对产品的选择等。
>
> 根据框架理论效应,对同一信息以不同的表述方式或措辞进行编辑时,语句本身的不同,会让信息接收者对信息产生不同的认知,从而导致信息接收者产生不同的态度与

行为。同样，在促销活动中，促销方式的不同表达也会影响到促销效果。较为常见的价格促销类型包括价格折扣（Price Discount）和买赠折扣（Bonus Pack），其中价格折扣是以更低的价格提供给消费者相同的商品，它是商家使用最为广泛的促销策略之一。而买赠折扣是指向消费者以不变的价格提供更多数量的同类商品，它也被越来越广泛地应用于服装、食品、日用品等商品的促销中。不同的促销方式会导致消费者对让利幅度相同的不同促销形式有不同的评价。

实验采用 3×2 被试间设计，自变量为折扣深度与促销方式。其中，折扣深度有三个水平：轻度折扣（10%），中度折扣（25%），深度折扣（50%）；促销方式有两个水平：价格折扣，买赠折扣。因变量为感知价值、购买意向、感知质量和预期未来估价。其中，消费者的感知价值是指消费者能感知到的利益与其在获取产品或服务时所付出的成本进行权衡后对产品或服务效用的总体评价。购买意向可以理解为消费者愿意采取特定购买行为的概率高低，它比感知价值更具预测购买行为的作用。感知质量是消费者对某一品牌的总体质量感受或在品质上的整体印象，可以表示消费者对产品的接纳程度和信任程度。预期未来估价则是指促销活动结束后，当消费者再次面临选择该产品时愿意支付的价格，即消费者认为此时该产品的适宜价格。在研究中，用感知价值与购买意向来表征促销活动的短期效果，用感知质量与预期未来估价来表征促销活动的长期效果。

选取某大学本科生作为被试，发放问卷390份，收回有效问卷374份，有效回收率为95.90%。其中男生119名，女生255名。被试平均年龄为21.60岁（SD=1.64），月平均消费为854.17元（SD=385.94）。实验情景为假设消费者想购买某品牌洗发水。"想象一下，您前往超市购买某品牌的洗发水。400毫升的产品售价为50元，与您的预期一致。现在该洗发水正在进行促销活动。通过是否值得购买、是否划算、是否是一个公平的价格以及是否是一个很好的交易来测量消费者的感知价值，采用7点计分法，从1（完全不同意）到7（完全同意）；通过购买可能性和购买意愿来测量消费者的购买意向，采用7点计分法，从1（非常低）到7（非常高）。对于预期未来估价的测量，采用直接让被试给出估价的方式，测项为："如果下次还在这个超市购买该洗发水，那么您预计该洗发水的价格应该是____元。"对于感知价值，取四测项的平均数为因变量进行分析；对于购买意向和感知质量，取二测项的平均数为因变量进行分析。

1. 促销的短期效果主要受折扣深度的影响

大多数情况下，促销活动的成败可以由活动当天的销售业绩来衡量，消费者的购买行为会受到其对产品的感知价值和购买意向的影响，因此可以用感知价值和购买意向来代表促销活动的短期效果。消费者对促销产品的感知价值会受到折扣深度的影响，一般来说，对于同一件产品，折扣深度越大，消费者会觉得它越划算，所以感知价值会越高。本研究发现，从轻度折扣到中度折扣，感知价值并没有明显的变化，直到深度折扣时，出现了感知价值的显著增加，这说明中低度的折扣对消费者来说区别不大，而深度折扣则具有明显的吸引力。提示商家在进行促销活动时，若想提高消费者对促销产品的感知价值，应该采用较大幅度的折扣。购买意向可以理解为消费者愿意采取特定购买行为的概率高低，它比感知价值更具预测购买行为的作用。一般认为，折扣深度的增加会加大消费者的购买意向，但本研究发现，在不同的促销方式下，购买意向随折扣深度的变化并不是等同的。在价格折扣中，中轻度折扣时的购买意向显著低于深度折扣，而在买赠折扣中，折扣深度对购买意向的影响不显著。这说明并不是所有的促销方式与折扣深度的组合都能带来消费者购买意向的变化，可能这与不论多大程度的"价格折扣"都能带来明显的"优惠感"有关，而对于"买赠折扣"，消费者会认为是商家在捆绑销售，"优惠感"并不明显。研究结果说明在价格促销活动中，商家若想增加消费者的购买意向，应该采用价格折扣的方式，即降低价格而不是增加产品的重量，并且要保证折扣深度达到一定的明显优惠的程度。

2. 促销的长期效果会受到折扣深度与促销方式的双重影响

与促销活动的短期效果相比，促销的长期效果显得更为重要，因为这关系到消费者对促销产品的价值感知和评估，甚至会对产品的品牌价值产生影响。本研究发现感知质量会同时受到折扣深度与促销方式的影响，在价格折扣中，感知质量随着折扣深度的增加而显著降低；而在买赠折扣中，折扣深度的增大并不能带来感知质量的显著下降。

这一结果带来的启示是多方面的，单就促销方式来说，如果商家采用的是价格折扣，则必须重视在这一促销方式下折扣深度对消费者感知质量的负面影响，即折扣深度越大，消费者的感知质量越低。究其原因，我们认为在价格折扣中，直接降低产品的价格使得"优惠感"十分强烈，随着折扣深度的增加，消费者会去思考降价的真正原因，并且把自己对产品的偏爱归因于价格的优惠，而不是自己对产品本身的喜爱或产品良好的质量，因此随着折扣深度的增加，消费者会降低对产品的感知质量。这与较大幅度的促销会增加感知价值与购买意向并不冲突，只是消费者把购买的原因从商品质量转移到了价格优惠上面去了。如果商家采用的是买赠折扣这样的促销方式，则不必担心消费者感知质量下降这一问题，这可能与买赠折扣时消费者更倾向于把这一现象解释为商家在捆绑促销有关，毕竟真实的花费并没有降低，因此"优惠感"不会很强烈。与感知质量不同的是，当折扣深度过大时，即使是买赠折扣，也同样面临会降低消费者预期未来估价的风险，这可能与消费者较"感知到的质量"更看重"感知到的价格"有关。提示商家在采用价格促销时，同样要注意过大的折扣深度对消费者预期未来估价的不良影响，并且与感知质量不同的是，这种对预期未来估价的不良影响并不能通过选择买赠折扣的促销方式来消除。与此同时，研究发现轻度折扣时，价格折扣与买赠折扣的感知质量和预期未来估价并无显著差异，中深度折扣时，价格折扣的感知质量和预期未来估价会显著低于买赠折扣。这说明采用何种促销方式还要看具体的折扣深度，若商家采用较大幅度的折扣，则应该选择买赠折扣的方式；当然，如果折扣幅度非常大，那么不论采用何种价格促销方式，消费者的感知质量与预期未来估价的降低似乎都是不可避免的。

（资料来源：李晓岳，高峰强，刘宁．"越便宜越好卖"？——折扣深度与促销方式对促销效果的影响心理学进展，2015，5（6）：376-385）

14.6 组合效果及长期效果评估

14.6.1 组合 SP 效果评估

促销合力是指各种 SP 工具同时使用时比单个采用具有的超强效果。对组合 SP 效果的评价就是考察促销合力的大小，这可以通过实验研究的方法来进行。促销活动的实验检验法不仅可以供营销者预测某项促销活动的效果，也可以用来检验各种 SP 活动综合应用的整体影响和效果。

图 14-3 显示了可口可乐公司的 Hi-C 果汁饮料同时采用商品展示和减价优惠的 SP 活动的合力效果。图中的数据表明，Hi-C 果汁饮料摆在货架上不做特别的展示，只实施减价优惠促销促使销售量提升了 57%；以正常的价格但实施商品展示促销促使销售量提升了 553%。两种促销工具同时施用促使销售量提升了 925%。如果两种促销工具不产生合力作用，两者同时实施的效果应该是两个 SP 工具分别实施的效果之和 610%（57%＋553%）。

所以，315%（925%－610%）的额外销售量的增加是由两种促销工具的共同作用或合力产生的。显然，促销工具的合力作用大于二者之和。

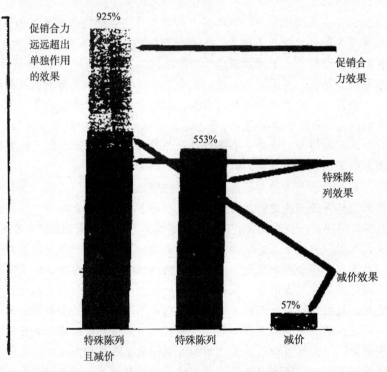

图 14-3　Hi-C 果汁饮料促销合力（假设数据）

14.6.2　SP 长期效果评估

SP 长期效果的衡量目前只能采用粗略的方法，主要是定期地调查消费者的品牌态度，包括品牌认知、品牌形象和品牌忠诚等一系列指标上出现的变化，由此推论衡量出一段时间内促销活动的效果。

电子扫描技术的发展为促销活动长期效果的衡量提供了良好的技术手段。监测能力可以达到观察家庭的购买行为、媒体行为的变化，以及消费者对不同形式的 SP 活动反应的敏感程度，甚至可以帮助营销者辨别什么形式的促销活动在转换消费者的品牌购买习惯中起的作用最大，或是什么形式的促销活动是形成消费者品牌忠诚的最佳选择。当然，这也揭示出 SP 活动可能产生的对品牌资产和品牌地位的不利的负面影响。

本章案例

可口可乐促销效果评估

■ **案例情境**

鲍勃·布朗是一个刚毕业的大学生。不久前，他刚刚加入可口可乐公司的市场研究部。他接受了一项在他看来非常棘手的任务。老板让他在两天内写出关于古典可口可乐在过去一年里促销效果的评估报告。关于可口可乐促销效果的各项数据已经从超市的监测扫描系统中获取，鲍索已用 IBM 和 Nielsen 公司提供的 Metaphor 软件系统对所收集到的数据进行了系统的整理，结果见表 14-5。

表 14-5 古典可口可乐的促销效果数据

	包装	店内展示 X：货架展示	价格折扣/% X：0%	店内广告 X：不作广告	销售增长/%
1	B	C	−10	√	381
2	B	C	×	×	42
3	B	D	×		63
4	B	D	−10	√	407
5	A	E	−10	√	404
6	A	F	−25	×	904
7	B	X	−10	×	143
8	B	C	−10	×	326
9	B	D	−10	×	352
10	A	E	×	×	44
11	A	E	−10	×	344
12	A	X	−10	×	141
13	A	F	−10	×	347
14	B	C	−25	×	874
15	B	X	−15	×	248
16	B	X	−25	×	463
17	A	F	−10	√	424
18	A	E	−15	×	494
19	A	F	×	×	65
20	A	X	−25	×	464
21	A	X	×	√	30
22	B	X	×	√	31

注：A——瓶装；B——罐装；C——120 盒 6 罐装；D——200 盒 6 罐装；E——240 瓶专柜；F——400 瓶专柜。

■ **相关概念及理论**

1. 包装

包装是指商品外部的保护层和装饰，不同的商品有不同的包装方式和材质，一些容器如盒子等也是专作为包装之用。好的包装设计可以帮助产品销售。生产商经常以包装作为塑造产品形象以及吸引消费者购买的工具。

2. 店内展示

店内展示是指商品在零售终端货架的摆放位置及陈列方式。好的位置和专业的陈列（如垂直陈列）可以使购物者更容易注意到商品，增加商品被购买的机会。

3. 店内广告

生产商或零售商在商店内部为某商品做的广告，包括零售店内海报、店内视频广告等。

4. 冲动性购买

见第9章"本章案例"说明。

■ **互动讨论**

鲍勃发现，即使他已将数据分门别类整理好，他也还有许多工作需要做。您能帮助他回答以下问题吗？

1. 店内展示、价格折扣、店内广告三种促销方式单独实施的效果及合力作用效果如何？
2. 展示的规模对促销效果有无影响？
3. 包装对促销效果有无影响？

1. SP效果评估的核心问题是什么？
2. 有些公司对其促销活动不做任何评估。试解释其做法是否是明智的。
3. 选择时下正在进行实效促销的某个案例，试用本章提供的方法评估该实效促销的效果。
4. 如果有两家公司联合开展SP活动，应该如何评估SP的效果？

[1] 肯尼恩·E.克洛，康纳德·巴克.整合营销传播：广告、媒介与促销[M].5版.谭永风，胡静译.上海：格致出版社，上海人民出版社，2014.
[2] 乔治·贝尔奇，迈克尔·贝尔奇.广告与促销：整合营销传播视角[M].8版.郑苏晖，等译.北京：中国人民大学出版社，2009：624.
[3] 郑宗成，陈进，张文双.市场研究实务与方法[M].广州：广东经济出版社，2011：439-441.
[4] 郑宗成，陈进，张文双.市场研究实务与方法[M].广州：广东经济出版社，2011：438.

第 15 章　SP 的社会责任

引例　一盘改变消费者思维的意大利面，是什么口味？

前阵子中国台湾地区有一场别出心裁的意大利面试吃活动，虽说此类活动屡见不鲜，却意外引起网友的热烈讨论，造成热潮。标榜超过 48 万人都曾经试吃过的意大利面，民众一吃，却发现"完全没有味道"，这是怎么回事？

工作人员随后才出面解惑，这就是"接受化疗的癌症患者"进食时的真实体验！

你对癌症患者接受化疗的想象是什么？

掉发、虚弱、很痛、不能出去玩？还有吗？

其实有个影响很大的关键，除非自己亲身经历，是不能体会的。是什么？

味蕾受损、味觉渐失。

"癌症患者在接受化疗时，会连带破坏舌头味蕾，使得食物品尝不出味道，影响患者生活质量，更容易丧失抗癌斗志。"发起此项创意活动的学生说明。

原来，这是癌症组织为了让民众更关心癌症议题所发起的创意营销活动。癌症患者在中国台湾地区目前约有 48 万人，这是一群医学相关科系的学生发起的创意营销活动，灵感启发是透过自身实习时，与患者第一线接触的经验。

他们希望借由这次的街头试吃体验，让大众能够对癌症议题有更多的了解及关心。目前他们也架设了患者交流的联谊网站，提供多样的患者支持资源，期许利用自身所学，为这个社会尽一份心力。

（资料来源：MOTIVE 编辑部. 一盘改变消费者思维的意大利面，是什么口味？让每个人吃一口就鼻酸 [EB/OL]. (2015-08-16) http://www.motive.com.tw/?p=9897）

SP 已是日常生活中最常见的营销行为，每年数以亿计的资金投入到与 SP 相关的活动中。它的积极作用包括：为消费者做出明智的购买决策而提供信息帮助；刺激消费；推动新品类、新产品迅速入市和推广；改变人们对有害消费（如吸烟）的态度；促进渠道建设和成长；创造就业机会；等等。公益团体发起的街头互动实验，往往将想挑战或想表达的观点，以不同的方式呈现在民众眼前，冲击民众对议题的省思，在互动过程中，也能捕捉到大众当下最真实的反应，或许在庸庸碌碌的生活里，这样强力的直击，真不失为一个突出公益议题的营销创意。

然而，"硬币都有两面"，SP 也可能会对社会生活产生诸多负面影响。如果滥用 SP，它也会对消费者和社会带来不良甚至严重的后果。在中国现阶段的转型市场中，尤其不可忽视 SP 的负面作用，包括：为了销售而见利忘义，用 SP 欺骗消费者；诱导人们购买不需要的商品；引发并放大唯利是图的欲望；恶性的商业竞争；浪费物料和资源；甚至严重伤害人身健康和破坏环境；等等。

由此，从关注促销自身走向对促销的反思。相比之下，更重要或者更困难的是如何解决促销的社会责任问题。实际上，这也是对促销进行有效管理和控制的重要一环。

微案例 15.1　能量校园，手机换红牛

功能性饮料品牌红牛在创新营销形式上一直勇于大胆尝试。2015 年，红牛联手全国 10 余所高校举办的"能量校园，手机换红牛"活动，鼓励学生专注课堂，专注当下，以新颖好玩的互动形式上演了一场校园场景化营销创新的初体验。

"90 后"的在校大学生，正是"积蓄能量，随时迸发"的新生一代。他们敢于尝试和挑战新鲜事物，玩转新媒介乐于分享，是真真儿的"手机控"，对好玩有趣的活动有强烈的参与感。今天的在校大学生就是明天社会消费的主力，红牛正是看中了"90 后"的这些特点，将其锁定为潜在目标消费人群。同时，红牛还捕捉到"他们在课堂上很容易受到手机等外界因素的干扰而分散课堂注意力"这一现象，课堂之上，正是需"专注"和补充"能量"的时刻，这些恰好与红牛本次"能量校园，手机换红牛"活动所倡导的精神和品牌主张高度契合。

上课前，红牛将为参与活动的班级提前悬挂好"能量袋"。学生进入教室时，可自愿将手机放入"能量袋"中换取一罐红牛和一枚"能量书签"。在"专注"听完一堂课后，取回手机，扫描"能量书签"上的二维码，即可关注红牛能量校园微信公众号，点击进入校园活动"能量大声噪"主题界面，即可参与在线"能量书签"制作，噪出青春的态度，写下个性语录。只要你的内容够精彩，能量够充足，即可能选入红牛能量书签计划，你的创意你的话，将被设计师重新包装，印刷制作出来，并随着"能量袋"传递到全国高校，你的个性化能量宣言将激励更多朋友。

线下"手机换红牛"活动的参与以及线上能量书签的表达与传递，大大激发学生对红牛品牌活动微信公众号的长期持续关注，活动效果远远超过营销预期，更引发了高校学生的大量传播与分享，甚至衍生一系列的自主营销活动，如一些参与活动的高校以"手机换红牛"活动为契机自发开展"关于大学生课堂手机使用情况"的调研等。这对红牛来说，收获的不仅仅是可观漂亮的活动效果数字，更是目标消费群对品牌的关注和认同，以及在目标消费者心智中留下深刻品牌印记的长远意义。不仅如此，活动还引发了社会各界的广泛关注与讨论。中央电视台、北京电视台、新京报、广州日报、新民晚报等国内主流媒体的即时传播报道，使得活动声量迅速飙升。

（资料来源：从"能量校园，手机换红牛"看快消品校园场景化营销创新［J］. 销售与市场（渠道版），2015（7）.）

互动讨论题：红牛的"手机换红牛"反映了它什么样的核心价值观？

15.1　界定 SP 的合理性

在全球营销的环境中，各国对促销活动的管制实施不尽相同。例如，在德国，免费赠送是不允许的促销手段，荷兰、爱尔兰和丹麦的政府不允许利用抽奖方式进行促销。马萨

基·科塔比和克里斯蒂安·赫尔森在《全球营销管理》一书中列举了欧洲各国政府对促销工具的管理和限制状况,详见表15-1[1]。

表15-1 欧洲允许使用的促销手段

促销手段	英国	荷兰	比利时	西班牙	爱尔兰	意大利	法国	德国	丹麦
包装促销	Y	Y	?	Y	Y	Y	?	Y	Y
捆绑报价	Y	?	?	Y	Y	Y	?	Y	Y
包装内溢价	Y	?	?	Y	Y	Y	?	Y	?
多次购买优惠	Y	?	?	Y	Y	Y	?	Y	Y
额外赠送	Y	Y	Y	Y	Y	Y	?	?	Y
免费赠送	Y	?	?	Y	Y	Y	Y	X	Y
可再利用或转用包装	Y	Y	Y	Y	Y	Y	Y	Y	Y
免费邮购	Y	Y	?	Y	Y	Y	?	Y	Y
购买折扣	Y	?	?	Y	Y	Y	Y	?	Y
交叉产品报价	Y	Y	X	Y	Y	Y	?	Y	Y
积分工具	Y	Y	Y	Y	Y	Y	Y	Y	Y
竞价	Y	?	?	Y	Y	Y	Y	Y	Y
自我清盘折扣	Y	Y	Y	Y	Y	Y	Y	Y	Y
免费抽奖	Y	X	?	Y	Y	Y	Y	Y	Y
合购	Y	Y	Y	Y	Y	Y	?	?	Y
抽奖	Y	X	?	Y	X	?	?	Y	X
代金券	Y	Y	Y	Y	Y	Y	Y	?	Y
下次购买优惠	Y	Y	Y	Y	Y	Y	Y	?	Y
现金返还	Y	Y	Y	Y	Y	X	Y	X	Y
店内演示	Y	Y	Y	Y	Y	Y	Y	Y	Y

注:Y表示允许,X表示禁止,?表示可能允许。

(资料来源:科塔比,赫尔森. 全球营销管理[M]. 刘宝成,译. 3版. 北京:中国人民大学出版社,2005)

对SP的有效管理和控制,需要回答如何衡量SP的好坏,即如何界定营销者的社会责任。对这一问题的关注,出现了3种主要的观点。

1. 依靠法律条文(Letter of Law)

这种观点主张以法律条文来明确界定营销者的社会责任。只要在法律条文规定的范围内,营销者就可以自由地选择实现其目标的手段。这种主张的难点在于如何在具体的情景中界定和执行合法与不合法。

2. 依靠法律宗旨(Spirit of Law)

第二种观点虽然也认为法律应当对商业应尽的社会责任做出明确界定,但觉得受到法律的故意(如故意侵权行为)及法庭、代理律师解释的束缚,应该更强调对合法权益的一个更广泛的解释。较第一种观点对促销的积极作用而言,这种观点略持怀疑态度,但它的操作理念仍以依靠法律为前提。

3. 依靠道德伦理(Moral Imperative)

第三种观点认为仅仅从法律层面无法有效地界定营销者的社会责任。他们认为商业的社会责任必须在法律的层面之外加上道德与伦理的层面，即依靠道德伦理的力量。法律对社会中某一特定事务的解释与确认往往会有所滞后。法律的制定是一个政治程序，它需要来自各方面的共同努力，最终才能达成一个妥协的结果，因此会有滞后的现象产生。持这种观点的人们认为营销者（包括所有的商业经营者），必须考虑并权衡他们的行为对社会及其公司的影响。此外，他们还认为营销者必须关注当前的社会焦点。即使这样做有时可能会导致公司绩效的下降，但从长远来看仍然是值得的。

对这一问题尚没有确切的答案，但它迫使营销者面临棘手的选择。公司应该在上述观点基础上，探讨营销者应该如何在公司利益和社会公众利益间进行权衡，更加关心、注重促销的社会责任。

下面我们将详细讨论促销对消费者、经济活动、女性以及儿童的影响，以及促销的两大社会问题：促销与个人隐私的冲突；通信的发展对促销与社会的影响。

微案例 15.2 工商总局痛批阿里系"双十一"促销违规行为

2015 年 1 月，国家工商总局首度披露了 2014 年《关于对阿里巴巴集团进行行政指导工作情况的白皮书》（以下简称《白皮书》），《白皮书》指出阿里系网络交易平台存在主体准入把关不严、对商品信息审查不力、销售行为管理混乱、信用评价存有缺陷、内部工作人员管控不严等 5 大突出问题，并对阿里巴巴集团提出相关工作要求。

在针对阿里系平台的销售行为管理混乱的叙述中，工商总局痛批"双十一""双十二"等促销活动存在违规促销、违规有奖销售、违背用户意愿附加不合理条件等情况。

以下为《白皮书》内容节选：

一是违规促销。在"双十一""双十二"、节假日促销、热点社会事件和经营活动促销期间，平台和平台内经营者都存在明显误导消费者行为；部分平台内经营者还存在"活动前先提价、后打折""先低价打折吸引消费者关注、后以无库存为由不予销售""未如实全面介绍促销活动内容诱导消费者盲目消费""非遇不可抗因素单方面变更甚至撤销促销活动方案"等违规促销行为。

二是虚假宣传及广告违法。大量平台内经营者使用"全网价格最低""史上最低价""销量第一""排名第一"等绝对化语言进行广告宣传；许多"天猫商城"旗舰店、"阿里巴巴"店铺在品牌介绍、公司介绍等栏目中夸大宣传、虚构事实，特别是存在许多假洋品牌虚构品牌来自外国的历史渊源宣传信息，作引人误解虚假宣传；许多平台内的网店未经审批、擅自利用第三方交易平台发布依法应当审批才能发布的商品（服务）广告等。

三是开展最高奖价值超过法定限额的抽奖式有奖销售。在"双十一""双十二"、节假日促销、热点社会事件和经营活动促销期间，平台开办者本身及平台网店开展的抽奖式有奖销售活动中，常见最高奖项价值（现金等价券、实物所有权或使用权、电子货币等）超过《中华人民共和国反不正当竞争法》规定的 5000 元限额（如抽房子、抽豪车等）。

四是提供第三方交易平台服务过程中违背用户意愿附加不合理条件。在"双十一""双十二"等重大促销活动期间，天猫商城利用其在第三方交易平台服务市场中所占的相对较大市场份额优势地位，强制要求参加本平台促销活动的平台内经营者（供应商）不得参加其他平台的促销活动。

（来源：工商总局痛批阿里系"双十一"促销违规行为［EB/OL］.2015-01-28）

互动讨论题：你可以为"双十一""双十二"等促销活动提供什么有责任感的促销创意呢？

15.2　促销与消费者

有关促销对消费者的负面影响，韦伯斯特概括为 5 个方面：一是促销会诱导消费者购买他们实际上并不需要的商品；二是促销会创造消费者对物质利益的追求，而这并不是国家政策以及个人生活方式所提倡的目标；三是促销往往带有欺骗性，特别是对于那些贫穷的消费者来说，这会带来更大的问题；四是促销常常是令人厌恶的，且品位不高；五是促销总是提供一些歪曲的信息，劝说消费者购买某些复杂的产品[2]。

西方社会和学术界对"促销（营销沟通）如何改变社会的价值观，并影响人们的消费行为"这一问题早有关注，并产生了各种意见。以下扼要归纳主要的批评意见，其中，"促销"（Promotion）与"营销沟通"（Marketing Communication）的内涵相同，只是表达方式不同，它们都包括：人员推销、广告、SP 和公共关系四个要素。

1. 营销沟通诱导消费者购买他们并不需要的商品

许多持批评意见的人认为，营销沟通诱导消费者购买那些他们并不真正需要的商品。Galbraith 在《富足社会》（The Affluent Society）中这样写道[3]：

广告让消费者的需求复杂化，销售的过程刺激了消费者的需求，劝说者操纵着消费者的需求形式，这些事实都说明消费者并不真正急需该项需求。一个饥饿的人根本不需要别人告诉他对食物的需求。如果他是被食欲所引起的，那么像 Messrs Batten&Durstine & Osborn 这些品牌就不会对他产生什么影响了。这些品牌的营销沟通只会对那些已经忘记自己真正需要什么的人产生作用。只有在这种情况下，消费者才可能被说服。

2. 营销沟通创造对物质利益的追求

关于营销沟通是否创造或是影响了人们对物质利益的追求这一问题，主要有三类观点，即历史学派、经济学派和心理学派，他们阐述了短期影响与长期影响之间的区别。短期来看，促销反映了一个社会的价值观，包括对更多更好商品和服务的需求；而从长期来看，营销沟通对物质的诉求则强化了这一价值观。目前，我们认为对营销人员是否影响了消费者的价值观，以及这种影响是利是弊的各种观点都只是一种推测，缺乏实质性证据。

3. 营销沟通往往带有欺骗性，特别对贫穷的消费者

欺诈行为是市场最具破坏性的产物。它导致消费者对其所购物品的满意度的下降，将商业利润从公平竞争的参与者手中转移到不道德的竞争者那里，并最终导致人们对整个商业行为产生怀疑。因此，类似这种"以谎言或虚假展示的方式劝说消费者购物"的欺诈行为，从商业活动诞生之时就引起了人们极大的关注。各式各样的法律和规章对商标、重量和标准、产品成分等做出了详细的规定，这至少可以在一定程度上控制或减少欺诈行为的发生。正如我们之前已提及的，营销人员面临的问题是，在权衡社会福利与公司利益的时候，他们的行为能否仅仅用法律作为衡量标准。

营销沟通中的欺诈行为包含这样五个方面，即信息传播者的意图、信息的欺骗能力、受骗消费者的判断能力、消费者被骗的事实及判断欺骗程度的标准。所有这些因素都包含着很大程度上的主观判断。几乎所有的营销沟通都是以劝服潜在消费者采取购买行动为目

标，因此，在有些情况下，我们会难以判断究竟是属于合法的说服，还是属于商业欺诈。

在讨论欺诈问题时的一个关键在于：欺诈的对象是谁？由于信息接收者在年龄、经历和受教育程度等方面的差异，导致他们做出正确的判断的能力各异，他们受营销的影响也不同。这样，我们是否能够认为一则针对受过高等教育人群的广告可能对儿童造成欺诈影响而认定这则广告属于商业欺骗行为呢？与此类似，如果一则针对年轻人的信息可能对成年人也有说服作用，那么我们是否也不能接受，而认为它属于欺诈呢？

当然，大部分欺骗行为都是潜藏于促销当中的，因为营销人员总是在试图说服潜在消费者采取购买行为。营销人员和社会必须做出正确的判断，认清谁是信息的目标对象。即使是这样，还是存在相当大的模糊领域。韦伯斯特对此做出了以下总结[4]。

（1）一个家用空调制造商是否必须提供证据来证明其在广告中所指的空气清新程度以及山间空气的低温程度是真实的？

（2）对于一则广告中描述的"持久"效果的染发产品，尽管洗发时它不会脱落，但它无法改变新长出头发的颜色，因此过一段时间之后头发的颜色一定无法如广告中所承诺的那样持久不变，这时，我们又应当如何判断它是否存在欺诈呢？

（3）对于汽车制造商来说，他们是否有必要将其产品的安全性能像广告所描述的那样与竞争者的产品做一个比较？

（4）如果广告中的娱乐成分无助于人们对产品信息的进一步了解，那么我们是否应当将其彻底删除呢？

（5）在判断欺骗与否时，对于不同时段播放的广告，如七点播放的和在午夜播放的，是否应当使用不同的判断标准？

（6）所有的烟草广告现在都必须在其包装上标明"吸烟有害健康"的警示。那么，在酒类饮料的广告上是否应当做出相同的规定？对于那些非处方药品，如阿司匹林、安眠药等，是否需要规定其在广告中指出过量服用的危险？

营销者有责任尽可能避免在营销沟通活动中涉及欺骗的可能性。这样的承诺会引起许多结果，通过提供"全面、公平的价值"提高消费者的满意度；通过推进培育鼓励公平交易来扩大社会福利；等等。而且企业还可以通过这种方式提高它的声誉。也就是说，营销人员和企业同样可以通过他们为社会进步与福利所做的贡献中获利。

4. 营销沟通常常是让人感到骚扰和厌恶，且品位极低

一直以来，人们都会因为营销沟通的品位极低而对它感到烦恼和厌恶。Greyser 和 Bauer 在他们的一项研究中指出：消费者的观念为我们提供了评价这些负面影响的依据。他们通过询问被访者对所看过的一些广告的评价，着力研究了人们喜欢或厌恶一些广告的原因所在。在涉及的近 9000 则广告中，有 23% 被认为是"令人厌恶"的，5% 被认为是"令人极度厌恶"的。而剩下的其他广告则被认为是"较好"的。那些让人生厌的广告主要包括这样几类：打扰性（相当大音量、打断了正常节目、或重复频率过高），夸大性（由于对事实的过度夸大导致人们的不信任，例如不真实的情景）。让人厌恶的广告或是品位极低的广告往往受到来自道德方面的谴责，主要包括：女性卫生用品、香烟，以及酒类饮料，使用裸体模特，甚至在广告中宣扬暴力和犯罪，等等[5]。由于广告数量众多，其各自的背景、经历和价值观也有所不同，因此在鱼龙混杂当中存在一些不符合道德的、令人厌恶的广告也

并不让人惊奇。我们所要做的就是力图使这一比例降至或接近于 0。同时，为了使广告越来越接近艺术，我们应当允许它存在一定可能会引起人们敏感的创造性。最后，我们在评价这些反映时，很重要的一点是社会价值观在不断变化中，那些在某个时段看起来让人生厌的事物到了另一个时段可能又会被人们所接受。

促销活动的策划和组织要从上述论述中获得启发。无论是在课堂、在大街上，还是在大众媒体中，人们对促销的类似批评始终不绝于耳。但遗憾的是，很少有人对这一现象作跟进研究，即针对某一特定范围内公众态度的变化做持续观察。事实上，即使是结合公益活动的促销，也可以做得有创意。

5. 营销沟通总是提供一些歪曲的信息

"营销沟通总是提供一些歪曲信息。"这一批评涉及消费者决策过程中的两个基本事实。第一，消费者面对着越来越多的可供挑选的商品和服务；第二，在市场中，消费者如果可以掌握充分的、准确的信息，他们就越有可能做出最佳购买决策。在面对选择的时候，消费者需要来自这三方面的帮助：第一，消费者需要有关产品、品牌、销售地点、价格等方面的信息；第二，消费者需要关于评价可选品牌的详细信息，并借此确定每种选择的优缺点；第三，潜在消费者需要确定信息来源的可信度和准确度。

我们可能也会认为这是一种对市场环境和消费者的信息需求最确切的描述。消费者的购买决策，特别是某些特别复杂的购买决策，是一个不断演进的过程——从消费者对产品的需求到他们对产品有了进一步了解，并通过购买标准的确定对可供挑选的品牌进行评价。然而，作为营销人员，我们无法准确地知道消费者对某个具体信息的需求，因此，有些时候我们必须让消费者自己寻找他们所需要的信息。这样便产生了不同形式的营销沟通。但这一切并不是说营销人员就可以忽视他们的责任，他们仍必须用清晰易懂的语言、以合适的方式、向消费者提供他们做出安全的最佳购买决策所需的产品或服务的信息。

我们已经提到过关于信息准确性的问题。这里需要重申的是信息接受者解释、理解信息的重要性。尽管消费者评估某一具体信息的真实性和准确性非常困难，但是，我们仍能根据可能被误导或可能理解信息的消费者来对此进行评估。尽管营销沟通存在着说服的企图、销售者有天生的偏爱，大多数消费者还是认为营销沟通起到了一定程度的警示作用。

与此相关的另一问题是消费者信息保护。随着计算机以及信息技术的飞速发展，网络中包含了越来越多、越来越详细的个人信息。这将极大地帮助营销人员更明确地进行市场细分，更准确地找到目标消费者，并更有效地向他们传播产品信息。但与此同时，消费者发现信箱里充斥着直邮广告信函，推销产品或服务的商业电话打扰着我们正常的生活，电子信箱里满是垃圾邮件。这时，是不是应该设定一个界限呢？私人的数据与资料究竟应该有多少可以向外界提供？在私人时间里，我们愿意接受多少这样的广告信函与电话？这些问题不仅仅是整个社会需要考虑的，而且那些不断寻找新技术的营销人员也应当认真考虑。

微案例 15.3 捐出"另一半"做慈善？

你一定买过促销时只要半价的产品。如果这个模式变成"价格维持不变，但产品只给你一半"的促销活动时，你会有什么反应，是疯了？傻了？还是忍不住对产品多看两眼？

在巴西，有两家连锁超市系统，就推出了这样的系列产品，有对半切的蔬菜、水果、面包、比萨……商店这样的做法不但没有引起顾客抱怨，反而大受欢迎！为什么？

巴西公益团体 Casa do Zezinho 是一个专门照顾、教育低收入户的组织，关注对象的范围从 6 岁的孩童到 21 岁的青年。她们为了增加募款的收入，请巴西 AlmapBBDO 想到了一个"共享"的点子——Half for Happiness。

她们把食物对半切，装在原本装食物的盘子里，并在盘子上印上说明文字，让你清楚知道花全额购买的产品，虽然只得到了一半，但另外 50%的金额将可以帮助更多的孩童。让消费者在购买的同时，也达到捐款的目的。

一般人都知道做公益是好事，但许多时候在面对路边劝募的人，或是捐款箱，常是无感的走过，不是捐不起，也不是没有爱心，而是在那一秒路过的瞬间，引不起你做出捐钱的动作。

Half for Happiness 的设计很有趣，因为你只需要跟平常花一样的钱，买一个一次可能吃不完的食物，而不是要你"额外"捐出，同时用另一半的空盘子，让你的爱心被清楚地"看见"，这样的情绪，很微妙。

（资料来源：米卡. 捐出"另一半"做慈善？[J]. 动脑，2011（9））

互动讨论题：捐出"另一半"的成功实践给我们何种启发？

> **促销专论 15.1　企业社会责任与品牌资产：消费者 CSR 体验与儒家价值观的作用**
>
> 　　对企业社会责任的讨论，是自 1950 年以来以美国为主兴起、近来以欧美等国家为主成为最热的研究题目之一。H.R.Bowen（1953）在其著作《商人的社会责任》中给出了商人社会责任的最初定义："商人有义务按照社会所期望的目标和价值来制定政策、进行决策或采取某些行动。"自从这一概念被提出，学者们试图从政治、经济、社会和道德等不同的角度利用政治理论、工具化理论、伦理理论等对企业应当承担社会责任的观点提供理论依据。企业社会责任开始成为各利益相关者评价企业的重要维度，消费者对产品的关注点也发生了转变，不单单注重产品是否能满足自己的关键购买因素，更关心产品是如何生产出来的，涉及环保、劳工和社区等社会责任方面的内容。
>
> 　　现有的研究以探讨发达国家的消费者对企业社会责任的响应为主体。在发达国家，公众的社会责任意识相对较强。研究表明：在购买产品时，发达国家的消费者对产品的社会责任特性比发展中国家的消费者更为关注。只有当企业社会责任与企业的核心目标结合在一起，成功转化为内在的商业运作过程，企业社会责任才会得以实现。归根到底，企业社会责任要靠市场力量的推动，要依靠消费者选择形成对企业的实质性压力。在我国，改革开放 30 多年来社会经济取得了长足的发展，但从现实的角度来看，中国正处于成熟市场经济与传统计划经济相互交织、博弈的转轨时期，在这一经济发展阶段，维护市场机制正常运作的有效制度安排尚不完善，表现为市场秩序的不规范、诚信体系与监控机制的缺失，公众社会责任意识与发达国家的差异性十分显著。相对于西方社会公众主动监督企业社会责任的情况，我国的社会公众则比较被动。同时，消费者响应的差异性不仅取决于经济发展阶段和发展水平，还往往根植于民族文化的差异性。正如 Isabelle 和 David（2007）指出的那样，企业社会责任的表现和认知，深受文化和社会背景的影响。两千年来在中国居主流影响地位的儒家思想对消费者的意识塑造、行为选择具有较

强的决定性，因此，消费者的儒家价值观念在消费者的企业社会责任体验与品牌资产之间有着怎样的调节关系，也需要进一步研究明晰。

有鉴于此，本文以中国消费者为研究对象，针对消费者发放问卷，数据采集对象分为两部分，一部分问卷对山东大学在青岛、深圳、郑州、石家庄的 MBA 研修班学员发放；另一部分问卷对北京、上海、青岛、济南、潍坊 4 个城市的消费者发放，通过数据研究企业社会责任——消费者心智模式（CSR 体验）——产品市场绩效（品牌资产）的影响路径，探讨企业社会责任与品牌资产构建的关系。针对现有研究结论的不一致，为证明中国消费者与西方消费者的企业社会责任响应差异性，引入消费者的企业社会责任体验作为中介变量和儒家价值观作为调节变量，实证二者在企业社会责任表现与品牌资产之间的关系。

自变量为企业社会责任表现，本文认为企业社会责任表现也就是对利益相关者责任的表现，具体体现在对员工、股东/投资者、消费者、商业伙伴、当地社区、环境保护、慈善、政府的责任表现。因变量为品牌资产，以 Aaker 品牌资产模型为基础，参考范秀成和卢泰宏的品牌资产模型，在修正和完善的基础上提出美誉度、忠诚度、满意度、支付溢价、品牌独特性、品牌延伸、品牌联想、品牌关系是品牌资产的八大测量维度。中介变量为消费者 CSR 体验，本研究选取了 Ramasamy 和 Yeung（2009）开发的测量量表，测量的六个题项分别为"我以购买具有社会责任感的企业产品为骄傲""企业的社会责任做法提醒了我是一个什么样的人""购买履行社会责任的企业产品，体现了我对社会的价值""企业的社会责任做法可以有意引导我做某些对社会有益的事情""企业的社会责任行为让我觉得自己的消费选择对社会有益""企业的社会责任行为让我思考自己是社会中的一员，应该为社会奉献自己的力量"。调节变量为儒家价值观，在对儒家价值观的五个构面——仁、义、礼、智、信的测量上，在多方访谈基础上最终得出 15 个题项作为消费者儒家价值观的测量变量。最终研究结论如下。

（1）从企业社会责任到品牌资产的传导机制方面，企业承担社会责任不再只是成本、约束或是一种慈善行为，也是机会、创新和竞争优势的来源。目前不少企业在社会责任实践中存在认知上的误区，其一，大多数企业将社会利益和企业利益对立起来；其二，他们往往以一种常规的战术角度而不是站在品牌战略的层次去思考企业社会责任。企业需要从品牌战略的高度去开展企业社会责任，将资源、专业能力和知识投入到对社会有益的活动中去，使企业社会责任转变促进社会进步的力量，增加品牌资产的积累，推动企业长期可持续发展。

（2）消费者 CSR 体验的中介效应方面，消费者对企业社会责任的体验有赖于企业基于消费者需求的社会责任战略定位以及与消费者之间良好的沟通。社会责任沟通是指企业主动通过各种信息传播方式，让利益相关者知晓企业履行社会责任行为的现状、目的及其后果。只有消费者完全了解企业社会责任行为，消除社会责任履行中的信息不对称，才能对企业社会责任活动有相关的价值判断，从而改善消费者与企业的关系，做出有利于企业整体契约利益的行为。例如低排量的汽车生产商可以通过开展环保公益活动改变消费者对大排量汽车的偏好。法国巴黎在环保主义者的呼吁下就通过了禁止高油耗、高污染的多功能运动车在市内通行的决议。这种以保护环境、消除性别歧视、产品安全、劳动保护等议题为内容的企业社会责任可以改变消费者的体验，同时作为新产品进入、扩大市场份额的有效品牌战略应该引起营销管理者的重视。

（3）责任型消费者与责任型企业的培育方面，在这个越来越追求消费者心理体验、消费者形而上感知的时代，打造"有情有义"的产品品牌往往带有更多的情感体验因素，往往能唤起消费者内心深处的良好感知，成为"责任型"消费者的内在需求。一方面，整个社会的儒家思想教育会不断增强消费者的责任消费意识，另一方面企业强化履践社会责任的能力的同时也打造了"有情有义"的产品品牌，二者之间因消费者这个逻辑纽带而相互影响又相互促动。

（资料来源：辛杰. 企业社会责任与品牌资产：消费者 CSR 体验与儒家价值观的作用［J］. 南方经济，2013（1））

15.3 促销与经济活动

一般来说，关于促销对社会的积极影响的讨论热点是促销的经济作用。Neil Borden 的《广告的经济作用》（*The Economic Effects of Advertising*）就是其中最有代表性的著作之一。[6]相反，一些批评家则认为促销的经济作用也有其不利的一面。这两者争论的焦点集中在：促销对成本、价格的影响，以及促销对竞争的影响[7]。以下将分别简单介绍他们各自的观点。

1. 成本与价格

持批评意见的人认为广告和其他形式的促销都会明显地增加商品或服务的成本和价格。他们认为促销活动的减少将会降低商品或服务的成本，并最终能降低消费者购买商品或服务的价格。

而支持营销和促销的人则认为促销能够提高消费者对可选商品的认知水平，因此能够扩大市场，并通过大批量产品的高效生产与分销活动进一步降低整体成本。除了规模生产方面的效率之外，他们还指出了学习曲线而导致成本的降低。

2. 竞争

持批评态度的分析家，特别是研究产业组织的经济学家，认为企业的巨额促销费用造成了许多行业的进入壁垒，尤其是针对那些规模较小的竞争者而言。那些小型组织由于无法支付进入该行业的高额促销费用，而被排斥在市场竞争之外。那些大公司则利用这一点为其产品或服务制定较高的价格，并从中获取超额的垄断利润。

而支持者则认为促销不会限制竞争，相反，促销还能够在某种程度上促进竞争。新产品因之能够更迅速有效地进入市场，这允许那些资源有限的小公司有机会通过新的创意占领市场。如果不允许广告和促销的自由发布，新产品和服务的优点就永远无法让消费者得知。

3. 部分研究结果

Albion 和 Farris 对营销与经济作了更进一步的研究。他们调查了广告对以下几种经济因素的影响，包括：价格、利润、行业集中度、产品创新、行业需求等。他们研究发现很难得出具有普遍意义的结论，因此，他们将结论归纳如下。

1）广告与价格

一般来说，做广告的商品的价格会比不做广告的商品的价格高一些。但与此同时，零售商从广告商品当中获得的边际利润会比不做广告的商品低一些；而且，广告似乎是更有助于那些采取自选方式的购买场所。由于非价格因素的存在，我们无法知道广告是否有助于价格较高的商品的销售。即使广告真的让商品的平均价格有所上升，我们在分析广告对社会成本和利润的影响时，也必须考虑到广告减少了消费者搜寻商品信息的成本并建立了市场价值。

2）广告与利润

大部分公司的广告都是为了增加销量，在某一特定市场内，这必将导致竞争对手销量和利润的下降。

研究者无法得知行业利润与行业广告密度之间的相关性，效益较好的行业是否会做较多的广告，或是较多的广告会产生较高的利润，或者两者都是，但对竞争者或新进入者来说，那些高利润高广告率的行业无疑是风险较高的行业。

3）广告、行业集中度与产品创新

几乎没有证据表明广告的规模经济性，因此，研究者怀疑广告本身是否可以影响行业的集中程度。为了获得消费者的信任，没有建立起一定声誉的新进入者往往会采取高频率的广告策略，然而消费者不会转眼即忘，那些原有商品的广告对消费者仍具影响力。因此，广告能够建立起消费者的偏好、信任并能够制造进入壁垒。然而，如果没有广告，即使是那些拥有产品或价格优势的新进入者，在进入某一新市场时也将度过一段更加困难的时期。

那些生产模仿类产品的公司并不能仅仅依靠广告来实现市场集中的目的。然而，研究者很难分辨出产品的优势是真正的创新，还只是表面上的创新。理想状况是，广告帮助公司占领每一个细分市场，并且通过极小的产品差异保持品牌在竞争中立于不败之地。这种情况可能发生在消费者涉入度较低、同类产品的特性难以察觉、且消费者的偏好并不明显的市场中。

4）广告与市场规模

研究者认为广告作为一种有效的大众传播工具可以有力地促进新市场的成长，以及新竞争者进入市场。然而有理由怀疑广告是否能够决定市场的最终规模，除非是在那些用广告来刺激大部分需求的市场，例如饮料市场等。

有关促销对成本、价格和竞争的讨论，大家各持己见，都不能给出确切的依据和肯定的结论。Albion 和 Farris 认为，两种关于广告在经济中的作用的观点都有其正确的一面。[8] 争论必将持续下去。表 15-2 归纳两大派别——"广告是市场力"派和"广告是信息"派的基本观点[9]。

表 15-2 关于广告在经济中的作用的两大学派的观点

广告=市场力	广告 = 信息
广告影响着消费者的偏好、品位、改变着产品的属性，并使产品与其他竞争品牌有所区别	广告告知消费者产品的属性，但并不会改变他们对产品属性的评价标准

续表

广告=市场力		广告=信息
消费者成为品牌忠诚者，进而价格敏感性有所降低。可供他们选择的替代产品的范围也相对较少	消费者购买行为	消费者的价格敏感度不断提高，他们越来越注重产品的价值。对某一特定产品来说，影响弹性的因素只有价格与品质
潜在的进入者必须跨越已有品牌的品牌忠诚度这一进入壁垒，为此他们不得不付出更多的广告费用	进入壁垒	广告有利于新品牌的进入，因为通过广告可以让消费者了解产品的某些属性
公司与市场竞争以及潜在的竞争隔离开来，市场集中程度加大，让公司拥有更大的自我决策的权力	产业结构和市场力	消费者能够更方便地在所选品牌间进行比较，竞争程度也有所加剧。高效的公司将在竞争中得以生存，而低效的公司将被淘汰出局，新的公司将会加入竞争。广告对市场集中程度的影响并不明显
公司可以制定较高的垄断价格，且他们不愿意在价格和品质上进行竞争。创新可能会有所减少	市场行为	掌握更多信息的消费者督促公司不断降低价格同时提高品质。对新进入者来说创新是灵活可行的
较高的价格和超额利润促使广告费用的提升，并进一步促使他们支付更高的广告费用。相对完全竞争的条件，这时的产量有所减少	市场绩效	整个行业的平均价格有所降低。由于竞争的加剧以及效率的提高，广告对利润的影响并不十分明显

（资料来源：Farris Paul W, Albion Mark S. An investigation into the impact of advertising on the price of consumer products, Report No. 79-109[M]. Cambridge, Mass: Marketing Science Institute, 1979: 7）

 促销专论 15.2　消费者对慈善和商业赞助的态度如何？

　　中国经济高速发展成就了大量企业，但是许多企业履行社会责任的步伐并没有跟上其发展成长速度。中国社科院 2011 年《中国企业社会责任报告》评估结果显示，中国境内国企、民营及外资企业平均得分仅为 19.7 分（满分为 100 分）。发达国家已经把"企业社会责任"上升到法律层面，实施全球社会责任国际标准 SA8000。欧洲委员会发布了《推动欧洲企业社会责任框架》绿皮书，美国大多数州都颁布了关于企业社会责任的法规。

　　慈善和商业赞助是企业履行社会责任的两种主要途径。企业慈善行为是"一种企业在与自身没有明确利益关系的前提下做出的现金或者其他方面的捐赠行为"。赞助是"商业组织为了实现商业目的而对一项活动给予的资金或类似的援助"。本文通过引入双重态度理论，对比消费者面对慈善与商业赞助两种企业社会责任行为时所形成的不同双重态度的强度，及其面对负面消息冲击时的即期与长期效应。

　　研究在 5 个学院采取先随机后有意的取样方式选择了 240 名大学生做被试依次进行实验一和实验二。实验一让被试通过观看两段不同录像，使其置身于商业赞助和慈善行为两种企业社会责任行为情境之中，内隐/外显态度测试分别采用计算机限时/问卷无限时，实验设计采用 2（商业赞助，慈善）×2（态度：内隐态度、外显态度）分式析因设计的正交设计。实验二引入负面信息变量，让所有被试观看负面消息报道，即时组当场回答问题，延迟组 3 天后回答同样问题。实验设计采用 2（企业社会责任行为：商业赞助、慈善）×2（态度：内隐态度、外显态度）×2（测量时间：即时、延迟）分式析因设计的正交设计。

> 研究通过检测内隐、外显态度对人们即期和延期行为的不同影响证实，即使人们存在对商业赞助和慈善行为动机的质疑，企业责任行为的积极影响也是难以抹杀的，因为尽管消费者会对外显态度作出一定的调整，但是善事或者赞助的积极影响在内隐态度中依然存在，内隐的对企业责任行为的积极态度不会被打折扣的外显判断所取代，而是与之共存，最终显示的态度取决于消费者的认知能力及对企业利他动机的推断强度。
>
> 研究对企业社会责任行为的长期动态比较研究证明，企业普遍开展的商业赞助和较少实施的慈善行为都够在不同程度上赢得大众的认可，形成正面的双重态度，树立良好的企业品牌形象。其中，个体由于对企业履行社会责任行为的文化价值观念认同会形成较高的内隐态度；复杂社会现实归因过程可能使个体质疑企业社会责任行为的动机，由此形成较低的外显态度；人们普遍会对慈善行为表现出更高水平的积极态度;在遭遇负面信息冲击时，由于期望落差，个体对慈善捐赠行为的态度即期将受到更大的负向影响，但长期来看也更容易恢复，这也算是善因报应的另类解读。
>
> （资料来源：翁智刚，刘丹萍，王萍，等. 消费者对慈善和商业赞助的态度如何？——基于双重态度理论的研究[J]. 营销科学学报，2013, 9(1): 118-132）

15.4 促销与女性和儿童

20 世纪 60 年代开始，女权主义者对营销和广告的批评越来越多，他们认为广告及其他促销媒体当中所采用的女性形象具有明显的歧视意味。Courtney 和 Whipple 指出[10]：

持批评意见的人认为广告往往只将女性与家庭、愚昧的不幸消费者等形象联系在一起，她们好像只是用来满足男人、儿童和家务劳动的需求。广告将女性形象描写成单调的、令人生厌的、愚蠢的家庭主妇。

这些争论引起了学术界的进一步兴趣，越来越多的人开始研究这一问题的正面与反面观点。而该类研究的主要工具则是对电视和杂志广告的内容分析。Courtney 和 Whipple 对此做了系统的研究，他们的研究范围涉及营销类杂志、以及社会科学类杂志报道等。下面详细介绍他们研究成果中最重要的四类：一是性别歧视的存在情况；二是性别歧视的影响；三是对性别歧视的态度；四是对性别角色描述的偏好。

1. 性别歧视的存在情况

所有关于性别歧视存在情况的研究都得出了一致的结论。他们认同女权主义者对广告的批评，广告中大部分女性被描述成传统的形象，即强调她们在家庭以及家务劳动中的作用。女性总是被描述成需要依靠男人的、愚蠢的、逆来顺受的家庭主妇或妈妈。女性在广告中总是作为一个陪衬和装饰性的角色，而极少作为权威的角色出现，如信息的告知者或画外音等。而与此相对，男性则往往作为具有权威性的角色，年长的充满智慧与说服力的建议者或论证者。他们可以充当各式各样的角色，包括不同职业，日常工作中或休闲生活中，或是作为女性在家做家务的受惠者。

2. 性别歧视的影响

并没有充分证据能够表明：广告没有真正反映现实社会中女性的地位与作用，反而推动了性别歧视的存在。有关广告与女性对"成就、吸毒、性别歧视的社会影响"的态度研究指出了广告的负面影响。例如，一些研究数据表明女性健康问题与社会影响的关系，一些含歧视内容的广告可能会导致医生对女性患者的误诊和过量用药。这一类广告可能会使某些医生采用镇静剂来治疗女性患者的一些症状，而忽视了病情的真正根源。

性别歧视对儿童的影响也是一个很好的研究课题。有证据表明儿童很易接受并模仿广告当中不同性别的角色。例如，因为男孩看电视的频率较高，他们通常会比女孩更容易进行模仿。研究还表明，如果女孩经常看到电视中女性的传统角色，她们会更愿意选择更广泛的非传统的职业。研究人员认为广告（如电视广告）在性别角色社会化的重要传播途径，它会深深地影响儿童观众的看法，并促使他们模仿其中的角色。

3. 对性别歧视的态度

有关消费者，尤其是女性消费者，如何看待广告当中性别的角色的研究并没有得出一个定论。由消费者杂志和政府代理机构组织的民意调查显示大部分的消费者认为电视广告中存在着对女性的歧视。公众也认为应当在广告中更加突出女性的权威性。而那些做广告的公司却不接受女权主义者的批评，他们并不认为自己的广告会产生负面影响。

关于促销内容中女性形象的选择毫无疑问会引起社会的关注，女权主义者更进一步地争取女性的平等与公正的待遇。这一问题上，有证据表明已经取得了巨大的进步，广告及其他促销工具中越来越多地采用真实的可爱的女性形象。

4. 对性别角色描述的偏好

人们开始对"广告中女性形象的差异是否会影响其有效性"这一问题产生了极浓的兴趣。他们着重研究了如下主题：就广告的效果而言，使用女性的传统形象是否会优于非传统形象，在什么情况下这种优势会更加突出？研究结果表明，具有创新概念的广告，其效果等同甚至超过采用传统观念的广告的效果。尽管如果角色能为产品提供一个正确的使用环境，传统的形象可能会取得较高的满意度，然而采用职业女性这一角色的广告，其收视率高于同时采用职业女性和家庭主妇两种角色的广告。妇女解放运动持正面观点的人们往往会将具有创新概念的广告形式与消费者偏好联系在一起。

似乎广告在儿童的消费过程中总是扮演一个负面的角色。但另一方面，广告也可以向儿童提供有益的信息，并在其消费过程中扮演一个正面的角色。如果选择恰当的形式，电视广告同样可以起到教育儿童的作用，如在培养正确的营养饮食、健康习惯和道德观念方面。越来越多这样的广告在电视上推出。

总之，因为儿童对整个社会与世界的认知有限，并且处于不断学习模仿的阶段，他们缺乏正确评价广告内容并做出正确购买决策的能力。由于这些原因，如果在儿童广告中使用一些以成人为目标受众的广告形式就很可能会误导儿童。

以儿童为目标受众的广告也引起了极大的争论。它可能成为一个非常严重的社会问题。长期以来，父母、政府官员，当然还有广告商一直都很关心广告（尤其是电视广告）对儿童的影响力。许多人认为这种担心是有道理的，因为儿童没有足够的能力将他们在电视上所看到的信息与现实生活区分开来。

很大一部分针对儿童的广告集中在这样四类商品，即糖果、麦片、玩具和游戏、维生素。人们十分关注这些产品的安全性及营养价值，以及他们向这些未成年受众销售产品的营销策略，其中很可能会存在某种程度的欺诈行为。已经有一些儿童组织要求政府制定相关的法规，以限定针对儿童广告的数量和内容。

关于"限制儿童广告和促销"的法规的形式与范围的争论主要有两种立场，法规的倡议者和广告商的立场不同。

（1）法规的倡议者认为：广告会对儿童的行为产生极大的影响作用；广告商品对儿童的健康与安全存在潜在的威胁。

（2）广告商则认为：广告不是唯一能够影响儿童消费行为的因素；广告商有自由言论的权力。

在美国，儿童电视组织（Action for Children's Television，ACT）是这场争议中最活跃最有影响力的组织之一。ACT 是一个非营利性组织，其宗旨是促进电视节目的差异化，减少电视广告对儿童的负面影响。ACT 通过向联邦立法局的倡议来推动法律革新，并通过公众教育活动、出版物（如季刊 RE：ACT）、国际会议、以及演讲等多种形式使大众对儿童广告节目的影响有更深入的了解。ACT 希望通过这些努力能够最终为针对儿童的广告与促销活动提供一个正确的指导方向。

ACT 已经取得了许多成绩，例如：减少了星期六早上的儿童广告量 40%左右，减少了儿童广告中维生素广告的数量，增加了儿童广告的形式，等等。在 ACT 不断为其宗旨而努力工作的同时，它也察觉到公众越来越关注周围的广告对儿童的影响，特别是对儿童消费习惯的负面影响。

还有一个值得一提的组织是儿童广告回顾组织（Children's Advertising Review Unit, CARU）。1974 年 CARU 由广告行业发起成立，它的宗旨是增强对儿童广告的责任，体现公众对儿童广告的关注，它的主要任务是回顾并评价儿童广告媒介。一旦发现儿童广告有误导、不真实、与 CARU 宗旨不相符，CARU 将通过广告商自愿协作的形式对其进行调整。

在 CARU 的出版物中，它提出了儿童广告促销应当遵守的五项基本原则：

（1）广告商必须考虑到目标受众的知识层次、成熟程度以及理解能力。儿童对于电视中播放的内容缺乏应有的判断能力，因此广告商有责任保护儿童。

（2）广告商必须特别小心，不要利用儿童的形象力。

（3）广告商必须意识到他们的广告在教育儿童方面发挥着重要的作用，因此在广告中提供的信息必须准确真实。

（4）广告商应当将自己定位于友好的、和善的、诚实的、公正的、宽容的、受人尊敬的正面角色，因为它们很可能会影响社会行为。

（5）广告商必须尽可能地帮助家长向孩子提供个人及社会成长的正确引导。

本章案例

情理相融，巧献爱心

■ 案例情境

1. 遭遇瓶颈的"嘉禾"

嘉禾食品公司是东南地区一家颇有名气和规模的方便面生产企业。经过五六年来的辛勤奋斗，"嘉禾"已有了不小的规模：3个副品牌，共生产30余种不同的产品，两大生产基地，在东南市场立稳了脚跟，在东南沿海的几个省都有较高的市场占有率，并开始将影响力辐射到更远的中部地区。嘉禾的方便面食品在消费者心目中小有口碑：价格实惠，风味俱佳，虽说没有什么特色，但是品质口味还是不错，是老百姓信得过的牌子了。嘉禾开业以来，一直是稳定地发展着，既没出过质量问题，也没环境污染，奉公守法，对待员工虽说没有特别好的福利，却也公平厚道。

看到嘉禾如今的成就，公司创始人廖总不由浮现出淡淡的微笑。深味岭南文化精髓的廖总许多年一直信奉着"拼搏、务实、善良、低调"的岭南哲学，将嘉禾打理得四平八稳。他相信，只要这样坚持下去，嘉禾一定会发展成参天大树，到那时候，廖总也希望能像许多大公司一般阔气地捐出款项，尽一份企业公民的爱心。可是就在最近几年，方便面的原材料价格面临较大的上涨，虽说嘉禾跟着整个产业也进行了价格调整，但发现自己的几款主打产品销量零增长，甚至在一些月份还出现了下滑，究其原因是一些顾客转而去买其他企业的产品了。而且嘉禾在突破中部地区的市场时成绩也不尽如人意，销售代表反映"公司的产品引不起关注，新顾客们记不住。"想到这里，廖总又不禁皱起了眉头，嘉禾的发展似乎遇到了一个瓶颈，无法突破。"总得想个什么法子，树立形象，让消费者们看到我们，拉动销售才行！"想到此处，手机响起，廖总欠欠身子，接了电话。

"老廖，近来可好啊？"电话那头响起熟悉的声音。来电的正是廖总的老同学老蔡，资深咨询师。"我到贵地出差，项目刚完，中午可否一聚呀？"廖总听闻老友来访，顿时心中一亮，不如问问他的高见？

2. 企业捐赠与社会责任

中午，廖总约老蔡在常去的"北江春"。老蔡饮下一碗老火汤，不禁叫好："这汤食材鲜，够火候，实在好汤！"廖总也露出了笑容："是啊，这家店虽说位置偏，名声不算大，也没怎么精装修，但是熟客都知道，菜品好。这么多年同学，我可没讲排场，别见怪啊。"老蔡哈哈笑了："这么多年你还是这副务实的脾气呀。可是生意场上，老这么低调可不成。"廖总一听，正中下怀，忙说："蔡老弟，我还真是遇到这样的难题了，正想请教你呢。"接着一五一十将这心中的困惑向老蔡说了出来。

老蔡仔细听了，思忖了一会儿，抬头说："说不定我还真能帮你出个招。不瞒你说，我这次来东南做的项目正是为一家运动服装鞋品企业设计他们的捐赠计划，我看这办法对你的嘉禾挺合适的，你考虑看看？"廖总忙摆手说："我们这企业虽说也有些规模，但不比那些财大气粗、经常捐赠的大企业，怎么负担得起？我是有这份回馈社会的心，但嘉禾还没有这样的实力。"老蔡笑道："捐赠也不完全是你想的那样，一般来说有两种方法。一是无条件的捐赠，也就是直接捐出款项；二来是事业关联捐赠。也就是说当顾客购买你的产品时，你为他们捐出一定比例的钱给慈善机构，这样做既能负起社会责任、树立企业形象，又能促进销售，两全其美。"廖总不禁笑逐颜开："真是个好主意，愿闻其详啊，真希望嘉禾的那些经理们都在这儿，能听一听你的高见！"

"既然不能把他们搬过来，你可以搬我去公司呀！饭吃完了，办正事儿吧！"老蔡说着站起身来。"你好不容易才休假，我怎么好意思劳烦你……"廖总有些不好意思。"别客气，走吧！"老蔡拍拍廖总的肩，一起走出"北江春"。

3. 无条件捐赠还是事业关联捐赠

当天下午,嘉禾的会议室里,老蔡将事业关联营销的基本情况介绍给了嘉禾公司各部门的主要负责人:"如今在中国,大家也能看到许多企业捐赠的成功案例。其中最常见的是直接捐款方式。而2001年,农夫山泉利用北京申奥的契机,在矿泉水瓶身上进行'喝农夫山泉,为申奥捐一分钱'的广告宣传,在全国范围内引起巨大反响。活动截止时,企业代表消费者为北京申奥捐赠近500万人民币。同年7月"农夫山泉奥运装"在全国销售近5亿瓶,比上一年同期翻了一番。它在瓶装饮用水城市市场占有率也跃居第一位。简单地说,这就是一次成功的事业相关营销。"

"我觉得事业关联营销方案不错!"营销部许经理先发言,"现在我们的企业就是面临着竞争同质化严重的问题,怎么样让顾客看到我们和其他品牌的不同之处是很重要的,只有这样我们才能尽快地周转,生产出来的货品也能尽快销售,我们的产品保质期短,可是拖不起呀。我们采取捐赠的方法,再配以一定的广告宣传,会提高顾客们对我们的购买意愿。我想事业相关营销的办法肯定拉动需求!"

财务部的陈主管聚精会神地听完老蔡和许经理的发言,露出赞许的神色:"都说财务部爱否决营销方案,但这次我真是赞成。这种捐赠方式从财务上看不会造成太大的负担,如果顺利实施下来很可能带来不错的收益。"谨慎的她稍稍停下,环顾四周看大家的反应如何,见大家也是赞同的神情,她便继续往下说,"还有一点我想提出,这一次的捐赠,可能给社会带去我们嘉禾的经营更上一层楼的信息,让大家对嘉禾的整体印象有一个质的提升。这样一来,不管是和股东还是和银行的关系都会有更好的发展。"

此时大家都默默点着头,只有生产部郑主管面带难色:"我倒有个疑问,你们说的是很好,但是万一消费者觉得我们完全是为了赚钱才推出这样的活动,那该怎么好?他们会不会对我们产生负面的印象呢?毕竟他们既可以把这种事业关联营销往好里想,也能往坏的方向理解。这种风险,不能不考虑吧?我觉得,要捐赠还是采取直接捐赠的方式好!"他摊开两手,望向其他人。陈主管听到"风险"二字,不禁又皱起了眉头。

"郑主管说得很有道理。"在片刻沉默之后,廖总慢慢地说,"但是我想过去我们在社会责任这一块中规中矩,并没有什么作为,这一次我们有这样的举措,我相信顾客们一比较,都能感觉到我们的决心,可能还是更多地会往积极的方面看待我们的捐赠。不管怎样,我们一定会选择一种适合嘉禾的方式来进行捐赠!"听了这一番话,大家都纷纷表示出赞成和全力以赴的决心,会议室里的氛围更加热烈了……

晚8时,廖总在机场看着老蔡的飞机消失在夜空之中,心中满怀着对老友的感激之情。他吸了一口晚间清凉的空气,快步走回车里,他要静静地再想一想:嘉禾应该如何选择?

■ **相关概念与理论**

1. 企业捐赠类型

事业关联营销(Cause-related marketing,CRM)诞生于1981年,美国运通公司与一个非营利组织合作,共同促进圣弗朗西斯科的美术事业发展,合作的方式是将美国消费者增加使用美国运通卡所带来的利润捐赠给这个组织。受此启发,1983年美国运通公司发起一项为自由女神像的修复而进行募捐的活动。公司承诺,顾客每使用一次运通卡,公司就为修复工作捐赠1美分,同时在美国境内每开通一张运通卡,公司就捐赠一美元。这次活动非常成功,与1982年同期相比,美国运通公司信用卡的使用增加了28%,同时新信用卡的发行也获得了较大的增长。

1986年美国NAAG协会将事业关联营销描述为"慈善的销售促进",强调从产品和服务销售中使慈善事业获益。DiNitto将事业关联营销定义为围绕销售增长或为提升企业形象而开展的慈善行为。而最为令人广泛接受的是Varadarajan等人将事业关联营销定义为"制定和实施营销活动的过程,这些营销活动的特征是,当顾客参与满足组织和个体目标利润的交易行为时,企业将一定的收益捐赠给指定的慈善机构。"

从1990年起,美国企业在事业关联捐赠活动上的投入已经增加了300%,至90年代末已达到63亿美元。中国企业出于对社会责任与自身经营的考虑,也纷纷推出类似的事业关联捐赠活动。例如:欧莱雅从2003年起就开始举办校园义卖助学活动,欧莱雅将旗下的优质产品以优惠的价格带到校园进行义卖,并用义卖所得款项设立"欧莱雅西部助学金",用于资助西部贫困学生。宝洁也于2003年与上海乐购商业流通集团推出了"希望无价"慈善义卖活动,将义卖的所有营业额全部捐献给中国青少年发展基金会希望工程,用于在贫困山区建立希望小学。

并非所有对慈善机构的企业捐赠都与为企业创造收入的交易有关。例如,Pearle视力中心向儿童奇迹网络捐赠4.5万美元。这种类型的捐赠是无条件的(对慈善事业的捐赠与为公司创造收入的交易之间并无关系)。两种类型的捐赠区别是十分明显的。CRM对慈善事业的捐赠是以公司收益为前提。然而,除了向公众宣布慈善捐赠时常常会使用企业的名称与标志之外,无条件捐赠与公司收益并无直接关联。

2. 归因理论

归因是认知过程的结果,通过该过程人们将潜在的原因或解释赋予被观测的事件。也就是说,人们会对某些行为的发生提出常识性的解释并做出因果关系的推测。例如:消费者常常会对产品为什么失败、为什么转换使用其他品牌、为什么名人会代言某产品,以及为什么公司的员工会罢工等进行归因分析。

或许因为事业关联捐赠是企业的一种营销策略而非真正的慈善行为,它也遭到了公众的批判,公众认为企业是在利用慈善事业赚取利润。例如,美国运通公司在开展"自由女神像——爱丽丝岛"活动时共花费了670万美元,然而实际只捐赠了170万美元。分配给促销活动的预算与最终捐赠金额之间的不均衡,表明企业缺乏对慈善事业的真正兴趣。甚至在那些非营利性组织中,事业关联捐赠也是极具争议的,因为它强调组织自身的利益,并有使其非营利模式受到商业化的威胁。由于事业关联捐赠的"帮助",非营利模式失去了自主性并附属于"捐助者"提供的市场利益。

考虑到企业的事业关联捐赠是一种销售策略而非真正对慈善事业的捐赠,消费者会认为参与事业关联捐赠的企业的无私利他动机是非常有限的。为应对这种机会主义的批判,企业可以制订长期慈善捐赠计划。进一步说,这种长期关系可为企业及其品牌带来更好的地位和形象。相比之下,无条件捐赠则不易因宣传而受到质疑。无条件捐赠的交易关系实质只涉及两个角色,类似与个体消费者向慈善事业捐赠的交易关系。因为捐赠并不以企业获利为先决条件,因此,负面的评论就较少。

针对事业关联捐赠进行的一系列消费者归因调查得出了不同的结果。1992年,Ross等人测量了消费者对现实生活中事业关联捐赠活动的态度,针对宝洁公司的25项指定产品,公司在广告中承诺,任一产品的订单都可为残奥会捐赠10美元。大部分被调查者并没有认为该活动在利用慈善事业,甚至认为公司是在履行社会责任。然而,1998年Webb等人的调查显示，一半的被调查者都认为参与事业关联捐赠活动的企业是带有自利性质的，另外一部分则认为这些企业的动机至少有一部分是利他性的。1993年由Roper对1981名消费者进行的调查也支持该观点，其中有58%的消费者认为事业关联捐赠是"为提升企业形象而举行的一场秀"。

在众多归因理论文献中，本文将涉及其中两个：共变原理，即当一个结果有不止一个可能的原因时，该结果更有可能归因于与其共变的那个原因；折扣原理，即针对某一特定结果，在同时存在其他可信原因的情况下，那么某个特定原因的影响效果就会大打折扣，可信度将会降低。共变理论表明，企业在出现负面宣传报道之后进行慈善捐赠，人们会认为它是基于特定原因（负面信息），而非真正基于公司的无私、利他动机。折扣原理表明，针对事业关联捐赠及企业从事的其他良好事迹，消费者对企业的评价是打折扣的，因为该行为同时伴有自利和利他双重动机。相反地，无条件捐赠更可能被认为是真正的"好行为"，除非该行为是由声誉较差的企业在出现负面宣传报道后采取的行动。也就是说，消费者可能会很自然地将企业在履行社会责任时创造的利益归因为出现负面宣传报道、缺乏事业承诺、以及公司为了获得社会认可而做的少量的敷衍性工作。

消费者一旦对企业捐赠的行为动机做出归因后，必然会对之后的态度及行为产生影响。必须强调的是，归因可以是正面的也可能是负面的。即是说，归因过程可能会产生积极的归因（捐赠是企业的一种利他行为）也会产生消极的归因（捐赠是企业的自利行为）。两种类型的归因都有可能会发生。

3. 对比效应

观测者对新信息的感知是基于其过去的经历、信仰和感受。也就是说，在判断新信息时，个人最初的态度可作为参考框架。同化与对比这两个词可用来描述观测者自身的知识背景与新的刺激物之间的关系。同化表示知识背景与新刺激物之间的正向关系，对比则表示二者间的反向关系。两者之间到底是同化或是对比关系，最主要的决定因素是观测者所具有的背景刺激的分布。例如，你对一个箱子重量的判断是基于你过去搬过的箱子的重量。对于同一个一般重的箱子，曾经搬过重箱子的试验者可能会认为很轻，而过去只搬过轻箱子的试验者则会认为这个箱子很重。这就是对比效应。

对比效应的结果就是个体对新刺激的评价会偏离知识背景，产生曲解。Myers等人就重点强调了对比过程中需注意的几个步骤。首先，观测者必须要意识到，对当前事物所持有的态度可能是存在偏见的。错误的推测、不相关、或是过时的数据都有可能形成不恰当的态度，该态度产生的新信息就有可能是带有偏见的。其次，观测者必须要解释有偏见的错误数据为什么、怎样以及在何种程度上影响了当前的态度。最后，观测者要利用其知识资源修正偏差态度。然而，尝试消除偏见的过程是不理想的，常常会导致矫枉过正，产生一个由知识背景所导致的反向极端判断。

对比效应表明，基于社会责任，消费者会根据企业声誉对做出相同捐赠的企业有不同的评价。例如，声誉较差的企业参与企业捐赠活动时，就会产生对比效应，人们会认为该企业的捐赠（任一种形式）都是与企业的特点不相符的。相反，有道德感的企业进行企业捐赠时就不会引起世人的惊讶，也不会产生对比效应。对比效应的存在会引导测试者在做出正确评价时所持态度。

（资料来源：朱翊敏，李蔚，彭莱. 嘉禾如何做事业关联营销［J］. 新营销，2009(3): 80-83）

■ 互动讨论

根据案例情境，试分析嘉禾公司是否应当进行捐赠？如果需要，采用哪种捐赠方式更为有效？是事业关联捐赠还是无条件捐赠？请分析其中的原因。

■ 推荐阅读

1. Dean Dwane Hal. Consumer perception of corporate donations: effect of company reputation for social responsibility and type of donation[J]. Journal of Advertising, Winter 2003/2004, 91-102.

1. 营销者在解决 SP 策略实施中的伦理问题时，应注意哪些方面的问题？
2. 有人说，"促销是诱使消费者购买他们并不需要的产品。"您对这一观点有何看法？
3. 在社会中，肥胖者有日益增长趋势。软饮料、快餐等行业的促销对此可能起到了促动作用。您是否认为这些行业应对此负责？为什么？

[1] 马萨基·科塔比，克里斯蒂安·赫尔森. 全球营销管理［M］. 3 版. 刘宝成译. 北京：中国人民大学出版社，2005.

[2] 韦伯斯特. 工业品市场营销策略［M］. 北京：机械工业出版社，1984.

[3] Galbraith John Kenneth. The affluent society, Mariner Books; 40 Anv Sub edition, 1998.

[4] 韦伯斯特. 工业品市场营销策略［M］. 北京：机械工业出版社，1984.

[5] Greyser Stephen A. Bauer Raymond A. Americans and advertising: thirty years of public opinion[J]. Public Opinion Quarterly, 1966(30): 68.

[6] Borden Neil Hopper. The economic effects of advertising, Ayer Co Pub, June1976

[7] 乔治·贝尔奇，迈克尔·贝尔奇. 广告与促销：整合营销传播视角［M］. 8 版. 郑苏晖，等译. 北京：中国人民大学出版社，2009: 736-738.

[8] Albion Mark S, Farris Paul W. The advertising controversy: evidence on the economic effects of advertising, Auburn House Pub. Co., 1981(Feb).

[9] Farris Paul W, Albion Mark S. An investigation into the impact of advertising on the price of consumer products, Report No. 79-109[M]. Cambridge, Mass: Marketing Science Institute, 1979: 7.

[10] Courtney AE, Whipple TW. Women in TV commercials. Journal of Communication[J]. 1974(24): 110-118.

教师服务

感谢您选用清华大学出版社的教材！为了更好地服务教学，我们为授课教师提供本书的教学辅助资源，以及本学科重点教材信息。请您扫码获取。

≫ 教辅获取

本书教辅资源，授课教师扫码获取

≫ 样书赠送

市场营销类重点教材，教师扫码获取样书

 清华大学出版社

E-mail：tupfuwu@163.com
电话：010-83470332 / 83470142
地址：北京市海淀区双清路学研大厦 B 座 509

网址：https://www.tup.com.cn/
传真：8610-83470107
邮编：100084